LUTHER · WAGNER · NIETZSCHE

ANTON NEUMAYR

LUTHER WAGNER NIETZSCHE

IM SPIEGEL DER MEDIZIN

P·I·C·H·L·E·R
SACHBUCH

ISBN 3-85431-190-7

Pichler Verlag im Internet: www.pichler.co.at

Lektorat: Dr. Johannes Sachslehner
Umschlaggestaltung: Bruno Wegscheider
Produktion: CH&ERN design, Wien
Reproduktion: Eurografik, Wien
Druck und Bindung: Milanostampa-New Interlitho

INHALT

Vorwort	7
Martin Luther	11
Richard Wagner	131
Friedrich Nietzsche	247
Bibliographie	383
Personenregister	389
Bildnachweis	392

Meine Existenz ist eine fürchterliche Last: ich hätte sie längst von mir abgeworfen,
wenn ich nicht die lehrreichen Proben und Experimente
auf geistig-sittlichem Gebiete gerade in diesem Zustande des Leidens
und der fast absoluten Entsagung machte –
diese erkenntnisdurstige Freudigkeit bringt mich auf Höhen,
wo ich über alle Marter und alle Hoffnungslosigkeit siege.

Friedrich Nietzsche an Dr. Otto Eiser, Jänner 1880

VORWORT

Die medizinische Analyse der psychischen und physischen Befindlichkeitsstörungen von drei so verschiedenartigen Persönlichkeiten weltgeschichtlichen Ranges wie Martin Luther, Richard Wagner und Friedrich Nietzsche in einem Band mag auf den ersten Blick überraschen. Doch verbindet diese großen Menschen bei genauerem Hinsehen nicht nur das Schicksal, zu den wichtigsten und gleichzeitig umstrittensten Gestalten der europäischen Geistesgeschichte zu zählen, sondern sie weisen auch eine Reihe von Besonderheiten auf, die sehr wohl eine gemeinsame Besprechung rechtfertigen: Alle drei betätigten sich religionskritisch, zeichneten sich neben einer beachtlichen dichterischen und schriftstellerischen Begabung als wahre Sprachschöpfer aus, hatten eine innige Beziehung zur Musik und beeinflußten nicht nur die zeitgenössische Politik, sondern auch die politische Entwicklung der Nachwelt.

Bei Martin Luther liegt der Schwerpunkt auf seiner Rolle als einer der gewaltigsten kirchlichen Reformatoren der Weltgeschichte. Wenn ihm auch seine Gegner schöpferische Originalität mit dem Hinweis abzusprechen versuchten, daß die Grundzüge seiner Ideen bereits vor seinem Auftreten von reformatorisch tätigen Vorgängern wie Erasmus von Rotterdam oder John Wiclif entwickelt worden waren, so war es doch er, der die unterschwellig bereits gärenden Forderungen mit seinem Blut füllte und zum Gesetz werden ließ. Da sich infolge der antipapistischen Tendenz der deutschen Reformation zu der ursprünglich rein religiös gedachten Bewegung bald eine soziale und nationale Komponente hinzugesellte, gelangte Luther unausweichlich auch in das Räderwerk der europäischen Politik. Unseligerweise wurde er so in Deutschland zum Katalysator für die katastrophalen Bauernkriege.

Luther wirkte aber auch als Schriftsteller in der Anfangszeit des Buchdruckes bahnbrechend. Mit seiner Bibelübersetzung trug er wesentlich zur Herausbildung einer deutschen Einheitssprache bei, eine sprachschöpferische Leistung einmaligen Ranges. Man darf aber darüber hinaus seine Leistung als Lyriker nicht übersehen – einige seiner Gedichte, die an Dauerhaftigkeit von keiner Poesie seiner Zeitgenossen übertroffen wurden, dokumentieren dies in eindrucksvoller Weise. Durch die Vertonung mehrerer eigener Texte sicherte er sich auch als Komponist eine bleibende Stellung in der Nachwelt, die noch heute auf seine erbaulichen Kirchenlieder nicht verzichten will.

Richard Wagner gilt allgemein als der größte Musikdramatiker des neunzehnten Jahrhunderts. Mit der Schaffung seiner symphonischen Opern eröffnete er der Musik eine völlig neue Tonwelt; kein namhafter Tonkünstler nach ihm konnte sich der Auseinandersetzung mit Wagner entziehen. Seine überragende Bedeutung als Komponist trug dazu bei, daß seine dichterische Begabung als Schöpfer seiner Dramentexte meist unterbewertet wurde. Schopenhauer schätzte den Dichter Wagner sogar höher als den Komponisten, und selbst der sonst so kritische Nietzsche würdigte Wagners Rolle als

Dichter. Allgemein anerkannt werden seine kunsttheoretischen und gesellschaftspolitischen Schriften, in denen er sich als begabter Schriftsteller auswies, der allerdings infolge seines oft recht schwulstigen und umständlichen Stils auch manch herbe Kritik einstecken mußte.
Unter dem Einfluß des Religionsverächters Schopenhauer schuf er zunächst vor dem Hintergrund einer „reinen Christuslehre“ sein sogenanntes „Gesamtkunstwerk“, mit dem er eine Auseinandersetzung mit Jesus im Sinne einer gegen das Christentum gerichteten modernen materialistischen Welt erreichen wollte. Seine Idee vom Kunstwerk als lebendig dargestellte Religion erfüllte ihn lange Zeit mit einer Art Sektengeist. Erst mit dem Alterswerk *Parsifal* erschloß sich Wagner wieder das Christentum – eine Rückwendung, die ihm Nietzsche nicht verzeihen konnte.
Politisch betrachtet war Wagner ein Sozialist, der von der Revolution, an der er in Dresden aktiv auf der Seite der Aufständischen teilnahm, als Kulturutopist nicht nur eine Wiedergeburt der Kunst und der Religion erwartete, sondern auch eine gesellschaftspolitische Wende. Erst später entwickelte sich durch die Vermengung seiner sozialistischen Grundsätze mit rassenideologischen Ideen jene oft beschworene antisemitische Einstellung, die nach Wagners Tod durch Manipulationen von seiten der Gattin Cosima und des Schwiegersohns Stewart Houston Chamberlain für die spätere Vereinnahmung durch den Nationalsozialismus entsprechend hochstilisiert wurde.
Friedrich Nietzsches Bedeutung beruht auf seiner Philosophie, weniger auf seiner wissenschaftlichen Tätigkeit als Philologe. Bei der Errichtung eines kulturphilosophischen Gebäudes auf der Grundlage eines „aristokratischen Existentialismus“ erwies er sich als Meister einer rein auf das Denken bezogenen Psychologie, die gar manche Erkenntnis Sigmund Freuds vorwegnahm.
Die zur Überwindung des aufkeimenden Nihilismus geforderte „Umwertung aller Werte“ wurde gleichzeitig zum Motto seiner Auflehnung gegen das Christentum, deren Empörergeist in vielen Belangen jenem Luthers glich. Dennoch scheint sein innerstes Wesen nach wie vor von einem religiösen Grundtrieb beherrscht worden zu sein, weshalb ihn manche als „unverstandenen“ Gottsucher darzustellen versuchen, dessen religiöse Grundeinstellung in einer areligiösen Zeit nicht mehr den ihr gemäßen Ausdruck finden konnte.
Nietzsche nimmt aber auch als Dichter höchsten Rang in der Weltliteratur ein. Mit seiner Lyrik kündigte sich bereits der deutsche Stil des kommenden Jahrhunderts an, und mit seiner hinreißenden Prosa gab er der deutschen Sprache ein völlig neues Gepräge. Seiner großartigen sprachlichen Kreativität kommt daher ein ähnlicher Rang zu wie jener Luthers, während er in künstlerischer Hinsicht für die deutsche Prosa eine ähnliche Stellung innehat wie Wagner für die Sprache der Musik. Wenig bekannt ist es, daß die Musik auch im Leben Nietzsches eine überragende Rolle spielte. Schon in seiner Jugend schuf er zahlreiche Kompositionen, vorwiegend für Klavier, und später komponierte er sogar eine – leider fragmentarisch gebliebene – Symphonie. Seinen

eigenen Angaben zufolge verschaffte ihm das Improvisieren und Phantasieren auf dem Klavier in späteren Jahren sogar mehr innere Ruhe und Entspannung als jegliche literarische Beschäftigung.

Mit Luther und Wagner verband ihn schließlich noch das Schicksal, posthum von der Politik vereinnahmt zu werden – zum Teil begünstigt durch Fehlinterpretationen seiner Schriften, aus denen politische Machthaber in dilettantischer Weise meist nur jene Zitate verwendeten, die ihrer Ideologie und ihren Zielen entgegenkamen. Am verhängnisvollsten wirkte in dieser Hinsicht Nietzsches Schwester Elisabeth Förster-Nietzsche, die durch ungerechtfertigte Verzerrungen und eigenwillige Kompilationen in ihrem Buch *Der Wille zur Macht* in unverantwortlicher Weise aphoristische Aufzeichnungen „kreierte", die später bequem zur Untermauerung des Faschismus herangezogen werden konnten.

So findet man in der Tat bei Luther ebenso wie bei Wagner und Nietzsche, wenn auch in unterschiedlicher Weise ausgeprägt, gemeinsame Interessenssphären auf den Gebieten der Religion, der Kulturphilosophie, der Literatur und der Musik, die – zum Teil ungewollt – auch Auswirkungen auf das politische Geschehen der Nachwelt mit sich brachten. Es erscheint deshalb lohnend, aus einem gemeinsamen Blickwinkel heraus das Leben und Wirken dieser drei herausragenden Persönlichkeiten im Spiegel der Medizin zu betrachten. Zum besseren Verständnis ihres bahnbrechenden Wirkens ist es jedenfalls notwendig, die komplizierten und verschlungenen Wege ihrer psychischen Entwicklung näher kennenzulernen. Gerade aus ihrer Pathographie vermag man einen Eindruck von der unvorstellbaren individuellen Kraft und Dynamik zu gewinnen, mit der diese genialen Gestalten der Weltgeschichte ihre unvergänglichen Leistungen – trotz schwerer gesundheitlicher Beeinträchtigungen – vollbrachten.

Anton Neumayr Wien, im Herbst 1999

Ich bin so krankh! Aber mir glaubts niemant,
bis ich ein mal die genge gehe mit den andern.

Nun, lieber Herr Gott, du hast mich gesund gehabt,
du mußt mich auch kranck haben.

Martin Luther

MARTIN LUTHER

EINLEITUNG

Es gibt nur wenige herausragende Persönlichkeiten der Weltgeschichte, die so unterschiedlich beurteilt wurden und auch heute noch werden, wie Martin Luther. So erblickte Goethe in ihm ein „Genie sehr bedeutender Art", während er für Nietzsche nur ein „auf den Raum seiner Nagelschuhe beschränkter Bauer" war. Wahrscheinlich liegt eine der Schwierigkeiten, die Persönlichkeit Luthers zu begreifen, darin, daß er inmitten einer gärenden, brodelnden Zeit wirkte und der klassische Typus eines „Übergangsmenschen" war: Verkörperte er auf der einen Seite, um mit Egon Friedell zu sprechen, in seiner durch und durch noch mittelalterlichen Erscheinung sozusagen den „letzten großen Mönch, den Europa gesehen hat", so erblickte er andererseits mit seinem geistigen Auge bereits heraufdämmernde Entwicklungen, die erst Jahrhunderte später ihre ganze Bedeutung entfalten sollten.

Einige Luther gegenüber dezidiert feindlich eingestellte Autoren haben wiederholt darauf hingewiesen, daß man ihm jegliche schöpferische Originalität absprechen müsse, da alle seine Ideen bereits früher durch bedeutende Reformatoren ausgesprochen worden wären. Zu diesen Wegbereitern zählte etwa der Humanist Erasmus von Rotterdam, der in seinem Denken bedeutend radikaler als Luther orientiert war, es jedoch aus Furcht und Opportunismus ablehnte, für die neue Bewegung auch tatkräftig einzutreten. Vielleicht noch radikaler war der englische, in Oxford lehrende Kirchenreformer John Wiclif *(Wyclif),* dessen Lehren – mit nationalem Sprengsatz angereichert – in Böhmen von Jan Hus inhaltlich weitgehend übernommen wurden. In der Tat sollte man deshalb Luthers Originalität nicht so sehr darin erblicken, daß er völlig neue Reformideen entwickelte, sondern daß er die bereits vorliegende reformatorische Argumentation „mit seinem kochenden Blut gefüllt" hat. „Luther war nicht so sehr der Erfinder der Reformation, als vielmehr die Zunge des Jahrhunderts", die im Namen seiner Mitmenschen das in mitreißenden Worten auszusprechen vermochte, was zu tun war. Indem er so die zentralen Probleme der Zeit in seiner Person wie in einem Brennspiegel fokussiert aufgriff und in kritischen Aussagen zusammenfaßte, gehört er in die Gruppe jener seltenen Menschen, die der Schweizer Historiker Carl Jacob Burckhardt mit den Worten beschrieb: „In ihnen wird das unbewußt Vorhandene bewußt und verhüllt gewesenes Wollen zum Gesetz. Sie finden ihre Religion nicht durch einen Durchschnittscalcül, der auf kaltblütiger Betrachtung der sie umgebenden Menschen beruhte sondern das Ganze lebt in ihrer Individualität mit unwiderstehlicher Gewalt."

In der Tat hatte Luther am Beginn seiner reformatorischen Laufbahn weder ein Programm noch gar ein ausgedachtes System, weshalb er auch zunächst nicht im entferntesten ahnte, wohin die Entwicklung führen sollte und welch ungeahnten Widerhall seine Thesen erfahren würden. Die treibende Kraft in ihm war eben das Unbewußte, und ohne daß er es beabsichtigt hatte, wurde er plötzlich zu seiner eigenen

Überraschung kraft seiner unvergleichlichen Dynamik zum unangefochtenen Führer der gesamten Bewegung.
Wir wissen heute, daß die eigentliche Ursache der revolutionären Umwälzung innerhalb des Christentums jene Mißstände in der Kirche waren, die im Laufe des späten Mittelalters und in der Zeit der Renaissance einen Höhepunkt erreichten. Ähnlich wie bei der Französischen Revolution hatte sich auch im Vorfeld der Reformation über einen langen Zeitraum hin sowohl in religiöser wie auch in politischer Hinsicht soviel Sprengstoff angesammelt, daß eine eruptive Entladung einfach kommen mußte. Es bedurfte sozusagen nur noch eines kleinen Funkens, um den aufgestauten Sprengstoff zur Explosion zu bringen und damit all jene lange gebundenen Kräfte freizusetzen, die in kurzer Zeit alles von Grund auf verändern sollten. So gesehen waren der Ablaßwucher, das provokante Auftreten des Dominikaners Tetzel und der Thesenstreit an sich bloß banale Zeiterscheinungen, die nur deshalb zum zündenden Funken wurden, weil sie zufälligerweise zu jenem Zeitpunkt wirkten, in welchem der religiöse und politische Gärungsstoff des späten Mittelalters die kritische Masse erreicht hatte.
Die zweifelhafte Reputation der obersten Führung der Christenheit, der unverschämte Reichtum der Kirche, zu dem neben bedeutender beweglicher Habe ein Viertel des gesamten Grundbesitzes Deutschlands zählte, und der zum Himmel schreiende Ablaßunfug, mit dem den Gläubigen nicht nur Straffreiheit für begangene, sondern auch für zukünftige Sünden versprochen und selbst verstorbenen Angehörigen die Befreiung aus dem Fegefeuer zugesichert wurde, ließen Luther die tiefe Krise der katholischen Amtskirche erkennen und nach einer Lehre streben, die besser geeignet sein sollte, den religiösen Bedürfnissen der Menschen gerecht zu werden. Den verlogenen Praktiken der Ablaßhändler stellte er entgegen, daß entsprechend den Worten der Heiligen Schrift die Gerechtigkeit Gottes keine richtende, sondern eine schenkende sei und der sündige Mensch sich nicht durch äußeres, materielles Tun mit der Absicht, Gottes Gnade zu erwerben, reinigen könne, sondern ausschließlich durch „herzliche und wahre Reue". In seiner Schrift *Von der Babylonischen Gefangenschaft der Kirche* führte er 1520 einen Bruch mit der Sakramentenlehre Roms herbei, indem er nur noch auf Buße, Abendmahl und Taufe bestand. Als alleinig verbindliche Richtschnur eines wahrhaft christlichen Lebens galt für ihn die Heilige Schrift, die über jeder kirchlichen Tradition, vor allem auch über der Autorität des Papstes und der Konzilien stehen mußte.
Diese zunächst rein religiös bedingte antipapistische Tendenz der deutschen Reformation verknüpfte sich allerdings bald mit einer deutlich nationalen Komponente. Man wünschte in Deutschland nicht länger von Rom aus dirigiert und gegängelt zu werden und lehnte es ab, dem fremden, „welschen" Herrscher im kostspieligen Kirchenstaat immer höhere Summen von Steuergeldern zukommen zu lassen, die – wie inzwischen doch durchsickerte – zu einem großen Teil zur Versorgung der Verwandten oder Mätressen verwendet wurden. Immer wieder verwies Luther auf das Evan-

gelium, in dem nichts von Beichten, Wallfahrten oder Ablässen, nichts von Prälaten und Bischöfen, denen die Bauern Frondienste leisten mußten, und schon gar nichts von einem in Luxus lebenden römischen Oberhirten zu lesen wäre. Von hier aus entwickelte sich die soziale Komponente der deutschen Reformationsbewegung, und hier setzte auch die „Minierarbeit" der philologischen und historischen Forschung ein, deren Ergebnisse die Unrechtmäßigkeit all jener Dogmen ans Tageslicht brachten, welche die Kirche in mehr als tausendjähriger Arbeit aufgebaut hatte.

Von der Welt des Glaubens, die jeder irdischen Macht entzogen sein sollte, unterschied Luther streng die weltliche Sphäre der Menschen, in der seiner Ansicht nach jeder Christ der regierenden Obrigkeit untertan und zu Gehorsam verpflichtet war – eine Forderung, die er in seiner Schrift *Die Freiheit eines Christenmenschen* näher erläuterte und der Allgemeinheit verständlich zu machen versuchte. Dieser Forderung mußte folgerichtig und unmißverständlich aber auch ein Appell an die weltlichen Herren angeschlossen werden: In der Abhandlung *An den christlichen Adel deutscher Nation* forderte er daher die Fürsten auf, durch eine tiefgreifende Reform an der Beseitigung der Mißstände in der Kirche aktiv mitzuwirken. Mit dieser folgenreichen Ausweitung der Reformation, die sich bald von einer Volksbewegung zu einer Fürstenreformation entwickelte, erfolgte unausweichlich die Verknüpfung mit dem Gang der deutschen und europäischen Politik, was Luther ursprünglich überhaupt nicht im Sinne gehabt hatte. Doch obwohl er zunächst weder eine Spaltung der Kirche noch eine Umwälzung der gesellschaftlichen Verhältnisse im Auge hatte, wurde die Reformation zum entscheidenden Katalysator für eine der größten Aufstandsbewegungen der deutschen Geschichte, nämlich für die Bauernkriege der Jahre 1524 bis 1526. Wie wenig Luther eine solche Umwälzung im Sinne hatte, beweist seine prompte Distanzierung von den aufständischen Bauern und die Aufforderung an die Fürsten, die Revolution mit allen zur Verfügung stehenden Mitteln niederzuschlagen. Diese Haltung Luthers wurde ihm von der Nachwelt mehrheitlich verübelt und als Verrat empfunden. Damit verfehlte man allerdings den Kern des Problems, denn Luther sah durch das gewaltsame Vorgehen des „gemeinen Mannes" ausschließlich sein religiöses Anliegen in Gefahr. Aber mit der Politisierung der Reformation wurde es eben immer schwieriger, sich für oder gegen Luther zu entscheiden.

Sieht man von der weltgeschichtlichen Bedeutung Luthers als kirchlicher Reformator ab, so wirkte er auch noch in anderer Hinsicht bahnbrechend, nämlich durch seine Tätigkeit als Schriftsteller, bei der er seine Genialität als theologischer Denker und Exeget mit jener des Dichters und Sprachschöpfers verband. Die Worte und Bilder strömten ihm nur so zu, und seine mitunter sehr derbe, dann wieder humorvolle bildhafte Ausdrucksweise war dazu angetan, die Menschen seiner Gegenwart anzusprechen. Vor allem seine drei ersten, bereits erwähnten reformatorischen Propagandaschriften aus dem Jahre 1520 trafen mitten ins Herz der Bevölkerung. Seine wahre Leistung auf dem Gebiet der deutschen Literatur gipfelte aber in der Bibelübersetzung, die er 1534

abschloß. Indem er sich dabei an die Sprache der sächsischen Kanzleien hielt und damit ein mittleres Idiom zwischen dem Nieder- und Oberdeutschen wählte, erreichte er die breiteste Verständlichkeit. In der Stillage war seine Übertragung des Bibeltextes dem Sprachniveau der Zeit angepaßt – er pflegte einen ausgesprochen volkstümlichen und bildkräftigen, oft auch recht derben Stil, eine von „aller Schminke freie Sprache", was er mit den Worten rechtfertigte: „Man muß nicht die Buchstaben in der lateinischen Sprachen fragen, wie man soll deutsch reden, wie diese Esel tun; sondern man muß die Mutter im Hause, die Kinder auf den Gassen, den gemeinen Mann auf dem Markt drum fragen und demselbigen auf das Maul sehen, wie sie reden, und darnach dolmetschen, so verstehen sie es denn und merken, daß man deutsch mit ihnen redet."
Luther hat auf diese Weise entscheidend zur Herausbildung einer allgemeindeutschen Schriftsprache beigetragen; eine sprachschöpferische Tat, die unerreicht ist. Die Lutherbibel stellt das einzige Schriftmonument dar, mit dem eine ganze Nation – wenn nicht direkt, so doch indirekt – erzogen wurde. Seine Bibel war Jahrhunderte hindurch das meistgelesene Buch und in den einfachen Familien des Volkes oft das einzige gedruckte Buch, das man besaß – ja, nicht selten lernte man lesen, nur um die Bibel verstehen zu können! Selbst Nietzsche, ansonsten ein heftiger Kritiker Luthers, konzedierte in *Jenseits von Gut und Böse:* „Das Meisterstück der deutschen Prosa ist (...) das Meisterstück ihres größten Predigers: die *Bibel* war bisher das beste deutsche Buch."
Die Erfindung des Buchdruckes mit beweglichen Lettern durch den Mainzer Johannes Gutenberg ermöglichte es, daß auch Luthers frühere theologische Streitschriften eine ungeahnt rasche Verbreitung fanden, und das war auch die Voraussetzung dafür, daß ausgerechnet Deutschland zum eigentlichen Land der Reformation wurde. Die fortgeschrittene Alphabetisierung der damaligen Bevölkerung brachte es nämlich mit sich, daß bereits ein bis zwei Drittel der männlichen Bewohner des Lesens kundig waren – ein Prozentsatz, der in Frankreich erst nach der Französischen Revolution und in Rußland gar erst zur Zeit der Oktoberrevolution erreicht wurde. Nur so war es in Deutschland möglich, daß geschäftstüchtige Buchdrucker Luthers Thesen – noch im gelehrten Latein – rasch verbreiteten: Nicht weniger als 25 Nachdrucke allein aus den Jahren 1517 und 1518 dokumentieren dies. Nach vorsichtigen Schätzungen nimmt man heute an, daß die Gesamtauflage seiner weiteren Schriften, die nun auch in mitreißender deutscher Sprache erschienen und die Luther bis zum Jahre 1521 herausgab, bei etwa fünfhunderttausend Exemplaren lag.
Über Luthers Übersetzungen, seinem *Katechismus* und seinen *Tischreden*, darf schließlich seine eigentliche dichterische Begabung nicht übersehen werden. Immerhin schenkte er der deutschen Lyrik einige unvergängliche Gedichte, die er zum Teil auch selbst in Musik setzte. Thomas Mann, für den Martin Luther das „Deutsche in Reinkultur" und eine „riesenhafte Inkarnation deutschen Wesens" war, hob die Musikalität des Reformators besonders hervor und brachte sie mit der von Luther vollzogenen Trennung von geistiger und politischer Freiheit in Zusammenhang.

So sehr all die geistigen Strömungen der Zeit, die zu Luthers nächster Umgebung ihren Weg fanden und sich in seiner Person bündelten, die Entwicklung seiner Persönlichkeit beeinflußt haben, so sehr spielen innere Faktoren bei seinem spektakulären Aufstieg zum großen Reformator Deutschlands eine entscheidende Rolle, indem ein eigenartiger individueller Reifungsprozeß der Persönlichkeit Luthers dem Zusammenspiel äußerer Kräfte eine ganz bestimmte Gestalt verlieh. Dieses Zusammenwirken zweier einander kreuzender und ineinander aufgehender Strömungen, die sich in seiner Person konzentrierten, sollte durch eine subtile medizinische Analyse der psychischen und somatischen Strukturen erkennbar werden. Ein solcher Versuch zeigt, daß Luther keineswegs immer jener urwüchsige, kraftvolle Streiter war, den nichts biegen oder brechen konnte, sondern daß seine psychische Konstitution bei weitem nicht so stabil war, wie gemeinhin angenommen wird: Störungen seines seelischen Gleichgewichtes machten ihm mitunter schwer zu schaffen.
Leider ist die Erstellung eines Psychogramms von Martin Luther mit nicht unerheblichen Schwierigkeiten verbunden, da autobiographische Hinweise weder in Gestalt von Tagebüchern noch in Form von Memoiren vorliegen – sieht man von der Beschäftigung mit seinen seelischen Zuständen während der Zeit seines Klosterlebens – also vor dem reformatorischen Durchbruch – ab. Aber selbst diese Selbstreflexionen sind stark überwuchert von der Ordensdisziplin und von der schwer zugänglichen äußeren Form der Spätscholastik, zudem kommt in ihnen eine stark moralisierende und theologisierende Tendenz zum Tragen.
Fest steht, daß sein Leben durch eine lange und verwickelte Kette von somatischen Krankheiten gekennzeichnet war, die ihm nur zu oft große Qualen verursachten und ihn in Zustände äußerster Gereiztheit versetzten, aus denen dann seine vielzitierten, zum Teil unverzeihlichen Verbalinjurien und peinlichen Entgleisungen resultierten. Erste Schilderungen dieser Krankheiten stammen aus der Hand des kurfürstlichen Leibarztes Mathias Ratzeberger, die allerdings nicht immer als ganz zuverlässig zu bewerten sind. Einige Details erfährt man auch aus den Luther-Biographien von Köstlin, Denifle, Grisar und Friedenthal, wenngleich die darin gegebenen Schilderungen von Befindlichkeitsstörungen bei Luther darunter leiden, daß sie von Verfassern geschrieben wurden, die entweder auf medizinischem Gebiet Laien waren oder denen zu stark hervortretende polemisch-religiöse Tendenzen eine klare Beurteilung unmöglich machten. Letzteres gilt auch für manche pathographische Schilderung aus der Hand von Ärzten, in denen religiöse oder patriotische Tendenzen den wissenschaftlichen Aussagewert einschränken. In der neueren Literatur stellen wohl die psychiatrischen Studien von Paul Reiter aus dem Jahre 1937 sowie die Darstellung der somatischen Krankheiten Luthers in der Inaugural-Dissertation von Annemarie Halder aus dem Jahre 1969 die verläßlichsten Referenzquellen dar, aus denen sich eine subtile anamnestische Biographie Luthers erarbeiten läßt.

BIOGRAPHISCHE ANAMNESE

LUTHERS JUGENDZEIT

Das Geburtsdatum Luthers, das im allgemeinen mit dem 10. November 1483 angegeben wird, ist nicht ganz gesichert, weil seine Mutter und auch er selbst später wiederholt abweichende Angaben zum Geburtsjahr machten. Als erstes von sieben Kindern erblickte er im thüringischen Eisleben das Licht der Welt, wohin der Vater Hans Luther, der anfänglich als Bauer in Möhra gelebt hatte, für kurze Zeit übersiedelte, um schon ein Jahr später sich in Mansfeld als Bergmann niederzulassen. Noch zu Luthers Lebzeiten wurde durch Georg Witzel bekannt, daß sein Vater Hans in jungen Jahren deshalb Hals über Kopf aus Möhra in die Grafschaft Mansfeld flüchten mußte, weil er bei einem Streit in höchster Erregung einen Hirten erschlagen hatte. Diese noch zu Beginn des 18. Jahrhunderts von den thüringischen Bergleuten erzählte Geschichte paßt zu dem Bild, das wir von Hans Luther besitzen. Demnach handelte es sich bei ihm um einen harten, selbstbewußten, rücksichtslosen und brutalen Mann, der ebenso streng gegen sich selbst wie gegen andere war und nur wegen seines Fleißes und seiner unbeirrbaren Geradlinigkeit von den Grafen von Mansfeld geschätzt wurde. Immerhin gelang es ihm, sich aus ganz armseligen Verhältnissen zu relativem Wohlstand in solider bürgerlicher Stellung emporzuarbeiten, so daß er später sogar zwei Schmelzhütten in Pacht nehmen konnte und bei seinem Tode ein Erbe von 1250 Gulden hinterließ. Martins Mutter Margareta war eine geborene Ziegler, von deren Familie wir so gut wie gar nichts wissen. Sie soll anfänglich weicher von Gemüt gewesen sein als ihr Ehemann und über Phantasie und Witz verfügt haben. Doch ließ sie das Zusammenleben mit dem harten, schroffen Gatten bald ebenfalls zu einer unsentimentalen, aufbrausenden und verbitterten Person werden. Vor allem war sie übertrieben abergläubisch, was sie in jener Zeit allerdings nicht wesentlich von anderen Frauen unterschied. Immerhin hatte dies zur Folge, daß sie eine unschuldige Nachbarin als Hexe verklagte, eine Beschuldigung, die sie trotz flehentlicher Bitten und Überhäufung mit Gaben seitens der Beklagten nicht zurückzunehmen bereit war.

Beide Elternteile hielten die Weidenrute für das einzig brauchbare Mittel, den jungen Martin zur Rechtschaffenheit zu erziehen. Während seiner Schulzeit, ja sogar noch in seiner Klosterzeit hatte er unter der unerbittlichen Strenge und Härte des Vaters zu leiden, der ihn selbst bei Berücksichtigung der damaligen Gepflogenheiten mit brutalen körperlichen Züchtigungen gefügig zu halten versuchte. Einmal wurde er vom Vater so grausam geschlagen, daß er nach eigener Aussage lange Zeit mit ihm in offener Feindschaft lebte. Leider war die Mutter kein Schutz gegen die Strenge ihres Gatten, auch sie ging unbarmherzig hart gegen ihre Kinder vor. Einmal prügelte sie Martin

blutig, nur weil er eine Nuß genascht hatte.
In einem solchen armen Heim, das von der Gestalt des Vaters als erbarmungslosem Haustyrannen überschattet wurde, wuchs Martin heran. Wenn der mürrische, jähzornige alte Mann nach einem schweren Arbeitstag über die Schwelle des Hauses trat und infolge schlechter Laune begann, auf die Familienmitglieder loszuprügeln, dann erschien dies dem Jungen wie der Tag des Jüngsten Gerichtes. Der Vater, dem man unbedingten Respekt zollen mußte und der auf jeden Fall immer Recht behielt, erschien ihm als Inbegriff der Gerechtigkeit selbst. Später einmal bekannte Luther: „Ihr ernst gestreng Leben, das sie mit mir führeten, das verursachte mich, daß ich darnach in ein Kloster lief und ein Mönch wurde." Tatsächlich dürfte für ihn der harte Vater und gestrenge Richter, der ausnahmslosen Gehorsam verlangte und am Ende doch alle zur härtesten Strafe verdammte, gleichsam das Bild der Gottheit widergespiegelt haben. Dazu kam noch die bedrückende Atmosphäre düstersten Aberglaubens im Lutherschen Heim, für den die Bauern im Thüringerland angeblich von alters her in Deutschland am anfälligsten waren. In fast allen Naturphänomenen des täglichen Lebens erblickten sie übernatürliche, launische dämonische Mächte als Ursache, personifiziert als kahlköpfige, behaarte Teufel, Hexen und Kobolde. Schwache und widerstandslose Frauen ließen sich nach damaliger Ansicht besonders leicht vom Teufel verführen, weshalb man den schrecklichen Tod der „Hexen" auf dem Scheiterhaufen allerorts als wohlverdiente Strafe billigte.

Hans Luther, der Vater Martin Luthers. Gemälde von Lucas Cranach dem Älteren, um 1527.

Im Vergleich zu diesem üppigen Aberglauben herrschte in Luthers Elternhaus eine eher primitive, volkstümliche Religiosität, in der die Heiligenverehrung sowie der Glaube an die Engel eine bedeutende Rolle spielten. Da beide Eltern an die Existenz von Hexen, Engeln, Teufeln und Dämonen in vielerlei Gestalt glaubten, sollte sich auch Martin Luther sein Leben lang von dieser mit Schreckensbildern erfüllten Religion und entsprechenden phantastischen Vorstellungen von übernatürlichen Geschöpfen nicht befreien können.
So schöpfte die Phantasie des Kindes reichlich Nahrung, und durch das Heranwachsen in diesem Heim wurde jene Atmosphäre allmählich Teil seiner eigenen Persönlichkeit. Alle spätere Gelehrsamkeit und all die aufwühlenden Ereignisse, die seine Lebensbahn kennzeichneten, waren nicht imstande, hierin auch nur die allergeringste Veränderung zu bewirken. Während seines ganzen Lebens beherrschte ihn diese

Ideenwelt in all den angstvollen inneren Krisen ebenso wie während der dramatischen schicksalsträchtigen äußeren Geschehnisse. Überzeugt vom persönlichen Eingreifen des Teufels in jede Einzelheit seines Tuns, hatte er deshalb grauenhafte Kämpfe gegen Satan zu bestehen, der ihm in seiner Phantasie in den abenteuerlichsten Gestalten über den Weg lief. Er führte mit ihm während schlafloser Nächte endlose Zwiegespräche und glaubte bei jedem knarrenden Geräusch im Gebälk alter Häuser von Poltergeistern umgeben zu sein.

War schon diese mächtige Primitivität seiner Ideenwelt, die er während seines ganzen Lebens bewahrte, ohne Zweifel nicht ohne Bedeutung für Luthers spätere Entwicklung und Einstellung, so dürfte aus psychoanalytischer Sichtweise das Verhältnis zu seinen Eltern für die infantile Psychosexualität und die affektive Psychodynamik seines späteren Lebens von noch größerer Wichtigkeit gewesen sein. Selbst bei aller gebotenen Vorsicht läßt sich ein tief verankerter Ödipuskomplex und – damit verbunden – eine wahrscheinlich sogar kräftige libidinöse Bindung an seine phantasiebegabte und kluge Mutter annehmen, die durch die übertriebene Strenge des Vaters noch verstärkt worden sein dürfte. Daraus könnte man eine überzeugende Erklärungshypothese für Luthers auffallende Zurückhaltung dem weiblichen Geschlecht gegenüber und seine strenge Askese während seiner Klosterjahre ableiten. Auf jeden Fall bieten seine Kinderjahre reichlich Stoff für die Entwicklung neurotischer Symptome, worauf bereits Reiter in seiner Studie über Martin Luthers Umwelt vor mehr als einem halben Jahrhundert hingewiesen hat: „Wahrscheinlich haben die meisten oder sämtliche Familienmitglieder beiderlei Geschlechts nach damaliger Sitte nackt in demselben breiten schwülen Alkoven geschlafen. Es kann da unter diesen Umständen für den Jungen, der damals schon infolge der häufigen körperlichen Züchtigungen wahrscheinlich oft schlaflos war, reiche Gelegenheit gewesen sein zu geschlechtlichen Reizungen und libidinösen Phantasien über inzestuöse Themen, die um so viel mehr pathogen waren, als alles, was sexuelle Themen betraf, wahrscheinlich durch die Strenge des Vaters tabu war und die Eltern den Kindern kaum sexuelle Aufklärung gegeben haben, wie diese auch kaum zu fragen gewagt haben werden."

Margarete Luther, die Mutter Martin Luthers. Gemälde von Lucas Cranach dem Älteren, um 1527.

Aber nicht nur mögliche lustgeprägte Phantasien, sondern auch der unbändige Drang nach freien Entfaltungsmöglichkeiten wurden von der ständig drohenden, übermächtigen und düsteren Gestalt des Vaters überlagert, den er als den Ernährer der Familie zu ehren und anzuerkennen „dressiert" war und der für ihn der Inbegriff strenger „alttestamentlicher, strafender Gerechtigkeit war, dessen Augen alles sahen und dessen strafende Hand ihn auch wegen harmloser kleiner Versehen erreichte". Man darf deshalb annehmen, daß diese durchaus neurotische Beziehung zum Vater auf seine Vorstellung von einem allmächtigen, gestrengen Gott mehr als irgend etwas anderes Einfluß genommen hat. Nicht nur seine Scheu vor dem Erotischen, sondern vor allem auch sein drückendes, allgegenwärtiges Schuldgefühl wurden dadurch entscheidend geformt. Das Bewußtsein seiner eigenen vollkommenen Verderbtheit schien ihm zu beweisen, daß er sich strenger Strafen verdient gemacht habe, und dieses Bewußtsein übertrug er in unerbittlicher Konsequenz von den grausamen väterlichen Züchtigungen auf die sadistisch ausgeklügelten ewigen Höllenstrafen. Auf diese Weise brachte er den Begriff der Sünde gegen das sechste Gebot mit der Idee von „Unzucht" in der Ehe in Verbindung, das ihn schließlich zu strengster mönchischer Askese veranlaßte und in späteren Jahren zur Verurteilung des Zölibats als der Wurzel allen Übels führte. Hinter diesem extrem entwickelten Schuldgefühl, das ihm seine verdrängten Lustgefühle als schwere Sünde erscheinen ließ, gestaltete sich vor seinen Augen eine furchterregende, allmächtige und allgegenwärtige Gestalt, nämlich die Vorsehung Gottes. Da dieser Gott unabhängig davon, was er tut, das Recht immer auf seiner Seite hat, ob er nun Segen spendet oder verdammt oder ob er Großes errichtet oder zerstört, ließ ihm dies schon frühzeitig jeden Gedanken an einen freien Willen absurd erscheinen. In logischer Konsequenz gewann er so in eindeutigem Gegensatz zur christlichen Ethik die feste Vorstellung von der unabänderlichen Prädestination.

In diesem Vaterkomplex haben wir aber gleichzeitig auch die Erklärung für Luthers eigenartige Einstellung zu Jesus Christus – zumindest was seine Jugend- und Klosterzeit betrifft – zu sehen. Auch Christus war in seiner Vorstellung mit der göttlichen Vorsehung identisch und als erklärter Richter am Tage des Jüngsten Gerichts für ihn eher Rächer als Erlöser. Von dieser merkwürdigen Christusauffassung vermochte er sich während seiner ganzen Klosterzeit nicht zu befreien. Diese Vorsehungsidee von der Christusgestalt ist, wie Ritter dies zu erklären versuchte, „in seiner Neurose vorgezeichnet und durch eine leicht faßliche Fusion seines psychosexuell-infantilen Vaterbegriffs mit seinem religiösen Gottessymbol entstanden."

Die Angst vor der Autorität, die schon der Vater in den jungen Martin hineingeprügelt hatte, wurde mit seinem 1488 erfolgten Eintritt in die Elementarschule von Mansfeld noch weiter geschürt, denn hier gab es noch mehr Ruten. Wegen der falschen Deklination eines Hauptwortes wurde der Junge an einem einzigen Tage fünfzehnmal mit der Rute gezüchtigt. Aber auch seine äußeren Lebensumstände wurden hier schlechter als zu Hause, so daß er sich seinen Lebensunterhalt zeitweise durch Singen an den Türen erbetteln mußte. So ist es nicht verwunderlich, daß seine neurotische Einstellung allen väterlichen Eigenheiten gegenüber eher verstärkt als abgeschwächt wurde.

Erst zu Beginn der Pubertät zeigten sich einige Lichtblicke in seinem Leben. Im Jahre 1497 konnte nämlich sein Vater, der inzwischen zu einem relativ wohlhabenden Bergwerksunternehmer und angesehenen Ratsherrn aufgestiegen war, seinen begabten Sohn in die damals berühmte Schule von Magdeburg schicken, die von den „Brüdern vom gemeinsamen Leben" geleitet wurde. In diese Zeit an der Domschule zu Magdeburg fällt eine akute Fieberkrankheit, über welche der kurfürstliche Leibarzt Ratzeberger einen interessanten Bericht verfaßte: „Daselbst ist Ihme ein hart brennend fieber ankommen, welches Ihn heftig geplaget. Als er nhun grossen Durst leiden musste und man Ihme das trinken in werender hitze entsagte, begibts sich einmal an einem freitage, das Jedermann nach essens zur Predigt ist gegangen, und Ihme im Hause gar allein gelassen. Als er sich nhun des Dursts nicht langer hat wissen zu erwehren, kreuchet er uf henden und fussen abwarts in die kuchen und ergreifet daselbst ein gefess mit frischem wasser, trinket dasselbe mit grosser lust aus, und machet sich also schwach uf henden und fussen wieder in seinem Losament, das er kaum hat erreichen konnen, ehe das Volk wieder aus der Kirchen ist kommen. Uft diesen trunck ist ihm ein harter schlaf ankommen, und das fieber hernach ganz aussen blieben." Doch auch dort änderte sich nur wenig an den traurigen und bedrückenden Verhältnissen, die erst ein Ende fanden, als er als Zögling in die Lateinschule von St. Georg in Eisenach einzog, wo er sich mit den Grundprinzipien des antiken Bildungskanons als notwendige Vorbereitung für das Universitätsstudium vertraut machte. Hier verlebte er im behaglichen Heim der Witwe Cotta drei relativ glückliche Jahre, in denen er zu einem gesel-

Luther singt als Chorknabe vor den Häusern Eisenachs. Stich nach einem Gemälde von Hendrik Leys.

ligen Jungen aufblühte, der eine hübsche Singstimme hatte und die Laute zu spielen verstand. Die Bemerkung der Witwe Cotta, es gebe für einen Mann nichts Kostbareres auf der Welt als die Liebe eines braven Weibes, vergaß er nie wieder, wenngleich er zweiundvierzig Jahre benötigte, um diese Kostbarkeit zu erwerben.

Im Jahre 1501 sandte ihn der Vater auf die Universität nach Erfurt, wo Theologie und Philosophie das Rückgrat des Lehrplanes ausmachten. Obwohl noch immer scholastische Lehrmethoden vorherrschten, hörte Luther vom Nominalismus Ockhams und dessen Lehre, daß Päpste und Konzile irren können: etwas, das Luthers Aufmerksamkeit sicher nicht entgangen sein dürfte. Es war der Ehrgeiz des Vaters, daß er ein tüchtiger Jurist werden sollte. Der junge Student bewies seine überdurchschnittliche Begabung, indem er bereits im Jahre 1505, dem frühestmöglichen Zeitpunkt, zum Magister promovierte, wodurch er berechtigt war, an einer der höheren Fakultäten weiterzustudieren und sich dem Wunsche des Vaters entsprechend dem Jusstudium zuzuwenden. Der Vater war so von Stolz und Freude erfüllt, daß er als Zeichen seiner Anerkennung dem Sohne eine kostbare Ausgabe des *Corpus iuris* verehrte.

Aus der juristischen Studienzeit in Erfurt berichtet Mathesius über das Jahr 1501: „Nicht lange, nachdem Luther die erste lateinische Bibel in der Bibliothek zu Erfurt

Ansicht von Erfurt in Hartmann Schedels „Liber Chronicarum" (Weltchronik), Nürnberg 1493

sah, fiel er in eine schwere und gefährliche Krankheit, ob deren er ganz für sein Leben verzagte." Um welche Krankheit es sich dabei handelte, läßt sich mangels weiterer Angaben nicht mehr bestimmen. Genauer Bescheid wissen wir hingegen von einem ernsten Unglücksfall, der sich in dieser Zeit zugetragen hatte und der ihn längere Zeit ans Krankenbett fesselte: Auf einer Fußreise stieß er sich nämlich seine spitze Waffe, ein Schwert, wie die Studenten es damals zu tragen pflegten, unglückselig in den Oberschenkel, daß er dabei die Hauptarterie des Beines verletzte. Er komprimierte die Wunde selbst so lange, bis ein hinzugerufener Chirurg einen Verband anlegte, der allerdings am nächsten Tag erneuert werden mußte, da sich während der Nacht eine Nachblutung einstellte. Die Wundheilung beanspruchte geraume Zeit, und infolge des offenbar beträchtlichen Blutverlustes war Luther auch vorübergehend empfindlich geschwächt.
Wir kennen nicht viele Einzelheiten aus Luthers akademischer Zeit. Er dürfte jedoch bereits damals etwas depressive Züge aufgewiesen haben; wegen seines häufigen, schweren Grübelns wurde er von den Kommilitonen gerne „philosophus" genannt. Aufgrund seiner ausgeprägten Musikalität war er aber ein gern gesehener Gast im Kreise seiner Kameraden. Die von mehreren Biographen erwähnten ersten Spuren seiner „Melancholieanfälle" mit Beginn seiner Erfurter Studienzeit besitzen deshalb medizinisch Bedeutung, weil sich bei einer konstitutionellen psychotischen Veranlagung derartige Symptome meist schon in der Pubertätszeit oder zumindest in den darauffolgenden Jahren manifestieren. Tatsächlich soll Luther in den ersten Monaten des Jahres 1505 „immer traurig einhergegangen sein", angeblich aus Angst wegen seiner Sünden und aus Furcht vor dem jüngsten Gericht. Er selbst hat in einer Predigt im Februar 1534 rückblickend behauptet, daß er damals durch solche ernste Gedanken „zur Möncherey getrieben" worden sei. Sein Zustand muß aber schon zu dieser Zeit schwankend gewesen sein, da er nachweislich zwischendurch wieder recht munter und lebhaft war und sich bei den Disputationsübungen als schlagfertig und aggressiv erwies.
Die weihevolle Promotion muß für Luther ein großes Ereignis gewesen sein, von dem er später meinte, „daß keine zeitliche, weltliche Freude desgleichen gewesen ist". Doch kaum waren zwei Monate vergangen, als sich der zweiundzwanzigjährige angehende Jusstudent zum Unwillen seines Vaters plötzlich entschloß, Mönch zu werden. Dieser Entschluß offenbarte die Zwiespältigkeit seines Wesens: Von triebhafter Sinnlichkeit und anscheinend zum Ausleben der normalen Instinkte geboren, schien es ihm nie gelungen zu sein, seine natürlichen Regungen und die im elterlichen Haus anerzogenen Glaubensvorstellungen in seinem Denken und Fühlen zu versöhnen. Die üblichen erotischen Pubertätsphantasien und das Erwachen sexueller Regungen waren für ihn kein normaler biologischer Entwicklungsprozeß, sondern die Versuchungen des Satans, welche seine Seele in ewige Verdammnis stürzen sollten. Gottvater und sein Sohn Jesus Christus waren für ihn nur Rächer des Jüngsten Gerichtes, die dem Sünder

endlose Höllenpein androhen. Dieser ihn ständig verfolgende Gedanke verdüsterte zunehmend sein Gemüt und führte allmählich zu einer ausgesprochen depressiven Verstimmung.

Man hat früher diese Gemütsveränderung, die schließlich zu seinem Eintritt ins Kloster führte, mit äußeren Ereignissen in Zusammenhang zu bringen versucht. Eine von Emme in die Welt gesetzte Version spricht von einer Flucht Luthers ins Kloster, nachdem er in einem Duell seinen Kommilitonen Hieronimus Buntz mit dem Degen tödlich verletzt hatte. Als Indiz dafür wird eine Predigt Luthers vom Jahre 1529 angeführt, in der er ausrief: „Ich bin selbst ein Mönch gewesen ... und Menschentöter bin ich gewesen", und die er während einer von Veit Dietrich aufgezeichneten Tischrede mit den Worten ergänzte: „Nach dem außerordentlichen Rathschluß Gottes bin ich zum Mönch gemacht worden, damit sie mich nicht gefangennehmen, sonst wäre ich sehr leicht gefangen worden. So aber konnten sie es nicht, weil es nahm sich der gantz orden meiner an." Anhänger dieser Version weisen in diesem Zusammenhang auch auf den *Traktat über das kirchliche Asylrecht* hin, als dessen Verfasser Luther sich 1520 bekannte und in welchem es mit Hinweis auf die mosaische Gesetzgebung heißt, daß derjenige am Leben bleiben soll, der nicht vorsätzlich getötet hat.

Neuere Daten schwächen allerdings diese dramatische Aufmachung entscheidend ab. Diesen zufolge wird der Tod eines jungen Studenten namens Jeronimus Buntz aus Winsheim laut Matrikelbuch der philosophischen Fakultät von Erfurt zwar bestätigt, doch wird darin die Ursache des erfolgten Todes nicht als Folge einer Verletzung, sondern einer *Pleuritis* – also einer Rippenfellentzündung – angegeben. Aus medizinischer Sicht wäre es theoretisch allerdings denkbar, daß es sich bei dieser Pleuritis um einen *Hämatothorax* (einen blutigen Rippenfellerguß) handelte, wie er durch einen Degeneinstich in den Brustkorb erklärt werden könnte. Es wäre demnach ein vorangegangenes Duell mit der Matrikeleintragung eines Rippenfellergusses grundsätzlich vereinbar, wenngleich man hier mangels genauerer Angaben über Vermutungen nicht hinauskommt.

Eine andere, in den meisten Biographien vertretene Version, die den so völlig überraschenden Eintritt Luthers ins Kloster erklären sollte, ist das Naturereignis, das sich am 2. Juli 1505 in der Nähe des Dorfes Stotternheim zugetragen hatte. Als Luther nämlich eines Tages von einem Besuch im Elternhaus nach Erfurt zurückkehrte, geriet er in ein ungewöhnlich schweres Unwetter. Rundherum schlugen die Blitze ein, und einer traf einen in unmittelbarer Nähe Luthers stehenden Baum, wodurch er zu Boden geworfen wurde. In seiner Todesangst soll er ein Gelübde ausgerufen haben „Hilf Du, heilige Anna, ich will ein Mönch werden!" Dieser Hilferuf an die erprobte Helferin der Bergleute war für ihn ein bindendes Gelübde, dem er schon zwei Wochen später, am 17. Juli 1505, durch seinen Eintritt ins Augustiner-Eremitenkloster entsprach. Ohne dieses Gewittererlebnis an sich anzuzweifeln, von dem Luther allerdings erst in einer Tischrede am 16. Juli 1539 berichtete, diskutiert Neumann die Möglichkeit, Luther könnte auch einer optischen Halluzination zum Opfer gefallen sein, die er wie seinerzeit der Apostel Paulus auf seinem Weg nach Damaskus für ein Lichtzeichen von oben gehalten haben könnte. Ins Medizinische übersetzt, handelte es sich dann bei diesem „Damaskuserlebnis" um eine Art Aura, wie sie einem epileptischen Anfall vorauszugehen pflegt. Während man heute von Paulus tatsächlich annimmt, daß er Epileptiker war, liegen dafür im Falle Luthers jedoch nur vage Vermutungen vor, die für eine solche Unterstellung nicht ausreichen.

Tatsächlich spricht alles dafür, daß der Gedanke, das weltliche Leben mit dem Klosterdasein zu vertauschen, zu diesem Zeitpunkt schon fertig in seinem Bewußtsein vorlag, der endgültige Entschluß zu dieser folgenschweren Zäsur bisher aber immer noch durch Zweifel und Bedenken mancher Art zurückgehalten wurde. Durch die inneren Kämpfe der letzten Monate vorbereitet, die er in seiner ständigen Angst um seine Sünden und seiner Furcht vor dem jüngsten Gericht führte, bedurfte es nur noch eines äußeren Anlasses, um seine zögernden Erwägungen abzuschließen und seinem Grübeln um schon lange vorher erwogene Klosterpläne ein jähes Ende zu bereiten. Das Gelübde, das ihm in der Stunde der Gefahr entfuhr, kommentierte der in seinen Hoffnungen enttäuschte Vater mit den Worten: „Gott geb, daß es nicht ein Betrug und teuflisch Gespenst sey." Auch Luther selbst scheint später an der Richtigkeit seines Handelns gezweifelt zu haben, denn in einer Tischrede gab er zu: „Ich bin nicht gern ein munch worden."

Der Entschluß war jedoch gefaßt. Nach der Verabschiedung von seinen Freunden am 16. Juli 1505 klopfte er am folgenden Tag an die Pforte des Augustinusklosters, wo er zunächst als Postulant Aufnahme fand.

Frater Martinus, der Augustinermönch

Luther wählte unter den zwanzig Klöstern in Erfurt das für seine strengen Regeln bekannte Kloster der Augustinereremiten und lernte hier das Klosterleben kennen, das anfangs auf ihn eine durchaus wohltuende Wirkung ausübte – die depressiven Stimmungsschwankungen verschwanden nach einigen Monaten und machten einem seelischen Gleichgewicht Platz. Er versenkte sich in die Schönheiten des liturgischen Lebens und unterzog sich, wie es der Bettelorden vorschrieb, willig und in Demut auch den niedrigsten Pflichten. In freiwilliger Askese betete er mit fanatischem Eifer, frierend in seiner ungeheizten Zelle, fastete und geißelte sich und hoffte, auf diese Weise den Satan aus seinem Leibe austreiben zu können, weshalb er später meinte: „Ist je ein Mönch in Himmel gekommen durch Möncherei, so sollte auch ich hineingekommen sein." Als man ihn einige Tage nicht zu Gesicht bekam und sich deshalb Eingang in seine Zelle verschaffte, fand man ihn angeblich bewußtlos auf dem Boden liegend; ob aus Schwäche oder in hysterischer Verzückung, kann mangels näherer Details nicht entschieden werden. Für letztere Annahme spricht der Umstand, daß er durch das Spiel einer Laute rasch wieder zu sich gekommen sein soll.

Infolge seiner vorbildlichen, durch großen Fleiß, Gehorsam und Glaubenseifer ausgezeichneten Lebensführung empfing er schon im Mai 1507 vom Mainzer Weihbischof Johann Bonemilch von Laasphe im Erfurter Dom die Priesterweihe, nachdem er einige Monate vorher das unwiderrufliche Gelübde der Armut, der Keuschheit und des Gehorsams abgelegt hatte. Sein väterlicher Freund, der Generalvikar der deutschen Augustinerklöster und Oberste des Ordens Johann von Staupitz, ermöglichte Luther das Theologiestudium, das er 1512 mit der Promotion zum Doktor der Heiligen Schrift abschloß. Damit übernahm er die Verpflichtung, an der Universität Wittenberg Vorlesungen über das Alte Testament und die Paulinischen Schriften zu halten. Wegen seiner Überzeugungskraft in der Verkündigung des Wortes fanden sich bald bis zu vierhundert Studenten in seinen Vorlesungen ein und durch seine Ausstrahlung wurde Wittenberg bald zu einer der bedeutendsten Universitäten Europas.

Dieses Wittenberg, in dessen Augustinerkloster Luther 1508 versetzt wurde, war damals eine arme, unbedeutende Stadt, deren Einwohner nach seiner Schilderung „über alle Maßen roh, der Schwelgerei und der Trunksucht ergeben waren" und hinter der eine Meile weiter östlich „die Kultur endete und die Barbarei begann".

Die aus Luthers umfangreicher Korrespondenz auf uns gekommenen Briefe, die mit dem Jahr 1507 beginnen, zählen zu den verläßlichsten Quellen, die wir über ihn besitzen. Aus medizinischer Sicht sind sie deshalb von Bedeutung, weil sie uns eine Krankheitsperiode erkennen lassen, die durch depressive Schübe mit unterschiedlich langen Intervallen ungetrübter seelischer Ausgeglichenheit gekennzeichnet war und fast zehn Jahre andauerte. Hingegen war sein somatischer Zustand während seiner Klosterjahre offenbar recht gut, und man gewinnt den Eindruck, daß sich die einfache und spartanische Lebensweise des Klosters günstig auf seine Gesundheit auswirkte. Daß er damals, wie ein zeitgenössisches Porträt von Lukas Cranach zeigt, so mager war, daß man angeblich seine Rippen zählen konnte, dürfte eher einer konstitutionellen Veranlagung zuzuschreiben sein und weniger der asketischen Lebensweise im Kloster. Im übrigen war seine Magerkeit in der Klosterzeit seiner Gesundheit ohne Zweifel weitaus zuträglicher als seine spätere Fettleibigkeit.

Die lange Depressionsperiode während der Klosterjahre, genauer der Jahre 1507 bis 1519, sticht von allen späteren ähnlichen Zuständen deutlich ab, sowohl was ihre Symptomatik als auch ihren Verlauf betrifft. Vor allem aber wurde diese langwierige Seelenkrise mit ihrem ausgesprochen theologischen Gedankeninhalt mehr als die späteren Krisen zu einem entscheidenden Faktor, nicht nur für Luther selbst, sondern für die gesamte weitere Richtung, die der europäischen Geschichte nach 1517 ihr Gepräge verlieh. Preserved Smith, der diese Periode als Neurose definiert, von der Luther später durch seine mächtig nach außen gerichteten Aktivitäten geheilt worden sei,

Das Probejahr im Augustinerkloster von Erfurt: Luther beim Reinigen der Zellen. Stich, 19. Jahrhundert.

erblickte ähnlich wie viele Historiker und Theologen auf katholischer ebenso wie auf protestantischer Seite in dieser Phase Luthers überhaupt die einzige bedeutungsvolle innere Krise in seinem Leben, die schließlich vom Jahre 1520 an angeblich in einem stabilen Zustand seelischen Gleichgewichtes endete. Das entspricht allerdings nicht den Tatsachen, denn – wie dies auch Scheel und Söderblom betont haben – Luther schwankte auch später zwischen polaren Phasen von „Schlagkraft, Siegesgewißheit und Selbstgefühl" und Zeiten innerer Unruhe, Depression, Hemmung und äußerster Unsicherheit, und er machte nachweislich etwa in den Jahren 1527 und 1528 eine Periode mit viel tieferen seelischen Leiden durch.

Die Zeit seiner Klosterjahre ist jedoch die einzige, in welcher er eine intellektuelle Verarbeitung seines inneren Seelenzustandes versuchte, den er selbst als „tiefe und unerträgliche Disharmonie" empfand. Ohne daß er dessen gewahr wurde, führte ihn dieser Verarbeitungsvorgang aus den Bahnen der alten Kirche in ein eigenes religiöses Gedankensystem hinein, das für ihn ein System von Leitgedanken wurde, aus dem heraus er alle anderen theologischen Probleme behandelte. Die Bedeutung dieser Krise

erhellt daraus, daß sich aus ihren Seelenkämpfen der Kern von Luthers religiöser Anschauung herausbildete und in enger Verflechtung mit den Strömungen der Zeit das entstand, was man die Reform Luthers nennt. Dabei waren für ihn im Gegensatz zu anderen Vertretern der evangelischen Bewegung die „Reformen" absolut zweitrangig, da sie nur in ihrer Beziehung zu dem Bedeutung besaßen, was er als das „Evangelium", das „ideologische Resultat der Klosterkrise" bezeichnete. Anders wäre es nicht denkbar, daß er noch 1530 schrieb: „Will der Papst Herr und Obrigkeit sein, dann lassen wir's wohl geschehen, wenn er nur das Evangelium frei sein lässt."
Nach einer in Frieden und Harmonie verbrachten Noviziatszeit und Vorbereitung zum priesterlichen Beruf während der beiden ersten Klosterjahre wurde Luther nach seiner endgültigen Aufnahme in den Orden als Kleriker von einer heftigen Krise befallen, die gekennzeichnet war durch eine neuerliche depressive Stimmung wechselnder Intensität, verbunden mit akuten Anfällen von Angst, unbeschreiblicher Skrupelhaftigkeit und gelegentlichen halluzinatorischen Erlebnissen von hysterisch gefärbten, fallweise mit Krämpfen einhergehenden Einschlägen. Zum ersten Mal wird uns von einem solchen Zustand anläßlich seiner Primiz in Erfurt berichtet. Diese für katholische Priester schönste Stunde ihres Lebens löste bei Luther den ersten größeren Angstanfall aus, der sich während des Offertoriums oder vor der Wandlung ereignet haben soll. Zwischen diesem Erlebnis des Jahres 1507 am Tage seiner Primiz und dem ersten Aufenthalt in Wittenberg im Winter 1508/1509 liegt jene Zeit, die zu den düstersten Perioden in seinem Leben zählt und wo ihm die „Anfechtungen" seiner angstgetönten Depression mit deutlichen anankastischen (nicht unterdrückbare zwanghafte Vorstellungen – *Anm.d.Verf.*) Einschlägen von der Art einer Zwangsneurose das Leben zur wahren Hölle werden ließen. Wahrscheinlich trug die geistige Atmosphäre des Augustinismus zum Unterschied etwa jener eines guten Dominikanerklosters dazu bei, die Auswirkungen seiner unglücklichen Veranlagung noch zu verstärken. Sieht man von persönlichen Kontakten mit seinen Mitbrüdern ab, machten Studien, Gebet und Selbsterforschung in der Einsamkeit seiner Zelle sein Leben aus. Und gerade dieser peinigenden Selbsterforschung ergab sich der junge Mönch mit dem brennenden Eifer eines von ständigen Skrupeln geplagten depressiven Neurotikers. Merkwürdigerweise scheinen der Gottesdienst und andere sakrale Ereignisse besonders zu solchen akuten Angstzuständen geführt zu haben. Vielleicht wurde seine krankhafte Christophobie, die ihm Christus als zornigen Richter erscheinen ließ, in der eucharistischen Nähe besonders akzentuiert. In einer Tischrede viele Jahre später erzählte Luther von einer Episode, die sich bei einer Frohnleichnamsprozession in Eisleben abspielte, wo er hinter dem das Allerheiligste tragenden Staupitz ging: „Da ich ein junger Mensch war, begab sichs in Eisleben am Tag Corporis Christi in der Procession, da ich auch mitging und ein Priesterkleid anhatte, dass ich für dem Sacrament, das Doctor Staupitz trug, so hart erschrack, dass mir der Schweiss ausbrach und nicht anders zu Sinn war, ich würde vergehen für grosser Angst." Bei einer anderen Gelegenheit – vermutlich in seiner ersten

Erfurter Zeit – löste der Gottesdienst während eines solchen Angstzustandes auch einen Krampfanfall aus, weshalb seine Mitbrüder annahmen, er sei Epileptiker oder vom Satan besessen. Nach einem Bericht, der allerdings von seinem späteren Gegner, dem Domherrn Johann Cochläus, stammt, soll Luther damals wie ein Ochse brüllend ausgerufen haben: „Ich bin es, ich bin es", worauf er dann in Krämpfe verfallen sei. Diese Beschreibung ließe sich eher mit einer neurotisch-hysterischen Reaktion während eines akuten Angstzustandes als mit einem epileptischen Geschehen in Einklang bringen.

In dieser Zeit spielte Dr. Staupitz, sein oberster Vorgesetzter im Kloster, eine nicht zu unterschätzende Rolle, da dieser zumindest in gewissem Sinne die Angst Luthers, die er als Kind vor seinem Vater gehabt hatte, auszugleichen imstande war. Unzählige Male erinnerte sich Luther in seinem späteren Leben mit Dankbarkeit an seinen gütigen Vorgesetzten, der gewissermaßen die Stelle des Vaters ersetzte und ihm mit Trostworten half. Noch 1542 schrieb Luther: „Wenn ich nicht Dr. Staupitz' Hilfe gehabt hätte, wäre ich in einem Meer von Zweifel ertrunken und schon längst in der Hölle."

Andererseits darf man, wie Scheel betonte, die Hilfe Staupitz' nicht überschätzen: „Sein Zuspruch hatte keineswegs den Erfolg, daß aus einem vom Werkdienst des Klosters gepeinigten und von schweren Ängsten gequälten Mönch ein von allen seelischen Lasten und gegen alle Schrecken gefeites Menschenkind wurde." Noch weniger vermochte Staupitz, der theologisch nicht klar genug sah, um Luthers Häresie frühzeitig zu entdecken, einen Einfluß auf den religiösen Umschwung bei Luther auszuüben.

Im Oktober 1509 kehrte Luther aus Wittenberg wieder nach Erfurt zurück. Von der nun folgenden Periode sind wir wenig unterrichtet, doch läßt vieles darauf schließen, daß er allmählich sein seelisches Gleichgewicht wiederfand. Aus dieser Zeit stammen die ältesten Schriften seiner literarischen Produktion, in denen überraschende Selbstsicherheit, eine gewisse Streitlust und eine Neigung zu voreiligen Urteilen herauszulesen sind. Er erdreistete sich sogar, die Kirchenväter zu kritisieren, da er glaubte, bei ihnen Ansichten zu erkennen, die wie etwa jene bei Duns Scotus bedenklich an Häresie erinnerten. In den letzten Abschnitt der Erfurter Zeit fällt Luthers Romreise, die er mit dem Prior Johann von Mecheln in der Funktion eines Begleiters unternahm. Zum ersten Mal sah er sich dem Papsttum, dem Rom von Julius II., von Angesicht zu Angesicht gegenüber, und man gewinnt den Eindruck, daß er wie jeder andere fromme Pilger von diesen Erlebnissen tief bewegt wurde. Der Papst blieb für ihn auch nach seiner Rückkehr aus Rom der legitime Nachfolger Petri, dem alle Christen Gehorsam schuldeten. Noch 1519 betonte er, daß „alles untüchtige Wesen und schändliche Treiben nicht rechtfertigte, daß man sich von derselben Kirchen reissen oder scheiden soll". Doch Luthers klösterliche Haltung hatte sich wohl durch die Ungeheuerlichkeiten, von denen er im Rom der Hochrenaissance erfuhr (und die wahrscheinlich Balsam für seine von ständigen Skrupeln heimgesuchte Seele waren), radikal und grundlegend geändert. Er, der bisher mit beinahe kleinlichem Eifer jede Einzelheit der Observanz streng befolgte, lehnte sie jetzt kategorisch ab, wodurch er in ein getrübtes Verhältnis zu seinen Mitbrüdern geriet. Diese Mißstimmung, die unter anderem zu einer scharfen brieflichen Auseinandersetzung mit dem Konvent über die Zulässigkeit seines Doktorates in Wittenberg führte, veranlaßte ihn, im Herbst 1511 für immer nach Wittenberg zu gehen.

Der junge Doktor in Wittenberg

Mit der Promotion zum Doktor der Theologie am 19. Oktober 1511 war Luther nicht mehr ein gewöhnlicher Mönch, sondern ein Geistlicher mit einer Position, mit dessen Lehrmeinung als Professor an der Universität man rechnen mußte. Bald stand er in engem Kontakt mit den wichtigsten Repräsentanten des Humanismus, und durch sein intensives Studium der Bibel und anderer theologischer Schriften begann er schon früh in seinem erstarkten Selbstwertgefühl manche kirchliche Praktiken zunehmend in Frage zu stellen. Dies überrascht umso mehr, als er noch im Sommer 1511 stark deprimiert war und ihm Dr. Staupitz, wie wir aus dem berühmten *Gespräch unter dem Birnbaum des Klostergartens* erfahren, doch energisch zusetzen mußte, damit er sein Doktorat abschloß. Luther fühlte sich, obwohl aus dieser Zeit von keiner körperlichen Krankheit berichtet wird, völlig entkräftet und erwartete in seiner depressiven Stimmungslage seinen bald bevorstehenden Tod. Beinahe hätte er das Gebot des Gehorsams verletzt, bevor er dann doch der Aufforderung seines Vorgesetzten Staupitz nachkam und mit dem Predigen begann.

Luther erklomm nun in rascher Folge die höheren Sprossen der akademischen Stufenleiter und wurde schließlich Generalvikar der Ordensprovinz. Seine Amtspflichten erfüllte er mit Eifer und Hingabe. Ein katholischer Historiker schrieb, daß „aus seinen dienstlichen Briefen eine ernste Sorge um die Schwankenden sowie ein warmes Mitgefühl für die Gefallenen atmete". So blieb Luther auch mutig auf seinem Posten, als 1516 in Wittenberg die Pest wütete und ihn seine Freunde zum Verlassen der Stadt drängten. Doch schon seit 1512 entfernte sich sein Geist mehr und mehr von der offiziellen Doktrin, so daß er zwischen der gängigen Theologie und seinen Vorstellungen Unterschiede zu konstruieren begann. Ein Beispiel aus dem Jahre 1515 illustriert dies deutlich: damals schrieb er, daß „die Verderbtheit der Welt dem Klerus zuzuschreiben wäre, der dem Volk zu viele Maximen und Fabeln menschlicher Erfindung auftische, statt ihm die in der Heiligen Schrift niedergelegte Offenbarung nahezubringen". Besonders empfänglich war sein Gemüt für die Mystik, wie er sie beim Kirchenvater Augustin, in den Predigten eines Bernhard von Clairvaux und vor allem bei den deutschen Mystikern fand. Mit glühender Begeisterung studierte er die Predigten des Dominikaners Johannes Tauler (um 1300–1361), und als er 1516 auf eine anonyme deutsche Handschrift, die *Theologia Deutsch* stieß, deren mystische Frömmigkeit seinem Gefühl, das Seelenheil beruhe einzig und allein auf der göttlichen Gnade, in besonde-

rem Maße entsprach, verfaßte er die Schrift *Theologia Germanica*, damit auch seine Landsleute aus dem Inhalt dieses Buches ihren Vorteil ziehen könnten. Ähnlich wie die deutsche Mystik beeinflußte ihn auch die Kabbala, deren gnostisch-magisches Element ihm den Weg zum erlösenden Wunder eröffnete. Auf diese Weise gelang es ihm, dem dämonischen Aberglauben, den er „unbeschnitten aus der angsterfüllten Bergwerksatmosphäre" mitgebracht hatte, ein akademisches Gepräge zu verleihen.
Nebst seinen Predigten und Vorlesungen überschüttete man ihn immer mehr auch mit

Ein unheilvolles Bündnis: der Narr, der Geistliche und der Teufel. Aus: Thomas Murner, Von dem großen Lutherischen Narren, Straßburg 1522.

Verwaltungsarbeiten und Visitationsreisen, so daß er oft nicht einmal mehr die Zeit fand, der strengen Pflicht jedes katholischen Geistlichen nachzukommen, nämlich seine täglichen Breviergebete zu verrichten. Meist half er sich damit, daß er sich am Samstag in seine Zelle zurückzog, um dort das Brevier für eine ganze Woche zu lesen. Bei alledem war der langwierige depressive Zustand noch immer nicht überwunden, wie man einem Brief aus dem Jahr 1516 entnehmen kann, in welchem er sich darüber beklagte, daß es ihm täglich elender gehe und sich „sein Leben Tag für Tag immer mehr der Hölle nähert". Dazu kamen ab und zu immer wieder Halluzinationen, die ihn beunruhigten: „Oh, ich sahe gräuliche Gesichter und Spukniss ... Kein Mensch konnte mich trösten." In seinen späteren Tischreden berichtete Luther sogar von einer Erscheinung des Gekreuzigten: „Dass er in seinem Stüblin einmal heftig gebetet und daran gedacht hätte, wie Christus am Kreuz gehangen, gelitten und für unsere Sünde gestorben wäre, da wäre ein heller Glanz an der Wand worden, und darinnen eine herrliche Gestalt Christi mit den fünf Wunden erschienen, hatte ihn, den Doctor, angesehen, als wäre es der Herr Christus selber leibhaftig." Aber selbst bei derartig erhabenen Themen in seinen Halluzinationen neigte er in seinem ängstlichen Argwohn dazu, sie zum Gaukelspiel des Satans zu machen, welches er als unheimlichen „Teufelsspuk" bezeichnete, wie es überhaupt fast stets der Teufel war, der ihm in seinen Halluzinationen erschien. Seine ängstliche Vorstellung vom zornigen Gott und streng richtenden Christus vermengte sich eigenartigerweise allmählich so sehr mit dem Bild des Teufels, daß beide Begriffe bisweilen fast identisch zu werden drohten.

Während ihn so seine eigene innere Krise, in der er zwischen siegesgewisser Zuversicht und verzagten Zweifeln an seiner Kraft hin und her schwankte, unbemerkt in die Richtung der allgemeinen Zeitströmungen auf philosophischem, sozialem und politischem Gebiet führte, hielt im Grunde sein depressiver Zustand unvermindert an. Da konnte ihm auch der Neuhumanismus etwa in der Gestalt der neuplatonischen Liebestheorie von Marsilius Ficinus (*Marsilio Ficino,* 1433–1499), den Cosimo Medici zum Leiter der Akademie in Florenz eingesetzt hatte, keinen Trost geben. Im Gegenteil: Die sinnlich-frohe Diesseitsbejahung mit dem zugehörigen Duft von Wein und Frauen, die der neuplatonischen Mystik ein so heidnisches Gepräge gab, fand Luther in seiner tief religiösen und asketischen Einstellung abstoßend und völlig unannehmbar. Überhaupt erreichten ihn die Strömungen der Zeit in seinem Mönchsdasein bisher nur als fernes Beben, da er ganz damit beschäftigt war, was in ihm selbst vorging.

Es sollte jedoch nicht mehr lange dauern, bis dieses Beben auch innerhalb der Klostermauern zu spüren war. Dazu kam noch, daß mit Luthers fortschreitendem Theologiestudium sein bisheriges Bild vom Papsttum entzaubert worden sein dürfte. Mußte er doch erfahren, daß sich manche, bisher als leuchtende Beispiele geltende Päpste als wahre Ungeheuer entpuppten. Um die heftigen, heute vielfach unbegreiflichen Angriffe Luthers gegen das Papsttum einigermaßen verstehen zu können, erscheint deshalb ein kurzer Rückblick auf die Geschichte des Papsttums vor Luther notwendig.

Das einträgliche Geschäft mit dem Glauben:
Der Ablaßkrämer Johann Tetzel verkauft den Nachlaß zeitlicher Sündenstrafen.
Lithographie von R. Weibezahl in: Bildergallerie zu C. v. Rotteck's allgemeine Weltgeschichte,
Meißen und Pest 1832.

Martin Luther im Alter von 43 Jahren. Gemälde von Lucas Cranach dem Älteren, 1526.

EXKURS: DIE KRISE VON KIRCHE UND PAPSTTUM

Der Papst ist der Kuckuck,
er frisset der Kirche ihre Eier und scheißt dagegen eitel Cardinäl aus.
Darnach so will er seine Mutter, die christliche Kirche fressen,
darinnen er doch geborn und auferzogen ist.

Für die beklagenswerte Situation der römisch-katholischen Kirche zur Zeit Luthers zeichnet hauptsächlich die katastrophale Situation des Papsttums verantwortlich – selbst heute, aus der Distanz eines halben Jahrtausends, fällt es schwer, das Ausmaß dieser Mißstände zu verstehen bzw. mit dem klassischen, makellos reinen Bild der Kirche zu vereinbaren. Verfolgt man die Geschichte des Papsttums allerdings genauer und über einen längeren historischen Zeitraum – etwa seit dem Beginn des Mittelalters –, so tritt uns dieses desillusionierende Bild noch nachdrücklicher entgegen – ein Bild, das nun auch dem universitär ausgebildeten Theologen Luther weitgehend bekannt war. Die letzten Illusionen dürfte ihm das 1440 entstandene und 1506 erstmals gedruckte Werk *De falso credita et ementita Constantini donatione declamatio* des päpstlichen Beraters und berühmten humanistischen Gelehrten Lorenzo Valla (1407–1457) geraubt haben, der darin die bis heute wohl ungeheuerlichste Urkundenfälschung, nämlich die von Papst Sylvester im Jahre 315 in Auftrag gegebene sogenannte „Konstantinische Schenkung", aufdeckte. Mit diesem gefälschten Dokument forderte noch im achten Jahrhundert Papst Stephan III. vom Frankenkönig Pippin „alle Provinzen der Stadt Rom, Italiens und aller Regionen des Westens" unter Hinweis auf den Willen Kaiser Konstantins ein. Aber selbst nach Bekanntwerden der primitiven Fälschung ging Rom noch jahrhundertelang von der Echtheit dieses Papiers aus – bildete es doch die Grundlage dafür, daß der Bischof von Rom mit all seinen Palästen, seinen Schätzen und ausgedehnten Besitztümern gleichsam herrscherlichen Prunk zur Schau stellen konnte.

Ein besonders übles Bild des Vatikans vermitteln uns das neunte und zehnte Jahrhundert, als fast alle Päpste „sittenlos, Mörder, Ehebrecher, Kriegsgewinnler und Simonisten" waren, weshalb der englische Theologe Peter de Rosa vom Zeitalter der „päpstlichen Pornokratie" spricht. In der Tat verdankte damals eine ganze Reihe von Päpsten ihren Aufstieg schönen Mätressen. Allein die „schöne Hure" Marozia und ihre Mutter Theodora, die mit ihrer „Sexpolitik" zur satirischen Legende von der Päpstin Johanna Anlaß gaben, hievten innerhalb eines einzigen Jahrzehnts acht Päpste auf den Stuhl Petri. Dabei scheute man keine wie immer gearteten Verbrechen: Als etwa Marozias Mutter Theodora im Jahre 928 starb, ließ sie deren Liebhaber Papst Johannes X. unverzüglich ermorden, um ihren inzwischen siebzehnjährigen Sohn, den sie als Geliebte des Papstes Sergius III. schon mit sechzehn Jahren geboren hatte, als Johannes XI. zum

Nachfolger des ermordeten Vorgängers zu machen. Nachdem Johannes XI. von ihrem zweiten Sohn abgesetzt wurde und sie selbst lebenslang in einem Kerker der Engelsburg schmachten sollte, erlebte sie dort noch die Freude, daß ihr Enkel im Alter von erst sechzehn Jahren als neuer Papst Johannes XII. den Thron bestieg. Er unterhielt im Lateranpalast einen Harem, schlief mit seiner eigenen Mutter und verstümmelte oder exekutierte alle, die zu seiner Verbannung beigetragen hatten, weshalb ihn Kaiser Otto II. in einem Brief „des Mordes, Meineids, Sakrilegs und Inzests mit Verwandten" bezichtigte. Doch der von Otto II. eingesetzte Johannes XIII. stand seinem Vorgänger in nichts nach. Der sogenannte „Kindpapst" jedoch, der durch üble Bestechungen im Jahre 1032 mit nur elf (!) Jahren zum Papst Benedikt IX. gewählt wurde, übertraf alle seine Vorgänger an Ausschweifungen und Freveltaten. Er war es auch, der später sein päpstliches Amt gegen Überlassung des gesamten Peterspfennigs von England seinem Paten Gratianus, einem Analphabeten, verkaufte – ein einmaliger Vorgang in der Geschichte der Päpste!

Aber auch die Päpste des Hochmittelalters, wie Gregor VII. und Innozenz III., die von katholischen Historikern zu den größten Gestalten der gesamten Kirchengeschichte gezählt werden, waren keineswegs so leuchtende Vorbilder. Gregor VII. (1073–1085) ging zwar im Investiturstreit mit Kaiser Heinrich IV. als Sieger hervor, säte aber durch seine Machtgier und seine geradezu hochmütige Anmaßung gleichzeitig jenen Samen, der in der Reformation so unheilvolle Früchte trug. In einem *Dictatus* verlangte er, daß „niemand auf Erden über den Papst urteilen kann." Er behauptete, „die Römische Kirche hätte nie geirrt und könne bis zum Ende der Zeiten auch nie irren", und erklärte, nach seinem Belieben „Kaiser und Könige absetzen und ihre Untertanen dispensieren zu können", weshalb er auch ungeniert von allen Fürsten erwartete, „ihm die Füße zu küssen." Selbst Bischöfe – wie etwa jene von Trier und Verdun – warfen diesem Papst Irrtum in seiner unerhörten Anmaßung vor und warnten schon damals vor der Zerstörung der Einheit der Kirche. Immerhin ließ er gegen jede Tradition alle Bischöfe einen persönlichen Treueeid schwören, wodurch diese für immer ihre Unabhängigkeit als Nachfolger der Apostel verloren und fortan nur noch „von Gnaden des Apostolischen Stuhles" abhingen.

Wichtigste kirchenrechtliche Fälschung mit dem Siegel päpstlicher Billigung waren die um 850 entstandenen *Dekrete des Pseudo-Isidor* („Pseudo-Isidorien"), eine Sammlung unechter Rechtsquellen, die unter anderem jeden Umgang mit Exkommunizierten verboten. Indem nun Gregor VII. dieses Prinzip eigenwillig auch auf Kaiser und Könige ausdehnte, schaffte er sich mit gefälschten Zusätzen eine jederzeit einsetzbare, gefährliche politische Waffe, mit der er jeden exkommunizierten Herrscher durch den gleichzeitig wirksam werdenden Entzug der Gefolgschaft des Volkes praktisch absetzen konnte. Es paßt zum Größenwahn jenes Papstes, daß er sich selbst vom Stellvertreter Petri zum „Stellvertreter Christi" beförderte.

Nicht viel anders stellt sich Papst Innozenz III. (1198–1216) vor, die „Reinkarnation

Konstantins", dessen Lieblingstitel „Beherrscher der Welt" lautete. Thomas Hobbes schrieb später zu Recht: „Das Papsttum ist nichts anderes als der Geist des toten Römischen Reiches, auf dessen Grab es gekrönt sitzt." In seiner Anmaßung annullierte Innozenz III. in einer entsprechenden Bulle sogar die Magna Charta, derzufolge selbst der König sowie alle freien Menschen dem Gesetz unterworfen sind. Er war es auch, der der Inquisition neuen Aufschwung gab – unter seiner „Herrschaft" fand die erste große Verbrennung zahlreicher „Ketzer" statt – und 1209 zum blutigen Kreuzzug gegen die Albigenser aufruf, in dessen Verlauf Tausende andersdenkender Christen – die Albigenser lehnten den Führungsanspruch des Papstes ab – ermordet wurden.

Der päpstliche Terror setzte sich fort mit Gregor IX., der in einer Bulle die Gründung der Inquisition im Jahre 1231 bekanntgab. Dieses Tribunal verteidigte nicht den Glauben der Christen, sondern ausschließlich das päpstliche System. Denn es hieß in dieser Veröffentlichung, daß alle, die gegen eine päpstliche Anordnung verfehlten, den weltlichen Behörden zur Verbrennung zu übergeben seien. Innozenz IV. (1243–1254) vollendete diesen Rückfall in die Barbarei durch eine Bulle, in welcher er ausdrücklich die Folter während des Inquisitionsgerichtes forderte. Dieser Stellvertreter Christi ging sogar so weit, daß er für tödliche Folgen bei der Folterung der armen Opfer persönlich die Schuld auf sich zu nehmen bereit war. Die Folterknechte durften also – so wie die Schergen in den nationalsozialistischen Konzentrationslagern – straffrei ihrem sadistischen Handwerk nachgehen, da sie ja im Auftrag ihres „Führers", der in diesem Falle der Papst war, handelten. Spätere Versuche einer Verteidigung des Vatikans mit dem Hinweis, daß die Schuldigen ja den weltlichen Gerichten überantwortet worden waren, sind reine Heuchelei: Jeder Fürst oder jeder Magistrat, der sich weigerte, die Folterung oder die Exekution beziehungsweise die Verbrennung der Ketzer vorzunehmen, wurde selbst exkommuniziert und vor das gleiche Inquisitionsgericht gestellt. Allein der berüchtigte, 1483 zum Großinquisitor ernannte Thomas von Torquemada verurteilte innerhalb von fünfzehn Jahren mit dem päpstlichen Segen 114.000 Opfer – davon wurden 10.220 Menschen bei lebendigem Leibe verbrannt! Die Entschuldigung, daß man dabei doch zeitgebundene Sitten und Maßstäbe berücksichtigen sollte, ist schon deshalb hinfällig, weil das Papsttum „seine üblen Sitten, lange nachdem jedes zivilisierte Land Europas sie abgelegt hatte, beibehielt".

Die endgültige Besiegelung des päpstlichen Absolutismus erfolgte Anfang des vierzehnten Jahrhunderts durch Bonifaz VIII. (1294–1303), den Dante in seiner *Divina commedia* als das „Schwarze Tier" apostrophierte, und der aus dem Grab Petri eine Kloake machte. In seiner Sittenlosigkeit schreckte er nicht einmal davor zurück, eine verheiratete Frau und deren Tochter gleichzeitig als Mätressen zu halten. Mit der berüchtigten Bulle *Unam sanctam* machte er das Seelenheil seiner Gläubigen von der bedingungslosen Unterwerfung unter sein Szepter abhängig: „Wir definieren, daß es für jedes Geschöpf zur Erlösung unbedingt erforderlich ist, dem römischen Oberhirten untertan zu sein." In seiner Selbstherrlichkeit kam Bonifaz allerdings mit dem französischen König Philipp dem Schönen, der vom Klerus Steuern einforderte, in einen folgenreichen Konflikt, da er in einer Bulle jedem Kleriker mit sofortiger Exkommunikation drohte, der auch nur einen Pfennig an einen Laien zahlte, selbst wenn es der König sei. Diese Anmaßung hatte die Gefangennahme von Papst Bonifaz VIII. durch den französischen König zur Folge, der seinerseits den in Lyon gekrönten französischen Papst Klemens V. veranlaßte, den Sitz der Kurie von Rom nach Avignon zu verlegen. Damit wurde nicht nur die päpstliche Autorität empfindlich untergraben, sondern auch die rund siebzig Jahre dauernde, demütigende „Babylonische Gefangenschaft" der Kirche eingeleitet. Eine Reihe habgieriger, sittenloser Päpste brachte in dieser Zeit das Amt des Apostolischen Stuhls auf den tiefsten Stand seit der „Herrschaft der Huren" im neunten und zehnten Jahrhundert. Petrarca, dessen Schwester vom Papst Benedikt XII. als Konkubine im Palast zu Avignon gehalten wurde, bezeichnete anonym – um nicht verbrannt zu werden – den päpstlichen Hof in Avignon als „die Schande der Menschheit, ein Sammelbecken des Lasters, eine Kloake, in der sich aller Schmutz der Welt sammelt ... Alles dort atmet Lüge: die Luft, die Erde, die Häuser und vor allem die Schlafzimmer."

Mit der Rückkehr der Kurie nach Rom unter Papst Gregor XI. war zwar die Wiederherstellung des päpstlichen Ansehens gelungen, doch unmittelbar nach dem Tod dieses Papstes 1378 geriet die Kirche – und hier wieder vor allem das Papsttum – in die nächste und noch viel ernstere Krise, nämlich in das fast vierzig Jahre dauernde Schisma, in dessen Verlauf die in Rom und in Avignon residierenden zwei Päpste den Gläubigen ein wahrlich beschämendes Schauspiel boten. Sie bekriegten sich geistig und materiell bis aufs Messer, verhängten wechselseitig über den jeweils anderen den Kirchenbann und leisteten durch eine Amtsführung, die von Nepotismus und maßloser Korruption bestimmt war, der ohnedies im Klerus überhandnehmenden Sittenverderbnis weiter Vorschub. Ohne jegliche Skrupel griffen beide Päpste zur Beschaffung der notwendigen Geldmittel für ihre privaten Zwecke auf die alten, verwerflichen Praktiken der Simonie und der Laieninvestitur zurück, und da dies zur Abdeckung ihrer enormen Ansprüche nicht genügte, wurde eifrig der nicht weniger bedenkliche spätmittelalterliche Ablaßverkauf angekurbelt. Dieses wüste Treiben der Päpste war die Ursache für das Wiederaufleben pietistisch-sektiererischer Gruppen wie der Begharden und der Waldenser und für die weitaus gefährlichere separatistische Bewegung John Wiclifs in England, die sich bei dem durch Fürstenheirat entstandenen engen Verkehr mit Böhmen auch in diesem Lande rasch verbreitete, wo die von dem vornehmen und mutigen Johannes Hus vorgetragene Lehre überdies stark nationalpolitisch geprägt war. Vergeblich traten die „Fraticellen", die für die franziskanischen Armutsideale kämpften, gegen diese Mißstände auf; sie wurden von den hochmütigen Päpsten als Häretiker abgestempelt und verurteilt.

Indessen ging das Schisma unverändert weiter. Verzweifelte Einigungsversuche scheiterten daran, daß sich keiner der beiden Päpste zurückziehen wollte. Erst nach Über-

windung verschiedener Schwierigkeiten einigte man sich im Konzil von Pisa auf einen neuen Papst, Johannes XXIII., der jedoch von den in Rom und Avignon regierenden Konkurrenten nicht anerkannt wurde. In der Tat handelte es sich bei Johannes XXIII. um einen ehemaligen Piraten, Massenmörder und unersättlichen Wüstling mit besonderer Präferenz für Nonnen, einen Simonisten und Erpresser, wie Peter de Rosa ihn beschrieb. Trotzdem eröffnete dieser „in Gold drapierte Pirat" das von Kaiser Sigismund 1414 einberufene Konzil zu Konstanz, bei welchem der charakterlose Kaiser bekanntlich sein Versprechen auf freies Geleit und Schutz seiner Person für den vorgeladenen Johannes Hus brach und ihn zum Flammentod verurteilen ließ. Milder urteilte das Konzil über Johannes XXIII., der „wegen Piraterie, Mord, Vergewaltigung, Sodomie und Blutschande" nur mit drei Jahren Freiheitsentzug bestraft wurde. Die beiden anderen Päpste traten zurück, und mit Martin V. nahm endlich wieder nur ein einziger Kandidat sein Amt als „Stellvertreter Christi" in Rom an.
Damit war zwar die schwerste Krise für das Papsttum überwunden, doch waren die Nachwirkungen noch lange Zeit spürbar. Dazu kam nun noch der Einfluß der Renaissance, der gegenüber sich die folgenden Päpste erstaunlich aufgeschlossen verhielten. Allerdings war damit auch die Verführung zu einer verschwenderischen Hofhaltung verbunden, wodurch schließlich in der Periode der Hochrenaissance die kirchlichen Mißstände wie nie zuvor zu wuchern begannen: „Simonie und Nepotismus, Bestechlichkeit, Verkauf von Ämtern und Errichtung einer Unzahl überflüssiger, aber dafür um so höher dotierter Hofposten, die an reiche vornehme Müßiggänger verkauft wur-

Böhmens Reformator Jan (Johannes) Hus vor dem Konzil zu Konstanz. Gemälde von Carl Friedrich Lessing.

den, Völlerei und sträflicher Überfluß, glanzvolle Feste, die an Pracht und Kostspieligkeit die Versailler Feste des Sonnenkönigs übertrafen, eine unverhüllte Unsittlichkeit mit reichlicher Versorgung der Nachkommen aus illegitimen Verbindungen, Intrigen, Wortbrüche und Meuchelmorde." Das Aufkommen öffentlichen Ärgernisses als Vorbote des Sturmes war die Folge, wobei man die „Verscherbelung" des Papsttums im Konklave an den Meistbietenden besonders abscheulich fand. T. A. Trollope meinte deshalb auch: „Wenige Papstwahlen, wenn überhaupt eine, standen nicht unter dem Einfluß der Simonie. Die Erfindung des Heiligen Kollegiums war insgesamt die vielleicht ergiebigste Quelle der Korruption in der Kirche."

Natürlich gab es auch rühmliche Ausnahmen: etwa Papst Nikolaus V., der 1450 in das von den Wirren des Schismas besonders betroffene Deutschland zur Wiederherstellung der Autorität Nikolaus von Cusa entsandte, der eine gewaltige Reformarbeit leistete, oder den gelehrten Humanisten Enea Silvio Piccolomini, der als Pius II. den päpstlichen Stuhl bestieg. Überhaupt ist es auffallend, daß keine andere Institution eine so konsequente Kontinuität in Lehre und Disziplin aufweist wie die katholische Kirche – auf der anderen Seite man kaum eine Regierung findet, die von so ungleichen, ja unwürdigen Personen geleitet wurde wie das Papsttum. Dies zeigt sich ganz augenfällig bei jenen Päpsten, die auf Pius II. folgten.

Unter Sixtus IV. (1471–1484) machten sich Sittenverderbnis und ein bis dahin nicht bekannter Luxus auf allen Gebieten breit, der sich unter anderem auch in den verschwenderischen Benefizien und Geschenken an seine „Neffen" äußerte und schließlich das gesamte ungeheure vatikanische Vermögen verschlang. Sixtus war auch der erste Papst, der für jährlich dreißigtausend Dukaten Lizenzen an die Bordelle Roms vergab und von Priestern, die sich Mätressen hielten, Steuern einhob. Als eine fast unerschöpfliche Einnahmequelle aber diente ihm die geniale Idee, auf Kosten der ungebildeten, leichtgläubigen armen Bevölkerung Ablässe einzutreiben, die bereits Verstorbenen die Befreiung aus dem Fegefeuer – ein Begriff übrigens, den man in der Heiligen Schrift vergeblich sucht – durch die Angehörigen garantierten. So konnte auch mit dem „Fegefeuer" die päpstliche Habgier gesättigt werden.

Auch dem Nachfolger Innozenz VIII. (1484–1492) blieben für eine längst fällige kirchliche Reformarbeit weder Zeit noch Kräfte. Korruption, Konkubinat und Simonie waren weiterhin auf der Tagesordnung. In die Geschichte ging dieser Papst mit zwei besonderen Schandtaten ein: Mit ihm erreichte die Hexenverfolgung, die seit der Billigung der Folter durch den Papst Innozenz IV. zu einer wahren Orgie der Vernichtung ausartete, den absoluten Höhepunkt. In einer Bulle aus dem Jahre 1484 erklärte er die Hexerei als echt und befahl, jeden, der dies leugnen sollte, als Ketzer zu verurteilen, also zu verbrennen. In seiner makabren Pedanterie setzte Innozenz VIII. zur besseren Organisation der Massaker zwei Dominikaner – Jakob Sprenger und Heinrich Institoris – ein, die ein Handbuch zum Aufspüren und zur Bestrafung der Hexen auszuarbeiten hatten. Dieser sogenannte *Hexenhammer*, der drei Jahrhunderte lang auf dem

Tisch jedes Richters zu liegen hatte, enthielt als Vorwort den Wortlaut der päpstlichen Bulle. Mit dieser „Hexenbulle" führte Innozenz VIII. zwar keine neue Praxis ein, da schon im *Sachsenspiegel*, dem altdeutschen weltlichen Gesetzbuch, für Hexen der Tod auf dem Scheiterhaufen vorgesehen war, doch stellt es zumindest die erste bedeutsame Stellungnahme des päpstlichen Stuhles zu diesem Thema dar. Die zweite „Großtat" dieses Papstes war jenes unheilvolle Edikt, das sich gegen die jüdische Bevölkerung in Spanien richtete: Wer die Konvertierung zum katholischen Glauben verweigerte, wurde mit Kind und Kegel von der Halbinsel verbannt. Die Folge war ein Massenflüchtlingselend, das bis zur Zeit des Nationalsozialismus nicht mehr überboten werden sollte.

Ein neuer Höhepunkt der Sittenverderbnis auf dem Stuhle Petri wurde mit der 1492 erfolgten Wahl des Rodrigo Borgia als Papst Alexander VI. (1492–1503) erreicht, der mit Recht zu den umstrittensten Päpsten aller Zeiten gezählt wird. Die Tagebücher Burchards, der zu jener Zeit im Konklave als Zeremonienmeister tätig war, geben uns einen Begriff davon, wie der Heilige Geist bei der Wahl der Nachfolge Petri vorging: Obwohl vom Ausland auf den Kardinal delle Rovere – den späteren Papst Julius II. – die ungeheure Summe von dreihunderttausend Golddukaten gesetzt wurde, blieb Borgia als der mit Abstand reichste der Kardinäle siegreich. Er war selbst für einen Renaissancepapst ein Ausbund von Schlechtigkeit. Als seine langjährige Lieblingsmätresse Vannozza, die ihm vier seiner insgesamt zehn Kinder gebar – darunter Cesare und Lucrezia –, verwelkte, nahm er sich die mit einem Orsini jungvermählte fünfzehnjährige Giulia Farnese, welche man als „Hure des Papstes" und „Braut Christi" bezeichnete, zur neuen Mätresse. Sie schenkte dem Papst drei weitere Kinder.

Der Schaden, den das Pontifikat dieses Papstes anrichtete, war unermeßlich: Alexander VI. war zwar hochbegabt, jedoch ein schizoider, amoralischer Psychopath, der kalt, berechnend und gewissenlos wie ein machthungriger und geldgieriger Condottiere regierte. Erst mit dem Regierungsantritt von Papst Julius II. (1503–1513) kündigte sich wieder ein steigendes Ansehen des Papsttums an. In den Augen der Nachwelt lebt vor allem seine Tätigkeit auf kulturellem Gebiet weiter, da unter seinem Mäzenatentum die italienische Renaissance ihren Höhepunkt erlebte und Rom durch ihn zum Zentrum der Kunst und der Kultur wurde. Wenn auch unter Julius II. der Verkauf von Ämtern blühte und der Ablaßunfug sogar noch eine Erweiterung erfuhr, so verwendete er die auf diese Weise angehäuften riesigen Geldsummen fast ausschließlich zu kirchlichen Zwecken oder zum Wohle des Kirchenstaates und nicht wie sein Vorgänger zur Versorgung seiner Verwandten. Durch Julius II. wurde das Papsttum wieder zu einem bedeutsamen politischen Machtfaktor; wäre diese Stellung von seinen Nachfolgern klüger ausgenützt worden, wären die Vorbedingungen für eine Festigung der katholischen Kirche vorhanden gewesen. Leider starb Julius II. 1513 während der Reformarbeiten zum Lateranischen Konzil, die mit wenig Engagement von seinem Nachfolger Leo X., dem Sohn des Lorenzo il Magnifico, übernommen wurden.

Leo X. (1513–1521) aus dem Hause Medici war fast nur politisch-kulturell interessiert, während seine Einstellung zur Religion eher leichtsinnig und oberflächlich war, wie seine ersten Worte nach der Wahl zum Papst erkennen lassen: „Jetzt kann ich mich richtig amüsieren!" Nicht zu Unrecht meinte deshalb der Historiker Scarpi, er wäre ein idealer Papst gewesen, hätte er zu seiner künstlerischen Bildung nur die geringste Kenntnis der Religion besessen. In der Tat war er Kunstmäzen und Bauherr großen Stils, und da er überdies ein Spieler und Geldverschwender war, dessen Hof ein Pendant zum Versailles Ludwigs XIV. wurde, plünderte er zur Befriedigung seiner Kunstinteressen und seiner Ausschweifungen sowie zur Fortführung kostspieliger kriegerischer Unternehmungen unbedenklich die von seinem Vorgänger wiederaufgefüllte vatikanische Schatzkammer, so daß diese bereits nach zwei Jahren vollständig geleert war. Um sein Einkommen aufzubessern, versteigerte Leo X. über zweitausend neu geschaffene einträgliche Ämter an Meistbietende und vergab freizügig Kardinalshüte zum Preis von jeweils dreißigtausend Dukaten. Am verhängnisvollsten sollte sich aber die neuerliche Ankurbelung des Ablaßwuchers auswirken.

Ein großer Kunstmäzen und Bauherr: Medicipapst Leo X. Zeichnung von Giulio Romano.

Als verhängnisvoll für die römische Kirche sollte sich die Fehleinschätzung der Lage im Reich erweisen: Der lebensfrohe und gutmütige Medicipapst erkannte nicht, daß mit der Verbreitung der Lehre Luthers ein gefährlicher Flächenbrand drohte, der sich unmittelbar gegen seine Person und die Privilegien des Klerus – allein der Grundbesitz der Kirche umfaßte zu dieser Zeit ein Viertel des Reichsgebiets – richtete. In Verkennung dieser explosiven Situation ging nun Leo X. jenen Handel mit Prinz Albrecht von Hohenzollern ein, der ihm zwar eine unvorstellbar hohe Geldsumme einbrachte, unbeabsichtigt aber zugleich zum Auslöser der deutschen Reformation wurde: Albrecht, der gegen hohe Bezahlung Erzbischof von Mainz und Primas von Deutschland werden wollte, hatte die vom Papst verlangte enorme Geldsumme nicht flüssig, weshalb Leo X. unter Mißachtung des kirchlichen Verbotes des Wuchers die Gewährung des nötigen Darlehens mit stark überhöhtem Zinssatz mit dem Haus Fugger in Augsburg arrangierte. Um ihm die Zurückzahlung dieses Darlehens zu ermöglichen, versorgte der Papst seinen Schützling mit der Verpachtung eines Jubelablasses, den dieser acht Jahre lang ausbeuten durfte. Von den so erzielten Einkünften sollte die Hälfte

an die Fugger, die andere Hälfte aber an den geschäftstüchtigen Stellvertreter Christi gehen. Schließlich sorgte Leo X. für einen optimalen Erfolg dieser Transaktionen dadurch, daß er für diesen großangelegten Betrug an der wundergläubigen, armen und ungebildeten Bevölkerung den dafür besonders geeigneten Dominikanermönch Tetzel einsetzte, der mit seiner bekannten theatralischen Ausmalung der Höllenqualen als Prediger hohe Ablaßgelder zu erzielen pflegte.
Luther, der den Papst als „ergsten feind" erkannte, schwor sich, gegen diese bedenklichen Praktiken, bei denen Ablässe sogar als Spieleinsätze in Tavernen verwendet wurden, energisch vorzugehen. Nach seinen Worten machte die päpstliche Habgier „aus Christus selbst einen Gehilfen für Diebe, deren Ziel es war, die Armen zu berauben".

Die Revolution kündigt sich an

In der Klosterzeit Luthers erreichte die religiös-soziale Krise durch die Konfliktstoffe, die sich zunehmend anhäuften, ein Ausmaß, das jeden Augenblick eine Entladung befürchten lassen mußte. Innerhalb des religiösen Lebens in Deutschland gab es neben einer rührenden Volksfrömmigkeit und tiefen Innerlichkeit des Glaubens eine grenzenlose Weltlichkeit, die durch eine maßlose Gier nach Macht und Geld, üppige Sinnlichkeit, moralischen Verfall und profitorientierten Mißbrauch kirchlicher Ämter gekennzeichnet war. Dazu kam noch, daß die stark geschwächte kaiserliche Macht nicht imstande war, in diesem Chaos Ordnung zu schaffen; noch viel weniger vermochte das politisch und in seinem moralischen Ansehen seit zwei Jahrhunderten zunehmend geschwächte Papsttum dieser drohenden Auflösung Einhalt zu gebieten. Das gleiche galt für das deutsche Episkopat, dessen Vertreter seit 1500 im wesentlichen kurzsichtige, halbgebildete und machtgierige adelige Parasiten – mit Albrecht von Mainz an der Spitze – waren.
In dieser geistigen und politischen Atmosphäre schlug Luther der Überlieferung nach am Vortag des Allerheiligenfestes, dem 31. Oktober des Jahres 1517, seine 95 Thesen an die Türe der Schloßkirche zu Wittenberg an: ein Ereignis, das zur zweiten und wichtigsten Zäsur in seinem Leben werden sollte. Neuere Erkenntnisse lassen allerdings Zweifel an dieser Form des Thesenanschlags aufkommen, der nun einmal zur Lutherlegende gehört und zur Glorifizierung des Reformators seit jeher beitrug. Wenn auch an der Kirchentür angebrachte Thesen in jener Zeit einem üblichen akademischen Brauch entsprachen, so muß dies für jene von Luther deshalb angezweifelt werden, weil ihr Inhalt nicht für die breite Öffentlichkeit bestimmt war, sondern ausschließlich die Wittenberger Gelehrten zu einer akademischen Disputation aufrufen sollte. Da nun aber einmal Luther mit seinen Thesen vehement auch gegen den Ablaßmißbrauch auftrat, der von allen damaligen kirchlichen Mißbräuchen der Bevölkerung ein unmittel-

barer Dorn im Auge und eine Quelle zunehmender Erbitterung war, gab er mit seinem Vorgehen zunächst ungewollt das Signal zur großen allgemeinen Erhebung. Alle, denen die neue Bewegung in ihren revolutionären Absichten dem Papst, Kaiser oder Landesfürsten gegenüber hilfreich dünkte, strömten begeistert herbei. Wie wenig die Anhänger der verschiedensten Lager mit den eigentlichen Ideen Luthers auch vertraut waren – sie erblickten doch sofort in ihm den geistigen Anführer: Die Neuhumanisten kämpften für ihre fast heidnischen Ideale, die niedere Geistlichkeit wollte die Fesseln der strengen kanonischen Gelübde und hier wieder vor allem des Zölibats sprengen, der niedere Adel spähte begehrlich nach dem Kirchengut und die Bauern erhofften Unterstützung im Kampf gegen ihre weltlichen und geistlichen Grundherren. Bloß in einem stimmten alle überein: im Widerstand gegen Rom, gegen den Papst, gegen die weltliche Macht und den Einfluß und Reichtum der höheren Geistlichkeit. Alle Bewegungen konzentrierten sich auf die eine Galionsfigur, auf Martin Luther, dessen innere Entwicklung ihn auch selbst in ein entscheidendes Stadium und in dieselbe Richtung „fort von Rom" gebracht hatte. Dabei war sein Auftreten zunächst nur von einer eruptiven inneren Leidenschaft getragen, dem weder ein Programm noch ein sicher erkennbares Ziel zugrunde lagen.
Die Erfindung des Buchdruckes trug dazu bei, daß seine Thesen in Windeseile Verbreitung fanden und der Wittenberger Professor schon bald in ganz Deutschland bekannt wurde. Ein aus diesen Jahren stammender Holzschnitt von Lukas Cranach gibt uns ein anschauliches Bild von der kämpferischen Natur Luthers: „Ein tonsurierter Mönch von mittelgroßer, damals noch schlanker Statur, mit großen, grüblerisch blickenden Augen, einer noch größeren Nase und einem festen Kinn, das Gesicht eines mutigen und charaktervollen Mannes, nicht eines Streithahns." Diesem Eindruck entsprach auch sein körperlicher Zustand. Abgesehen von einem vorübergehenden Unwohlsein auf der Reise nach Rom in der Zeit von 1510/11, das nur einen Tag andauerte und das er durch den Genuß von Granatäpfeln heilte, hören wir während seiner gesamten Klosterzeit so gut wie nichts von Krankheiten. Psychisch wirkte sich der Umstand, daß er durch seinen Thesenanschlag mit einem Schlage aus der Abgeschiedenheit der kleinen Stadt Wittenberg in den Brennpunkt der deutschen Öffentlichkeit getreten war, insoferne günstig aus, als sich seine neurotisch angestaute, bisher wie in einer Kapsel eingeschlossene Leidenschaft zu regen begann und sein natürlicher Drang nach Extroversion zur Entfaltung gebracht wurde. Seine rasch zunehmende Berühmtheit, die bis zur Huldigung großer Geister führte, die freudige Anerkennung als Führer und Befreier verschiedenster Gruppen und die Zustimmung bei Fürsten, Adeligen und Bauern steigerten sein Selbstgefühl über alle Maßen und öffneten ihm gleichzeitig die Augen, daß eigentlich von ihm die mönchische Demut bisher als „drückende Zwangsjacke" empfunden worden war.
Als eine erste Folge seines Auftretens stellte sich ein spürbarer Rückgang im Absatz von Ablässen ein, weshalb der vom Papst beauftragte Vollstrecker der „Jubiläumsab-

Amore et studio elucidande veritatis: hec subscripta disputabũtur Wittenberge. Presidente R. P. Martino Lutther: Artiũ et S. Theologie Magistro: eiusdemq; ibidem lectore Ordinario. Quare petit: vt qui non possunt verbis presentes nobiscũ disceptare: agant id literis absentes. In noie dñi nostri hiesu chri. Amẽ.

In Windeseile verbreitet: Luthers 95 Thesen. Einblattdruck, Nürnberg (Hieronymus Hölzel), 1517.

lässe", der Dominikanermönch Johann Tetzel, unterstützt von gelehrten Männern, mit seinen *Einhundertsechs Anti-Thesen* gegen Luther auftrat. Sie waren allerdings bloße einsichtslose „theologische Meinungsäußerungen, die mit exakter Gelehrsamkeit kaum etwas zu tun hatten". Als das Machwerk in Wittenberg feilgeboten wurde und der Buchhändler nach der Verbrennung von 800 Exemplaren von den aufgebrachten Studenten auch noch verprügelt wurde, sah sich Luther veranlaßt, ein solches Vorgehen öffentlich zu mißbilligen. Nachdem Albrecht von Mainz Luther beim Heiligen Stuhl denunziert hatte, begannen sich seine Feinde zu formieren. Der Kölner Inquisitor Jakob van Hoogstraeten drohte ihm – in Anspielung auf das Schicksal von Jan Hus – sogar mit dem Scheiterhaufen. Ebenfalls für seine Verbrennung als „Ketzer" setzte sich ein weiterer Gegner in Gestalt des Ingolstädter Theologen Dr. Johann Eck ein. Er beschuldigte Luther in einer von ihm verfaßten Streitschrift, „böhmisches Gift", also hussitische Lehren, auszusäen und die kirchliche Ordnung zu untergraben. Am skurrilsten benahm sich aber Sylvester Prierias, der literarische Zensor der Kurie im Vatikan, der „den absoluten Supremat des Papstes mit Wendungen verteidigte, die an Übertreibung grenzten, und insbesondere die Ablaßtheorie bis zu einem nicht mehr vertretbaren Punkt trieb".

Luther, der außer in lateinischer auch in deutscher Sprache schrieb und damit eine enorme Breitenwirkung erzielte, wehrte sich gegen diese Angriffe mit dem gemäßigten Traktat *Resolutiones* vom April 1518, in welchem er sogar dem Papst Leo X. hohe Anerkennung zollte, wie ein Passus daraus zeigt: „Seligster Vater, niedergeworfen zu den Füßen deiner Seligkeit, bringe ich mich dir dar mit allem, was ich bin und habe. Belebe, schlage nieder, rufe, widerrufe, billige, verwirf, wie es dir gefällt: ich erkenne in deiner Stimme die Stimme des in dir gegenwärtigen und redenden Christus." Der römische Pontifex, der die ganze Angelegenheit noch immer als wenig bedeutende theologische Fehde fehleinschätzte, wurde bei aller Demut, die aus dem Traktat Luthers herausklang, von seinen Beratern dahingehend aufgeklärt, daß die *Resolutiones* die ökumenischen Konzile weiterhin über den Papst stellten, das Wallfahrtswesen als unwirksam darstellten, die überirdischen Kräfte der Heiligen in Abrede stellten und vor allem die seit dreihundert Jahren mühsam aufgebaute Unsitte des Ablaßwesens verurteilten. Da der Ablaßhandel die wichtigste finanzielle Quelle für die Wohltaten Leos X., seine Vergnügungen und seine Kriege darstellte, sah er sich veranlaßt, den aufmüpfigen Mönch doch nach Rom zu zitieren. Obwohl inzwischen auch Kaiser Maximilian I. in Martin Luther einen „notorischen Ketzer" erblickte und deshalb den Kurfürsten Friedrich den Weisen aufforderte, den rebellischen Augustinerpater nach Rom auszuliefern, erwirkte dieser, für den Luther das Paradestück seiner Universität verkörperte, daß die Vorladung nach Rom zurückgezogen wurde und ein Verhör auf deutschem Boden stattfinden sollte. So fand am 12. Oktober 1518 im Hause der Fugger in Augsburg das erste persönliche Treffen Luthers mit Kardinal Cajetan, dem päpstlichen Legaten, statt, vor dem er sich wegen Ungehorsam und Ketzerei zu verantwor-

ten hatte und der von Leo X. angewiesen war, den „schäbigen Bettelmönch" zum Widerruf aufzufordern und widrigenfalls gefangenzusetzen und nach Rom ausliefern zu lassen.
Da Luther seine Lehre nicht widerrief, blieb ihm nur die nächtliche Flucht zurück nach Wittenberg und damit unter die schützenden Fittiche des sächsischen Kurfürsten. Dort angekommen, verfaßte er eine aufregende Schilderung seiner Auseinandersetzung mit Kardinal Cajetan, in der er seinem Freunde Wenzel Link unter anderem mitteilte: „Ich werde dir meine Kleinigkeit schicken, damit du sehen kannst, ob ich mit Recht vermute, daß der wahre Antichrist am römischen Hofe herrsche. Daß dieser gegenwärtig noch schlimmer sei als der Türke, glaube ich beweisen zu können." In einem Brief aus diesen Tagen an Herzog Georg meinte er, „eine allgemeine Reformation der geistlichen und weltlichen Gewalten sollte unternommen werden", und in diesem Schreiben finden wir auch zum erstenmal jenen sprachlichen Ausdruck, der seiner Revolution den historischen Namen gab: Die Reformation. Leo X. zeigte sich immer noch von seiner versöhnlichen Seite, schränkte die ärgsten Übertreibungen des Ablaßhandels ein und sandte im Dezember 1518 Karl von Miltitz nach Deutschland, immer noch in der Hoffnung, Luther, „dieses Kind des Satans", zum Gehorsam zurückführen zu können. Luther schien bei dieser Begegnung in Altenburg am 3. Januar 1519 offensichtlich bemüht gewesen zu sein, die drohende Spaltung des christlichen Abendlandes zu verhindern, indem er eine Loyalitätserklärung an den Papst abgab, die Nützlichkeit des Ablasses ausschließlich für den Erlaß von irdischen Kirchenstrafen zu bestätigen und jedermann zur Treue gegen die Kirche von Rom zu ermahnen. Unter diesen Umständen begab sich Miltitz nach Leipzig, wo er Tetzel der Unterschlagung bezichtigte und als Ablaßkrämer entließ. Tetzel verkroch sich in sein Kloster und starb wenige Monate später. Kurz vor seinem Tod erhielt er noch Luthers tröstende Zeilen, „er solle unbekümmert sein, denn die Sache sei von seinetwegen nicht angefangen, sondern das Kind habe einen viel andern Vater." Und in der Tat war ja die Bekämpfung des Ablaßwesens nur der äußere Anlaß, der Luther zur Abfassung seiner Thesen bewegte und damit eine Lawine lostrat, deren Auswirkungen er zu Beginn nicht im entferntesten voraussehen konnte.
Den eigentlichen Beginn des Bruches Luthers mit dem Papsttum brachte die berühmte Leipziger Disputation vom Sommer 1519. Dazu muß vorausgeschickt werden, daß er sich nicht nur der Unterstützung des hervorragenden Humanisten und Theologen Philipp Melanchthon – sein deutscher Name war Schwarzerd – erfreute, den Erasmus von Rotterdam als den intellektuellen Führer der Reformation bezeichnete und der die Sanftmut in Person war, sondern daß ihm auch ein mehr kämpferischer Professor für thomistische Philosophie und Theologie in Gestalt des Andreas Bodenstein zur Seite stand, den man nach seinem Geburtsort Karlstadt genannt hatte. Eigentlich war es ja letzterer, der mit seinen 151 Thesen gegen den Ablaß, die er am 13. April 1517 proklamierte, Luthers weltgeschichtliche Tat vorwegnahm. Als erster der deutschen Refor-

matoren erklärte er, daß die Autorität der Bibel die alleinige Richtschnur darstelle und über allen Geboten der Kirche stehe, eine Behauptung, die den Ingolstädter Theologen Dr. Johann Eck veranlaßte, ihn zu einem öffentlichen Disput herauszufordern. Luther entschloß sich sofort, dieses „theologische Turnier" gemeinsam mit Karlstadt zu bestreiten. So trafen sich beide, begleitet von Melanchthon und sechs weiteren Professoren, im feindlich gesinnten Leipzig. Als diese Disputation am 8. Juli 1519 abgeschlossen wurde und sich Luther eindeutig zu einer ketzerischen Überzeugung bekannte, war der Bruch mit der Papstkirche endgültig besiegelt. Eck erstattete der Kurie in Rom einen ausführlichen Bericht und empfahl die Exkommunikation Luthers, die Leo X. wohl deshalb noch nicht aussprach, weil er – in Unkenntnis der bereits lodernden Revolte – in seiner Gutmütigkeit immer noch auf eine friedliche Lösung hoffte, obwohl sich inzwischen der Disput über das Ablaßwesen bereits zur Grundsatzdiskussion über die Autorität des Papstes ausgeweitet hatte.
Die Resonanz in breiten Schichten der Öffentlichkeit – auch bei renommierten Humanisten – auf die Aussagen Luthers war gewaltig. Seine Schriften wurden in Auflagen vertrieben, wie man dies bisher noch nie erlebt hatte, und immer mehr Menschen wandten sich von der römischen Kirche ab, um sich zu Luther zu bekennen. Zu seinen Anhängern zählten bald auch Adelige, so etwa der über eine gewaltige militärische Macht verfügende Reichsritter und Condottiere Franz von Sickingen. Der ehemalige Feldhauptmann des Kaisers, der förmlich nach Revolution dürstete, bot ihm sogar öffentlich den Schutz durch seine Söldner an. Auch der Humanist Ulrich von Hutten, der in Luther den Befreier Deutschlands erblickte und mit seiner Feder „ein Schwert der Reformation" führte, empfahl eindringlich, für die neue Idee zu den Waffen zu greifen. Dies war jedoch nicht im Sinne Luthers, der seine Person nicht mit Waffen verteidigt wissen wollte und deshalb allen Andersdenkenden programmatisch erklärte: „Ich möchte nicht, daß man mit Gewalt und Mord für das Evangelium stritte; durchs Wort ist die Welt überwunden, durchs Wort die Kirche erhalten worden, durchs Wort wird sie auch wiederhergestellt werden; ja auch der Antichrist wird, wie er ohne Faust angefangen hat, so auch ohne Faust zermalmt werden durchs Wort." Doch Ulrich von Hutten, dem die Befreiung Deutschlands von Rom dringlicher schien, als die Türken zu

Kampfgenosse Luthers: Reichsritter Ulrich von Hutten

Der Söldnerführer Franz von Sickingen bot auf der Ebernburg zahlreichen Anhängern der neuen Lehre Zuflucht. Stich von A. H. Payne.

schlagen, fuhr trotz Ermahnung des Erasmus, seine Schreibweise zu zügeln, unbeeindruckt fort, aus dem sicheren Schutz in Sickingens Burgen heraus seine Schmähreden zu verbreiten. In seinen berühmtberüchtigten *Gesprächen,* die im April 1520 veröffentlicht wurden und die neben den Werken Luthers dem deutschen Überdruß an Rom den kräftigsten Ausdruck verliehen, bezeichnete er die Römlinge als „riesenhafte blutlechzende Würmer" und den Papst als „Banditen und die Rotte dieses Banditen heißt Kirche".

Das Jahr 1520 markierte den Höhepunkt von Luthers Ruhm in Deutschland. In diesem denkwürdigen Jahr verfaßte der Reformator auch seine drei bedeutenden Kampfschriften, die das gesamte reformatorische Programm in eindrucksvoller Weise zusammenfaßten. Die Abhandlung *An den christlichen Adel deutscher Nation* verlangte nicht weniger, als daß die weltlichen Instanzen die Führung im Kampf gegen die römische Kirche zu übernehmen hätten. Vordringlich ging es ihm dabei um die Beseitigung dreier Bollwerke päpstlicher Macht: die alleinige Auslegung der Heiligen Schrift, die alleinige Berechtigung zur Einberufung eines Konzils und die Höherrangigkeit des Papstes gegenüber weltlichen Gewalten. Dieser Angriff auf die Grundfeste der Papstkirche wurde von Luther in den Abhandlungen *Von der babylonischen Gefangenschaft der Kirche* und *Von der Freiheit des Christenmenschen* mit unvermindertem Elan konsequent fortgesetzt.

Alle inzwischen vom Vatikan ausgegangenen Schlichtungsversuche mußten daran scheitern, daß Luther dem vom Papst geforderten Widerruf, dem „revoco", nicht nachzukommen gedachte. Im Gegenteil: Vom Beifall Melanchthons und Karlstadts sowie Huttens und Sickingens bestärkt und ermutigt, schrieb er am 11. Juni 1520 an Georg Spalatin (1484–1545), den Hofkaplan und Sekretär Friedrichs des Weisen, der als Mittelsmann zwischen Luther und dem Kurfürsten fungierte: „Mir ist der Würfel gefallen, ich verachte die Wut der Römer wie ihre Gunst. Ich will mich in Ewigkeit nicht mehr mit ihnen aussöhnen noch Gemeinschaft mit ihnen haben. Mögen sie das Meinige verdammen und verbrennen. Zur Vergeltung will auch ich, ich müßte denn anders kein Feuer bekommen können, verdammen und öffentlich verbrennen das ganze päpstliche Recht, das heißt, jene lernäische Hydra der Ketzerei … Nun fürchte ich nichts mehr, sondern gebe schon ein Buch in deutscher Sprache gegen den Papst heraus von des christlichen Standes Besserung. Ich greife darin den Papst auf das heftigste an, gleichsam als den Antichrist."

Lukas Cranach der Ältere setzte bekanntlich alle seine Kräfte dafür ein, im Dienste der neuen Glaubenslehre seines engen Freundes Luther die „sehr bald oft trocken dogmatischen Züge dem Volke nahezubringen". Besonders erfolgreich gelang ihm dies mit seinen lehrhaften bildlichen Gegenüberstellungen des *Passional Christi und Antichristi,* von dem allein im Jahre 1521 bereits elf Ausgaben gedruckt werden mußten. In diesen Gegenüberstellungen der Demut Christi mit dem protzigen und herrscherlichen Gehaben des Papstes, der übrigens unverkennbar die Züge Leos X. trägt, würde der entartete katholische Glaube besonders wirkungsvoll versinnbildlicht durch die Konfrontation des Einzugs Christi in Jerusalem mit der imperialistischen Reiterprozession des Apostolischen Vertreters auf Erden. Dieses Motiv findet man ja bereits in dem um das Jahr 1500 zusammengestellten *Jenaer Codex,* der hussitischen Ursprungs ist und das Urchristentum mit bildlicher Symbolik dem durch das Motiv des reitenden Papstes bildlich-allegorisch entarteten Glauben zur Seite stellt. Mit großer Eindringlichkeit zeigt in diesem Codex die bildliche Antithese von Christus, der die Wechsler aus dem Tempel jagt, und dem unchristlichen, durch Herrschsucht und Machtgier geprägten Charakter des Papstes Sylvester I., der sich durch die als bewußte Fälschung entlarvte Konstantinische Schenkung die kaiserlichen Insignien weltlicher Macht auf betrügerische, verbrecherische Weise angeeignet hatte, wiederum in drastischer Weise den Widerspruch des Papstes zu dem jeden Reichtum und jede Macht verneinenden Jesus Christus. Melanchthon, der den Begleittext zu Cranachs päpstlicher Reiterprozession verfaßte, wählte ganz bewußt dieses Thema des ergaunerten Vorrangs des Papstes über den weltlich herrschenden Kaiser, der symbolisch zum Steigbügelhalter des Heiligen Vaters degradiert wird. Wahrscheinlich waren Melanchthon und Luther diese alten bildlichen Darstellungen im *Jenaer Codex,* vielleicht sogar auch die ältesten, zwischen 1290 und 1310 entstandenen Illustrationen in der *Velislav-Bilderbibel* aus Prag, bekannt; auf die außergewöhnliche Beliebtheit dieser Gegenüberstellung im *Passional* hat Gerald Fleming, der akribisch diese historischen Verflechtungen durchforstet hat, hingewiesen.

Bannerträger der neuen Zeit

Am 15. Juni 1520 wurde die von Leo X. erlassene Androhung der Exkommunikation in Rom veröffentlicht und die Verbrennung jener Schriften Luthers, die in der päpstlichen Bulle verurteilt wurden, angeordnet: Wenn er sich nach sechzig Tagen immer noch weigere, nach Rom zu pilgern und dort öffentlich abzuschwören, hätte ihn die weltliche Obrigkeit nach Rom auszuliefern. Luther benützte diese Gnadenfrist zur

Ein welthistorisches Ereignis: Martin Luthers Thesenanschlag
an der Schloßkirche zu Wittenberg am 31. Oktober 1517.
Gemälde von Ferdinand Pauwels, 1872.

Oben: Das Zeichen zum Widerstand: Luther verbrennt vor der Wittenberger Stadtmauer die Bannbulle, 10. Dezember 1520. Stich, 19. Jahrhundert. Unten links: Friedrich III., der Weise, Kurfürst von Sachsen, sorgte für Luthers Sicherheit. Gemälde von Lucas Cranach dem Älteren.
Unten rechts: Stärkte die Position des Vatikans: Papst Julius II. Gemälde von Raphael.

Abfassung seines bereits mehrfach erwähnten aufsehenerregenden Traktates *An den christlichen Adel deutscher Nation,* in welchem er darlegte, daß jeder Christ durch die Taufe selbst ein „Priester" würde und damit das Recht besitze, die Heilige Schrift nach seiner „Erleuchtung" auszulegen und daß die Heilige Schrift die höchste Autorität für Doktrin und Praxis besitze. Ein Konzil müßte einberufen werden, welches die „greuliche" Anomalie untersuchen sollte, daß „das Haupt der Christenheit in größerer Pracht lebt als jeder König". Ferner sollen Priester heiraten dürfen und Interdikte, Pilgerfahrten, Seelenmessen und Feiertage mit Ausnahme des Sonntages abgeschafft werden. Dieser geradezu tollkühne Angriff auf die kirchliche Allmacht in Rom wirkte als eine Sensation ersten Ranges, weshalb die Druckerpressen in Wittenberg mit der Herstellung von Neuauflagen kaum Schritt halten konnten. Und da Luther mit seinen revolutionären Ideen das nationale Empfinden des deutschen Volkes wachrief, wurde bald seinem Siegeszug das Banner des Nationalismus vorangetragen.

Als im September 1520 die päpstliche Exkommunikationsbulle durch die beiden neuen Nuntien – Eck und den italienischen Humanisten Hieronymus Aleander – publik gemacht wurde, antwortete Luther mit jenem zweiten Traktat *Von der babylonischen Gefangenschaft der Kirche,* der sich diesmal an die gelehrten Theologen wandte und deshalb in lateinischer Sprache abgefaßt wurde. Als Reaktion auf die Verbrennung seiner Schriften durch Aleander, verbrannte nun Luther seinerseits im Beisein vieler Universitätsangehöriger am 10. Dezember die päpstliche Bannbulle auf dem Schindanger vor dem Wittenberger Elstertor, indem er den anwesenden Professoren und Bürgern die Worte zurief: „Weil du den Heiligen des Herrn Christum verstört hast, so verstöre dich das ewige Feuer." Zur Erinnerung an dieses welthistorische Ereignis sind an der Eingangshalle des ehemaligen Augustinerklosters zu Wittenberg die Worte zu lesen: „Ich habe einmal des Papstes Dekret allhier zu Wittenberg verbrannt und ich wollts wol noch einmal verbrennen." Als Luther die päpstliche Bulle den Flammen übergab, symbolisierte er mit dieser Geste seine Auflehnung gegen den von Rom ausgeübten Zwang, und mit dem Satz, daß „ohne die Verwerfung der päpstlichen Dogmen niemand selig werden könne", den er am 11. Dezember 1520 proklamierte, hatte im Grunde genommen „der Mönch den Papst exkommuniziert".

Trotz der gefährlichen Zuspitzung der Lage standen der Kurfürst und die Universität von Wittenberg weiter einmütig hinter Martin Luther. Doch jetzt erschien ein dritter Akteur auf der Weltbühne, der in den Glaubensstreitigkeiten in den nächsten Jahrzehnten eine wichtige Rolle spielen sollte, nämlich der 1519 vom Kurfürstenkollegium zum deutschen Kaiser gewählte spanische Habsburger Karl, der mit neunzehn Jahren am 23. Oktober 1520 – unter tatkräftiger Mithilfe der Familie Fugger, die ihm zur Befriedigung der Kurfürsten mehr als eine halbe Million Gulden borgte – in Aachen als Karl V. zum Kaiser des Heiligen Römischen Reiches Deutscher Nation gekrönt und so unvermittelt in die Auseinandersetzung Luthers mit dem Vatikan hineingezogen wurde. Hatte schon Friedrich der Weise dem päpstlichen Legaten eine Abfuhr erteilt, nachdem ihm Erasmus die Hauptirrtümer Luthers „in zweien Stücken" klargelegt hatte, nämlich „daß er dem Papste an die Krone und den Mönchen an die Bäuche gegriffen hat", so erhielt der Nuntius zunächst auch von Karl V. eine abschlägige Antwort mit dem Hinweis, daß er den Kurfürsten zugesichert hatte, daß Deutsche ausnahmslos nur von ordentlichen deutschen Gerichten abgeurteilt werden durften. Doch die außenpolitische Lage zwang den Kaiser bald, seine Meinung zu ändern, denn sowohl bei dem drohenden Waffengang mit Frankreich um den Besitz Mailands als auch bei der Abwehr der Türken, die bereits Ungarn bedrohten, war er unbedingt auf die moralische und materielle Unterstützung Roms angewiesen.

Den Anlaß zur Einberufung des Reichstages nach Worms boten somit vordringlich diese politischen Probleme, während der Streit um den widerspenstigen Augustinermönch nur eine begleitende Rolle spielte. Bald sollte sich jedoch herausstellen, daß dennoch Luther die Hauptperson war, mit dem sich die Diskussion befaßte. All die Spannungen, die sich seit Jahrhunderten um die Frage nach einer Kirchenreform angesammelt hatten, verdichteten sich jetzt zu einer drohenden Entladung in einem der dramatischsten Augenblicke der europäischen Geschichte. Wie brodelnd die Stimmung im Volke war, berichtete der päpstliche Legat nach Rom mit den Worten: „Ganz Deutschland ist aufgebracht gegen Rom, alle Welt ruft nach einem auf deutschem Boden abzuhaltenden Concil. Die päpstliche Exkommunikation wird verlacht. Unzählige haben aufgehört, das Bußsakrament zu empfangen. Martin wird abgebildet mit einem Heiligenschein und einer Taube über seinem Kopf. Das Volk küßt diese Bilder … Ich kann nicht auf die Straße gehen, ohne daß die Deutschen ihre Hand ans Schwert legen und die Zähne gegen mich knirschen." Am leidenschaftlichsten schleuderte Ulrich von Hutten von der Ebernburg Sickingens aus seine giftigen Pfeile mit Worten dem Klerus entgegen: „Hebet euch weg von den reinen Quellen, ihr unreinen Schweine! Berühret nicht länger mit den oft entweihten Händen die Altäre … Wie kommt ihr dazu, das zu frommen Zwecken Gespendete zu Völlerei, Unzucht, Pracht und Prunk zu mißbrauchen, während viele rechtschaffene und fromme Menschen Hunger leiden?"

Nuntius Hieronymus Aleander verlangte angesichts dieser drohenden Entwicklung am 3. März vom bereits im Januar 1521 einberufenen Reichstag die sofortige Verurteilung Luthers. Dem wurde nicht stattgegeben; vielmehr beschloß man, dem halsstarrigen Mönch die Gelegenheit zu geben, sich vor dem versammelten Reichstag zu rechtfertigen und ihm dazu freies Geleit nach Worms zuzusichern. Obwohl es im Text hieß: „Keinerlei Gewalt oder Unbill hast du zu fürchten, da unser frei Geleit dir sicher ist", wurde Luther in Erinnerung an den Wortbruch des Kaisers Sigismund, der Jan Hus ein gleich lautendes Versprechen gegeben hatte, beschworen, dieser Aufforderung nicht Folge zu leisten. Wie berechtigt diese Sorge seiner Freunde war, beweist der Versuch des Bischofs Adrian Dedel, der sehr bald Leo X. auf dem päpstlichen Thron folgen sollte, den Kaiser zu bewegen, den Ketzer festnehmen zu lassen und nach Rom zu eskortieren. Doch selbst die Warnung Spalatins, die Stadt zu meiden und rasch nach Wittenberg zurückzukehren, konnte Luther von seinem Vorhaben nicht abschrecken: „Da gleich so viel Teuffel uf Ihm hielten, als zu Wormbs Ziegell uf den Dechern wehren, dannoch wolte er mitten durch sie hinein und sein bekentnus offentlich thun." In einem wahren Triumphzug, begleitet von hundert Berittenen, traf er am 16. April 1521 erschöpft in Worms ein, wo ihn – wie Aleander berichtete, – an die zweitausend Personen umringten.

Als er am 17. April, in seine schlichte Mönchskutte gekleidet, vor den Kaiser, die Kurfürsten, Prälaten und Nuntius Aleander trat, schien vor der Herrlichkeit des Reichs und der Majestät der Kirche eine gewisse Mutlosigkeit sich seiner bemächtigt zu haben. Als er nämlich gefragt wurde, ob er in diesen Schriften, die unweit von seinem Standplatz auf einem Tisch lagen, die darin enthaltenen Irrlehren widerrufe, erbat er leise und zögernd Bedenkzeit, die ihm für vierundzwanzig Stunden gewährt wurde. Erst am darauffolgenden Tag, als er neuerdings vor dem versammelten Reichstag stand, waren sein Mut und seine Zuversicht wiedergekehrt. Trotz eines Zwischenrufs des Kaisers verweigerte er den Widerruf und erteilte in deutscher Sprache jene großartige Absage, die Weltgeschichte wurde: „Ich bin überwunden durch die Schriften, so von mir geführt, und gefangen im Gewissen an dem Wort Gottes. Derhalben ich nichts mag noch will widerrufen. Weil wider das Gewissen zu handeln beschwerlich, unheilsam und gefährlich ist." Nach einer Aufzeichnung des Verhörs, wahrscheinlich aus der Hand des Hofkaplans Spalatin, soll Luther damals die vielzitierten Worte geäußert haben: „Hier stehe ich, ich kann nicht anders, Gott helfe mir, Amen." Auch wenn dieser Ausspruch in das Lutherdenkmal zu Worms eingemeißelt ist, wird er heute nicht als absolut authentisch gewertet. Er wurde zwar bereits in den ersten Abdruck seiner Rede aufgenommen, findet sich jedoch nicht im offiziellen Reichstagsprotokoll. Aus der Lutherlegende ist er jedenfalls nicht mehr wegzudenken.

Am 21. Mai 1521 wurde über Auftrag des Kaisers die Reichsacht und Aberacht über Martin Luther verhängt. Damit wurde er zusätzlich zum Bannfluch, mit dem er exkommuniziert wurde, für vogelfrei, ehrlos und rechtlos erklärt, so daß ihn jedermann ohne Buße töten konnte. Verschärft wurde die Reichsacht durch die unlösbare Aberacht. Luther befand sich jedoch in der Zwischenzeit bereits in Sicherheit. Als er nämlich am 26. April – noch ungefährdet, da das von Papst Leo X. versprochene freie Geleit respektiert wurde – die Rückreise nach Wittenberg antrat, ließ ihn Kurfürst Friedrich aus Angst, man könnte sich seines Schützlings nach Ablauf der Frist für dieses freie Geleit durch kaiserliche Fahnder bemächtigen, nach vorausgegangener Absprache auf seinem Rückweg von angeblichen Straßenräubern überfallen und in das sichere Versteck der Wartburg bringen, wo er bis auf weiteres als Junker Jörg getarnt lebte.

Während die Wittenberger Jahre bis zum Reichstag in Worms aus medizinischer Sicht unauffällig verliefen, wenn man von gelegentlichen Magenbeschwerden und einer zunehmenden Hartleibigkeit absieht, so setzten ihm die seit dem historischen Thesenanschlag unternommenen Reisen, etwa jene nach Heidelberg, zum Verhör nach Augsburg oder zum Reichstag nach Worms mit den damit verbundenen Anstrengungen doch etwas zu. Da er das Reiten oder das unbequeme Reisen auf den schlechten Straßen nicht gewohnt war, fühlte er sich dann mitunter bis zum Abend so ermattet, daß er sich nach beendeter Fahrt kaum mehr auf den Beinen halten konnte und todmüde umfiel. Auf seiner Reise nach Worms kam noch jene „gählige und heftige Krankheit" hinzu, die ihn bei seinem Zwischenaufenthalt in Eisenach am 10. April überfiel, „welche jedoch durch Aderlaß und durch den Gebrauch eines Wassers bald wiederum bey ihm gehoben wurde, ohne an der Fortreise verhindert zu werden". Auf seinem weiteren Weg teilte er seinem bereits in Worms eingetroffenen Freund Spalatin mit, daß auch er bald einträfe, „obgleich der Satan versucht hat, mich durch nicht bloß eine Krankheit daran zu hindern. Denn auf dem ganzen Weg von Eisenach bis nach hier war ich unwohl und bin's noch, auf mir vordem unbekannte Art." Wenn somit Luther schon unmittelbar nach seiner Ankunft in Worms, das er völlig erschöpft und krank am 16. April erreichte, am Nachmittag des folgenden Tages vorm Reichstag verhört wurde und auf die Frage, ob er seine Irrtümer widerrufe, „mit gesenkter, leiser Stimme, als ob er entsetzt oder erschrocken wäre, mit wenig Ruhe in den Mienen und Gebärden, auch wenig Gefälligkeit in seiner Haltung und in seinem Antlitz" um Bedenkzeit ersuchte, dann dürfte der Grund dafür zuerst in seiner angeschlagenen Gesundheit zu suchen sein. Offenbar fürchtete Luther, in einer solchen Verfassung seine Verteidigung vor dem Kaiser und der hohen Geistlichkeit kräftemäßig nicht durchstehen zu können. In diesem Sinne spricht eine Mitteilung seines Augsburger Freundes Conrad Peutinger, der ihn vor dem zweiten Verhör aufsuchte, wonach Luther am nächsten Tag wieder guter Dinge war und einen frischen, zuversichtlichen Eindruck hinterließ – Peutinger war jener Humanist, dem der berühmte Wiener Gelehrte Conrad Celtis *(Celtes)* die Kopie einer römischen Straßenkarte aus dem 5. Jahrhundert zur Veröffentlichung übergeben hatte, die nach ihm *Tabula Peutingeriana* benannt wurde.

Luther bekannte am 18. April bei seiner zweiten Vernehmung, daß die vorgelegten Schriften aus seiner Feder stammten und er nur dann widerrufen werde, wenn seine Lehre und seine Auslegung der Heiligen Schrift überzeugend widerlegt würden. Im Protokoll heißt es, daß er diesmal „unerschrocken und mit lauter Stimme sprach, daß ihn die Menge verstehen konnte ... Seine Redeweise war demütig und zurückhaltend, aber nicht ohne christliche Leidenschaft und Standhaftigkeit." Man darf deshalb mit Recht annehmen, daß sein zaghaftes Auftreten am ersten Tag des Verhörs, das so gar nicht zum Bild des unerschrockenen und mutigen Kämpfers paßte und viele spätere Biographen in Erstaunen versetzte, medizinisch begründet gewesen sein dürfte. Wie aus einem späteren Brief Luthers an seine Frau hervorgeht, in welchem er von häufig wiederholten Aderlässen berichtete, die ihm Linderung brachten, dürfte es sich damals um Kreislaufstörungen, möglicherweise im Rahmen eines beginnenden Hochdruckleidens, gehandelt haben.

Von weit größerem medizinischen Interesse als Luthers gelegentliche Magenbeschwerden, „zu harte Exkremente" oder mögliche Kreislaufstörungen ist sein psychischer Zustand, der am Ende seiner eigentlichen Klosterperiode noch immer schwankend war, wie uns seine Schilderung des berühmten „Turmerlebnisses" ahnen läßt. Eine seelische Befreiung aus seiner lang anhaltenden depressiven Phase machte sich erst unmittelbar nach seinem Thesenanschlag 1517 bemerkbar. In einer rasch ansteigenden Kurve entfalteten sich Freiheit, Kraft und stolzes Selbstbewußtsein, und spätestens seit der Leipziger Disputation mit Johannes Eck tritt uns die mächtige Dynamik seiner Persönlichkeit entgegen. Selbst von Gefahren umlauert, wurde er immer mehr zum Bannerträger der neuen Zeit. Indem er sich unerwartet plötzlich als Mittelpunkt allen Geschehens sah, erreichte sein Selbstbewußtsein ungeahnte Höhen, und da sein rechthaberischer Eigensinn ihm das Gefühl verlieh, stets im Recht zu sein, da ja Gott der Herr selbst durch ihn spräche, fühlte er sich allmählich als der von Gott gesandte Prophet. Dieses übersteigerte Selbstbewußtsein verrät, wie zwischen den Zeilen seiner Werke zu lesen ist, den unverkennbaren Zustand einer hypomanischen Erregungsphase, die im Gegensatz zu der vorangegangenen langen Depressionsphase auch seine ethische Persönlichkeit miteinschloß. In respektloser, übermütiger Weise gab er seinen Gegnern alle möglichen Schimpfnamen, wobei seine Einstellung zu ihnen entweder völlig unsachlich oder „die Sachlichkeit mit boshaften Abschweifungen" überwuchert war. Der Bauer in ihm siegte über den Klosterbruder und den gelehrten Scholastiker. Köstlin schreibt sehr treffend: „Mit der Leipziger Disputation, ihrer Vorbereitung, ihrem Ergebnis und ihren weiteren Folgen war für Luther vollends die Zeit der heftigsten, erregendsten Kämpfe und einer unaufhörlichen polemischen Schriftstellerei angebrochen." In der Tat war seine Produktivität in jener Zeit unfaßbar, weshalb er eine Zeit lang vier Buchdrucker gleichzeitig beschäftigte. Aber auch qualitativ stellen seine polemischen und religiösen Schriften durch ihre Originalität und Kühnheit einen Höhepunkt seines Schaffens dar, den er später kaum mehr überschritten hat. Die drei großen reformatorischen Schriften des Jahres 1520 belegen dies deutlich. Allerdings bedingte die atemlose Eile seiner Arbeitsmethode auch, daß seine Traktate nicht immer mit letzter Sorgfalt ausgearbeitet waren.
Sein hypomanisches Lebensgefühl verschaffte ihm freudige Erfüllung, weshalb er wohl schrieb: „Ich bin jetzt von Gottes Gnaden frisch, gesund, fröhlich und mutig, auch müßig." Aber auch in seinem Auftreten wurde von seinen Zeitgenossen eine gehobene Gemütsstimmung bemerkt. Oft gab seine selbstsichere, heitere Stimmung einen drolligen Kontrast zur Feierlichkeit des Ortes ab. Freilich besteht kaum ein Zweifel, daß dieses übertrieben starke Selbstgefühl Luthers in dieser Periode trotz all der Gefahren, die ihn umlauerten, durch die Unterstützung von Elementen der unzufriedenen deutschen Ritterschaft gestärkt wurde, zuoberst von dem berüchtigten Raubritter Franz von Sickingen, dessen Macht damals so groß war, daß ihn manche Zeitgenossen für stärker als den Kaiser ansahen. Auf ihn spielte Luther wohl an, als er am 9. Juli 1520

an Spalatin schrieb, er werde im Herzen Deutschlands Schutz finden bei Leuten, die mächtig genug und bereit seien, ihn zu schützen.
So finden wir in psychischer Hinsicht das Bild Martin Luthers als das eines Mannes mit gesteigertem Lebensgefühl, Selbstsicherheit und heller Grundstimmung, mit Betätigungsdrang und ausgeprägter Kampflust, also das gerade Gegenteil jenes depressiven, unsicheren und von Skrupeln geplagten Mönches, wie wir ihn aus den vorangegangenen Jahren kennen. An diesem Gesamtbild änderte sich auch nichts, wenn Luther unter dem Einfluß dramatischer äußerer Ereignisse vorübergehend gedrückt oder unsicher wurde; es wäre ein Irrtum anzunehmen, daß ein Mensch in gehobener Grundstimmung nicht ebenfalls Angst und Unsicherheit empfinden kann. Aus medizinischer Sicht muß somit für die Periode der Jahre 1519 bis 1521 eine leicht hypomanische Phase mit gelegentlichen Exaltationszuständen angenommen werden.

Junker Jörg auf der Wartburg

Der Teuffel ist ßo gros als die welt,
ßo weit als die welt; reicht vom himel bis in die helle.

Die uralte Wartburg, die sich auf einem Hügel unweit von Eisenach befindet, hielt den in Acht und Bann geschlagenen Luther verborgen vor Welt und Kaiser. Er ließ sich einen Bart wachsen und wurde mit „Junker Jörg" angesprochen. Er bewohnte einen düsteren Raum, in welchem er fast zehn Monate zubringen mußte, spartanisch ausgestattet mit einem Bett, einem Tisch und einem Holzblock als Stuhl sowie mit einem Ofen. Obwohl der Kaiser ganz offensichtlich nichts unternahm, um ihn zu finden und festnehmen zu lassen, bestand der sächsische Hof darauf, daß er ein Jahr lang verborgen blieb. Für Luther selbst bedeutete der erzwungene Müßiggang und das viele Bier, das er zu den reichlichen Mahlzeiten zu sich nahm, nicht nur eine beträchtliche Gewichtszunahme, sondern er fühlte sich bald richtiggehend krank, so daß er nach Junkerart wiederholt kräftig fluchte und einmal schrieb: „Ich würde lieber auf glühenden Kohlen brennen als hier verfaulen. Ich möchte, ich wäre in der Schlacht." Der jähe Abbruch seiner hektischen Aktivität in den Jahren 1517 bis 1521, umgeben von den tobenden Wellen der Zustimmung und des Widerspruchs, der mit seiner abrupten Isolierung in einer alten, völlig abgelegenen Burg erfolgte, führte dazu, daß sich neuerlich eine Depression über ihn senkte, weshalb er später den Aufenthalt auf der Wartburg bezeichnenderweise sein „Pathmos" nannte.
Diese „Depression" unterschied sich allerdings bei genauerem Hinsehen von der vorausgegangenen langanhaltenden Depression während seiner Klosterjahre insoferne, als sie eher einer heftigen psychischen Instabilität glich, die sich durch

Die Wartburg bei Eisenach, Ostseite mit Bergfried

wiederholte anfallsartige melancholische Phasen mit zwischenzeitlichen unvollständigen Remissionen auszeichnete. Schon wenige Wochen nach seiner Ankunft auf der Burg, also noch im Mai, deutete er in einem Brief an Melanchthon sich ankündigende Stürme von Anfechtungen und Zweifeln an. In einer Vorrede zu einer Abhandlung *Vom Mißbrauch der Messe,* die er am 25. November 1521 in Gestalt eines Briefs an die Augustinerbrüder in Wittenberg richtete, erfahren wir Näheres über die Art dieser Zweifel: „Ich empfinde täglich bey mir, wie gar schwer es ist langwährige Gewissen, und mit menschlichen Satzungen gefangen, abzulegen. O wie viel großer Mühe und Arbeit, auch durch gegründete heilige Schrift, hab ich mein eigen Gewissen kaum können rechtfertigen, daß ich einer allein wider den Papst habe dürfen auftreten, ihn für den Antichrist halten, die hohen Schulen für seine Hurenhäuser. Wie oft hat mein Herz gezappelt, mich gestraft, und mir vorgeworfen ihr einig stärkest Argument: Du bist allein klug? Sollten die andern alle irren, und so eine lange Zeit geirret haben? Wie, wenn du irrest, und so viel Leut in Irrtum verführest, welche alle ewiglich verdammt würden?"
Im gleichen Brief gibt uns Luther Einblick in eine andere Facette seines inneren Zustandes, nämlich seinen lebenslangen Kampf gegen den Satan: „Es mus mit solchen Gewissen, Glauben und Vertrauen gehandelt werden, dass wir nicht allein die Urtheile der ganzen Welt als Streu und Spreu achten; sondern dass wir im Tod wider den Teufel und alle seine Macht streiten." Tatsächlich konnte ihn der Teufel mit einem einzigen Spruch oft so durcheinanderbringen, daß er nicht aus noch ein wußte und im ganzen Papsttum nicht den kleinsten Irrtum erkannte. Wörtlich schrieb Luther: „Der Teufel weiß seine Argument wohl auszusetzen und vorzubringen, und hat eine schwere, starke Sprache. Und gehen solche Disputationen nicht mit langen und vielen Bedenken zu, sondern ein Augenblick ist eine Antwort umb's andere. Und ich hab da wohl erfahren, wie es zugeht, daß man die Leut im Bett tot findet. Er kann den Leib erwürgen, das ist eins; er kann aber auch die Seele so bang machen mit Disputieren, dass sie ausfahren muss in einem Augenblick."
Neben seinen Zweifeln und Anfechtungen kam es auch wiederholt zu Gesichts- oder Gehörshalluzinationen, wie sie schon in seiner Klosterzeit und ebenso in seinen spä-

teren Krisen immer wieder angetroffen wurden. In der Wartburgzeit dürfte allerdings die Bedeutung solcher Halluzinationen übertrieben worden sein – wahrscheinlich deshalb, weil seine Anhänger die Depression mit inneren Kämpfen Luthers erklären wollten, die sich jetzt nicht mehr so sehr gegen Kaiser und Papst, sondern vorwiegend gegen den leibhaftigen Satan und seine ganze Sippschaft richteten. Einen authentischen Bericht über derartige halluzinatorische Erlebnisse besitzen wir aus der Hand des kurfürstlichen Leibarztes Mathias Ratzeberger, der auch Luthers behandelnder Arzt war. Er schrieb: „Und weil es um ihn einsam war, kam Ihme viel gespensts und Unruhe von Poltergeistern zu handen, die Ihm zu schaffen macheten. Unter andern als er sich einmal zu Nacht wolte schlaffen legen, ligt ein grosser schwartzer Englischer Hund auf dem Bette und will ihn nicht hinein lassen. Da befiehlet sich Luther unserem Hern Gotte, betet den 8. Psalm und alsbald verschwand der hund, und blieb Luther dieselbe nacht bey guter Ruhe. Dergleichen viel Andere gespenste kamen Ihme damals fur, welche er alle mit dem gebete von sich getrieben, die er nicht erzählen wollte, denn er sagete, er wollte es niemand sagen, wie mancherlei gespenste Ihn geplaget hatte."
Wenn wir Luthers späteren Erinnerungen Glauben schenken dürfen, konnte er sich die seltsamen Geräusche, die im Gebälk der alten Burg nachts seinen Schlaf störten, nur als Manifestationen von Teufeln erklären. In einer Tischrede, in der er kurz vor seinem Tode über den Spuk auf der Wartburg berichtete, heißt es: „Zwee edele Knaben, so mir des Tages Essen und Trinken brachten, hatten mir einen Sack mit Haselnüssen gekauft, die ich zu Zeiten ass, und hatte denselbigen in einen Kasten verschlossen. Als ich des Nachts zu Bette ging, zog ich mich in der Stube aus, thät das Licht auch aus, und ging in die Kammer, legte mich ins Bette. Da kömmt mirs über die Haselnüsse, hebt an und quizt eine nach der andern an die Balken mächtig hart, rumpelt mir am Bette; aber ich fragte nichts darnach. Wie ich ein wenig entschlief, da hebts an der Treppen ein solch Gepolter an, als würfe man ein Schock Fässer die Treppe hinab; so ich doch wohl wußte, daß die Treppe mit Ketten und Eisen wol verwahret, daß Niemands hinauf konnte; noch fielen so viele Fasse hinunter. Ich stehe auf, gehe auf die Treppe, will sehen, was da sei; da war die Treppe zu. Da sprach ich: Bist du es, so sei es! Und befahl mich dem Herrn Christo, und legte mich wieder nieder ins Bette ... Das ist die beste Kunst, den Teufel zu vertreiben, wenn man Christum anruft und den Teufel veracht; das kann er nicht leiden. man muss zu ihm sagen: Bist du ein Herr über Christum, so sei es! denn also sagte ich auch zu Eisenach." Wie Grisar in seinem bemerkenswerten Buch meinte, dürften die Disputationen mit dem Teufel, von denen er unter anderem auch in seinem Buch *Von der Winkelmesse und Pfaffenweihe* erzählt, wahrscheinlich weniger Halluzinationen entsprechen als „rhetorischen Einkleidungen seiner aufgeregten Selbstgespräche". Auch die Halluzinationen auf der Wartburg beschränkten sich wohl auf illusionäre Fehldeutungen von Geräuschen, die Luther in seiner Einsamkeit und seiner depressiven, angstgetönten Gemütsverfassung als Versuchungen

des Teufels und seiner Poltergeister auffaßte. War die alte Burg doch sicher bei Witterungsveränderungen oder Temperaturschwankungen zwischen Tag und Nacht voll von knarrenden und krachenden Geräuschen im Gebälk, und sicher verursachten auch Mäuse, Ratten, Marder oder Wiesel manch nächtliches Rumoren.
Die gesamte Periode auf der Wartburg ist zweifellos gekennzeichnet durch einen depressiven Unterton mit den charakteristischen Erscheinungen von Zweifel und Unsicherheit, Angst sowie Nichtigkeits- und Versündigungsgefühl. Luthers Zustand war jedoch zusätzlich durch heftige Stimmungswechsel und einen affektiven Spannungszustand geprägt, in welchem seine Seele zur Walstatt eines Kampfes wurde, bei dem er häufig genug kaum entscheiden konnte, was Gott und was dem Teufel zuzuschreiben sei. Man erkennt aber unschwer in seinen Angstanfällen, seinen Zweifeln und Satanskomplexen auch Überbleibsel seiner früheren Neurose, die wenigstens zum Teil sexuell betont war, wie aus einer Äußerung in seinem Brief vom 13. Juli 1521 an Melanchthon entnommen werden kann. Luther, der vielleicht von Natur aus, sicher aber infolge seiner langjährigen Erziehung im Kloster außerordentlich zurückhaltend war, wenn es sich um Bekenntnisse seines Sexualempfindens drehte, konnte nunmehr sein Klagen über „fleischliche" Regungen, die all sein Tun lähmten, nicht mehr zurückhalten. Dies ist deshalb erwähnenswert, weil es die Änderung seiner Einstellung zum Zölibat und den Ordensgelübten gerade in der Zeit seiner Schutzhaft auf der Wartburg erklärt. Wagte er noch im August nicht, zu diesen Problemen eine dezidierte Stellung zu beziehen, so vollzog sich schon wenige Monate später – weniger als Folge logischer Überlegungen als eigener innerer Probleme – eine radikale Wendung. Im Februar 1522 erschien seine schicksalsschwere Schrift gegen die Mönchsgelübde, die sich durch besondere Heftigkeit auszeichnet und damit vermuten läßt, daß er im vollen Bewußtsein der Tragweite dieses Opus offensichtlich doch noch einige Gewissensbisse hinsichtlich der Richtigkeit seiner Stellungnahme überwinden mußte.
Es darf in diesem Zusammenhang nicht übersehen werden, daß in der Wartburgzeit neben den geschilderten Erscheinungen einer depressiven Phase in merkwürdigem Gegensatz dazu ein immer deutlicher erkennbares steigendes, zuletzt fast paranoid gefärbtes Selbstgefühl hervortrat, indem er sich zunehmend als das auserwählte Werkzeug Gottes fühlte, durch dessen Mund Gott selbst spricht. Hatte ihn das Klosterleben zum dogmatischen Scheideweg in seiner Prädestinationslehre und seiner Gnadenwahl geführt, so wurde er nun während der Zeit auf der Wartburg endgültig von seiner Berufung als Prophet überzeugt, die nicht viel jener von der Unfehlbarkeit des Papstes zurückstand. So gesehen bedeutet das Jahr 1522 gewissermaßen die Grenze zwischen dem „jungen" und dem „alten" Luther, wie dies von zahlreichen Lutherbiographen formuliert wurde. Aus medizinischer Sicht müßte man richtigerweise von einem „depressiven" und einem „hypomanischen" Luther sprechen.
In seiner geistigen Vereinsamung während der Schutzhaft auf der Burg tröstete sich Luther nicht nur mit der Abfassung theologischer Schriften, sondern er nützte diese

Zeit auch, um Hebräisch und Griechisch zu lernen. Seine größte Tat aber war die Übersetzung des Neuen Testaments aus der in griechischer Sprache geschriebenen *Septuaginta* in die deutsche Sprache, die den entscheidenden Meilenstein für die Entwicklung einer einheitlichen deutschen Schriftsprache und die Herausbildung einer deutschen Nation darstellt. Schon am 21. September 1522 erschien die Erstausgabe der *Septemberbibel*, wie man das deutsch verfaßte Neue Testament nannte, während die Übersetzung des Alten Testaments, an der sein Mitstreiter Philipp Melanchthon wesentlich beteiligt war, erst im Jahre 1534 endgültig abgeschlossen werden konnte. Indem er „nach der sächsischen Kanzeleisprache redete", vermochte das „Lutherdeutsch" die unterschiedlichen deutschen Idiome zu vereinigen, so daß ihn „beide, Ober- und Niederländer, verstehen mögen", wie er sich ausdrückte. Das unvergleichliche kulturelle Verdienst des Reformators wurde schon von Klopstock entsprechend gewürdigt, der ja selbst bemüht war, die antike Mythologie durch die germanische zu ersetzen. Für Klopstock hat „unter keinem Volke ein Mann so viel an seiner Sprache gebildet, wie Luther". Ähnlich äußerte sich Goethe 1832 zu Eckermann: „Wir wissen gar nicht, was wir Luthern und der Reformation im allgemeinen alles zu danken haben. Wir sind frei geworden von den Fesseln geistiger Borniertheit und fähig geworden, zur Quelle zurückzukehren und das Christentum in seiner Reinheit zu fassen."
Mit dem Aufenthalt auf der Wartburg beginnen aber auch einige von Luthers anhaltenden körperlichen Beschwerden. Die sitzende Lebensweise, der Übergang von der einfachen Verpflegung eines Mönchs zu jener auf einer Ritterburg und der Mangel an körperlicher Betätigung führten schon frühzeitig zu einer außerordentlich hartnäckigen Darmträgheit, wie er seinem Freund Spalatin beichtete: „Meine Hartleibigkeit wird, wie ich sehe, andauernd und ich muß immer mit Mitteln nachhelfen." An diesem Zustand änderten auch gelegentliche Ausritte oder die Teilnahme an Jagdausflügen offenkundig nichts, denn am 9. September klagte er in einem Brief: „Heute hatte ich endlich nach sechs Tagen Stuhlgang, aber so harten, daß ich mir fast die Seele auspreßte. Nun sitze ich da mit Schmerzen wie eine Wöchnerin, aufgerissen, verletzt und blutig und werde in dieser Nacht keine oder nur mäßig Ruhe finden." Um dieselbe Zeit kam noch ein äußerst schmerzhaftes Hämorrhoidalleiden hinzu, so daß Luther sogar überlegte, sein Versteck kurzzeitig zu verlassen, um sich in Erfurt einer Behandlung zu unterziehen. Schließlich läßt das aus dieser Zeit stammende Bild von Lukas Cranach, welches den Junker Jörg darstellt, bereits deutlich die Entwicklung der Fettleibigkeit mit einem Ansatz zu einem Bauch und der Andeutung eines Doppelkinns erkennen.
Inzwischen brodelte der revolutionäre Prozeß in Wittenberg weiter. Während dort Melanchthon die erste Darstellung der protestantischen Theologie verfaßte, forderte der zum Erzdiakon an der Schloßkirche avancierte Karlstadt, daß „die Messe, wenn man sie schon nicht abschaffe, in deutscher Sprache gelesen, das Abendmahl in beiderlei Form und ohne vorheriges Fasten und Beichten gereicht, die Bilder aus den Kir-

chen entfernt und Ordens- und Weltgeistlichen die Ehe erlaubt werden sollte". Um ein ermunterndes Beispiel abzugeben, heiratete der vierzigjährige Karlstadt ein fünfzehnjähriges Mädchen – eine Heirat, die Luther nur mit einem Stoßseufzer billigte. Grundsätzlich allerdings stimmte er dem sicher zu: In der am 21. November 1521 Georg Spalatin zur Veröffentlichung übersandten Schrift *Über Mönchsgelübde* bezeichnete er die geschlechtlichen Instinkte als natürlich und nicht unterdrückbar. Deshalb sah er in den Mönchsgelübden nur Fallstricke des Teufels, die der Versündigung Vorschub leisteten.

Als Anfang Dezember Bürger und Studenten gewaltsam die Priester von den Altären verdrängten und am 4. Dezember sogar die Altäre des Franziskanerklosters zerstört wurden, sah sich Luther veranlaßt, heimlich als Junker Jörg in die Stadt zu kommen und Geistliche ebenso wie Laien zu ermahnen, keinen Aufruhr hervorzurufen. Tags darauf zog er sich wieder auf die Burg zurück, um in einer neuen Schrift dem gemeinen Mann dringend abzuraten, zur Gewalt zu greifen, „denn die Rache gehöre Gott". Doch neu aus Zwickau eingetroffene „Propheten", deren wichtigstes Sprachrohr der Pfarrer Thomas Münzer war, gossen Öl ins schwelende Feuer, indem sie verkündeten, der Heilige Geist hätte ihnen befohlen, die Taufe erst im Erwachsenenalter zu vollziehen. Unter dem Einfluß der Zwickauer Propheten radikalisierte auch Karlstadt seine Forderungen, so daß sich Luther, nachdem er von alledem unterrichtet worden war, entschloß, ungeachtet der Reichsacht wieder zur Mönchskutte zu greifen und nach Wittenberg zurück zu eilen, wo er in acht Predigten jede Gewaltanwendung verurteilte und Ruhe und Ordnung wiederherzustellen versuchte. Karlstadt wurde vom Stadtmagistrat all seiner Ämter enthoben, wandte sich nach Orlamünde und beschimpfte dort von der Kanzel herab Luther als „den neuen Wittenberger Papst".

Seit Luther im März 1522 die Wartburg eigenmächtig verlassen hatte, um ordnend und beruhigend in die Wirren in Wittenberg eingreifen zu können, hören wir nichts mehr von depressiven Symptomen, nichts von Zweifeln und Anfechtungen und keine Klagen über seine große Sündhaftigkeit. Das Selbstwertgefühl und die Selbstsicherheit, die während der Schutzhaft noch mit seiner depressiven Unsicherheit zu kämpfen hatten, brachen jetzt mit elementarer Gewalt hervor. In seiner Schrift *Wider den falsche genanten geistlichen stand dess Papst und der Bischoffen*, die 1522 erschien, steigerte er sich zu geradezu phantastischer Höhe: „Denn sintemal ich meiner Lehre gewiß bin, will ich durch sie euer Richter sein, daß, wer meine Lehre nicht annimmt, daß der nicht müge selig werden. Denn sie ist Gottes und nicht mein; darumb ist mein Gericht auch Gottes, und nicht mein." Beseelt von dem neu errungenen Selbstbewußtsein, begann er sich selbst einen Thron aufzurichten und sich eine Machtstellung und ein Recht anzumaßen, wie es selbst die Päpste nie für sich in Anspruch genommen hatten: das „Recht des persönlich von Gott auserwählten Propheten". Er fühlte sich jetzt als Gottes Sprachrohr zu den Menschen, weshalb seiner Meinung nach sein Wort zugleich Gottes Wort und sein Urteil jenes des Herrn war. Er fühlte sich bedeutender als die Kirchenväter Ambrosius und Augustin und er, der die Unfehlbarkeit des Papstes und der Konzilien leugnete, hielt sich nun für den obersten Richter in Fragen der Glaubenslehre und als unfehlbarer Führer der Gläubigen. Leider bediente er sich in seiner religiösen Polemik eines Stils, der zwar ebenso wie der berühmte „Lutherzorn" aus seiner hypomanischen Phase heraus unschwer zu erklären, mit der Rolle eines von Gott inspirierten Propheten aber nicht leicht in Einklang zu bringen ist. In seinen Schriften und Reden wimmelt es nur so von vulgären Ausdrücken, welche häufig menschliche Exkretionsprozesse insbesondere im Bereich der analen Region bezeichnen. Seine Selbstüberhöhung zeigte sich übrigens auch darin, daß er sich mehr und mehr dazu berufen fühlte, in die vielen weltlichen, sozialen und politischen Streitigkeiten einzugreifen. In letzter Konsequenz geriet er dadurch in verhängnisvoller Weise in den großen Bauernaufstand 1525, eine akute Situation, der er in keiner Weise gewachsen war, da er mangels gesunder Selbstkritik seine eigenen Grenzen und Schwächen nicht erkannte und, wie aus seinen außer Kontrolle geratenen Reaktionen ersichtlich ist, deshalb völlig die Fassung verlor. Der berühmte zeitgenössische Rechtsgelehrte Ulrich Zasius lastete ihm mit Recht schon damals eine Mitverantwortung für den blutigen Bauernaufruhr an.

Wider die räuberischen Bauern?

Luthers Rebellion richtete sich hauptsächlich gegen die katholischen Einrichtungen und bewegte sich weit mehr in den Fußstapfen von Wiclif und Hus als in eigenen programmatischen Bahnen. Wie bei seinen genannten Vorgängern galt als Glaubensrichtschnur ausnahmslos die Bibel, während er das Papsttum als Heimat des Antichristen und alle kirchlichen Autoritäten einschließlich der Konzilien verworfen hatte. Obwohl er als „Nationalist" durchaus modernen Ideen anhing, gehörte sein theologisches Gebäude noch ganz dem Zeitalter des Glaubens an. Wenn deshalb im Verlauf der fortschreitenden protestantischen Reformen alle überwiegend heidnischen Elemente des Christentums über Bord geworfen wurden, so bedeutete dies nicht, daß Luther damit auch die mittelalterliche Mystik überwunden hatte. Himmel und Hölle waren weiterhin eine feststehende Tatsache, und der Glaube an die Allmacht und Allgegenwart des Teufels und seiner Sippschaft in Gestalt von Hexen und Poltergeistern hielt ihn ebenso sehr in seinem Bann wie die Mehrzahl der katholischen und protestantischen Zeitgenossen. So verwundert es nicht, daß er selbstverständlich für die Verbrennung von Hexen auf dem Scheiterhaufen eintrat, da er deren Elimination aus der menschlichen Gemeinschaft als klare Christenpflicht erachtete. Sein kindlich-naiver Dämonenglaube ging so weit, daß er in einem Fall sogar die Ertränkung eines Säuglings empfahl in der festen Überzeugung, die Mutter dieses bedauernswerten Kindes sei vom Satan als

Für Luther „Teufelshuren, mit denen der Satan koitiert": die Hexen. Holzschnitt v. Hans Baldung Grien, 1510.

dämonischem Beischläfer geschwängert worden. Um überempfindliche Gemüter zu trösten, verwies Luther auf seine Prädestinationslehre, gemäß der die Auserwählten durch göttliche Vorausbestimmung zum ewigen Heil ausersehen werden, während alle übrigen ohne Gnade zur ewigen Hölle verdammt würden.

Wie aber konnte man dieses unverschuldete Übel abwenden? Luther bestritt die seligmachende Wirkung guter Werke, die er prinzipiell zwar unbedingt bejahte, die jedoch keine göttliche Gnade erwirken konnten; dies vermochte nur der Glaube an Gott den Vater und Gott den Sohn. Kurz gefaßt, untergruben seine Lehren von den Sakramenten, vom Ersatz der Messe durch Predigt und Abendmahl und die Lehre der Seligmachung durch den Glauben statt durch gute Werke das Ansehen des Klerus – ein Prozeß, der durch die Ablehnung des kanonischen Rechts und den Verzicht auf die geistliche Gerichtsbarkeit noch gefördert wurde. Indem die lutherische Bewegung die weltliche Macht als einzige legitime Autorität betrachtete, führte sie ungewollt zu jener alles durchdringenden Säkularisation, die „zum Leitmotiv unserer Zeit" geworden ist.

Beinahe ebenso kritisch wie der Kirche stand Luther um diese Zeit auch „staatlicher" Gewalt gegenüber. In seinem Traktat aus dem Herbst des Jahres 1522 *Von weltlicher Obrigkeit: Wie weit ihr gehorcht werden muß* wies er die Mächtigen darauf hin, daß die Gewalt der Herrscher dort ende, wo das Reich der Seele beginne. In dem darin enthaltenen, von Herzog Georg als skandalös empfundenen Satz: „Wer sind denn diese Fürsten, die vorschreiben wollen, was das Volk lesen und glauben soll?" erblickten manche Fürstenhöfe geradezu einen hochverräterischen Aufruf zur Revolution. Sie wären noch aufgebrachter gewesen, hätten sie den Brief Luthers an seinen Freund Wenzel Link vom 19. März 1522 gelesen: „Wir triumphieren über die päpstliche Tyrannei, die früher die Fürsten und Könige drückte, um wieviel mehr werden wir die Fürsten selbst besiegen und verachten." Wenn auch derartige emotionale Ausbrüche bei dem zu dieser Zeit hypomanischen Temperament Luthers nicht allzu sehr auf die Waagschale gelegt werden dürfen, so spornten sie doch Aktivisten von der Art eines Ulrich von Hutten zur Tat an; immerhin hatte Luther die deutsche Nation aufgefordert, die Ausbeuter von der Erde zu tilgen!

Der Unmut der Bauern, deren Notlage schon in der Vergangenheit wiederholt zu Revolten Anlaß gegeben hatte, wurde durch die Verbreitung des Neuen Testaments fast zur Fieberhitze gesteigert; deckte es doch die faulen Kompromisse auf, welche die Weltgeistlichkeit mit dem gemeinen Mann geschlossen hatte und die vom Mitgefühl des Heilands für die Armen und Unterdrückten meilenweit entfernt waren. Die Radikalen unter den Bauern und städtischen Arbeitern erblickten in dieser Hinsicht im Neuen Testament eine Art „kommunistisches Manifest", und sie wurden durch aufrührerische Schriften und Redner noch weiter aufgehetzt. Der katholische Humanist Johannes Cochläus (1479–1552) schrieb deshalb 1523 eine Warnung an Luther: „Das gemeine Stadt- und bäurisch Volk muß aufrührerisch werden, so unzählig sind die Schmachbüchlein und Lästerreden, die unter das Volk ausgehen wider päpstliche und

Die Erstürmung einer Burg im Krieg der oberrheinischen Ritterschaft unter Franz von Sickingen gegen Kurtrier, Kurpfalz und die Landgrafschaft Hessen. Zeitgenössischer Holzschnitt, 1522/23.

weltliche Obrigkeit, wider alle, die Macht und Reichtum haben und nicht abfallen wollen vom Glauben ihrer Väter." Cochläus meinte damit wahrscheinlich vor allem Thomas Münzer, den man als die wahre Personifizierung des aufgebrachten Zeitalters bezeichnen könnte und der von seinem Pastorat aus die Vernichtung aller „Gottlosen", also aller konservativen Katholiken durch das Schwert forderte und die bevorstehende Befreiung „Israels" sowie den baldigen Beginn des Gottesreiches auf Erden verkündete. Aber nicht nur im Wirkungsbereich Münzers in Thüringen, sondern auch in Süddeutschland flammten etwa um dieselbe Zeit Bauernrevolten auf. Schon Ende 1524 weigerten sich an die dreißigtausend bewaffnete süddeutsche Bauern, die vorgeschriebenen weltlichen Abgaben sowie den kirchlichen Zehnten zu leisten.

Wenige Monate später, im März 1525, verfaßten die bäuerlichen Delegierten jene *Zwölf Artikel*, die halb Deutschland in Brand setzten. Ein Exemplar dieser *Zwölf Artikel* wurde auch an Luther übergeben, von dem man sich Hilfe und Beistand erwartete. Doch nun zeigte sich, daß es gar nicht Luthers Absicht gewesen war, diese Revolte voranzutreiben. Entgegen der Erwartungen der Bauern verwahrte sich Luther auf das entschiedenste gegen die Unterstellung, er hätte mit seinen Predigten und Schriften die Revolte befürwortet oder gar ausgelöst. Er lobte die Bauern, sich von der Bibel belehren zu lassen, räumte ihnen auch ein, daß sie allen Grund zur Unzufriedenheit hätten, warnte sie aber gleichzeitig dringend, von jeder Art von Gewalttätigkeit Abstand zu nehmen. Die von ihm verkündete *Freiheit des Christenmenschen* sei ausschließlich als eine Freiheit des Geistes zu verstehen und schließe eine gleichzeitige Leibeigenschaft keineswegs aus. Wäre der Rat Luthers befolgt worden, wäre Deutschland ein schreckliches Blutvergießen und Verwüstungen ohnegleichen erspart geblieben.

Doch den Anführern der aufständischen Bauernschaft schien es bereits zu spät, eine Kehrtwendung zu vollziehen. Sie warfen Luther offenen Verrat vor und trieben die Revolte voran, den Traum von der künftigen Gleichheit aller Menschen vor Augen. Ihre Anführer waren verschiedenster Herkunft, unter anderen auch zwei Ritter der zersprengten Rotte Sickingens, Götz von Berlichingen mit der eisernen Hand und Florian Geyer (später Titelhelden in den Trauerspielen von Goethe und Gerhart Hauptmann). Obwohl sie ihre Gefolgschaft straff zusammenhielten und mit keinen anderen aufständischen Gruppen Verbindung aufnahmen, flammte der Aufruhr im Frühjahr 1525 an vielen Orten gleichzeitig auf. Die meisten Städte öffneten den Heranstürmenden freiwillig die Tore, und auch zahlreiche weltliche Herren und Fürstbischöfe leisteten keinen Widerstand und machten gute Miene zu dem bösen Spiel. Im April 1525 kam es jedoch zu ernsten Zusammenstößen, und nach und nach gerieten die Bauern in beinahe allen Bereichen Deutschlands außer Rand und Band. Klöster und Schlösser wurden geplündert, Kirchen gebrandschatzt und wegen ihrer Strenge besonders verhaßte weltliche Herren massakriert. Ein besonders brutales Vorgehen wurde aus Weisberg bei Heilbronn gemeldet, wo der hier ansässige Graf und siebzehn seiner mitgefangenen Junker vor den Augen der Gräfin Spießruten laufen und unter Dreschflegeln und Sensen ihr Leben lassen mußten.
Inmitten dieser anschwellenden Flut blutiger Exzesse schaltete sich Luther, der über die ihm berichteten Ausschreitungen der Aufrührer entsetzt war, Mitte Mai 1525 mit seiner Streitschrift *Wider die räuberischen und mörderischen Rotten der Bauern* ein, in welcher er das Vorgehen der Aufständischen entschieden verurteilte und rückhaltlos die bedrängte Herrenschicht in Schutz nahm. Dennoch wird dieses in heftigem Zorn gegen die Bauern verfaßte Pamphlet für ewige Zeiten ein Schandmahl für Luther bleiben. Hatte er noch lange vor dem Ausbruch des Aufstandes in heftigen Worten die Menge aufgefordert, sich selbst Recht zu verschaffen, Mönche, Bischöfe und Geistliche zu vertreiben und zu ermorden und sich ihre Besitztümer anzueignen, zu sengen und zu brennen und – wie es in der Schrift gegen Prierias aus dem Jahre 1519 heißt – „die Hände in ihrem Blut zu baden", forderte er nunmehr die weltlichen Instanzen auf, die Bauern totzuschlagen. Am Ende dieser Schrift liest man die unglaublichen Worte: „Drumb soll hie zuschmeissen, würgen und stechen, heimlich oder öffentlich, wer da kann, und gedenken, dass nicht Giftigers, Schädlichers, Teufelischers sein kann, denn ein aufrührischer Mensch. Gleich als wenn man einen tollen Hund todtschlagen muss; schlägst du nicht, so schlägt er dich, und ein ganz Land mit dir." Als dieses bedauerliche Pamphlet auch bei seinen Freunden Ablehnung und Entsetzen hervorrief, blieb er starrköpfig und verteidigte sich damit, daß es nicht seine Worte seien, sondern daß es Gott war, der durch ihn sprach. Diese Einstellung behielt er auch später bei: In seinem Pamphlet *Wer stund stercker wider die bauren mit schriften und predigen wie ich?* brüstete er sich neuerlich, daß ihm Gott die Niederschrift dieser Zeilen befohlen habe, und er fügte hinzu: „All ihr Blut ist auf meinem Hals." Bedauerlicherweise blieb seine

grenzenlose Verachtung gegenüber den unseligen Bauern auch in seinem späteren Leben bestehen: „Baur ist ein sau, denn wen man ein sau schlacht, so ist die todt." In dieser beharrlichen Voreingenommenheit ging er später bekanntlich sogar so weit, daß er sich für die Einführung der Leibeigenschaft stark machte.

Es dürfte keinem Zweifel unterliegen, daß ein derart unbeherrschter Gefühlsausbruch, wie er in der Streitschrift *Wider die räuberischen und mörderischen Rotten der Bauern* zum Ausdruck kommt, Luthers hypomanischem Zustand zugeschrieben werden muß, während aus seiner starrköpfigen Rechtfertigungsschrift Selbstüberschätzung und ein fast paranoides Sendungsbewußtsein sprechen. Ritter spricht von einer seelischen Dynamik, die dem Charakter einer fast dämonischen und vulkanischen Eruption primitiver Naturkräfte gleichkam, und er weist darauf hin, daß – wie bei anderen Hypomanikern – auch bei Luther in dieser Periode ein immer stärkerer sexueller Unterton in seinem Stimmungsleben erkennbar wird. In der Tat äußerte er sich nach Beendigung der Schutzhaft auf der Wartburg in seinem *Sermon vom ehelichen Leben* vom Jahre 1522 bereits mit überraschender Offenherzigkeit über seine eigenen sexuellen Erfahrungen, wobei er so freigeistige Anschauungen vertrat, daß sich sein Biograph McKinnon ob der vulgären Behandlung dieses Themas verblüfft zeigte. Zunächst durch seine klösterliche Erziehung gehemmt, vertrat Luther nun immer deutlicher und mit nicht zu übersehender Überkompensierung die zwingende Notwendigkeit der Ehe, deren natürlicher Paarungstrieb zwischen Mann und Frau ihm als ein Gebot Gottes erschien. Aus einer solchen physischen Notwendigkeit leitete er den Schluß ab, daß jeder Unverheiratete als ein „asozialer, fauler, unverantwortlicher und schmarotzenhafter Egoist" anzuprangern sei, der zwangsläufig allen natürlichen und unnatürlichen „Fleischeslüsten" verfallen müsse. In seinem Eifer und seinem Drang zur Überkompensierung ging er sogar so weit, daß er die Ordensleute in den Klöstern Räubern, Bordellwirten und öffentlichen Frauenzimmern gleichstellte.

Waren derartige Erörterungen und Gedanken bisher mehr Gegenstand von Luthers Phantasie gewesen, so wurde das Thema der Verehelichung durch die sensationelle Entführung von zwölf adeligen Nonnen aus dem Kloster Nimbschen durch „den gottwohlgefälligen Räuber" Leonhard Koppe plötzlich auch für ihn aktuell. Neun dieser entführten Damen wurden vorläufig im Haushalt Luthers untergebracht, wodurch er zwangsläufig mit ihnen näher bekannt wurde. Der Gedanke an einen eigenen Ehestand begann sich bei ihm zu regen, wenngleich er noch gegen alte Voreingenommenheiten anzukämpfen hatte. Enders weist mit Bezugnahme auf einen Brief vom 2. Juni 1525 darauf hin, daß er möglicherweise eine gewisse Angst vor Impotenz gehabt haben könnte. Jedenfalls spielte er immer mehr mit dem Gedanken, eine Frau zu nehmen, wenn zunächst auch eher scherzend, wie einem Brief an Spalatin vom 16. April 1525 entnommen werden kann. Darin machte er die Bemerkung, er hätte vorübergehend drei Frauen (Nonnen von Nimbschen. *Anm.d.Verf.*) gleichzeitig als „Gattinen" gehabt, von denen schließlich die energische Katharina von Bora die anderen ausstach.

Ausgerechnet am 4. Mai 1525, an jenem Tag, an dem er zur schonungslosen Härte gegen die aufständischen Bauern aufrief, kündigte er gleichzeitig brieflich an, daß er Bora, „seine Käthe“, zur Frau nehmen werde. Die Sorge um seine sexuelle Potenz, die aus einer Predigt vom Jahre 1524 herauszuhören ist, in welcher er beteuerte, daß der Tod besser sei als die Impotenz, scheint durch den näheren Kontakt mit den Damen aus dem Nonnenkloster verflogen zu sein, denn schon am 13. Juni fand die Hochzeit statt.

Obwohl sich die gefährdeten Herren Grafen und Fürsten kaum von Luthers Streitschrift wider die rebellierenden Bauern leiten ließen, war es ein zeitliches Mißgeschick, daß sein flammender Aufruf an die Obrigkeit gerade zu jener Zeit im Volk verbreitet wurde, in der der Adel mit seinen Söldnerscharen zum blutigen Gegenschlag ausholte. Die Grausamkeit dieser Soldateska wurde – ungerechtfertigt, aber doch – dem Appell des Reformators zugeschrieben. Schon bei dem ersten Gemetzel am 15. Mai 1525 bei Frankenhausen erschlugen die siegreichen Truppen des Landgrafen Philipp von Hessen fünftausend schlecht ausgerüstete Bauern und verurteilten weitere dreihundert Gefangene zum Tod durch den Galgen oder auf dem Richtblock. Wie tollwütig vor Rachsucht die Söldner unter dem Herzog Johann von Sachsen (der inzwischen seinem verstorbenen Bruder Friedrich dem Weisen als Kurfürst nachgefolgt war), dem Herzog von Braunschweig und dem Landgrafen von Hessen vorgingen und wie triumphierend die Herzöge das grausige Schauspiel genossen, ist beispiellos. Den um Begnadigung ihrer Gatten flehenden Frauen bei Frankenhausen wurde Gewährung versprochen – unter der Bedingung, daß sie eigenhändig zwei Priestern, die sich den Aufständischen angeschlossen hatten, „das Hirn aus den Köpfen schlagen“ mußten. Markgraf Kasimir war „gnädiger“, indem er neben der Verurteilung zur Enthauptung oder zum Galgen sich in weniger schweren Fällen mit Blendung oder dem Abschlagen der Hände begnügte. Im Monat Mai wurden allein im Elsaß an die zwanzigtausend Bauern bestialisch ermordet, häufig erst, nachdem sie sich ergeben hatten. Der Truchseß Waldburg ließ bei seinem Rachefeldzug gegen Weinsberg, wo die Spießrutenorgie stattgefunden hatte, den Anführer der Bauern bei lebendigem Leib über dem Feuer rösten – eine Methode, die übrigens auch der Fürsterzbischof von Salzburg duldete. Auf unerklärliche Weise konnte der Bauernführer Florian Geyer aus Würzburg entkommen und wurde so zur Legende, während Götz von Berlichingen sich gerade noch rechtzeitig zu den Fahnen Karls V. absetzte, um im kaiserlichen Heer gegen die Türken zu kämpfen; er beendete sein Leben hochbejahrt im Bett seiner eigenen Burg.

Die Verluste, die dieser Bauernkrieg Deutschland an Gut und Blut brachte, wurden nur noch vom Dreißigjährigen Krieg überboten. Hunderte von Klöstern und Burgen wurden zerstört, zahllose Dörfer und Kleinstädte ganz oder teilweise verwüstet; rund hundertdreißigtausend Bauern verloren teils im Kampf, teils unter der Hand des Scharfrichters der adeligen Rächer ihr Leben. Die Reformation selbst überlebte den Bauernkrieg nur mit äußerster Mühe. Obwohl sich Luther weiterhin vehement in zahlreichen

Manifesten von den rebellierenden Bauern zu distanzieren versuchte, beurteilte Kaiser Karl V. die ganze Revolution als eine „lutherische Bewegung", und selbst die Bauern wandten sich jetzt gegen ihn, der sie zuerst aufgehetzt und dann verraten hatte. Einige nannten ihn nun „Doktor Lügner", und Jahre hindurch blieb er so verhaßt, daß er Wittenberg kaum zu verlassen wagte. Verbittert und enttäuscht schrieb er am 15. Juni 1525: „Da ist alles vergessen, was Gott der Welt durch mich getan hat. Nun sind Herrn, Pfaffen, Bauren, alles wider mich und dräuen mit dem Tod." Doch in seiner hypomanischen, sendungsbewußten Phase dachte er keinen Augenblick lang an Reue oder gar an ein Zurückweichen: „Ich bin der Meinung, es sei besser, daß alle Bauern erschlagen werden als die Fürsten und Magistratsleute, darum, weil die Bauern ohne göttliche Veranlassung das Schwert ergriffen haben." In ähnlicher Weise griff er in dem im Juli 1525 veröffentlichten *Sendbrief von dem harten Büchlein wider die Bauern* seine Kritiker an, die ihm zufolge keine Antwort verdienten, da ihre Kritik erkennen lasse, daß sie im Inneren ihres Herzens ähnliche Aufrührer seien wie die Bauern und darum keine Gnade verdienten. „Drum soll die Obrigkeit solchen auf die Hawben greyffen, das sie das maul halten und mercken, das es ernst sey." Für ihn gab es eben nur eine einzige Freiheit, nämlich jene, Gott und dem Seelenheil nach dem eigenen Gewissen zu dienen. In seinen Augen war es völlig bedeutungslos, ob man in diesem diesseitigen kurzen Vorspiel zum ewigen Leben Fürst oder Leibeigener war.

Krankheiten kündigen sich an

Mehrere Biographen weisen darauf hin, daß viele persönliche Attacken und unangemessene Verhaltensweisen Luthers aus seinem körperlichen und psychischen Zustand heraus erklärt werden müßten. Hauptverantwortlich für solche Ausfälle zeichnet zweifellos seine seit 1522 deutlich erkennbare Exaltationsphase, also sein hypomanischer Zustand, in welchem seine Zornesausbrüche und seine polemischen Angriffe ständig zunahmen. Schon 1524 verlor er in seinen Predigten mitunter jedes Maß. Dabei fällt auf, daß er sich offenbar mancher unverzeihlicher Entgleisungen gar nicht als solcher bewußt war. Im Gegenteil, es scheint ihm regelrecht Freude bereitet zu haben, wenn er sich dabei durchaus zweifelhafter Mittel bediente. Man denke nur an die heftigen literarischen Fehden mit dem englischen König Heinrich VIII., dem Herzog Georg von Sachsen oder auch mit Erasmus von Rotterdam, die für ihn nichts anderes als ein „fröhliches Aufeinanderplatzen der Meinungen" waren. Er scheute auch nicht davor zurück, gegnerische Namen zu persiflieren und aus einem Dr. Eck einen „Dr. Dreck" oder aus Cochläus „Kochlöffel" oder „Rotzlöffel" werden zu lassen. Ja selbst in seinen Auseinandersetzungen mit dem Papst bediente er sich in zunehmendem Maße Spottbilder und Verhöhnungen, welche die Grenzen des Anstands sträflich überschritten. Ein Beispiel, wo die Grenzen einer ernstzunehmenden Disputation erreicht wurden, stellt seine gemeinsam mit Melanchthon herausgegebene satirische Schrift *Deutung des Papstesels und Mönchskalbes* dar.

Aber selbst in diesen Jahren des kraftvollen Eintretens für seine neue Lehre, in denen er ständig gereizter und intoleranter wurde, konnte es vorkommen, daß ihn Anflüge von depressiver Schwermut überfielen, die gelegentlich mit Ohnmachtsanfällen verbunden waren. Eine solche Episode von 1523/24 schilderte sein Arzt Dr. Ratzeberger: „Nachdem Dr. Luther im Anfang seines Kampfes wider die päpstlichen Mißbräuche öffentlich die vornehmsten Potentaten durchs ganze Reich zu Feinden hatte, und auch sonsten privatim vom Satan viel große Anfechtungen ausstehen mußte, begab es sich oftermal, wann er in seinem Schreibstüblin wartete, daß ihn derselbe auf mancherlei Weise und Wege turbierte. Einmal kam der Präzeptor des Herzogs Johann Ernst von Sachsen, Lucas Edenberger, mit etlichen seiner Gesellen ... ihn zu besuchen, so wurde ihm angezeigt, daß sich Luther in sein Stüblin eingeschlossen und dasselbe über die Zeit zugehalten habe, auch in etlicher Zeit nichts Sonderliches gegessen, noch getrunken und Niemand zu sich habe lassen wollen. Da dachte Lucas, es muß gewiß nicht recht um ihn stehen, klopfte an, bekam aber keine Antwort. Da schauete er durch ein Löchlein in der Thür hinein und sieht, daß Luther an der Erde auf seinem Gesichte liegt in einer Ohnmacht, mit ausgestreckten Armen."

Solche Ohnmachtsanfälle, die häufig mit Schwindel und Kopfschmerzen begannen, die Luther als Druckschmerz empfand, der von einem Sausen und Brausen ähnlich dem Geräusch von Windmühlenflügeln begleitet war, sollten sich in der Folgezeit mehrmals wiederholen. Dazu gesellten sich seit 1523 immer wieder Magenbeschwerden, die ihm sehr zu schaffen machten und ihn an seiner Arbeit hinderten. Ob unter dem Einfluß psychischer und körperlicher Belastungen der beschriebenen Art sein mitunter geradezu schockierender Stil in seinen Schriften geformt wurde, kann nicht beantwortet werden, liegt jedoch im Bereich der Möglichkeit. Angeblich soll seine besonders aggressive Streitschrift *Wider die räuberischen und mörderischen Rotten der Bauern* nachweislich nach einer erlittenen Magenerkrankung niedergeschrieben worden sein.

Angeblich im Jahre 1526 nahm aber ein ganz anderes Leiden seinen Anfang, das ihn bis an sein Lebensende begleitete und von Dr. Ratzeberger in seinem Bericht *Von Luthers Schwachheit am Steine* so geschildert wurde: „Da Luther zum erstenmale am Calculo kranck war, fielen mancherley symptomata zu, welche er zuvor nicht fühlete und die Medici an ihm nicht gewohnt waren; allein daß er zuvor den Schwindel gehabt, dessentwegen sie anfänglich meinten, daß es Calculus (Stein. *Anm.d.Verf.*) wäre und stunden dennoch in Zweifel, was sie ihm für eine Arznei eingeben sollten. So war ihm der Appetit gar entgangen und er scheute sich auch sonsten vor gemeiner Artzeney aus der Apotheken; Zudem hatte er große Schmerzen am ganzen Körper und gar keine Ruhe. Als er nun weder essen noch trinken konnte und alles dasjenige, was ihm seine Hausfrau aufs beste und fleißigste zugerichtet, von sich schob, bittet sie ihn aufs fleißigste, er wolle doch selbst eine Speise erwählen, zu der er Lust haben mochte. Wohlan spricht er, so richte mir zu einen Brathering und ein Essen mit kalten Erbsen, und Senf, weil du ja willst, daß ich essen soll, und tue solches nur bald, ehe mir die Lust vergehet. Die Frau tuet, wiewohl mit großen Sorgen, was ihr Herr befohlen und richtete das Essen zu, so geschwinde sie vermochte und setzet es ihm vor. Als er nun mit großer Lust davon aß, besuchen ihn die Medici ihrer Gewohnheit nach und wollen sehen, wie es sich mit seiner Krankheit anlasse. Seine Medici waren Augustinus Schurffius und Licentiat Melchior Fendius. Da sie ihn nun sehen essen, entsetzen sie sich über diese Kost, welche sie für ihn schädlich erachteten. Ach was tut ihr, sagte Licentiat Fendius, daß ihr wollet selber noch kränker machen. Luther schwieg ganz stille und aß immerfort und hatte ein Mitleid ob der Traurigkeit der Ärzte, die so hart für ihn sorgten. Bald nachdem sie Urlaub von ihm genommen und nunmehr gedachten, er würde gar eine tödliche Krankheit erwecken, kommt ein großer Calculus von ihm, dessen sie zuvor an ihm nicht gewohnt waren, und war Luther wieder gesund. Des andern Morgen besuchten sie ihn wieder und vermeinten ihn im Bette krank vorzufinden. Da sahen sie ihn aber in seinem Schreibstüblein über den Büchern sitzen, dessen sie sich hoch verwunderten."

Die meisten Autoren, darunter auch Grisar und Reiter, versuchten lange Zeit, das Datum jenes Berichtes in das Jahr 1526 festzulegen, wobei sie sich auf einen Brief Melanchthons stützten, der jedoch – wie Halder recherchieren konnte – nicht aus dem Jahre 1526, sondern 1545 stammte. Zieht man auch noch in Betracht, daß der erwähnte behandelnde Arzt Melchior Fend erst im Jahre 1531 den Titel eines Licentiaten verliehen bekam, dann kann sich der von Ratzeberger geschilderte Anfall nicht vor diesem Zeitpunkt ereignet haben. Eine weitere Präzisierung erlaubt ein Brief Luthers vom 1. Mai 1532 an seinen Freund Justus Jonas, der als Professor für Theologie in Wittenberg lehrte und sich vor allem als Übersetzer lateinischer Werke von Luther und Melanchthon verdient gemacht hat. In diesem Schreiben machte er seinem steinleidenden Freund im Scherz den Vorschlag, dessen Steine gegen seinen leidenden Kopf auszutauschen. Luther kann also zu diesem Zeitpunkt noch an keinem Harnsteinleiden laboriert haben, und tatsächlich findet sich in keinem seiner bisherigen Briefe auch nur der leiseste Hinweis dafür.

Zum ersten Mal hören wir – und diesmal authentisch, weil aus dem Mund von Luther selbst – am 30. Mai 1536 von seinem „Calculus": „Was wir allhie mit den oberländischen Predigern gehandelt haben (dann ich für meinen neuen Gast, den Calculo, nicht konnt gen Eysenach, wie bestimpt war, kommen) werden E.f.G. schriftlich erfahren." Da Luther deswegen nicht zu einer für Mitte Mai anberaumten Theologenkonferenz nach Eisenach kommen konnte, hatte man sich auf Wittenberg als neuen Verhandlungsort geeinigt. Das Leiden dürfte jedoch bereits im März dieses Jahres eingesetzt haben, denn in einem Brief vom 25. März 1536 an Martin Butzer, den bedeutenden

Reformator in Straßburg, der später vom Kaiser des Landes verwiesen wurde und nach England auswanderte, schrieb Luther über heftige Hüftbeschwerden: „Ich bin gezwungen, nur weniges zu schreiben, da ich jetzt 14 Tage lang darniederlag mit unerträglichen Schmerzen in der linken Hüfte; ich komme gerade eben wieder zu Kräften." Dieses starke Hüftweh erwähnte Lingke bereits 1769, und es besteht nach heutiger Kenntnis kein Zweifel, daß es sich dabei um ausstrahlende Schmerzen ausgehend vom linken Harnleiter handelte.

Der erlösende Steinabgang dürfte sich sehr verzögert haben, denn noch am 1. Mai 1536 schrieb er: „Ich bin diese Ostern (am 16. April 1536. *Anm.d.Verf.*) mit Christus vom Tode erstanden; ich war nämlich so krank, daß ich überzeugt war, sterben zu müssen." Nachdem er noch am 12. Mai mitteilte, daß er immer noch von seiner eben überstandenen Krankheit erschöpft sei und keine längere Reise wagen dürfe, darf man vermuten, daß noch immer kein erfolgreicher Steinabgang eingetreten war. Tatsächlich erfolgte dieses erlösende Ereignis erst Anfang Juni, denn am 7. Juni 1536 teilte er seinem Freunde Jonas hocherfreut mit: „Ich schreibe nicht viel, da ich gestern den ganzen Tag an den Vorboten des Steines litt ... aber nun sind – indem ich jeglichen Wein mied – einige Mengen kleinster Steinchen abgegangen, und so bin ich wieder gesund." Man muß daher annehmen, daß es sich bei dem von Ratzeberger in das Jahr 1526 datierten Ereignis eher um eine uncharakteristische, wahrscheinlich vom Darm ausgehende Schmerzattacke gehandelt hat, und Ratzeberger in seinen Erinnerungen an das Steinleiden Luthers den „Calculus" irrtümlich in diesen Bericht aufgenommen hat. Harnsteinkoliken bleiben bekanntlich jedem Patienten qualvoll in Erinnerung, so daß Luther 1532 kaum bereit gewesen wäre, die Steine seines Freundes Jonas gegen seine Kopfschmerzen einzutauschen, hätte er selbst schon daran gelitten. Seine späteren Koliken verglich er charakteristischerweise mit Geburtswehen, und sicher hätte er auch das Ereignis von 1526 in seinen Briefen und Berichten an Freunde erwähnt, wie er dies später regelmäßig tat: „Ich gehe abermals schwanger und liege in Kindernöthen und krächze am Steine, welches eigentlich eine teutsche Krankheit ist, wie man sagt." Jedenfalls hören wir bis 1536 nichts aus seinem Munde, was auf eine erlittene Harnsteinkolik hinweisen würde. Hingegen klagte er häufig über Schwindel und Ohrensausen, worüber er in drastischen Schilderungen berichtete und die er – wie könnte es anders sein – mit dem Ränkespiel Satans in Zusammenhang brachte. Angesichts seiner häufigen „Halsentzündungen" ist es naheliegend, diese Beschwerden mit einem katarrhalischen Mittelohrleiden in Zusammenhang zu bringen, das in seinen späteren Jahren gelegentlich sogar zu eitrigem Ausfluß aus dem Ohr führte. Eine besonders quälende Periode war die Zeit von Januar bis zum Mai 1529, wie aus Briefen an Jonas entnommen werden kann. Doch mehr als durch seine somatischen Beschwerden wurde Luthers gesundheitlicher Zustand durch eine neuerliche, diesmal besonders schwere psychische Krise beeinträchtigt, über die wir sowohl durch Luthers eigene Korrespondenz als auch durch Beschreibungen seines Freundes Johannes Bugenhagen, der als Reformator ebenfalls in Wittenberg tätig war und Luther seelsorgerisch betreute, ungemein ausführlich unterrichtet sind.

Diese Krise setzte ganz plötzlich und ohne erkennbare äußere oder innere psychologisch verständliche Motivierung mit brutaler und „katastrophal lähmender" Heftigkeit ein. Die aufreibendsten und dramatischsten Situationen, die sein Kampf mit sich brachte, waren im Jahre 1527 längst überstanden, und es hatte sich relative Ruhe über sein Dasein gesenkt. Die ausklingenden Auseinandersetzungen aus der Zeit der Bauernkriege waren zum Stillstand gekommen, und seine Frau sorgte für eine ruhige und geordnete Atmosphäre in seinem Heim. Durch ein harmonisches Sexualleben wurde auch die Voraussetzung geschaffen für eine Entspannung und Beruhigung seines vulkanischen Temperaments. Das neue Kirchenwesen nahm allmählich stabile Formen an, und er genoß den sicheren Schutz des Kurfürsten Johann des Beständigen, der die Nachfolge seines Bruders Friedrich angetreten hatte. Die engen Beziehungen zu ihm führten dazu, daß Luther auch zunehmend Einfluß auf die kursächsische Landespolitik gewann und so fast unmerklich auch in die Rolle eines Politikers schlüpfte.

Die einzigen Aufregungen in dieser Zeit wurden durch die Auseinandersetzung mit den „Sakramentierern" verursacht, bei denen es aber nicht mehr wie früher um einen Kampf ums Leben, sondern eher die Wahrung seines Prestiges und um Selbstbehauptung ging. Während die Wiedertäuferbewegung infolge Verwerfung der Kindertaufe aus der Reformation ausscherte, entstanden an der Frage, ob das Sakrament der Taufe und des Abendmahles als direkte Heilsvermittlung oder nur als Symbol zu verstehen seien, schwerwiegende Auseinandersetzungen zwischen Lutheranern und Reformier-

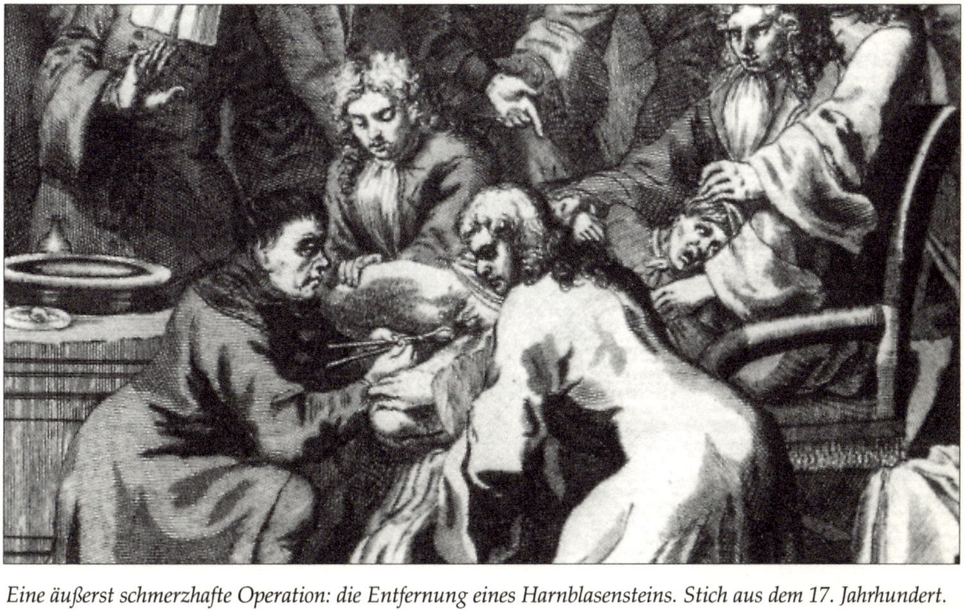

Eine äußerst schmerzhafte Operation: die Entfernung eines Harnblasensteins. Stich aus dem 17. Jahrhundert.

ten. Die Gegensätze konnten auch in dem vom Landgrafen Philipp von Hessen einberufenen Religionsgespräch in Marburg, zu dem Luther und Melanchthon zwecks einer versöhnlichen Aussprache mit den schweizerischen Reformatoren Zwingli, Ökolampad und Butzer eingeladen wurden, nicht bereinigt werden. Als der zu Zugeständnissen bereite Zwingli Luther die Bruderhand bieten wollte, wies dieser sie zurück, und als Zwingli im Kampf gegen die Katholiken am 11. Oktober 1531 bei Kappel fiel und die Sieger seinen Körper vierteilten, zeigte sich der unversöhnliche Luther von seiner kleinsten Seite, indem er meinte, der gefallene Glaubensstreiter sei „ein Verführer zu Irrtümern gewesen und infolgedessen gestorben wie ein Mörder".

Im Jahre 1527 waren die Glaubensgegensätze mit Zwingli jedoch noch nicht so dramatisch, daß sie auf Luthers seelischen Zustand einen Einfluß gehabt haben könnten. Er war inzwischen zum berühmtesten Mann seiner Zeit geworden, nahm die gesicherte Position eines Universitätsprofessors in Wittenberg ein und durfte sich als der weithin anerkannte Führer des neuen Kirchenregimentes fühlen. Mitten in dieser ungewöhnlich ruhigen Zeit kam es nun plötzlich zu heftigen Angstzuständen, die mit einem Engigkeitsgefühl über der Brust verbunden waren, wie er Spalatin am 13. Januar 1527 mitteilte: „Es ist wahr, daß ich mich neulich sehr beengt ums Herz fühlte, hervorgerufen durch ein Blutkoagulum, und beinahe wäre ich gestorben. Aber mir half schnell ein Trunk Aqua Cardui benedicti, wie sie es nennen. Dieses Wasser, obgleich von den Ärzten vernachlässigt oder vielmehr ihnen unbekannt, verhilft schnell zu einem erstaunlichen Wohlsein."

Die Krankheit begann wenige Monate später, nach einem leichten Unwohlsein am Vortag, mit starkem Sausen und Brausen im linken Ohr. Im Anschluß daran setzte eine Synkope, also ein Bewußtseinsverlust ein, so daß ihn seine Umgebung schon für tot hielt. Jonas, der anwesend war, übergoß ihn jedoch rasch mit kaltem Wasser, wodurch Luther wieder zu sich kam. Der Zustand wechselte nun zwischen heftigen Schweißausbrüchen und einer ihn äußerst quälenden Präkordialangst, also beklemmenden Drucksymptomen über dem Herzen, die von Weinen und Schluchzen begleitet war. Luther empfand diese Anfechtung als den „schlimmsten Angriff Satans", dem er bisher ausgesetzt gewesen war, und er war fest überzeugt, daß er nun sterben müsse. Sein eigener Bericht vom 10. Juli 1527 liest sich folgendermaßen: „Auch wurde ich vorgestern von einer plötzlichen Synkope befallen, daß ich völlig verzweifelt glaubte, unter den Händen meiner Frau und meiner Freunde sterben zu müssen, so plötzlich nahm ich an Kräften ab." Und drei Tage später ergänzte er seinen Bericht: „Ich habe eine schwere Synkope erlitten, so daß mein Kopf noch gezwungen ist, auszuruhen vom Lesen und Schreiben."

Größere Pein als die körperlichen Schmerzen machten ihm allerdings seine seelischen Qualen, bei denen bittere Selbstvorwürfe mit standhaftem Glaubensbekenntnis abwechselten. Nach einer kurzen Phase der Erleichterung wurde er bald neuerlich von quälender Angst und düsterer, verzweifelter Stimmung erfaßt, ein Zustand, der im wesentlichen unverändert bis zum Frühling des Jahres 1528 anhielt. Im August 1527 klagte er in einem Brief an Georg Agricola, der neben seiner Tätigkeit als Arzt auch ein bedeutender Humanist und Verfasser des ersten Handbuches der Mineralogie war, daß ihm „Satan während seiner Krankheit und Anfechtung sogar Zweifel über das Hauptdogma seiner Lehre, die Rechtfertigung durch den Glauben, eingeflößt habe". In einem anfangs Oktober verfaßten Brief an die Breslauer Prediger beklagte er sich, daß ihn sein Zustand stark in seinen Arbeiten behinderte: „Gott der Allmächtige hat mich etliche Zeit her in der Zucht und Staupe so hart gehalten, daß nicht viel Lesens noch schreibens hat bey mir seyn mügen." Im November stöhnte er noch immer unter den Angriffen des Satans, wie er Justus Jonas jammernd berichtete. Erst gegen Ende des Jahres 1527 nahmen die Klagen an Häufigkeit ab, und obwohl schon ein leiser Hoffnungsschimmer in seinen Briefen aufdämmerte, war er bei weitem noch nicht von seinen Leiden befreit. Vor allem gesellte sich zu Beginn des Jahres 1528 neuerlich ein akutes Hämorrhoidalleiden zu seiner die Depression begleitenden Darmträgheit. Erst mit dem beginnenden Frühjahr flaute die Depression sichtlich ab, wenn sie auch noch lange nachwirkte, bevor sie ganz verschwand. Zur einsetzenden Besserung seines Gesamtbefindens trug wahrscheinlich die Rückkehr vieler Freunde bei, die vor der Pest, die wieder einmal in Wittenberg ihre Opfer suchte, geflohen waren und den kranken Luther inmitten seines Elends in seiner Einsamkeit zurückgelassen hatten. Erst im Sommer 1528, nach fast einem Jahr, schien sein depressiver Zustand endgültig sein Ende gefunden zu haben. Doch wie unsicher er noch immer war und wie sehr ihn die überstandene Krankheitsphase noch beschäftigte, zeigt eine Anweisung, die er am 14. Juli herausgab und in der er Empfehlungen aussprach, wie man gegen Ketzer vorzugehen habe und wie man Geisteskranke und vom Teufel Versuchte behandeln sollte. Da seiner Meinung nach der Satan in beiden Fällen der wahre Übeltäter sei, riet er zur Mobilisierung aller verfügbaren Kräfte, gegen den Satan anzukämpfen.

Die geschilderten Symptome entsprechen dem klassischen Bild einer endogen entstandenen Depression mit leicht agitiertem Gepräge, die sich vornehmlich in vermindertem Selbstwertgefühl, Unsicherheit und Schuldvorstellungen manifestierte. Er beschuldigte sich einer schlechten moralischen Lebensführung und schwerster Sünden, verlor seine Glaubenssicherheit und zweifelte selbst am zentralen Dogma seiner Lehre. Und all dies schien ihm das Werk Satans und seiner Sippe zu sein, der mit Genehmigung Gottes in ihm raste, wie er dies lateinisch in seinen Briefen mit „Satan furit" zum Ausdruck brachte. Ähnlich wie in seiner Klosterzeit vermochte er auch jetzt bisweilen die mächtigen ewigen Widersacher nicht mehr scharf voneinander zu trennen, so daß Gottes Zorn, der ihn drückte, und die boshaften Versuchungen des Satans fast eins wurden. Ein weiteres charakteristisches Symptom der Depression waren die Hemmungsmechanismen, die ihn am Arbeiten hinderten, was sich allerdings in seinen Produktionen weniger quantitativ als inhaltlich in einem friedfertigeren und weniger derb-saftigen Stil auswirkte.

Aus dem Januar 1529 stammt eine Mitteilung, wonach Luther vor einer Woche lebensgefährlich erkrankt gewesen sei. Von ihm selbst erfahren wir nur, daß er wieder einmal von heftigen Schwindelzuständen und Ohrensausen geplagt war, weshalb er sich bei Agricola wegen seiner Schreibfaulheit entschuldigte. Sein Gesundheitszustand muß aber auch im Februar noch recht angeschlagen gewesen sein, da er, wie in einem Brief vom 12. dieses Monats zu lesen ist, damals wegen seiner Krankheit schon drei Wochen lang nicht in der Lage gewesen war, zu predigen oder Vorlesungen zu halten. Wie er selbst berichtete, kam es Mitte April zu einer heftigen Erkältung, die neben einer schweren Bronchitis auch den Kehlkopf betraf, so daß er noch am 6. Mai laut einer brieflichen Mitteilung so heiser war, daß er nicht predigen konnte: „Während der ganzen Zeit Deiner Abwesenheit war ich von einem sehr heftigen und fast tödlichen Katarrh geplagt; ich konnte weder hauchen noch flüstern, geschweige husten, so daß ich ganz an der Wiederkehr meiner Stimme zweifelte." Bei Luther mußten schon ernsthafte Beschwerden vorliegen, wenn er seinen Aufgaben nicht nachkam. Anfang Oktober war er aber wieder so bei Kräften, daß er als einer der Hauptrepräsentanten im bereits erwähnten Marburger Religionsgespräch auftreten konnte. Zum Schaden für die Sache des Protestantismus verhielt sich Luther bei den Auseinandersetzungen mit Zwingli leider so starr, reizbar und eigensinnig, daß eine Einigung mit den Schweizer Reformatoren unmöglich wurde. Kurz nach seiner Rückkehr aus Marburg fühlte sich Luther neuerlich sehr niedergeschlagen und düster gestimmt, vielleicht als Reaktion auf den unbefriedigenden Ausgang des Schlichtungsversuches. Schon während der Reise hatte ihn der „Engel des Satans" so gepeinigt, daß er fürchten mußte, Wittenberg und seine Familie nicht mehr wiederzusehen. Obwohl zu Beginn des Jahres 1530 der Ton seiner Briefe wieder zuversichtlicher wurde und scheinbare innere Ruhe einzog, spiegelt ein Absatz im Schreiben vom 15. Februar 1530 an seinen todkranken Vater, den er zu trösten versuchte, eine gewisse düstere Grundfärbung in seinem Seelenleben wider: „Es ist doch ja dies verflucht Leben nichts anders, denn ein rechtes Jamerthal, darin man je länger je mehr Sünde, Bosheit, Plage und Unglück sieht und erfähret, und ist dess alles kein Aufhören noch Abnehmen da, bis man uns mit der Schaufel nachschlägt: da muss es doch aufhören, und uns zufrieden in der Ruhe Christi schlafen lassen, bis er kömpt, und wecke uns mit Fröhlichseyn wieder auf."

Der Streit der Bekenntnisse

Als Süleiman der Prächtige nach dem mißlungenen Versuch, Wien zu erstürmen, seine Truppen aus dem Reichsgebiet wieder abgezogen hatte, konnten auch Katholiken und Protestanten ihr Ringen um die „deutsche Seele" fortsetzen. Im ersten Reichstag zu Speyer 1526 war in Sachen des Wormser Edikts entschieden worden, daß jeder Reichs-

stand bis zur Abhaltung eines Konzils so handeln solle, „wie ein jeder solches gegen Gott und kaiserliche Majestät hoffe und vertraue zu verantworten". Das ermöglichte es der lutherischen „Ketzerei", sich in halb Deutschland schon zur Orthodoxie zu wandeln. Wie sich Melanchthon beklagte, ging es den Städten bald gar nicht mehr so sehr um die Religion, sondern viel eher „um die Herrschaft und die Freiheit von den Bischöfen". Konnte man doch durch geringfügige Abänderungen der kirchlichen Einrichtungen die bischöflichen Steuern verweigern und sich einen beachtlichen Anteil aus dem Kirchenvermögen aneignen. Aber auch die Reichsfürsten begrüßten die Einführung des römischen Rechts, weil der neue Glauben sich dem Staat willig unterzuordnen bereit war und dadurch die Macht der Fürsten beträchtlich stärkte. Luther protestierte allerdings energisch gegen die Verwendung von Kirchenvermögen für andere als religiöse Belange und verurteilte die hastige Enteignung von Klöstern und kirchlichen Ländereien durch den Adel; und Melanchthon schrieb 1530 wörtlich, daß „die Fürsten unter dem Deckmantel des Evangeliums nur auf Beraubung der Kirchen bedacht" seien. Ganze Landstriche traten einmütig zum Protestantismus über, und allerorten, wie Erasmus im Januar 1530 schrieb, waren „die Menschen für die neuen Lehren". Diese Feststellung traf jedoch nur für Norddeutschland zu, während Süd- und Westdeutschland, das einstmals unter römischer Herrschaft gestanden war und so einen Abglanz römischer Kultur erlebt hatte, der katholischen Kirche treu blieb.
Als der Kaiser am 1. Februar 1529 den zweiten Reichstag nach Speyer einberief, widerrief die Versammlung den Abschied von 1526 und erließ ein Edikt, das in lutherischen Ländern die Tolerierung der katholischen Messe forderte und das Wormser Edikt vollinhaltlich bestätigte. Gegen diese Aufhebung des Reichstagsabschieds von 1526 unterzeichneten die evangelischen Reichsstände eine „Protestaktion", woraus sich die Bezeichnung „Protestanten" als allgemeiner Name für die Bewegung der deutschen Kirchenrebellen ableitet. Um die drohende Spaltung der Kirche vielleicht doch noch abwenden zu können, wurde 1530 der Reichstag nach Augsburg einberufen. Während der Kaiser bei Anton Fugger, dem neuen Prinzipal des großen Bankhauses, dem er die Kaiserkrone verdankte, abstieg, mußte Luther dem Reichstag fernbleiben, da er ja immer noch in Reichsacht stand. An seiner Stelle vertrat ihn Philipp Melanchthon in Augsburg, um vor sämtlichen Reichsständen und den päpstlichen Abgesandten das von ihm verfaßte Bekenntnis, das als *Augsburger Bekenntnis* in die Geschichte einging, am 25. Juni 1530 in deutscher Sprache vorzutragen. Luther, der aus Sicherheitsgründen auf Weisung seines ihn schützenden Landesherrn auf der Festung Coburg untergebracht wurde, blieb von diesem sicheren Hort aus durch Boten ständig mit seinen Glaubensgenossen in Fühlung. Im übrigen hielt er nicht viel von dieser Versammlung, die er mit einem Schwarm schwatzender Dohlen verglich, und in welche die Bischöfe „so viel Teufel mit sich dahin gebracht, soviel ein Hund Flöhe hat am Sankt-Johannis Tag". Und mit seinem Urteil hatte er gar nicht so unrecht. Denn obwohl Melanchthon seine Erklärung in „gemäßigtem, würdevollem und friedlichem Ton" vortrug und

Führte 1519 in Leipzig das Streitgespräch mit Luther: der Theologe Dr. Johann Eck. Stich von A. H. Payne.

einige Konzessionen in dem von Luther gebilligten Dokument einräumte, antwortete der extreme Flügel der Katholiken mit Dr. Eck an der Spitze mit einer so scharfen Widerlegung, daß der Kaiser nicht umhin konnte, im Hinblick auf den soeben geschlossenen Frieden mit Papst Klemens VII., der ebenfalls aus dem Hause der Medici stammte, dieser Widerlegung zuzustimmen und die Protestanten aufzufordern, sich zu unterwerfen, andernfalls sie mit Krieg zu rechnen hätten. Mit dem „Augsburger Abschied", der durch die Unterschrift des Kaisers Reichsrecht wurde, wurden sämtliche Formen des Protestantismus verboten und allen Enteignern von Kirchengut der Prozeß gemacht. Den Lutherischen wurde eine Frist bis zum 15. April 1531 gegeben, sich der Widerlegung friedlich zu fügen. Die kriegerische Drohung durch den Kaiser führte dazu, daß die protestantischen Fürsten und Städte im März 1531 den bekannten Schmalkaldischen Bund gründeten. Angesichts dieser bewaffneten Macht der Protestanten, aber noch mehr wegen der Türkengefahr, gewährte jedoch der Kaiser im „Nürnberger Religionsfrieden" 1532 einen Aufschub, wonach sie bis zu einem einzuberufenden Konzil der Sache nach freie Religionsausübung zugesichert erhielten. Als Gegenleistung erwartete der Kaiser ihre Hilfe im Kampf gegen die Türken. Obwohl das *Augsburger Bekenntnis* erst 1555 durch den Augsburger Religionsfrieden endgültig bestätigt wurde, war schon jetzt der evangelische Glaube de facto anerkannt und damit die Spaltung der Kirche sanktioniert.

Doch nun zurück zum Aufenthalt Luthers auf der Coburg, wo er am 16. April eintraf. In bester Laune schilderte er die hochgelegene einsame Festung, und auch die ersten Briefe von dort atmen freudige Grundstimmung, wie sein berühmtes Schreiben vom 28. April 1530, betitelt *Aus dem Reichstag der Malztürken* beweist, in welchem er den Reichstag der Vögel beschrieb und sich über die vornehme Gesellschaft dort in satirischen Worten lustig machte: „Also sitzen wir bei im Reichstag, hören und sehen zu mit grosser Lust und Liebe, wie die Fürsten und Herrn sampt andern Ständen des Reichs so fröhlich singen und wohlleben. Aber sonderliche Freude haben wir, wenn mir sehen, wie ritterlich sie schwänzen, den Schnabel wischen, und die Wehr stützen, dass sie siegen und Ehre einlegen wider Korn und Malz. Wir wünschen ihnen Glück und Heil, dass sie allzumal an einen Zaunstecken gespiesset wären." Am folgenden Tag wurde

er mit der Schrift *Vermahnung an die Geistlichen* deutlich derber, weshalb Köstlin meint: „Man muß nach dem Ton dieser Schrift zugeben, daß Luther für ein persönliches Auftreten in Augsburg allerdings, wie es in jenem Brief von ihm an Eoben Hess (einen in Breslau tätigen evangelischen Theologen. *Anm.d.Verf.*) hieß, eine schlechte Stimme gehabt hätte."
Während seines Aufenthaltes auf der Coburg kehrten seine körperlichen Beschwerden, wie er sie schon aus der Wartburgzeit kannte, wieder zurück. Neuerlich war er zu einer ausschließlich sitzenden Lebensweise verurteilt, da ihm jede nach außen gerichtete Aktivität streng untersagt wurde. Dafür wurde er zum Ausgleich reichlich aus den keineswegs geringen Vorräten aus dem Schloßkeller bewirtet, viel üppiger, als er es in seiner häuslichen einfachen Lebensführung gewohnt war. So meldete sich schon bald seine hartnäckige Darmträgheit, die einem neuerlichen Akutwerden seines Hämorrhoidalleidens Vorschub leistete. Aber es kamen noch andere Leiden hinzu, die ihm das Leben schwer machten. Er klagte über ein *Ulkus cruri,* also ein Geschwür, das als Folge eines Krampfaderleidens auf der Vorderseite des Unterschenkels gedeutet werden könnte und welches ihn 1532 wieder zu quälen begann: „Es rinnt und will nicht heilen." Zu allem Überfluß meldeten sich zu Beginn des Sommers wieder seine schrecklichen Kopfschmerzen, die mit zermürbenden Ohrgeräuschen einhergingen: „Mein Kopf fing an mit Klingen, vielmehr mit Donner mich zu befallen und hätte ich nicht schleunigst zu arbeiten aufgehört, so würde ich sofort in eine Synkope gefallen sein, der ich mit Mühe seit zwei Tagen entronnen bin."
Es erscheint nicht ganz abwegig, daß man zur Linderung dieser Kopfschmerzen eine Wunde über dem Schienbein, von der erstmalig bereits 1525 die Rede war, künstlich herbeiführte, da man sich in jener Zeit davon eine Ableitung des Übels nach außen versprach. Darauf deutet auch eine Anmerkung in der großen Weimarer Lutherausgabe: „Luther hatte ein offenes Bein, einen sogenannten Schlagfluß, von dem man eine Linderung seiner Kopfschmerzen und Herzaffektionen erwartete." Mit diesen Herzaffektionen war sicher auch die „akute Herzschwäche" gemeint, die er am 22. Januar 1532 überstand, obwohl die Ärzte damals einen schlimmen Ausgang erwarteten: „Am 22. Januar befiel ihn eine heftige Krankheit, so daß er den ganzen Tag liegen mußte. Frühmorgens, etwa gegen vier Uhr, plagte ihn heftiges Ohrensausen, dem eine merkwürdige Herzschwäche folgte … Es war auch ein Arzt anwesend, der, nachdem er den Urin gesehen hatte, meinte, Luther sei nicht weit entfernt von einem Schlaganfall, und er werde kaum durchkommen." Diese Zustände scheinen noch lange angehalten zu haben, da die Klagen über Ohrensausen und Schwindel noch bis 1533 in Briefen und Tischreden erwähnt wurden. Im Zeitraum von 1531 bis 1532 dürfte übrigens auch Luthers erste „Harnsteinkolik" anzusetzen sein, über welche Dr. Ratzeberger berichtete. Auf eine bestehende Harnsäurestoffwechselstörung, die sich zu dieser Zeit erstmalig klinisch manifestierte, weisen Beschwerden im Herbst 1533 hin, die unzweifelhaft als Gichtsymptome zu deuten sind: „Ich habe appeliert in meinem Zehenweh zu

Gott und gebeten, er soll mir Frantzoß (Syphilis. *Anm.d.Verf.*) oder Pestilenz dafür schicken." Dieser Stoßseufzer zu seinem Herrgott macht deutlich, daß die Schmerzen „am Zeh" außerordentlich heftig gewesen sein müssen, wie dies ja bei einem Gichtanfall die Regel ist.

Gleichzeitig mit diesen körperlichen Beschwerden wurde Luther wieder zunehmend depressiv gestimmt und von „Anfechtungen" des Satans heimgesucht. Gegen Ende Juli 1530 stellten sich Hemmungen ein, die ihn am Arbeiten hinderten; er wurde müde und schläfrig und hatte auch wieder halluzinatorische Erlebnisse. Man gewinnt den Eindruck, daß dieser Stimmungswechsel mit seinen Kopfschmerzen und mit dem quälenden Ohrensausen in Zusammenhang stand, also eher exogen bedingt war, da er in kurzen Phasen von Beschwerdefreiheit sofort wieder sein heiteres Wesen zeigte. Ein Brief an seine Gattin vom 14. August zeigt dies eindringlich: „Ich bin seit Lorenz-Tag fast gesund gewesen, und kein Sausen im Kopfe gefühlet; das hat mich fein lustig gemacht zu schreiben, denn bisher hat mich das Sausen wohl zu sehr geplaget." Immer mehr war er davon überzeugt, daß er vom Teufel ganz persönlich verfolgt würde. In seiner barocken, halb humoristischen und mit Verachtung gepaarten Ausdrucksweise schilderte er diese Verfolgung mit allen Zeichen von Angst und Schrecken. Von der fast „göttlichen Majestät des Teufels" war er bisweilen so beeindruckt, daß er es nicht zu entscheiden wagte, „ob Gott der Teufel sei oder dieser Gott". Diese Anfechtungen und Zweifel waren oft so schlimm, daß er sogar an Selbstmord dachte und aus diesem Grund nicht wagte, ein Messer in die Hand zu nehmen.

Schließlich wähnte er ähnlich wie auf der Wartburg auch auf der Coburg den Satan leibhaftig vor seinen Augen zu erblicken. Sein Tischgenosse auf der Coburg, Veit Dietrich, schilderte diese eigenartige optische Halluzination Luthers so: „Er sah eine flammende, feurige Schlange, welche die verschiedensten Drehungen und Windungen machte und von dem Dache des uns zunächst befindlichen Turmes auf das Wäldchen stürzte. Er rief mich sofort und wollte mir das Gespenst zeigen, als ich ganz nahe bei ihm stand. Aber er sah es plötzlich verschwinden. Kurz darauf sahen wir beide das Bild wieder. Es hatte aber seine Gestalt geändert und erschien als ein ziemlich grosser und flammender auf den Acker geworfener Stern, so dass es deutlich von uns bei ganz regnerischem Himmel erkannt werden konnte."

Luther zeigte sich von diesem Erlebnis tief erschüttert, war einer Ohnmacht nahe und litt am folgenden Tag besonders heftig am Ohrensausen, wobei er überzeugt war, daß „der Schmerz ein richtiggehender Geselle aus der Hölle gewesen ist, der mich in seinem Reich auf Erden nicht wohl leiden mag". Überhaupt erblickte er bei allen Übeln den Teufel, der seine Hand im Spiele hatte und den er mit den abenteuerlichsten Ereignissen, die ihm zu Ohren kamen, in Zusammenhang brachte. So berichtete Luther von einem schrecklichen Vorfall, der sich angeblich zu Beginn des Reichstages in Speyer zugetragen hatte: „Eine ganze Schar von Teufeln sei als Mönche verkleidet an den Rhein gekommen, um sich übersetzen zu lassen, und zwar mit der Bemerkung, dass sie von Köln kämen und vorhätten, sich zum Reichstag nach Augsburg zu begeben. Aber so sie übergefahren, seien sie alle verschwunden, dass man dafür halten will, es seien eitel böse Geister gewesen." Er verglich bezeichnenderweise seinen Gemütszustand selbst mit „einer von Hitze und Wind ausgetrockneten, dürstenden Landschaft", in welcher „Satan seine Gesandtschaft bei mir hat; ich war allein, Veit und Cyriacus waren abwesend, und der Satan siegte so weit, dass er mich aus der Stube trieb und mich zwang, unter die Menschen zu gehen".

Solche Schreckvisionen und halluzinatorischen Wahnbilder plagten ihn auch noch nach der Rückkunft von der Coburg, denn wir hören, daß es ihm noch im Januar 1531 nicht sehr gut ging. Aufhorchen läßt eine Bemerkung Luthers, wonach er geneigt war, die Schuld für seine Krankheit dem guten und reichlich genossenen Wein auf der Coburg anzulasten. Erst im Spätsommer scheint er wiederhergestellt gewesen zu sein, so daß man annehmen darf, daß die psychischen Veränderungen auf der Coburg nicht nur dem Ohrenleiden, sondern auch einer Art Haftsituation zugeschrieben werden müssen. Für diese Annahme spricht seine auffallende zornige Reizbarkeit, in der er nach eigenen Angaben „beinahe bersten konnte vor Zorn", sowie die Neigung zu optischen Halluzinationen. Hingegen waren seine neurotischen Elemente, die auf der Wartburg noch deutlich in Erscheinung getreten waren, vermutlich durch seine inzwischen erfolgte Verehelichung nicht mehr zu erkennen.

Allmählich breitete sich Resignation und Pessimismus in Luthers Seelenhaltung aus, unterbrochen von Phasen äußerster Gereiztheit und Aggressivität, wie die groben Ausfälle in seinen Schriften beweisen. Der Umgang selbst seiner Freunde und Mitarbeiter mit ihm wurde immer schwieriger, und ihm selbst war seine Unleidlichkeit auch bewußt: „Ich hoffe, daß meines Lebens Ende nahe sei, und die Welt haßt mich und mag mich nicht leiden, wiederum bin ich der Welt überdrüssig und verachte sie." Auf der anderen Seite nahm er sich in christlicher Nächstenliebe kranker Mitmenschen in rührender Weise an und gab ihnen notfalls sogar Asyl in seinem Haus. Dabei scheute er weder die Pest noch den gefürchteten „Englischen Schweiß" – eine besonders schwer verlaufende Seuche, die 1529 in England auftrat und wahrscheinlich einer Influenza von der Art der „Spanischen Grippe" des Jahres 1918 entsprach. Furchtlos betreute er die Kranken und weigerte sich standhaft gegen die Forderung des Kurfürsten, die Stadt zu verlassen.

Jammertal Leben: Alter zwischen Schmerz und Krankheit

In all diesen Jahren der Kontroverse und Glaubensstreitigkeiten formierte sich das Bekenntnis Luthers allmählich zu einer neuen Glaubensgemeinschaft, die sich auf seine Anregung hin „Evangelische Kirche" nannte. Ursprünglich hatte Luther an eine vollständige Unabhängigkeit der Pfarrgemeinden gedacht, doch zwang ihn seine zunehmende Abhängigkeit von den Fürsten, diese Vorrechte vom Staat ernannten Kommissionen zu übertragen. Auch im Gottesdienst beließ er manche Elemente des katholischen Rituals; nur die Anrufung Marias und der Heiligen entfiel. Als Ersatz dafür wurde der Predigt ein breiterer Raum zugemessen und die musikalische Mitwirkung der Gemeinde am Gottesdienst eifrig ausgebaut.

Luther selbst beteiligte sich an den während seiner letzten Lebensjahre ausgefochtenen Friedensverhandlungen nicht mehr persönlich, da sich das Schwergewicht von Dogma und Ritual auf Machtfragen verlagert hatte und damit die weitere Führung der Protestanten ohnedies mehr und mehr von den Theologen auf die Fürsten überging. Luther war aber auch seinem ganzen Wesen und seinem körperlichen Allgemeinzustand nach nicht mehr so wie früher für Verhandlungen geeignet und schließlich auch zu alt geworden, um mit anderen Mitteln als mit der Feder in einen Streit einzugreifen. Ein päpstlicher Gesandter fand ihn 1535 zwar immer noch lebhaft und humorvoll, doch wußte dieser nichts von seinen vielen Krankheiten, die sich inzwischen „in seiner zunehmenden Leibesfülle eingenistet“ hatten. Um seine Schmerzen zu lindern und seine Schlaflosigkeit zu bekämpfen, nahm er reichlicher als früher Alkohol zu sich, was sich auch herumgesprochen haben dürfte, denn seine ängstliche Frage an den erwähnten päpstlichen Emissionär war die, „ob er in Italien von dem Gerücht gehört habe, das von ihm gehe, daß er ein trunkener Deutscher sei“. Aus seinen Tischreden erfahren wir, daß er sich zuweilen wie „ein geschlagener, kranker Mann“ fühlte, und seinem Kurfürsten teilte er in einem Schreiben mit: „Ich bin so krank, aber mir glaubt's niemand, bis ich einmal den letzten Gang gehe mit den andern. Nun, lieber Herr Gott, du hast mich gesund gehabt; du mußt mich auch krank haben.“ Um die Mitte des Jahres 1533 scheint zwar eine wesentliche Besserung seines Zustandes eingetreten zu sein, doch tauchte seit seinem Coburger Aufenthalt in seinen Notizen immer wieder die Bemerkung auf, daß sein Zustand am Morgen am schlimmsten sei und er sich erst nach geraumer Weile zu einer Arbeit aufraffen könne – ein deutlicher Hinweis auf eine latente depressive Grundstimmung.

Das Jahr 1536 begann nach der Überwindung einer fieberhaften Bronchitis im März mit unerträglichen Schmerzen im Bereiche der linken Hüfte, weshalb er vierzehn Tage lang das Bett nicht verlassen konnte. Diese Schmerzen setzten ihm mit wechselnder Intensität bis Anfang Juni zu, als nach tagelangen heftigen Koliken endlich mehrere Harnsteine abgingen, woraufhin endlich Beschwerdefreiheit einsetzte. Aber nicht nur seine Harnsteine machten ihm zu schaffen. Am 18. Dezember kam es nämlich zu einem Schmerzanfall auf der Brust, verbunden mit Angst und Beklemmungsgefühl sowie einsetzender fahler Gesichtsblässe, der ganz dem klinischen Bild einer Angina pectoris entsprach und erst zum Abklingen kam, nachdem der herbeigerufene Barbier „Luther die Ader geschlagen hatte“. Am 31. Januar 1537 trat Luther gemeinsam mit Melanchthon und dem Theologen Johannes Bugenhagen bei strenger Kälte die Fahrt nach Schmal-

kalden an, wo er an den Verhandlungen teilnehmen wollte und am 7. Februar eintraf. Gleich am 9. Februar predigte er in der Pfarrkirche der Kleinstadt, obwohl sich schon unmittelbar nach seiner Ankunft die ersten Vorläufer der Katastrophe ankündigten, wie er selbst meldete: „Am Stein litt ich gestern (also am 8. Februar. *Anm.d.Verf.*) aber er ging schmerzlos ab mit schwarzem Urin, daß er selbst nicht wußte, daß er ein Stein sei – so nämlich hatte er sich selbst in der Flüssigkeit aufgelöst, so daß ich den heimlichen Gast nicht vor dem Abgang bemerkte. Ich möchte daher lieber, daß er so heimlich sei und bleibe, als daß er sich als Stein zeige." Leider blieb dieser sein Wunsch nicht erfüllt: Nachdem es zu diesem Steinabgang mit blutigem Harn gekommen war, hielt Luthers Wohlbefinden nur zwei Tage lang an, denn schon am Sonntag, dem 11. Februar, erkrankte er neuerlich: „Luther predigte am letzten Sonntag, darnach machte ihm der Stein so zu schaffen, daß er an keinen Arbeiten mehr teilnehmen konnte."
Seit diesem Ereignis hielt er sich vorerst noch als Führer und Berater der Verbündeten im Hintergrund, die sich vor allem um die Frage der Institution des Papstes bemühten. Doch mit dem 17. Februar 1537 wurde die dramatischste Phase seiner Krankheit eingeleitet, die seine Anhänger fürchten ließ, ihren Mentor für immer zu verlieren. Wieder stellten sich Kolikschmerzen ein, weshalb er sich beim Bürgermeister von Schmalkalden entschuldigte mit den Worten: „Ich habe nicht allen schreiben können, da ich heute den ganzen Tag an dem leidigen Calculo ein unnützer Mensch bin." Trotzdem predigte Luther noch am folgenden Tag in der Pfarrkirche; doch dann setzte das Ereignis mit voller Wucht ein: Er litt so heftige Schmerzen „wie nie zuvor", so daß der Leibarzt des Landgrafen Philipp von Hessen, Dr. Meckbach, sowie mehrere andere Hofärzte zu Hilfe gerufen wurden. Leider verschlimmerte Dr. Meckbach die Situation noch weiter: „Dieser ging ihm mit einem Klystier, aber einem zu heftigen, in den Unterleib ein, so daß darauf ständige Diarrhoe und eine große Mattigkeit folgte. Am nächsten Tag kam Harnverhalt hinzu, dem, als er acht volle Tage anhielt (Malthesius berichtete sogar von elf Tagen. *Anm.d.Verf.*), auch durch kein Mittel abzuhelfen war." Diese seit dem 19. Februar eingetretene Harnsperre war von Brechreiz und allgemeiner Ruhelosigkeit begleitet, so daß Luther „kein Trinken noch Essen behalten mochte und nie geruhet noch geschlafen hatte". Angesichts dieser bedrohlichen Lage entsandte der Kurfürst einen Boten zu Dr. Ambrosius Karlow in Erfurt, der ihm am 22. Februar eine Arznei übermitteln ließ, wie den Rechnungsbüchern des Thüringischen Staatsarchivs zu Weimar zu entnehmen ist. Auf Luthers dringlichen Wunsch hin bat Melanchthon schließlich noch Dr. Sturz in Erfurt, so rasch wie möglich nach Schmalkalden zu kommen, denn „der Calculus setzte Luther äußerst heftig zu, und obwohl er seit Sonntag andauernd heftigste Schmerzen hatte, ging dennoch kein Stein ab. Zu diesen Qualen kommt eine sonderbare Schwäche hinzu. Denn der Magen ist sehr übel mitgenommen und verdorben; beiden Krankheiten muß begegnet werden." Möglicherweise war es die Intervention Dr. Sturzs, die am 23. und 24. Februar zu einer vorübergehenden Besserung führte und ihm erlaubte, „ohn alle Beschwerd über den Wald gerauschet

und über alle Berge dahin gewuscht" zu sein. Doch noch im Verlaufe des 24. Februar trat sein Leiden in eine wirklich kritische Phase ein, wie Luther seiner Frau drei Tage später anvertraute: „Der fromme Fürst hat lassen laufen, reiten, holen und mit allem Vermögen sein Höchstes versucht, ob mir möchte geholfen werden." In den folgenden Berichten erhalten wir interessante Einblicke in die damals üblichen Behandlungsverfahren, wie sie auch in den Zusammenstellungen der „Dreckapotheke" angeführt wurden. So versuchte man mittels eines zusammengebrauten Getränkes aus Knoblauch und Pferdemist, den Steinabgang einzuleiten und die begleitende Entzündung der Blase durch „Auflegen von frisch abgesetztem, noch warmen Kuhmist auf die Blasengegend" zum Abklingen zu bringen. Wegen der Erfolglosigkeit dieser Maßnahmen ließ man eiligst noch einen Steinschneider aus Waltershausen kommen, der jedoch nicht den Mut aufbrachte, an einem so berühmten Mann seine Kunst zu erproben. Hingegen wurde, wie aus den Rechnungsbüchern des Thüringischen Staatsarchivs in Weimar hervorgeht, ein kunstvoll aus Gold gearbeitetes Instrument einzuführen versucht, was jedoch ebenfalls ohne Erfolg blieb. Was in jener Zeit ein Kranker über sich ergehen lassen mußte, um eine Harnsperre zu bekämpfen, schilderte Luther ein Jahr später aus der Erinnerung an jene Prozeduren: „Ich wurde damals reichlich von den Ärzten gequält; sie traktierten meinen Körper derartig, daß sie auch am Penis saugten. Ich mußte ihnen gehorsam sein, bin es notwendigerweise auch gewesen, damit es nicht so schien, ich würde meinen Körper vernachlässigen." Man hatte also tatsächlich geglaubt, durch Saugen am Penis einen freien Abfluß des Harns erreichen zu können. Aber nicht nur der Patient selbst, auch seine Freunde litten beim Anblick solchen ärztlichen Treibens. So bemerkte Melanchthon später: „Ich war in größten Qualen, und mein Unwille darüber, daß wir dir an diesem Orte keine Hilfe bringen konnten, verstärkte diese. Auch peinigten mich gewisse ärztliche Fehler, durch die nach meinen Beobachtungen die Krankheit verstärkt wurde." Kein Wunder also, daß Luther jede Hoffnung auf eine Besserung aufgab und die Ärzte mit den Worten abwies: „Kommt nicht wieder! Ich will lieber sterben."

Der Kranke hatte nur noch den Wunsch, auf heimischem Boden sein Leben zu beenden. So brachte man ihn in einem unbequemen Wagen, auf holprigen Wegen und bei eisiger Kälte aus Schmalkalden fort, nicht zuletzt auch deshalb, weil Dr. Sturz die unsachgemäße Behandlung und die schlechte Unterkunft des Kranken gerügt hatte, die nur eine weitere Verschlimmerung befürchten ließ. Wie ernst Luthers Zustand war, geht aus einem ausführlichen Bericht Ratzebergers hervor. Demnach „ward Luther in eine gar unbequeme Herberge geführet, darinnen er in seinem Bette nasse Tücher, welche noch nicht ausgetrocknet waren, hatte untergelegt. Da ereignete sich eine obstructio meatuum urinalium (Harnsperre. *Anm.d.Verf.*), so daß er kein Wasser von sich lassen konnte … Davon erhob sich ein Tumor über den gantzen Leib, dass man ihm nichts thuen konnte, als das Ende abwarten." Der Kurfürst hatte für die Reise, auf der Luther von Spalatin und Bugenhagen begleitet wurde, zwei Geschirre zur Verfügung gestellt.

Auf einem der beiden Wagen wurde eine kupferne, über einem Kohlenbecken an zwei Ketten hängende Pfanne mitgenommen, um auch unterwegs warme Tücher bereit halten zu können. Durch die ständige Erschütterung wurde der Reiz, Wasser zu lassen, derartig verstärkt, daß sich seine Harnverhaltung zu unerträglichen Schmerzen steigerte. Luther soll sich damals wörtlich gewünscht haben, daß „ein Türke vorhanden wäre, der mich schlachtete, dieweil ich ja doch mit starkem, gesundem Leib in meinem eigenen Wasser verderben muß". Am ersten Tag sollte er nur bis Tambach, das kaum zwei Meilen von Schmalkalden entfernt im Waldgebirge liegt, gebracht werden. Gegen Mittag angekommen, stiegen die Reisenden im kurfürstlichen Geleitshofe ab, wo im Hause des gräflichen Hennebergischen Rentmeisters ein Nachtquartier bereitstand. In der Nacht zum 27. Februar wurde nun Luther die „wunderbare Erleichterung" zuteil, als ganz überraschend die Harnflut einsetzte.

Über diese wunderbare Wendung seines Schicksals berichtete Luther Melanchthon nach Schmalkalden noch in der Nacht vom 26. zum 27. Februar um halb drei Uhr früh: „Gelobt sei Gott … der sich in dieser zweiten Stunde der Nacht eurer Bitten und Tränen erbarmt hat und mir fürwahr unvermutet Harnröhre und Harnblase geöffnet hat, als ich mich zum Wasserlassen erhob. Kaum ein Viertel dieser Stunde ging vorüber, wobei fast achtmal Urin abging, mehr als ein Sextans jedes Mal, so daß ich schon mehr als eine volle Kanne Urin gelassen habe?" Und kurze Zeit später schrieb er an seine Frau: „Ich bin nicht drei Tage hier (in Schmalkalden. *Anm.d.Verf.*) gesund gewest und es ist bis auf diese Nacht vom ersten Sonntag an kein Tröpflin Wasser von mir gekommen, hab nie geruhet noch geschlaffen. Summa, ich bin tot gewest und hab dich mit dem Kindlein Gott befohlen … Nun hat man so hart gebetet für mich zu Gott, daß Gott diese Nacht den Blasengang hat geöffnet, und in zwo Stunden wohl ein Stübingen (etwa vier Liter. *Anm.d.Verf.*) von mir gangen ist und mich dünket, ich sei wieder von neuem geboren." Eigenartigerweise erzählte Luther in beiden Berichten nichts von einem Steinabgang, wie er in

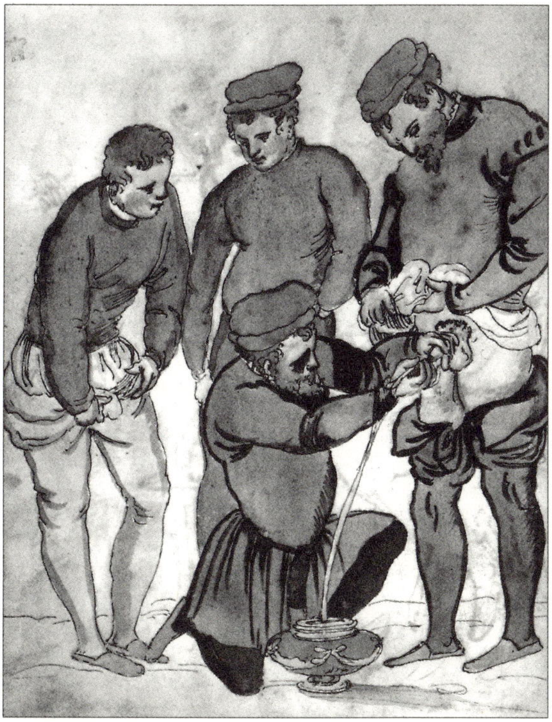

Das Setzen eines Katheters. Handschriftenillustration, 16. Jh.

der Darstellung Ratzebergers erwähnt wurde. Dort heißt es: „Da kommet dem Luther eine große Begierde, sein Wasser zu lassen, welches bishero bei ihm geblieben war und die große Geschwulst seines Leibes verursachet hatte. Indem er nun in die Kammer kommet, vermercket er, daß etwas in meatu urinae (Harnröhre. *Anm.d.Verf.*) fortrucket, als wie ein Steinlein von einem Wasser fortgetrieben wirdt. Darauf folget sein Brun (Harnfluß. *Anm.d.Verf.*) so mächtig, daß sich die Geschwulst des gantzen Leibes allgemach setzete." Wir müssen deshalb annehmen, daß mit der Harnflut auch Harnsteine abgegangen sind, die die langdauernde Sperre verursachten. In diesem Sinne äußerte sich im Februar 1538 Luther selbst in einer Tischrede, in der er von seinem Stein in Schmalkalden erzählte, der „ihn fast erstickt hätte, denn jene Nierensteine blockierten den Blasengang und schließlich gingen in der höchsten Not am zehnten Tage Steine ab". Und Luthers Sohn, der Medizin studierte, berichtete, daß „bei diesem Fahren und Schütteln die Wege geöffnet wurden und plötzlich reichlich Urin mit Steinen abfloß". Nach der Lösung der Harnsperre war Luther aus der akuten Lebensgefahr, nämlich der drohenden Ruptur der überdehnten Harnblase, errettet und entging damit dem Schicksal des berühmten dänischen Astronomen Tycho Brahe, der in Prag, wo er im Dienste Kaiser Rudolfs II. stand, durch Zerreißung seiner Harnblase im Oktober 1601 zu Tode kam. (Die Überdehnung seiner Blase wurde jedoch nicht durch eine steinbedingte Blockierung der Harnabflußwege verursacht, sondern während einer nächtlichen Zecherei, bei der gewettet wurde, wer es am längsten durchstehen könne, sein Wasser zurückzuhalten.) Eine ähnliche Komplikation drohte damals Luther. Erfreut über die glückliche Wendung, brach man schon am 27. Februar 1537 nach Gotha auf, wo er in zufriedenstellendem Zustand ankam. Doch war noch lange nicht alles überstanden, wie wir durch Melanchthon in einem Brief vom 3. März unterrichtet werden: „Ich hörte, daß er zu Anfang in Gotha ziemlich heiter war. Später litt er wiederum recht lange unter Harnverhalt, aber gestern berichteten seine Begleiter, daß wieder Urin abgeflossen sei, aber nur beschwerlich. Die Steinmasse scheint daran zu hindern, die wegen der allgemeinen körperlichen Schwäche weniger mit Medikamenten bewegt werden kann. Denn die Diarrhoe hat noch nicht nachgelassen und er ernährt sich nur ganz spärlich." Tatsächlich meldeten sich schon am 28. Februar neuerlich Beschwerden, weshalb Luther an diesem Tage seinem Seelsorger Bugenhagen beichtete und ihm seinen letzten Willen kundtat, da er offenbar mit der Möglichkeit seines baldigen Todes rechnete.
In einem Brief Melanchthons vom 15. März 1537 an Veit Dietrich wurde jedoch nichts über jene neuerliche Steinkolik in der Nacht vom 28. Feber auf den 1. März berichtet, die mit Erbrechen und Diarrhoe sowie einer vollständigen Harnsperre einherging, allerdings schon am folgenden Tag nach Abgang von sechs Konkrementen – darunter eines von der Größe einer Bohne – wieder abgeklungen war. Dadurch währte der Aufenthalt in Gotha länger als vorgesehen, weshalb der Kurfürst bereits drängte, endlich nach Wittenberg weiterzureisen, wo man schließlich am 14. März eintraf. Die beiden Ärzte Dr. August Schurf aus Torgau und Dr. Stefan Wild aus Zwickau erwarteten ihn

bereits; sie hatten auch gleich die Gelegenheit, den Abschluß der „Schmalkaldener Tragödie" in Form eines erneuten, allerdings so gut wie schmerzlosen Abgangs von zwei Steinen in der Nacht vom 16. zum 17. März zu erleben, worüber Melanchthon an Spalatin am 17. März berichtete: „Es blieb bis jetzt eine Übelkeit, die anzeigte, daß noch Steine zurückgeblieben waren. So gingen also auch in der letzten Nacht ohne irgendeinen Schmerz zwei Steine ab, deren größerer der Größe einer Erbse gleichkam. Nun also ist er von der Übelkeit befreit und erholt sich gut." Ende dieses Monats konnte Melanchthon endlich eine sichtbare Rekonvaleszenz feststellen, weshalb er notierte: „Durch Gottes Gnaden kam Luther allmählich wieder zu Kräften. Denn er schlief hier auch ziemlich gut und empfand gegen Speisen weniger Widerwillen. Auch war er heute lustiger und diktierte mir Verse, die er gestern komponiert hat."

Ende April nahm Luther wieder sein anstrengendes Tagewerk auf, ohne auf die abgelaufene schwere Krankheitsphase Rücksicht zu nehmen, so daß er im August so stark in Anspruch genommen wurde, daß er für die Erledigung seiner umfangreichen Korrespondenz eine zusätzliche Hilfe benötigte. Trotzdem konnte er sich den ganzen Sommer über eines Wohlbefindens erfreuen. Erst im November meldete sich wieder sein „Calculus": Nachdem er am Freitag, dem 9. November 1537, gemeinsam mit Freunden beim Abendessen noch fröhlich und völlig unbeschwert beisammengesessen war, kam es plötzlich zu einer spontanen Entleerung von sechs Harnsteinen, „einer größer als der andere". Wenn er sich auch in den nächsten Wochen abgespannt und elend fühlte, so blieb er doch bis zum Sommer 1538 beschwerdefrei, allerdings stets in der Angst lebend, „der Stein und die Faust Satans könnten nicht auch weiterhin Feiertag halten".

Diese Sorge war nicht unberechtigt, denn im Juli ereignete sich schon wieder ein Kolikanfall, der von Fieber begleitet war und ihm derartige Schmerzen verursachte, daß er sich den Berichten zufolge auf dem Boden wälzte. Nicht genug damit, befiel ihn Anfang Juli die „rote Ruhr" mit blutigen Durchfällen und „Tenesmen (Krämpfe im Enddarm. *Anm.d.Verf.*), die ihn marterten und schwächten". Um das Maß voll zu machen, traten zu Beginn des Monats August heftige Schmerzen im Kniegelenk auf: „Luther lag krank am Reißen in den Kniescheiben ... und da das Reißen in den Beinen noch anhielt ... schmirete ihn sein Weib der Lähmde halben an den Beinen." Es darf nicht wundernehmen, daß Luther angesichts so vielfältiger Krankheiten, die ihn innerhalb kurzer Zeit befielen, niedergeschlagen war, weil er spürte, daß er seiner bisherigen intensiven Arbeitsweise nicht mehr gewachsen sein würde. Deshalb meinte er am 2. April 1539: „Ich habe ausgearbeitet ... es ist mit mir aus." Andererseits waren auch seine heftigen Temperamentsausbrüche wenigstens teilweise durch seine Leiden mitverursacht, weshalb einer seiner Bewunderer meinte: „Kaum einer von uns entgeht seinem Zorn und öffentlicher Beschimpfung."

In seinem Traktat *Über Konzile und Kirchen* aus dem Jahre 1539 bemühte er sich jedenfalls sehr um eine vernünftige Linie, wie denn mit zunehmendem Alter überhaupt Luthers Konservatismus den der Fürsten fast übertraf. So erschienen ihm Frondienst und hohe bäuerliche Abgaben gerechtfertigt, indem er sich auf Beispiele aus dem Alten Testament berief. Seine Konzeption der Berufsausübung, wonach jeder geduldig in dem Stand und bei der Arbeit verharren solle, die ihm von Gott zugeteilt wurde, blieb übrigens in den protestantischen Ländern ein Hauptpfeiler des konservativen Denkens, ebenso wie seiner Vergötterung des Staates als einzigem Ordnungsträger die absolutistischen Staatsphilosophien von Hobbes und Hegel entsprossen. Ein unangenehmes Problem erwuchs ihm 1539 in der bedenklichen Affäre mit der Doppelehe seines großen Schutzherrn der protestantischen Sache, Philipp von Hessen. Mit Christine von Savoyen verheiratet, die ihm bereits zahlreiche Kinder geschenkt hatte, begehrte er nun Margarete von Saale, die er während seiner Rekonvaleszenz von der Syphilis kennengelernt hatte, und die er nach längerem Zögern ehelichen wollte. Er legte deshalb Luther nahe, seine neue Lehre solle in Anlehnung an das Alte Testament die Bigamie gestatten, da sie seiner Meinung nach immer noch moralisch eher zu vertreten wäre, als die Mätressenwirtschaft des französischen Königs Franz I. oder Heinrichs VIII. „halsabschneidendes Eheverfahren". Luther sah in dieser heiklen Sache insoferne einen Ausweg, als er ja in seiner Schrift von der *Babylonischen Gefangenschaft* der Mehrehe den Vorzug vor der Scheidung gab. So ehelichte Philipp am 4. März 1540 unter Ausschluß der Öffentlichkeit und mit dem Einverständnis seiner Gattin Christine unter der Schirmherrschaft Luthers Margarete zur linken Hand. Während Melanchthon, der ebenfalls dieser Doppelehe zustimmte, offenbar vor Scham und Reue ernstlich erkrankte, war Luther nicht aus dem Gleichgewicht zu bringen, wie aus einer seiner Äußerungen in einer Tischrede zu lesen ist: „Melanchthon jammert sehr wegen dieses Ärgernisses, ich aber bin ein roher Sachse und ein Bauer und mein Gemüth ist zu dergleichen Sachen schon dickhäutig geworden … Was wollen die Papisten daraus (aus der landgräflichen Doppelehe. *Anm.d.Verf.*) ableiten? Sie töten die Menschen, wir aber arbeiten für das Leben und heiraten mehrere Weiber."

Dennoch war die Mehrzahl der Evangelischen außer sich. Doch wie sehr selbst höchste katholische Würdenträger einer Doppelmoral huldigten, zeigt das Beispiel Kaiser Karls V., der gegen das Versprechen, daß der Landgraf künftig bei politischen Zerwürfnissen zu ihm halte, für das nach dem geltenden Recht todeswürdige Verbrechen einer Doppelehe auf die Verhängung der Reichsacht verzichtete. Auch Papst Clemens VII. hatte offensichtlich wenig Skrupel empfunden, dem englischen König Heinrich VIII. den Dispens für eine Doppelehe zu erteilen.

Luthers Nachgiebigkeit, die Doppelehe Philipps zu billigen, fügte der Reformation schweren Schaden zu, was er selbst auch empfunden haben mag, denn er meinte: „Es sei ferne, daß die Tat mir gefiele; könnte ich's ändern, so tät' ich's. Da ich's nicht kann, muß ich sie mit Gleichmut tragen und will solche Ärgernis Gott befehlen." Karl V. wiederum gab die Bigamie Philipps die Möglichkeit, diesen im Schmalkaldischen Bund zu isolieren, was schon kurze Zeit nach Luthers Tod dazu führte, daß die Protestanten im Schmalkaldischen Krieg 1547 von den kaiserlichen Truppen besiegt werden konnten.

Ein Stund oder vier vor dem Tod, wenn einer den Tod vor Augen sieht,
da sehen wir wohl an denen, die da sterben, wie sie sich winden und krümmen,
daß jetzund der Mensch unten, jetzund der Mensch oben liegt,
daß einem alle Mannheit da entfällt, das Herz zerschmilzt und fleußt ganz dahin,
wie Wachs an der Sonnen, daß ihm durch Mark und Bein dringt,
und die Bein als weich macht, als das Fleisch ist.

In Luthers letzten Lebensjahren machten sich neben seinem Harnsteinleiden, das ihn bis zum Juni 1545 begleitete, mehr und mehr auch andere somatische Leiden bemerkbar. So klagte er im Frühjahr 1540 über bisher nie gekannte Schmerzen im rechten Arm: „Die ganze Nacht litt ich an heftigen Muskelschmerzen im rechten Arm zwischen Achsel und Ellenbogen, daß ich nicht schlafen konnte. Ich wundere mich, wie es kommt, daß, wenn ich die Stelle mit eiserner Hand zudrücke oder schlage, ich nichts spüre. Dann sind auch die Gelenke schön in Ordnung. Ich meine, es sei der Zahn einer Schlange, der nicht aufhört, den Arm rückwärts zu ziehen." Dazu kam noch sein Unterschenkelgeschwür, das erneut aufbrach und ihn an der geplanten Reise nach Torgau hinderte. Etwas später gesellte sich noch ein Abszeß im Hals dazu, weshalb er dem Kurfürsten am 24. Januar 1541 einen Entschuldigungsbrief für sein Nichtkommen übersandte: „Auf E.K.F.G. Schrift, die in dieser Stunde bei mir ankam, gebe ich aufs unterthänigste zu bekennen, dass mir gestern und diese Nacht mein Hals ärger worden ist, als zuvor, und ich heute erbrochen habe, sodass ich fürwahr schwach nicht kann, wie ich wohl schuldig und unterthänigst herzlich gern thät, kommen."
Die wenigen zeitgenössischen Dokumente, die aus diesen Tagen zu uns kamen, lassen allerdings annehmen, daß es sich bei diesem „Halsabszeß" eher um eine eitrige Mittelohrentzündung handelte, die zu einer Spontanperforation des Trommelfells führte und einen eitrigen Sekretabfluß aus dem Ohr nach sich zog. Am 12. April 1541 berichtete er nähmlich Melanchthon von schweren Katarrhen mit starker Schleim- und Eiterabsonderung aus der Nase und eitrigem Ausfluß aus dem Ohr, was wiederum heftiges Ohrensausen und eine fast völlige Taubheit verursachte: „Meine Gesundheit bessert sich. Ich habe nun wohl gesehen, was ein Fluxus capitis (wörtlich: Kopffluß. Vermutlich verstand Melanchthon darunter eitrigen Ausfluß aus Nase oder aus dem Ohr, wie dies bei eitrigen Nebenhöhlenentzündungen und bei Mittelohrentzündung mit spontan perforiertem Trommelfell angetroffen wird. *Anm.d.Verf.*) ist, den du mir ja prophezeit hast. Denn so viel Schleim, Ausfluß und Katarrh kam durch Hals und Nase heraus, daß man sich arg wundern könnte, wie ein durch Alter und Arbeit gebrochener Kopf solche Massen innen bei sich hat tragen können und mich nicht in einzelnen solchen Stunden Schlagfluß, Schwindel und Epilepsie und dergleichen plötzlich niedergestreckt haben. Zuletzt ergriffen mit gesammelten Kräften die in Eiter umgewan-

delten Flüsse, gegen mein linkes Ohr hingerichtet, am Palmsonntag mein Haupt, ja sie gingen sogar mein Leben an, daß ich vor unerträglichem Schmerz mit vielen Tränen (was ich nicht leicht zu tun pflege, obgleich sie immer noch weniger flossen, als ich gewollt hätte) zum Herrn sprach: ‚Laß entweder jene Schmerzen oder mich enden!' Denn ich konnte nicht mehr jenen durch zwei Tage erlittenen so heftigen Kampf der Natur ertragen. Aber am folgenden Tage öffnete sich ein kleines Geschwür im Ohr und ein übelriechender, gelblich blutiger Eiter fließt nun ab und hört noch nicht auf. Inzwischen gibts im Kopf Stürme aller Meere und Bäume, daß ich nichts höre, außer, wenn mich jemand anschreit. Die Ärzte versprechen, daß es eine heilsame Reinigung sei, halten es für gut und sind froh darüber. Nun, ich warte ab." Am 29. April war er bereits etwas weniger „taub", aber noch immer sehr angegriffen, und der Ausfluß aus dem linken Ohr hielt über den Juni hinaus an.

Kaum neigte sich dieses schmerzhafte Leiden dem Ende zu, regten sich auch schon wieder seine Steine. Nach eineinhalb Jahren Symptomfreiheit traten am 17. Juli 1541 heftige Schmerzen in der Hüfte auf, die von den Ärzten zunächst als „Ischias" gedeutet wurden. Sie wurden aber schon in der folgenden Nacht eines Besseren belehrt: Unter qualvollen Koliken wurde ein Stein „geboren", auf dessen eigenartige „dreiköpfige" Form besonders hingewiesen wurde: „Doktor Martinus hat mit Gottes Gnade einen nicht sehr kleinen Stein, zwar einen dreiköpfigen, ausgestoßen, nun geht es ihm besser; heute ist er aus gesundheitlichen Gründen mit dem Arzt Augustinus nach draußen gegangen. Am letzten Sonntag hatte er schreckliche Schmerzen in der Hüfte; die Schmerzen waren grausam, aber wie ich schon sagte, durch Gottes Güte nicht lange dauernd."

Laut Keil und Seckendorf sollen sich im November dieses Jahres nochmals Steinbeschwerden gemeldet haben: „Im November des Jahres 1541 war er krank am Steine, um dessentwillen er auch bei der Beratschlagung wegen der Naumburger Sachen nicht anwesend sein konnte." Merkwürdigerweise fand dieses Ereignis weder in Briefen noch in Tischreden eine Erwähnung.

Nach einem fast zweijährigen Intervall meldete sich das Harnsteinleiden nochmals, und anscheinend resignierte Luther allmählich angesichts der immer von neuem rezidivierenden Plagen, wie aus einem Schreiben vom 20. Juni 1543 hervorgeht: „Ich denke bei weitem anders, nämlich, daß ich ein Leichnam sei, dennoch überlastet mit Briefe- und Bücherschreiben, mit theologischen Vorlesungen und bin steingeplagt und mit vielem anderem außerdem belastet ... Ich habe genug, ich bin erschöpft, nichts weiter sonst." Tatsächlich überraschte ihn bereits am 23. August dieses Jahres die nächste Kolik, wie Besold an Veit Dietrich am 13. September 1543 meldete: „Wenige Tage vor meiner Abreise wurde Luther vom Stein sehr gequält, so sehr, daß man glaubte, er werde sterben müssen, und daß er veranlaßte, mitten in der Nacht Philippus (Melanchthon. *Anm.d.Verf.*) zu holen."

Im folgenden Jahr 1544 wurden seine Nierensteine kaum erwähnt. Nur einmal, am

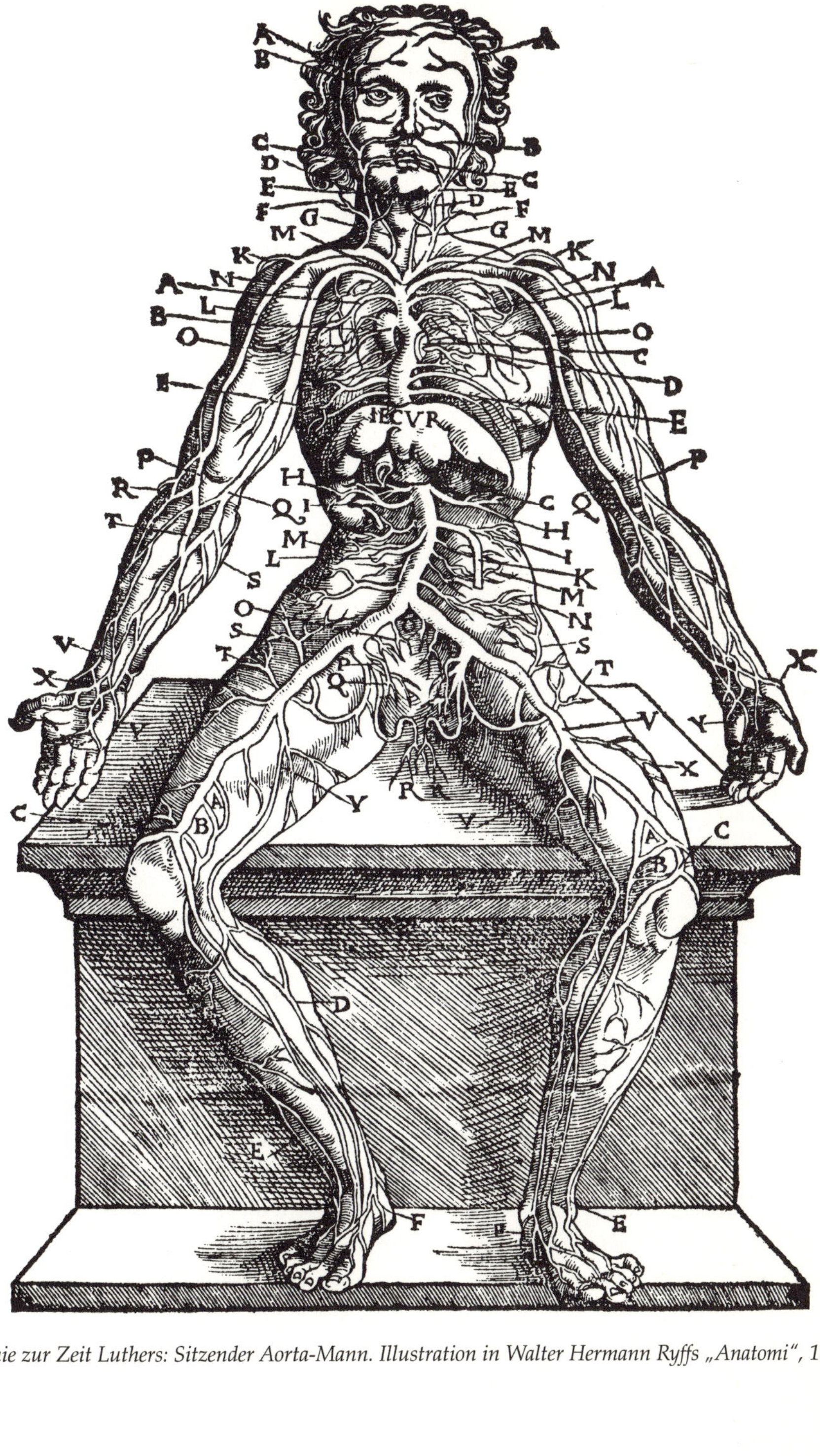

Anatomie zur Zeit Luthers: Sitzender Aorta-Mann. Illustration in Walter Hermann Ryffs „Anatomi", 1541.

19. Oktober, findet man im Predigttagebuch die kurze Bemerkung: „Luther kann wegen seines Steinleidens nicht predigen."

Dieses Jahr 1544 nimmt in der biographischen Anamnese Luthers dennoch einen wichtigen Platz ein, da es im Dezember zu einem veritablen Anfall von Angina pectoris kam, also zur klinischen Manifestation jenes Leidens, das zu seinem baldigen Tod führen sollte. Melanchthon war einmal mehr Augenzeuge dieses Geschehens, weshalb seinem Bericht große Bedeutung zukommt: „Doktor Martin Luther rief mich ein Jahr vor seinem Tode zu sich, früh morgens etwa um die zweite Stunde. Zufällig war ich gerade aufgestanden, ich gehe zu ihm und frage, was los sei. Oh, sagte er, ich habe große, gefährliche Schmerzen. Ich fragte, ob es der Stein sei. Er antwortete: ‚Nein, es ist jetzt etwas Schlimmeres als der Stein.' Ich fühlte den Puls, der gut war. Ich sagte: Das Herz ist in Ordnung, es ist nicht apoplektisch. Dagegen sagte er: ‚Ich fühle eine große Beengung um das Herz; dennoch spüre ich nicht, daß das Herz gelähmt ist, auch habe ich nichts Unrechtes am Puls festgestellt.' Also, argumentierte ich, kann es nichts sein außer einer Flüssigkeit, die im Magenmund aufsteigt; von daher kommt die starke Beengung. Ich fragte also nach dem Beginn der Krankheit. Er war auf dem Abort gewesen (schamhaft wie er war), als es sehr kalt war. Er fror sehr schnell, und sofort befiel ihn jene Krankheit. Denn die Kälte hatte jene Säfte bewegt, so daß sie aufstiegen. Ich befahl sofort, daß man gewärmte Tücher auflege, Brust und Rücken abreibe und alsbald ein wenig Suppe oder einen kleinen Bissen zubereite. Als er gegessen hatte, setzte sich bald der ‚humor'; ich ließ ihn dann ruhen und warme Tücher nehmen. Als er dann später gestorben war, sagte man, er sei einem Schlaganfall erlegen. Aber es war kein Schlaganfall, sondern er starb an der erwähnten Krankheit; kurz zuvor schrieb er mir nämlich, daß er wieder von dieser Krankheit heimgesucht worden war." Wenn man sich auch mit der eigenartigen „Humoralpathologie" Melanchthons nicht zufrieden geben kann, so weist seine Beobachtung dennoch auf die wahre Ursache von Luthers Tod hin.

Zu Beginn des Jahres 1545 klagte Luther wie gewöhnlich über Ohrensausen und Schwindel. Zum ersten Mal hören wir auch vom Nachlassen seiner Sehkraft. Er bezeichnete sich als „alt, abgelebt, müde, kalt und nun gar einäugig", und man darf aus dieser Beschreibung annehmen, daß es sich um einen beginnenden Katarakt, also einen grauen Star, handelte. Zum letzten Mal in seinem von Krankheiten geplagten Leben machte ihm der Calculus, sein „Schinder und Satan", den Abschiedsbesuch in Form heftiger Koliken, die am 15. Juni einsetzten und noch zehn Tage später andauerten: „In der vergangenen Nacht habe ich nicht geruht noch geschlafen wegen der Schmerzen durch meinen Schinder und Satan, den Stein. Deshalb bin ich den ganzen Tag zu nichts tauglich. Noch ist er nicht abgegangen, sondern hält sich in meinem Körper verborgen, doch nicht ohne sich bemerkbar zu machen, jener Stachel meines Fleisches. Ich weiß nicht, wann ich diesen hassenswerten Fötus werde herausbringen können … Ich wünsche lieber zu sterben als solch einen Tyrannen zu haben." Endlich, wie aus einem Brief Melanchthons vom 24. Juni hervorgeht, wurde er durch einen Steinabgang von seinen Qualen erlöst: „Durch Gottes Güte geht es Luther wieder wohl, nachdem er einige Steine ausgestoßen hat; aber er ‚gebar' sie fast acht Tage lang unter großen Schmerzen. Ich hoffe, daß er nun befreit sowohl von Schmerzen als auch vom Stein lange davon verschont und gesunder bleiben möge." Wohl erholte sich Luther nach dieser Steingeburt wieder langsam, doch am 18. August kehrte er erschöpft von einigen Reisen nach Wittenberg zurück. „Ich kam endlich am 18. August nach Hause, so voll von Steinen, daß ich heute noch nicht einmal von allen befreit bin." Ob sich Luther an den Tagen seiner „Steingeburten" wohl erinnerte, wie leichtfertig er zwanzig Jahre früher über die Rolle der Ehefrau als Kindergebärerin sprach? „Ob sich die fruchtbaren Weiber auch müde und zuletzt tot tragen, das schadet nicht, laß sie nur Tot tragen, sie sind darumb da."

Um seinen Beschwerden abzuhelfen, legte man auf den Vorschlag Ratzebergers hin am linken Bein eine „Fontanelle" an, also eine künstliche Wunde, bei der man dafür Sorge zu tragen hatte, daß sie ständig offen gehalten wurde. Nach Auffassung der damaligen Heilkunde glaubte man, mit dieser Maßnahme den schädlichen, krankheitsverursachenden Stoffen einen freien Abfluß nach außen zu verschaffen. Diese Meinung war auch noch zu Beginn des neunzehnten Jahrhunderts verbreitet, wie am Beispiel Napoleons zu belegen ist, der damit den im Gefolge einer Neurodermitis auftretenden quälenden Juckreiz zu bekämpfen versuchte (nachzulesen in meinem Buch *Diktatoren im Spiegel der Medizin*). Bei Luther hatte sein Arzt Dr. Ratzeberger schon vor einigen Jahren für die Anlegung einer solchen Fontanelle gesorgt, doch wurde sie seinen Angaben nach unzureichend betreut, weshalb er später erklärte, daß dies letztlich die Schuld an seinem Tode getragen hätte. Aus dem ausführlichen Bericht Ratzebergers seien auszugsweise die wichtigsten Passagen entnommen: „Dr. Luther hatte etliche Jahre auf Anraten Dr. Ratzebergers am linken

Martin Luther auf dem Krankenbett. Stich, 19. Jahrhundert.

Unterschenkel durch den Barbier Meister Andreas eine Fontanelle zur Erhaltung seiner Gesundheit erhalten, wodurch ihm eine Zeit lang beschwerliche Zufälle benommen worden sind ... Eine solche Fontanelle muß man mit viel Fleiß offen behalten, denn wo man solches übersieht, bringt es Verschlechterung der Gesundheit. Nun hatte Dr. Luther in seiner letzten Reise nach Eisleben seinen Lapillum corrosivum (Ätzstift. *Anm.d.Verf.*) in Wittenberg vergessen. Als er nun zu Eisleben während der verbitterten und verwirrten Händel unter den Juristen und Hoffräthen sah, daß seine Mühe und Arbeit umsonst sei ... bekümmerten ihn diese Sachen so sehr, daß er die Wartung seiner Fontanelle nicht wahrnahm ... Durch das Zuheilen der Fontanelle wurde die materia peccans (krankheitsverursachender Stoff. *Anm.d.Verf.*) ... so geschwinde zum Hertzen gestoßen, daß sie den Tod verursachte." Da Ratzeberger nicht selbst am Totenbett Luthers anwesend war, hat seine ausführliche Schilderung, die er von den letzten Stunden des Reformators gab, nur den Wert einer Quelle aus zweiter Hand. Ähnliches gilt von den vielen, sich häufig widersprechenden oder ins Legendäre abgleitenden Berichten aus der Hand seiner Freunde oder seiner Feinde. Von jenen Personen, die in den letzten Stunden am Totenbett zugegen waren, besitzen wir zwei übereinstimmende Mitteilungen, denen man – da sie aus erster Hand stammen – Authentizität zubilligen darf. Demnach stellen sich die letzten Wochen im Leben Luthers so dar:
Zu Jahresbeginn 1546 hören wir nichts über schwerere Gesundheitsstörungen. Trotz einer allgemeinen Müdigkeit und Abgeschlagenheit – verstärkt durch die Auswirkungen seiner Fettleibigkeit – begab er sich gegen den Wunsch des Kurfürsten auf eine Reise nach Eisleben, um im Familienstreit der Mansfelder Grafen zu schlichten. Vor der Ankunft am 23. Januar 1546 mußte er ein Stück zu Fuß gehen, was ihn sehr anstrengte und ihn stark ins Schwitzen brachte. Schon die Überfahrt über die aus den Ufern getretene und von Eisschollen bedeckte Saale sowie die starken Erschütterungen in dem unbequemen Wagen auf den rumpeligen, vereisten Straßen hatten übermäßig an seinen Kräften gezehrt. Wieder in den Wagen eingestiegen, überkam ihn eine heftige Herzbeklemmung, die er seinem Freund Melanchthon am 1. Februar brieflich schilderte: „Auf dem Wege ergriff mich gleichzeitig meine Synkope und dann jene Krankheit, die du ‚humor' des Magens zu nennen pflegst (gemeint war damit wohl das, was wir heute den gastrokardialen Symptomkomplex nennen. *Anm.d.Verf.*). Ich ging nämlich zu Fuß, aber über meine Kräfte, so daß ich schwitzte; im Wagen fühlte ich dann – in Schweiß geraten und in kalter Jacke – Kälte in meinem linken Arm. Von da bekam ich jene Kompression des Herzens und gleichsam Erstickungsnot. Meine Torheit ist schuld daran. Aber nun geht es mir ziemlich wohl: wie lange, weiß ich freilich nicht."
Noch hergenommen und schwach von diesem Anfall, rieb man ihn unmittelbar nach seinem Eintreffen in Eisleben mit warmen Tüchern ab, was ihm rasch Erleichterung schaffte. Während der nächsten Tage dürfte er sich recht wohl gefühlt haben, wie aus dem fröhlichen und zuversichtlichen letzten Brief an seine Frau vom 14. Februar ver-

mutet werden darf: „Wir haben hier zu essen und zu trinken und man wartet uns allzuschön, daß wir euer Wohl (zu Wittenberg) vergessen mochten. So ficht mich der Stein auch nicht an." Tatsächlich wurde er in Eisleben bei den Mansfelder Grafen besser betreut als auf seinen anderen Reisen. Er bewohnte in einem geräumigen Haus ein geheiztes Zimmer, in welchem sein Bett angewärmt wurde, und man bot ihm eine Lampe, die während der ganzen Nacht brannte. Da er bemerkte, daß er seinen Ätzstift zur Offenhaltung seiner Fontanelle zu Hause vergessen hatte, bat er Melanchthon, ihm denselben rasch nachzusenden. Die Grafen ersuchten ihn, sich zu schonen und die Mahlzeiten auf dem Zimmer einzunehmen.

Am Mittwoch, dem 17. Februar, klagte Luther wieder über Schwäche, entschloß sich aber dennoch, zum gemeinsamen Abendtisch zu gehen, wo er wohlgelaunt und munter seine beliebten Anekdoten von sich gab. Gegen acht Uhr abends zog er sich in seine Stube zurück, begleitet von seinen beiden Söhnen Martin und Paul, und setzte sich wie stets zu dieser Stunde ans offene Fenster, um sein Abendgebet zu verrichten. Plötzlich rief er aus: „Mir wird aber weh und bange, wie nie zuvor, um die Brust!" Nach Abreiben mit einem warmen Tuch fühlte er sich vorübergehend besser. Inzwischen brachte ihm Graf Albrecht ein Pulver vom Zahn eines Einhorns (!), das dieser eigenhändig abfeilte und mit Wein vermischt zum Trinken anbot. Offenbar von diesem seltenen und kostbaren „Mittel" tief beeindruckt, fühlte sich Luther bald besser und begab sich zu Bett, wo er mit ruhigen Atemzügen, bewacht von seinen beiden Söhnen, bis ein Uhr morgens schlief. Um diese Stunde erwachte er wieder. Kältegefühl, Unwohlsein und Angst überfielen ihn, und die Umstehenden bekamen es mit der Angst zu tun. Rasch rief man nach den Ärzten Dr. Wild und Dr. Ludwig, da er erneut über heftige Brustbeklemmung klagte, die allen verabreichten Labemitteln trotzte und sich weiter verschlimmerte.

Luther fühlte, daß der Tod neben ihm stand. Er dankte Gott, betete den 68. Psalm und sprach leise: „In manus tuas, Domine, commendo spiritum meum." Die Anwesenden wurden von Panik ergriffen: Man rüttelte ihn, rief ihm ins Ohr und goß kaltes Wasser auf seinen Kopf, aber Luther blieb stumm. Er verschied zwischen zwei und drei Uhr morgens. In ihrer Ratlosigkeit wollten die beiden Ärzte noch den Versuch unternehmen, ihn durch ein Klistier ins Leben zurückzurufen, weshalb man nach dem Apotheker sandte, von dem bekannt war, daß er ein „verdammter, halsstarriger Papist" war. Dieser scheint am vernünftigsten reagiert zu haben. Nachdem er sah, daß Luther ja gar nicht mehr am Leben war, fragte er die Ärzte verwundert, zu welchem Zweck man einem Verstorbenen noch ein Klistier verabreichen sollte, und weigerte sich, diese Prozedur vorzunehmen. Dieser Apotheker ist übrigens neben Justus Jonas die zweite Referenzquelle, aus der man den Verlauf der letzten Stunden im Leben Luthers rekonstruieren kann.

Die Überführung Luthers nach Wittenberg erfolgte am 20. Februar, wo sein Sarg von der gesamten Stadt in Empfang genommen wurde. Er wurde in derselben Schloßkirche beigesetzt, deren Portal neunundzwanzig Jahre früher als Anschlagtafel für seine Thesen gedient hatte. Diese Jahre, die zu den leidenschaftlichsten in der ganzen Weltgeschichte gehören, hat Luther als ihr größter Wortführer beherrscht. Wie treffend schrieb doch Will Durant über diesen zu den kraftvollsten Persönlichkeiten der modernen Welt zählenden Reformator: „Der Fehler hatte er viele. Es ging ihm jedes Gefühl für die kulturelle Leistung der Kirche in Nordeuropa ab, es fehlte ihm jegliches Verständnis für die Sehnsucht der Menschheit nach symbolischen, trostreichen Mythen, in seiner mangelnden Nächstenliebe ließ er weder katholischen noch protestantischen Widersachern Gerechtigkeit widerfahren. Wenn er seine Anhänger von einem unfehlbaren Papst befreite, fesselte er sie dafür an ein unfehlbares Buch, und es ist schwerer, das Buch zu wechseln als die Päpste. Die grausamsten und unglaublichsten Dogmen des mittelalterlichen Religionsbildes ließ er bestehen, während die Schönheit ihrer Legenden und seiner Kunst fast ganz zerstört wurde. So bestand sein Vermächtnis in einer christlichen Lehre, die der Wahrheit nicht näher kam als die alte und weit weniger heiter und tröstlich, dafür aber viel aufrichtiger war. Luthers Intoleranz kam der der Inquisition fast gleich, und die krassesten Schmähreden, die die Weltgeschichte kennt, stammen aus seiner Feder. Wenn seine Taten auch milder waren als seine Worte, so impfte er nichtsdestoweniger Deutschland jene religiösen Haßgefühle ein, durch die sich die deutsche Erde noch hundert Jahre nach seinem Tod mit Blut rötete."

MEDIZINISCHE SCHLUSSBETRACHTUNG

Bei einer medizinischen Beurteilung von Luthers physischen und psychischen Erkrankungen und deren eventuellem Einfluß auf sein reformatorisches Wirken und seine schriftstellerische Tätigkeit muß man die Berichte und Auffassungen evangelischer und katholischer Kirchenhistoriker und Biographen sowie die Schilderungen seiner persönlichen Freunde und Feinde streng auf ihre Objektivität hin überprüfen, bevor man dazu einen endgültigen Standpunkt einnimmt. Die unterschiedlichen protestantischen und katholischen Lager machten es sich mitunter zu leicht, indem sie Krankhaftes an Luther zu minimieren oder überzubewerten versuchten. Aber auch Luthers eigene Schilderungen, etwa in seinen Tischreden, müssen mit Vorsicht betrachtet werden, da ihm nachweislich in der Rückschau manche Fehler in der zeitlichen Zuordnung von Ereignissen unterliefen. Deutlicher und persönlicher hingegen drückte er sich in seinen Briefen an die vielen Freunde aus, die deshalb bevorzugt als primäre Quelle in seiner biographischen Anamnese angesehen werden müssen; umso mehr, als aus seiner Hand weder Tagebücher noch gar selbstbiographische Notizen vorliegen. Schließlich sind auch die medizinischen Berichte seines Hausarztes Dr. Mathias Ratzeberger, ganz abgesehen von den mangelhaften fachlichen Voraussetzungen der damaligen Zeit, nicht immer im selben Grade zuverlässig und stammen nur zu oft aus zweiter Hand, weshalb auch dieses in vielen Belangen wertvolle Quellenmaterial einer kritischen Sicht unterzogen werden muß. Ähnliches gilt aber auch für die Pathographien von Ärzten wie Küchenmeister, Möbius, Ebstein oder Preserved Smith, da sie bisweilen ähnliche Tendenzen aufweisen, wie man sie bei den theologischen Pathographen und Biographen vorfindet.

Es ist deshalb unleugbar ein ungemein schwieriges Unterfangen, von modernen medizinischen und quellenkritisch historischen Voraussetzungen her eine zuverlässige und klare Beurteilung seiner komplizierten, aus biographischen Daten erstellten Krankengeschichte vorzunehmen. Dazu kommen noch die Schwierigkeiten, die sich bei der Beurteilung der somatischen und psychischen Symptome dadurch ergeben, daß diese Phänomene aus der oft recht unvollkommenen Auffassungs- und Ausdrucksweise eines Zeitalters herausgelesen werden müssen, dessen historische und kulturelle Prämissen ganz anders geartet waren als unsere eigenen. Schließlich wird die Bildung eines objektiven wissenschaftlichen Urteils für eine pathographische Beschreibung Luthers noch dadurch erschwert, daß seine Persönlichkeit und die damit verbundenen Charaktererscheinungen Eigentümlichkeiten aufweisen, die schon zu seinen Lebzeiten begeisterte Huldigung ebenso wie erbitterte Ablehnung hervorriefen. Das gleiche gilt für den Versuch einer objektiven Bewertung seines ungemein vielfältigen Schrifttums. So werden immer Fragen übrig bleiben, die nicht schlüssig beantwortet werden können, weshalb manche Biographen in Anlehnung an Kurt Schneiders Ausführungen über psychopathologische Persönlichkeiten auch dem Irrationalen einen gewissen Platz einräumten in der Überzeugung, daß „nicht die ganze Persönlichkeit durch Erbanlage und Umwelteinflüsse bedingt ist". Man sollte jedoch in der Beurteilung Luthers sich davor hüten, göttliche oder gar dämonische Einflüsse in einer Art mystischer Betrachtung anzunehmen, solange man die Ereignisse in seinem Leben problemlos mit natürlichen Vorfällen zu erklären vermag.

1. Luthers seelische Leiden

Die Entwicklung der Geschichte und hier wieder besonders der großen Umbruchepochen wird weitgehend durch ein Zusammenspiel zwischen biologisch besonders geprägten und außerordentlich dynamischen Persönlichkeiten und dem sie umgebenden, die gesamten geistigen Strömungen der Zeit umfassenden „Großmilieu" bestimmt. In den machtvollen geschichtlichen Einzelpersönlichkeiten, zu denen zweifellos Martin Luther gezählt werden muß, läuft dieses große Milieu in eigentümlicher Weise mit ihrem kleinen Milieu zusammen, das durch jene Welt definiert wird, welche sie in ihrer Kindheit und Jugend im Kreise der Familie und der Schule umgibt. Erst in den späteren Jugend- und Reifejahren begegnet dem Individuum das große Milieu durch die zunehmende Beeinflussung der materiellen und kulturellen Faktoren und in letzter Instanz durch den Geist ihres gesamten Zeitalters, in welchem sie sich bewegen. Während in den biographischen Untersuchungen früherer Zeiten bei Luther dem großen Milieu das Hauptgewicht beigemessen wurde, wird in unseren Tagen durch Miteinbeziehung psychoanalytischer Überlegungen der psychodynamischen Bedeutung des Unterbewußten und der infantilen Erlebnisse bevorzugtes Interesse entgegengebracht.
Für die Erstellung einer endgültigen Diagnose der seelischen Leiden Luthers wird es notwendig sein, aus der biographischen Anamnese den Verlauf der Krankheitsphasen herauszuarbeiten und die dabei zutage tretenden Symptome auf die ihnen zukommende klinische Bedeutung hin zu untersuchen. Auf diese Weise lassen sich Charakteristika des Krankheitsbildes herausarbeiten, die als Kardinalsymptome von diagnostischer Relevanz sind und sich von begleitenden und für das Krankheitsbild nicht typischen Erscheinungsbildern deutlich abgrenzen lassen.

Depressionszustände

Fraglos war Luther eine psychisch „abnorme" Persönlichkeit, deren Krankheitsbild zu verschiedenen Zeiten ihres Lebens von düsteren Verstimmungen bis zu ernstzunehmenden Depressionen gekennzeichnet war. Aus eigenen Angaben sowie aus solchen seiner Zeitgenossen wissen wir, daß Luther schon in früher Jugend ein im Verhältnis zur Umwelt wesentlich introvertierter Mensch war. Diese Introversion machte sich

Oben: Martin Luther verteidigt seine Lehre auf dem Reichstag zu Worms im April 1521.
Gemälde von Anton Werner, um 1890. Unten: Die Männer der Reformation: Johannes Forster, Georg Spalatin, Johannes Bugenhagen, Erasmus von Rotterdam, Justus Jonas, Caspar Cruciger und Philipp Melanchthon.
Kopie nach dem Meienburgischen Epitaph von Lucas Cranach dem Jüngeren.

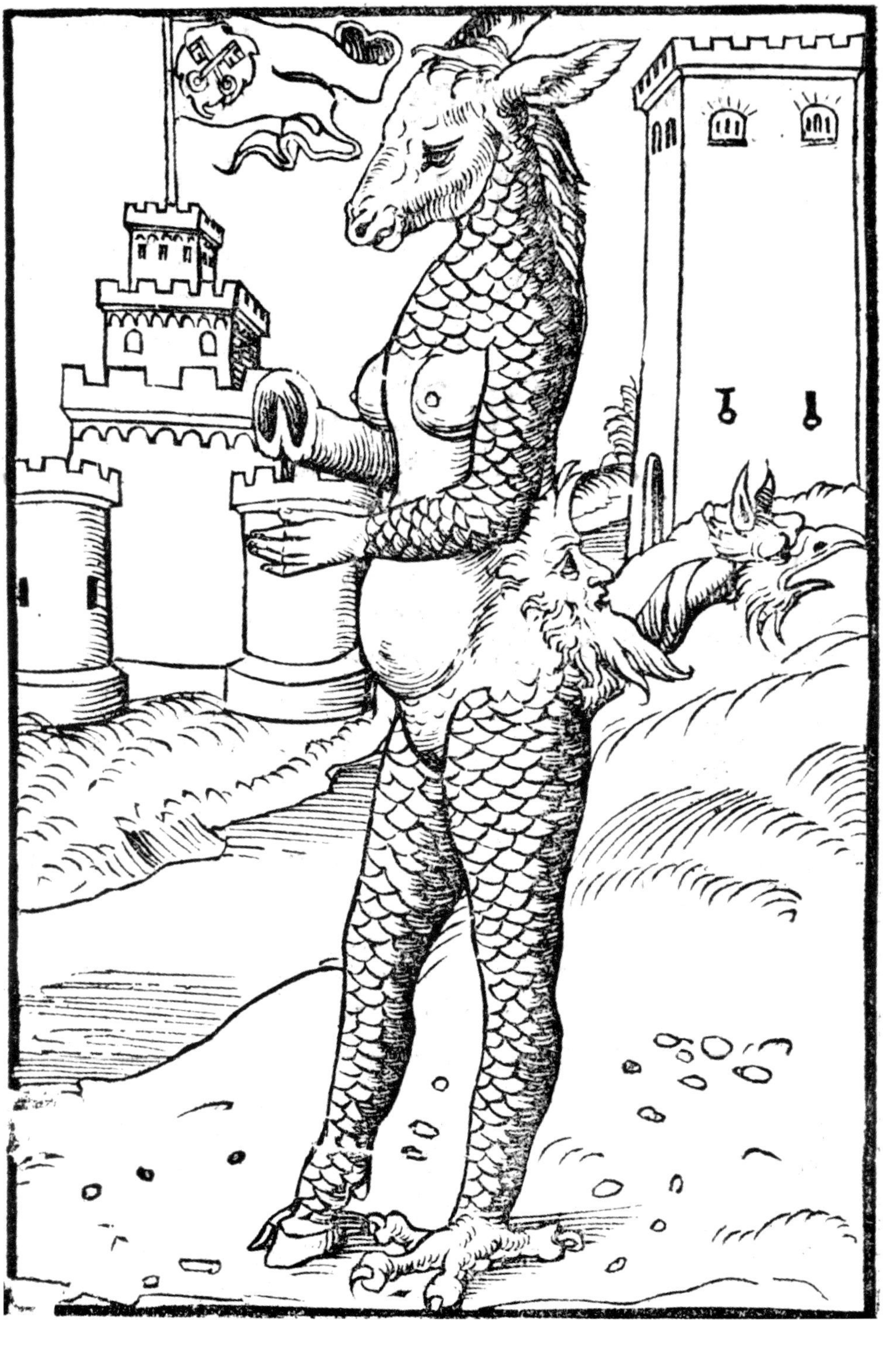

Ein beliebtes Spottbild der Reformation: der Papstesel. Zeitgenössischer Holzschnitt.

schon in seiner Kindheit bemerkbar und setzte sich in der Studentenzeit – noch verstärkt durch Reminiszenzen an die brutalen Erziehungsmethoden des Vaters – fort. Die Art seiner Depressionen in seiner Jugend kennen wir zwar nicht, doch wissen wir, daß die neurotische Entgleisung bereits in die Zeit seiner Kindheit anzusetzen ist.
Diese Introversion führte im Zusammenwirken mit depressiven und neurotischen Elementen schließlich zu seiner Flucht aus der ihn bedrohenden, übermächtigen Umwelt, vor deren Gefahren und Versuchungen er hinter den Klostermauern Schutz suchte. Hier wurde die Introversion weiter verarbeitet und durch seine ihm unbewußte neurotische Dynamik sowie durch die um die Zeit seiner Primiz im Frühjahr 1507 einsetzende und fast den ganzen Rest seiner Klosterzeit – zumindest bis 1519 – anhaltende qualvolle Depression noch weiter verstärkt. In dieser langen Periode war Luther nie völlig gesund, wenn auch zwischen den besonders intensiven Schüben der Depression in den Jahren 1507 bis 1509, 1511, 1515 und 1518 Phasen relativer Remission erlebt wurden. Diese langwierige depressive Periode zeichnete sich durch eine auffallend stark ausgeprägte Skrupulosität mit anankastischer Färbung aus, wie sie der Zwangsneurose eigen ist. Solche Menschen neigen zu Zwangshandlungen oder Zwangsideen, sind gewöhnlich gewissenhaft bis hin zur Pedanterie, leiden an ängstlicher Unsicherheit und verbergen nicht selten hinter einer betonten Demutsbezeugung eine unterdrückte Aggressivität gegen die Umgebung. Die mit dem Gefühl der Verdorbenheit und der Minderwertigkeit verbundene Überzeugung, ein zutiefst sündhafter Mensch zu sein, bildete den skrupulösen Kern von Luthers Depression, die sich häufig zu schweren Angstanfällen mit verschiedenen somatischen Begleitsymptomen steigerte und in der Atmosphäre des Eremitenklosters mit ihrem Zwang zur Einsamkeit und zu intensiver Selbstbeschäftigung eine zunehmende Verschlimmerung erfuhr. Diese Innenschau mit extremer Selbstbeobachtung steigerte sich während seiner Klosterjahre bis zu wahren Kämpfen in seiner vermeintlich so schuldbeladenen und sündigen Seele und trieb ihn in seiner Depression bis in die Nähe suizidaler Gedanken.
Erst nachdem er von seinem befreundeten Vorgesetzten Staupitz mehr und mehr mit wichtigen Aufgaben innerhalb der Klostergemeinschaft, ja sogar mit einer Mission nach Rom betraut wurde, und Luther auf diese Weise zwangsläufig aus seiner Isolation und Introversion herausgeführt wurde, endete allmählich auch sein Klosterkampf – allerdings mit einem inneren, nie wirklich gelösten Konflikt –, und eine ausgesprochen extrovertierte Phase bekam die Oberhand. Mit dem für ihn so entscheidenden Thesenanschlag 1517 wurde sie schließlich zum dominierenden Ausdruck seines Wesens, der sein späteres Leben bestimmen sollte.
Erst durch den Zwangsaufenthalt auf der Wartburg und später auf der Coburg, der ihn von den aufwühlenden Ereignissen außerhalb der Burgmauern fernhielt und von der Umwelt weitgehend isolierte, ließ er wieder eine Tendenz zur Rückkehr in die Introversion erkennen, indem sich die Depression neuerlich meldete – man könnte von einer „Haftdepression“ sprechen. Doch die vorausgegangene Periode, in welcher er

infolge des Kirchenbannes und der Reichsacht von allen Seiten der geistlichen und weltlichen Macht bedroht wurde, schien ihn so gestählt zu haben, daß sein selbstsicheres Gefühl, innerlich frei zu sein und zu sich selbst gefunden zu haben, die Oberhand behielt, weshalb sich seine „Haftdepression" von jener während seiner Klosterzeit doch deutlich unterschied. Die seinerzeit so im Vordergrund stehende, zwangsneurotische anankastische Färbung äußerte sich höchstens in vorübergehenden Anfechtungen von Unsicherheit und Zweifeln sowie in gelegentlichen halluzinatorischen Erlebnissen, konnte jedoch sein erwachtes Selbstwertgefühl nicht verdrängen. Bei diesem Depressionsschub handelte es sich wohl hauptsächlich um eine Reaktion, die durch den plötzlichen Wechsel aus einer so kampfbetonten Phase seines Lebens in die Einsamkeit einer Schutzhaft in einer einsamen, von den brodelnden Wirren der Zeit nicht berührten Burg ausgelöst wurde. Das eintönige, stille Dasein in seiner Kammer, die vorwiegend sitzende Lebensweise und der jäh abgebrochene Kontakt mit den Menschen draußen trugen dazu bei, dem Auftauchen depressiver Stimmungsausschläge Vorschub zu leisten. Endogene Elemente dürften bei dieser „Haftdepression" auf der Wartburg bestenfalls eine untergeordnete Rolle gespielt haben, weshalb sie nach der rund neunmonatigen Internierung auch rasch wieder verschwand.
Die schwerste depressive Phase in Luthers Leben ereignete sich in den Jahren 1527 bis 1528, und über diesen „Melancholieanfall", wie ihn Reiter bezeichnete, sind wir quellenmäßig auch recht gut unterrichtet. Fast ohne warnende Vorzeichen setzte sie ganz plötzlich mit Ohnmachtsanfällen ein, die mit starker Angst verbunden waren, so daß seine Freunde um sein Leben fürchteten. Nach diesem alarmierenden Beginn machte sich eine dumpfe, hoffnungslose und verzweifelte „melancholische" Stimmung breit, die ohne erkennbare Schwankungen ziemlich gleichförmig bis zum Sommer 1528 anhielt und angesichts fehlender auslösender Faktoren an ihrer endogenen Genese keinen Zweifel aufkommen läßt. Das Initialstadium dieser Depressionsphase war stark geprägt von somatischen Beschwerden, vor allem den synkopalen Ohnmachtsanwandlungen und den Beklemmungen über dem Herzen. Im Vordergrund stand jedoch sein innerer Kampf gegen ein Versündigungs- und Nichtigkeitsgefühl, in welchem seine dämonomane Einstellung zur Krankheit besonders deutlich zum Ausdruck kam. Nahm vor dieser Zeit – und hier wieder ganz besonders während der Klosterperiode – fast ausschließlich die Angst vor einem richtenden und strafenden Gott in der Gestalt Christi den führenden Platz in seinen bewußten Vorstellungen ein, so lieferte nach der Zeit auf der Wartburg immer mehr der Satan den Hauptstoff seiner Vorstellungswelt. Diese bei Luther fast paranoide *Dämonomanie* zeichnet sich deutlich ab von anderen großen Männern dieser Zeit, etwa von Zwingli, Calvin oder Ignatius von Loyola, die ebenfalls schwere religiöse Prüfungen zu bestehen hatten. In seinem naiven Aberglauben erblickte er hinter allen Anfechtungen den leibhaftigen Teufel: In seinen Wahnvorstellungen wurde es immer mehr der Satan, der „mit Seilen an ihm zerrte", während ihn mit Christus, der ihm in dieser Depressionsphase „schwach" schien, „nur

ein dünner Faden verband". Daß Luther so bevorzugt den Teufel als den Urheber all seiner Übel ansah, kann nicht allein mit dem Aberglauben der Zeit, in welchem er in seinem Elternhaus aufwuchs, erklärt werden. Wesentlicher erscheint mir, daß er in seinen Reflexionen inzwischen zu dem endgültigen Resultat gekommen war, das auserwählte Werkzeug Gottes zu sein. Er verglich sich dabei mit Paulus und tröstete sich damit, daß ein Mann, je heiliger er ist, desto stärker vom Teufel heimgesucht wird.
Interessant sind in diesem Zusammenhang die Ratschläge, die Luther zur Vertreibung eines melancholischen Zustandes gab. Am vordringlichsten erschien ihm das Aufsuchen einer Gesellschaft, da sich Einsamkeit schädlich auf die Melancholie auswirke, und besonders hob er den günstigen Einfluß der Musik auf ein trauriges Gemüt hervor. An zahlreichen Stellen seiner Tischreden schilderte er die Bedeutung der Musik, die sie für ihn in seinen Anfechtungen hatte. Aber häufig, so meinte er, halfen gegen seine Melancholie weder Argumente noch menschliche Gesellschaft oder Musik, und dann nahm er in seiner Verzweiflung Zuflucht zu drastischeren Mitteln. So empfahl er zur Betäubung der Depression übermäßiges Essen und Trinken, auch wenn man keine Lust dazu hätte. Diese Empfehlung eines „guten truncks gegen Melancholie" könnte eine Rolle bei seiner Gewohnheit gespielt haben, alkoholische Getränke zu sich zu nehnen. Wenn auch dies nicht ausreichte, seine depressive Stimmung zu beseitigen, dann scheute er nicht davor zurück, sich und anderen zu raten, „sich an sexuellen Vorstellungen zu belustigen", wie es in einer seiner Tischreden heißt. Allerdings fügte er mißmutig hinzu: „Ich hab oft meiner Käthe an den b und z gegriffen, aber es hat mir nicht helfen wollen." Man darf bei solchen Äußerungen freilich nicht die damaligen derben Sitten vergessen und nicht übersehen, daß für Luther das Leitmotiv für solche jede Moral verachtenden Mittel immer nur das eine war, dem Satan ein Schnippchen zu schlagen. Auf der anderen Seite decken manche drastische, fast anzügliche Ratschläge Luthers den infantil-neurotischen Hintergrund seiner dämonomanen Vorstellungen auf, die jenem analerotischen Gepräge ähneln, das man bei pubertierenden Knaben antrifft. Im übrigen scheinen derartige Themen über die Vertreibung des Teufels mittels analer Praktiken ein beliebter Unterhaltungsgegenstand bei seinen Freunden an der Tafelrunde gewesen zu sein.
Nach einer kürzeren depressiven Periode 1529, die ihn mehrere Wochen außerstande setzte, zu predigen oder Vorlesungen zu halten, erholte er sich bis zum Herbst dieses Jahres wieder so weit, daß er für seine Freunde die Anweisungen für den Reichstag in Augsburg erteilen konnte, dem er als Geächteter ja fernbleiben mußte. Er selbst wurde wieder einmal –wie vor neun Jahren auf der Wartburg, so jetzt auf der Coburg – in Schutzhaft genommen. Obwohl die Einsamkeit, die Stille und die erzwungene sitzende Lebensweise bedrückend auf seinen Gemütszustand einwirkten, war der reaktive Charakter dieser „Haftdepression" wesentlich geringer ausgeprägt als auf der Wartburg. Viel mehr dürften seine chronische Mittelohrentzündung und das damit verbundene quälende Ohrensausen sowie seine Kopfschmerzen zu seinen Verstim-

mungszuständen beigetragen haben, wofür seine damals so auffällige reizbare und aufbrausende Art spricht.
Schon 1532 stellten sich neuerlich depressive Symptome ein, und es ist eigenartig, daß sie eigentlich schon seit 1527 immer mehr mit dem Gefühl zunehmender Schwäche und des nahenden Todes einhergingen. Bereits auf der Coburg suchte er sich einen geeigneten Platz für seine Grabstätte aus, und diese Todesahnungen wurden immer häufiger auch mit dem Gedanken an den kurz bevorstehenden jüngsten Tag verknüpft. Die Zeitangaben für den kommenden Weltuntergang und das jüngste Gericht schwankten allerdings beträchtlich. Meinte er das eine Mal, es werden kaum mehr als hundert Jahre vergehen, hoffte er 1532, daß das Ereignis schon unmittelbar bevorstehe, wie er in einer Tischrede ankündigte: „Ich hoffe, es sey der jüngste Tag nicht ferne und wir wollen ihn noch erleben."
Die depressiven Schübe der Jahre 1536 und 1538, bei denen wieder die *Präkordialangst* (ängstliche Beklemmungen über dem Herzen. *Anm.d.Verf.*) im Vordergrund stand, waren hinsichtlich Schwere und Dauer zwar deutlich kürzer als die vorangegangenen, bewirkten jedoch immerhin gelegentlich, daß er bettlägerig wurde und in dieser Zeit keine Nahrung zu sich nehmen konnte. Erst ab 1543 entwickelte sich bis zu seinem Tod eine gleichbleibende depressive Grundstimmung, die sicher von seinen somatischen Leiden mit ihren zermürbenden Schmerzen ebenso wie von den altersbedingten Verschleißerscheinungen am Herzen und den Gefäßen mitverursacht wurde. Gefühle der Bitterkeit und der Enttäuschung mischten sich mit Zornesausbrüchen und äußerster Gereiztheit, was unter anderem in seinen letzten Schriften erschreckend zum Ausdruck kommt. Ohne jede Hemmung, kritiklos und unbeherrscht, beleidigte und verhöhnte er seine Feinde und den Papst als deren größten.
Im Gegensatz etwa zu Zwingli oder Calvin handelte es sich bei Luther nicht um eine isolierte, abgrenzbare religiöse Krise, die nach ihrer Überwindung Ruhe und Festigkeit brachte, sondern um Anfechtungen, die ihn sein ganzes Leben hindurch begleiteten und in wechselnden Perioden immer wiederkehrten, ohne daß er sie jemals ganz loswerden konnte. Dies spricht eindeutig für das Vorliegen endogen bedingter Depressionszustände, gegen die weder Gebet noch Reflexion etwas vermochten. So wie sie kamen, so verschwanden sie auch spontan wieder; freilich nur, um zu einem späteren Zeitpunkt wiederzukehren.

Hypomanische Phasen

Während Luther in der Jugend und insbesondere in der Klosterzeit, in welcher seine Neurose seine seelische Dynamik stark beherrschte, unter den geschilderten Depressionserscheinungen zu leiden hatte, sehen wir seit dem Jahre 1517 infolge Hinwendung seiner seelischen Dynamik nach außen allmählich hypomanische Züge aufkommen, die schließlich in den Jahren 1519 bis 1521 in einer manifesten Hypomanie kulminierten. Wie sehr in dieser Periode seine Grundstimmung durch Selbstsicherheit

und erhöhtes Selbstwertgefühl geprägt war, beweisen seine drei berühmten reformatorischen Schriften aus dem Jahre 1520. Auch sein mutiges und unerschrockenes Auftreten vor den Versammelten am Reichstag zu Worms spiegelt seine hypomanische Stimmungsphase deutlich wieder. Dieses schrankenlose, stimmungsbetonte Selbstgefühl, das neben seiner gesteigerten Produktivität und seiner fast an Gedankenflucht grenzenden wortreichen Weitschweifigkeit auch durch vermehrte Impulsivität und heftige cholerische Ausbrüche gekennzeichnet war, gab sich auch durch eine stärker hervortretende Sexualität zu erkennen. Man darf aber in diesen Kampfjahren nicht alles mit rein hypomanischen Zuständen erklären, sondern man muß auch berücksichtigen, daß es sich zumindest teilweise um ganz normale psychologische Reaktionen gehandelt haben dürfte – eine Antwort auf die turbulenten Ereignisse, durch welche er mit oder ohne Absicht in den Sog der Weltgeschichte hineingezogen wurde.
Gegen Ende seines Lebens zeigte Luther psychisch abnorme Züge, die sich zum Teil organisch bedingt infolge zunehmender Alterungsprozesse erklären lassen. Seine Grobheit in Schrift und Rede, seine zunehmende Starrheit und Intoleranz nicht nur in religiösen Belangen sowie seine spürbare körperliche Schwäche und Gebrechlichkeit erklären hinreichend seine immer deutlicher hervortretende reizbare Grundstimmung und seine leicht auftretenden Zornesausbrüche, die hemmungslose Formen annehmen konnten und einen Ton von Argwohn und Bitterkeit erkennen ließen, der fast paranoid klang. Nicht zu Unrecht schrieb Hausrath deshalb: „Der Luther der vierziger Jahre war eben nur noch ein schwierig zu behandelnder, mit allem unzufriedener Greis, nicht mehr der umsichtige Feldherr von ehemals." Dieser krankhafte Gemütszustand in seinen letzten Jahren erklärt seinen grenzenlosen literarischen Grobianismus etwa in seinen Schmähversen zu Cranachs unanständigen Karikaturen des Papsttums, die einen unauslöschlichen Fleck auf seinem Namen zurückließen.

Zusätzliche Symptome seiner Depressionsschübe

Unter den sogenannten *akzessorischen* (zusätzlichen) Symptomen seiner depressiven Schübe nimmt die Angst einen besonderen Platz ein, die als charakteristisches Element beinahe jeder depressiven Psychose gilt und zumeist mit Abwehrreflexen und mit Reaktionen seitens des vegetativen Nervensystems verknüpft ist.
Die erste depressive Phase Luthers, in der eindeutige Zeichen von Angst bezeugt werden, war seine Klosterdepression. Er selbst sprach bezeichnenderweise von „Anfechtungen" oder „tentationes", deren erste das bereits oben erwähnte Ereignis anläßlich seiner Primiz darstellte, womit der Grundstein seiner langen Klosterdepression gelegt wurde. Psychisch war die seelische Facette der Angst ausschließlich mit Vorstellungen religiösen Inhalts ausgefüllt, wobei sie bisweilen einen echten phobisch-neurotischen Charakter annahm. Ein solcher Angstanfall konnte ihn spontan ohne sichtbare Veranlassung überraschen, oder er stellte sich zwanghaft bei immer den gleichen wiederkehrenden Situationen und Vorstellungen ein, ohne daß Luther sich dagegen wehren

konnte. Selbst in dieser Klosterperiode manifestierten sich bereits somatische Symptome, indem er „die rechte Schweißsucht" hatte oder „das Herz zitterte und zappelte" – typische vegetative Begleiterscheinungen.
Solche somatischen Beschwerden wurden in seiner folgenden Depression auf der Wartburg bedeutend gravierender. Das Herzjagen oder Herzklopfen, welches seine angsterfüllten Zweifel und Anfechtungen begleitete, wandelte sich immer mehr in eine Präkordialangst mit Beklemmung und ausgeprägten Schwächezuständen um, die mitunter in richtiggehende *Synkopen* (vorübergehende Ohnmacht. *Anm.d.Verf.*) ausarten konnten und Luther mit Todesangst erfüllten. Zum ersten Mal berichtete Dr. Ratzeberger im Jahre 1524 ausführlich von solchen Anfechtungen mit all ihren Begleitumständen, und Ähnliches schilderten Jonas und Bugenhagen vom Beginn des schweren Depressionszustandes in den Jahren 1527 und 1528 und von späteren kleineren Episoden gleicher Art. Man sollte sich jedoch davor hüten, Luthers Präkordialangst, die in seinen jüngeren Jahren zweifellos rein psychisch bedingt war, immer nur funktionell im Rahmen depressiver Anwandlungen erklären zu wollen. Es ist nämlich fast mit Sicherheit anzunehmen, daß zumindest in seinen späteren Jahren die Drucksymptome über seinem Herzen und die damit verbundenen Angsterlebnisse mit einer zunehmenden *Koronarsklerose* (Verengung der Herzkranzgefäße infolge arteriosklerotischer Ablagerungen. *Anm.d.Verf.*) in Zusammenhang standen und Luthers Beschwerden dem bekannten Bild einer Angina pectoris entsprochen haben dürften.

Das anankastische Element

Die langanhaltende Depressionsperiode Luthers, die den größten Teil seiner Klosterzeit andauerte und mit heftigen Angstzuständen ausgefüllt war, war jener Abschnitt seines Lebens, der für die Entwicklung seiner neuen theologischen Ansichten und damit für seinen gesamten religiösen Werdegang, wie Ritter betonte, eine außerordentlich bedeutsame Rolle spielte. Schon der depressive Zustand für sich, noch mehr aber seine Angsterlebnisse – Angst vor dem Gesetz, Angst vor dem rächenden Arm Gottes, Angst vor der ewigen Verdammnis, Glaubenszweifel –, verdichteten sich nämlich zu neuen Ansichten, die er in verzehrenden inneren Kämpfen gewonnen hatte. Dabei lassen sich drei verschiedene Vorstellungskreise feststellen, die in diese Angstanfälle mit ihrem stark phobisch – anankastischen Gepräge immer wieder mündeten. Unter diesen drei Vostrstellungskomplexen nahm Luthers Skrupulosität ohne Zweifel den bedeutendsten Platz ein, da sie dem anankastischen Syndrom der sogenannten *Mysophobie* (krankhafte Beschmutzungsfurcht bei Zwangsneurose. *Anm.d.Verf.*) Vorschub leistete. In Luthers Zwangsneurose dürfte, wie Reiter ausführte, sein Angstobjekt in allerlei Ansteckungsmöglichkeiten symbolisiert gewesen sein, wobei die sexuelle Genese unverkennbar ist: „Ansteckung symbolisiert Unreinheit, Befleckung, eventuell ‚Selbstbefleckung'. Die Angst ist der verdrängte, getarnte Wunsch nach Anschluß an ein Sexualobjekt, der mit dem ethischen Bewußtsein nicht vereinbar ist."

Das qualvolle Versündigungsgefühl, das ihn seit der Zeit nach der Primiz plagte, nahm ein geradezu krankhaftes Ausmaß an, indem er überall um sich herum nichts als Sündhaftigkeit erblickte. Bei Hausrath lesen wir: „Da ist Sünde, wenn eine Nonne anrühret das Altartuch, das sie pallam nennen. Sünde ist's einen Kelch angreifen; Sünde ist's in einen ungeweihten Kelch oder Meßgewand Messe halten ... Sünde ist's, wer die Hostie anrühret, und ob einen schon die Not dränget dazu, daß inwenig am Gaumen anklebt, und er's ablösen wollte, das ist eine so große Sünde, daß man ihm das lebendige Fleisch abschaben muß, womit er's hat berühret." Hatte Luther einmal das Skapulier vergessen oder saß die Kutte nicht ordentlich, dann empfand er dies als Sünde. Er war der Überzeugung, daß niemand im Kloster ähnliche Anfechtungen erleide wie er, weshalb er klagte: „Bin ich's denn allein, der im Geiste so traurig sein muß und angefochten werden? O, ich sah gräuliche Gesichter und Spukniss."
Luther versuchte damals, seine Ängste und Schuldgefühle durch Gebet, strenges Fasten, Wachen und häufiges Beichten zu vertreiben, wurde aber nur zur Plage seines Beichtvaters, bei dem er mitunter mehrmals seine Sünden bekannte, die Staupitz als „allerlei Humpelwerk und Puppensünden" bezeichnete.
Seine angstgetönte Skrupulosität war aber auch mit einem anderen Vorstellungskreis zwanghaft verbunden, nämlich mit seiner ausgeprägten Angst vor dem Zorn des gerechten Gottes. Diese Gottesangst fand ihr Symbol im alttestamentarischen „Gesetz", wobei er unter diesen Begriff nicht nur die Tafeln das Dekalogs, sondern auch die vielen Gebote der Kirche subsumierte. Diese Gottesangst, die er in seinen Predigten eindringlich schilderte, beherrschte jedoch nicht nur weitgehend sein seelisches Innenleben, sondern bildete gleichzeitig die unabdingbare Voraussetzung für das Kernstück seiner neuen Theologie. Diese phobische Gottesangst, bei der ihm die Macht Gottes und des Satans so eng beieinander zu stehen schienen, daß der Gottes- und der Satansbegriff von ihm mitunter nicht mehr scharf auseinandergehalten werden konnten, war ein Phänomen, das ihn sein ganzes Leben hindurch während depressiver Phasen begleitete. In seiner Klosterdepression erfuhr diese Gottesangst aber noch eine besondere Ergänzung, nämlich die fürchterliche Angst vor Christus, den er nicht als den Erlöser, sondern in seiner Skrupelhaftigkeit mit ihrer anankastischen Färbung als den strengen Richter empfand, der den Sündigen zur ewigen Höllenqual verdammte. Luther war der festen Überzeugung, daß dieses sein Christusbild auch jenes der Kirche sei, die damit „ihren unglücklichen Gläubigen Angst und Schrecken einjage". Es ist klar, daß eine dergestalt verzerrte Auffassung von Christus nicht der offiziellen Lehre der Kirche entsprach, und daß eine so entstellte Erlösergestalt weder bei den scholastischen noch bei den der Mystik anhängenden mittelalterlichen Theologen zu finden ist.
Dieses schreckerregende Christusbild als typisches anankastisches Objekt, das ihm schon als Knabe und während des größten Teils seiner Klosterzeit Herzklopfen bereitete und ihn zum Zittern brachte, erklärte er später, wenn er der nagenden, inneren Kämpfe seiner Jugend gedachte, mit den Worten: „In Klöstern und Universitäten haben

wir bis hieher müssen hören und lernen, daß Christus ein harter, scharfer Richter sei ... Also machen sie aus Christus nichts denn einen strengen, zornigen Richter, vor dem man sich fürchten müsse und der uns solle in die Hölle stoßen. Wie man ihn gemalet hat auf dem Regenbogen zu Gericht sitzend." Eine solche Stellung zum christlichen Gottesbegriff und zu Christus im besonderen kann natürlich nicht als eine normale religiöse Einstellung angesehen werden, wenn auch Luther immer wieder betonte, daß ihm diese Auffassung in seinem Eremitendasein im Kloster eingetrichtert worden sei.
Um diesen neurotischen Kern herum entwickelte sich nun bei Luther eine komplexe Vorstellungswelt in der Art, daß jede mit dem Bild des strengen strafenden Richters in Zusammenhang stehende Handlung sämtliche Reflexmechanismen seiner larvierten Angstbereitschaft in Gang setzte. Dies betraf sowohl das Altarsakrament wie das damit verbundene Meßopfer. Aus vielen späteren Bemerkungen Luthers geht immer wieder deutlich hervor, daß sein Lesen einer Messe in jener Zeit für ihn den größten „Greuel" und die größte Sünde und Gotteslästerung bedeutete, die er begangen habe; nicht weniger wurde seine Angst von der Eucharistie selbst ausgelöst. So erscheint es verständlich, daß Luther seine eigene Auffassung der katholischen Lehre von der Eucharistie und vom Meßopfer zum Mittelpunkt seiner neuen Lehre erhob. In seinem neurotischen Komplex gefangen, wurde er von Angst erfaßt, wenn er das Zeichen des Kreuzes machen sollte; er floh deshalb vor dem Kruzifix wie vor dem leibhaftigen Teufel, wie er dies mit eigenen Worten beschrieb: „Ich bin oft vor dem Namen Jesu erschrocken und wenn ich ihn anblickte am Kreuz, so dünkte mich, er war mir wie ein Blitz, und wenn sein Name genannt wurde, so hätte ich lieber den des Teufels hören wollen."
Reiter zieht in seiner Abhandlung daraus folgenden Schluß, den man aus medizinischer Perspektive durchaus nachvollziehen kann: „Es ist nicht unwahrscheinlich, daß dieser phobisch-anankastische Komplex allmählich nicht nur die Gnadenlehre umfaßte, sondern auch ihre Gesamtheit, ihre Einrichtungen, Gebräuche und ihre Hierarchie, so daß ihm seine phobische Einstellung gewissermaßen den darauffolgenden Bruch mit der Kirche erleichterte; dies versteht man besser, wenn man bedenkt, daß bei einem Zwangsneurotiker der anankastische Komplex die stärkste aller Triebkräfte ist. Da die Kirche das System von Vorstellungen, das er sich in den Zentraldogmen seiner Lehre zum Schutz gegen seine Angst errichtet hatte, weder anerkennen konnte noch wollte, so mußte er ... lieber das Lehrgebäude der Kirche als sein eigenes System verwerfen. Durch diesen Dualismus seiner Seele wurde der überkompensatorische Haß gegen die alte Kirche noch verschärft." Aus dieser Sicht erscheint es sehr wahrscheinlich, daß gerade dieses neurotische Element die Kontinuität im gesamten Verlauf seiner Klosterdepression darstellte.

Krämpfe und Synkopen

In Luthers Jugendzeit soll es laut mehreren Augenzeugen zu einem merkwürdigen Anfall gekommen sein, der zeitlich in die Periode von 1507 bis 1509 angesetzt wird und

wie ein epileptischer Anfall beschrieben wurde: „Er stürzte zu Boden und gebärdete sich unter Krämpfen wie ein Tobsüchtiger." Nach Dungersheim soll Luther „im Chor zu Erfurt, als man das Evangelium Matth. 17 von den launischen und besessenen Menschen gelesen hat, gefallen sein, wie ein besessener Mensch getobt und wiederholt laut gerufen haben: ‚Ich bin's! Ich bin's!'" Diese Schilderung spricht nicht für einen epileptischen Anfall, für den ihn seine Mitbrüder im Kloster hielten, sondern viel eher für ein hysteriformes Geschehen, das mit späteren in seiner Klosterzeit erlebten visionären Zuständen mit bisweilen geradezu ekstatischem Gepräge *cum grano salis* eine große Ähnlichkeit erkennen läßt. Am zwanglosesten läßt sich dieser sogenannte „epileptiforme" Anfall deshalb mit seinen anankastischen, anfallsartig ausgelösten „Angstparoxysmen" in einen kausalen Zusammenhang bringen – ein Reflexmechanismus, der infolge größter Anspannung und einer neurotischen Projektion des gelesenen Evangeliumtextes auf seine eigene Person auftrat. Somit muß dieses Ereignis wohl als eine hysteriforme Episode bezeichnet werden.
Die synkopalen „Anfälle" von Ohnmachtsanwandlungen können nur zum Teil mit seinem depressiven Gemütsleiden in Zusammenhang gebracht werden, da sie teils durch sein Ohrenleiden in Verbindung mit Schwindelzuständen, teils – zumindest in seinem späteren Leben – durch seine Herzkranzgefäßerkrankung verursacht worden sein dürften. Dafür spricht schon allein der Umstand, daß diese Synkopen fast stets mit Brustbeklemmung und Präkordialangst verbunden waren. Zu Beginn der schwersten depressiven Phase im Leben Luthers, im Jahre 1527, ereignete sich jedenfalls eine so anhaltende „Ohnmacht", daß sowohl er selbst wie auch die umstehenden Freunde befürchteten, sein Ende sei nahe. Zum Unterschied vom ersten synkopalen Anfall, über den Ratzeberger im Jahre 1524 berichtete, setzte diesmal das Ereignis ganz plötzlich am 6. Juli 1527 ein, war von heftigem Ohrensausen begleitet und bot einen anhaltenden, wechselhaften Verlauf insoferne, als Luther zwischendurch mehrmals „etwas zu sich kam". Das laute Schluchzen und der reichliche Tränenfluß in diesen „wachen" Perioden sprechen eindeutig dafür, daß das Geschehen mit solchen schweren Affektausbrüchen mit dem depressiven Gemütsleiden in einem engen Zusammenhang stand, was bei späteren leichteren und kürzer anhaltenden Synkopen in seinem Leben nicht mehr so sicher behauptet werden kann.

Halluzinationen

Aus der biographischen Anamnese erfahren wir, besonders während depressiver Perioden, von optischen und akustischen Halluzinationen, deren Schilderungen im Laufe der Jahrhunderte mit legendenhaften Übertreibungen ausgeschmückt wurden. In Wahrheit nehmen sie innerhalb seines psychischen Krankheitsgeschehens eine eher bescheidene Stelle ein. Am häufigsten scheinen sie noch in der Klosterperiode aufgetreten zu sein, wo er ausdrücklich von „schrecklichen Engelsvisionen" geplagt wurde, die ihn oft während der heiligen Handlung der Messe so gestört haben sollen, daß er diese unterbrechen mußte. Zu dieser Gruppe von Halluzinationen zählt auch die bereits erwähnte „Christusvision" mit den fünf Wunden, die er in einer überhitzten Ekstase erlebte, später hingegen als Blendwerk des Teufels verdammte. All diese visionären Gestalten müssen vor einem hochgradig emotionalen Hintergrund als eindeutig hysteriforme Erscheinungen aufgefaßt werden, da sie für den depressiven und phobisch-anankastischen Gemütszustand während seines mönchischen Lebens im Kloster fast pathognomonisch sind.

Eine eindeutige akustische Halluzination ereignete sich während seines Klosterdaseins offenbar nur einmal, und zwar in der Zeit zwischen 1513 und 1515. Damals hörte er nach seiner eigenen Schilderung während seiner nächtlichen Studien im Refektorium plötzlich ein Gepolter, so als ob „der Teufel einen Scheffel hinter sich herschleppend dreimal in die Hölle fuhr". Zweifellos handelte es sich bloß um die Fehldeutung von Geräuschen im Kloster zu später Nachtstunde, wobei ihm sein überreizter Seelenzustand aus der Welt seines naiven Aberglaubens üble Possen spielte. Ähnliche akustische halluzinatorische Erlebnisse, die er mit „Poltergeistern" in Zusammenhang brachte, ereigneten sich während seiner Schutzhaft auf der Wartburg. Damals berichtete er auch phantasiereich von der optischen Halluzination eines schwarzen englischen Hundes, „der in seinem Bett lag und sich ganz ruhig zum Fenster hinauswerfen ließ". Diese Schilderung weist ebenso wie die Teufelsvision auf der Coburg deutlich auf die ganz offensichtlich hysterische Färbung seiner Erzählungen hin. Reiter will diese späteren Halluzinosen während der Internierung auf den beiden einsamen Burgen in den Bereich der sogenannten „Haftpsychose" einreihen, wobei er sich auf die ärztliche Erfahrung beruft, daß „Gefangenschaft bei dazu disponierten Personen reaktive Psychosen mit angsthafter depressiver Stimmung und Geneigtheit zu pathoplastischen, halluzinatorischen Einschlägen hervorrufen kann, wobei gerade dramatische visuelle Erlebnisse eine hervorragende Rolle spielen". Nicht so einfach ist es, die visionären Erscheinungen Luthers in seinem Alter einzuordnen, etwa die „schwarze Sau im Garten" oder den „Teufel, der auf seiner letzten Reise auf dem ‚Röhrtroge' saß und ihn verspottete, indem er den Rachen aufsperrte und auf seinen Hinteren zeigte". Hier hatten wohl dem müden, überreizten und depressiv gestimmten alten Mann, dessen herabgesetzte „gar einäugige" Sehkraft ihm phantastische Bilder vorgaukelte, seine überhitzte Phantasie und sein nie erloschener Aberglaube einen üblen Streich gespielt.

Mit zunehmendem Alter begannen auch seine sogenannten „Erinnerungsfälschungen", die seinen Biographen Hausrath dazu veranlaßten, von einer „Umdichtung des jungen Luther durch den alternden" zu sprechen. Diese zum Teil geradezu systematischen Verzeichnungen in der Erinnerung waren wahrscheinlich oft rein emotionell bedingt, sie dürften aber auch mit seinen bis ins Alter anhaltenden neurotischen Residuen verknüpft gewesen sein. Sein Schwarzfärben und sein Haß gegen alles Alte führten zu einer einmaligen überkompensierten Abwehrreaktion, was er selbst deutlich beschrieb: In den tiefsten Tiefen der Depression „erfrischt sich mein Blut durch einen rechten Zorn", und hatte er sich durch eine „literarische Raserei" abreagiert, so fand er – zumindest für eine Weile – wieder Ruhe. Diese fast krankhafte Abwehrreaktion ging so weit, daß er beim Vaterunser jeder der sieben Bitten einen Fluch über den Papst hinzufügen mußte: „Geheiliget werde dein Name und verflucht sei der Name des Papstes!" Diese Haßabwehr gegen die gesamte römisch-katholische Kirche galt in besonderem Maße auch dem Ordensleben, welches für ihn das Verderblichste von allem wurde, eine „Mördergrube", eine „Hölle", worin die Mönche die verdammten Seelen verkörpern.

Da diese abstoßende Polemik des gealterten Luthers für die medizinische Betrachtung seines Charakterbildes und seiner eigenartigen ethischen Grundhaltung nicht ohne Bedeutung ist und den leicht paranoiden Einschlag seiner Alterspsyche deutlich werden läßt, sollen einige besonders krasse Beispiele angeführt werden.

Hierher gehören zunächst einige Schriften gegen die Juden, die er in seinen jungen Jahren noch für sich zu gewinnen hoffte. Wenige Jahre vor seinem Tod demonstrierte er in der *Abhandlung Von den Juden und ihren Lügen* aus dem Jahre 1542 und jener aus dem Jahre 1543 *Von den letzten Worten Davids* einen derart glühenden Haß gegen die jüdische Minderheit, daß er in den vulgärsten Ausdrücken ihre Vertreibung, ja ihre radikale Ausrottung forderte. Aber selbst diese bedauerlichen Veröffentlichungen können sich nicht vergleichen lassen mit jenen Schmähungen, mit denen Luther 1545 seinen Erzfeind, den Papst überschüttete. Sein berüchtigtes Pamphlet *Wider das Papsttum zu Rom, vom Teufel gestiftet* und die häßlichen Reimtexte zu Lukas Cranachs unanständigen, abstoßenden Karikaturen des Papsttums stellen dabei den Gipfel dessen dar, was an gemeiner Beschmutzung und Beleidigung eines Gegners in der Weltliteratur zu finden ist. Neben Bezeichnungen aus dem Tierreich schleudert er dem Papst Invektiven wie „Lügenmaul, Räuber, Mörder, Hurenkind des Teufels, Sodomitenpapst" entgegen, und er schwelgt förmlich in koprophilen Redensarten und geradezu sadistischen Phantasien über das Schicksal des Papstes und seiner Kardinäle. Demnach solle man diesen Herren „die Zungen hinten zum Hals heraus reißen und an den Galgen annageln" oder man solle sie zusammenbinden und mit einem schweren Stein an den Beinen, dem „Fels, worauf sie angeblich ihre Kirche bauen", ins Meer werfen, nachdem man ihnen „das Gesicht mit Keulen und Bischofstäben zerhauen hat".

Seit es erwiesen ist, daß die von Lukas Cranach ausgeführten Spottbilder von 1545 nicht nur mit Versen aus der Feder Luthers versehen wurden, sondern daß „Luther den Holzschnitt nicht bloß hat herstellen lassen, bestellt und in Auftrag gegeben, sondern ihn auch entworfen hat", gilt der Streit um die wahre Urheberschaft dieses Machwerks als beendet, was inzwischen auch in streng protestantischen Kreisen schweren Herzens akzeptiert werden mußte.

Paranoide Anklänge

Das Hervortreten paranoider Züge trifft man häufig bei Persönlichkeiten an, die neuen Ideen – seien sie religiöser oder auch politischer Natur – in breiten Bevölkerungsschichten oder sogar ganzen Nationen zum Durchbruch verhelfen wollen. Solche Naturen sind von der Richtigkeit ihrer Ansichten oft so stark durchdrungen, daß sich bei ihnen sogar ein göttliches Sendungsbewußtsein entfalten kann. Diese paranoide Einstellung, die alle Ereignisse in eine feste Relation zum Kern ihrer oft sehr einfachen Grundsätze bringt, wird selbst bei der bis zur Beschränkung gehenden Einseitigkeit solcher Individuen mitunter zu einer Kraft, an der alle Wogen des Widerstandes zerschellen müssen. Erweisen sich die äußeren Konstellationen für ihre Bewegung günstig, dann wird diese Persönlichkeit zum Held und zum vergötterten Führer mitunter eines ganzen Volkes. Napoleon, Hitler, Lenin oder Mao-Tse-tung sind Beispiele aus dem politischen Machtbereich der neueren Geschichte, während auf religiösem Gebiet zur Zeit Luthers Persönlichkeiten wie John Knox, Calvin oder Ignatius von Loyola zu nennen wären. Doch auch manche „kleinere" Geister, die eine tiefe Bedeutung für die Zeit erlangten, jedoch meist ein frühes Ende fanden, gehören hierher. Das klassische Beispiel dafür stellt der junge holländische Schneider Jan Bokelson, der „Prophet" in Meyerbeers Oper, dar, der als Wiedertäufer sein Evangelium in Münster verkündete, sich den Titel eines „Königs von Zion" zulegte und nach einem mißglückten „theokratisch-sozialistischen" Versuch den grausamen Foltertod starb. Jan Bokelson war als Fanatiker seiner Sekte allerdings ein stark schizophren geprägter paranoider Typ, der zwar phantasievoll, jedoch ohne Bildung war.

Sucht man bei Luther, der vielen Menschen damals als Prophet galt, nach paranoiden Zügen, dann fällt sofort auf, daß er eigentlich gar nicht dem landläufigen Typ des Propheten zuzuordnen ist. Der einzige wirkliche „psychogen-charakterogen-paranoide Einschlag", der sich verschlungen in den Zügen seiner Psychose entdecken läßt, ist seine Betonung der göttlichen Berufung, als Träger des neuen Evangeliums das unmittelbare Sprachrohr Gottes und sein auserwähltes Werkzeug zu sein. Doch sieht man genauer hin, dann war dieses unüberwindliche Gefühl keineswegs so stabil, daß es nicht in seinen depressiven Phasen wieder von seinen Anfechtungen ins Wanken gebracht worden wäre. Sein zumindest anfänglich unsicheres Prophetentum kam schon dadurch zum Ausdruck, daß er sein schwankendes Selbstgefühl durch Berufung auf sein Doktorat zu festigen versuchte: „Denn ich müßte wahrlich zuletzt verzagen und verzweifeln in der großen, schweren Sache, die auf mir liegt, wo ich sie als ein Schleicher hätte ohne Berufung und Befehl angefangen." Eben diese Idee von der göttlichen Berufung verrät paranoide Züge megalomaner Färbung.

Eindeutiger lassen sich die im Anschluß an Luthers depressive Perioden hervortretenden paranoiden Züge im Sinne von Verfolgungsideen erkennen, indem er überall Angriffe metaphysischer Elemente auf seine Psyche oder das Einwirken übernatürlicher Mächte auf seine Handlungen zu erkennen glaubte. Kämpfte er während der Depression seiner Klosterzeit mit Gott und dem Teufel, nahm allmählich in seiner Ideenwelt der Satan eine so dominierende Rolle ein, daß man von einer wahren Dämonomanie sprechen kann. „Der Teufel ist so groß wie die Welt, so weit wie die Welt und reicht vom Himmel bis in die Hölle." Wenn man auch den allgemeinen Aberglauben seiner Zeit in Rechnung stellt, so überrascht es doch, daß er trotz Schulung in einem Augustinerkloster und seiner hohen geistigen Bildung den primitiven, in seiner elterlichen Umgebung stark ausgebildeten Aberglauben seiner Kindheit in allen Einzelheiten bewahrt hat. Geradezu besessen von der Allgegenwart des Satans, hatte er durch seine Predigten und Belehrungen großen Anteil an dem ungeahnten Emporblühen des Teufelsglaubens bei seinen protestantischen Anhängern. Beschuldigte er doch in seinem *Großen Katechismus* von 1529 den Teufel wörtlich, daß „er manchem den Hals bricht oder von Sinnen bringt, etliche im Wasser ersäuft". Auch in der *Hauspostille* wies er darauf hin, daß der Satan „die Menschen heimsucht mit Pest, venerischen Seuchen, Krieg, Feuer, Hagel, Blindheit, Taubheit und Geisteskrankheiten". Er warnte in seinen Predigten allen Ernstes seine Gläubigen, die Existenz des Teufels anzuzweifeln oder zu leicht zu nehmen: „Ein Christ der soll das wissen, daß er mitten unter den Teufeln sitze und daß ihm der Teufel näher sei, denn sein Rock oder Hemd, ja näher denn seine eigene Hand." Luther ging sogar so weit, den Ärzten Unwissenheit vorzuwerfen, wenn sie geisteskranke Menschen nicht als vom Teufel besessen betrachteten: „Die in der Theologie unkundigen Ärzte wissen freilich nicht, wie groß die Macht und Gewalt des Teufels ist." Kritiklos glaubte er allen Anekdoten und Erzählungen, die er dann eifrig in seinen Tischreden weiterverbreitete. Er kannte Teufel des unterschiedlichsten Ranges vom „Fürstenteufel" über den „Landteufel" bis zum ärgsten, dem „Kirchenteufel", und er wußte auch alle Tiergestalten aufzuzählen, in welche sich der Teufel verkriechen kann. Vor allem war der Teufel in seinen Augen auch der Beherrscher aller Poltergeister, die ihm in seinen akustischen Halluzinationen manchen Schabernack spielten.

Dieser Glaube an die Allmacht und die Allgegenwart des Teufels ist zweifellos ein paranoider Zug in Luthers Wesen und führte dazu, daß er nicht nur ein Anhänger von Teufelsaustreibungen war, wie man aus seinen Tischreden ersehen kann, sondern daß er leider in seiner kindlichen Naivität auch den im ausgehenden Mittelalter zunehmenden Hexenglauben kritiklos übernahm. Die Hexen stellten für ihn eine furchtbare Wirklichkeit dar, weshalb er empfahl, diese „Teufelshuren, mit denen der Satan koitiert", ohne Schonung zu behandeln und sie unbarmherzig dem Henker zu übergeben. Zu diesem bedauerlichen Thema bemerkte Klingner in seinem Buch *Luther und der deutsche Volksaberglaube*: „Wenn Luther tatsächlich Einfluß auf den weiteren Gang der Hexenprozesse ausübte, so lag das daran, daß er alle Zauberei als vom Teufel und den bösen Dämonen ausgehend furchtbar ernst nahm und ihrer Gefährlichkeit in den schlimmsten Fällen kein wirksameres Mittel entgegenzusetzen wußte als die Todesstrafe ... Und der zornige Kampfesmut gegen alles, was mit dem Teufel zusammenhängt, mußte in seiner äußersten Konsequenz zu dem grausam harten Vorgehen gegen Zauberer und Zauberinnen führen. So ist denn Luthers Stellung zum Zauber- und Hexenwahn eine notwendige Ergänzung seines Teufelsglaubens und seiner Dämo-

nomanie." Man mag dies drehen und wenden, wie man will: Das kategorische Verlangen Luthers als Kirchenvater der von ihm gegründeten neuen Lehre nach Folter und Verbrennungstod für die vermeintlichen Hexen trug wesentlich bei zu der grauenvollen Epoche der aufblühenden Hexenverfolgungen in den protestantischen Landteilen und unterstreicht zugleich den echt paranoiden Zug in seinem Charakter.
Zur objektiven Beurteilung Luthers in dieser heiklen Frage erscheint es aber doch notwendig, eine kurze Betrachtung des Hexenwahns vom 15. bis zum 17. Jahrhundert einzufügen, dem mindestens dreihunderttausend – manche sprechen sogar von einer halben Million – Frauen, Männer und Kinder zum Opfer fielen. Auf der Suche nach den Verantwortlichen begnügt man sich auch heute noch vielfach mit einer Massenhysterie der ungebildeten und abergläubischen Volksmasse und mit dem „finsteren" Mittelalter, das eben über Vernunft und Geist triumphiert habe. Die Wahrheit ist aber eine ganz andere: schuld an der irregeleiteten Vernunft des breiten Volkes waren nämlich hochangesehene Wissenschaftler, Hochschulprofessoren, Philosophen, Juristen und vor allem auch Theologen, die allesamt von der wahren Existenz von Hexen überzeugt waren und deren physische Vernichtung durch Verbrennung bei lebendigem Leib für unumgänglich erklärten.
Als Kaiser Maximilian I. im Jahre 1508 vom Abt des Schottenklosters zu Würzburg, dem Humanisten Johannes Trithemius, wissen wollte, ob es denn wirklich Hexen gäbe und ob sie auch wirklich so gefährlich seien, erhielt er zur Antwort: „Leider ist die Zahl solcher Hexen in jedem Landesteil sehr groß, und selbst im kleinsten Ort findet man noch eine Hexe ... Es sterben Menschen und Vieh durch die Schlechtigkeit dieser Weiber." Dieser gelehrte Humanist berief sich dabei auf den 1487 erschienenen *Malleus maleficarum*, zu deutsch *Hexenhammer*, der von den Dominikanern H. Institoris und J. Sprenger verfaßt wurde und als Handbuch für die grausame Durchführung der Hexenprozesse und ihrer einfallsreichen Foltermethoden zur Erzwingung eines Geständnisses eine solche Verbreitung erfuhr, daß bis zum Jahre 1670 bereits dreißig Auflagen gedruckt werden mußten. Die beiden Dominikaner wiederum wurden durch eine Bulle des eher beschränkten Papstes Innozenz VIII. vom Jahre 1484 zur Hexenverfolgung bevollmächtigt. Zu der großen Verbreitung des *Hexenhammers* trug eine weitere geistige Kapazität bei, nämlich der Dekan der Universität von Köln, der erklärte, daß dieses Buch mit der Wahrheit des katholischen und apostolischen Glaubens nicht im Widerspruch stehe. Die beiden Dominikaner machten sich dabei überdies noch einer Fälschung schuldig, indem sie diese Erklärung des Dekans in eine wissenschaftliche Anerkennung der theologischen Fakultät an der Kölner Universität ummünzten – ein Verbrechen, das erst zu Beginn des neunzehnten Jahrhunderts aufgedeckt werden konnte.
Unter solchen Voraussetzungen erscheint es zwar nicht verzeihlich, aber immerhin erklärlich, daß sich auch namhafte Humanisten und Gelehrte für die Ausrottung der Hexen und Zauberer einsetzten – darunter etwa der Arzt Theophrastus Bombastus Para-

celsus oder die Reformatoren einschließlich Martin Luther. Letzterer forderte mehrmals und nachdrücklich, daß „Hexen getötet werden müßten und man mit ihnen keine Barmherzigkeit haben solle; denn Zauberei und Hexerei seien des Teufels eigene Werke."
Im übrigen hatte Luther ganz allgemein in ethischer Hinsicht etwas Unberechenbares, Dämonisches an sich, weshalb wohl der bedeutende Philosoph Kierkegaard mit Recht meinte, daß „Luther als ethische Persönlichkeit nicht die Eigenschaften besaß, die man von einem Heros der Christenheit erwarten sollte". Aber wie sollte diese „ethische Unvollkommenheit" bei Luther Verwunderung auslösen, wenn seiner Meinung nach der Sola-fides-Glaube des Menschen (Rechtfertigung vor Gott allein durch den Glauben und nicht durch gute Werke. *Anm.d.Verf.*) jede Notwendigkeit mühsamen ethischen Strebens zwecklos erscheinen läßt, da es allein der Wille Gottes ist, ob der Mensch gut oder böse beziehungsweise erlöst oder verdammt sein Leben zubringt. Besonders nach dem Bauernkrieg kann man darüber hinaus bei Luther eine zunehmende Verhärtung und Verbissenheit registrieren. Schon 1530 forderte er nicht nur für die Hexen, sondern auch für die reformatorische Sekte der Wiedertäufer die Todesstrafe; in unangemessener Härte wandte er sich auch den Juristen zu, denen man bei Weigerung der Aufgabe des alten kanonischen Rechtes „die Zunge aus dem Halse reißen" sollte. Überhaupt billigte er kritiklos die wahrlich barbarische Strafgerichtsbarkeit jener Zeit, die ihm sogar noch zu milde vorkam. In einer Tischrede vertrat er die Meinung, „die Diebe sollen nicht nur gehängt werden, sondern es sollen ihnen auch Nase und Ohren abgeschnitten werden, und die größeren sollen an glühenden Ketten gehängt werden."

Sexualität und Religiosität

Für Luthers Werdegang spielen jene Triebkräfte, welche die Mechanismen für seine Neurose darstellen, eine ganz entscheidende Rolle. In seinen Klosterjahren vermochte er den neurotischen Konflikt mit jenen überwertigen Ideen zu überwinden, die ihm „den einzig möglichen Ausweg aus seiner Kalamität" boten und deren Inhalt den einfachen, durch seine inneren Erlebnisse markierten Kern seiner Theologie ausmacht: Die Lehre von der Prädestination (Vorausbestimmung des individuellen Schicksals durch Gott. *Anm.d.Verf.*), der Sola-fides-Glaube und das Imputations- bzw. Heilsgewißheitssystem, was Luther kurz mit „Evangelium" zusammenfaßte.
Unter seinen inneren Erlebnissen standen unbestritten jene im Vordergrund, die mit seinem Sexualleben zusammenhingen. Nach allgemeiner klinischer Erfahrung kommen diese Mechanismen, wie Kretschmer zeigen konnte, dann am deutlichsten zum Tragen, „wenn dieser wichtige dynamische Faktor auf mißliche Weise mit den Folgen einer strengen Erziehung oder einer ausgesprochen religiös-ethischen Ausrichtung zusammenstößt, die die Sexualität mit einem Kreis stark akzentuierter Tabus umgibt und sie an einer natürlichen und gesunden Entwicklung behindert."
Stellt die sexuelle Entwicklung in einer Gemeinschaft schon für gesunde Individuen

ein Problem dar, so gilt dies noch mehr – abgesehen von der religiösen Weltanschauung – für einen Neurotiker. Luther selbst äußerte sich darüber nur selten, und wenn, dann eher vorsichtig und widerspruchsvoll. Und trotzdem entschlüpften ihm gelegentlich Bemerkungen, welche die eben diskutierte Anschauung unterstützen, wonach die Konkupiszenz (sündhafte fleischliche Begierde. *Anm.d.Verf.*) und der aussichtslose Kampf gegen sie den tragischen Hintergrund für seine Versuchungen und für seine Skrupulosität während seiner Klosterzeit bildeten. Wie Reiter ausforschen konnte, kann man schon in Luthers ältestem uns bekannten Werk, den Sentenzen des Petrus Lombardus aus dem Jahre 1508, Erörterungen über die Konkupiszenz finden, in denen er zum Ausdruck bringt, daß die Lust des Fleisches den Menschen zur Unreinheit geradezu zwingt. Wenige Jahre später, in der Psalmenvorlesung 1513, gestand er ganz offen, wie auch er gegen sexuelle Anfechtungen zu kämpfen habe; es gelinge ihm zwar, führte er aus, die „unreinen Gedanken" im wachen Zustand zu verscheuchen, doch kehrten sie umso fordernder im Schlaf regelmäßig zurück. Im Jahre 1537 erinnerte sich Luther dieser inneren Kämpfe und meinte: „Äußerlich war ich fromm und keusch, inwendig aber war ich voll böser Brunst, von welcher ich nicht verschont blieb." Immer wieder erzählte er, wie die Mönche im Kloster des Nachts von Pollutionen geplagt wurden, so daß sie es nicht wagten, bei Tagesanbruch die Messe zu zelebrieren, weshalb ihm das Zölibat als eine furchtbare Tortur, ja „eine Art heimlicher Selbstmord" erschien. Versuche man nämlich, diese Konkupiszenz mit Askese, Wachen und Fasten zu bekämpfen, dann tobe sie nur umso mehr. Wie sehr er darunter litt, bezeugt seine Versicherung aus dem Jahre 1533, daß „es ihm leichter wäre, Hunger und die Fesseln eines Gefangenen auszuhalten, als das Zölibat". All diese persönlichen Erfahrungen als Augustinermönch brachten Luther die Überzeugung, daß der Sexualtrieb ein „heftiger und für so gut wie alle absolut unüberwindlicher Naturtrieb und als solcher Gottes Werk und Anordnung ist, der zu gehorchen wir verpflichtet sind". Indirekt zog er daraus auch den Schluß, daß Gott folgerichtig den Ordensstand verwerfen müsse. Für Luther, der die vielfältigen Nuancen erotischen Empfindens nie erfahren hatte, bedeutete erotisches Gefühl ausschließlich reine Sexualität, hervorgerufen durch die Konkupiszenz, die er für eine Versuchung des Satans hielt. Er hatte aus diesem Grunde auch nur ein geringes Verständnis für die reine, edlere Seite der Liebe zwischen den Geschlechtern, weshalb es ihm bei der Ehe allein um die Treue, nicht aber um die Liebe selbst ging: „Darum steht das eheliche Leben nicht dafür, daß sie einander lieb haben, sonst wären ja Huren und Buben auch ehelich, sondern in Treue." Mit der radikalen Änderung seiner Einstellung zum Zölibatsgelübde im Herbst 1521 wurde Luther noch deutlicher. In einer Predigt über die Ehe aus dem Jahre 1522 duldete er aus der von ihm so empfundenen Unüberwindlichkeit des Geschlechtstriebes heraus sogar unter gegebenen Voraussetzungen den Ehebruch, und zwar von beiden Seiten begangen. Verhalte sich die Gattin frigide und widerspenstig, stünde es dem Manne frei, ein anderes weibliches Wesen zum Zwecke seiner Befriedigung zu nehmen: „Will die Frau

Luthers radikale „Abrechnung“ mit dem Papsttum.
Der Titelholzschnitt von Lucas Cranach dem Älteren zeigt die Krönung des Papsts mit der Tiara im Rachen der Hölle.

Martin Luther im Alter. Gemälde aus der Cranach-Werkstatt, um 1541.

Nach der Bibel das populärste Buch des 16. Jh.s: Luthers Großer Katechismus, verfaßt 1529.

nicht, so komme die Magd." Umgekehrt gestattete er einer Ehegattin, die einen impotenten Mann an ihrer Seite hat, nach eingeholtem Einverständnis ihres Mannes bei dessen Bruder oder bei einem seiner Freunde ihre Befriedigung zu erlangen. Dem Sexualakt legte Luther eine so große Bedeutung bei, daß er bei sexuellen Unstimmigkeiten in der Ehe die Scheidung nicht nur für zulässig hielt, sondern diese sogar forderte. Ja, seit dem Jahre 1520 schien ihm sogar die Polygamie durchaus ihre Berechtigung zu haben. In einem Brief vom 6. Dezember 1525 an den neu verheirateten Spalatin findet sich ein diesbezüglicher Passus, dessen anstößiger Wortlaut bewirkte, daß frühere Herausgeber der Briefe Luthers nicht den Mut hatten, ihn ungekürzt zu veröffentlichen, da er direktes Zeugnis von der fast perversen Verstrickung in sexuelle Vorstellungen ablegen würde. Inzwischen hatte man sich allerdings über Luthers unverhüllte Ausdrucksweise hinweggesetzt, mit der er über seine unbezähmbare Libido auch nach seiner Verehelichung berichtete.

Es steht heute außer Zweifel, daß Luther diese übermächtige sexuelle Triebkomponente bereits in seiner Klosterzeit erfahren hatte, da er selbst bekannte, daß er der Gewalt derselben rettungslos unterlegen war. Obwohl es für uns im Grunde uninteressant ist, mit welchen Mitteln er seine Konkupiszenz als Mönch bekämpfte, bevor ihn die Ehe von diesen Qualen befreite, ist es doch naheliegend, daß er sich durch Masturbation ein wirksames Ventil geschaffen hatte. Sprach er doch selbst in einer Römerbriefvorlesung so schonungslos und detailliert von den verschiedenen Formen „freiwilliger und unfreiwilliger Pollution", daß man kaum fehlgeht, Selbsterlebnisse bei dieser Schilderung anzunehmen. Was immer es auch gewesen sein mag, so besteht – wie Reiter es formulierte – kein Zweifel darüber, daß „es sich um die Überhandnahme irgend eines sexuellen Gewohnheitsaktes handelt, der ihn außerordentlich peinigte, ihm ein Pfahl im Fleisch wurde und offenbar ein wesentlicher Faktor seiner früher beschriebenen Skrupulosität war. Die Konkupiszenz selbst wurde ihm zum konkreten Kern seines Versündigungsgefühls." Und tatsächlich stimmt, wie Reiter weiter ausführt, „das Bild Luthers in den Klosterjahren 1507 bis etwa 1513 genau mit dem bekannten Bild des religiösen, neurotischen Masturbanten überein. Wenn man immer wieder den Antrieben zu einer sexuellen Ersatzhandlung nachgibt, schafft dies weder sexuelle Befriedigung noch ein reines Gewissen, sondern bewirkt vielmehr in beiden Beziehungen ein Gefühl der Herabwürdigung und untergräbt die Selbstachtung." Wir besitzen ja auch in unserer unmittelbaren Gegenwart Beispiele bis hinauf zu den höchsten Würdenträgern dafür, wie ein solches Bewußtsein, besudelt und befleckt vor dem reinen und strengen Richter zu stehen, zu einer Skrupulosität führen muß, die der Schar von Gläubigen nicht verborgen bleiben kann.

Urteile von Luthers Zeitgenossen über seinen seelischen Zustand geben uns deshalb wenige zuverlässige Auskünfte, weil sie entweder in ihm den Propheten und Gottes auserwähltes Werkzeug sahen oder in dieser dynamischen Erscheinung etwas Übernatürliches, vorwiegend Dämonisches zu erblicken glaubten. Dennoch meldeten sich schon damals – begreiflicherweise vor allem aus dem Kreis seiner Gegner – Stimmen, die in seinen Handlungen die dämonische Besessenheit eines Geisteskranken vermuteten. Selbst ein wohlgesonnener Mann wie Erasmus von Rotterdam hielt Luthers Polemik für von Haß verblendet, „wahnsinnig oder von einem bösen Geist getrieben". Selbst Kerz und Prechtl äußerten sich noch zu Beginn des neunzehnten Jahrhunderts über Luther in dem Sinne, daß er an „periodischer Verrücktheit" litt oder „vor Leidenschaft wahnsinnig" war. Der Minoritenpriester Dr. Bruno Schön, der vor etwas mehr als hundert Jahren als Kaplan an einer österreichischen Irrenanstalt wirkte, verstieg sich in seiner Abhandlung – ein stark tendenziöses und dilettantisches, wissenschaftlich bedeutungsloses Opus – über die Geisteskrankheit Luthers sogar zur Behauptung, der Reformator wäre ein Paranoiker gewesen, der an Verfolgungswahn und Größenideen sowie an Halluzinationen und Satyriasis (einem abnorm gesteigerten Geschlechtstrieb) gelitten hätte.
Aus medizinischer Sicht berichtete 1881 Küchenmeister als erster Pathograph Luthers über das Temperament des Reformators, das eine Mischung aus Cholerik und Melancholie gewesen sein soll. Infolge der barbarischen Erziehung im Elternhaus und in der Schule sowie durch das asketische Leben im Kloster sei die erste Komponente stark unterdrückt worden, weshalb die melancholische Seite seines Gemüts tonangebend für sein späteres Leben wurde. Ähnlich vielen anderen revolutionären Führernaturen habe Luther ein Syndrom erworben, das Küchenmeister als „morbus reformatorius" bezeichnete und in welchem er deutliche paranoide Züge zu entdecken glaubte. Doch erst 1904 wies Hausrath, aufbauend auf den neuen Konzeptionen Kraepelins, auf das Vorhandensein einer manisch-depressiven Veranlagung hin, eine Meinung, die dann von dem berühmten Psychiater Möbius 1905 in seiner Abhandlung *Ein Grundproblem aus Luthers Seelenleben* bestätigt wurde. Möbius nahm ebenfalls eine manisch-depressive Psychose an und vertrat die Ansicht, daß die schwere Depression in den Klosterjahren Luther zu seiner Lehre von der „sola fides" geführt habe.
Eine neue Richtung in der Erforschung von Luthers Seelenleiden wurde 1911 in den Vereinigten Staaten von Preserved Smith eingeschlagen, der den Versuch unternahm, die Entwicklung Luthers aus psychopathologischer Sicht im Sinne Sigmund Freuds als Folge einer Neurose zu sehen. Smith meinte, daß „Luther an einer schweren Neurose litt, deren Dynamik durch einen typischen ‚Ödipuskomplex' bestimmt war und die durch die harte Zucht des Vaters betont und außerdem durch eine verdrängte inzestuöse Bindung zur Mutter als Furcht-Haß dem Vater gegenüber gekennzeichnet war.

Diese Gefühle wurden dann auf Erwachsene übertragen und zuletzt zu dem Dualismus sublimiert, der auch später von modernen protestantischen Theologen als ein religiöser Furcht-Haß-Komplex gegen Gott und den Teufel stark hervorgehoben wurde."
Als deutlichen Hinweis für die vermutete unbewußte inzestuöse Bindung an die Mutter führte Smith als eine der häufigsten Erzählungen in allen Tischreden Luthers immer wieder eine Geschichte über Inzest zwischen Mutter und Sohn an. Ferner wies Smith neuerlich auf die Bedeutung der Konkupiszenz in Luthers Seelenkämpfen hin und auch auf die „Masturbation als die nie versiegende Quelle von Luthers Anfechtungen in der Klosterzeit".
Schließlich wies Kretschmer 1929 in seinem Buch *Geniale Menschen* ebenfalls auf das Vorhandensein einer typischen manisch-depressiven Psychose hin, jedoch mit deutlichen schizothymen Einschlägen. Zu ähnlichen Schlußfolgerungen – schizoide Züge allerdings ausschließend – gelangte in jüngster Zeit auch Hans J. Neumann in seinem 1991 erschienenen Buch *Weltgeschichte im Spiegel von Krankheiten*, wobei er allerdings weniger den endogenen als vielmehr den reaktiven Faktoren der manisch-depressiven Gemütskrankheit Luthers den Vorzug gibt.
Zum Abschluß soll nunmehr versucht werden, das seelische Leiden Luthers in einer konklusiven Diagnose zusammenzufassen: Wie aus der ausführlichen biographischen Anamnese ersichtlich ist, spricht alles für das Vorliegen einer endogenen Psychose, die von erblichen Faktoren bedingt ist und von früheren Autoren unterschiedlichen Erscheinungsformen zugeordnet wurde. Wenn vereinzelt von schizothymen oder schizoiden Anklängen in Luthers Psychose gesprochen wurde, dann kann dies keinesfalls bedeuten, daß wir es bei ihm mit einer Erkrankung aus dem schizophrenen Formenkreis zu tun hätten. Gegen eine solche Möglichkeit spricht allein schon die Tatsache, daß es bei Luther zu keinen schizophrenen Schüben und im Verlaufe seines Lebens zu keiner Auflösung der Persönlichkeitsstruktur bzw. auch zu keiner affektiven Abflachung und Abstumpfung kam, wie dies für eine Schizophrenie charakteristisch wäre. Auch die zweite gelegentlich diskutierte Möglichkeit, es könnte sich bei Luther um ein epileptiformes Geschehen gehandelt haben, muß abgelehnt werden. Wenn auch diese Krankheit nicht immer mit typischen Krampfanfällen einhergehen muß, sondern in mehreren unterschiedlichen rudimentären Formen oder „epileptischen Äquivalenten" in Erscheinung treten kann, in welchen episodische, von Verwirrtheitszuständen und Halluzinationen begleitete Gemütsstörungen beobachtet werden können, so ähneln Luthers Anfälle weit mehr hysteriformen Erscheinungsbildern. Sieht man von dem einzigen von Zeitzeugen beobachteten Krampfanfall im Klosterchor ab, so tragen seine Anfälle doch „ein verdächtig funktionelles Gepräge". Wenn er bei diesem Ereignis nach der Verlesung des Evangeliums vom Besessenen „tobend" umstürzte, wie dies berichtet wird, so scheint es sich hier nur um ein „affektepileptisches" Geschehen gehandelt zu haben, da er nicht bewußtlos war, sondern laut und in offenbar berechnender Absicht gerufen hatte: „Ich bin's! Ich bin's!" (nämlich der Besessene, von dem

soeben berichtet wurde.). Auch spätere ähnliche Anfälle von Synkopen, bei denen ihn 1524 und 1527 Freunde „bewußtlos“ mit kreuzweise ausgestreckten Armen am Boden liegend vorfanden und bei denen unter dem Einfluß von Musik sein Bewußtsein angeblich rasch wieder zurückkehrte und die offensichtlich emotionale Hochspannung sich in heftiges Schluchzen auflöste, sprechen für hysteriforme Anwandlungen. Bleibt als dritte mögliche Erscheinungsform einer endogenen Psychose das manisch-depressive Krankheitsbild. Bezeichnend für diese Diagnose ist die Tatsache, daß länger andauernde, mitunter sehr schwere Depressionszustände von Jugend an sein ganzes Leben lang immer wieder auftraten und diese „Anfälle“ stets einen gleichartigen Typus aufwiesen. Nur in den jungen Klosterjahren wird dieses Bild durch stark hervortretende neurotische Elemente etwas verwischt, und in seinen späteren Jahren traten zuweilen paranoide Züge in den Vordergrund, die durch einen Hang zur Rechthaberei und zum Fanatismus, zu zunehmendem Argwohn auch Freunden gegenüber sowie durch ein markantes Sendungsbewußtsein gekennzeichnet waren. Am stärksten glich sein „großer Melancholieanfall“ der Jahre 1527 und 1528 dem klassischen Bild einer endogenen Depression, während alle anderen depressiven Perioden zwar ebenfalls einen endogenen Kern erkennen lassen, meist aber doch eher durch psychische Reaktionen ausgelöst wurden. Beispiel dafür waren die „Haftpsychosen“ auf der Wartburg und auf der Coburg, die mit optischen Halluzinationen einhergingen.
Neben den depressiven Perioden kamen aber auch manisch gefärbte Phasen zur Beobachtung, deren klinisches Bild jedoch nur jenen Grad erreichte, der als Hypomanie oder *manie raisonnante* bezeichnet wird. Dieser regellose Wechsel von depressiv und manisch geprägten Verstimmungszuständen gilt ja als charakteristisch für diese Form der Psychose, an der Luther litt. Leider erlaubt uns die äußerst mangelhafte Kenntnis seiner Vorfahren keine erbbiologische Betrachtung, die für den Nachweis einer endogenen Komponente wichtig wäre. Unabhängig davon, wieweit in der Genese von Luthers seelischem Leiden die endogene, erbliche Komponente eine Rolle spielt, bestehen an der konklusiven Diagnose einer manisch-depressiven Psychose aus heutiger medizinischer Sicht jedenfalls keine Zweifel.

2. Luthers somatische Leiden

Das am meisten verbreitete Lutherporträt mit dem vollen Gesicht, den braunen Locken und den kleinen sanften Augen ist inzwischen durch die moderne Lutherforschung einem authentischeren Bild gewichen, das uns jenen mächtigen Streiter wiedergibt, der er in Wahrheit war und der besonders eindrucksvoll im steinernen Relief auf dem Schloß zu Coburg verewigt wurde. Am häufigsten wurde er von seinem begeisterten Mitstreiter und Freund Lukas Cranach dem Älteren porträtiert. Auf dem ältesten

Gemälde aus dem Jahre 1521 wurde er als Junker Jörg dargestellt, mager, durch Askese und die inneren Kämpfe während der Klosterzeit gezeichnet, hohlwangig mit breiten Backenknochen und ernst. Doch schon ein Jahr später war das Gesicht bereits runder geworden und man kann sogar schon das später so mächtige Doppelkinn erkennen, was gut zum Bericht eines Studenten aus dieser Zeit paßt, der Luthers Leib „von ziemlicher Feiste" schilderte. Was allen Zeitgenossen übereinstimmend auffiel, war die eigentümliche, faszinierende Kraft seiner Augen: „Sie blicken scharf und haben ein gewisses furchtbares Blitzen, wie man's hie und da bei Besessenen findet", schrieb Johann Dantiscus. Luthers Gesichtsform und sein Körperbau entsprachen ziemlich genau dem, was man medizinisch einen pyknischen Konstitutionstyp nennt und manche Biographen dazu verleitete, seine sämtlichen Krankheitserscheinungen damit in einen Zusammenhang zu bringen. Gemeint waren dabei seine Anlage zur Fettsucht, zu Erkrankungen der Atemwege, zu Verdauungsstörungen, zur Harnsteinbildung und zu einer frühzeitigen Arteriosklerose. In diesem Zusammenhang wurden meist auch seine Eß- und Trinkgewohnheiten diskutiert, wobei vor allem die Rolle des Alkohols besonderes Interesse beanspruchte.

Aus dem katholischen Lager seiner Gegner, denen sich die protestantischen Extremisten wie Thomas Münzer anschlossen, kamen Berichte, die von Luthers Trunksucht sprachen. Graf Hoyer von Mansfeld, der ein eifriger Lutheraner war, bemerkte in einem Schreiben vom Jahre 1522 an Ulrich v. Helfenstein, daß der Reformator „ein lauter Bube" sei, sich betrinke und mit schönen Frauen ein leichtfertiges Leben führe, weshalb er selbst wieder zum katholischen Glauben zurückgekehrt sei. Tatsächlich stammte dieser Brief aus jener bewegten Zeit, in der entlaufene Nonnen sich in dem verlassenen Augustinerkloster Luthers sammelten. Im übrigen leugnete er auch gar nicht, daß er zu gegebener Stunde gern einen großen Becher leere und dabei dann und wann sogar einen ehrlichen Rausch in Kauf nehme. Darin sah man damals auch nichts Entehrendes und schon gar nicht etwas Außergewöhnliches, denn, wie er selbst in einer Tischrede vom Herbst 1536 bemerkte, müsse man jedem Lande seine Gebrechen zugute halten: „Die Böhmen fressen, die Wenden stehlen und die Deutschen saufen getrost." Die größte Rolle unter den alkoholischen Getränken spielte bei ihm das Bier, das seine Frau Käthe selbst zu brauen verstand und das er rühmte, ein wirksames Mittel gegen seine chronische Stuhlträgheit und sein Steinleiden zu sein. Ganz besonders schätzte er alkoholische Getränke zur Bekämpfung depressiver Symptome; wenn er von Anfechtungen heimgesucht wurde, aß und trank er, was ihm in die Quere kam. Auf keinen Fall jedoch war Luther zu irgendeinem Zeitpunkt in seinem Leben der Trunksucht verfallen, die er sogar ausdrücklich in seinen Predigten verdammte.

An dieser Stelle sei der Kuriosität halber erwähnt, daß man Luther auch verdächtigte, eine Syphilis erworben zu haben, wobei man vor allem an die Möglichkeit einer Ansteckung während seiner Reise durch die italienischen Städte anläßlich seiner Mission in Rom 1511 und 1512 dachte. Diese Verdächtigung stammte aus einer im übrigen

äußerst wohlmeinenden Quelle, nämlich aus einem Brief des Ulmer Arztes Wolfgang Rychardus, der mit Luther jahrelang in enger freundschaftlicher Beziehung stand und der in diesem Schreiben vom 11. Juni 1523 den jungen Medizinstudenten Johann Magenbuch über die syphilitische Erkrankung vieler berühmter Zeitgenossen, unter anderem eben auch Luthers, unterrichtete. Ohne Zweifel hörte Rychardus von einer solchen angeblichen Erkrankung Luthers aus dem Munde eines ihm glaubwürdig erscheinenden Gewährsmannes, ohne allerdings nähere Einzelheiten erfahren zu haben. Da es außer dieser Briefstelle keinen einzigen weiteren Hinweis gibt, muß man diese These wohl ablehnen.
Wenn man sich der Aufgabe unterzieht, aus der biographischen Anamnese Luthers somatische Leiden zu analysieren, dann läßt sich zunächst feststellen, daß er in seiner Jugend und in den frühen Mannesjahren einschließlich seiner Klosterzeit offenbar somatisch gesund blieb, sieht man von einer kurzen fieberhaften Erkrankung unbekannter Natur in seinem vierzehnten Lebensjahr ab und von der „schweren und gefährlichen Krankheit, ob derer er ganz für sein Leben verzagte" während seiner Studienzeit in Erfurt.

Das Harnsteinleiden

Die ärgste medizinische Geißel im Leben Luthers war zweifellos sein Harnsteinleiden, das sich in seinen Anfängen wahrscheinlich schon 1524 erstmals meldete. Sein Arzt Dr. Ratzeberger zögerte damals noch mit seiner Diagnosestellung, da der Kranke über Schmerzen am ganzen Körper klagte, motorische Unruhe zeigte und einen Widerwillen gegen jede Nahrung kundtat. Diese vage Schmerzbeschreibung und die überraschende Besserung der Beschwerden nach einem Brathering mit Erbsen und Senf irritierten den Arzt, bis er sich nach Abgang eines „großen" Steines von der wahren Diagnose überzeugen konnte. Man glaubte eben damals, daß sich ein Harnsteinleiden nur durch eine Kolik manifestiere. Unbestimmte ziehende, an Intensität wechselnde Schmerzen oder ein Druckgefühl in der Nierengegend führten deshalb meist zu Fehldiagnosen. So wurde auch die für Nierensteine so typische Schmerzausstrahlung in die Hüfte oder in die Leistengegend und in die Innenseite des Oberschenkels bevorzugt als „Ischias" gedeutet, wie dies ja auch bei Luther im März 1536 und im August 1538 der Fall war. Erst die abgegangenen Konkremente klärten den Sachverhalt, wenngleich eingeräumt werden muß, daß manche Harnsteinkoliken – jene in den Jahren 1538, 1543 und 1544 – nicht von einem Steinabgang gefolgt waren, ebenso wie es zur Entleerung von kleinen Konkrementen im Februar 1537 fast ohne Schmerzen kommen konnte.
Eine exakte Klassifizierung von Luthers Harnsteinen ist deshalb nicht möglich, weil wir außer einer Größenangabe, die von Korn-, Erbsen- bis Bohnengröße schwankte, keine sonstigen Hinweise eruieren können. Nur der Umstand, daß es sich gehäuft um den Abgang multipler Steine handelte, läßt den Verdacht aufkommen, daß die Ursa-

che von Luthers Steinleiden in einer allgemeinen Stoffwechselstörung gesehen werden muß. Da sich außerdem schon ein Jahr nach seinem ersten großen Kolikanfall Symptome einer Gicht manifestierten, darf man mit großer Sicherheit annehmen, daß es sich bei Luther um eine Harnsäure-Stoffwechselstörung handelte. Damit würde sich auch erklären, warum Luther in erster Linie an Nierensteinen litt und erst sekundär an Blasensteinen.

Im Februar 1537 kam es während eines Steinanfalles auch zu einer Hämaturie, also zum Blutharnen, wie dies bei Nierensteinen ja nicht so selten vorkommt. Während Luther selbst von schwarzem Urin und einem sehr kleinen Stein berichtete, stellte Melanchthon einen trüben, bräunlichen Harn und den Abgang mehrerer Konkremente fest. Zu dieser Blutung kam es nach einer Fahrt auf schlechten, holprigen Straßen, wodurch der Stein in Bewegung gesetzt wurde. Das volle Ausmaß der Blutung wurde erst am folgenden Tag sichtbar, wobei aus der fast schwarzen Farbe des Urins geschlossen werden muß, daß das Blut schon längere Zeit in der Blase verweilte.

Wie aus der biographischen Anamnese hervorgeht, stellte sich im Februar 1537 nach vorausgegangenen Koliken ein äußerst bedrohlicher Zustand deshalb ein, weil dem Kranken jegliches Wasserlassen unmöglich wurde. Aus der Beschreibung Ratzebergers, wonach sich die extrem überfüllte Harnblase als ein „großer Tumor" unter der Bauchdecke darstellte, muß angenommen werden, daß sich das Abflußhindernis in Gestalt eines Steines entweder unmittelbar am Blasenausgang oder im Bereiche der Harnröhre befand. Da diese Harnsperre fast eine Woche hindurch anhielt, traten nicht nur fast unerträgliche Schmerzen in der Blasenregion sowie ein quälender andauernder Harndrang auf, sondern es stellten sich auch bald Übelkeit, Erbrechen, Durchfall und große Abgeschlagenheit ein, was auf beginnende Harnvergiftung, also eine Präurämie, hindeuten würde. Erst nach einem spontanen Abgang von sechs Steinen kam es wieder zu einer Harnentleerung, die infolge der extremen Überdehnung der Blasenmuskulatur und der dadurch bewirkten Minderung der Austreibungskraft schubweisen Charakter hatte und insgesamt mindestens vier Liter zu Tage förderte. Diese relativ geringe Menge in Anbetracht der langdauernden Harnsperre erklärt sich wohl damit, daß es durch das ständige Erbrechen und die Durchfälle zu erheblichen Flüssigkeitsverlusten gekommen war.

Im Juli 1538 entwickelte sich schließlich während einer Kolikperiode ein Fieber, das zweifellos Ausdruck einer komplizierenden Nierenbeckenentzündung war, wie sie durch Infektion im zurückgestauten Harn beim rezidivierenden Steinleiden häufig angetroffen wird. Im Laufe der Jahre kann sich infolge wiederholter derartiger entzündlicher Prozesse eine *interstitielle Nephritis* (eine besondere Form der chronischen Nierenentzündung mit Schrumpfungstendenz) entwickeln, die ein Hochdruckleiden verursachen oder bei bereits bestehendem Bluthochdruck dieses Leiden verschlimmern kann. Aus der Tatsache, daß Luther mehrmals in seinem Leben zur Ader gelassen werden mußte, darf man annehmen, daß bei ihm ein solches Hochdruckleiden

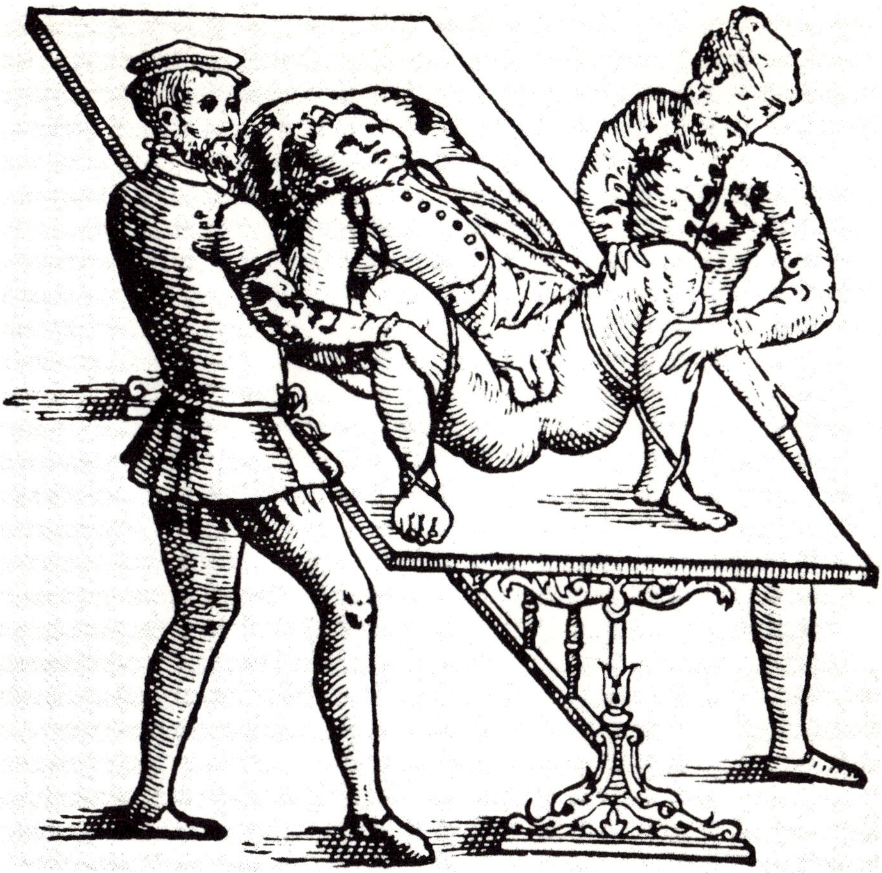

Vorbereiten des Patienten zur Blasensteinoperation. Aus: Ambroise Paré, Zehn Bücher der Chirurgie, 1564.

bestanden haben dürfte. In diesem Sinne wären auch die noch zu erörternden Herz-Kreislaufbeschwerden Luthers im vorgeschrittenen Alter zu erklären.

Das Gichtleiden

Angesichts der Tatsache, daß zwischen dem Harnsäure-Steinleiden und der Gicht enge Beziehungen bestehen in der Art, daß bei Gichtpatienten gegenüber der Normalbevölkerung Harnsäuresteine zehn- bis fünfzehnmal so häufig beobachtet werden, muß diese Möglichkeit eines Gichtleidens auch bei Luther diskutiert werden, obwohl seine Krankengeschichte typische Gichtanfälle oder die charakteristischen *Tophi* (Harnsäureablagerungen, die zu entzündlichen Knotenbildungen in geringer durchbluteten Geweben wie Knorpel – die „Gichtperlen" als Frühsymptom im Ohrknorpel –, Sehnen, Schleimbeuteln und gelenknahen Knochenbezirken führen. *Anm.d.Verf.*) vermissen läßt. Da jedoch seine Freunde wegen Luthers Gelenksbeschwerden dezidiert von einer Gicht berichteten und diese Diagnose, selbst wenn sie von Laien gestellt wurde, glaubhaft erscheint, da das „Zipperlein“ bekanntlich im sechzehnten Jahrhundert ein außerordentlich häufiges Krankheitsbild darstellte, muß man wohl mit großer Wahrscheinlichkeit annehmen, daß er an einem Gichtleiden laborierte. In diesem Sinne spricht eine seiner eigenen Beschreibungen vom Herbst 1533, wo er über „Zehen whe“ berichtete und dabei über den überwältigenden Schmerz klagte, wie er für einen Gichtanfall pathognomonisch ist: „Ich habe appelliert in meinem Zehen whe zu Gott und gebeten, er soll mir frantzoß (Syphilis. *Anm.d.Verf.*) oder pestilenz dafür schicken.“ Wenn er somit den unerträglichen Schmerz gegen diese tödlichen Krankheiten eintauschen wollte, dann müssen seine Schmerzen schon erheblich gewesen sein. Ein weiterer Hinweis auf ein Gichtleiden ist die angegebene Lokalisation, nämlich die Schilderung des „Podagra“, also der schmerzhaften Entzündung des Großzehengrundgelenkes, was ebenfalls pathognomonisch für das Gichtleiden gilt. Dazu kommt noch Luthers pyknische Konstitution, seine Eßfreudigkeit und seine Vorliebe für alkoholische Getränke, die erfahrungsgemäß disponierende Faktoren für dieses Leiden sind. Schließlich spricht, wenn auch nur bedingt, die Betrachtung der linken Hand Luthers in dem Naturabguß der Figur des Reformators in der Marktkirche zu Halle ebenfalls in diesem Sinne, wie Hahne in einer diesbezüglichen Studie dies zu veranschaulichen versuchte.

Wir dürfen also mit großer Wahrscheinlichkeit annehmen, daß Luther an einer *Arthritis urica* (Gicht-Arthritis) litt, wobei die ersten gichtverdächtigen Symptome erstmals in seinem fünfzigsten Lebensjahr, dem üblichen Manifestationsalter der Gicht, auftraten. Die typische Lokalisation am Großzehengrundgelenk und wahrscheinlich auch an den Grundgelenken des Daumens und des Zeigefingers, wie der Abguß seiner linken Totenhand vermuten läßt, die Beschreibung heftigster Schmerzanfälle, das gleichzeitig vorhandene rezidivierende Harnsteinleiden sowie seine Konstitution und sein Lebensstil sprechen für diese Diagnose. Da sich *Tophi* (Knoten) nur bei der Hälfte der Kranken mit Gichtanfällen ausbilden, spricht das Fehlen von Tophi nicht unbedingt gegen das Bestehen des Leidens. Halder kam in ihrer sorgfältigen Studie über Luthers Harnsäurediathese deshalb zu folgendem Resumée, dem man sich vollinhaltlich anschließen kann: „Luther litt seit etwa seinem 49. Lebensjahr an Harnsteinen. Koliken, Konkrementabgänge, eine kurzfristige Hämaturie und eine akute, acht Tage anhaltende komplette Harnsperre konnten nachgewiesen werden. Möglicherweise hat die bei Luther belegbare schwere Gicht auch zu Veränderungen an den Nieren geführt und damit weiteren Anlaß zu einer Nierenschädigung gegeben. Hinsichtlich der Steinklassifizierung liegt es nahe, aufgrund des klinischen Verlaufes von Luthers Harnsteinleiden und der statistisch erwiesenen engen Beziehung zwischen Gicht und Harnsäuresteinen bei Luther letztere anzunehmen.“

Die Menièresche Krankheit

Aus der biographischen Anamnese kann ersehen werden, daß Luther unter furchtbarem Ohrensausen litt. Es begann am späten Nachmittag des 6. Juli 1527, also in seinem dreiundvierzigsten Lebensjahr, nachdem er sich schon am frühen Morgen niedergeschlagen gefühlt und aus diesem Grunde seinen Beichtvater Johannes Bugenhagen aufgesucht hatte. Am Abend lud er gemeinsam mit anderen Gästen seinen Freund Dr. Jonas zu sich, der über diesen Abend folgendes berichtete: „Dr. Luther wollte die Abendmahlzeit mit uns halten, klaget aber über ein groß verdrießlich, ungewöhnlich Brausen und Klingen des linken Ohrs (welches, wie die Ärzte sagen, vor der Ohnmacht herzugehen pflegt). Weil aber dasselbe Klingen und Sausen größer und heftiger ward, sagte er: Er könnte vor Schwachheit bei uns am Tische nicht bleiben, ging derhalben wieder hinauf in seine Schlafkammer, daß er sich wieder ins Bett legt. Ich allein folgete ihm bald auf dem Fuße nach. Da er über die Schwelle der Schlafkammer trat, ging ihm eine Ohnmacht zu; spricht hastig zu mir: ‚O Herr Dr. Jona, mir wird übel. Wasser her, oder ich vergehe.' Also erwischt ich, fast erschrocken und bebend, einen Topf mit kaltem Wasser. Das goß ich ihm eines Teils unters Angesicht, eines Teils in den Rücken, wie ich konnte. Indeß fing er an zu beten: ‚Mein allerliebster Gott, wenn Du es so willst haben, daß dies die Stunde sei, die Du mir versehen hast, so geschehe Dein gnädiger Wille.' Er betete dann noch das Vaterunser und nahm Abschied von seiner Frau und seinem Sohn, seinem ‚allerliebsten Händ'gen', weil er glaubte, sterben zu müssen. Ein hinzugerufener Arzt verordnete warme Tücher und Kissen, vor allem aber Ruhe. Danach trat rasch eine Besserung ein."

Aus der Beschreibung dieses ersten Anfalls, der mehr als dreißig weitere authentische Berichte aus den uns zur Verfügung stehenden Dokumenten folgten, erhellt eindeutig, daß Luther von diesem Tage an bis an sein Lebensende mit nur wenigen Unterbrechungen an Ohrensausen litt. Häufig gesellten sich Schwindelanfälle hinzu, die H. Feldmann in einer neuen Studie penibel registrierte. Luther selbst beschrieb sein Ohrensausen mit Ausdrücken wie *tinnitus,* dem Geräusch von Windmühlen oder der Windsbraut. Aus heutiger Sicht entsprachen seine Anfälle von Ohrensausen verbunden mit Schwindel exakt der Menièreschen Erkrankung, wie sie nach deren Erstbeschreiber Prosper Menière seit 1861 bezeichnet wird. Zu Luthers Zeiten hatte man keine Erklärung für diese beunruhigenden Symptome, in denen er mitunter um sein Leben fürchtete und die er mit übernatürlichen Kräften aus dem Reiche des Satans in Zusammenhang brachte, wie dies aus einem Brief vom 2. Oktober 1530 hervorgeht: „Ich acht, es sei der schwarze zotticht Geselle aus der Höllen gewest, der mich in seinem Reich auf Erden nicht wohl leiden mag."

Diese mit Ohrensausen verbundenen Schwindelanfälle dürfen nicht mit jenen Ohnmachtsanwandlungen verwechselt werden, wie sie in der Klosterzeit und auch später im Zusammenhang mit Luthers depressiven Perioden auftraten und weiter oben beschrieben wurden.

Die Arteriosklerose

Wir können uns nur schwer ein einigermaßen sicheres Urteil darüber bilden, wann der Keim zu Luthers Herzleiden gelegt wurde. Dagegen steht es außer Zweifel, daß er relativ früh gealtert ist und mit großer Gewißheit auch die arteriosklerotischen Veränderungen an den Herzkranzgefäßen prämatur eingesetzt haben dürften. In welchem Alter die Arteriosklerose als ernstes Gefahrenmoment einsetzen kann und welche Gefäßgebiete bevorzugt befallen werden, ist individuell außerordentlich verschieden und hängt neben Erbfaktoren – die im Falle Luthers nicht auszuforschen sind – weitgehend von einer unvernünftigen Lebensweise ab. Waren seine Herzsensationen in jüngeren Jahren in Form von Präkordialdruck verbunden mit Herzklopfen, Schweißausbrüchen und Angstzuständen eindeutig funktionell, also nervös bedingt, so stellten sich in seinem letzten Lebensjahrzehnt echte Angina-pectoris-Anfälle ein, bedingt durch zunehmende Verengung seiner Herzkranzgefäße infolge arteriosklerotischer Ablagerungen. Das klinische Bild an seinem letzten Lebensabend spricht eindeutig für ein anginöses Geschehen bedrohlicher Art, das mit großer Wahrscheinlichkeit durch das Auftreten eines Herzinfarktes den tödlichen Ausgang verursachte.

Die Arteriosklerose betraf aber sicher auch in nicht unbeträchtlichem Ausmaße die Hirngefäße, und man geht wohl nicht fehl in der Annahme, daß die zunehmende Gereiztheit, der oft geradezu paranoid erscheinende Argwohn, die trotzige Intoleranz und nicht zuletzt auch der Grobianismus in seinen literarischen Schriften in seinen letzten Lebensjahren damit in Zusammenhang standen. Ob an der vorzeitigen Arteriosklerose auch ein Bluthochdruck beteiligt war, kann mangels verwertbarer Hinweise nicht mit Sicherheit beantwortet werden. Es scheint jedoch immerhin wahrscheinlich, berücksichtigt man Luthers Fettleibigkeit, die mehrmaligen Aderlässe und mögliche chronisch-entzündliche Nierenveränderungen im Rahmen seiner rezidivierenden Harnsteinattacken.

In seiner Sterbestunde standen seine Freunde Jonas, Coelius und Aurifaber treu an seiner Seite. Wir wissen aus ihren Angaben, daß Luther im Frieden von dieser Welt geschieden ist: „Mit Stille und großer Geduld, und konnte niemand merken einige Unruhe, Quälung des Leibes oder Schmerzen des Todes, sondern entschlief friedlich und sanft im Herrn." Die Wechselbeziehung zwischen seinen vielen Krankheiten, seinen psychischen Veränderungen und seinem Wirken in Wort und Schrift ist unverkennbar, und bei genauerer Kenntnis seines irdischen Leidensweges wird man auch mehr Verständnis für seine Fehler und Schattenseiten aufbringen. Vor allem erscheint dann die Entwicklung seiner neuen Lehre nicht nur als Folge seiner berühmten Thesen gegen den Ablaßhandel, sondern auch als Konsequenz tiefgreifender, innerer Seelenkämpfe, die er siegreich überwunden hat.

Wie aus der eingehenden Studie von Wolfram Kaiser über die Stellung der Medizin und der Naturwissenschaften in der Reformationszeit zu entnehmen ist, dürfte Luther mit den damaligen medizinischen Kenntnissen seiner Zeit durchaus vertraut gewesen sein. Aus seiner dogmatischen Sicht als Theologe galten für ihn Leben und Gesundheit als Geschenke Gottes, die zu erhalten oder wiederzugewinnen Aufgabe des Arztes und in gleicher Weise auch des Geistlichen oberstes Anliegen sein müsse. So war er überzeugt, daß die wirksame Hilfe durch ärztliche Kunst ausschließlich vom göttlichen Beistand abhängig sei, weshalb er forderte, „zu dem rechten und wahrhaften Arzt, Christo, Zuflucht zu nehmen". Die Krankheiten, die durch die Erbsünde ermöglicht wurden, kommen seiner Meinung nach zwar nicht direkt von Gott, doch läßt Gott offenbar den Satan nach Belieben gewähren: „Ich halte, daß der Satan alle schweren Seuchen und Krankheiten dem Menschen zu schicke." Es müßten deshalb Ärzte und Geistliche im Kampf gegen den Unheil bringenden Teufel zusammenstehen, der die Menschheit unablässig bedrohe: „So ist denn der Teufel ein solcher Gesell, er kann bald Krankheiten anrichten, wie Petrus in den Geschichten der Apostel saget, daß die Krankheiten Vincula diaboli sein. Und obwohl Gott mancherlei Arznei wider eine Krankheit allein geordnet hat, und dieselbige vielmals gebrauchet werden, so wird sie doch nichts. Denn der Teufel ist also kräftig, er kann Arznei und Apotheken wandeln, und Staub in die Büchsen tun."

Luther unterscheidet grundsätzlich „natürliche" und damit auch einer ärztlichen Behandlung zugängliche Krankheiten von solchen, die ihm als reines Teufelswerk erschienen und in denen ausschließlich nur Gott helfen kann. Wie Wolfram Kaiser daraus folgert, haben in diesem Sinne Luthers Aussagen über Krankheiten und Heilung stets eine eminent theologische Funktion, weshalb sie nur im Zusammenhang mit seiner Anschauung von der Sünde und der Verteufelung der Welt interpretiert werden können. Luther beeinflußte mit dieser theologischen Konzeption auf lange Zeit die Vorstellungen über die Grundlagen einer Geisteskrankheit, was dazu führte, daß er die Behandlung dieser Kranken aus dem ärztlichen Aufgabenkomplex auszuklammern forderte. Auf diese Weise wurden „Narren" zur Zeit Luthers nicht nur in Wittenberg, sondern auch über seinen Wirkungskreis hinaus Objekt einer Asylierung, um die sich die menschliche Gemeinschaft sowie die den Exorzismus ausübenden Theologen kümmern mußten, wobei die Unterbringung dieser bedauernswerten Kranken nicht in Asylheimen, sondern ausdrücklich in Gefängnissen zu erfolgen hatte. Luther förderte aber durch seine theologische Konzeption auch jene absurden Phantasien, die zum Aufkommen der Teufelsbündner-Legende führten. Stellte sich doch Luther den mit Satan verschwägerten Nekromanten durchaus personifiziert vor und zwar in der Gestalt des Schwarzkünstlers Faust. Dementsprechend verlegte ja auch die bald entstehende Sage die Begegnung Fausts mit dem Teufel in ein nahe Wittenberg gelegenes Waldstück.

Die ausschließlich von der Bibel geprägte Welteinsicht Luthers brachte es mit sich, daß sein Bedürfnis nach Klärung medizinischer Fragen auf wissenschaftliche Weise auffällig gering war, da er sich auch in medizinischen Fachfragen grundsätzlich nur an den Aussagewert der Bibel hielt. Dies erklärt sein hartnäckiges Festhalten an Vorstellungen von krankheitsbringenden Dämonen, wie sie eben bei den damals in tiefstem Aberglauben verwurzelten Menschen vorherrschten. Aus dem Dämonenglauben Luthers entsprangen höchst makabere Äußerungen des Reformators wie etwa jene über die Legitimation des Ersäufens von Mißgeburten und Wechselbälgen, die selbst in der jüngsten Vergangenheit noch den faschistischen Machthabern gelegentlich als Kronzeugenbeleg für ihre verbrecherischen Euthanasiehandlungen dienten.
In Luthers Prioritätenliste war die Genesung von einer Krankheit immer nur Ausdruck der göttlichen Gnade, da auch die dem Arzt zur Verfügung stehenden Medikamente in seinen Augen nur sekundäre Geschenke des Himmels waren: „Gott hat die Arznei aus der Erde geschaffen und kein vernünftiger Mensch ist, der sie verachtet. Denn gleich wie zur Zeit Moses das bittere Wasser vom Holz süß war, also hat er wollen auch hierinnen den Menschen kundtun, was Arznei vermag und hat solche Kunst darum auch den Menschen gegeben, daß man seine Wunder preisen solle. Denn hiermit kann der Arzt allerlei Schmerzen lindern und viel süsser, guter Konfekte machen und Salben zu richten, davon die Kranken gesund werden." In diesem Sinne betonte er immer wieder die wichtige Zusammenarbeit zwischen dem helfenden Arzt und dem seelischen Zuspruch durch den Theologen, da nur auf diese Weise der Arzt erfolgreich den Kampf gegen den Satan aufnehmen könne: „Daß aber die Ärzte Herren sind, das sieht man vor Augen wohl, und daß man ihr auch nicht entbehren kann, lehret die Erfahrung wohl; daß es aber der Welt ein nützlicher, tröstlicher, heilsamer Stand, dazu ein angenehmer Gottesdienst sei, von Gott geschaffen und gestiftet, gibt nicht das Werk allein an ihn selber, sondern zeugt auch die Schrift."
Luther äußert sich allerdings in seinen Aussagen und seinen Schriften nicht immer nur lobend über die Ärzte seiner Zeit, sondern er erlaubt sich auch gar manche kritische Bemerkung über diesen Stand. Vor allem verurteilte er jene Mediziner, die bei drohender Gefahr die Gemeinde verlassen und sich in Sicherheit bringen. So verurteilte er während der von August bis November 1527 in Wittenberg wütenden Pest jene Universitätsangehörigen, die mit landesherrlicher Genehmigung fluchtartig die Stadt verließen und sich nach Jena begaben; demonstrativ blieb Luther damals zusammen mit seiner Familie in Wittenberg, was allerdings nur wenig Eindruck auf die damalige Ärzteschaft gemacht haben dürfte. Fühlte sich doch bis weit ins 17. Jahrhundert hinein der akademisch gebildete Mediziner zum Besitzbürgertum gehörig, das regelmäßig sofort abzuwandern pflegte, wenn die Stadt durch eine Seuche bedroht wurde.
Die Pestepidemie vom Jahre 1527 in Wittenberg wurde für Luther aber auch zum Anlaß, sich an den Landesherren mit der Bitte zu wenden, das in der Zwischenzeit von den Bettelmönchen verlassene Franziskanerkloster in Zukunft als Armenspital umzu-

wandeln. Zweifellos war dieser Vorschlag durch seine Erfahrungen inspiriert worden, die er während seiner Romreise in verschiedenen italienischen Krankenhäusern machen hatte können.

Waren Luthers Vorstellungen für die Armen- und Krankenfürsorge vorbildlich, so war er selbst als Patient keineswegs ein Musterbeispiel. In diesem Sinne spricht auch die Tatsache, daß er während seines ganzen Lebens nie einen ständigen Hausarzt hatte, sondern die ihn behandelnden Mediziner stets gewechselt hat. Dieser Umstand ist wahrscheinlich nicht einem Wunsch des Patienten entsprungen, sondern eher dem seiner Ärzte. War es doch zweifellos für die Ärzte deprimierend, wenn ein Patient wie Luther ständig die ärztlichen Vorschriften mißachtete und aus seinem an Dogmatismus grenzenden Bibelvertrauen heraus alles besser zu wissen glaubte, ja sogar unter Berufung auf Bibelzitate selbst prognostische Aussagen traf.

Versucht man die Stellung Martin Luthers zur Heilkunde im allgemeinen und zur ärztlichen Kunst in Wittenberg im besonderen abschließend zu beurteilen, dann kommt man zu dem Resultat, daß sein Einfluß zum Teil durchaus zum Nutzen der noch höchst bescheidenen beginnenden medizinischen Fakultät dieser Stadt gereichte. Das Hauptverdienst des Reformators dürfte aus heutiger Sicht aber in seiner Haltung zur Caritas zu sehen sein, die er nicht nur wiederholt predigte, sondern auch persönlich vorbildlich praktizierte. Sein hohes Ansehen war es wohl auch, warum alles, was Luther von der Kanzel herab verkündet hat, auch beachtet und im gewissen Sinne sogar befolgt wurde. Sein Aufruf zum Gemeinschaftssinn im Pestjahr von 1527 und seine Empfehlung einer strikten Befolgung der erlassenen Hygienemaßnahmen sind ein beredtes Beispiel dafür. Trotz seines mittelalterlichen Dämonenglaubens leistete Luther auch einen Beitrag zur Absage an den Aberglauben in der Medizin, etwa wenn er gegen jene Mitbürger polemisierte, die noch der mittelalterlichen Vorstellung anhingen, man könne sich von einer Krankheit befreien, wenn man sie an andere weitergäbe.

Leider machte ihm sein starrer Bibelglaube die Einsicht in manch neue Entwicklungen unmöglich, ebenso wie sein primitiver Dämonenglaube manch unheilvolle Nachwirkungen bis in jüngste Zeit zur Folge hatte. Andererseits ist sein soziales Engagement ein bleibendes Verdienst dieses Reformators.

ZEITTAFEL

1483	Martin Luther wird am 10. November in Eisleben geboren.
1484	Übersiedlung der Familie nach Mansfeld.
1497	Schulbesuch in Eisenach.
1498	Zu Ostern Eintritt in die Schule in Magdeburg.
1501	Anfang Mai Immatrikulation an der Universität Erfurt.
1502	Am 29. September Baccalaureus artium.
1505	Am 7. Jänner Magister artium. Am 2. Juli Klostergelübde bei Stotternheim, am 15. Juli Eintritt in das Augustiner-Eremiten-Kloster zu Erfurt.
1507	Am 4. April Priesterweihe.
1510/11	Reise nach Rom.
1511	Versetzung nach Wittenberg.
1512	Am 19. Oktober Doktor der Theologie.
1517	Am 31. Oktober Anschlag der 95 Thesen an der Schloßkirche zu Wittenberg.
1518	Im Juni Einleitung des kanonischen Prozesses gegen Luther in Rom.
	Vom 12. bis 14. Oktober Verhör vor Cajetan in Augsburg.
1519	Im Jänner Unterredung mit Karl von Miltitz in Altenburg.
	Vom 4. bis 14. Juli Disputation mit Eck in Leipzig.
1520	Am 15. Juni Androhung der Bannbulle Leos X. („Exsurge Domine").
	Im August Veröffentlichung „An den christlichen Adel deutscher Nation" und „Von der babylonischen Gefangenschaft der Kirche".
	Im Oktober Abhandlung „Von der Freiheit eines Christenmenschen" und öffentliche Verbrennung der Bannbulle und der Schriften des kanonischen Rechts vor dem Elstertor zu Wittenberg.
1521	Am 3. Jänner Bannbulle Leos X. („Decet Romanum Pontificem").
	Am 6. März Kaiserliche Vorladung Luthers vor den Reichstag zu Worms.
	Am 17/18. April Luther vor dem Reichstag.
	Am 4. Mai Eintreffen auf der Wartburg. Beginn der deutschen Übersetzung des Neuen Testaments.
	Am 8. Mai Wormser Edikt: Reichsacht und Aberacht gegen Luther.
1522	Wegen kirchlicher Unruhen Rückkehr von der Wartburg nach Wittenberg.
	Im September Veröffentlichung der Übersetzung des Neuen Testaments (Septemberbibel).
1523/24	Die ersten drei Teile der deutschen Übersetzung des Alten Testaments erscheinen.
1524	Erasmus verfaßt die Streitschrift „De libero arbitrio".
	Im Oktober legt Luther die Kutte in der Öffentlichkeit ab.
1525	Veröffentlichung „Wider die räuberischen und mörderischen Rotten der Bauern" und des Sendbriefes „Von dem harten Büchlein wider die Bauern".
	Am 13. Juni Eheschließung mit Katharina von Bora.
1529	Großer Katechismus. Kleiner Katechismus.
	Vom 1. bis 4. Oktober Religionsgespräch zu Marburg mit Zwingli.
1530	Vom 23. April bis 4. Oktober auf der Feste Coburg.
1534	Bibelübersetzung vollendet. Erste Gesamtausgabe der Deutschen Bibel.
1537	Schmalkaldische Artikel.
	März/April Bigamie des Landgrafen Philipp von Hessen.
1543	„Von den Juden und ihren Lügen".
1545	Veröffentlichung der Schrift „Wider das Papsttum zu Rom, vom Teufel gestiftet".
1546	Tod in Eisleben. Beisetzung an der Schloßkirche zu Wittenberg.

Martin Luther im Tode. Porträt von Lucas Cranach dem Älteren.

Es ist keinem Sterblichen gegeben, sich stets auf der Höhe seines wahren Wesens zu halten; seine ganze Existenz gründet sich ja eigentlich nur auf einen beständigen Kampf mit den untergeordneteren Bedingungen der Möglichkeit eben dieser Existenz, ja, seine höhere Natur äußert sich eben nur durch den endlichen Sieg in diesem Kampfe, sie ist nichts anderes als dieser Sieg, die ihn herbeiführende Kraft selbst, somit im Grunde nur eine stete Verneinung der Macht jener untergeordneteren Bedingungen. Und dies zeigt sich ja schon so auffallend deutlich in der rein physischen Grundbeschaffenheit unsres Leibes, wo ewig alle, selbst vegetalen Bestandteile des Ganzen zur Auflösung, zur Loslösung sich drängen, was denn endlich im leiblichen Tode den Theilen auch augenfällig gelingt, wo denn der Lebenskraft nach dem steten Kampf endlich die Macht ausgeht. So haben wir denn immer zu kämpfen, nur um zu sein, was wir sind …

Brief an Mathilde Wesendonk, Venedig, 19. Jänner 1859

RICHARD WAGNER

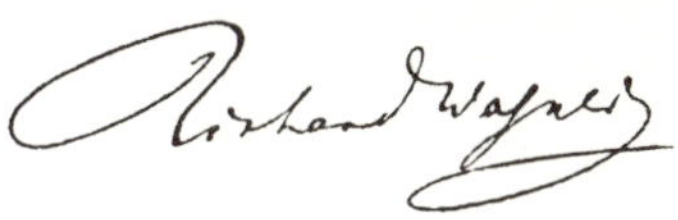

EINLEITUNG

Richard Wagner gehört nicht nur zu den am häufigsten zitierten Autoren und Künstlern des deutschen Sprachraums im 19. und 20. Jahrhundert, sondern neben Sigmund Freud und Karl Marx wohl auch zu den meistumstrittenen. Die bis in die Gegenwart anhaltende kritische Auseinandersetzung mit ihm stützte sich einerseits auf glänzende, die historischen Fakten sorgfältig abwägende Interpretationen, andererseits aber auch auf Arbeiten, die durch krassen Dilettantismus auffielen oder bloß zu einer unkritischen Hagiographie des Meisters beitrugen – stark differierende Auffassungen waren die zwangsläufige Folge. Erst in allerjüngster Zeit traten diese zum Teil äußerst heftig geführten, „ideologisch" gefärbten Debatten zugunsten einer Anerkennung des künstlerischen und hier wieder vor allem des musikalischen Gehalts seiner Werke in den Hintergrund. Zu dem allgemein diffusen Bild der Wagner-Forschung trug bereits die folgenschwere „ahistorische" Haltung seiner Gattin Cosima und seines Schwiegersohnes Stewart Houston Chamberlain bei, die mit ihrer gezielten Unterdrückung unliebsamer schriftlicher Quellen – etwa dem „Autodafé alter Korrespondenzen in Wahnfried" vom Jahre 1909 – und unangebrachter Hochstilisierung Wagners den Weg für die spätere ideologische Vereinnahmung des Meisters durch den Nationalsozialismus ebneten. Aber auch Wagner selbst spielte als Quelle und „Kronzeuge" eine eher zweifelhafte Rolle: Er glaubte zwar, mit seiner Autobiographie „alle über ihn kursierenden Verleumdungen und Entstellungen widerlegen zu können", schuf jedoch mit seiner „metaphysischen" Umdeutung empirischer Daten ein idealistisch stilisiertes Künstlerbild, wobei weltanschauliche Prinzipien zugunsten fast journalistischer Mittel aufgegeben wurden und er auch vor Polemik nicht zurückschreckte. So tritt uns Wagner auch heute noch als eine jener künstlerischen Gestalten des 19. Jahrhunderts entgegen, die durch den ständigen Wechsel in der Perspektive ihrer Betrachtung immer neue Aktualität gewinnen.

Im Musiklexikon Riemanns wird uns Wagner in dreifacher Weise vorgestellt: als der größte dramatische Komponist des 19. Jahrhunderts, als ein Dichter von genialer und großartiger Konzeption und schließlich noch als ein faszinierender Schriftsteller. In eine musikgeschichtliche Situation hineingeboren, die durch den ausschließenden Gegensatz zwischen deutscher Instrumentalmusik und der italienisch-französischen Oper bestimmt war, beruhte der Erfolg seiner Musikdramen, die sich erstmals der deutschen Sprache bedienten, im wesentlichen auf dem sich von der bisherigen Operntradition tiefgreifend unterscheidenden symphonischen Stil seiner Werke. Vorläufer dieses Musikdramas, das Wagner später als „symphonische Oper" konzipierte, war für ihn die neunte Symphonie Beethovens, dessen Kompositionen auch sonst für ihn tragende Vorbildwirkung besaßen. Indem nämlich das musikalische Drama Wagners sowohl kompositionstechnisch wie auch im ästhetischen Anspruch am symphonischen Stil partizipierte, erhielt die Oper „Werkcharakter im emphatischen Sinne des Wortes". In Anlehnung an Schopenhauer, dessen Auffassung von Musik für Wagner vorrangig war, macht im musikalisch-szenischen Kunstwerk die Musik das eigentliche „Wesen" aus, während der Text und der szenische Vorgang zur bloßen „Erscheinung" gehören. Die Aufgabe der Musik konnte demnach nicht darin bestehen, den Text und den szenischen Vorgang zu illustrieren, sondern umgekehrt: Text und Bühnengeschehen sollten der Illustration der Musik dienen, so daß sich nach den Worten Wagners bei rückhaltloser Versenkung in den tönenden Zusammenhang beim Hörer schließlich der Gesichtssinn „depotenziert". Am deutlichsten manifestiert sich Schopenhauers Wirkung auf das musikdramatische Werk Wagners im *Tristan,* dem „Opus metaphasicum" nach Nietzsche, der diesbezüglich auch auf Wagners Abhandlung *Metaphysik der Geschlechtsliebe* hinwies.

Ausgerechnet Schopenhauer, der Atheist und Verächter der Religion, erschloß Wagner das Christentum: So predigte der Komponist in seinem Alterswerk *Parsifal* – ganz im Gegensatz zu *Tristan und Isolde* – Askese und Keuschheit und erfüllte damit die Forderungen der Schopenhauerschen Moral nach Überwindung des Willens und der Bereitschaft zum Mitleid. Bewirkt doch im *Parsifal* nicht mehr der Eros Erlösung, sondern einzig die Erfüllung der ethischen Forderungen Jesu. Nietzsche deutete in seiner *Genealogie der Moral* dieses eigenartige Verhältnis Wagners zu Schopenhauer mit „einem Künstlermythos, dem die metaphysische Dignität der Musik, wie sie Schopenhauer formulierte, als Rechtfertigung des Musikers nur allzu willkommen kam".

Die Idee des Gesamtkunstwerks, wie es Wagner vorschwebte und in welchem sich alle Künste zur Darstellung des Dramas vereinigen sollten, manifestierte sich vor allem in seiner sogenannten dritten Schaffensperiode, in welcher die musikalischen Qualitäten bereits in der Sprache der Textfassungen wahrgenommen werden können. Seine wunderbare Kunst der motivischen Entwicklung und Verwandlung orientierte sich an der Durchführungstechnik Beethovens, wobei das symphonische Orchester die „geheimste Gefühlsseite der sichtbaren Handlung" kommentieren sollte. Die Möglichkeit einer solchen Kommentierung entdeckte Wagner in der fundamentalen Anwendung des „Leitmotivs". Im Hinblick auf die überragende Bedeutung, die dem symphonischen Orchester zugewiesen wird, und die Art, wie die solistischen und chorischen Gesangsstimmen auftreten, ohne zugedeckt zu werden, kann man mit vollem Recht von „symphonischen Opern" sprechen. Nach Paul Hindemith eröffnete Wagner damit eine neue Tonwelt, die ihre Herrschaft erst im 20. Jahrhundert „mit der chromatischen Tonleiter als Grundlage aller Linien und Klänge" bekundet. Deshalb konnte sich auch später kein namhafter Komponist mehr der Auseinandersetzung mit Wagner entziehen, sei es, daß er dabei lernte – wie etwa Bruckner, Mahler, Pfitzner, Reger oder Richard Strauss – oder wie Claude Debussy, das „Phantom" Wagner durch Negation zu überwinden suchte.

So aufschlußreich Wagners Schriften für das Verständnis seiner künstlerischen Ideen sind, so vorsichtig muß man bei seinen Urteilen über andere Musiker sein, da neben tiefen Einsichten und sachlichen Erörterungen auch überschwengliche Apotheosen und verkappte Versuche einer Selbstdarstellung anzutreffen sind. In seinem Schrifttum entsteht – zusammenfassend betrachtet – ein Mythos der Kunst, der auch das Pathos seiner Musik mitbestimmt und letztlich den eigentlichen Gegenstand des späteren Bayreuther Kults und des „Wagnerismus" – vor allem der französischen Literaten Gobineau, Baudelaire oder Verlaine – bildete.

Wagners Leistungen als Dichter werden häufig angesichts seiner überragenden Rolle als Komponist unterbewertet, obwohl schon Schopenhauer die Stabreim-Stilisierung seiner Dichtung zum *Ring des Nibelungen* sehr hoch einschätzte, und selbst der gestrenge Nietzsche in seiner vierten *Unzeitgemäßen* Wagners vielgelästertem Verhältnis zur Sprache und seiner dichterischen Leistung eine gerechte Würdigung zuteil werden ließ. Abgesehen von seiner dichterischen Begabung bewies Wagner aber auch bei der Konzeption seiner Dramentexte eine bestechende Kenntnis der altgriechischen Literatur, Geschichte und Mythologie. Indem er in seinen kunsttheoretischen Schriften die verlorengegangene Verschmelzung der drei „reinmenschlichen" Kunstarten, nämlich der Tanzkunst, der Tonkunst und der Dichtkunst, in seinem neuen „Gesamtkunstwerk" wiedererstehen lassen wollte, nahm er bereits Nietzsches *Geburt der Tragödie aus dem Geiste der Musik* vorweg. In ähnlicher Weise hatte er mit der späteren Schaffung einer Stätte „öffentlicher Kunst" in Form der Festspiele in Bayreuth nichts anderes im Sinn, als die Öffentlichkeit für die Kunst des antiken Griechenlands wieder zu begeistern. So erklärt sich von selbst, warum Wagners Bühnenwerke viel Antikes in ihrer „mythischen Konstruktion" enthalten. Galt für ihn doch das Unvergleichliche des Mythos darin, „daß er jederzeit wahr und sein Inhalt, bei dichtester Gedrängtheit, für alle Zeiten unerschöpflich ist".

Wagner beschäftigte sich aber auch intensiv mit den „deutschen Altertümern", wozu er nicht zuletzt in Paris von dem befreundeten jüdischen Philologen Samuel Lehrs angeregt wurde, der ihn eindringlich auf die Beschäftigung mit dem deutschen Mittelalter als ideale Möglichkeit einer nationalen Identifizierung hinwies. Wagners Studien der *Deutschen Mythologie* von Jakob Grimm ließen ihn allerdings einen Mythos aufbauen, der weniger jenem der Vorzeit als vielmehr seinem eigenen Jahrhundert entsprach, indem er seine mittelalterlichen Helden ins Archetypische umwandelte. Damit unterschied sich die neue „Sage der deutschen Völker" von den Mythen der alten Griechen insoferne grundlegend, als aus dem „religiösen Mythos" mit all seinen Göttern nun die um den Menschen zentrierte Heldensage gestaltet wurde.

Politisch tendierte Wagner sein Leben lang zu Sozialismus und Kulturutopismus, wenngleich er „die abgeschmackteste und sinnloseste Lehre" des Kommunismus von Beginn an entschieden ablehnte. Mit seinem mutigen sozialrevolutionären Engagement während der Volkserhebung in Dresden 1848/49 hatte er unverkennbar aber auch ganz persönliche Ziele im Visier. Da er aus eigener leidvoller Erfahrung die engen

Verflechtungen zwischen künstlerischen und sozialrevolutionären Triebkräften nur zu gut kannte, erwartete er – wie Eduard Hanslick nach einem persönlichen Zusammentreffen in Wien bemerkte – vom Sieg der bevorstehenden Revolution eine vollständige Wiedergeburt der Kunst, der Gesellschaft, der Religion und natürlich auch ein neues Theater und eine neue Musik. Sein Interesse an den revolutionären Strömungen der Zeit wurden vom damaligen Dresdner Musikdirektor August Röckel geweckt, der die Pariser Julirevolution miterlebt hatte und das einschlägige sozialistisch-revolutionäre Schrifttum – Proudhon, Hegel und Feuerbach – ausgezeichnet kannte. Mit Hegel, der einflußreichsten Gestalt der deutschen Philosophie in der ersten Jahrhunderthälfte, verband Wagner ja nicht nur die seit Winckelmann idealisierte griechische Antike, sondern auch dessen dialektische Geschichtsphilosophie, die sowohl der marxistische extreme linke Flügel als auch die faschistische extreme Rechte für sich in Anspruch nahmen – mit dem Unterschied, daß der linke Flügel den „Kampf der Nationen“ durch den Klassenkampf, die Rechte diesen durch den Kampf der Rassen ersetzte.

Durch die Beschäftigung mit der sozialistischen Literatur lernte Wagner schon frühzeitig die Schriften Pierre-Joseph Proudhons (1809–1865) kennen, die bereits rassenideologisch begründete Diffamierungen der Juden enthielten. Unter dem Einfluß dieser Lektüre kristallisierte sich bei Wagner ein sehr markanter Antisemitismus heraus, der religiöse und rassisch-biologische Züge vermengte und seine Einstellung zum Judentum entscheidend beeinflußte. Dazu kam noch, daß er während seines Aufenthaltes in Paris von 1839 bis 1841, der durch künstlerische Mißerfolge und bittere materielle Not gekennzeichnet war, sich rasch solidarisch zu fühlen begann mit antijüdischen Äußerungen führender französischer Autoren wie Honoré de Balzac, Victor Hugo und François Chateaubriand, die sich durch den angeblich „jüdisch beherrschten“ Kunstbetrieb in Paris benachteiligt fühlten und in ihren literarischen Erzeugnissen einen Neidkomplex entwickelten, der sich gegen die reichen, „ausbeuterischen“ jüdischen Kapitalisten richtete.

So entstand 1850, nach Wagners Rückkehr nach Deutschland, der berühmt-berüchtigte Artikel *Das Judentum in der Musik,* der vielfach als Auftakt zur antisemitischen Bewegung in Deutschland gesehen wurde. In diesem Essay entwarf er durch Schilderung angeblich typischer Merkmale der „jüdischen Erscheinung“ in gehässiger Form ein negatives Klischeebild, in welchem das gesamte Arsenal xenophobischer Stereotype zu Tragen kam. In den folgenden Jahren erhielt die judenfeindliche Einstellung Wagners weitere Nahrung durch die politische, soziale und ökonomische Entwicklung, vor allem nach der Reichsgründung im Jahre 1870. Der 1879 von Wilhelm Marr in seinem Artikel *Der Sieg des Judentums über das Germanentum* erstmals geprägte Begriff „Antisemitismus“ wurde nun auch in das Programm der vom preußischen Hofprediger Adolf Stöcker gegründeten „Christlich-sozialen Bewegung“ aufgenommen, die eine sofortige Aufhebung der eben erst den Juden zugestandenen politischen Rechte einforderte und der Entstehung mehrerer antisemitischer Parteien Vorschub leistete.

Wagners Angriffe galten vornehmlich der Position der Juden in der Musik und richteten sich gegen „fremde" Elemente, die sich seiner Meinung nach in die zeitgenössische Musik „eingenistet" hätten. Deshalb wollte er mit seiner Argumentation zeigen, daß eine wirkliche Emanzipation der Juden gar nicht möglich sei. Er stützte sich dabei auf die Thesen des modernen Antisemitismus, wonach die erfolgte Emanzipation zwar den früheren Sonderstatus der Juden beseitigt hätte, ihnen aber gleichzeitig die Möglichkeit einräumen würde, weiterhin als geschlossene Gruppe Kultur, Wirtschaft und Politik als Monopol zu erobern. Die einzige Lösung, in Zukunft gemeinsam mit den Juden zusammenzuarbeiten, erblickte Wagner in dem utopischen und diffamierenden Vorschlag, die Juden müßten aufhören, Juden zu bleiben. Das Kunstwerk der Zukunft allein könne den Juden „erlösen", wenn er sich nur einem Selbstvernichtungsprozeß unterwerfe. Wörtlich schrieb er in der Neuauflage seines Artikels von 1869: „Nehmt rücksichtslos an diesem durch Selbstvernichtung wiedergebärenden Erlösungswerke teil, so sind wir einig und ununterschieden."
Trotz der Absurdität dieses taktlosen Vorschlages ist klar, daß es sich bei dieser „Selbstvernichtung" nur um einen symbolischen Akt mit dem Ziel einer mystischen Umwandlung des Menschen handeln konnte und daß allein schon die Freiwilligkeit eines solchen symbolischen Aktes eine Tötung im Sinne des Genozids ausschloß. Die utopische Vorstellung Wagners mit der Idee eines Völkermordes in Verbindung zu bringen wäre daher eine falsche, tendenziöse Unterstellung, die dann auch für Karl Marx zutreffen würde. Dieser äußerte sich nämlich fast deckungsgleich in seiner Schrift *Zur Judenfrage* vom Jahre 1843: „Die Emanzipation des Juden kann nur in der Emanzipation der Menschheit vom Judentum bestehen. Wenn der Jude dies sein praktisches Wesen als nichtig erkennt und an seiner Aufhebung arbeitet, arbeitet er an der menschlichen Emanzipation schlechthin." Dazu kommt, daß Wagner sich mit der zunehmenden Verschärfung der politischen und rassistischen Angriffe gegen die Juden, unter denen sich bekanntlich auch mehrere seiner Freunde befanden, von der antisemitischen Bewegung zu distanzieren begann. Im Jahre 1881 vollzog er sogar eine Art Trennstrich in seiner Schrift *Heldentum und Christentum:* „Der gegenwärtigen antisemitischen Bewegung stehe ich vollständig fern; ein nächstens in den Bayreuther Blättern erscheinender Aufsatz von mir wird dies in einer Weise bekunden, daß es Geistvollen sogar unmöglich werden dürfte, mich mit jener Bewegung in Beziehung zu bringen."
Wagners scharfe Ablehnung des Judentums innerhalb der zeitgenössischen Musik hing nicht zuletzt auch mit seiner Agitation als „künstlerischer Revolutionär" zusammen, mit der er durch die Schaffung eines Kunstwerkes der Zukunft gleichzeitig eine Art „neue Religion" errichten wollte. Schon 1860 entwarf er eine „reine Christuslehre", vor deren Hintergrund er sein Gesamtkunstwerk schuf und mit der er eine Auseinandersetzung und Identifikation mit Jesus im Sinne eines Christentums erreichen wollte, das gegen die moderne, materialistisch ausgerichtete Welt gerichtet war. Diese Idee eines Kunstwerkes als „lebendig dargestellte Religion" wurde in seinen Schriften zu

einem wahren Sektengeist weiterentwickelt, womit der aktive rassistische Bayreuther Antisemitismus vorprogrammiert und „mit seiner letzten Karte, dem Parsifal" als antisemitischem Religionsstifter endgültig den Weg seiner Wirkung für die Zukunft vorgezeichnet war. In seiner Streitschrift *Nietzsche contra Wagner* nahm Nietzsche nach Erscheinen des *Parsifal* in scharfer Form Stellung zur erfolgten Rückwendung Wagners zum Christentum, weshalb er sein früheres Idol einen „morsch gewordenen, verzweifelnden décadent" nannte. Dennoch kam Nietzsche nie ganz von Wagner los, wie sein Urteil über den *Tristan* kurz vor seinem geistigen Zusammenbruch beweist: Er bezeichnete ihn als „das kapitale Werk und von einer Faszination, die nicht nur in der Musik, sondern in allen Künsten ohnegleichen ist". Mit Recht nannte Thomas Mann deshalb in seinem Essay *Leiden und Größe Richard Wagners* Nietzsches Wagner-Kritik einen „Panegyrikus mit umgekehrtem Vorzeichen, eine andere Form der Verherrlichung".

Dennoch gilt Nietzsches Analyse des Phänomens Wagner bis heute als unerreicht. Für ihn war *Der Fall Wagner* schlichtweg eine Krankheit: „Es ist nicht die Musik, mit der Wagner sich die Jünglinge erobert hat, es ist die Idee, es ist das Rätselreiche seiner Kunst, es ist Wagners Genie der Wolkenbildung, sein Greifen, Schweifen und Streifen durch die Lüfte, sein Überall und Nirgendswo, genau dasselbe, womit sie seinerzeit Hegel verführt und verlockt hat." Es überrascht deshalb nicht, daß der Mensch und das Werk Wagners für Hitler zum Inbegriff dessen wurden, was deutsche Kunst ausmacht. Er schätzte Wagners Theorien über den Antisemitismus und über Kunst als Religion so hoch, daß er dem ehemaligen Danziger Senatspräsidenten Rauschning gegenüber von Wagner als seinem einzigen Vorläufer sprach.

Wurde Wagner schon zu seinen Lebzeiten von seinen Anhängern zum Messias hochstilisiert wie etwa von dem jungen Kronprinzen von Bayern Ludwig II., der in ihm kurzerhand „einen Gottmenschen" sah, so nahm nach der Schilderung Kubizeks auch die Verehrung Wagners durch Hitler geradezu die Form einer religiösen Verzückung an. Wie sehr Hitler später dem Bayreuther Sektengeist huldigte, beweist seine Ermahnung: „Wer den Nationalsozialismus nur als politische Bewegung versteht, weiß fast nichts von ihm. Er ist mehr noch als eine Religion: er ist der Wille zur neuen Menschenschöpfung." Auf diese Weise wurde der Bayreuther Idealismus gewissermaßen offiziell zumindest bis 1945 zu einer Art Ersatzreligion erhoben. Wenn Hitler allerdings meinte, Wagner sei „die größte Prophetengestalt, die das deutsche Volk besessen habe", dann muß man doch viel eher Carl von Ossietzky zustimmen, dem 1936 die Annahme des Friedensnobelpreises von Hitler untersagt wurde und der von Richard Wagner sagte, daß er „der genialste Verführer, den Deutschland gekannt hat" gewesen sei.

Wenn Hitler auch „vom geistigen Schwert" sprach, das Wagner für ihn geschmiedet habe, so rechtfertigt dies wohl kaum, daß man Wagner die Schuld an Hitler zuweist oder, wie dies Peter Viereck 1939 in einem Essay darzustellen versuchte, das böse Genie

Wagner gar als „die wohl wichtigste Einzelquelle, ja schlechthin den Urquell der Nazi-Ideologie" bezeichnet. In einer öffentlichen Verteidigung Wagners gegen die zum Teil unqualifizierten Angriffe Viereck räumt Thomas Mann zwar ein, daß das Werk Wagners „die genaue geistige Vorform der ‚metapolitischen' Bewegung ist, die heute den Schrecken der Welt bildet", und daß auch er „das nazistische Element nicht nur in Wagners fragwürdiger Literatur, sondern auch in seiner Musik" findet; doch stellte Wagner für Thomas Mann einen der schwierigsten, das psychologische Gewissen am tiefsten herausfordernde, faszinierendsten Charaktere der Kunst- und Geistesgeschichte dar. Die Werke Wagners waren für ihn „Wunderwerke einer wahren Eruption von Talent und Genie ... Es ist ein vollkommen einmaliger und geistig höchst kritisierbarer Fall, diese Kombination von Dichter- und Musikertum". Viereck dürfte, wie Thomas Mann schreibt, dies nicht zur Gänze begriffen haben, da er das Fehlen der „Nuance der Liebe, der leidenschaftlichen persönlichen Erfahrenheit in dieser schließlich doch über alle Maßen begabten und bewundernswerten Kunst" bemängelte.
In dem Essay *Bruder Hitler* in seinen *Politischen Schriften und Reden* legte Thomas Mann darüber hinaus eine psychologisch bewundernswerte Analyse der engen Querverbindungen zwischen Wagner und Hitler nieder. Dort heißt es auszugsweise: „Der Bursche ist eine Katastrophe – das ist kein Grund, ihn als Charakter und Schicksal nicht interessant zu finden. Man kann unmöglich umhin, der Erscheinung eine gewisse angewiderte Bewunderung entgegenzubringen. Wagnerisch, auf der Stufe der Verhunzung, ist das Ganze, man hat es längst bemerkt und kennt die gut begründete, wenn auch wieder unerlaubte Verehrung, die der politische Wundermann dem künstlerischen Bezauberer Europas widmet: Muß man nicht in dem Phänomen eine Erscheinungsform des Künstlertums wiedererkennen? Es ist, auf eine gewisse beschämende Weise, alles da: die Schwierigkeit, Faulheit und klägliche Undefinierbarkeit der Frühe, das halb blöde Hinvegetieren in tiefster sozialer und seelischer Bohème, das im Grunde hochmütige, im Grunde sich für zu gut haltende Abweisen jeder vernünftigen und ehrenwerten Tätigkeit auf Grund einer dumpfen Ahnung, vorbehalten zu sein für etwas ganz Unbestimmbares. Dazu das schlechte Gewissen, das Schuldgefühl, die Wut auf die Welt, der revolutionäre Instinkt, die unterbewußte Ansammlung explosiver Kompensationswünsche, der Drang zur Überwältigung, Unterwerfung, der Traum, eine in Angst, Liebe, Bewunderung, Scham vergehende Welt zu den Füßen des einst Verschmähten zu sehen." Dies alles sind Eigenschaften, die – wenn auch in stark abgeschwächter Form – bei Wagner ähnlich wie bei Hitler zu finden sind.
Diese psychologisch tiefen Einblicke in den Charakter Wagners hinderten Thomas Mann hingegen nicht, den klaren Blick für die Bewertung seiner Kunst zu bewahren, wie am Beispiel seiner Apotheose für Wagners Riesenwerk *Der Ring des Nibelungen* zu sehen ist: „Aus Wagners ins absolut Großartige gesteigerter Zwitterbegabung erwuchs der ‚Ring des Nibelungen', ein mit Musik und weissagender Natur verwachsenes Weltgedicht mit einem epischen Radikalismus, für den ich die Begeisterung nie

verlieren werde. Es handelt sich um ein ungeheures und exemplarisch deutsches Werk, das nur aus deutschem Geist kommen konnte. Vielleicht – nicht sicher – hat jüdisches Blut Anteil daran: gewisse Eigenschaften dieser Kunst, ihre Sinnlichkeit und ihre Intellektualität sprechen dafür. Aber deutsch ist sie vor allem. Sie ist der deutsche Beitrag zur Monumental-Kunst des 19. Jahrhunderts." Dieses Urteil eines so bedeutenden Schriftstellers wie Thomas Mann beweist einmal mehr, daß Wagner ein Faszinosum bleibt. Es besteht jedoch die Notwendigkeit, ihm kritisch zu begegnen und auf Weihrauch ebenso zu verzichten wie auf affektgeladenen Protest.

In der Folge soll versucht werden, aus der biographischen Anamnese und dem reichlich zur Verfügung stehenden Quellenmaterial die für die Entwicklung einer so vielschichtigen Persönlichkeit verantwortlichen Faktoren herauszuarbeiten und in Form eines Psychogramms die vielfach von der Norm abweichenden Charaktereigenschaften und Wesenzüge Wagners darzustellen. Gleichzeitig sollen organpathologische Zustände diagnostisch zugeordnet werden. Es erübrigt sich, zu betonen, daß eine derartige psychographische und pathographische Betrachtung keineswegs die künstlerische Bedeutung und Genialität Wagners schmälert, sondern durch die Näherbringung des Menschen Wagner einen intimeren Zugang zu seinem schöpferischen Genie und seinen Werken öffnen soll. Bei Vermeidung ideologischer Blickverengungen und reduktionistischer Interpretationsversuche bleibt der ihm gebührende Respekt als Künstler unangetastet, und auch Wagnerianer können ihre rückhaltlose Bewunderung bewahren, ohne Wagner zu diesem Zweck als Halbgott glorifizieren zu müssen. Tiefenpsychologische Betrachtungen werden es aber auch dem Voreingenommenen leichter machen, bei Kenntnis der Wurzeln seiner „präfaschistischen" Weltanschauung und der Einflüsse seiner Umwelt auf die Entwicklung seiner Persönlichkeitsstruktur manche mitunter fast paranoide Wesenszüge – etwa seinen Autoritarismus oder seinen Ethnozentrismus – besser zu verstehen und wertfreier beurteilen zu können.

Wo es erlaubt erscheint, sollen auch Beziehungen zwischen seinem künstlerischen Schaffen und seiner jeweiligen psychischen Verfassung angesprochen werden. Wie schwierig dies allerdings ist, haben die Studien von C.G. Jung, Groddeck und Horkheimer, die aus psychologischer oder psychoanalytischer Sicht Stellung zu Wagners Kunstschaffen bezogen, gezeigt. Josef Rattner hat in einer lesenswerten Abhandlung aber auch angedeutet, wie reizvoll es ist, Wagners Charakter und Weltanschauung bis in die Gestaltung seines Werkes hinein zu verfolgen.

BIOGRAPHISCHE ANAMNESE

Wagners Jugendzeit

Richard Wagner, das neunte Kind des Polizeiaktuars am Stadtgericht zu Leipzig, Carl Friedrich Wagner, und der Johanna Rosine Pätz (die rätselhafterweise ihren Nachnamen stets mit „Perthes" angab), wurde als „Kriegskind" am 22. Mai des schicksalhaften Jahres 1813 geboren. Sein Elternhaus stand am Brühl in Leipzig in unmittelbarer Nähe des Alten Theaters. Der Vater studierte Jura, war Logenmitglied und strebte höchste Ämter an, ohne jemals seine außergewöhnliche Neigung zur Kunst und seinen unwiderstehlichen Hang zum Theater zu verlieren. Von E. T. A. Hoffmann wurde er in seinem Tagebuch als ein etwas „exotischer" Mensch geschildert, der geistvoll Opitz oder Iffland zu kopieren imstande war, durch den reichlichen Konsum von Rum allerdings „un poco exaltato" wirkte. Friedrich Wagner soll „nicht frei von galanter Leidenschaftlichkeit für Künstlerinnen des Theaters" gewesen sein, weshalb wohl Richard Wagner in seiner Autobiographie *Mein Leben* darauf hinwies, daß sein Vater „oft die mit Recht oder Unrecht über Flatterhaftigkeit ihres Gatten klagende Hausmutter zu beschwichtigen hatte". Die Mutter Johanna war eine sprunghafte, jedoch praktisch denkende und mit Phantasie und Mutterwitz ausgestattete Frau, die merkwürdigerweise trotz ihrer Reiselust niemals ihre Kinder mit ihren nächsten Verwandten im nahe gelegenen Weißenfels an der Saale zusammenführte. Ob das Geheimnis dieser für alle merkwürdig gebliebenen Frau in ihren Beziehungen zu Laientheatergruppen in Leipzig begründet war, die sie von Weißenfels fort in die weite Welt trieben, oder ob es andere Gründe gab, die zur Entstehung von Familiengerüchten Anlaß gaben, ist nicht bekannt.

In dieser jungen Ehe zwischen zwei künstlerisch dilettierenden Menschen, in der es zweifellos mitunter etwas kunterbunt zugegangen sein muß, verkehrte in der Rolle eines Hausfreundes ein nicht gerade schöner, jedoch umso interessanterer Junggeselle von ungemein gewinnendem Wesen, der mit dem Hausvater eng befreundet war und Ludwig Geyer hieß. Aus einer Organisten- und Kantorenfamilie stammend, die sich bis zu Benjamin Geyer im siebzehnten Jahrhundert zurückverfolgen läßt, war er ein in vielen Künsten beschlagener Schauspieler, Sänger, Dichter und Maler, der den als Schauspieler oft außer Haus befindlichen Polizeiaktuar bereitwillig wiederholt als Hausfreund „im Schoß seiner Familie" vertrat. Als Schauspieler in der Secondaschen Theatergruppe in Dresden tätig, mußte er infolge der französischen Besetzung dieser Stadt mit der gesamten Truppe ins böhmische Teplitz *(Teplice)* übersiedeln, wohin er auch die Familie Wagner zu drängen versuchte, „wenn er schon nicht an den angenehmen Sommerbeschäftigungen in dem lieblichen Stötteritz teilnehmen könne". Friedrich Wagner war nämlich gezwungen gewesen, Anfang Juni 1813 aus dem unsicher gewordenen Leipzig in das ruhigere und etwas höher gelegene Stötteritz – dem späteren Mittelpunkt der mörderischen „Völkerschlacht bei Leipzig" – zu übersiedeln, von wo aus er zu seiner Dienststätte in Leipzig hin- und hereilte. Es überrascht etwas, aus einem erst hundert Jahre später entdeckten Vermerk in der Fremdenliste von Teplitz erfahren zu müssen, daß die Mutter Johanna gemeinsam mit ihrem Säugling Richard, jedoch ohne ihren Gatten, am 21. Juli doch noch der Einladung Geyers Folge leistete und dort bis zum 11. August verblieb, an dem sie nach der Kriegserklärung Österreichs an Napoleon unverzüglich aus Böhmen ausgewiesen wurde.

In Leipzig wieder eingetroffen, erfolgte endlich am 16. August die Taufe Richards in der Thomaskirche, die wohl wegen der Kriegswirren bisher immer wieder verschoben worden war. Wenn es wahr ist, daß zumindest während der letzten Fetalmonate heftige Gemütserregungen und Ängste der Mutter auf das werdende Kind nachhaltige Auswirkungen haben können, dann wäre dies im Falle Wagners durchaus denkbar – spielte sich doch der napoleonische Feldzug des Jahres 1813 vorwiegend in Sachsen und in den benachbarten schlesischen Gebieten ab, wo der Korse noch am 2. Mai bei Lützen und am 20. Mai bei Bautzen den Verbündeten Niederlagen zufügen konnte. Entscheidend für die Leiden der sächsischen Bevölkerung war aber „der größte Fehler seines Lebens", den Napoleon beging, nämlich ein Waffenstillstandsangebot, das vom 2. Juni bis zum 10. August in Kraft bleiben sollte: In diesen Wochen schlossen sich nämlich nicht nur Schweden und England den Verbündeten an, sondern es trat nun auch Österreich auf die Seite der Alliierten, wodurch der Krieg einen völlig neuen Charakter annahm: die Verbündeten schlossen jetzt den Ring der drei alliierten Hauptarmeen – der nördlichen unter Bernadotte, der schlesischen unter Blücher und der südlichen unter Schwarzenberg – um die Stadt Leipzig, in welche die Franzosen zurückgedrängt wurden. So kam es am 17. Oktober 1813 zu der weltgeschichtlich entscheidenden Völkerschlacht bei Leipzig, deren Kanonendonner an die Ohren des erst wenige Monate alten Richard drang. Während sich die Kinder gemeinsam mit ihrer Mutter ängstlich um die Wiege des Kleinen drängten,

Die Mutter Rosine Wagner. Ölbild von Ludwig Geyer.

mußte der Vater als Hüter der Ordnung auf seinem Posten ausharren. Zwanzigtausend Tote und Verwundete waren auf dem Schlachtfeld zurückgeblieben, so daß die überfüllten Spitäler der Stadt die Kranken und Verwundeten nicht mehr aufnehmen konnten und sie auf Schulen und Kirchen verteilen mußten. Die verwesenden Leichen der Gefallenen und die verendeten Pferde, die geborgen bzw. beseitigt werden mußten, verursachten bald das Ausbrechen von Seuchen.
Auch der unermüdlich im Einsatz stehende Vater erkrankte während seiner Mithilfe in den Lazaretten an einem Bauchtyphus, dem er am 23. November 1813 erlag. Daß es in der Folge für die unversorgt zurückgelassene kinderreiche Familie nicht zu einer Katastrophe kam, war einzig und allein dem selbstlosen Einsatz von Ludwig Geyer zu danken, der sich zunächst nur aus der Ferne um die Familie kümmern konnte. Ob das förmliche „Sie" an die Witwe Johanna in seinen Briefen angesichts der jahrelangen persönlichen Verbundenheit als Hausfreund nur aus Rücksichtnahme auf eventuelle mitlesende Angehörige oder Freunde gewählt wurde, bleibe dahingestellt. Wichtiger war es, daß durch Geyers Ernennung zum Hofschauspieler und das damit verbesserte staatliche Gehalt die Voraussetzungen für die Erhaltung einer Familie geschaffen wurden.
Nachdem im Januar 1814 die vierjährige Tochter Theresia und die Großmutter der Kinder väterlicherseits offenbar im Verlauf einer Epidemie verstorben waren, versuchte Johanna sich bei Geyer und ihren beiden Töchtern in Dresden Trost zu holen. Es erfolgte eine stille Verlobung, der schon wenige Monate später, also noch vor dem Ablauf des offiziellen Trauerjahres, am 28. August 1814, die Verehelichung mit Ludwig Geyer folgte, bei der sich die Braut übrigens bereits in anderen Umständen befand. Zum Jahreswechsel übersiedelte die Familie nach Dresden. In der neuen Wohnung kam im Februar 1815 Richards Halbschwester Cäcilie zur Welt. Ob Ludwig Geyer auch der Vater Richard Wagners gewesen ist, ist bis heute unbeantwortet geblieben. Manches deutet darauf hin, daß Wagner selbst dies immerhin für möglich hielt. Als er 1870 von Cäcilie den Inhalt der Briefe Geyers an seine Mutter erfuhr, meinte er, vollkommen klar zu

Selbstloser Einsatz für die Familie: Stiefvater Ludwig Geyer

sehen: „Mir ist es, als ob unser Vater Geyer durch seine Aufopferung für die ganze Familie eine Schuld zu verbüßen glaubte." Bei dieser Schuld könnte es sich dann wohl nur um eine unerlaubte Beziehung Geyers zu seiner Mutter zu Lebzeiten Friedrich Wagners, also seines amtlich beglaubigten Vaters, handeln.

Auf jeden Fall hat Ludwig Geyer den Verlust jenes Vaters, den Richard nie gekannt hatte und von dem es nicht einmal ein Bild gibt, in vorbildlicher Weise ersetzt. Diesen Stiefvater, den er liebevoll „unser Vater Geyer" nannte und den er später in Dankbarkeit als seinen eigentlichen „geistigen Vater" bezeichnete, behielt er lebenslang in bester Erinnerung. Angesichts der Überforderung der Mutter, wahrscheinlich aber auch infolge ihrer besonderen Zuwendung zur letztgeborenen Cäcilie dürfte der Wunsch des hochsensiblen kleinen Richard nach Zärtlichkeit in seinen Augen zu wenig berücksichtigt worden sein. Diesen vermeintlichen Liebesentzug hört man noch aus seiner Autobiographie heraus, in welcher er fast vorwurfsvoll darauf hinweist, daß er „kaum von der Mutter jemals geliebkost worden" sei und überhaupt „jenen behaglichen Ton mütterlicher Familienzärtlichkeit" an ihr vermißte. Das hinderte Richard jedoch nicht, eine geradezu exemplarische Liebe zur Mutter zu entwickeln, wie spätere Briefe an sie bezeugen, in denen er überschwenglich seine Dankesgefühle für ihre Liebe „in dem zärtlichsten Tone eines Verliebten gegen seine Geliebte" zum Ausdruck brachte, wie es wörtlich in einem Schreiben vom 25. Juli 1835 heißt.

Der warmherzige und grundgütige „Vater Geyer" setzte seinen ganzen Ehrgeiz in den kleinen Richard. Am liebsten hätte er ja das Kind adoptiert und später in jene Kunst eingeführt, die dem Hofschauspieler am meisten Freude bereitete, nämlich in die Malkunst. Doch so wenig der Knabe dafür Begeisterung und Talent aufbringen konnte, so leidenschaftlich zog es ihn schon sehr bald in das Theater, offenbar einem Hang der Familie entsprechend. Immerhin hatten drei seiner älteren Schwestern als Schauspielerinnen oder Sängerinnen die Bühnenlaufbahn eingeschlagen. Zunächst war das „Kriegskind" jedoch wegen seiner schwächlichen Konstitution eher ein Sorgenkind. Es gab angeblich Augenblicke, da ihn die Mutter mit seinen dünnen, kurzen Beinchen, die den zarten Körper nur mit Mühe tragen konnten, für lebensunfähig hielt und den erlösenden Tod für das Kind herbeisehnte. Zu allem Überfluß zeigten sich schon in Richards ersten Lebensjahren – in schroffem Gegensatz zu seinem fahrigen, ungestümen Betragen, weswegen ihn Vater Geyer gerne seinen „Kosaken" nannte – erste psychische Störungen, die sich in einer auffallenden Weinerlichkeit und vor allem in ungewöhnlichen, offenbar tiefsitzenden Angstzuständen äußerten. Diese Angstzustände mit schrecklichen Alpträumen sowie eine übertriebene Furcht vor Gespenstern und Dämonen konnte er auch in seiner Schulzeit noch nicht ablegen. Man geht wohl nicht fehl in der Annahme, daß sich die Unruhe und die Ängste seiner Mutter inmitten der kriegerischen Ereignisse während der ersten Monate nach seiner Geburt auch auf den Säugling übertrugen. Es ist heute hinlänglich bekannt, daß derartige frühkindliche Traumen einen prägenden Einfluß auf die Entwicklung der Persönlichkeitsstruktur ausüben können und spätere Merkwürdigkeiten oder widersprüchliche Charaktereigenschaften eines Individuums mitzubestimmen imstande sind.

Als Schüler fiel Richard durch keine wie immer gearteten überdurchschnittlichen Fähigkeiten auf; er blieb ein eigenwilliger Schüler, dessen Unterricht immer wieder durch Ortsveränderungen unterbrochen wurde. Nachdem die Familie zu Ostern 1821 in Dresden einen Wohnungswechsel vorgenommen hatte, wurde er mit dem Ziel einer gediegeneren Erziehung dem gebildeten Pädagogen Pastor Wetzel anvertraut, der in Possendorf nahe Dresden wohnte. Dort erhielt der Knabe wertvolle Anregungen auf den verschiedensten Wissensgebieten, und durch die Beschäftigung mit den aktuellen Nachrichten über den Befreiungskampf der Griechen entbrannte Richards Liebe zu Griechenland, zur griechischen Geschichte und antiken Mythologie. Leider erkrankte im Spätsommer dieses Jahres Vater Geyer, dessen Nachnamen Richard während seiner Schulzeit trug, an einem heftigen „Brustkrampf", nachdem er schon seit zwei Jahren zunehmend über Schwächezustände und fieberhafte Erkältungen geklagt hatte. Es handelte sich um eine fortschreitende Lungentuberkulose, der Ludwig Geyer am 30. September 1821 erlag.

Richard wurde unmittelbar nach Geyers Tod von Pastor Wetzel zu Fuß von Dresden nach Possendorf zurückbegleitet. Schon eine Woche danach ließ ihn sein Onkel Karl Geyer, der in Eisleben als Goldschmied tätig war und dort bereits Richards älteren Bruder Julius in diesem Fach ausbildete, mit der Postkutsche abholen, um sich künftighin um die Erziehung des Knaben kümmern zu können. Dieser Plan wurde allerdings bereits im folgenden Jahr wieder zunichte, da sich der Onkel zu verehelichen gedachte. So landete Richard schließlich am 2. Dezember 1822 in der Kreuz-Schule in Dresden. Von nun an sollte er die entscheidenden Jahre seiner schulischen Entwicklung unter ausschließlich weiblicher Beaufsichtigung verbringen. Für die beiden jüngeren Schwestern Ottilie und Cäcilie war diese Aufgabe nicht immer leicht, da auch in der Kreuz-Schule die Angstzustände des hochsensiblen Knaben weiter anhielten. Beinahe jede Nacht riß er mit Aufschreien nicht nur sich selbst aus seinen Träumen, sondern auch die Schwestern aus ihrem wohlverdienten Schlaf. Überall sah er Gespenster. Selbst die Bierflaschen auf dem Wandregal schienen ihn wie grinsende Teufelsfratzen anzustarren, weshalb er sich nur in Begleitung bereit erklärte, an ihnen vorbei die Treppe hinauf zu steigen.

Als bleibendes Erlebnis behielt er eine Aufführung des *Freischütz* unter der Stabführung Webers in Erinnerung, wobei ihn nicht nur der Zauber des Werkes beeindruckte, sondern auch die alles beherrschende Rolle des Dirigenten. Sah er in Carl Maria von Weber und dessen Personalunion als Komponist und Dirigent ein leuchtendes Vorbild, dem nachzueifern er sich vornahm, so ließ ihn das Übersetzen von Passagen aus der altgriechischen Geschichte und Mythologie erstmals auch seine eigene dichterische Begabung erahnen. Als Schüler zeigte er sich recht eigenwillig, las viel und wahllos und verstörte seine Mitschüler nicht selten durch sein wechselhaftes Benehmen, das zwischen melancholischem Grübeln und gereizter Aggressivität schwanken konnte. In diesen Jahren erwies sich das Engagement seiner Schwester Rosalie in Prag für Richard als Nachteil, da nun – man schrieb das Jahr 1826 – die Mutter mit den beiden jüngeren Schwestern zu Rosalie zog und er bei einer bekannten Familie in Dresden untergebracht werden mußte. Mangels erzieherischer Aufsicht entwickelte sich der zwar kleine, dafür aber sehr intelligente und einfallsreiche Knabe sehr bald zum Anführer bei allen möglichen Raufhändeln und Rüpeleien, und in dieses Jahr fiel auch seine erste Distanzierung zu Kirche und Religion, wie er selbst in seiner Autobiographie berichtete: „Der Knabe, der noch vor wenigen Jahren mit schmerzlicher Sehnsucht nach dem Altarblatte der Kreuzkirche geblickt … hatte die Hochachtung vor dem Geistlichen, zu welchem er in die der Konfirmation vorangehenden Vorbereitungsstunden ging, bereits so sehr verloren, daß er zu seiner Verspottung nicht ungern sich gesellte und sogar einen Teil des für ihn bestimmten Beichtgeldes in Übereinstimmung mit einer hierzu verbundenen Genossenschaft vernaschte."

Im Winter 1826/27 wurde Richard vorübergehend von seiner Mutter nach Prag geholt, wo er die Bekanntschaft mit den beiden hübschen, wenn auch exaltierten unehelichen Töchtern des Jan Pachta auf Pravonin machte. Obwohl die beiden von dem Dreizehnjährigen sicher kaum besondere Notiz genommen haben dürften, wurde er von ihnen so verzaubert, daß er sechs Monate später gemeinsam mit dem Sohn seiner Wirtsleute in Dresden nochmals eine Reise nach Prag unternahm. Blieb auch sein Liebeswerben ohne Erfolg, so hörte er zumindest im Kreise dieser gehobenen Gesellschaftsschicht endlich auch von E. T. A. Hoffmann, der ihm geistig so verwandt schien. Nach Dresden zurückgekehrt, beschloß er, seine bisherige Unterkunft aufzugeben und in eine billige Dachkammer zu ziehen. Auslösend für diesen Entschluß dürften die studentischen Landsmannschaften gewesen sein, die an die Stelle der seit den Karlsbader Beschlüssen verbotenen Burschenschaften getreten waren und mit dem von ihnen entwickelten „Kastengeist" den Studenten das Gefühl vermittelten, sich deutlich von den bürgerlichen Ständen abgrenzen zu können. Student zu werden wurde dadurch der Wunsch vieler junger Menschen, weil sie in dieser Rolle die Möglichkeit erblickten, sich jedem familiären oder schulischen Zwang zu entwinden. Auch Richard wurde von dieser Welle ergriffen. Durch provokante Vernachlässigung des Unterrichts erwirkte er schließlich von seiner Mutter die Abmeldung aus der Kreuz-Schule, und nachdem seine Schwester Luise, die sich inzwischen mit dem Verleger Friedrich Brockhaus verlobt hatte, 1827 am Theater in Leipzig ein Engagement erhielt und seine Mutter aus Prag zurückkehrte, traf auch Richard zum Jahresende in Leipzig ein.

Im Jänner 1828 erfolgte seine Aufnahme ins Nicolai-Gymnasium, wo er allerdings von der Secunda in die Tertia zurückversetzt wurde, da er keine wirkliche „Secundareife" erworben hatte. Diese als Kränkung empfundene Maßnahme steigerte nur seine Unlust am Studium. Er legte von nun an den Namen Geyer zurück und hieß jetzt wieder Richard Wagner. Seine Verachtung für den trockenen, pedantischen Unterrichtsstil

gab er dadurch zu erkennen, daß er sich fast ausschließlich der Musik und der musikalischen Kompositionstechnik zuwandte. Hatte er schon in der Kreuz-Schule mit seiner Arbeit an dem Trauerspiel *Leubald und Adelaide,* einem Gymnasiastendrama im Stil der Ritterstücke und in Anlehnung an Shakespeares Staatsaktionen, den Schulunterricht gröblichst vernachlässigt, so teilte er nun seinem gleichfalls als Schriftsteller tätigen Onkel Wagners, zu dessen Bestürzung mit, daß er fest entschlossen sei, die Schule ganz aufzugeben und sein fertiggestelltes Drama in Musik zu setzen. Dieser Onkel Gottlob Adolph Wagner, der von Goethe als Privatgelehrter bezeichnet wurde, hatte auf den jugendlichen Richard, der so gut wie ohne jede Aufsicht und Autorität lebte, einen bedeutenden Einfluß. Der Onkel machte ihn mit der Literatur und Philosophie der zeitgenössischen deutschen Kulturszene bekannt, und er war es auch, der ihn seinem Freund C. H. Weisse zuführte, dessen Vorlesungen über Ästhetik Richard in Leipzig besuchte. I. Stampfl wies darauf hin, daß die dunkle Ausdrucksweise Weisses zusammen mit dem verschwommenen, unnötig verschachtelten Stil und der „Ungeschicklichkeit" der Sprache des Onkels, auf die bereits E. T. A. Hoffmann aufmerksam gemacht hatte, für Richard Wagners spätere oft schwer verständliche „katastrophale" Prosa wahrscheinlich das Muster abgegeben hatten.
Zu Ostern 1830 verließ Wagner die Nicolai-Schule und begann als Sechzehnjähriger mit der Komposition seines Dramas *Leubald.* Er mußte zwar im Herbst des gleichen Jahres nochmals die Schule aufsuchen (diesmal war es die Thomas-Schule in Leipzig), wurde jedoch bereits im Februar 1831 entlassen – ohne Reifeprüfung, aber immerhin mit der Genehmigung, auch ohne Abschlußexamen sich als Musikstudent an der Leipziger Universität zu immatrikulieren.
Zunächst versuchte der junge Wagner als Autodidakt die Grundzüge des kompositorischen Handwerkes zu erlernen. Seine Musik sollte in seiner Vorstellung ähnlich jener Beethovens zu Goethes *Egmont* beschaffen sein. Diese offenkundige Diskrepanz zwischen seiner Selbsteinschätzung und seiner mangelnden Reife wurde ihm zwar bald klar, doch stachelte sie seinen Ehrgeiz nur noch weiter an. Er vertiefte sich mit geradezu fanatischem Eifer in die Partituren Beethovens, dessen siebente Symphonie und dessen *Fidelio* für ihn zum einschneidenden Erlebnis wurden. Es ist bemerkenswert, daß bereits damals in Wagners Aufzeichnungen Dichtungserlebnis und Musikerlebnis für ihn eine untrennbare Einheit darstellten: „Dieses Bild floß mit dem Shakespeares in mir zusammen: in ekstatischen Träumen begegnete ich beiden, sah und sprach sie; beim Erwachen badete ich in Tränen." Heinrich Dorn, der damalige Musikdirektor am neugegründeten Leipziger Hoftheater, zu dem sich bald freundschaftliche Beziehungen einstellten, bezweifelte ernsthaft, „daß es zu irgend welcher Zeit einen jungen Tonkünstler gegeben, der mit Beethovens Werken vertrauter gewesen wäre, als der damals achtzehnjährige Studiosus Wagner." Bei aller Versenkung in Beethovens Partituren blieb dem Studiosus jedoch nichts anderes übrig, als auch einen geregelten theoretischen Musikunterricht aufzunehmen. Wenn auch das solide Gewandhaus-Mitglied

Christian Gottlieb Müller, der ihm auch die Grundregeln des Dirigierens beibrachte, mit seiner strengen Harmonielehre bei Wagner auf nicht allzuviel Gegenliebe hoffen durfte, so hatte dieser während des von 1829 bis 1831 dauernden Unterrichts doch beachtliche Fortschritte gemacht.

Politisches Erwachen

In der Entwicklung des jungen Wagner gewann in der Zeit zwischen seiner ersten musikdramatischen Produktion und seinem Studienabschluß ein neues Element Bedeutung, nämlich sein aufkeimendes Interesse an der Politik. Als Mitglied der Landsmannschaft „Saxonia", in die er nach seiner Immatrikulation an der Leipziger Universität zu Ostern 1831 eintrat, wurde er nicht nur mit den seit der Pariser Julirevolution von 1830 rasch auch in deutschen Landen sich ausbreitenden revolutionären Ideen konfrontiert, sondern er erkannte gleichzeitig auch zum erstenmal die enge Verflechtung von Politik und Kunst. In seiner Autobiographie heißt es: „Mit Bewußtsein plötzlich in einer Zeit zu leben, in welcher solche Dinge vorfielen, mußte natürlich für den siebzehnjährigen Jüngling von außerordentlichem Eindruck sein … Die geschichtliche Welt begann für mich von diesen Tagen an … und ich wurde zum ersten Male auf die Gründe jener Bewegungen aufmerksam, die mir als Kämpfe zwischen dem Alten, Überlebten und dem Neuen, Hoffnungsvollen der Menschheit erschienen." Vor allem die Aubersche Oper *Die Stumme von Portici* wurde von ihm „als der offenbar theatralische Vorläufer der Julirevolution erkannt, und selten stand eine künstlerische Erscheinung mit einem Weltereignisse in einer genaueren Beziehung". Seine Begeisterung für Widerstandsbewegungen des Volkes gegen rückständige Verhältnisse entzündete sich ja bereits während seines Aufenthaltes in der Thomas-Schule, wie seine griechische Hymne auf den heldenhaften Freiheitskampf der Hellenen beweist.
Die Vertreibung der Bourbonen von Paris durch das Volk im Juli 1830 gab Anlaß zu revolutionären Bewegungen auch in anderen Staaten Europas – auch in Deutschland, wo da und dort einige Abdankungen in kleinfürstlichen Herrschaftsgebieten erzwungen wurden. Auch in Leipzig kam es zu Revolten, die vor allem von den demokratisch gesinnten Studenten ausgingen und an denen auch der siebzehnjährige Richard Wagner beteiligt war. So wie Heinrich Heine, Ludwig Börne oder der nahezu gleichaltrige Georg Büchner sympathisierte auch er mit der deutschen Einigungs- und Befreiungsbewegung, und wie viele fortschrittsfreudige junge Menschen in Deutschland war er ein glühender Anhänger der polnischen Unabhängigkeitsbewegung gegen den Zarismus, für die er wenige Jahre später seine *Polonia-Ouvertüre* komponierte. Allerdings lernte Wagner bald auch „die schreckliche Schattenseite des deutschen Landsmannschaftswesens" kennen mit dem läppischen Ehrgeiz, möglichst rasch zu einer

scharfen Mensur durch Duelle auf Stoßwaffen zu gelangen. Dreimal wurde er auf „krumme Säbel" gefordert, aber jedesmal durch glückliche Umstände von dem geplanten Waffengang verschont. Da er überdies vorübergehend Gefahr lief, der Spielwut anheimzufallen, sagte er sich schließlich endgültig von seinen Kommers-Kumpanen los, um sich ernsthafteren Neigungen zuzuwenden. Durch die Beschäftigung mit der jungdeutschen Literatur stieß er auf den 1787 erschienenen Künstlerroman *Ardinghello und die glückseeligen Inseln* von Wilhelm Heinse, in welchem der Autor ein eudämonisches, auf Sinnenlust und diesseitige Freuden gegründetes Lebensprinzip verkündete. Diese „Scheinantinomie eines Kampfes der Geschlechter" wurde nun zur gedanklichen Basis seiner ersten 1835/36 entstandenen und auf die Bühne gelangten Oper *Liebesverbot.* In diesem Shakespeares *Maß für Maß* nachempfundenen Libretto propagierte Wagner das Prinzip der Liebesfreiheit, das auch den Frauen das Recht „zu genießen" einräumte. Bestärkt darin wurde er von Heinrich Laube, dem späteren Direktor am Wiener Burgtheater, den Richard – nach einem enttäuschenden sechswöchigen Aufenthalt in Wien – im Wagner-Geyerschen Familienkreis in Leipzig kennen lernte. Laube, ein „Brennglas des Zeitgeistes", wurde 1830 durch die geschichtlichen Ereignisse dieses Jahres zum kämpferischen Verfechter eines Liberalismus und leidenschaftlichen Vertreter jener Diesseits-Religion, wie sie Heinse in seinem Roman proklamierte.

Seine kompositionstechnischen Fortschritte verdankte Wagner dem Thomaskantor Theodor Weinlig, der noch ganz in der polyphonen Tradition des achtzehnten Jahrhunderts beheimatet war und von seinem Schüler Richard „durchaus wie ein Vater" geliebt wurde. Wohl unter Weinligs Beistand entstand Ende 1831 Wagners *Ouvertüre in d-moll,* die im Februar 1832 sogar öffentlich aufgeführt wurde. Schon im Frühsommer desselben Jahres begann er an seinem einzigen „altmodischen Jugendwerk", der *C-Dur-Symphonie*, zu arbeiten, die er in der erstaunlich kurzen Zeit von sechs Wochen schuf. Wenn es sich dabei auch nur um den Versuch einer Auseinandersetzung mit Beethoven handelte, so erhielt er bei der Leipziger Erstaufführung am 10. Jänner 1833 immerhin nicht nur wohlwollende Zustimmung vom Auditorium, sondern auch anspornende Rezensionen. Der prominenteste unter den damaligen Kritikern schrieb, es sei Großes von ihm zu erwarten, „wenn statt des Verstandes erst sein Gemüt die Mechanik der Tonkunst handhaben werde".

Nach einer vorübergehenden Tätigkeit als Chordirektor am Theater in Würzburg, wo sein Bruder Albert als Sänger und Schauspieler wirkte und wo Wagner die Zeit für die Fertigstellung seiner (niemals aufgeführten) Oper *Die Feen* nützte, erfuhr er nach seiner Rückkehr von diesem einjährigen Abstecher im Jänner 1834, daß man ihn soeben als Musikdirektor an das Theater in Magdeburg berufen hatte.

Dieses Theater gastierte im Sommer in dem kleinen Badeort Bad Lauchstädt, welchen auch Goethe als Gastspielort für sein Weimarer Theater gewählt hatte. Wagner hielt sich von Anfang an ganz an die Worte Laubes, der in seiner Schrift *Junges Europa* jenen Studiosus als den reifsten hinstellte, der „Kunst, Wissenschaft, Geselligkeit, Weib und

die sogenannte Natur ganz und gar lieben" könne. Auf solche Art inspiriert, begegnete ihm die erste Liebhaberin der Theatertruppe, das adrette und selbstsichere Fräulein Minna Planer. Sie war knapp vier Jahre älter als er und hatte schon im Alter von fünfzehn Jahren, von einem gewissenlosen königlichen Garde-Hauptmann verführt und im Stich gelassen, eine uneheliche Tochter (Natalie) zur Welt gebracht, die von Minnas Mutter an Kindes Statt angenommen worden war und auf diese Weise zeitlebens als Minnas Schwester galt. Angesichts der Stellung Wagners als Dirigent war er von Beginn an beim weiblichen Personal des Theaters „Hahn im Korbe". Obwohl er sich von Minna vom ersten Augenblick an besonders stark angezogen fühlte, erwies er sich auch anderwärts in seiner Gunst nicht allzu sparsam, was sie veranlaßte, sich seinem Drängen gegenüber reservierter zu verhalten. Da sie auch von anderen, teils adeligen Bewerbern umgeben war, entbrannte in ihm eine entsetzliche Eifersucht, die ihm überzeugend klar machte, daß er Minna unter keinen Umständen mehr aufzugeben imstande war. Wie wir seiner Autobiographie entnehmen können, wurde er in diesem Jahr 1834 von einer Gesichtsrose befallen, an der er schon seit seiner Kindheit wiederholt gelitten hatte. Die Art und Weise, wie ihn Minna in jenen Dezemberwochen pflegte und „trotz seines Ausschlages seinen Mund küßte", trug zweifellos zu seinem Entschluß bei, sich mit ihr zu verloben, was am 4. Februar 1835 auch geschah.
Im Mai löste sich das Theater auf, weshalb Wagner nach Leipzig zurückzukehren gedachte. Er hinterließ nichts als Schulden und führte nur seinen Pudel als treuen Begleiter mit sich. Verständlich, daß ihm weder von seiner Familie noch von Friedrich Brockhaus ein herzlicher Empfang bereitet wurde! Dazu kam noch, daß das Magdeburger Theater, dessen zweite Spielzeit weiterhin von Streit und Eifersüchteleien innerhalb des Personals gekennzeichnet war, einem ungewissen Schicksal entgegensteuerte. Wohl deshalb – abgesehen davon, daß Wagners Ausschweifungen bekannt geworden waren – kündigte Minna Planer ihren Vertrag auf und zog an das Königstädter Theater nach Berlin. Die Folgen für Wagner waren fürchterlich: Er konnte die Trennung von Minna nicht ertragen und schrieb ihr verzweifelte Liebesbriefe, in denen er ihr unverbrüchliche Treue schwor und sie zu heiraten versprach, so daß es ihm schließlich tatsächlich gelang, sie zur Rückkehr zu bewegen. Minnas Mutter teilte er all seine guten Vorsätze mit, zu denen nicht zuletzt auch die Tilgung seiner Schulden gehörte, die er durch die Einspielungen seiner soeben fertiggestellten Oper *Das Liebesverbot* zu erreichen hoffte. Leider mußte trotz aller Bemühungen des jugendlichen Musikdirektors das Magdeburger Theater noch vor dem Ende der Spielzeit geschlossen werden, womit das Magdeburger Intermezzo endgültig vorbei war. Während Wagner noch einmal nach Leipzig zog, bemühte sich Minna Planer um eine Anstellung in Königsberg, wo auch für ihren zukünftigen Gatten bessere berufliche Aussichten bestanden.
Nach einem kurzen Aufenthalt in Berlin, der seine Hoffnungen nicht erfüllte, konnte er die Abwesenheit Minnas, der er sexuell offenbar unrettbar verfallen war, nicht länger ertragen, so daß er ihr nach Königsberg folgte. Obwohl er sich dort zunächst mit

demütigenden Nebenbeschäftigungen zufriedengeben mußte und seine materielle Basis deshalb mehr als unsicher war, obwohl er wußte, daß seine Geliebte ein Kind von dem Hauptmann Ernst von Einsiedel hatte, und obwohl er von Minnas frühen Affäre mit dem jüdischen Kaufmann Schwabe wußte, war er nicht von dem Gedanken abzubringen, sie zu heiraten. So kam es am 24. November 1836 zur Trauung der beiden, die in doppelter Hinsicht nicht allzuviel Gutes erwarten ließ. Dem Erscheinen des nicht wenig erstaunten Pastors, der die Eheurkunde zur Unterzeichnung vorlegen wollte, ging bereits ein unschönes Gezänke und Streiten voraus. Damit nicht genug, waren die Geburtsdaten von den angehenden Eheleuten gefälscht worden, indem er sich um ein Jahr älter und sie sich um vier Jahre jünger gemacht hatte.

Am 1. April erhielt Wagner endlich die Stelle des Musikdirektors in Königsberg. Da er jedoch mit seinen inzwischen dort versuchten Kompositionsentwürfen wenig Anerkennung erntete, erhoffte er sich von einer Förderung durch Giacomo Meyerbeer, den später von ihm so geschmähten Meister der französischen Oper in Paris, eine wertvolle Unterstützung seiner musikalischen Vorhaben. Er entschloß sich daher, an Meyerbeer in Paris zu schreiben und in diesem Brief seiner Bewunderung für die italienisch-französische Oper im allgemeinen und für den Meister im besonderen Ausdruck zu verleihen: „Verehrter Herr! Möge es Sie nicht zu sehr befremden, wenn sie aus einer so fernen Gegend und von einem Ihnen gewiß so unbekannten Menschen, als ich, mit einem Briefe belästigt werden ... seitdem ich in die Praxis trat, haben sich meine Ansichten über den gegenwärtigen Standpunkt der Musik und zumal der dramatischen, bedeutend geändert, und soll ich es leugnen, daß gerade Ihre Werke es waren, die mir diese neue Richtung anzeigten? ... Künstlerruhm kann Ihnen fast nicht mehr zu Theil werden, denn Sie erreichten schon das Unerhörteste; ... Sie sind ein kleiner Gott dieser Erde geworden – wie herrlich ist es nun für den, der diesen Standpunkt erreicht hat, zurückzublicken, und denen, die er so weit hinter sich ließ, die Hand zu reichen, um auch sie wenigstens in Ihre Nähe zu ziehen."

Wie wir aus den Erinnerungen Natalies, der Tochter Minnas, erfahren, spielten sich in der jungen Ehe schon sehr bald wüste Eifersuchtsszenen ab, deren Ursache wahrscheinlich die Umwerbung Minnas durch den Kaufmann Dietrich war. Aber auch der stete Geldmangel und der Kampf mit den Gläubigern dürften dazu beigetragen haben, daß sich Minna am 31. Mai 1837 ganz unvermittelt zusammen mit ihrer Tochter bereitwillig von Dietrich entführen ließ. Bei dieser Entführung scheint es sich zunächst eher um eine Schutzbegleitung gehandelt zu haben, denn nach dem Eintreffen Minnas in der Wohnung ihrer Eltern in Dresden kehrte Dietrich wieder zurück. Wagner folgte seiner entflohenen Gattin und bat sie auf Knien, ihm, dem Reumütigen, zu verzeihen und zurückzukehren. Sie verlieh ihm jedoch nur scheinbar Gehör und entfloh sieben Wochen später endgültig mit Dietrich nach Hamburg. Zu spät gestand Richard seiner Schwester Ottilie, daß er zu Minna zu „hart" gewesen war. Zutiefst bedrückt trat er von Lübeck aus per Schiff die Reise nach Riga an, wo er kurz zuvor einen Vertrag am dortigen Theater erhalten hatte. Schon wenige Wochen später erreichten ihn reumütige Briefe Minnas, die ihre Schuld freimütig eingestand und ihn inständig um Verzeihung bat. Ihr Flehen wurde erhört; am 19. Oktober traf sie in Riga ein, und nach der Bekanntgabe des Verzichtes auf ihre Bühnenlaufbahn wurde sie von ihrem Gatten in die Arme geschlossen.

Ihr schwor Wagner unverbrüchliche Treue: Minna Planer, seine erste Frau.

War schon in seinen Ouvertüren *Britannia* und *Polonia* Wagners enge Beziehung zum politischen Zeitgeschehen unverkennbar gewesen, so beschäftigte ihn die jetzt in Frankreich beginnende Agitation der Anhänger des Napoleonkults als Gegenbewegung zum Bürgerkönigtum ebenfalls in sinnfälliger Weise. Diesmal war es der damals überaus erfolgreiche Roman des Engländers Edward Bulwer mit dem Titel *Cola Rienzi,* der Wagner dazu veranlaßte, das Textbuch für eine Oper zu entwerfen, wobei er geringe Veränderungen vornahm mit dem Zweck, den „Tribun ganz für seine Mission, die Wiederherstellung des römischen Einheitsstaates, und seine Rolle als mönchischer Volksführer freizusetzen". Für die Vertonung seines Operntextes, den er im Sommer 1838 fertiggestellt hatte, erhielt er wertvolle Anregungen unter anderem von Meyerbeers *Robert der Teufel,* so daß er bereits 1839 die Riesenpartitur zu Ende komponiert hatte. Während dieser Arbeit erkrankte er im Winter 1838/39 an einem „typhösen Fieber", das er – seiner eigenen Schilderung gemäß – nur durch die tatkräftige Hilfe seines homöopathischen Arztes Doktor Prutzer überstand.

Obwohl Wagner – wie Heinrich Dorn, sein Nachfolger am Theater in Riga, bemerkte – als Dirigent in Riga Beachtenswertes geleistet hatte, wurde er im Januar 1839 von der neuen Direktion entlassen. Teils gekränkt, teils froh, aus der provinziellen Enge ausbrechen zu können, sah er jetzt ein einziges verheißungsvolles Ziel vor sich – Paris.

Da er wieder einmal einen Berg Schulden hinterließ, wagte er es nicht, seine Gläubiger von seiner bevorstehenden, eher fluchtartigen Abreise durch ein Paßgesuch in Kenntnis zu setzen. So überschritt er gemeinsam mit Minna heimlich die russische Grenze nach Preußen, um dann von Pillau aus mit einem alten und kleinen Segelfrachter die mehr als abenteuerliche Fahrt nach London anzutreten. Schon zwei Tage nach Lichten des Ankers, am 27. Juli 1839, erhob sich ein so höllischer Sturm, daß sich der Kapitän mit seinem Schiff nur noch durch das waghalsige Anlaufen eines norwegischen Fjordes retten konnte. Noch schlimmer wurde es bei der Weiterfahrt über die Nordsee, wo ein noch gewaltigerer Sturm das Schiff mit Mann und Maus zu versenken drohte. Doch noch glücklich in England gelandet, überquerten Wagner und Minna nach einigen Tagen Erholung in London den Ärmelkanal, um in Boulogne-sur-Mer Zwischenstation einzulegen, wo er am 12. September den zweiten Akt seiner Oper *Rienzi* abschloß. Dann begab er sich unverzüglich in das Logis Giacomo Meyerbeers, dessen augenblicklicher Aufenthalt ihm von einer Engländerin verraten worden war. Meyerbeer, der den vor zwei Jahren an ihn adressierten Brief Wagners nicht beantwortet hatte, empfing ihn sehr freundlich und gab dem jungen Künstler mehrere Empfehlungsbriefe nach Paris mit, um ihm zu Aufführungen seiner Opern *Rienzi* und *Das Liebesverbot* zu verhelfen. Voller Zuversicht trat Wagner den letzten Abschnitt seiner Reise an, und traf im Vertrauen auf die Erfüllung all seiner Träume am 17. September 1839 frohgemut in Paris ein.

Leider wurde er in Paris sehr rasch aus seinen hochfliegenden Träumen gerissen. Statt der erwarteten offenen Weltstadt fand er eine Metropole vor, die seit der Julirevolution zunehmend durch Korruption und Geldentwertung erschüttert wurde und dem ahnungslosen Neuankömmling alle Sonnen- und Schattenseiten einer bürgerlich-kapitalistischen Gesellschaftsform vorführte: Elend des Volkes auf der einen Seite und glanzvolle Prachtentfaltung der reichen, herrschenden Klasse – vor allem der Bankiers vom Typ der Rothschilds – auf der anderen Seite. Balzac hatte in „schauerlich lebenswahrer" Manier ein treffendes Konterfei dieser „giftigen Geldwirtschaft" entworfen, wie Ludwig Börne sich ausdrückte. Mit einem Schlage sah sich Wagner inmitten eines Kunstbetriebes, der alle Kunst in Ware zu verwandeln strebte, weshalb man nicht überrascht sein darf, daß sich in ihm schon sehr bald ein Haß gegen den Kapitalismus und dessen luxuriöse Kunstblüten zu regen begann, und daß diese gesellschaftlichen Erfahrungen sein gesamtes späteres Weltbild maßgeblich mitformten. Er wurde aber zweifellos durch ein weiteres geistiges Erlebnis während der Pariser Zeit geprägt, nämlich durch Pierre-Joseph Proudhons aufsehenerregendes Buch *Qu'est-ce que la propriété?* („Was ist Eigentum?" – eine aktuelle Frage, die der Autor selbst mit den lapidaren Worten beantwortete: „Eigentum ist Diebstahl.") Wagners eigene Erfahrungen von der Allmacht des Goldes in der Pariser kapitalistischen Gesellschaft und seine Eindrücke vom provozierenden Genußleben der Bankiers mußten ihn fast zwangsläufig zu einem Jünger Proudhons machen. Hans Mayer erblickt darin geradezu die Basis für Wagners Grundkonzeption des *Nibelungenringes,* da man in Wagners Mythos vom Kreislauf des *Rheingoldes* bis in überraschende Einzelheiten den Proudhonismus verfolgen könne.

Die wenigen Freunde, die Wagner in Paris kennenlernte, fristeten selbst ein kümmerliches Dasein. Unter ihnen befand sich der in Königsberg geborene Philologe Samuel Lehrs. Mit dem jüdischen Gelehrten, dem er als Kenner der altgriechischen Klassiker wertvolle Anregungen verdankte, verband ihn eines der „schönsten Freundschaftsverhältnisse" seines Lebens. Daneben trug noch der aus Dresden stammende Maler Ernst Benedikt Kietz mit seinem unverwüstlichen Humor zur Belebung dieses Kreises von Habenichtsen bei. Angeblich starben Kietz die Modelle unterm Porträtieren weg, weshalb es wohl in Wagners Autobiographie heißt, daß „das Umsetzen der Farben auf der Palette und besonders das Auswaschen der Pinsel seine Zeit so vollständig in Beschlag nahm, daß er sehr selten zum eigentlichen Malen kam". Eine echte Bereicherung bedeutete für Wagner das Eintreffen Heinrich Laubes im November 1839, da ihn dieser mit seinem Freund Heinrich Heine bekannt machte. Obwohl Heine damals in Frankreich erst mit wenigen kleineren Werken bekannt war, hegte Wagner ein Gefühl der Verehrung für ihn, das noch jahrelang anhielt. Außer Zweifel steht, daß er sich bei seiner schriftstellerischen Tätigkeit, durch die er in Paris zuerst bekannt wurde, Heine zum Vorbild wählte, und manche seiner Beiträge in verschiedenen Gazetten können sich auch durchaus mit den Schriften Heines messen. Obwohl seine spätere Geschwätzigkeit und sein geschraubter Stil sich schon jetzt bemerkbar machten, zeigte er sich schriftstellerisch auf einer Höhe, die er später nur noch selten erreichte. Nicht nur seine berechtigten Kritiken über die Zustände am Pariser Theaterbetrieb, sondern auch andere Prosaschriften boten ein durchaus hohes Niveau. Man denke nur an *Eine Pilgerfahrt zu Beethoven,* die eine Anekdote voll ironischem Witz darstellt.

Leider blieben Wagner sowohl die Grand Opéra wie auch das Renaissancetheater in Paris verschlossen, weshalb er sich neuerlich an Meyerbeer wandte mit der Bitte, ihm die Aufführung seines publikumswirksamen *Liebesverbotes* zu ermöglichen. Der unterwürfige, ja geradezu kriecherische Stil seiner damaligen Bittschriften steht in grellem Kontrast zu den späteren, häßlichen und tendenziösen Anfeindungen und Schmähungen Wagners dem jüdischen Opernkomponisten gegenüber; zweifellos ist hier eine der charakterlichen Schattenseiten Wagners zu erkennen.

Im ersten Brief flehte er „in glühender Verehrung ... die Erlösung von allem Übel durch Gott und Sie" herbei, und als er über Vermittlung Meyerbeers die Probe seiner *Columbus-Ouvertüre* erleben durfte, kannte sein Dankgefühl keine Grenzen – er versicherte seinem Gönner, ein „mit Herz und Blut ewig verpflichteter Untertan" zu bleiben. Am peinlichsten aber überschritt er „die Grenze des Zartgefühls und der Bescheidenheit" mit einem Brief vom Mai 1840, der ihn – wie später von Cosima berichtet – anscheinend auf Jahrzehnte hinaus seelisch schwerstens belastet haben dürfte: „Ich bin auf dem Punkte, mich an Jemand verkaufen zu müssen, um Hülfe im substantiellsten Sinne zu erhalten ... Ich sehe ein, ich muß Ihr Sklave mit Kopf und Leib werden ... Ich werde ein treuer, redlicher Sklave sein – denn ich gestehe offen, daß ich Sklaven-Natur in mir habe. Kaufen Sie mich darum, mein Herr, Sie machen keinen ganz unwerthen Kauf." Meyerbeer empfand aufrichtiges Mitleid und empfahl Wagner als erstes dem Dresdner Operndirektor von Lüttichau: „Herr Richard Wagner aus Leipzig ist ein junger Komponist, der nicht allein eine tüchtige musikalische Bildung, sondern auch viel Phantasie hat und außerdem auch eine allgemeine Bildung besitzt ... Sein größter Wunsch ist, die Oper ‚Rienzi', deren Text und Musik er verfaßt hat, in Dresden zur Aufführung zu bringen. Möge der junge Künstler sich des Schutzes Ew. Exzellenz zu erfreuen haben." Mit ähnlichen Worten ersuchte er den Berliner Hofopernintendanten Graf, „daß die großen Hoftheater als offizielle Beschützer deutscher Kunst ihm nicht ihre Szenen verschließen". Angesichts dieser freundschaftlichen Gesten Meyerbeers nimmt man befremdet die von Undankbarkeit und Unaufrichtigkeit gekennzeichnete Bemerkung zur Kenntnis, die Wagner als Königlich Sächsischer Hofkapellmeister im Februar 1843 in einem Schreiben an Franz Liszt machte: „Mit Meyerbeer hat es nun bei mir eine eigene Bewandtnis: ich hasse ihn nicht, aber er ist mir gränzenlos zuwider." Ohne Zweifel erinnerte ihn der Name Meyerbeer Zeit seines Lebens an eine der unwürdigsten Perioden in seiner Laufbahn.

1ste Vorstellung im vierten Abonnement.

Königlich Sächsisches Hoftheater.

Montag, den 2. Januar 1843.

Zum ersten Male:

Der fliegende Holländer.

Romantische Oper in drei Akten, von Richard Wagner.

Personen:

Daland, norwegischer Seefahrer. — —	Herr Risse.
Senta, seine Tochter. — — —	Mad. Schröder-Devrient.
Erik, ein Jäger. — — — —	Herr Reinhold
Mary, Haushälterin Dalands. — — —	Mad. Wächter.
Der Steuermann Dalands. — —	Herr Bielczizky.
Der Holländer. — — — —	Herr Wächter.

Matrosen des Norwegers. Die Mannschaft des fliegenden Holländers. Mädchen.

Scene: Die norwegische Küste.

Textbücher sind an der Casse das Exemplar für 2½ Neugroschen zu haben.

Krank: Herr Dettmer.

Einlaß-Preise:

Ein Billet in die Logen des ersten Ranges und das Amphitheater	1 Thlr.	—	Ngr.
„ „ „ „ Fremdenlogen des zweiten Ranges Nr. 1. 14. und 29.	1 „	—	„
„ „ „ „ übrigen Logen des zweiten Ranges	— „	20	„
„ „ „ „ Sperr-Sitze der Mittel- u. Seiten-Gallerie des dritten Ranges	— „	12½	„
„ „ „ „ Mittel- und Seiten-Logen des dritten Ranges . . .	— „	10	„
„ „ „ „ Sperr-Sitze der Gallerie des vierten Ranges . . .	— „	8	„
„ „ „ „ Mittel-Gallerie des vierten Ranges	— „	7½	„
„ „ „ „ Seiten-Gallerie-Logen daselbst	— „	5	„
„ „ „ „ Sperr-Sitze im Cercle.	— „	20	„
„ „ „ „ Parterre-Logen	— „	15	„
„ „ „ das Parterre	— „	10	„

Die Billets sind nur am Tage der Vorstellung gültig, und zurückgebrachte Billets werden nur bis Mittag 12 Uhr an demselben Tage angenommen.

Der Verkauf der Billets gegen sofortige baare Bezahlung findet in der, in dem untern Theile des Rundbaues befindlichen Expedition, auf der rechten Seite, nach der Elbe zu, früh von 9 Uhr bis Mittags 12 Uhr, und Nachmittags von 3 bis 4 Uhr statt.

Alle zur heutigen Vorstellung bestellte und zugesagte Billets sind Vormittags von 9 Uhr bis längstens 11 Uhr abzuholen, außerdem darüber anders verfüget wird.

Der freie Einlaß beschränkt sich bei der heutigen Vorstellung blos auf die zum Hofstaate gehörigen Personen und die Mitglieder des Königl. Hoftheaters.

Einlaß um 5 Uhr. Anfang um 6 Uhr.

Ende gegen 9 Uhr.

Theaterzettel zur Uraufführung des „Fliegenden Holländers" am Dresdener Hoftheater

Wagner verhielt sich aber auch anderen Freunden und Helfern gegenüber nicht immer kavaliersmäßig. Als im September 1840 die von Laube ins Leben gerufenen Hilfsquellen aus Leipzig versiegten und ihm Pfändung oder gar Schuldhaft drohten, wandte er sich an den so lange vergessenen und inzwischen erblindeten Jugendfreund Theodor Apel, der sich als Dichter versucht und unter anderem für Wagners Ouvertüre *Columbus* die Textvorlage geschrieben hatte. Der Bittbrief zeigt sehr direkten Charakter: „Um allen Schein von Heuchelei zu vermeiden – ich bin im äußersten Unglück, und Du sollst mir helfen!" Da die von Apel zugesagte bescheidene Summe von 125 Francs – mehr konnte der Arme nicht erübrigen – erst mit einiger Verspätung eintraf, scheute sich Wagner nicht, seiner Frau Minna einen Brief zu diktieren, in welchem eine Schuldhaft ihres Mannes vorgetäuscht wurde, um dem Ersuchen um größere finanzielle Unterstützung mehr Nachdruck zu verleihen.

Völlig verarmt bezog Wagner Ende April 1841 gemeinsam mit Minna ein billiges Quartier in einem Pariser Vorort, wo er innerhalb von nur zehn Tagen die Urschrift zum *Fliegenden Holländer* verfaßte; zu einem Stoff, den er ebenso wie jenen für den *Tannhäuser* von Heinrich Heine übernahm. Den Impuls für diese so rasche Ausführung der gesamten Orchesterskizze setzte die freudige Nachricht aus Dresden, Lüttichau habe die Zusage gegeben, den *Rienzi* im Juni 1841 aufzuführen. Wagner selbst erblickte die Bedeutung der musikalischen Gesamtkonzeption des *Fliegenden Holländers* für seine weitere Entwicklung zum Musikdramatiker darin, daß er nun den Weg „der Revolution gegen die künstlerische Öffentlichkeit der Gegenwart" genommen hatte.

Wilhelmine Schröder-Devrient sang 1843 die Senta.

In den letzten Monaten seines Pariser Aufenthaltes fand noch ein wichtiges geistiges Ereignis statt, das seine zukünftige weltanschauliche Richtung und sein musikdramatisches Schaffen wesentlich beeinflußte. Der todkranke Samuel Lehrs, der wenig später im Alter von nur 37 Jahren an seiner Lungentuberkulose elend zugrunde ging, machte ihn nämlich mit Ludwig Feuerbachs soeben erschienenem Werk *Das Wesen des Christentums* bekannt. Durch die Philosophie Feuerbachs, die in ganz Europa stürmische Begeisterung auslöste und für die weitere Entwicklung des emanzipatorischen Denkens von entscheidender Bedeutung war, wurde die bisherige Religionskritik durch eine Darstellung der Verflechtungen von Mensch und Religion ersetzt, die „alle Religion als menschlich-gesellschaftliche Schöpfung" zu enthüllen suchte. Auch Richard Wagner wurde von nun an ein Jünger Feuerbachs, ein Atheist, der an die Stelle des „abgeschafften" Christentums eine neue diesseitige Religion der Menschenliebe setzen wollte, die neben der Abschaffung des Goldes mit dem Ende der Götter die zweite Keimzelle für den zukünftigen *Ring des Nibelungen* verkörperte.

Wagner glaubte, sich während der Jahre 1839 bis 1842 in Paris ein „Unterleibsleiden" zugezogen zu haben, und zwar in jenem kalten Winter 1840/41, in welchem er ständig vom Hunger geplagt in einer nur notdürftig beheizbaren Wohnung schriftliche Handlangerdienste in Form von Klavierauszügen zu italienischen Opern leisten mußte, um wenigstens das Notwendigste zum Lebensunterhalt für sich und Minna zu verdienen. Wie aus späteren Berichten hervorgeht, äußerte sich dieses „belästigende Unterleibsleiden" in einer chronischen Hartleibigkeit, verbunden mit einem durch Blähungen stark aufgetriebenen Leib und schneidenden Bauchschmerzen. Aus Briefen an Meyerbeer erfahren wir, daß er damals auch an heftigen Zahnschmerzen litt.

Im Frühjahr 1842 konnte er endlich daran denken, in die Heimat zurückzukehren, nachdem inzwischen der *Rienzi* in Dresden und der *Fliegende Holländer* in Berlin zur Aufführung angenommen worden waren. Am 7. April verließen Richard und Minna Paris, um am 15. April in Leipzig die Familie in überraschend guten Verhältnissen anzutreffen. Doch die vertraute heimatliche Umgebung konnte nicht verhindern, daß beide mit Wehmut und Trauer an das von ihnen verlassene Paris und die dort lebenden Freunde Lehrs und Kietz zurückdachten, wie die Klagen in den Briefen aus den ersten Dresdener Monaten zeigen. Zu dieser wehmütigen Stimmung trug wahrscheinlich auch die „grenzenlose Charakterlosigkeit und gänzlich aufgelöste Launenhaftigkeit" seiner Mutter gegen Minna bei, die – wie Richard seiner Schwester Cäcilie klagte – „in unsrer Familie nichts wie Unfug durch einen merkwürdigen Hang zu Verdrehungen, Entstellungen und Klatschereien" stiftete. Indirekt klingt hier wieder einmal Wagners uneingestandene Sehnsucht nach mütterlicher Zuneigung heraus, was mit dem Bilde seiner Mutterbeziehung durchaus in Einklang zu bringen ist, wenn es auch nicht in das verklärende Konzept eines ungetrübten Verhältnisses zwischen Mutter und Sohn hineinpaßt.

Nach den Uraufführungen des *Rienzi* und des *Fliegenden Holländers* – an der Premiere letzteren in Dresden hatte die große dramatische Begabung jener Zeit, Wilhelmine Schröder-Devrient, wesentlichen Anteil – und nach der begeistert aufgenommenen Erstaufführung des *Fliegenden Holländers* in Berlin in Anwesenheit von König Friedrich Wilhelm IV. kam es am 2. Februar 1843 zu einem überraschenden Ereignis: Richard Wagner wurde zum Königlich-Sächsischen Hofkapellmeister mit einem Gehalt von jährlich eintausendfünfhundert Talern ernannt, wobei ihm – wie er dem todkranken

Lehrs wenige Tage vor dessen Tod schrieb – unverhohlen zu verstehen gegeben wurde, daß man von ihm „eine echte künstlerische Reorganisation des hiesigen Musikwesens" erwarte, womit natürlich Spannungen mit der Generaldirektion ebenso wie mit dem Personal vorprogrammiert waren. Obwohl er jetzt in günstigeren häuslichen Verhältnissen leben konnte, begannen seine Unterleibsbeschwerden sich verstärkt zu melden. Nachdem ihm bereits im Vorjahr in Teplitz, wo seine Gattin wegen ihres Herzleidens auf Kur weilte, vom dortigen Arzt Doktor Ulrich Mineralwässer gegen sein Darmübel verschrieben worden waren, verbrachte er auch 1843 seine Sommerferien in Teplitz-Schönau. Seiner Gattin, die diesmal zu Hause blieb, schilderte er seine Beschwerden so: „Die Schärfe und der Unrath wühlt mir in den Eingeweiden herum, so daß ich immer bei der Verdauung an Leibschneiden leide, und außerdem alle halbe Stunden auf den Abtritt muß, um eine Wenigkeit von mir zu geben." Gleichzeitig klagte er über seine „sehr aufgeregten Nerven". Offenbar brachte die Kur in Teplitz keinen Erfolg, denn in einem Schreiben an seine Schwester Cäcilie vom 22. Oktober 1843 heißt es: „Meine Gesundheit ist noch nicht die beste: Hämorrhoidalleiden haben sich bei mir auf das Heftigste eingestellt; mein Unterleib ist gänzlich ruiniert und ewiges Unbehaglichfühlen und Andrang des Blutes nach dem Kopfe ist die Folge davon." Von nun an hören wir auch immer wieder von jährlichen Erkältungen, die häufig mit Bronchitis und Luftröhrenkatarrh verbunden waren.

Ende Mai 1843 hatte Wagner die Dichtung zum *Tannhäuser* vollendet. Die Orchestrierung des Werkes zog sich allerdings infolge seiner beruflichen Belastungen bis zum Beginn des Jahres 1845 hin. Mit dieser Oper erreichte es Wagner endgültig, die Musik selbst zum Opernstoff werden zu lassen. Stets das symphonische Werk Beethovens vor Augen, dachte er den Orchesterklängen nicht die Begleitung oder Untermalung einer Szene zu, sondern die eigentlich tragende Substanz oder Funktion des Dramas – ein Vorgehen, das dem Musikverständnis E. T. A. Hoffmanns entsprach, der die Symphonie „gleichsam die Oper der Instrumente" nannte. Mit diesem entscheidenden Schritt hatte Wagner die Abkehr von der musikalischen Begleitung der Szene eingeleitet, indem er dem Orchester einen „mitsprechenden Inhalt" und damit vollständige Eigenständigkeit zuwies.

Ein Revolutionär des Geistes

Mit August Röckel, dessen Anstellung als neuer Musikdirektor Wagner durchgesetzt hatte, trat der überzeugteste und entschlossenste Demokrat und Sozialist in seinen Lebenskreis. Sieht man von den Ideen Ludwig Feuerbachs ab, die ihm noch in Paris von Samuel Lehrs nahegebracht worden waren, dann stammt so ziemlich alles an sozialistischem und anarchischem Gedankengut in den aus diesen Jahren stammen-

den Revolutionsschriften Wagners von jenem Neffen des Komponisten Johann Nepomuk Hummel, der jetzt Musikdirektor in Dresden war. August Röckel war es auch, der für die nationale Komponente verantwortlich war, die für Wagner bei seinen angestrebten künstlerischen und organisatorischen Unternehmungen in Dresden bestimmend wurde. Seine Überzeugung, daß die Nation ein geistig repräsentierendes Nationaltheater benötigt, gab letztlich den Ausschlag für sein späteres berühmt-berüchtigtes Konzept einer „in Gang zu setzenden nationalen Revolution", das er 1848 einem Abgeordneten der Nationalversammlung vorlegte.
Obwohl in Sachsen zunächst noch trügerische Ruhe herrschte, schaffte auch dort das unrühmliche und brutale Vorgehen des preußischen Königs Friedrich Wilhelm IV., der das berechtigte Aufbegehren der in tiefster Armut hungernden und ausgebeuteten schlesischen Weber im Juni 1844 durch ein grausames Massaker des Militärs mitleidlos zum Verstummen brachte, Unmut und Haßgefühle gegen die unverfrorenen Unterdrückungsmaßnahmen der vom Gottesgnadentum überzeugten Dynastien katholischer Prägung. Wie August Röckel in seinem 1865 erschienenen Buch *Sachsens Erhebung und das Zuchthaus zu Waldheim* hervorhob, machte sich ebenso wie auf politischem Gebiet „auch auf religiösem das Bestreben geltend, jede freiere Regung zurückzudämmen, während zugleich die Übergriffe der Orthodoxie begünstigt wurden". Das Signal des katholischen Priesters Johannes Ronge, der sich als Vorläufer der späteren altkatholischen Kirche im Oktober 1844 von Rom lossagte und eine deutschkatholische Reformbewegung gegen päpstliche diktatorische Alleinherrschaft, Zölibat und „kultische Auswüchse" ins Leben rief, wurde auch von Wagner gutgeheißen. Und er erlebte auch das Blutbad mit, das die Leibwache des sächsischen Thronfolgers

„Scene aus der Oper Tannhäuser". Holzstich aus der „Illustrirten Zeitung", Leipzig, 3. Jänner 1846.

Herzog Johann unter Leipziger Bürgern, die den Priester Ronge im Chor hochleben ließen, am 12. August 1845 anrichtete. So war es nicht verwunderlich, daß die Zeugnisse von Wagners politischem Bekennertum jene der sogenannten „Jungdeutschen", zu denen neben Heine vor allem die Autoren Heinrich Laube, Karl Ferdinand Gutzkow, Ludolf Wienbarg und Theodor Mundt zählten, in ihren Forderungen übertrafen – das „Junge Deutschland" war ja kaum eine wirklich literarische, geschweige eine politische Verbindung. Wie der österreichische sozialistische Schriftsteller Alfred Meißner 1846 nach Begegnungen mit Wagner im Jahre 1846 berichtete, hielt dieser schon damals „die politischen Zustände für reif zur gründlichsten Änderung und sah einer in nächster Zeit stattzuhabenden Umwälzung als etwas Unausbleiblichem entgegen: die Revolution sei bereits in allen Köpfen vollzogen; das neue Deutschland sei fertig wie ein Erzguß, es bedürfe nur eines Hammerschlags auf die tönerne Hülle, daß es hervortrete."

Am 3. Juli 1845 begab sich Wagner mit Gattin Minna, dem Hund Peps und dem Papagei Papo – die Tierliebe zieht sich wie ein roter Faden als einer seiner sympathischesten Charakterzüge durch sein ganzes Leben – für fünf Wochen zu einer Kur nach Marienbad, wo er unter der Leitung seines Arztes Dr. Schneider „Brunnenwasser" trank. Nachdem der *Tannhäuser* vollendet war, beschäftigte er sich nun mit der Literaturgeschichte von Gervinus und insbesondere mit dem anonymen Epos vom Lohengrin und dem Leben von Hans Sachs. Noch während seines Bäderaufenthaltes entstand in einem Zuge die Prosaskizze aller drei Akte der *Meistersinger* (laut einer Bleistiftnotiz am Rande des Entwurfes am 16. Juli abgeschlossen), um anschließend noch die Prosafassung zum *Lohengrin* bis zum 3. August zu vollenden. Otto Rank deutete die Motivgestaltung zum *Lohengrin* mit Wagners unbefriedigendem Eheleben, das ihn zurück in pubertäre Phantasien flüchten ließ. Noch zwei Tage vor der Uraufführung des *Tannhäuser* am 19. Oktober 1845 in Dresden las er seine Lohengrin-Dichtung einem erlesenen Freundeskreis im Engelclub vor, dem unter anderen die Familie Schumann, der Dirigent Ferdinand Hiller, der Architekt Gottfried Semper und der Professor für Philologie Ernst Rietschel angehörten. Bei aller Zustimmung für Wagners poetische Leistung bezweifelte man jedoch ernsthaft, daß der Textdichter in der Lage sei, dazu noch die geeignete Musik zu komponieren. Als er am 28. August 1847 die Lohengrin-Komposition fertigstellte, hatte er mit dieser Oper nicht nur ein nach Alfred Lorenz „geradezu konstruktivistisches periodisches Formschema" geschaffen, mit welchem er Ebenen und Figuren der Handlung durch Tonarten und Motive charakterisierte, sondern es war ihm gleichzeitig „die Entdeckung der Farbe" (wie Gregor-Dellin dies so treffend bezeichnete), also die koloristische Dimension der Musik und der Instrumentierung, gelungen.

Mit dem Tod seiner Mutter am 9. Januar 1848, an deren offenem Grab ihm die Aussichtslosigkeit „aller edlen Bestrebungen gegenüber einer gänzlich in das Nichtswürdige versinkenden Zeittendenz" bewußt wurde, wurden nicht nur die letzten familiären Bindungen gelöscht; mit diesem traurigen Ereignis kündigte sich gleichzeitig jenes Schicksalsjahr an, das für Wagner eine entscheidende Zäsur in seinem Leben bedeutete.

Der Dresdner Maiaufstand

Zu den herausragenden Ereignissen der Revolution 1848/49, in denen die fortschrittlichen Kräfte in Deutschland für eine demokratische Entwicklung eintraten, zählte auch der Aufstand der Bürger von Dresden im Mai 1849. In diesem ungleichen Kampf, der durch den massiven Einsatz preußischer und sächsischer Militärstreitkräfte nur zu rasch zusammenbrach, spielten mit ihren Ideen drei Männer eine führende Rolle: der Anarchist Michael Bakunin, der militärische Anführer der Aufständischen, der Architekt Gottfried Semper, der den Bau der Straßenbarrikaden in Dresden beaufsichtigte, und der Hofkapellmeister und Komponist Richard Wagner, der die feindlichen Soldaten zur Solidarität mit den Aufständischen zu bewegen versuchte. Wenn Wagner später in seiner Biographie das gemeinsame Auftreten mit Bakunin dadurch zurechtzubiegen versuchte, daß er von einer zufälligen Bekanntschaft sprach, der ausschließlich „rein menschliches und künstlerisches Interesse" zugrunde lagen, so deckt sich diese

Barrikadenkampf während der Dresdener Mairevolution 1849. Gemälde von Julius Scholtz, 1849.

ironische Distanzierung von den revolutionären Ereignissen nicht ganz mit der Wahrheit. Wie Hans Mayer hervorhob, trugen Wagners Atheismus, sein Antikapitalismus und seine sozialreformatorischen Utopien schon vor der Berührung mit Bakunin unverkennbare Züge seines anarchistischen Individualismus. Wie aus seinem Dramenentwurf *Jesus von Nazareth* hervorgeht, beschäftigte er sich schon vor 1848 mit den Theorien des Philosophen Max Stirner, von dessen berühmter Abhandlung *Der Einzige und sein Eigentum* er die Gesetzes- und Autoritätsfeindlichkeit übernahm. Vor allem aber hielt er terroristische Aktionen für geeignete Instrumente im Kampf gegen die ausbeuterischen Methoden der herrschenden Klasse, wie uns ein Brief an seinen Dresdner Freund Uhlig mitteilt, in welchem es an einer Stelle heißt: „Mit völligster Besonnenheit und ohne allen Schwindel versichere ich Dir, daß ich an keine andere Revolution mehr glaube, als an die, die mit dem Niederbrande von Paris beginnt."

Als beim Wiener Kongreß im Jahre 1815 eine neue Ordnung für das zersplitterte Deutschland in Gestalt des „Deutschen Bundes" geschaffen wurde, in welchem vierunddreißig souveräne Staaten zusammengefaßt wurden, kam man dem liberalen Bürgertum zumindest in der Forderung nach „Landständigen Verfassungen" entgegen. Da die deutsche Bourgeoisie jedoch vor dem heranwachsenden Proletariat weit mehr Angst empfand als vor den alten feudalen Gewalten, spalteten sich die Demokraten und Republikaner, deren Ziele von der breiten Masse der Kleinbürger, Handwerker und Arbeiter getragen wurden, bald von den Liberalen ab, die bereit waren, mit den Fürsten Vereinbarungen zu treffen. So kam es, daß bei der Konstituierung der deutschen verfassungsgebenden Nationalversammlung am 18. Mai 1848 in der Frankfurter Paulskirche von den sechshundert Abgeordneten die Demokraten und Republikaner nur hundert Mandate auf sich vereinen konnten. Das bedeutete, daß die rechten Parlamentarier, welche am Föderativcharakter Deutschlands festhielten und die Vorrechte und Willkürmaßnahmen der Junker und der Fürstenhäuser aufrechterhalten wollten,

Gottfried Semper. Lithographie von Karl F. Irminger.

sich in erdrückender Übermacht befanden. Zwar wurden der Rechtlosigkeit des Bürgers und der Adelswirtschaft Schranken gesetzt, doch konnten die Demokraten nicht verhindern, daß am 28. März 1849 in Frankfurt eine Reichsverfassung beschlossen wurde, in der sich die Bourgeoisie mit den regierenden feudalen Mächten auf eine Teilung bei der Ausübung der Gewalten einigte.
Wie nicht anders zu erwarten, dachten die Mächtigen unter den deutschen Fürsten nicht daran, ihre bisher absolut ausgeübte Regierungsgewalt mit jemandem zu teilen, was zur Folge hatte, daß es bereits im Mai dieses Jahres an mehreren Orten Deutschlands zu Aufständen der enttäuschten Bevölkerung kam – eine Bewegung, die den Namen „Reichsverfassungskampagne“ erhielt. In Sachsen hatten die heftigen Auseinandersetzungen zwischen Regierung und Parlament bereits die Gemüter der Bevölkerung gefährlich erhitzt, und als am 28. April 1849 der sächsische König den Landtag, der soeben die Annahme der Reichsverfassung beschlossen hatte, einfach auflöste, war eine revolutionäre Volkserhebung nicht mehr zu verhindern. Der König bildete eine neue, revolutionsfeindliche Regierung und bat gleichzeitig den König von Preußen um militärische Hilfe, damit die gewaltsame Durchsetzung der deutschen Bundesverfassung durch die Demokraten und Republikaner, wie sie in der Paulskirche zu Frankfurt beschlossen worden war, verhindert werden könne. Nachdem die zornige Volksmenge am 3. Mai den Versuch unternahm, aus dem Zeughaus Waffen und Munition zu holen, und der Kommandant der Besatzung daraufhin Artilleriefeuer eröffnen ließ, erhob sich am 4. Mai in Dresden der bewaffnete Aufstand. Schon am nächsten Tag floh der König mit seinem gesamten Hof und den Regierungsmitgliedern in die Festung Königstein. In Dresden wurde eine provisorische Regierung gebildet, die bis zum 5. Mai eine Waffenruhe vereinbarte. Da jedoch inzwischen die vom preußischen König entsandten Truppen eintrafen und zur Enttäuschung der Aufständischen nur ein verschwindend kleiner Teil der Dresdner Kommunalgardisten bereit war mitzukämpfen, war die Niederlage der sächsischen Revolutionäre vorauszusehen, um so mehr, als auch der erwartete Zustrom von Freiwilligen aus den umliegenden Städten ausblieb. Am Morgen des 9. Mai war der bewaffnete Widerstand der verfassungstreuen Demokraten zusammengebrochen. Vor allem Bakunin, der als ehemaliger zaristischer Offizier die militärischen Aktionen leitete, war es zu verdanken, daß durch geschickte Operationen die Flucht der aufständischen Truppen ohne Verluste organisiert werden konnte.
Welche Rolle spielte nun Richard Wagner wirklich im Zusammenhang mit diesem revolutionären Geschehen? Im Rückblick gesehen hatte er ähnlich Gottfried Semper, dem Architekten der Dresdner Oper, der sich schon Jahre zuvor mit einer mutigen Erstlingsschrift dem demokratisch gesonnenen Teil der Dresdner Bürger als Gleichgesinnter empfohlen hatte, mit seinem *Rienzi* eine deutsche Revolutionsoper komponiert, in der er zeigen konnte, wie ein römischer Volkstribun die Barriere zwischen dem darbenden Volk und dem schmarotzenden Adel niederzureißen vermochte. In einer Rede

vor Mitgliedern des Vaterlandsvereines, dem er selbst beigetreten war, trug er mit dem Hinweis auf dieses politische Modell seine utopisch-sozialistischen Vorstellungen zum Mißfallen des Hofes mit feuriger Begeisterung vor. In dieser Ansprache vom 15. Juni 1848 grenzte er sich zwar scharf von den Anhängern der „abgeschmacktesten und sinnlosesten" Lehre des Kommunismus ab, bestand aber bei aller Achtung vor dem Königshaus auf einer Reihe von Reformmaßnahmen, die unter anderem die Abschaffung der Aristokratie und die Aufhebung der ersten Kammer miteingeschlossen, dem König jedoch die Rolle des ersten Republikaners unter den Freien des Staates zugebilligt hätten. Als Wagner aufgefordert wurde, zu dieser anonym im *Dresdner Anzeiger* abgedruckten Rede Stellung zu nehmen, richtete er – wie erst kürzlich entdeckt wurde – am 21. Juni 1848 ein Schreiben an den König, in welchem er seine Position als „Vermittler" zwischen den Monarchisten und Republikanern klarzustellen versuchte. In Wahrheit setzte Wagner jedoch seine streitbaren politischen Gespräche fort, wie unter anderem Eduard Hanslick nach einem Treffen anläßlich eines Besuches in Wien im Juli 1848 berichtete: „Wagner war ganz Politik; er erwartete von dem Siege der Revolution eine vollständige Wiedergeburt der Kunst, der Gesellschaft, der Religion, ein neues Theater, eine neue Musik." Diese Zeilen lassen erkennen, daß Richard Wagner diese deutsche revolutionäre Auseinandersetzung nicht allein als Politiker, sondern auch als Künstler durchlebte, dem es vordringlich um die Realisierung seiner geplanten Kunst- und Theaterreformen im Rahmen einer revolutionären Umgestaltung ging.
Verschiedene Mißerfolge und Differenzen mit der Intendanz nährten immer stärker seinen sehnlichen Wunsch, das Dresdner Theaterleben als alleinherrschender Hofkapellmeister zu gestalten. Mit seinem „Entwurf eines Nationaltheaters des Königreiches Sachsen" reichte er im Frühjahr 1848 gleichzeitig seinen eigenen Plan der Hoftheaterverwaltung ein. Wie Hans Mayer schreibt, war Richard Wagner auf keinen Fall ein „Fremdkörper in dieser sonderbaren deutschen Revolution, und es ist auch unmöglich, eine Zweiteilung in „den Revolutionär" und „den Künstler" vorzunehmen: Verse aus der Lohengrin-Dichtung verwandeln sich in politische Kampfgedichte, die Gedanken des politischen Redners und Agitators erfahren ohne Schwierigkeit eine Übertragung ins Opernhafte und Dramatische." Auch die Revolutionsschriften des Jahres 1849 stehen dazu in keinem Widerspruch, wenn er etwa in seinem Aufsatz *Der Mensch und die bestehende Gesellschaft* feststellte, daß „im Jahre 1848 der Kampf des Menschen gegen die bestehende Gesellschaft" begann. Den Höhepunkt seiner revolutionären Ideen stellt aber seine bekannte Flugschrift *Die Revolution* dar, in welcher er seine utopischen sozialistischen Vorstellungen in die Gestalt eines antik-griechischen Epos kleidete: „Näher und näher wälzt sich der Sturm, auf seinen Flügeln die Revolution; weit öffnen sich die wieder erweckten Herzen der zum Leben Erwachten, und siegreich zieht ein die Revolution in ihr Gehirn, in ihr Gebein, ihr Fleisch, und erfüllt sie ganz und gar. In göttlicher Verzückung springen sie auf von der Erde, nicht die Armen, die Hungernden, die vom Elende Gebeugten sind sie mehr, stolz erhebt sich ihre Gestalt,

Begeisterung strahlt von ihrem veredelten Antlitz, ein leuchtender Glanz entströmt ihrem Auge, und mit dem himmelerschütternden Rufe: ‚Ich bin ein Mensch!' stürzen sich die Millionen, die lebendige Revolution, der Mensch gewordene Gott, hinab in die Täler und Ebenen und verkünden der ganzen Welt das neue Evangelium des Glückes."
Die Darstellung Wagners in seiner Autobiographie, er habe während seiner Vertiefung in die Fertigstellung des *Lohengrin* „gleichsam blinzelnd aufschauend" den Ausbruch der Revolution wahrgenommen und sich dann auch ein klein wenig für das Politische interessiert, entspricht wohl kaum der Wahrheit, bedenkt man die zitierte „furiose Revolutionshymne", die am 8. April 1849 in Röckels Volksblättern abgedruckt wurde. Wir wissen heute, daß mit der Zuspitzung der politischen Lage im April im Garten Wagners geheime Zusammenkünfte stattfanden, bei denen über die Volksbewaffnung beratschlagt wurde. Bei einem dieser Treffen hat Wagner laut Zeugenaussagen auch die Herstellung einer nicht unbeträchtlichen Anzahl von Handgranaten in Auftrag gegeben. Es klingt deshalb etwas ironisch-herablassend, wenn er später in seiner Autobiographie behauptete, er habe in Dresdens Altstadt vor dem erwarteten Ansturm der fremden Truppen Gottfried Semper, den Anführer der Scharfschützenkompanie, auf einer Barrikade getroffen, der „anzunehmen schien, ich sei näher in die Vorgänge eingeweiht". Gerade auch Wagner hatte Semper zum Barrikadenbau mitangestiftet, und schließlich nahm er auch aktiv auf der Seite der Aufständischen am Geschehen teil, indem er als Beobachtungsposten vom Turm der Kreuzkirche aus Nachrichten über fremde Truppenbewegungen übermitelte. Allerdings wandelte sich der Königliche Hofkapellmeister schon am Abend des 4. Mai zum Pazifisten, wie Gerd de Bruyn sich ausdrückte. Er wechselte nämlich im Dienste seiner privaten Versöhnungsdiplomatie einige Male die Fronten und versuchte, die sächsischen Soldaten mit Flugblättern dazu zu bewegen, gemeinsame Sache mit den Aufständischen gegen die sich nähernde preußische Soldateska zu machen. Seine Bemühungen blieben aller-

Michail Bakunin, der Rädelsführer des Dresdener Aufstands, wurde verhaftet und nach Sibirien verbannt. Radierung von William Barbotin.

dings ohne Erfolg, weshalb er sich am 6. Mai zum Schutz vor den entfachten Straßenkämpfen hinter die schützenden Barrikaden zurückziehen mußte.

Bakunin wurde verhaftet, zum Tode verurteilt und nach seiner Auslieferung an Rußland in die Verbannung nach Sibirien geschickt. Semper entkam nach Paris, und Wagner glückte, nachdem er seine Frau nach Chemnitz in Sicherheit gebracht hatte, unbehelligt die Flucht nach Weimar, von wo ihm Franz Liszt in die Schweiz weiterhalf. An sich wollte auch Wagner nach Frankreich; da er jedoch steckbrieflich gesucht wurde, mußte er preußisches Gebiet meiden, so daß ihm nur der Weg über die Schweiz offenstand. Der Text des Steckbriefes lautete: „Der unten etwas näher bezeichnete Königl. Capellmeister Richard Wagner von hier ist wegen wesentlicher Teilnahme an der in hiesiger Stadt stattgefundenen aufrührerischen Bewegung zur Untersuchung zu ziehen, zur Zeit aber nicht zu erlangen gewesen. Es werden daher alle Polizeibehörden auf denselben aufmerksam gemacht und ersucht, Wagner im Betretungsfalle zu verhaften und davon uns schleunigst Nachricht zu ertheilen. Wagner ist 37–38 Jahre alt, mittlerer Statur, hat braunes Haar und trägt eine Brille. Dresden den 16. Mai 1849." Im Falle seiner Ergreifung wäre er wohl ebenso wie Röckel und andere Mitstreiter zum Tod verurteilt worden oder hätte wenigstens ein Jahrzehnt im Zuchthaus verbringen müssen.

Am 28. Mai 1849 teilte Wagner seiner Gattin Minna brieflich mit, daß er glücklich auf Schweizer Boden angekommen war: „Ich bin im Sichern. Gott erhalte Dich bei gutem Mute! Morgen von Zürich aus ein Weiteres." Die Antwort Minnas klang allerdings nicht nach gutem Mut, was angesichts des mit Richard bisher Erlebten nicht unbegründet war: „Denke ich an die kleinlichen Nahrungssorgen, wo ich manchmal nicht wußte, was ich in das kochende Wasser schütten sollte, weil ich nichts hatte, so graust mir allerdings für meine Zukunft, wo Ähnliches zu erwarten steht. Ich verhehle es Dir nicht, ich bin kleinmüthig geworden."

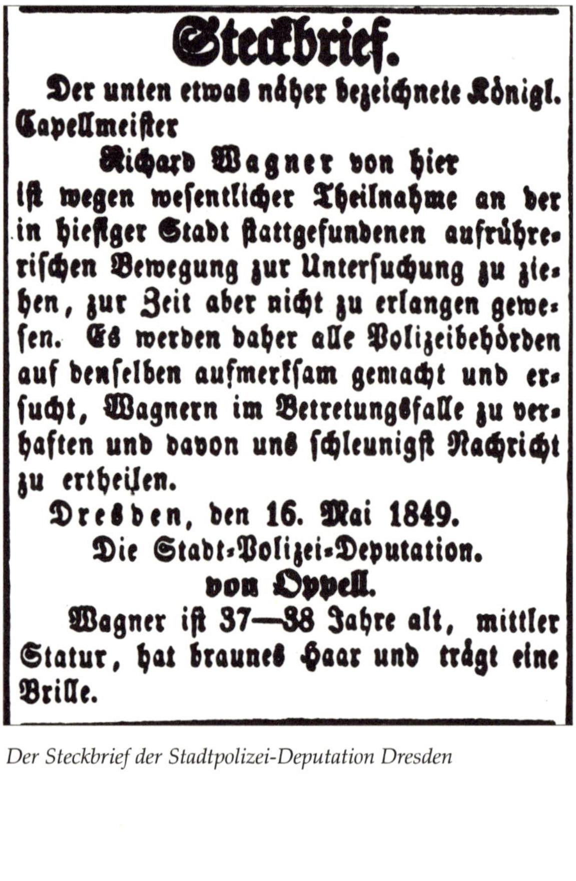

Steckbrief.

Der unten etwas näher bezeichnete Königl. Capellmeister
Richard Wagner von hier
ist wegen wesentlicher Theilnahme an der in hiesiger Stadt stattgefundenen aufrühreriſchen Bewegung zur Untersuchung zu ziehen, zur Zeit aber nicht zu erlangen gewesen. Es werden daher alle Polizeibehörden auf denselben aufmerksam gemacht und ersucht, Wagnern im Betretungsfalle zu verhaften und davon uns schleunigst Nachricht zu ertheilen.

Dresden, den 16. Mai 1849.
Die Stadt-Polizei-Deputation.
von Oppell.

Wagner ist 37—38 Jahre alt, mittler Statur, hat braunes Haar und trägt eine Brille.

Der Steckbrief der Stadtpolizei-Deputation Dresden

In Zürich angekommen, erhielt Wagner über Vermittlung eines Freundes vom Stadtschreiber Jakob Sulzer einen Reisepaß, um nach Paris fahren zu können. Dieses Dokument enthält die einzige verläßliche Angabe zur Körpergröße Wagners, die mit 166,5 cm beziffert wurde, womit das von Robert Gutman vermutete Körpermaß von 153 cm, mit dem er anscheinend den Komponisten zum Zwerg abstempeln wollte, widerlegt werden konnte. Dem Rat Franz Liszts folgend, suchte Wagner nun von neuem sein Glück in Paris, wo er am 2. Juni eintraf. Enttäuscht mußte er schon bald zur Kenntnis nehmen, daß auch in Frankreich die Welt der Bankiers unbeschädigt aus der revolutionären Krise hervortrat. Nach einem Zusammentreffen mit Meyerbeer vermerkte er in einem Brief vom 18. November 1849 resigniert: „Wie es jetzt steht, hält Meyerbeer alles in seiner Hand, das heißt in seinem Geldsacke; und der Pfuhl der zu durchschreitenden Intrigen ist zu groß, daß ganz andere und pfiffigere Kerle wie ich es längst aufgegeben haben, sich in einen Kampf einzulassen, bei dem einzig das Geld den Ausschlag gibt." Er wußte, daß er hier nichts zu bestellen hatte, wenn er keine neue Komposition anbieten konnte. Da überdies zu jener Zeit in Paris wieder einmal die Cholera herrschte, beschloß er, nach Zürich zurückzukehren, obwohl er auch dort zunächst nicht wußte, wovon er seinen Lebensunterhalt bestreiten sollte. Glücklicherweise wurde er in dieser prekären Zeit von Franz Liszt und einigen anderen ungenannten Gönnern aus dem Weimarer Bereich finanziell unterstützt, so daß er sich „durch und durch frei, heil und heiter" in diesem politischen Emigranten gegenüber so toleranten Lande fühlte. Obwohl der polizeiliche Geheimdienst deutscher und österreichischer Provenienz wegen angeblicher konspirativer Tätigkeit Wagners in der Schweiz immer wieder die Berner Botschaften bedrängte, wurde Wagner schon 1850 aufgrund der großzügigen Schweizer Asylpolitik aus der Liste der zu kontrollierenden Flüchtlinge gestrichen.

Für Richard Wagner bedeutete die europäische Revolution von 1848/49 in mehrfacher Hinsicht einen Wendepunkt in seinem Leben. Erfüllt von den Gedanken seines Freundes Röckel und auch Bakunins und angeregt von den sozial-radikalen Ideen Proudhons sowie Feuerbachs, nahm er schon Ende Juli 1849 seine schriftstellerische Tätigkeit wieder auf und schrieb seine Abhandlung *Die Kunst und die Revolution,* in der er auf den kunstfeindlichen Einfluß der politischen und sozialen Zustände im gegenwärtigen industriellen Zeitalter hinwies und in welcher er sich auch vehement gegen die Sinnenfeindlichkeit des Christentums wandte. Daraufhin warnte Franz Liszt seinen Freund Wagner vor allzuviel „politischen Gemeinplätzen und sozialistischem Galimathias". – Obwohl Liszt seinerzeit in Frankreich Saint-Simonist gewesen war (Saint-Simon war trotz seiner adeligen Herkunft der bedeutendste Initiator des französischen Sozialismus. *Anm.d.Verf.*), blieb er doch zeitlebens als „franziskanischer Linkskatholik" ein Gegner revolutionärer Bestrebungen in der Kunst. Wagner blieb

jedoch davon unbeeindruckt und glaubte nach wie vor an eine „nahe bevorstehende Umwälzung der sozialen Verhältnisse" und damit auch an eine zu erwartende Besserung für ein Leben als Künstler.
Noch stärker kam sein sozial-utopisches revolutionäres Gedankengut in der zweiten Abhandlung seiner Schriften über Revolution, Kunst und die Zukunft zum Tragen, nämlich in dem Fragment *Das Künstlertum der Zukunft*, mit dem er sich in erstaunliche Nähe zur Definition der klassenlosen Gesellschaft eines Karl Marx begab. George Bernard Shaw, der dies wohl als erster erkannte, schrieb: „Beide prophezeien das Ende unserer Epoche, und, soweit sich das abschätzen läßt, prophezeien sie richtig." Schließlich strotzt auch seine nächste Schrift *Das Kunstwerk der Zukunft* von ähnlichen politisch hochbrisanten Formulierungen. Als einzig mögliche „Erlösung des Nützlichkeitsmenschen", der von der Industrie als seelenlose Maschine mißbraucht wird, erblickte Wagner in dieser Schrift die Schaffung des „künstlerischen Menschen der Zukunft".
Inzwischen wurde auch Minna herbeigeholt, die mit Natalie, dem Hund Peps und Wagners geliebtem Papagei Papo eintraf, um sich ebenfalls am Züricher See niederzulassen. Wie schon in seiner Pariser Zeit fühlte sich Wagner auch jetzt in seiner gedemütigten Lage als stellenloser Flüchtling nur zu schriftstellerischer Tätigkeit befähigt, was sichtbar in den erwähnten kulturphilosophischen Schriften der Jahre 1849/50 zum Ausdruck kam. Zu einer schöpferischen Arbeit als Musikdramatiker fehlte ihm offenbar das geeignete Ambiente. Außerdem klagte er in Zürich über eine „außerordentliche Nervenabspannung und Unwohlsein", was er mit einem rheumatischen Leiden zu erklären versuchte. Er war sich jedoch vollkommen darüber klar, daß seine Beschwerden hauptsächlich durch die tristen und unsicheren Aussichten als Flüchtling in der Fremde bedingt, also psychischer Natur waren, wie er Ende Februar 1850 seinem Freunde Uhlig berichtete: „Die Krankheit war zum großen theil Gemüthskrankheit." Schuld daran hatte zunächst schon der Mißerfolg seiner zweiten Reise nach Paris, die er Ende Januar 1850 zu einem Zeitpunkt antrat, als er gerade wieder einmal an einer Bronchitis laborierte. Sie endete mit einer noch größeren Katastrophe als die erste, weshalb er im Zustande hochgradiger Gereiztheit bald wieder in Zürich eintraf. Und doch zeigte sich gerade jetzt am Horizont ein unerwarteter Lichtstreifen in Gestalt einer Frau, nämlich Julie Ritter aus Dresden, die Richard Wagner, der von ihren Söhnen und deren Studienkollegen Hans von Bülow verehrt wurde, eine jährliche Rente von fünfhundert Talern auszusetzen bereit war.
Diese hochherzige Gönnerin brachte unseligerweise und unbewußt eine Kette von Ereignissen in Bewegung, die zur ersten ehelichen Lebenskrise mit einem „geschädigten Dritten" führen sollte. Nachdem nämlich Frau Ritter die Andeutung gemacht hatte, eine gewisse Familie Laussot in Bordeaux für eine zusätzliche gemeinsame Hilfsaktion gewonnen zu haben, erreichte ihn im Februar 1850 die Einladung, in deren Haus persönliche Bekanntschaft mit ihr zu machen. Eugène Laussot war ein sehr vermögender

Weinhändler, dessen Frau Jessie , eine junge Engländerin mit ausgeprägten musikalischen Neigungen, Wagner bereits in Dresden anläßlich der *Tannhäuser*-Uraufführung umschwärmt hatte. Die befreundeten Familien Laussot und Ritter beschlossen auf Drängen Jessies, die Wagner vergötterte, ihm bis zur Besserung seiner materiellen Verhältnisse eine jährliche Rente von dreitausend Francs zukommen zu lassen. Doch bald kam es zu einer merkwürdigen, leidenschaftlichen Liebesaffäre zwischen Wagner und Jessie, die in dem Entschluß eskalierte, gemeinsam über Griechenland nach Kleinasien zu entfliehen. Nachdem man sich geeinigt hatte, die Hälfte der ihm zugesagten Rente seiner Frau Minna zu überlassen, kehrte Wagner vor der Ausführung dieses Planes noch einmal nach Paris zurück, ohne es gewagt zu haben, Minna in Zürich aufzusuchen. Stattdessen schrieb er ihr einen schmerzlichen Abschiedsbrief, in dem er ihr die endgültige Trennung – nicht aber die Scheidung – ankündigte.
Minna war fassungslos. Ihre Antworten finden sich in der Sammlung Burrell; im Mai schrieb sie unter anderem: „Mein ganzes Thun und Schaffen in unsrer Häuslichkeit war ja nur um Dir es recht zu machen, Dir zu gefallen und so von frühester Zeit an, that ich ja Alles aus Liebe, sogar meine Selbständigkeit die ich so hoch hielt, gab ich freudig auf, um Dir ganz angehören zu können. Was Dein geistiges Gedeihen betrifft, beglückt mich das Bewußtsein, daß Du Alles was Du Schönes geschaffen, nur in meiner Umgebung schufst, und darin verstand, begriff ich Dich vollkommen ... Ich würde mir es zum ewigen Vorwurf machen müssen, wenn ich Deinem Entschluß störend entgegen treten wollte und auf eine Wiedervereinigung mit Dir dringen würde."
Doch noch vor der geplanten Flucht hatte die Mutter Jessies alles deren Gatten anvertraut. Eugène war entschlossen, Wagner eine Kugel durch den Kopf zu jagen, doch kam es nicht mehr zu einer persönlichen Auseinandersetzung zwischen den beiden Kontrahenten, da Wagner inzwischen das Betreten der Stadt Bordeaux polizeilich untersagt worden war und er die Aufforderung beherzigen mußte, unverzüglich die Stadt zu verlassen.
Schon am 19. Mai befand er sich wieder auf schweizerischem Boden, wo er mit der Familie Ritter zusammentraf, die hochherzig und taktvoll den hochpeinlichen Zwischenfall überging. Auch zwischen Richard und Minna, die trotz neuer Beschuldigungen ob seines schändlichen Verhaltens ihre Bereitschaft zu einer Versöhnung erkennen ließ, wurde nach ihrer Wiedervereinigung nicht mehr über die Affäre Jessie Laussot gesprochen. Seine Züricher Freunde freuten sich über den Heimgekehrten, der bisher schon so folgenreich in das Musikleben der Stadt eingegriffen und bedeutende Reformen des Züricher Konzertlebens angeregt hatte. Alles bestärkte den Anschein, Wagner habe wieder zu sich selbst gefunden – und tatsächlich begann er, wie Gregor-Dellin erstmals entdeckte, am 12. August 1850 mit der Komposition von *Siegfrieds Tod.* Zur selben Zeit widmete er aber seine Hauptkraft seinem umfangreichsten und bedeutendsten kultur- und kunsttheoretischen Werk, *Oper und Drama,* das in drei Bänden angelegt wurde und vollständig erst Anfang 1852 erschien. Er versuchte darin zu

zeigen, weshalb seine Kunst als Musikdramatiker den französischen Begriffen von Kunst und Publikum widersprechen mußte. Hauptgedanke all seiner Kunstschriften der Jahre 1849 bis 1851 war der allmähliche Verfall der Menschheit beginnend mit der Antike, der mit dem Verlust des altgriechischen Dramas einherging. Auf dieser Basis entwickelte er seine Vision, die mit seiner „Regenerationslehre" eng zusammenhing – nämlich durch Kunst ein neues Gemeinschaftserlebnis erzielen zu können. Im Unterschied zum griechischen Drama kann im Sinne seiner Erlösungsvorstellungen das Kunstwerk der Zukunft nicht mehr auf das Orchester als den „Boden unendlichen, allgemeinen Gefühles" verzichten, um ein neues Gemeinschaftserlebnis zu ermöglichen. „Die höchste gemeinsame Kunst ist daher das musikalische Drama." Die Quintessenz von Wagners Dramentheorie lautet nach Gregor-Dellin demnach: „Dichterisch ist nur, was vollkommen im musikalischen Ausdruck aufgeht, also sangbar und motivisch erfaßbar ist. Musikalisch ist nur, was der Verwirklichung und dem Ausdruck der dichterischen Absicht dient. Richard Wagner will eben beweisen, daß seine Kompositionsmethode psychologisch mehr leistet und zum Verständnis des menschlichen Wesens beiträgt und aus einer Art ‚Weltwillen' hervorgehend mit der Erneuerung der Gesellschaft in einem besonders innigen Zusammenhang steht. Doch so vollkommen auch sein theoretisches System sein mag, so sehr beinhaltet es auch den Nachteil jedes Monomanen, nämlich alles in einem einzigen Gedankengebäude unterbringen zu wollen."
Im Jahr 1850 wurde auch seine Schrift *Das Judentum in der Musik* veröffentlicht – nach Gregor-Dellin zwanzig Seiten schauerlichster Prosa, wie ein Gift nach einer Krankheit ausgeschwitzt. Mit diesem Pamphlet übelster Art hat Wagner die Grenze zwischen traditioneller und moderner Judenfeindschaft eindeutig überschritten. Wenn er auch durch die rabiate Zuspitzung der politischen und rassistischen Agitation gegen die Juden später nachdenklich gestimmt wurde und sich in seinem Brief vom 23. Februar 1881 an den befreundeten jüdischen Theaterdirektor Angelo Neumann in Berlin von der „gegenwärtigen antisemitischen Bewegung" klar distanzierte, wie er sich auch in seinen letzten Lebensjahren „eine stark mystizistisch gefärbte Rassenideologie" zu eigen machte, die mit einem militanten Antisemitismus im modernen Sinne, wie Dieter Borchmeyer schreibt, eigentlich unvereinbar war, zielte sie doch auf eine Überwindung der Rassengegensätze im Geiste des „Blutes Christi". Wagners vordringliches Argumentationsziel war es, die Unmöglichkeit einer echten Assimilation der Juden aufzuzeigen, womit er die Kardinalthese des modernen Antisemitismus in seinem Aufsatz vorwegnahm: Die Emanzipation habe nicht zur Aufgabe der Sonderstellung der Juden geführt, sondern die ursprüngliche Unterdrückung sei in eine Herrschaft der Juden umgeschlagen, indem sie nun als homogene Gruppe Politik, Wirtschaft und Kultur von einer Monopolstellung aus zu beherrschen versuchten. In seiner Kritik am Liberalismus schrieb er, daß man sich jetzt anstelle eines ursprünglichen liberalen Kampfes für die Emanzipation der Juden darauf konzentrieren müsse, für die „Emanzipation von den Juden" zu kämpfen.

„… von frühester Zeit an, that ich ja Alles aus Liebe": Minna Wagner, um 1850.

Natürlich galt Wagners Angriff vornehmlich der Rolle der Juden in der Musik, die für ihn nur das Paradigma einer „depravierten, kunstfernen und bloß noch von Marktgesetzen bestimmten Zivilisation" bedeutete, und mit den Namen Meyerbeer und später auch Mendelssohn beispielhaft belegt wurde. Aus dieser depravierten Zivilisation zum utopischen Ideal des Kunstwerkes der Zukunft zu gelangen, gab es für Wagner nur eine Möglichkeit für die Juden, nämlich die „Erlösung durch Selbstvernichtung". Ich möchte an dieser Stelle nochmals mit einem Hinweis auf Dieter Borchmeyer betonen, daß diese Metaphorik von Vernichtung und Untergang nichts mit dem Gedanken an einen Genozid zu tun hatte, wie dies immer wieder in neueren, wissenschaftlich unlauteren Spekulationen versucht wird. Wie abwegig solche Gedanken sind, beweist der Jude Ludwig Börne, an den Wagner in diesem Zusammenhang erinnerte: „Aus seiner Sonderstellung als Jude trat er Erlösung suchend unter uns: er fand sie nicht und mußte sich bewußt werden, daß er sie nur mit auch unserer Erlösung zu wahrhaften Menschen finden können werde. Gemeinschaftlich mit uns Mensch werden, heißt für den Juden aber zu allernächst so viel als: aufhören, Jude zu sein." So abgeschmackt diese Vorstellung auch sein mag, so zeigt sie doch unverkennbar, daß mit dem Wort „Selbstvernichtung" keine physische Auslöschung des Lebens, sondern der symbolische Akt einer „mystischen Umwandlung des ganzen menschlichen Wesens" gemeint war, weshalb Wagner ja auch ausdrücklich von einer „Wiedergebärung" gesprochen hat. Mit diesem Gedankengang verbündete er sich trotz der tiefen weltanschaulichen Kluft mit Karl Marx, der dialektisch zu beweisen versuchte, daß „die Judenfrage nicht durch Assimilation der Juden an den Menschen der bestehenden Gesellschaft zu lösen ist, sondern durch ‚Aufhebung' des Judentums im Prozeß einer allgemeinen Überwindung der menschlichen Selbstentfremdung". Im Grunde verlagerte Wagner das ganze Problem in eine ästhetische Erlösungslehre, deren Ziel – wie Dieter Borchmeyer dies darzulegen versuchte – die Aufhebung des Rassenunterschiedes ist. So gesehen weicht Wagners Judengegnerschaft grundlegend vom Rassenfanatismus ab, der seit der Jahrhundertwende in den Vordergrund getreten war und politisch in Programme einer Rassenzüchtung ausartete. Gerade aber solchen Tendenzen trat Wagner in seinen letzten Jahren unmißverständlich entgegen, indem er die Hoffnung zum Ausdruck brachte, daß „das Prinzip der ‚Rassenstärke', ja die ‚Rassen' überhaupt ihre weltgeschichtliche Rolle bald ausgespielt haben" würden.

Der Hinweis, daß es Antisemitismus damals nicht nur von rechts und nicht nur in Deutschland, sondern auch in Frankreich gab, wo sich zahlreiche antisemitische Äußerungen bei den Frühsozialisten, etwa bei Pierre-Joseph Proudhon ebenso wie bei Karl Marx, finden lassen, kann nicht als Legitimation für Richard Wagners Ressentiment gegen die Juden geltend gemacht werden. Seine verbalen Entgleisungen und seine haßerfüllte Verteufelung der Juden hatten Formen angenommen, die eines gebildeten und kultivierten Menschen unwürdig waren und von der Nachwelt nicht entschuldigend hingenommen werden sollten. Dies gilt auch für das Argument Gregor-

Dellins, daß Wagner dieser Verteufelung der Juden vor allem deshalb erlag, „weil er nur mit ihr die zeitgenössische Musik verächtlich machen konnte. Religion und Politik brachten ihn nicht in Harnisch: in der Religion seien die Juden ‚längst keine hassenswerten Feinde mehr', und in der Politik gebe es keine Konflikte. Aus der Kunst aber vermochte er sie nur durch den Appell an die Emotionen, durch den Aufruf der niedrigsten Instinkte gegen das ‚unwillkürlich Abstoßende' des Juden zu vertreiben."
Nach dem Erfolg der Weimarer Uraufführung des *Lohengrin* begann sich – nicht zuletzt dank Franz Liszts eifriger Werbung – im deutschsprachigen Raum ein erster allgemeiner Ruhm Richard Wagners als Opernkomponist bemerkbar zu machen. Ganz besonders galt dies auch für sein Gastland, wo im Mai 1853 zu seinem vierzigsten Geburtstag das Zürcher Theater eine Art von „Wagner-Festspielen" veranstaltete, bei denen unter Mitwirkung von Sängern und Instrumentalisten aus allen Teilen Deutschlands seine drei Operndichtungen *Der fliegende Holländer, Tannhäuser* und *Lohengrin* aufgeführt wurden. Dieses freudige Ereignis sowie der Abschluß seiner musiktheoretischen Schriften trugen dazu bei, endlich wieder den Musikdramatiker in ihm zu wecken. So entstand in diesen Züricher Tagen die Dichtung des *Nibelungenrings,* die er bereits im Herbst 1852 vollendete.
Mittlerweile fühlte sich Wagner, abgesehen von überspannten Nerven, wegen seiner häufigen Erkältungen und funktioneller Darmentleerungsstörungen so hergenommen, daß er, dem Rat seines Freundes Uhlig folgend, sich mit den „Wasserheilverfahren" vertraut machte. Schon am 20. Januar 1851 bezeichnete er sich in einem Brief als „ein halber Wassermann", und er scheint Uhligs „Rath mit dem Neptungürtel" – die Anwendung feuchtkalter Prießnitz-Umschläge – so eifrig betrieben zu haben, daß ihm ein wassertherapeutisch erfahrener Arzt eine Unterbrechung dieser Behandlung empfehlen mußte. Der Grund hiefür könnte ein im Frühjahr aufgetretener Hautausschlag gewesen sein, der sich „über den ganzen Leib ausdehnte" und mit „vormittags anzuwendenden" Schwefelbädern behandelt wurde. Am 15. September begab sich Wagner schließlich zu einer Wasserkur nach Albisbrunn. Hier befolgte er im festen Glauben an einen durchschlagenden Erfolg die bis ins kleinste Detail vorgeschriebenen Maßnahmen des behandelnden jüdischen Arztes Doktor Brunner – angefangen mit einer „Wasserdiät" ohne alkoholische Getränke, Kaffee oder Tee, mit kalten Suppen und trockenem Brot, bis zu feuchten Kompressen, kalten Wannenbädern und mehrstündigen Fußmärschen. Dazu kamen noch täglich mehrere kalte Klistiere, die ihm angeblich sehr gut bekamen. Seine anfängliche Begeisterung, „mein Magen, der bereits bedenklich schlecht wurde, ist gut: ich fühle mich im Unterleibe leicht", legte sich jedoch bald, da schon drei Wochen nach Beginn der Kur eine „Krisis mit Fieber", wie er sich ausdrückte, einsetzte, die von ausgedehnten, von ihm als Flechten interpretierten Hauterscheinungen begleitet wurde. Doch obwohl noch zu Beginn des November „die ganze Haut juckte" und jetzt die Flechten sogar schmerzhaft waren, scheint er noch immer an einen Erfolg der Kur geglaubt zu haben, denn er berichtete Minna am

17. November, daß zwar die Flechten noch immer „in ziemlicher Blüthe stehen, der aufgetriebene Unterleib dagegen gänzlich verschwunden ist und die Verdauung immer regelmäßiger und mit einem gewissen Wohlgefühle von Statten geht". Selbst nach seiner Rückkehr nach Zürich schrieb der inzwischen beträchtlich abgespeckte Patient in einem Brief vom 29. November begeistert: „Die Kur hat an mir Wunder bewirkt, meine Kopfheiterkeit und Wohlfühligkeit des ganzen Leibes erschließen mir eine neue Welt." Erst im folgenden Januar 1852 meinte er selbstkritischer, er habe sich wohl „in der Kur übernommen", und zwei Monate später gestand er, daß sein „anfänglicher starker Glaube an R. (gemeint ist damit J. H. Rausse, der als Hydrotherapeut ein Buch über sein „Wasserheilsystem" verfaßt hat. *Anm.d.Verf.*) in diesem Bezuge mich zu lächerlichen Selbstquälereien und absurden Behauptungen verführt hat". Seither erlahmte seine Leidenschaft für Wasserheilkuren zusehends, weshalb er sich während eines Kuraufenthaltes im Juli 1852 auf dem Zürichberg auf Wannenbäder beschränkte und sich sogar täglich wieder ein Glas Wein gönnte. Trotz wiederholter Klagen über sein körperliches Befinden verfügte er über beachtliche Kraftreserven, wie seine Wanderungen im Hochgebirge im Spätsommer jenes Jahres beweisen, die zum Teil riskante Gletscherüberquerungen miteinschlossen.

Der Einfluss Schopenhauers

Im Herbst 1854 stieß Wagner auf Arthur Schopenhauers Jugendwerk *Die Welt als Wille und Vorstellung,* eine Schrift, die dieser bedeutende Philosoph im Alter von dreißig Jahren verfaßt hatte und die Wagners Gedankenwelt entscheidend befruchten sollte. Nicht ohne Grund schrieb deshalb Thomas Mann etwas sarkastisch: „Schopenhauer ist recht etwas für junge Leute – gewiß aus dem Grunde, weil seine Philosophie die Konzeption eines jungen Mannes ist." In der Tat ist Schopenhauers Philosophie nur aus der geschichtlichen Konstellation heraus zu erklären, weshalb sie auch ihren fruchtbaren historischen Augenblick in der Periode nach dem Scheitern der europäischen Revolution fand, in welcher enttäuschte oder gescheiterte Revolutionäre dringend einen Tröster benötigten. Angeregt wurde Wagner zum Studium Schopenhauers von seinem Freund Georg Herwegh, der 1842 als gefeierter revolutionärer Lyriker durch die deutschen Lande gezogen war und jetzt als politischer Emigrant in der Schweiz lebte. Als Exilgefährte Richard Wagners schloß dieser unbeugsame Streiter, der sogar als äußeres Zeichen seiner Verdienste als Revolutionär zum Ehrenkorrespondenten der Ersten Sozialistischen Internationale ernannt wurde, mit dem in weiten Belangen gleichgesinnten Komponisten eine echte Freundschaft, deren Diskussionsthemen unter anderem natürlich auch das Scheitern der Revolution in Frankreich beinhalteten. Erhofften sich doch beide, daß die Beseitigung der bestehenden Ordnung von Paris aus seinen Anfang nehmen werde, wo der Neffe Napoleon Bonapartes, Charles Louis, 1848 zum Präsidenten der Republik gewählt worden war. Doch wie brutal wurden solche Hoffnungen zunichte gemacht, als der Präsident im Dezember 1851 einen Staatsstreich unternahm, der ihm diktatorische Vollmachten einräumte und ihm die Möglichkeit schuf, den bewaffneten Widerstand in Paris blutig niederzuschlagen. Das endgültige Aus aller republikanischen Hoffnungen bedeutete schließlich die Ausrufung des Diktators zum Kaiser Napoleon III., wodurch „der geschichtliche Aktivismus in Weltnegation und Entsagung umschlug". In der Philosophie der Entsagung, der „Verneinung des Willens", glaubte nun auch Wagner seine eigenen Stimmungen und Einsichten wiederzuerkennen. Wörtlich schrieb er im Dezember 1854 an Franz Liszt: „Wenn ich auf die Stürme des Herzens, den furchtbaren Krampf, mit dem es sich – wider Willen – an die Lebenshoffnung anklammerte, zurückdenke, so habe ich dagegen doch nur ein Quietiv gefunden, das mir endlich in wachen Nächten einzig zu Schlaf verhilft; es ist die herzliche und innige Sehnsucht nach dem Tode: volle Bewußtlosigkeit, gänzliches Nichtsein, Verschwinden aller Träume – einzigste endliche Erlösung ... So werde ich immer reifer: nur zum Zeitvertreib spiele ich noch mit der Kunst." Es ist nicht allzu schwierig, zu dieser psychischen Haltung Wagners den *Tristan* in Beziehung zu setzen. Daß der Plan zu diesem Werk von einem Entbehrenden und nicht von einem Liebenden entworfen wurde und Mathilde Wesendonk später sich als die auslösende, freisetzende Kraft erwies, geht aus dem erwähnten Brief an Liszt vom Dezember 1854 hervor, in welchem Wagner dezidiert schrieb: „Da ich aber nun doch im Leben nie das eigentliche Glück der Liebe genossen habe, so will ich diesem schönsten aller Träume noch ein Denkmal setzen, in dem von Anfang bis zum Ende diese Liebe sich einmal so recht sättigen soll: ich habe im Kopf einen ‚Tristan und Isolde' entworfen." Aber auch mit der inneren Zwiespältigkeit des *Nibelungenrings* wird verdeutlicht, wie sehr Schopenhauer zum wichtigen Faktor für die weitere geistige Entwicklung Wagners wurde. Er stufte diesen Philosophen höher ein als Immanuel Kant, und es ist bezeichnend, daß er – gewissermaßen zum Trost – dem noch immer im Zuchthaus zu Waldheim schmachtenden ehemaligen revolutionären Mitstreiter und Freund August Röckel ein Exemplar von *Die Welt als Wille und Vorstellung* zusenden ließ.

Hatte sich Wagner von 1848 bis 1853 so gut wie ausschließlich als Agitator der Revolution, als Kulturphilosoph und Publizist betätigt, so entfaltete er nun eine geradezu erstaunliche schöpferische Potenz. Nachdem er Mitte Dezember 1852 die Textfassung des gesamten *Nibelungenrings* abgeschlossen hatte, beendete er zwischen November 1853 und Juli 1857 die Komposition des *Rheingolds,* der *Walküre* und des *Siegfried,* wozu sich noch die Dichtung und beginnende Komposition des *Tristan* sowie die fünf *Wesendonk-Lieder* gesellten. An vier aufeinanderfolgenden Abenden im Februar 1853 las er trotz einer Erkältung, die von seinem neuen Arzt Dr. Konrad Rahn-Escher behandelt wurde, einem erlesenen Kreis von Zuhörern die gesamte Textfassung zum *Ring des Nibelungen* vor. Dem begeisterten Auditorium gehörten auch die Familie Wille sowie das Ehepaar Wesendonk an.

Otto und Mathilde Wesendonk stammten beide aus sehr reichen Kaufmannshäusern im Rheinland, die 1851 nach Zürich übersiedelt waren. Otto Wesendonk war ein verständnisvoller und vor allem äußerst großzügiger Mann, während Mathilde, geborene Luckemeyer, eine verwöhnte, jedoch durchschlagskräftige Frau war, die nicht nur musikalisch begabt, sondern auch außerordentlich kultiviert und romantischen Dichtungen gegenüber sehr empfänglich war, wie ihre oben erwähnten, von Wagner vertonten Gedichte – die *Wesendonk-Lieder* – erkennen lassen. Obwohl allem Anschein nach die Ehe Wesendonk harmonisch verlief, dürfte Mathilde die eigentlich treibende Kraft in der sich anbahnenden Beziehung mit Richard Wagner gewesen sein. Dies läßt sich nicht nur aus dem Vergleich der Briefe und Tagebucheintragungen des Künstlers mit Mathildes späteren Erinnerungen erschließen, sondern auch aus dem Verhalten Wagners seiner schwer herzleidenden Gattin Minna gegenüber, mit der er sich trotz der bereits lange zerstörten Ehe noch immer untrennbar verbunden fühlte. Er wollte beides haben, „den Gebrauchsgegenstand Minna und die hohe Liebe zu Mathilde" – wie Hans Mayer so treffend bemerkte, „eine Travestie des Tannhäuser-Themas". Für Minna, die seit der Übersiedlung in das kleine Haus, das sogenannte „Asyl auf dem grünen Hügel", das der Familie Wagner von Wesendonk zur Miete auf Lebenszeit auf dem von ihm erworbenen Grundstück zur Verfügung gestellt wurde, aus nächster Nähe stets von neuem erleben mußte, wie Mathilde ihren „Meister" begeisterte und er sie in seine Muse verzauberte, wurde diese Situation begreiflicherweise immer unerträglicher.

Doch zurück zum Jahr 1853: Wagner begab sich zunächst „zur Kräftigung der Nerven" zu einer dreiwöchigen Kur nach St. Moritz, um im September 1853 eine von Otto Wesendonk finanzierte Italienreise anzutreten, die ihn zunächst nach Genua führte, wo ihn eine heftige „Dysenterie" befiel. Der berichtete Durchfall hatte allerdings nichts mit einer echten Dysenterie zu tun, sondern war offensichtlich durch verdorbenes Speiseeis ausgelöst worden. Auf der Fahrt mit dem Dampfschiff nach La Spezia wurde er zudem seekrank, so daß er sich in ziemlich angeschlagenem Zustand am Zielort zunächst etwas erholen mußte. Die Rückreise plante er entlang der Riviera bis Nizza, doch kam ihm unterwegs, wie er August Röckel brieflich benachrichtigte, die Einsamkeit in dieser Fremde „so sehr zu Gemüth, daß ich plötzlich in Folge eines rein körperlichen Übelbefindens in tiefe Melancholie sank und nicht schnell genug nach Hause reisen konnte". Bei seinem Eintreffen in Zürich am 10. September war er, wie er Franz Liszt wissen ließ, „unwohl, verstimmt, zum Sterben bereit". Trotzdem begab er sich nach einem Kurzbesuch in Baden, wo Minna zur Kur weilte, nach Paris, wohin auch sie Ende Oktober nachkam. In der französischen Metropole kam es zu einem eigenartigen zufälligen Zusammentreffen mit jenen Frauen Wagners, die, wie Gregor-Dellin schreibt, die Grazien, Musen und Parzen seines Lebens wurden: Nachdem er durch Franz Liszt und dessen Geliebte Fürstin Carolyne von Sayn-Wittgenstein deren sechzehnjährige Tochter Marie kennengelernt hatte – „jene märchenhafte Blume, welche ein dämmerndes Geheimnis im Kelche trug" –, trafen auch die Wesendonks in Paris ein, womit der Frauenreigen um Wagner geschlossen war.

Unterdessen hatten sich in Zürich Berge von unbezahlten Rechnungen angehäuft, bei deren Begleichung Otto Wesendonk bisher immer wieder großzügig ausgeholfen hatte. Doch nun fand seine Gutmütigkeit ein Ende; am 26. Juli 1854 ließ er Sulzer wissen: „Soviel ist klar: ihm selbst darf kein Geld in die Hand gegeben werden. Von Anfang an hatte ich schon vor, die Fonds an Madame Wagner zu geben, es schien mir aber zu demütigend." Gemeinsam mit Dr. Jakob Sulzer, der in Zukunft die Verwaltung aller Einnahmen und Ausgaben übernehmen sollte, wurde eine Vereinbarung getroffen, wonach Wesendonk die insgesamt sechstausend Franken ausmachenden Schulden zu zahlen bereit war und zusätzlich auf eine Zahlung von zweitausend Franken jährlich einging – unter der Voraussetzung, daß die für Wagners Opern eingehenden Honorare Wesendonk zuflossen. Diese Vereinbarung bestätigte Wesendonk am 14. Oktober in einem Schreiben an Sulzer: „Ich wiederhole, daß ich in Zukunft auf Weiteres mich nicht einlasse. Des Ärgers ist genug gewesen für Sie und mich, und endlich muß man abgehärtet werden."

Nach einem viermonatigen Aufenthalt in London, wo er insgesamt acht Konzerte dirigierte und auch der revolutionären Politikerin und Schriftstellerin Malwida von Meysenbug begegnete, die freiwillig nach England ins Exil gegangen war, traf Wagner am 20. Juni 1855 wieder in Zürich ein. Da ihm von den Honoraren in London nur eintausend Franken übrig blieben, wandte er sich mit der Bitte um ein Darlehen an seine Nichte Franziska, die Tochter seines ältesten Bruders Albert. Dieser jedoch erteilte ihm eine herbe Abfuhr, die zum endgültigen Bruch zwischen den beiden Brüdern führte. Albert warf ihm die Unverfrorenheit vor, seine Mitmenschen nur so lange seiner Beachtung würdig zu halten, als sie ihm nützlich sein konnten, und wenn sie in seinen Augen ausgedient hätten, würden sie ohne jedes Dankbarkeitsgefühl aus seinem Gesichtskreis gestrichen. Wörtlich teilte er Wagner mit: „So sehr ich dein Talent achte und liebe, so wenig ist das der Fall mit deinem Charakter." Möglicherweise war diese Demütigung durch seinen Bruder der auslösende Faktor für den ersten Schub seines als Gesichtsrose gedeuteten Hautleidens, das während der folgenden sechs Monate im Abstand von Tagen oder wenigen Wochen insgesamt dreizehn Mal wieder auftrat und ihn zeitweilig bettlägerig machte. Schließlich faßte er den Entschluß, einen Klimawechsel vorzunehmen, wofür ihm Mornex in der unmittelbaren Nähe von Genf „wegen der guten Luft" am besten geeignet schien. Der von ihm konsultierte Arzt Dr. Vaillant, der dort eine Wasserheilanstalt betrieb und der seit der Behandlung Gioacchino Rossinis als medizinische Kapazität eingestuft wurde, riet, sowohl jede Art von Trinkkuren mit Mineralwässern als auch die Anwendung von heißen Schwefelbädern zu meiden. „Dies alles wird Sie nur noch mehr aufregen. Sie bedürfen nichts als der Beruhigung", meinte Vaillant, der offenbar ein ausgeprägtes psychologisches Gespür besaß. Tatsächlich kam es fast ein Vierteljahrhundert lang zu keinem neuerlichen Auftraten dieser „Gesichtsrose". Die Besserung seines Allgemeinbefindens hielt allerdings nur bis November 1856 an, wie man durch eine Notiz in seinem sogenannten „braunen Buch" informiert wird, wonach er „krank und schlechter Stimmung" war. Er versuchte mit „Einpackungen alle acht Tage" eine Besserung zu erzielen, die jedoch erst im Frühjahr 1857 allmählich einsetzte.

Im August dieses Jahres wurde auch die Villa Wesendonk auf dem grünen Hügel fertiggestellt, ein Prachtbau im Renaissance-Stil, wie er jener Zeit des Historismus eben entsprach. Damit rückte nicht nur das „Asyl", welches das Ehepaar Wagner bereits kurze Zeit vorher bezogen hatte, in unmittelbare Nähe der Wesendonks, sondern es entwickelte sich auch eine sehr enge „schwärmerisch-geistige" Beziehung zwischen Richard und Mathilde, die Otto Wesendonk nicht verborgen bleiben konnte, von ihm aber zunächst großzügig akzeptiert wurde. Anders sah natürlich Minna, in leidvoller Erinnerung an die Affäre Jessie Laussot, die sich anbahnende Liaison zwischen den beiden. Bei Abendgesellschaften anwesende Gäste bemerkten unschwer, welche Wirkung die „schöne Erscheinung" Mathildes und ihre „weiblich anmutige und poetisch sinnige Natur" auf Richard Wagner hatte. Obwohl sich der Gastgeber in Toleranz und Zurückhaltung übte, fühlte Wagner dessen innere Ablehnung ihm gegenüber, was er mit einer seinem Charakter entsprechenden Unverfrorenheit später in seinen Memoiren offen bekannte: „Ich hatte schon öfter bemerkt, daß Wesendonk, in seiner rechtschaffenen Ungebildetheit, durch mein Heimischwerden in seinem Haus sich beunruhigt fühlte." So schätzte er jenen Mann ein, der ihn schon jahrelang in großzügigster Weise finanziell unterstützte! Wesendonk reagierte erst, als Wagner am 31. Dezember Mathilde die Kompositionsskizze für den ersten Akt von *Tristan und Isolde* überreichte und es wagte, folgende freimütige Widmung zu verfassen: „Was Tristan und Isolde klagten, ihr Weinen und ihr Küssen, lege er ihr zu Füßen, daß sie den Engel loben, der mich so hoch erhoben."

Die Atmosphäre in der Villa nahm explosiven Charakter an, was Wagner veranlaßte, sich durch Flucht eventuellen Auseinandersetzungen zu entziehen. Als er nach einem fünfwöchigen Aufenthalt in Paris nach Zürich zurückkehrte, mußte er erfahren, daß Mathilde Italienischunterricht bei einem neapolitanischen Professor für italienische Literatur begonnen hatte, der sich obendrein aus Wagner und seiner Musik nichts machte. Beide Rivalen empfanden zunehmende Eifersucht, die in einer gereizten Stimmung zum Ausdruck kam und am 6. April 1858 im Verlaufe einer Abendunterhaltung zu einem peinlichen Eklat ausartete. Schon am folgenden Tag sandte Wagner einen reumütigen Entschuldigungsbrief an Mathilde. Dieser zog allerdings verhängnisvolle Folgen nach sich. Die ahnungsvolle Minna bestach nämlich den als *postillon d'amour* fungierenden Gärtnerburschen und gelangte so in den Besitz dieses Schreibens, in welchem ganz offen von Liebe und Eifersucht die Rede war: „Sehe ich Dein Auge, dann kann ich doch nicht mehr reden; dann wird doch Alles nichtig, was ich sagen könnte

… Dann ist Alles Eins und Einig, tiefe, unermeßliche Harmonie! … Sei mir gut und vergib mir mein kindisches Wesen von gestern: Du hast es ganz richtig so genannt. Nimm meine ganze Seele zum Morgengruß."
Erstaunlicherweise ließ sich Minna durch die versöhnlichen Worte Richards noch einmal beschwichtigen, und sie ließ sich geduldig sogar zu einer Kur in die Anstalt von Dr. Adolf Erismann im Schloß Brestenberg überreden, „damit sich ihre Herzkrankheit nicht verschlimmere".
Es klingt wohl beschönigend, wenn Gregor-Dellin aus den Briefen Wagners an seine Frau das Bemühen herauslesen will, sie damit zu beruhigen und zu versöhnen. In Wahrheit war sein Schreiben ungemein hart und beleidigend. Heißt es doch in seinem Brief vom 23. April 1858 fast zynisch: „Nochmals rufe ich Dir zu und wiederhole es tausend mal, hab' Geduld, und vor allem auch hab' Vertrauen. Wenn Du wüßtest, wie Du mich mit dem Mangel des Letzteren quälst, Du würdest es gewiß bereuen … Ich verzeihe Dir dieß (!) zunächst um des gräßlichen Gesundheitszustandes willen, der Dich fast unzurechnungsfähig machte." Und vier Tage später wurde er richtig rabiat: „Dieß, liebe Minna, ist das Datum, an dem ich mich entschlossen habe, mich nicht in eine Wasserheilanstalt, sondern in ein Narrenhaus bringen zu lassen – denn dahin scheine ich einzig noch zu gehören. Mit allem was ich sage oder schreibe, und wenn ich es am besten meine, richte ich nichts wie Unglück und Mißverständnisse an. Mein Gott im Himmel, was soll ich nur endlich thun, um Dich zufrieden zu stellen." Sein Groll erklärt sich daraus, daß Minna seine Warnung vor törichten Schritten, die allen Beteiligten nur Schaden zufügen könnten, nicht beachtete. Minna suchte nämlich ohne Umschweife Frau Wesendonk auf und konfrontierte sie mit den Worten: „Wäre ich eine gewöhnliche Frau, so ginge ich mit diesem Briefe zu Ihrem Mann." Die Antwort Mathildes, die mit Ihrem Gatten eine intakte Ehe führte, war eine wahrheitsgetreue Schilderung des Vorfalles ihm gegenüber, und man einigte sich, Wagners „Mystifikationen" seiner Beziehungen gemeinsam zu verurteilen. Eine sofort angetretene Reise des Ehepaares nach Italien sollte dies bestärken.
Anläßlich eines Besuches in Brestenberg Ende Mai, wo Minna noch immer wegen Herzrhythmusstörungen zur Kur weilte, mußte Wagner feststellen, daß seine Gattin die vorgefallenen Ereignisse keiner Erwähnung mehr wert erachtete. Diese ihre „gewisse unangenehme Leichtfertigkeit" verletzte seine Eitelkeit offenbar so sehr, daß er sich gezwungen fühlte, ohne Rücksicht auf ihr Herzleiden den Hausstand im „Asyl" aufzulösen, was die endgültige Trennung bedeutete. Wahrscheinlich war es ihre Krankheit, die sie vor einer Scheidung zurückschrecken ließ. Wagner glaubte in ihrer „weichen und würdigen Klage" ein Zeichen „liebevoller Demut" zu erkennen, weshalb er eine Wendung zum Guten noch immer für möglich hielt. Minna sah die Dinge jedoch anders, wie sie der Gattin Georg Herweghs berichtete: „Ich wollte, ich wäre nicht dort gewesen; bis die Nacht um zwei Uhr hat der liebe Richard seine Galle gegen mich ausgeschüttet."

Die Gatten hatten sich schon längst auseinandergelebt, und die bevorstehende Trennung wäre sicher auch erfolgt, wenn Mathilde nicht dazwischengetreten wäre. Am 2. August 1858 klagte Minna einer Freundin in Dresden ihre Lage mit den Worten: „Es ist keine Kleinigkeit, wenn man beinahe 22 Jahre verheiratet ist und eine Trennung bevorsteht. Läge es an mir, so versichere ich Ihnen, geschähe es gewiß nicht ... Richard hat zwei Herzen. Er ist umstrickt von der anderen Seite und hängt aus Gewohnheit an mir, das ist alles. Mein Entschluß ist nun, da dieses Weib es nicht ertragen will, daß ich mit meinem Mann zusammenbleibe und er schwach genug ist, ihr den Willen zu tun, abwechselnd in Dresden, dann in Berlin oder Weimar zu bleiben, bis mich entweder Richard oder der liebe Gott abruft." Minna löste den Haushalt auf, und da sie verschiedene Gegenstände am 19. August durch ein Inserat im Züricher Tagblatt zum Verkauf anbot, war mit einem Schlage der Familienskandal zum Stadtgespräch geworden. Vor ihrer Abreise nach Deutschland sandte sie noch einen undatierten Brief an Mathilde Wesendonk ab, in welchem sie schrieb: „Geehrte Frau! Mit blutendem Herzen muß ich Ihnen vor meiner Abreise noch sagen, daß es Ihnen gelungen ist, meinen Mann nach beinahe 22jähriger Ehe von mir zu trennen. Möge diese edle Tat zu Ihrer Beruhigung, zu Ihrem Glück beitragen ... Bei meiner Zurückkunft nach dreimonatlicher Abwesenheit erklärte mir mein Mann, daß ich mich mit Ihnen in persönlichen Verkehr setzen müßte. Ich gab nach einigen Exzessen auch nach ... nur ein abscheuliches Gerede, welches entstanden sei, sollte niedergeschlagen werden und – aufrichtig gestanden – nur das Asyl sollte erhalten bleiben. Doch vergebens, es war jedenfalls zu spät. Sie wollten es nicht und Sie hatten recht daran getan, es ist das Einzige, wofür ich Ihnen zu danken vermag. Nun wird Wagner auch wieder arbeiten, wovon er – was mich sehr schmerzte – lange Zeit so schmählich abgehalten wurde ... dies der einzige Wunsch einer unglücklichen Frau. M. Wagner."
Nach der Rückkehr der Wesendonks aus Italien am 2. Juni 1858 bat Otto den treulosen Freund um eine ernste Aussprache, deren Inhalt nicht bekannt ist. Es dürfte der Wunsch Otto Wesendonks gewesen sein, den persönlichen Kontakt abzubrechen – bei Wahrung einer abgekühlten freundschaftlichen Beziehung. Wagner schrieb vier Wochen später Mathilde, daß sie sich künftig nur mehr selten sehen würden: „Die ungeheuren Kämpfe, die wir bestanden, wie könnten sie enden, als mit dem Siege über jedes Wünschen und Begehren." Diese Verzichtserklärung erfolgte, nachdem er Mathilde noch wenige Tage zuvor die „gedachte Möglichkeit einer Vereinigung" vor Augen gehalten hatte. Er schlug vor, daß sich beide von ihren Ehepartnern scheiden lassen sollten, um miteinander eine Ehe einzugehen – ein Ansinnen, das Mathilde als ein „Sakrilegium" betrachtete. Als er viele Jahre später Cosima von dieser Affäre berichtete, machte er sich lustig über dieses Wort, wie er überhaupt sich später in häßlicher Weise über seine „erste und einzige Liebe", wie es noch in einem Brief an Eliza Wille vom Jahre 1863 heißt, äußerte. So bemerkte er am 5. April 1872 zu Cosima: „Von der Wesendonk wundert mich nichts, die ist unzurechnungsfähig, hat nie gewußt

worum es sich handelt." Wagners Lebensprinzip zufolge hatte eben die Muse Mathilde ihre Schuldigkeit getan, wie am Schluß der Partitur zur *Walküre* steht: „g. s. M.", übersetzt: „gesegnet sei Mathilde".
Am 17. August 1858 brach Richard Wagner nach dem Süden auf. Minna begleitete ihn in der Droschke zur Bahn, kniete sich im Wagen vor ihm nieder und küßte ihm unter Tränen die Hände. Mit mahnenden Worten, Milde und Edelmut zu zeigen, entstieg er dem Wagen, das Ziel Venedig vor seinen Augen.

Rastlose Wanderschaft

Sie sehen, ich bin so glücklich, wieder arbeiten zu können. Und das ist wahrlich ein Glück, wogegen eine bestimmte, ernste Krankheit kein so großes Unglück ist, weil auch sie den Geist befreit und die moralischen Kräfte in Thätigkeit setzt. Der übelste Zustand ist doch der, wo wir nicht eigentlich krank, aber doch gefesselt und beunruhigt sind, wo tiefes Unbehagen in der Berührung mit der Außenwelt sich einstellt, Forderungen und Wünsche sich geltend machen wollen, der Thätigkeitstrieb keinen rechten Anhalt findet, Alles verwehrt, Alles gehemmt, nichts gestattet ist, nichts sich fügt: wo so Leere und Trostlosigkeit, Verlangen, Sehnsucht – Wollen entsteht.

Brief an Mathilde Wesendonk, Venedig, 19. Jänner 1859

Mit dem Auszug aus dem „Asyl" am grünen Hügel von Zürich begann für Richard Wagner eine unruhige Zeit mit ständig wechselndem Domizil, die gefüllt war mit zahlreichen Plänen und Entwürfen. In Venedig, seinem ersten Fluchtpunkt, mietete er in seiner Großmannssucht ein ihm würdig erscheinendes Haus, nämlich den Palazzo Giustiniani am Canale Grande, in dessen gotischer Pracht ihm „alles etwas kaputt" vorkam, wie er Minna, als wäre nichts zwischen ihnen vorgefallen, mitteilte. Doch einen Vorteil hatte dieser Palast: er bot ihm wohltuende Ruhe und das Gefühl jener Einsamkeit, die ihm die richtige Stimmung verlieh, welche er zur Arbeit am *Tristan* benötigte. In seinem Tagebuch, das er seit dem 21. August für die zu jener Zeit noch immer schwärmerisch angebetete Mathilde führte, erwähnte er zum ersten Mal suizidale Gedanken, die ihn überkamen. Aus dieser Stimmung heraus „sollte die Welt die Klagen der leidenvollsten Wonne erfahren", und in dieser absterbenden Pracht „wird der Tristan vollendet, allem Wüten der Welt zum Trotz", wie er Mathilde am 2. September in einem Brief schrieb, den er allerdings ungeöffnet wieder retourniert bekam. Doch nur umso mehr verströmte seine „sublimierte, unbefriedigte Sexualität" in die überwältigende Musik des *Tristan.*
Im November 1858 erkrankte er an einer „Dysenterie", bei der es sich – zumal sie mit heftigen Magenbeschwerden verbunden war – wohl wieder einmal um funktionell

ausgelöste Durchfälle gehandelt haben dürfte. Zu jener Zeit litt Wagner außerdem an heftigen Schmerzen, die von einem „Beingeschwür" ihren Ausgang nahmen, das er selbst als ein „Furunkel" bezeichnete. Für Wagner hatte dieses Geschehen insoferne eine Bedeutung, als es seine von Österreich geforderte Auslieferung verhinderte. Da nämlich Venetien seit der Niederlage Napoleons I. der österreichischen Verwaltung unterstellt war, fand sich der Chef der Wiener Polizeibehörde, Freiherr von Fichtenstamm, berechtigt, dem Ersuchen des sächsischen Königs Johann – des Bruders von Friedrich August II. – nachzukommen und die sofortige Ausweisung des Flüchtlings Richard Wagner aus Venedig zu fordern. Der offenbar musikliebende Polizeidirektor von Venedig, Polizeirat Crespi, war jedoch der Ansicht (die sich mit der Meinung des behandelnden Arztes, Dr. Minitzsch, deckte), daß man diesem Ersuchen aus medizinischen Gründen nicht entsprechen könne: „Die Ärzte hatten ihm schon vor Jahren den Aufenthalt in einem südlichen Klima dringend angerathen, allein er war in seinem Schöpfungseifer nicht dazu bewogen. Da jedoch Gefahr auf dem Verzuge steht, indem seine Konstitution aufs Äußerste angegriffen ist, und geistiger sowie körperlicher Ruhe aufs dringlichste bedarf, so entschloß er sich endlich zu einem längeren Aufenthalte in Venedig, wo er eine entsprechende Lebensweise führt und jedem Umgang ausweicht … er hat der Dienerschaft den Auftrag gegeben, gar Niemanden vorzulassen, und es sind Fälle bekannt, daß er distinguierte Personen abweisen ließ." Da diese ausweichende Begründung dem diensteifrigen Herrn von Fichtenstamm nicht genügte, wiederholte er mit gleichzeitiger strenger Ermahnung seine Anordnung. Diesmal antwortete der Vorgesetzte Crespis, der Polizeichef Franceschini, wobei er seinem ablehnenden Bescheid noch einen weiteren Umstand zugrunde legte: „Hierzu gesellte sich vor einem Monate eine Art Rothlauf an einem Fuße, welcher ihn gänzlich am Ausgehen hindert … Seine Korrespondenz ist ziemlich ausgedehnt, beschränkt sich jedoch auf Direktoren größerer Theater und an den bekannten Komponisten Liszt."

Mathilde Maier, Wagners „Seelenfreundin", sollte seinen Haushalt in Wien führen.

Am 10. März 1859 meldete er Mathilde, die inzwischen seine Post wieder annahm, freudestrahlend und stolz: „Endlich bin ich gestern mit meinem zweiten Akte (des Tristan. *Anm.d.Verf.*), dem großen, allen so bedenklichen musikalischen Problem fertig geworden, und weiß es auf eine Art gelöst, wie noch keines. Es ist der Gipfel

meiner bisherigen Kunst." Und tatsächlich ist die Oper *Tristan und Isolde* bis heute trotz aller Motivverflechtungen und Beziehungen zu seinen anderen Werken einzigartig geblieben.
Inzwischen verschärften sich die Spannungen zwischen Österreich und Sardinien-Piemont so sehr, daß sich Österreich, durch die aufrührerischen Aktivitäten Garibaldis und Cavours in größte Unruhe versetzt, veranlaßt sah, seine Truppen in Norditalien massiv zu verstärken. Wollte Wagner bei den in Kürze zu erwartenden kriegerischen Auseinandersetzungen nicht unter die Räder kommen, mußte er Venedig schleunigst verlassen. Schon am 28. März traf er in Luzern ein, was auf diplomatischem Wege der obersten k.k. Polizeibehörde in Wien ebenso unverzüglich bekanntgegeben wurde wie den Dienststellen in Sachsen.
Als erstes unternahm er einen eintägigen Abstecher nach Zürich, um „in keiner Weise befangen" den Wesendonks einen offiziellen Besuch abzustatten, wie dies auch sechs Monate später anläßlich seiner Reise nach Paris geschah. Zu dieser Reise hatte ihn Liszt angeregt, dem er ohne Ressentiments antwortete: „So will mich denn also Deutschland mit Gewalt dem Feind zuschanzen." Seit er steckbrieflich verfolgt und von den deutsch-österreichischen Geheimdiensten ständig überwacht wurde, begann sich begreiflicherweise allmählich ein immer größerer Groll gegen die Machthaber in seiner Heimat bemerkbar zu machen, wie man einem Schreiben an Mathilde vom 30. April bereits entnehmen kann, als die Österreicher in Norditalien in Bedrängnis gerieten: „Denken Sie sich, daß ich allen Patriotismus zu verlieren fürchte und mich heimlich freuen könnte, wenn die Deutschen wieder tüchtige Schläge bekämen." Obwohl er in Paris mit seinen Kompositionen nicht erfolglos war, entwickelte sich seine finanzielle Lage immer katastrophaler. Wagner scheint, wie Gregor-Dellin schreibt, das Verhältnis zur Realität mehr und mehr verloren zu haben und unter dem Druck der anwachsenden Schulden kritiklos jedes Geld anzunehmen, das ihm angeboten wurde. Von der Großzügigkeit des im Notfall immer wieder als Rettungsanker dienenden Otto Wesendonk verwöhnt, verlor er jedes Augenmaß für das real Erreichbare und die Übersicht über seine prekäre finanzielle Situation. Ovationen, Jubel und glanzvolle Triumphe nach seinen Konzerten täuschten ihn über das dabei entstandene Defizit hinweg, das er selbst nach drei seiner Aufführungen am 10. Februar 1860 mit rund elftausend Francs bezifferte. Bei einer solchen Geschäftsgebarung konnte auch eine Frau Kalergis mit ihrem großzügigen Geschenk von zehntausend Francs nur eines der vielen offenen Löcher stopfen. Vielleicht erhoffte er sich von der Rückkehr Minnas, die er nach Paris einlud, geregeltere häusliche Verhältnisse. Angesichts ihres besorgniserregenden Gesundheitszustandes seit der Züricher Affäre, dem laut einem Gutachten Dr. Pusinellis ein organisches Herzleiden zugrunde lag, mag Wagner aber auch Reue empfunden haben, verbunden mit dem Wunsch, einiges von dem durch ihn verursachten Leid wiedergutzumachen. Da Minna jedoch erwartungsgemäß den übertriebenen Luxus ihres Gemahls nicht billigen konnte, sollte die finanzielle Misere nicht

ins Uferlose gehen, kam es schon bald nach ihrer Ankunft am 17. November 1859 zu den üblichen Zänkereien und häuslichen Auseinandersetzungen. Daran vermochte auch Malwida von Meysenbug, die sich mit Minna gut verstand und Wagner freundschaftlich sehr zugetan war, nichts zu ändern.
Kein Wunder also, daß sich so wie in Venedig, wo er „den üblen Zustand seines Unterleibs" durch das Trinken von Kissinger-Wasser zu lindern versuchte, auch jetzt in Paris sein altes Leiden wieder meldete, „welches namentlich im Unterleibe seinen Sitz zu haben schien". Man verordnete ihm deshalb „Ausritte in den Bois de Boulogne", die leider ähnlich endeten wie jene, die er in Venedig mit dem fünfundzwanzig Jahre alten Pferd Lisa unternommen hatte, das einfach umkehrte, wenn es keine Lust mehr zum Weitergehen empfand, „ohne im geringsten meiner Reiter-Ermahnungen zu achten", wie es in seinen späteren Erinnerungen heißt. Verständlicherweise verzichtete er von nun an endgültig darauf, mit seiner Reitkunst zu brillieren. In die Pariser Zeit fiel aber auch eine ernste Erkrankung, nämlich ein „typhöses Fieber", das ihn wochenlang ans Bett fesselte und zeitweilig mit echten Delirien einherging. Sein behandelnder Arzt, der überaus musikliebende Dr. Auguste de Gasparini, an den er durch Hans von Bülow empfohlen wurde, verordnete Senfwickel an den Beinen. Daß Wagners Zustand lebensgefährlich gewesen sein muß, erhellt daraus, daß man in der Annahme, er sei hoffnungslos verloren, Proben zum *Tannhäuser* absetzte. Schließlich genas Wagner unter der fürsorglichen Behandlung Gasparinis, der sicherheitshalber auch den Arzt der preußischen Gesandschaft in Paris zugezogen hatte, so daß man vier Wochen später, am 20. November 1860, die Proben zum *Tannhäuser* wieder aufnehmen konnte, wenngleich sich der Rekonvaleszent noch recht mitgenommen fühlte und über eine Sehschwäche klagte.
Die Uraufführung des *Tannhäuser* am 13. März 1861 endete jedoch mit einem regelrechten Skandal, bei dem es zu Differenzen zwischen dem kaiserlichen Hof Napoleons III. und der jungen legitimistischen Aristokratie kam. Und dies, obwohl die Gattin des österreichischen Botschafters, Fürstin Pauline Metternich, Wagners Protektorin war und Napoleon III. sowie Kaiserin Eugénie die Aufführung dieser Oper angeordnet hatten. Trotzdem war es kein vernichtender Durchfall für den Künstler Richard Wagner, da sich die überwiegende Mehrheit der Öffentlichkeit, allen voran der kaiserliche Hof, hinter ihn stellte. Inzwischen gelang es durch Vermittlung von Frau Kalergis bei dem sächsischen Gesandten in Paris, Freiherrn von Seebach, zu erreichen, daß Wagner von nun an Deutschland – mit Ausnahme des Gebietes von Sachsen – wieder betreten durfte. Bei einer Reise nach Bad Soden, wo sich Minna zur Kur aufhielt, betrat er zum ersten Mal nach elf Jahren wieder deutschen Boden. Kurze Zeit später meinte er Wesendonk gegenüber: „Von Ergriffenheit beim Wiederbetreten des deutschen Bodens habe ich leider auch nicht das mindeste verspürt: Gott weiß, ich muß wohl recht kalt geworden sein."
Obwohl er als Komponist ebenso wie als Dirigent zunehmend Erfolge errang, die bereits den Weltruhm vorausahnen ließen, suchte er vergeblich nach einem ruhenden

Pol in seinem Dasein. Voller Unrast pendelte er zwischen Paris, Weimar und Wien hin und her, um sich – da er in Paris nicht bleiben konnte – schließlich für die Umgebung von Mainz zu entscheiden, wobei die nahe Geldquelle in Gestalt des Schott-Verlages eine nicht unbedeutende Rolle gespielt haben dürfte. Dafür spricht schon die in diesem Hause am 5. Februar 1862 abgehaltene Lesung seiner inzwischen fertiggestellten Dichtung zu den *Meistersingern*, die angeblich eine „rhetorische Virtuosenleistung" war und bei den Zuhörern einen unvergeßlichen Eindruck hinterließ. Seine vorläufige Bleibe richtete er sich jedoch im nahegelegenen Biebrich am Ufer des Rheins ein, wo er in seiner Einsamkeit offenbar daran dachte, Minna wieder zu sich zu nehmen, wie eine Bemerkung in einem Brief an Bülow vom 16. Februar verrät: „Vermutlich werde ich auch nächstens wieder meine Frau heiraten." Noch kurz zuvor, als sie sich nach dem Pariser Tannhäuser-Skandal wieder trennten, bat er Minna, sich in das Unvermeidliche der endgültigen Trennung zu fügen; doch am 21. Februar 1862 stand sie wieder vor seiner Tür in Biebrich. Sie hätte es besser bleiben lassen sollen, denn sofort trugen sich wieder die unerbaulichsten Szenen zu, ausgelöst durch eine Post und ein verspätetes Weihnachtspaket von Mathilde Wesendonk. Die Auseinandersetzungen nahmen schließlich solche Formen an, daß Minna am 3. März überstürzt wieder nach Dresden zurückkehrte. „Es waren zehn Tage der Hölle", schrieb Wagner dem befreundeten Komponisten Cornelius. Wagner sah keinen anderen Ausweg mehr, als seinen Hausarzt und Freund Dr. Pusinelli zu bitten, mit Minna die Möglichkeit einer Ehescheidung zu besprechen. Entsetzt über dieses Ansinnen antwortete sie: „Ich habe Richard wiederholt schon vor Jahren gebeten, er soll machen, was er will, korrespondieren, mit wem er will, er soll mich nur nicht kränken und menschlich behandeln. Mehr verlange ich nicht und weniger kann ich nicht verlangen. Will er eine gänzliche Scheidung, so sage ich Nein. Er soll sich gedulden, bis Gott uns scheidet. Sie teurer Freund, bitte ich, ihm meine Meinung mitzuteilen. Entschuldigen Sie meine Schrift, ich zittere."

Zweieinhalb Jahre mußte Minna noch aushalten, bis es Wagner im Februar 1864 endlich gelang, ihr aufrichtig zu schreiben, wie es um ihre Ehe seit je bestellt war: „Das Leben ist so ernst und so furchtbar schwer: wer sagt immer klar, was das Rechte zu thun ist? Arme Minna! Das Schicksal hat Dich an einen der seltsamsten Menschen gebracht. Täglich mache ich die Erfahrung mehr, wie wenig ich eigentlich begriffen werde, wie allein und verlassen ich stehe! Welch Wunder, daß Du darunter zu leiden hast."

Kurz nach den „zehn Tagen der Hölle" nahm er die Komposition seiner Oper *Die Meistersinger* auf, doch obwohl die Arbeit an diesem Werk ihm leicht von der Hand ging, stellten sich schon nach wenigen Wochen wieder verschiedene Beschwerden ein. „Tot sein gefällt mir ganz wohl, aber leben und nie recht gesund sein, ist doch unangenehm", berichtete er Minna am 21. April 1862, obwohl er noch wenige Wochen zuvor die Korrespondenz zwischen ihnen für beendet erklärt hatte. Diesmal traten zu den üblichen Unterleibsbeschwerden Beklemmungen auf der Brust hinzu, für die der zugezogene Arzt keinen Grund anzugeben wußte. Die hübsche, junge und frauliche Mathilde Maier, die er in Mainz kennengelernt hatte, stand ihm wohl zur Seite, wehrte sich jedoch gegen „zu väterliche Zärtlichkeit" und wollte sich offenbar auf kein Liebesabenteuer einlassen, weshalb ihr Wagner am 20. Juni vielsagend schrieb: „So wirst Du ganz mein sein, wenn ich Dich auch nie besitzen darf."

Indessen bahnte sich ein ganz anderes, bedeutend folgenschwereres erotisches Abenteuer an. Anfang Juli trafen nämlich Hans von Bülow und seine Gattin Cosima in Biebrich ein. Cosima, eine der drei Töchter aus der Liaison Franz Liszts mit der Schriftstellerin Gräfin Marie d'Agoult, war 1855 als junges Mädchen nach Berlin in das Haus von Bülows Mutter gekommen. Gemeinsam mit ihrem Musiklehrer Hans von Bülow hatte sie 1856 die Berliner Erstaufführung des *Tannhäuser* erlebt, und von dieser Zeit an schwärmte sie enthusiastisch für Richard Wagner. Am 18. August 1857 wurde in Berlin die Ehe zwischen Bülow und Cosima geschlossen, nachdem der Bräutigam seinem einstigen Lehrer und künftigen Schwiegervater Liszt die etwas merkwürdig klingende Versicherung gegeben hatte, er werde sich für Cosimas Glück opfern und „sie notfalls auch freigeben". Die Hochzeitsreise führte sie über Genf nach Zürich, wo sie am 5. September in Wagners „Asyl" auf dem grünen Hügel einzogen. Schon nach wenigen Tagen stellte ihr Wagner Frau Wesendonk als „Heilige" vor, was Cosima die Gewißheit gab, daß der Platz einer Muse an Richard Wagners Seite besetzt war, wie Gregor-Dellin dies formulierte. In diesen Wochen, in denen er von drei Frauen – Minna, Mathilde und Cosima – umgeben war, entstand die vollständige Textfassung zum *Tristan*, die Wagner Mathilde mit der Versicherung überreichte, daß er die Fertigstellung der Urschrift für diese Oper einzig und allein ihr verdanke.

Inzwischen war das Verhältnis zu Mathilde sichtlich abgekühlt. War sie für den Beginn seiner Musik zum *Tristan* noch unverzichtbar gewesen, so ging die Fortsetzung in Venedig auch ohne ihre Mitwirkung vonstatten – Wagner arbeitete wie von einem Taumel der Musik besessen. Für den zweiten Akt mit seinem unauslotbaren Liebesnachtduett genügte ihm offenbar Mathildes Bild in seiner Seele, wie man seinen dreiunddreißig „Tagebuchbriefen" an sie, die er zwischen August 1858 und April 1859 schrieb, entnehmen kann. Sie erhielt zwar auch weiterhin die Bekenntnisse seines Herzens, doch unterdrückte er allmählich immer häufiger das traute „Du" in seinen an sie gerichteten Briefen, und es sollte nicht mehr allzulange dauern, bis er Cosima gestand, daß er das Verhältnis zu Mathilde „auch poetisch verschleiert habe, um dessen Trivialität nicht zuzugeben, doch sei ihm selbst das Poetische erstorben", und er würde nicht gerne daran erinnert. Mathilde erging es wie vielen anderen Personen, die Wagner einmal nahe gewesen waren: Nicht, daß das Wesentliche in den menschlichen Beziehungen sich weigerte, in sein Herz zu dringen; aber sein ganzes Herz widmete er stets nur seinem Werk, wodurch freilich für ein freundliches Gedenken oder gar Treue nicht viel übrig blieb, was er auch selbst offen eingestand: „Ich weiß, ich war hinreißend, ich machte die Menschen verrückt, dann lief ich ihnen weg, das geht durch mein ganzes Leben."

Bei dem jetzigen Zusammentreffen mit Cosima im Juli 1862, das durch die Beschwerden Bülows aufgrund eines Gallenblasenleidens etwas getrübt war, scheint Cosima ihre bisher zur Schau gestellte Scheu abgelegt zu haben. Über einen glücklich mit ihr verbrachten Tag in Frankfurt, wohin er das abreisende Ehepaar Bülow begleitete, lesen wir in Wagners Autobiographie folgende Notiz: „Hier war alles Schweigen und Geheimnis, nur nahm mich der Glaube an ihre Zugehörigkeit zu mir mit solcher Sicherheit ein, daß ich bei exzentrischer Erregung es damit selbst bis zu ausgelassenem Übermut trieb." Daß der Ehegatte das ausgelassene Benehmen der beiden mit Befremdung quittierte, ist umso verständlicher, als Cosima zu diesem Zeitpunkt im dritten Monat schwanger war.
Während Wagner in Biebrich an der Komposition der *Meistersinger* zu arbeiten begann, war aber vorläufig sein Herz noch bereit für ein neues weibliches Wesen, das ihm zur Seite stehen sollte, nämlich die hellblonde und blauäugige Mainzerin Mathilde Maier. Sie scheint während der Feier seines 49. Geburtstages am 22. Mai 1862 seine Sorgen, die wieder einmal finanzieller Natur waren und neuerlich der Hilfe des ungemein freigebigen Otto Wesendonk bedurften, erkannt zu haben. Schon vier Tage nach dem Geburtstagsfest schrieb sie: „Als ich Sie zum erstenmal sah, hat der tiefe Schmerzenszug in Ihrem Wesen einen unauslöschlichen Eindruck auf mich gemacht. Ich hätte gern alle Freuden der Welt zusammentragen mögen, um ihn nur auf Augenblicke zu ver-

Ein strammer Herr und gar nicht dumm:
Er recensirt das Publicum.

Hans von Bülow am Klavier. Schattenriß von Hanns Schließmann mit einem Text von Eduard Pötzl.

wischen." Wagner versuchte, wie in den *Meistersingern* der Schusterpoet seinem Evchen, ihr die Liebe zwischen ihm und einer zweiten Mathilde zu erläutern. Diese Liebe war zwar weniger leidenschaftlich, dafür aber offenherziger.

Unter den vielen Briefen an sie befindet sich unter dem 5. August 1863 einer, der unmotiviert erscheint, soferne man nicht das Erlebnis vom August 1862 kennt. In diesem Schreiben erinnert Wagner Mathilde daran, ihr kleines Hündchen gut zu hüten, denn „diese Thiere sind uns von der gütigen Natur mit großer Absicht beigegeben, um uns über unsere Nebenmenschen zu trösten". Ein Jahr zuvor war nämlich ausgerechnet er, der fanatische Hundefreund, von der Bulldogge „Leo" seines Hauswirtes in den rechten Daumen gebissen worden, was zu einer längerdauernden Behinderung vor allem beim Schreiben führte. Ursache dafür war wohl eine Wundinfektion, wenn er persönlich auch meinte: „Die innere Knochenhaut ist durch die Quetschung in einen entzündlichen Zustand geraten." Auf jeden Fall dürfte er damals den hilfreichen Beistand Mathildens wohltuend in Erinnerung behalten haben.

Nachdem Wagner im März 1862 durch den sächsischen König vollständige Amnestie erhalten hatte, begab er sich in Anbetracht seiner so gut wie aussichtslosen Lage in Biebrich zunächst nach Leipzig, wo am 1. November bei einem Konzert auch Werke aus seiner Hand am Programm standen, und benützte diese Gelegenheit dazu, sich in Dresden beim Staatsminister von Beust für seine Amnestierung zu bedanken und seiner Gattin einen Besuch abzustatten. Dies war zugleich die letzte Begegnung mit Minna vor ihrem Tod am 25. Januar 1866. Da ihn in seiner Heimatstadt nichts mehr hielt, kehrte er wieder nach Biebrich zurück – diesmal in die Arme der bisher in Frankfurt tätigen Schauspielerin Friederike Meyer. Sie begleitete ihn zwar nach Wien, wohin es ihn in seiner rastlosen Unruhe noch einmal trieb, doch wurde er ihrer bald überdrüssig. In Wien wandte er sich um die Jahreswende nach langer Pause wieder einmal theoretischen Reformplänen zu. In seinem „Vorwort zur Herausgabe der Dichtung des Bühnenfestspiels ‚Der Ring des Nibelungen'" zählte er die unumgänglichen Voraussetzungen für eine erfolgversprechende Aufführung dieses Werkes auf, welche die spätere Konzeption des Bayreuther Festspielhauses fast bis ins Detail vorwegnahmen. In seiner damaligen Lage allerdings, ohne sichere Basis und ohne jegliche Rückendeckung, bewies er mit solch weitreichenden Plänen erschreckend deutlich einen gewissen Grad von Realitätsverlust. Ohne Zweifel trug dazu die Begeisterung bei, die er – so wie bei seinem ersten Konzert in Wien am 26. Dezember 1862 – von seiten des Publikums erleben durfte, und solche Eindrücke mögen seine wirkliche Situation mit einem täuschenden, trügerischen Schein verklärt haben. Denn trotz aller Ovationen wurde seine finanzielle Lage angesichts seines sorglosen Umganges mit Geld immer prekärer, weshalb er gerne die von Frau Kalergis in die Wege geleitete Einladung nach St. Petersburg annahm, einige Konzerte der dortigen Philharmonischen Gesellschaft zu dirigieren. Diese Tournee bedeutete für den inzwischen Fünfzigjährigen eine beträchtliche Belastung. Neben einer zweimaligen schweren Erkältung stellten sich bei

den anstrengenden Proben mehrmals heftige Brustschmerzen ein, und er war schon nach den ersten beiden Wochen körperlich so erschöpft, wie er Minna mitteilte, daß er das erste Moskauer Konzert absagen mußte: „Meine Überbeschäftigung ist grenzenlos, und zweimal war ich bereits krank ... Ich kann derlei Unternehmungen nicht wiederholen, ohne dabei zu Grunde zu gehen." Immerhin hatte ihm seine Konzertreise in Rußland einen Gewinn von siebentausend Talern gebracht, als er am 17. April 1863 die Rückreise antrat. Nach einem Kurzbesuch in Berlin, wo Cosima soeben von ihrer zweiten Tochter entbunden wurde, mietete er in Wien in seiner bekannten realitätsfernen Maßlosigkeit eine Villenetage am Schönbrunner Schloßgarten, deren pompöse Ausstattung einschließlich Dienstmädchen und dem Dienerehepaar Mrazek seine Mittel bei weitem überstieg. Der dringende Wunsch nach einer Frau an seiner Seite veranlaßte ihn, Mathilde Maier einzuladen, als Hausfrau das „Fehlende in schicklicher Weise zu ersetzen". Da seine „zweite Mathilde" jedoch nur als Ehegattin nach erfolgter Scheidung bereit gewesen wäre, zu kommen, ließ er diesen Plan fallen und beschiedete sich mit Mariechen, der Schwester seiner Hausmagd.
Soweit wäre alles in Ordnung gewesen, hätte ihn nicht die Angst um die Aufrechterhaltung seines ungemein kostspieligen Lebensstils bis in seine nächtlichen Träume hinein verfolgt. Noch ein letztes Mal versuchte er es bei Otto Wesendonk, dem er anläßlich eines Besuches in Zürich Ende November seine verzweifelte Lage in schwärzesten Farben schilderte; doch blieb ihm jetzt auch diese bisher so trostreiche Quelle verschlossen. In gedrückter Stimmung unterbrach er seine Fahrt nach Löwenberg, wo er auf Einladung des Fürsten von Hohenzollern-Hechingen mit dessen Privatorchester ein Konzert geben sollte. Anschließend begab er sich nach Berlin, um die Familie Bülow aufzusuchen. Auf deren Bitte schaltete er dort einen Ruhetag ein, der für das weitere Schicksal Wagners und der Bülows entscheidend werden sollte. In Wagners Autobiographie, in welcher ein wichtiger Satz hundert Jahre lang unterdrückt wurde, wird die Wagenfahrt mit Cosima durch Berlin während einer Probenarbeit Bülows geschildert und bei dieser Gelegenheit fand der „Lebensschwur" der beiden statt: „Diesmal ging uns schweigend der Scherz aus: wir blickten uns stumm in die Augen, und ein heftiges Verlangen nach eingestandener Wahrheit übermannte uns zu dem keiner Worte bedürfenden Bekenntnisse eines grenzenlosen Unglückes, das uns belastete. Unter Tränen und Schluchzen besiegelten wir das Bekenntnis, uns einzig gegenseitig anzugehören. Uns war Erleichterung geworden." Die Tagebücher Cosimas bezeugen diese Darstellung, und tatsächlich wurde ja dieser denkwürdige 28. November 1863 jedes Jahr würdig gefeiert.
Nach Wien zurückgekehrt, spitzte sich Wagners Lage in der habsburgischen Metropole gefährlich zu. Unbezahlte Rechnungen, nicht eingelöste Wechsel und ausbleibende Darlehen drohten allmählich in Schuldhaft zu münden. Immerhin hatten sich seine Wiener Wechselschulden und seine unbezahlten Rechnungsbeträge in der Zwischenzeit zu einer schwindelnden Höhe von insgesamt zwölftausend Gulden angehäuft,

was heute rund hunderttausend Mark entspricht! Um der Schande einer Schuldhaft im Turm zu entgehen, blieb Wagner als letzter Ausweg nur noch die Flucht über die Grenze nach Bayern. Am 25. März 1864 traf er kränklich und niedergeschlagen in München ein. Von dort gelangte er über den Bodensee nach Zürich und weiter nach Mariafeld, wo er im bürgerlichen Haus Wille als geduldeter, jedoch ungeliebter Gast vorübergehend Aufnahme fand. Verzweifelt schrieb er am 8. April an den befreundeten Komponisten Cornelius: „Ein gutes, wahrhaft hilfreiches Wunder muß mir jetzt begegnen; sonst ist's aus." Von Frau Wille getröstet und auf seine wunderbaren Manuskripte und Entwürfe hingewiesen, antwortete er in der hochfahrenden, gereizten Art eines Dulders: „Ich bin anders organisiert, habe reizbare Nerven; Schönheit, Glanz und Licht muß ich haben! Die Welt ist mir schuldig, was ich brauche! Ich kann nicht leben auf einer elenden Organistenstelle wie Ihr Meister Bach. Ist es denn eine unerhörte Forderung, wenn ich meine, das bißchen Luxus, das ich leiden mag, komme mir zu? Ich, der ich der Welt und Tausenden Genuß bereite!"

Da ihm letztlich auch von Eliza Wille diese Rückkehr zum Luxus nicht ermöglicht werden konnte, setzte Richard Wagner seine Flucht fort nach Stuttgart, wo er am 29. April 1864 einlangte. Der frühere Wiener Kapellmeister Karl Eckert und seine vermögende Gattin Kathi reservierten im Hotel Marquardt ein Zimmer, bewirteten ihn zu Abend und beglichen auch großzügig die Hotelrechnung. Als am folgenden Tag der aus Mainz stammende junge Musiker Wendelin Weißheimer, den Wagner telegraphisch herbeigerufen hatte in der Absicht, mit ihm in der Schwäbischen Alb ein Plätzchen zur Vollendung der *Meistersinger* zu finden, in der Hotelhalle eintraf, begrüßte ihn Wagner ganz desparat mit den Worten: „Ich bin am Ende."

Doch da geschah das Unbegreifliche, ein Wunder wie in einem Märchen. Es meldete sich ein Hofrat Franz Seraph von Pfistermeister, der den ewigen Flüchtling dringend zu sprechen wünschte. Es handelte sich um keinen Geringeren als den Kabinettssekretär König Ludwigs II. von Bayern, der von Seiner Majestät beauftragt worden war, Wagner auszuforschen. Bei dieser Unterredung erfuhr Wagner, daß der König den Entschluß gefaßt habe, aus Zuneigung für Wagners Kunst ihn für immer als Freund jeder Unbill des Schicksals zu entziehen. Wie in Trance verfaßte Wagner ein Dankschreiben folgenden Inhalts: „Diese Tränen himmlischester Rührung sende ich Ihnen, um Ihnen zu sagen, daß nun die Wunder der Poesie wie eine göttliche Wirklichkeit in mein armes, liebebedürftiges Leben getreten sind. Und dieses Leben, sein letztes Dichten und Tönen gehört nun Ihnen, mein gnadenreicher junger König: verfügen Sie darüber als über Ihr Eigentum."

Mit ähnlichen Worten hatte er seinerzeit in Paris sein Gesuch an Meyerbeer verfaßt. Es ist beschämend, daß, als fast gleichzeitig mit der Nachricht aus München eine Depesche aus Paris den Tod des berühmten französischen Opernkomponisten Meyerbeer meldete, Weißheimer und Wagner dieses Zusammentreffen der Ereignisse lachend als ein gutes Omen für die Zukunft deuteten!

Mit dem Auftritt des jungen Königs, der durch seine Flucht in eine romantische Phantasiewelt den von ihm regierten Staat in seinem Bestand gefährdete, wurde für Wagner „die Last des gemeinsten Lebensdruckes", wie es im letzten Satz seiner Autobiographie heißt, endgültig von der Seele genommen. König Ludwig II., der Cousin Kaiserin Elisabeths von Österreich, war mit seinen achtzehn Jahren ein großgewachsener, ungewöhnlich schöner Jüngling, der einen deutlichen Hang zur Schwermut hatte und homophil veranlagt war. Wie Wagner war er ein Anhänger der Philosophie Schopenhauers und schon als Kronprinz hatte ihm Wagners *Lohengrin* Tränen des Entzückens entlockt, und der Legationssekretär von Leinfelder berichtete, daß der jugendliche Prinz beim Erleben „jener Stelle, wo Tannhäuser wieder in den Venusberg tritt, jedesmal in förmliche Zuckungen geriet", so daß man einen regelrechten epileptischen Anfall befürchten mußte. Tatsächlich war es für den völlig unmusikalischen König nicht der Komponist, sondern der Dichter Richard Wagner, welcher „das träumerische Gemüt des jungen Prinzen in Bande schlug".

Die homosexuelle Veranlagung mußte infolge der bornierten und in solchen Fragen nebenbei auch völlig unkompetenten kirchlichen Meinung seiner Zeit dazu führen, daß er im Glauben an eine „verdammenswerte Verirrung" seine Neigung als ein Gefühl menschlicher Insuffizienz auffaßte, die es mit allen Mitteln zu bekämpfen galt. So baute er zu seinem ganz persönlichen und privaten Moralgebrauch ein Idealbild von Reinheit auf, dem nachzustreben ihn gewiß die qualvollsten Mühen der Selbstkasteiung kostete. Wie sehr er gegen die Versuchung durch die Gewalt des Triebes anzukämpfen trachtete, erfahren wir in erschütternder Weise aus seinen Tagebucheintragungen. Ein derartiges ständiges Ringen mit den Verführungen „unreiner Liebe" konnte nur bestehen durch eine ins Maßlose gesteigerte Überkompensation des herrscherlichen Sendungsbewußtseins. In einer so verstandenen Reinheit hätte es den Verlust seiner Kronwürde bedeutet, wenn er die Unantastbarkeit der Majestät befleckt hätte. Wapnewski schrieb: „So transportierte dieser durch sinnlose Erziehungsmaßnahmen gemarterte, durch früh sich anmeldende geistige Verdunkelung und durch ‚widernatürliche' Veranlagung deformierte Mensch seine Existenz in eine Welt, in der sie durchaus unfehlbar war und ungefährdet. Er wappnete sich durch ein mittelalterlich anmutendes Gnadentum und Sünd-Bewußtsein; er schützte sich durch Maske und Verkleidung … So suchte er sich den Ausweg in die nur ihm zugehörigen Bereiche: in die Berge, die Nacht, in die Poesie, in das Kostüm und die Inszenierung, in die Bettlägerigkeit des Krankseins."

So gesehen war es verständlich, daß „den mannigfach Gefährdeten und mannigfach Kranken der sentimentalische Glanz der Geister- und Ritterwelt Wagners, die schneeweiße Lohengrin-Reinheit, die Dämonie des Venusberges, der Fluch der Holländer-Fabel oder Siegfrieds Heldenschwert bestrickten". Der mythische Glaube, als Majestät ein Auserwählter zu sein, sah sich vorgebildet in Wagners Göttern und Helden. Dies scheint auch Wagner erkannt zu haben, der schrieb: „Es gibt einen einzigen Weg, zur Erregung seiner sympathischen Seelenkräfte zu gelangen, und dies bin ich, meine Werke, meine Kunst, in denen er die eigentliche wirkliche Welt ersieht, während alles übrige ihm wesenloser Unsinn dünkt." Und so lebte denn auch Ludwig die Welt als Oper, die sich von der Realität durch ebenso übertriebene wie absurde Eigentümlichkeiten extrem zur realen Welt abgrenzt.

Wagner war von dem jungen Monarchen zutiefst beeindruckt, wie er unmittelbar nach der ersten Begegnung Eliza Wille gestand: „Er ist leider so schön und geistvoll, seelenvoll und herrlich, daß ich fürchte, sein Leben müsse wie ein flüchtiger Göttertraum in dieser gemeinen Welt zerrinnen." Ähnlich erging es Ludwig II., der seiner späteren Verlobten Sophie Charlotte berichtete: „Hättest Du Zeuge sein können, wie sein Dank mich beschämte ... Ich hatte die Empfindung, als hätten wir die Rollen getauscht." Diese Gefühlsintensität auf beiden Seiten kam auch in dem Briefwechsel zum Ausdruck, der nun begann und noch später, am Kulminationspunkt der Münchener Krise, um Richard Wagner unverändert weiterbestand. Des Königs Unterschrift lautete etwa: „In ewiger Liebe und Treue bis in den Tod", und Wagner setzte unter den Text die Worte: „Treu und liebend." Die Exaltation beider steigerte sich sogar noch, als der Monarch als Anrede die Worte wählte: „Urquell des Lebenslichtes – Heiland, der mich beseligt", und der „Geliebte" dem „Himmlischen" antwortete: „Mein angebeteter, engelgleicher Freund." Während allerdings der König in seiner fast kindlichen Schwärmerei diese Worte mit inbrünstiger Überzeugung hinschrieb, entschuldigte sich Wagner wenige Jahre später bei Cosima damit, daß „die abstrahierende Hochgespanntheit seines Briefstils einem genau berechneten Rollenverhalten entsprach", da seiner Meinung nach „in der Konvention keine Vernunft wäre". Zumindest bei Wagner enthüllten seine Briefe eher die „Mechanismen der List", wie Pierre Boulez sich ausdrückte, und er hatte gute Gründe dafür. War doch Ludwig II. für ihn jener Retter, dem er nicht nur die Verwirklichung all seiner Ideen und Pläne verdanken sollte, sondern der ihn auch von seinen Schulden befreite und aus seinem drückenden Elend herausholte. Noch in Wagners Abwesenheit gewährte er ihm mit Wirkung vom 1. Mai 1864 ein jährliches Gehalt von viertausend Gulden, und die Gesamtsumme aller finanziellen Beiträge aus der königlichen Kasse machte am Ende rund einhundertdreißigtausend Gulden aus, was etwa einer Million Mark gleichkommen dürfte. Es gereicht dem jungen Monarchen zur Ehre, daß er bis zum Tode Wagners zu seinem erwählten Idol stand, obwohl er inzwischen längst erkannt haben mußte, daß zwischen den Werken, die er so sehr liebte, und dem Schöpfer derselben, den er später nicht mehr zu lieben vermochte, eine Diskrepanz herrschte, die mit Romantik wenig zu tun hatte. Das Bündnis Wagners mit dem König, das ursprünglich von so glühenden freundschaftlichen Empfindungen geprägt war, ging von Anfang an von völlig falschen Voraussetzungen aus. Ludwig II. dürfte sich in seiner realitätsfernen Phantasie den Schöpfer so betäubend schöner

Vier Männer (von oben links), die Leben und Werk Richard Wagners prägten: sein Schwiegervater Franz Liszt (Gemälde von H. Lehmann), der Revolutionär und Anarchist Michail Bakunin (Holzstich), der Opernkomponist Giacomo Meyerbeer (Radierung von C. A. Deblois) und der Frühsozialist Pierre-Joseph Proudhon (Gemälde von Gustave Courbet).

Die große Rivalin von Wagners Frau Minna: Mathilde Wesendonk, geb. Luckemeyer (1828–1902).
Gemälde von Johann Conrad Dorner.

Der „geschädigte Dritte": Hans von Bülow

Bühnenwerke als einen Lohengrin mit Fleisch und Blut vorgestellt haben und fand in Wirklichkeit einen mit beiden Beinen auf dem Boden der Realität stehenden Künstlerfreund, der sich als geschäftstüchtiger, in der Verwirklichung seiner Pläne nur zu oft maßloser Organisator entpuppte – und der sich überdies noch mit politischen Problemen herumzuschlagen beliebte. Wagner wiederum erwartete in seinem König, der als Gönner und Wohltäter kaum zu übertreffen war, einen „idealen, verständnisvollen, gestaltungskräftigen jugendlichen Heldentenor", während der träumerische junge Monarch sein Ideal in der Flucht aus der Alltagswirklichkeit in die mythologische Traumwelt erblickte.

Zunächst zog Wagner in das von der königlichen Kanzlei für ihn gemietete Haus in Kempfenhausen am Starnberger See, das nicht weit entfernt von Ludwigs Schloß Berg lag. Der König und der Künstler trafen einander „fast täglich vormittags". In schwärmerischer Übereinstimmung ihrer ideellen Traumvorstellungen schrieb Wagner: „Nun ist mein König mir die Welt: Er ist mir Alles, was ich liebe." Trotz dieses scheinbar ungetrübten Glückes machte sich bei ihm nach der Abreise des Königs zur Kur nach Bad Kissingen ein Gefühl von innerer Einsamkeit breit, das zu verschiedenen hypochondrischen Ängsten führte und empfindlich auf seine Gemütsstimmung drückte. Er spürte immer deutlicher, daß er einer Frau an seiner Seite bedurfte. In seiner Seelennot wandte er sich ein zweites Mal an seinen „besten Schatz", wie er Mathilde Maier nannte, mit der Bitte, zu ihm zu kommen und sein Haus zu führen. Dies überrascht deshalb, weil er kurz zuvor, im November 1863, mit Cosima den Treueschwur gewechselt hatte und der Besuch der Familie Bülow unmittelbar bevorstand. Mathilde lehnte dieses Angebot neuerlich ab, weil Wagner der schwerkranken Minna eine Scheidung nicht zumuten konnte. So stand nun der Zusammenkunft mit Cosima, die mit ihren beiden Töchtern bereits eine Woche vor der Ankunft Hans von Bülows eintraf, nichts im Wege, und beide nützten diese Woche auch zur „körperlichen" Besiegelung ihres Bundes. Diesmal blieb „das Spiel um den geschädigten Dritten" – das drittemal im Leben Wagners – unumkehrbar, weil die Verstrickung von Liebe, Treue und Verrat bedeutend stärker war als einstmals bei Mathilde und Otto Wesendonk. Nur dem Umstand, daß Wagner sich Bülow als Freund, vor allem aber als künstlerischen

Interpreten bei der bevorstehenden Uraufführung von *Tristan und Isolde* unbedingt erhalten wollte, ist es zuzuschreiben, daß man ihn über den wahren Sachverhalt im Unklaren ließ. So kam es, daß bei der Geburt Isoldes – des ersten Kindes aus der Verbindung Wagners mit Cosima –, die ausgerechnet auf den ersten Probentag Bülows mit dem Orchester fiel, der Ehegatte von der Unterschiebung dieses Kindes nichts wußte oder dies zumindest vorgab. Die Jahrzehnte später geführten unerfreulichen Prozesse um Ebenbürtigkeit und Erbschaftsansprüche lassen allerdings durchblicken, daß Bülow schon zu Beginn der Münchner Zeit die volle Wahrheit bekannt gewesen sein dürfte. Daß er dennoch nicht nur dem Werk, sondern auch dem Schöpfer des *Tristan* und der *Meistersinger* die Treue hielt, ist nur dann unverständlich und überraschend, wenn man sich nicht an die Umstände seiner Vermählung mit der blutjungen Cosima erinnert. Wie bereits erwähnt, fühlte sich der offenbar zur Ehe wenig taugliche, genialische und launenhafte Bülow veranlaßt, seinem zukünftigen Schwiegervater Franz Liszt die Zusage zu geben, sich für Cosimas Glück notfalls zu opfern und sie freizugeben.

Weniger sensibel zeigte sich Richard Wagner Bülow gegenüber: Als sich Cosima im dritten Monat ihrer Schwangerschaft nicht besonders wohl fühlte, besaß er die Unverfrorenheit, seinem betrogenen Freund Bülow am 30. September 1864 die besorgten Zeilen zu schicken: „Cosimas leidender Zustand ängstigt auch mich. Alles was sie betrifft, ist außerordentlich und ungewöhnlich; ihr gebührt Freiheit im edelsten Sinne … Du wirst in Zukunft günstigere Muße und eigene Freiheit in besserer Genüge haben, um dies zu beachten und Deinen edlen Platz an ihrer Seite zu finden." Dieser frivole zweideutige Rat stellt einen Zynismus zur Schau, der seinesgleichen sucht. Diese Unaufrichtigkeit des liebenden Paares bestand auch dem König gegenüber, dessen Glaube an seinen „himmlischen Freund" schon bald durch eine für den Monarchen höchst peinliche Affäre empfindlich erschüttert werden sollte.

Um Wagners Aufenthalt in München begannen sich aber noch andere Konflikte abzuzeichnen. Für die bayrische Öffentlichkeit und ganz besonders für den königlichen Hof galt er immer noch als der Revolutionär und Weggenosse Michail Bakunins, der die aufständischen Barrikadenkämpfer befehligt hatte. Noch dazu war der fragwürdige einstige Flüchtling ein Protestant, dem die katholische Presse und die königstreuen Aristokraten in Bayern seine Verschwendungssucht, die er mit öffentlichen Geldern betrieb, besonders übelnahm. Verschärft wurde die Situation schließlich noch dadurch, daß Wagner den preußischen Junker und begeisterten Bismarck-Verehrer Hans von Bülow als Hofkapellmeister nach München brachte – in einer Zeit, in der im entscheidenden Kampf um die Hegemonie in Deutschland die beiden Großmächte Preußen und Österreich, an welches Bayern gebunden war, immer schärfer aneinandergerieten. Aus bayrischer Sicht schob sich somit Wagner bedenklich zwischen Volk und König, so daß angesichts der Gefühlsintensität, mit der Ludwig II. seinen „göttlichen Freund" anbetete, im Volk bereits eine Parallele zur Beziehung zwischen der Tänzerin Lola Montez und dem Großvater des Königs, Ludwig I., der ihretwegen dem Thron entsagt hatte, hergestellt wurde – Richard Wagner erhielt in der Münchner Gesellschaft bald die scherzhafte Bezeichnung „Lolus".

Wagners Stellung wurde auch dadurch nicht eben verbessert, daß er es nicht lassen konnte, auf der politischen Bühne aufzutreten. Schon während seiner Münchner Zeit 1864 verfaßte er die Abhandlung *Über Staat und Religion* und zwei Jahre später die Aufsätze *Deutsche Kunst und deutsche Politik,* mit denen er sich unverkennbar an seinen „engelgleichen Freund" und Schirmherr Ludwig II. wandte, weshalb Hans Mayer mit Recht bei diesen neuen Schriften Wagners von einem „Fürstenspiegel" sprach. In Anlehnung an Friedrich Julius Stahl, den bayrischen, vom jüdischen zum lutherischen Bekenntnis konvertierten Rechtsphilosophen und Politiker, der den Konservativismus in Preußen und im Deutschen Reich nach 1871 prägte und mit seiner Staatslehre der Revolution und dem Liberalismus das Prinzip der Legitimität entgegenstellte, erkannte Wagner in diesen Schriften dem König eine außergewöhnliche Stellung zu: „Die bezeichnete Eigenschaft der wahrhaften Religiosität, welche sich, aus dem angegebenen tiefen Grunde, nicht durch Disput, sondern einzig durch das tätige Beispiel kundgibt, wird, wenn sie dem König innewohnt, zur einzigen, dem Staate wie der Religion vorteilhaften Offenbarung, durch welche diese mit jenem in Beziehung tritt." Der Widerspruch dieser Aussagen zu jenen des einstigen revolutionären Sozialisten und Demokraten Wagner ist unübersehbar. Weniger abweichend von früheren Darstellungen verhielt er sich in den Aufsätzen *Deutsche Kunst und deutsche Politik,* in welchen er unverminderte Kritik an der planmäßigen Entwertung deutscher Kulturgüter durch die ausbeuterische Profitgesellschaft übte. Hatte Ludwig II. ihm zunächst für die Verbreitung seiner Ideen sogar eine eigene, offizielle „Süddeutsche Presse" finanziert, so verbot er diese „selbstmörderische Artikelserie" schon Ende 1867 wegen angeblicher Mitarbeit „linker Elemente".

Der Skandal: Leben im Dreieck

Zu diesen persönlichen Konflikten zwischen Ludwig II. und Wagner und den politischen Spannungen zwischen Wagner und dem Staate Bayern trat nun noch ein dritter Konflikt, nämlich die peinlichen Beziehungen zwischen ihm, Cosima und Hans von Bülow, die zum beliebtesten Gesellschaftsklatsch in München wurden. Aus den Blättern des sogenannten *Braunen Buches,* die wie einst die in Venedig für Mathilde geschriebenen Tagebuchblätter den mündlichen Dialog ersetzen sollten und die er nun am 10. August 1864 für Cosima anlegte, geht das perfekte Doppelleben Cosimas zwischen der aufrechterhaltenen Scheinehe mit Hans von Bülow und der verschworenen Gemeinschaft mit Wagner hervor, dessen ihm vom König überschriebenes Haus in München sie als seine Sekretärin führte. Obwohl die Frau Baronin Bülow den Großteil des Tages im Haus des Komponisten Richard Wagner verbrachte, wurde nach außen hin das Verhältnis noch immer geheimgehalten. Sie pflegte ihn auch hingebungsvoll, als er im Oktober mit einem sehr schmerzhaften Hämorrhoidalleiden zwei Wochen lang das Bett hüten mußte, und man hatte ihr ein eigenes Wohnzimmer eingerichtet, wo sie sich im weißen Hauskleid ausruhen konnte. Die Atmosphäre zwischen den Eheleuten Bülow muß unter diesen Umständen mehr als gespannt gewesen sein, und Wagner mußte es selber miterleben, wenn Bülow einen seiner Anfälle von Jähzorn bekam, wie Cosima später in ihrem Tagebuch festhielt: „Richard gedenkt der Szenen, denen er beigewohnt, wo Hans mich geschlagen, und sagt, er sei entsetzt gewesen über die gleichgültige Ruhe, mit welcher ich dies ertragen hätte."

Doch Ende 1865 begann sich ein drohendes Gewitter über Wagners Haupt zusammenzubrauen. Nachdem er noch im November eine einwöchige Einladung des Königs annahm, die einem wahren Freudenfest glich und in der er den Fehler beging, sich direkt in die Staatspolitik zu drängen, indem er dem König eine Umbildung des bayrischen Kabinetts vorschlug, läuteten bei seinem Eintreffen in München die Sturmglocken in Gestalt einer mit „boshafter Mühe wiederaufgenommenen Konspiration" der Journalisten, wie Cosima dies dem König klar zu machen versuchte. Die Empörung in München spiegelt ein Artikel im *Neuen bayrischen Courier* wider: „Das geringste Übel, das dieser Fremdling über unser Land bringt, läßt sich in Bezug auf seinen unersättlichen Appetit nur mit monatelang die Sonne verfinsternden Heuschreckenschwärmen vergleichen. Dieses schreckliche Bild einer Landplage aus pharaonischen Zeiten ist aber noch gar nichts gegen das Urteil, welches dieser sich maßlos überschätzende Mensch anstiften muß, wenn er statt Zukunftsmusik auch noch Zukunftspolitik treiben kann … Der bezahlte Musikmacher, der Barrikadenmann von Dresden … beabsichtigt nunmehr, den König allmählich von seinen Getreuen zu trennen, deren Plätze mit Gesinnungsgenossen zu besetzen, den König zu isolieren und für die landesverräterische Idee einer rastlosen Umsturzpartei auszubeuten." Als dem König daraufhin von seinem resoluten Minister von der Pfordten die ernste Gefahr vor Augen geführt wurde, daß ihn der öffentliche Aufruhr in ähnlicher Weise vom Thron fegen könnte wie einst seinen Großvater Ludwig I., handelte der Monarch entschlossen und rasch. Er ließ Wagner die Botschaft überbringen, Bayern unverzüglich zu verlassen. Als einziges Trostpflaster gewährte er ihm auch weiterhin eine Jahresrente von achttausend Gulden. Schon am 10. Dezember 1866 frühmorgens verließ Wagner München, eine seelisch gebrochene Cosima zurücklassend.

Während Wagner auf der Suche nach einem neuen Domizil in Marseille eintraf, erreichte ihn die Nachricht, daß seine Frau Minna am 25. Jänner 1866 einem Herzschlag erlegen war. Mit ihrem Hinscheiden wurde auch ein großer Teil seiner Vergangenheit begraben – nach Dresden aber reiste er nicht. In diesem Sommer kam es, ausgelöst durch die Holsteinsche Krise, jedoch verursacht durch die Rivalität Österreichs und Preußens hinsichtlich der Hegemonie Deutschlands, zum Krieg, der zur entscheidenden Niederlage Österreichs und seiner Verbündeten bei Königgrätz führte, und in welchem Bayern eine eher klägliche Rolle spielte. Ludwig II. erwies sich in dieser heiklen Lage weitgehend regierungsunfähig und konzentrierte sich viel eher auf seinen entfernt von ihm lebenden „heißgeliebten" Freund Wagner. Er dachte sogar an Abdankung, weil er in diesem Falle München verlassen und den unerträglichen Zustand beenden hätte können, „länger von Ihm, der mein Alles ist, getrennt sein zu müssen". Seine homophile Zuneigung zu Wagner hatte einen solchen Grad erreicht, daß er sogar seiner Verlobten, der Herzogin Sophie Charlotte von Bayern, anvertraute, daß er sie zwar liebe, „der Gott seines Lebens" hingegen sein unvergleichlicher Freund bleibe. Gregor-Dellin wies in diesem Zusammenhang auf einen Brief vom Januar 1870 hin, in dem Ludwig II. durchblicken ließ, daß er dereinst Wagner in den Tod zu folgen bereit wäre: „Sie bleiben bis zu Unserem zugleich eintretenden Tode mein König und Gott, der Herr meines Lebens", was in der Tat verdächtig erscheint im Zusammenhang mit dem sagenumwobenen und bis heute nicht eindeutig geklärten Ende des Königs im Starnberger See.

Wenige Tage nach der Beendigung der Kompositionsskizze zu den *Meistersingern* kam Eva – Richard und Cosimas zweites Kind – zur Welt. Bülow besuchte seine Frau, um ihr zu zeigen, daß er ihr verziehen habe. Zur gleichen Zeit erreichte Wagner, der bei der geplanten Uraufführung der *Meistersinger* auf Bülow nicht verzichten konnte, daß dieser vom König wieder nach München zurückberufen wurde. Unter seiner Leitung

Richard Wagner im Kreis seiner Freunde; links neben Wagner sitzend sein Mentor August Röckel, hinter Wagner der Gatte Cosimas, Hans von Bülow. Fotografiert von Joseph Albert am 17. Mai 1865.

wurde so diese Premiere der *Meistersinger von Nürnberg* am 21. Juni 1868 zu Wagners größtem Erfolg seit dem *Rienzi* in Dresden. Auf der Heimfahrt nach Tribschen, als er aus dem Rausch seines künstlerischen Höhenfluges wieder zur rauhen Wirklichkeit zurückgekehrt war, erfüllte ihn seine Sehnsucht nach einer dauernden Vereinigung mit seiner großen Liebe mit zunehmender Wehmut und Trauer, so daß er im Herbst dieses Jahres von schweren Depressionen heimgesucht wurde. Mit dem Drama *Luthers Hochzeit* plante er ein Werk, in welchem er seine eigene „unerlaubte" Verbindung und die daraus erwachsende seelische Belastung am Beispiel der Beziehung zwischen einem Mönch und einer Nonne demonstrieren wollte – ein Problem, das ihn bis an sein Lebensende nicht mehr loslassen sollte.

Im September 1868 unternahmen Wagner und Cosima eine gemeinsame Reise nach Italien (in deren Verlauf ihr Sohn Siegfried gezeugt wurde), und dieses Beisammensein erfüllte ihn mit einem solchen Glücksgefühl, daß er Cosima vorschlug, endlich den entscheidenden letzten Schritt zu tun und die Scheidung einzureichen. Sie lehnte zunächst ab, war aber dann doch bereit, Hans von Bülow brieflich über ihre Absichten zu informieren. Nun fühlte sich auch Wagner verpflichtet, vorsichtig und in gewundenem Stil den König über seine Gemeinsamkeit mit Cosima aufzuklären, der zunächst fassungslos darüber war, daß man ihn veranlaßt habe, Unwahres öffentlich zu verkünden. Seinem Hofsekretär von Düfflipp schrieb der Monarch: „Sollte das traurige Gerücht also doch wahr sein, welchem Glauben zu schenken ich mich nie entschließen konnte, sollte also wirklich Ehebruch mit im Spiele sein! – dann wehe!" Doch wehe wem? Ludwig blickte hier in einen Abgrund, vor dem ihm graute. Sollte der König in dem Wahn gelebt haben, dann ist es der Wahn, mit dem zu leben er lernen mußte; doch das durfte keinesfalls sein, und so schrieb Ludwig schon im Juni 1870 an Wagner: „An Ihre Unfehlbarkeit (aber keine sonst) glaube ich mit felsenfester Zuversicht; alle Versuche, die unternommen werden, mich von Ihnen zu entfernen, haben gerade das Gegenteil bewirkt … eine Entfremdung von Ihrem und Ihrer himmlischen Werke Wesen hieße für mich Wahnsinn oder Tod."

Erst am 15. Juni 1869 erhielt Cosima auf ihre Bitte hin Hans von Bülows Zusage, in eine Trennung ihrer Ehe einzuwilligen und auch die beiden Töchter Bülows, Daniela und Blandine, der Mutter zu überlassen. Wenige Tage zuvor, am 6. Juni 1869, gebar Cosima Siegfried, das dritte Kind Richards. In ihren außerordentlich aufschlußreichen Tagebüchern, die zweieinhalbtausend Seiten umfassen und die sie mit dem 1. Januar 1869 zu führen begann, lesen wir von ernsthaften Gewissensbissen, die sie nach dem Verlassen ihres Ehemannes quälten, und die ihr neben Kopfschmerzen Angstzustände in ihren üblen Träumen verschafften. Dies änderte sich auch kaum, als sie mit ihren Töchtern Isolde und Eva am 16. November 1868 endgültig in das Haus „Tribschen" nahe Luzern einzog. Wagner allerdings meinte, daß für ihn von diesem Augenblick an das Leben erst richtig begonnen hätte – allerdings zwanzig Jahre zu spät, wie er zu sagen pflegte. Tatsächlich hatte er ja nun eine Frau neben sich, die sich in die Reihe der großen

Schriftstellerinnen des europäischen Geisteslebens im 19. Jahrhundert gesellte und nicht nur in Fragen der Frauenemanzipation, sondern auch der Gesellschaftsrefomen Bedeutung erlangte. In Paris mit französischer Muttersprache aufgewachsen, wurde sie in den Salongesprächen mit politischen, sozialen, philosophischen und religionskritischen Problemen vertraut gemacht, und sie beteiligte sich auch an Gesprächen über notwendige Reformen der Literatur und des Theater- und Musikwesens. Im Gegensatz zu Wagner gehörte sie dem Lager der Restauration an, so daß man sich nicht wundern darf, wenn Wagner unter dem Einfluß Cosimas seine Vorstellungen von Materialismus und Sozialismus von nun an abzuschwächen begann und in seinem politischen Weltbild das Elitedenken und gewisse aristokratische Elemente in den Vordergrund traten.

Am 1. November 1868 verließ Wagner Tribschen und begab sich, da ihm der verärgerte und enttäuschte König keine Audienz gewährte, von München weiter nach Leipzig, wo er bei seiner Schwester Ottilie, der Gattin von Hermann Brockhaus, wohnte. Dort lernte er über Sophie Ritschl, die Gattin des Philologie-Professors an der Leipziger Universität, den jungen Friedrich Nietzsche kennen, der angeblich Wagners Opern gut kannte. Als dieser am 8. November 1868 dem bewunderten Schöpfer dieser Musik vorgestellt wurde, nahm eine folgenschwere Verbindung zweier außergewöhnlicher Menschen ihren Anfang. Dieter Borchmeyer verglich den Freundschaftsbund, der zwischen Wagner und Nietzsche entstand, nicht zu Unrecht mit jenem zwischen Goethe und Schiller – und in der Tat war Nietzsche ähnlich wie seinerzeit Schiller in dieser Beziehung der Werbende, der durch seine produktive Mithilfe und seine kritische Auseinandersetzung mit dem Lebenswerk des Anderen dessen Selbstverständnis befruchtete. Umgekehrt führte der spürbare Einfluß von Wagners Werk auf Nietzsches eigene menschliche und philosophische Entfaltung zwangsläufig zur Entwicklung eines Konkurrenzempfindens dem verehrten übermächtigen Vorbild gegenüber, wodurch Spannungen entstanden, die sich allmählich immer deutlicher in unterschwelligen, verdeckten Haßgefühlen zu erkennen gaben. Diese für Nietzsches eigene produktive Entfaltung hemmend wirkende zunehmende Abhängigkeit von der Autorität Wagners, der keine fremde Individualität duldete, war letztlich der Grund für den späteren Bruch jeder freundschaftlichen Beziehung zwischen den beiden. Zunächst aber hegte Nietzsche nach seiner ersten Begegnung mit Richard Wagner eine uneingeschränkte Bewunderung für den Meister, wie er seinem Freund Erwin Rohde bezeugte: „Wagner ist der Repräsentant eines modernen Dilettantismus … Mir behagt an Wagner, was mir an Schopenhauer behagt, die ethische Luft, der faustische Duft, Kreuz, Tod und Gruft." Doch das Entzücken war bei dieser ersten Begegnung auch auf Seiten Wagners, da beide für Schopenhauer schwärmten und auch sonst vieles entdeckten, was sie verband.

Für die Krankengeschichte Wagners sind neben seinen Annalen und dem *Braunen Buch* vor allem die Tagebücher Cosimas von entscheidender Bedeutung, deren erste Eintragung am Neujahrstag 1869 erfolgte und die zwei Tage vor Wagners Tod, am

11. Februar 1883, endeten. Rechnet man zu den rund fünftausend Seiten dieser Tagebücher noch seine autobiographischen Schriften, die Tagebücher und den enormen Schriftwechsel Wagners, dann ist der Gesamtumfang seiner Lebensdokumente kaum mit dem eines anderen berühmten Künstlers vergleichbar. Ein solches „monströses Unterfangen" konnte nur aus dem megalomanen Wunsch eines von seiner überragenden Bedeutung überzeugten Menschen entstehen, welcher der Nachwelt auch die kleinsten Details seines Lebens überliefern zu müssen glaubte. Der Beginn von Cosimas Aufzeichnungen war allerdings zunächst beherrscht von ihrem eigenen Schuldkomplex ihrem ersten Gatten Hans von Bülow gegenüber, dem sie unaussprechliches Leid zugefügt hatte und der bis zur Scheidung und erneuten Ehe bei jeder neuerlichen Verletzung seiner wunden Seele gefährlich erkrankte. Nichts beglückte sie mehr als Meldungen über berufliche Erfolge Bülows und sein körperliches Wohlergehen, und da sie in Gegenwart Wagners seinen Namen nicht erwähnen durfte, ohne diesen zu aufbrausenden zornigen Äußerungen zu veranlassen, mußte sie die „furchtbare unsühnbare Sünde des Geborenseins" still und stumm mit sich alleine ausmachen. Nur ihren Tagebüchern konnte sie ihre wahren Gefühle anvertrauen. Aus dieser verborgenen Selbstkasteiung scheint Cosima andererseits die Kraft und die Motivation gewonnen zu haben, alle Energie nach außen in einer inbrünstig durchgestandenen Haltung zu verbrauchen, wie Gregor-Dellin sich ausdrückte. So wirkte sie ihrer Umwelt gegenüber weltgewandt, entscheidungsfreudig, ja gelegentlich fast herrschsüchtig.
Am Pfingstmontag 1869 wurde Friedrich Nietzsche, der inzwischen als Professor nach Basel berufen worden war, erstmals als Gast nach Tribschen eingeladen; von nun an stand dem jungen Philologen Wagners Haus offen. Schon am 5. Juni meldete sich Nietzsche neuerlich zum Besuch an, diesmal allerdings zu einer etwas unpassenden Zeit, denn noch in der ersten Nacht wurde Cosima von einem Sohn entbunden, der auf den Namen Siegfried getauft wurde. Bülow wurde von diesem Ereignis erst gar nicht verständigt. Da ihm Cosima noch wenige Monate zuvor seine peinliche Anfrage mit einem falschen Schwur beantwortet hatte, war er begreiflicherweise schockiert, aus der Tagespresse von der Geburt ihres Sohnes erfahren zu müssen: „Das Gebäude meiner Hörner ist somit auf die glänzendste Weise gekrönt worden. Ich konnte nicht sofort aus München fliehen – aber die Hölle, die ich während der letzten Monate meiner Tätigkeit dort erduldet habe, ist unvorstellbar", schrieb er an Cosimas Halbschwester im September 1869.
Ende August entstand im Zusammenhang mit der bevorstehenden Uraufführung des *Rheingolds* ein ernster Eklat infolge einer Weigerung Hans Richters, an dieser Aufführung mitzuwirken. König Ludwig II. war über diese „Unverschämtheit" außer sich und drohte den Thaterleuten im Falle einer Widersetzung gegen seine Befehle das „Unkraut" erbarmungslos auszurotten. Am 31. August dekretierte er schließlich: „Den nichtswürdigen und ganz unverzeihlichen Intrigen von Wagner und Konsorten muß schleunigst ein Ende gemacht werden. Ich erteile hiemit den Befehl, daß die

Vorstellung am Sonntag stattfinde. Richter ist sogleich zu entlassen. Wagt Wagner sich neuerdings zu widersetzen, so ist ihm der Gehalt für immer zu entziehen und nie mehr ein Werk von ihm auf der Münchner Bühne aufzuführen." In aller Eile reiste Wagner nach München, wobei er jedoch nur einen Aufschub, nicht aber eine Verhinderung der szenisch unmöglich den Anforderungen des Werkes gewachsenen Aufführung erreichte. Bei der Uraufführung des *Rheingolds* am 22. September war Wagner demonstrativ nicht anwesend, sondern komponierte, unberührt von der Verunglimpfung durch den Herausgeber des *Münchner Vaterlands*, der die Szene der Rheintöchter auf dem Grunde des Rheins ein „Huren-Aquarium" nannte, am *Ring des Nibelungen* weiter. Über König Ludwig allerdings machte man sich in Tribschen keine Illusionen mehr. Vielmehr grübelte man über die spätere Erziehung Siegfrieds nach und wie man verhindern konnte, daß ein Kind „zum Phantasten, vielleicht zum Crétin, wie wir so etwas an dem König von Bayern sehen", heranwuchs. Die Erfahrungen mit dem *Rheingold* erschwerten die Komposition am Schlußteil des Rings, da Wagner unseligerweise mit dem König einen Vertrag abgeschlossen hatte, der diesem das Recht einräumte, auch gegen den Willen des Komponisten die Partituren an sich zu ziehen und in München aufführen zu lassen. Nicht zuletzt dadurch reifte Wagners Gedanke, eigene Festspiele zur Aufführung seiner Werke ins Leben zu rufen.

Die ungeheure Erregung, die sich beim Ausbruch des deutsch-französischen Krieges 1870 der Gemüter der beiden Kriegsparteien und auch Richard Wagners bemächtigte, erklärt sich aus der Art und Weise, wie sich diese Krise aus unbedeutenden Anlässen heraus zur nationalen Existenzfrage entwickelte. Bismarck wartete zwar den günstigsten Augenblick ab, durch einen außenpolitischen Krisenzustand die Errichtung eines Nationalstaates in die Wege zu leiten, hielt jedoch zunächst nicht einen Krieg für das geeignetste Mittel dazu. Da kam ihm jedoch die „spanische Bombe" am 1. Juli 1870 zu Hilfe, ausgelöst durch die Flucht der gestürzten Isabella, indem das spanische Parlament nach einem ausländischen Anwärter für den Thron Ausschau hielt und die Wahl dabei auf den Erbprinzen Leopold von Hohenzollern-Sigmaringen aus der katholischen Linie des Hauses Hohenzollern fiel. Diese Wahl wurde von Frankreich nicht akzeptiert, weshalb der französische Botschafter zu dem in Bad Ems zur Kur weilenden König Wilhelm von Preußen beordert wurde, um eine Zurückziehung der Thronkandidatur Leopolds zu erreichen. Da jedoch der Botschafter dem König, der diesen Wunsch zu erfüllen bereit war, noch eine weitere anmaßende Forderung vorlegte, die Wilhelm empört zurückwies, verfaßte Bismarck zur eindeutigen Klarstellung der Situation die berühmte Emser Depesche. In dieser Zurückweisung des französischen Botschafters erblickte Paris den Kriegsfall für gegeben. Was Frankreich nicht bedacht hatte, war der Umstand, daß die Pariser Kriegserklärung und die Veröffentlichung der französischen Gebietsforderungen einschließlich Belgiens durch Bismarck sehr rasch zur Isolierung Frankreichs führten. Die Zeit bis zur letzten Kriegsphase nutzte Bismarck, in zähen Verhandlungen mit den Regierungen Süddeutschlands die Gründung

eines Deutschen Reiches vorzubereiten, wobei ihm die öffentliche Meinung in den Ländern, die den Wunschtraum einer nationalen Vereinigung erfüllt sehen wollten, zu Hilfe kam. So kam es am 18. Januar 1871 zur Proklamation des Deutschen Reiches mit dem König von Preußen als Kaiser Wilhelm I. an der Spitze. Im gleichen Zeitraum, in dem das französische Kaiserreich unterging, wurde somit das deutsche begründet.
Die Familie Wagner geriet so wie viele Deutsche durch die anmaßenden Forderungen Frankreichs und die Pariser Kriegserklärung, die ausgerechnet Cosimas ehemaliger Schwager Émile Olivier am 19. Juli verkündete, in eine Art „chauvinistische Raserei". Da Wagner anläßlich des Beethoven-Jahres noch am 20. Juli 1870 an seiner Schrift *Beethoven* zu arbeiten begonnen hatte, die er ausgerechnet nach der Niederlage der französischen Armee bei Sedan fertigstellte, konnte es nicht ausbleiben, daß ihn diese Schrift auch ins Politische und in kritische Betrachtungen der jüngsten Zeitgeschichte führte. Angeregt durch die Siege des deutschen Heeres, wurde er im November auch noch zum Entwurf einer taktlosen Posse mit dem Titel *Eine Kapitulation. Lustspiel in antiker Manier* angeregt. Obwohl er selbst offenbar nichts Anstößiges an diesem mehr als fragwürdigen Scherz fand, sah Bernard Shaw darin eine „skandalöse Burleske, in welcher der Dichter und Komponist des ‚Siegfried' mit der Leichtfertigkeit eines Schuljungen sich über die französischen Republikaner lustig macht, die im Jahre 1871 genau das taten, was er im Jahre 1849 getan hatte und wofür er verbannt wurde." Und Catulle Mendés äußerte sich dazu 1880 mit den Worten: „Richard Wagner hat gegen Frankreich, gegen das belagerte und besiegte Paris eine niederträchtige und blödsinnige Hanswurstiade geschrieben ... Ich war sein Freund; ich bin es nicht mehr, aber ich bleibe sein glühender Apostel; ich beschränke mich darauf, ihm nicht mehr die Hände hinzustrecken, die ihm Beifall klatschen." Das unnötige Elaborat der *Kapitulation* war ebensowenig ein Ruhmesblatt Wagners wie sein Judenaufsatz mit der neuen Einleitung im März 1869, in welcher er die angebliche ihm widerfahrene Verfolgung „von Seiten der Juden" beklagte. Mit diesem Aufsatz erweckte er selbst bei seinen Freunden den Eindruck, er wolle alle Brücken zur Welt hinter sich abbrechen. Auch jetzt schien er nicht zu bemerken, daß er sich mit seinen Haßtiraden und seinem makabren Wunsch, Paris möge verbrannt werden, weil dies das „Symbol der endlichen Befreiung der Welt von dem Druck alles Schlechten" wäre, selbst in der schlechtesten Gesellschaft befand.
Inmitten der beginnenden Kriegswirren, am 25. August 1870, wurden Wagner und Cosima in der protestantischen Kirche von Luzern getraut, nachdem die Ehe Cosimas mit Hans von Bülow geschieden worden war. Zum Weihnachtsfest brachte Wagner aus Luzern Nietzsche mit nach Tribschen, der zur Erholung von einer Krankheit, die er sich als Sanitäter im Kriege zugezogen hatte, in die Berge fernab dem Kriegslärm geflüchtet war. Gemeinsam mit ihm wurde am 25. Dezember Cosima am Morgen ihres Geburtstages durch die Klänge des von Wagner für sie komponierten *Symphonischen Geburtstagsgrußes,* der später als *Siegfried-Idyll* in die Musikgeschichte einging,

geweckt. Nietzsche war von alledem so beeindruckt, daß er sogar erwog, sein Lehramt an der Universität Basel für einige Jahre zu unterbrechen und sich ausschließlich in den Dienst Wagners zu begeben – ein Ansinnen, das allerdings von diesem entschieden abgelehnt wurde. Aufgebracht durch das würdelose Verhalten Ludwigs II. von Bayern, der die von Bismarck vorgelegte Aufforderung zur Unterschrift zugunsten einer Annahme der Kaiserkrone durch den preußischen König erst nach Zahlung einer beträchtlichen Geldsumme positiv beantwortete, fühlte sich Wagner verpflichtet, persönlich für die Schaffung einer deutschen Nationalkultur in dem eben erst erstandenen Deutschen Reich einzutreten. Nach der Entstehung des Gedichtes *An das deutsche Heer vor Paris* im Januar 1871, das er Otto von Bismarck überreichen ließ, ließ er sich sogar zur Komposition des *Kaisermarsches* hinreißen, wobei er mit der Verwendung von Luthers *Ein' feste Burg* zugleich auf seine ultramontane Überzeugung hinweisen wollte. Als er schließlich sogar vorschlug, anläßlich des Empfanges des siegreichen Heers in Berlin eine Feiermusik zu Ehren der Gefallenen zu komponieren, mußte er es sich gefallen lassen, vom Herausgeber der *Norddeutschen Allgemeinen Zeitung* daran erinnert zu werden, daß er nicht allein den deutschen Geist für sich gepachtet habe.
Die zweite Hälfte des Jahres 1871 widmete Wagner dem zweiten Akt der *Götterdämmerung,* die er 1872 mit der Vollendung des dritten Aktes abschloß. Er wollte jedoch die Partituren nicht aus der Hand geben, da ihn durch den Vertrag mit Ludwig II., wie er dem König am 1. März 1871 offen bekannte, das schmerzliche Gefühl eines Vaters beschleiche, dem „man sein Kind entrissen habe, um es der Prostitution preiszugeben". Deshalb trug er Ludwig II. seine feste Absicht vor, den schon seit einiger Zeit gehegten Plan eigener Bühnenfestspiele öffentlich bekanntzugeben. Bereits im Frühjahr 1871 wurden alle Einzelheiten für die praktische Durchführung dieses Projektes, für das rund 300.000 Taler erforderlich waren, in Berlin besprochen. Am 12. Mai entschloß sich Wagner auf seiner Rückreise bei einem Zwischenaufenthalt in Leipzig, die ersten Festspiele für das Jahr 1873 anzukündigen. Ohne sich vorher mit irgend jemandem abzusprechen, gab er gleichzeitig bekannt, als Festspielort Bayreuth ausgewählt zu haben, das durch die Besonderheiten und seine günstige Lage seinen Wünschen und Plänen am besten entsprach. Bei der Besichtigung des vorgeschlagenen Grundstückes beeilte er sich, zugleich auch die Parzelle für sein künftiges privates Heim, das Haus Wahnfried am Hofgarten, zu erwerben. Somit stand seinen Zukunftsplänen nichts mehr im Wege, als er am 22. April 1872 nach Bayreuth aufbrach.

Wagners Kunst drückt mit hundert Atmosphären: bücken Sie sich nur, man kann nicht anders …

Friedrich Nietzsche, Der Fall Wagner

Die Jahre in Tribschen hatten reiche Ernte gebracht: Nicht nur die *Meistersinger,* sondern auch der *Ring des Nibelungen* fanden hier ihre Vollendung. Nun nahm Wagners alter Traum von einer Bühne, die ausschließlich seiner Kunst dienen sollte, reale Gestalt an. Die städtischen Kollegien waren von Anfang an bereit, die Pläne des berühmten Musikdramatikers voll und ganz zu unterstützen. Schon am 22. Mai 1872 fand die Grundsteinlegung statt, zu der annähernd eintausend Mitwirkende und Gäste erschienen waren, deren Unterbringung und Betreuung der ungerüsteten Kleinstadt fast unüberwindliche Schwierigkeiten bereiteten. Nietzsche hat dieses Ereignis in seiner *IV. Unzeitgemäßen Betrachtung* festgehalten: „Als an jenem Maitage des Jahres 1872 der Grundstein auf der Anhöhe von Bayreuth gelegt worden war, bei strömendem Regen und verfinstertem Himmel, fuhr Wagner mit einigen von uns zur Stadt zurück; er schwieg und sah dabei mit einem Blick lange in sich hinein, der mit einem Worte nicht zu bezeichnen wäre. Er begann an diesem Tage sein sechzigstes Lebensjahr: alles Bisherige war die Vorbereitung auf diesen Moment." Wagners Rede, in welcher er das Bayreuther Programm dem Auditorium verständlich zu machen versuchte, wobei er die Bezeichnung eines „Nationaltheaters in Bayreuth" als unzutreffend ablehnte, wirkte ein wenig wie eine Ergänzung seiner polemischen Exzesse, mit welchen er in seiner patriotischen Begeisterung anläßlich der Reichsgründung die Grenzen der Humanität und des Taktes überschritt. Wie Hans Mayer schrieb, machte die Rede den völligen Bruch mit Wagners einstigen Plänen zur Realisierung gesellschaftlichen Fortschrittes deutlich. Für ihn als Schüler Schopenhauers verkörpere einzig und alleine das Genie den wahren Fortschritt, während ein humaner Fortschritt weder möglich noch wünschenswert sei. In hohler Selbstgefälligkeit postulierte er in pathetischem Tone: „Dies aber ist das Wesen des deutschen Geistes, daß er von innen baut: der ewige Gott lebt in ihm wahrhaftig, eher er sich auch den Tempel seiner Ehre baut." Solche Worte machen deutlich, wie weit sich der einstige Demokrat und Sozialist der Jahre 1848/49 von seinen einstigen Plänen zur Realisierung gesellschaftlichen Fortschritts entfernt hatte. Das Bayreuther Programm war nun das eines Herrschers, in welchem alles dem Stiftertum einer neuen Kunstreligion zu dienen hatte: „Niederschrift der Autobiographie, Herausgabe der gesammelten Werke, Begründung der ‚Bayreuther Blätter', Patronisierung der Richard Wagner-Vereine. Unverkennbar ist an all diesen Schöpfungen ein Grundzug des antidemokratischen, elitehaften Lobes der ‚Ungleichheit'. Kunst und Ungleichheit, Kunst und Religion sind nun die neuen Themen des Theoretikers Wagner." Noch befand sich auch Nietzsche in Gedankennähe zu Wagners verhüllten, geheimen Absichten, als er im abschließenden Teil seiner *Unzeitgemäßen Betrachtungen* schrieb: „Wenn irgend etwas seine Kunst gegen alle Kunst der neueren Zeiten abhebt, so ist es dies: sie redet nicht mehr die Sprache der Bildung einer Kaste, und kennt überhaupt den Gegensatz von Gebildeten und Ungebildeten nicht mehr … Daß es überhaupt eine Kunst geben könne, so sonnenhaft hell und warm, um ebenso die Niedrigen und Armen im Geiste mit ihrem Strahle zu erleuchten, als den Hochmut der Wissenden zu schmelzen: das mußte erfahren werden und war nicht zu erraten." Und direkt auf das Bayreuther Programm gemünzt meinte Nietzsche: „Selbst das großartige Vertrauen, welches Wagner dem deutschen Geiste auch in seinen politischen Zielen geschenkt hat, scheint mir darin seinen Ursprung zu haben, daß er dem Volke der Reformation jene Kraft, Milde und Tapferkeit zutraut, welche nötig ist, um das Meer der Revolution in das Bett des ruhig fließenden Stromes einzudämmen: und fast möchte ich meinen, daß er dies und nichts anderes durch die Symbolik seines Kaisermarsches ausdrücken wollte."

Mit der Übersiedlung nach Bayreuth werden in Cosimas Aufzeichnungen erstmals klinische Symptome erwähnt, die nicht alleine psychosomatischer Natur sein konnten. So notierte sie am 17. März 1872: „Richards Unwohlsein trübt das ganze Leben, er spuckt etwas Blut und seine Verdauung ist schlecht." Neben seinen Schlafstörungen und einem Ohrensausen, über welches er schon acht Jahre zuvor in Starnberg geklagt hatte, stellten sich am 9. August erstmals „Herzbeklemmungen" ein, die sich offenbar wiederholten, da er am 17. September den Verdacht auf ein Herzleiden äußerte. Mit Blutandrang verbundene Kopfschmerzen sowie gelegentliches Blutspucken, das jedoch von seinem Hausarzt Dr. Landgraf nicht als ernst eingestuft wurde und wohl eher einem leicht blutig tingierten Auswurf entsprochen haben dürfte, veranlaßten Wagner immerhin, vorübergehend Bettruhe einzuhalten. Im Oktober 1873 litt er an einem schmerzenden Fuß, der durch ärztliche Maßnahmen nicht gebessert werden konnte und im März 1874 so starke Beschwerden verursachte, daß er nicht außer Haus gehen konnte. Diesmal hielten die „furchtbaren Schmerzen am Fuß", die man mit Petroleumumschlägen zu lindern versuchte, jedoch nur zwei Tage an, um dann rasch vollständig abzuklingen.

In Bayreuth liefen die Dinge nicht so, wie sich Wagner dies vorgestellt hatte. Vor allem beunruhigte ihn das geringe finanzielle Aufkommen, das ihm die Wagner-Vereine meldeten. Um den Bayreuther Fonds aufzustocken, aber auch um geeignete Künstler für die geplanten Festspiele anzuwerben, absolvierte er deshalb gemeinsam mit Cosima strapaziöse Reisen in die verschiedensten deutschen Städte, wo er entweder Konzerte veranstaltete oder private Lesungen aus dem *Ring des Nibelungen* vor hochgestellten Persönlichkeiten aus Politik, Wirtschaft und Kunst hielt. Man kann sich heute gar nicht vorstellen, welches Aufsehen Wagner als produktiver Musikdramatiker in den höchsten Kreisen, aber auch bei den Menschen auf der Straße erregte, die etwa in Hamburg ein Spalier auf seinem Wege bildeten. In Straßburg traf er im November 1872 mit

Nietzsche zusammen, was deshalb der Erwähnung wert ist, weil ihm dieser berichtete, daß soeben ein Münchner Arzt namens Dr. Puschmann eine psychiatrische Studie veröffentlicht hätte, mit der dieser zu beweisen versuchte, daß Wagner vom Wahnsinn befallen sei – eine Studie, die allerdings in Ärztekreisen keinen Anklang fand. Trotz aller Bemühungen um die Finanzierung des Bayreuther Unternehmens mußte Wagner am 30. August 1873 schmerzlich zur Kenntnis nehmen, daß „die beabsichtigten Aufführungen vor dem Sommer des Jahres 1875 nicht stattfinden können". Nietzsche hatte sich, wenn auch mit zugegebener Überwindung, bereit erklärt, einen *Mahnruf an die Deutschen* zu verfassen. Die hochfahrende Tonart dieses Schreibens fand jedoch bei den Delegierten der Wagner-Vereine keine Zustimmung, so daß man sich auf einen unkonventionellen Aufruf zur Subskription einigte, der dann an etwa viertausend Adressaten versandt wurde, von denen allerdings nicht eine einzige positive Reaktion eintraf. Zu allem Unglück war auch von König Ludwig II. keine Hilfe zu erwarten, über den „erschreckliche Nachrichten" kursierten, wie Cosima notierte: Ludwig sehe niemanden als den Stallmeister, nehme sein Mittagessen erst abends um sieben, ließe in einer kleinen Stube sechzig Kerzen anzünden und käme erst nachts um elf wieder heraus, um noch einmal zu speisen bis nach Mitternacht. Als schließlich am 6. Januar 1874 das bayrische Hofsekretariat auch die Übernahme einer finanziellen Garantie für Bayreuth ablehnte, stand Wagners Festspielprojekt endgültig vor dem Ruin. Doch am 25. Januar 1874 trat der König von Bayern ganz überraschend aus seiner versponnenen Traumwelt heraus, um Wagners Plan durch einen Vorschuß auf königliche Bürgschaften in letzter Minute doch noch zu retten. Die beträchtliche Bürgschaftssumme von mehr als 200.000 Mark wurde später von Wagner und seinen Erben aus den Erträgen der Festspiele abgestottert.

Endlich konnte Wagner definitiv die Eröffnung der Bühnenfestspiele für das Jahr 1876 ankündigen. Schon zwei Jahre vorher hatte er mit seiner Familie seine Villa am Hofgarten bezogen, die er später „Wahnfried" taufte und für deren rasche Fertigstellung ihm der König 25.000 Taler beisteuerte. Obwohl nun endgültig die Vorbereitungen für die kommenden Festspiele in Angriff genommen werden konnten, waren die ersten Jahre in Bayreuth für den Meister infolge zahlloser Schwierigkeiten, die sich dem Unternehmen in den Weg stellten, eine erhebliche Belastung. Wahrscheinlich diente der weit über seine Verhältnisse gehende private Aufwand, der einem kleinen Hofstaat ähnelte, zur Ablenkung von seinen Sorgen und Enttäuschungen, wenngleich ihm daraus wieder nur Schulden erwuchsen, wie wir den Aufzeichnungen der genau buchführenden Cosima entnehmen können. So erklärt sich der Umstand, daß Wagner in einem seiner umfangreichsten Briefe am 1. Oktober dem König zwar die luxuriöse Ausstattung seiner Villa bis ins kleinste Detail ebenso wie den Tagesablauf des vielbeschäftigten Hausherrn nicht ohne Selbstgefälligkeit und Stolz schilderte, gleichzeitig aber auch auf seine abnehmende Energie und seinen angeschlagenen körperlichen Zustand hinwies. In der Tat war Wagner zu diesem Zeitpunkt bereits ernstlich leidend,

wie eine Episode vom 2. April 1874 dies verdeutlicht. Damals erlitt er einen Krampf über der Brust, der ihn „förmlich erstickte“ und ihn zwang, den Gang durch den Garten für einige Augenblicke zu unterbrechen, wodurch der Krampf sich rasch wieder löste. Wegen seiner häufigen Unterleibsbeschwerden, die sich als Hartleibigkeit und schmerzhafte Blähungszustände äußerten, brachten seine Ärzte die Brustkrämpfe fälschlicherweise damit in Zusammenhang. Obwohl ihm Ängste, Sorgen und körperliche Beschwerden das Leben schwer machten, arbeitete Wagner unverdrossen an der Vollendung des *Ring des Nibelungen*, die er Cosima am Sonnabend, dem 21. November 1874 – sechsunddreißig Jahre nach dem ersten Textentwurf – melden konnte.
Die finanziellen Engpässe bei der Verwirklichung seines Festspielplanes zwangen ihn schon zu Beginn des Jahres 1875 neuerlich Konzertreisen anzutreten, um dem Unternehmen neue Mittel zuzuführen. Als er Anfang Mai nach teilweise frenetisch bejubelten Aufführungen in mehreren deutschen Städten und in Wien wieder in Bayreuth eintraf, ging er ohne Erholungspause sofort an die Vorbereitung der Proben. Nietzsche konnte nicht umhin, Wagner ob seiner Rüstigkeit zu bewundern, weshalb er ihm zu seinem zweiundsechzigsten Geburtstag am 22. Mai schrieb: „Ich habe immer, wenn ich an Ihr Leben denke, das Gefühl von einem dramatischen Verlaufe desselben: als ob Sie so sehr Dramatiker seien, daß Sie selber nur in dieser Form leben und jedenfalls erst

Das Haus Wahnfried, der Wohnsitz Wagners in Bayreuth. Fotografie, um 1880.

am Schlüsse des fünften Aktes sterben könnten." Nietzsche konnte nicht ahnen, daß sich hinter der Rüstigkeit Wagners bereits jenes Leiden verbarg, das später seinen Tod herbeiführen sollte. Als wären nicht schon die Probenarbeiten für jenes gewaltige Werk des *Ring des Nibelungen* dazu angetan, das Letzte von seinem Gestalter abzuverlangen, trug die ultrakonservative Einstellung einer klerikalen bayrischen Zeitschrift das Ihre dazu bei, indem sie fürchterliche Prophezeiungen gegen dieses „sündhafte" weltliche Werk schleuderte und einen verheerenden Brand des Festspielhauses mit unvorstellbaren Folgen für Hunderte seiner Besucher ankündigte: „An der Stelle aber wo die unglückselige Bude gestanden, wird fürder nicht mehr den sündhaften Lüsten der Welt gefröhnet, sondern es wird zum Gedächtniß der armen Seelen dort ein dem Himmel geweihter Tempel erbauet werden." Nicht wegen dieses naiv-dümmlichen, lächerlichen Pamphlets vom 1. Juni 1875, sondern wegen der kaum zu bewältigenden Schwierigkeiten mit den Sängern und der komplizierten Bühnentechnik verausgabte sich Wagner so sehr, daß er wieder einmal die schon früher episodisch aufgetretenen Schmerzen am Fuß bekam, die so intensiv waren, daß er kaum noch auftreten konnte. Glücklicherweise klang auch dieser Schmerzanfall relativ rasch ab, weshalb er sich diesbezüglich auch keine Sorgen machte. Viel bedrückender für ihn war das voraussehbare Defizit, weshalb er im November nach Wien reiste, um den Aufführungen des *Tannhäuser* und des *Lohengrin* unter Hans Richter beizuwohnen. Da er dabei versprochen hatte, den *Lohengrin* zugunsten des Chorpersonals dort auch selbst zu dirigieren, nahm er – zum letzten Mal – im März 1876 nochmals Aufenthalt in Wien, um dann nach Berlin zu gehen, wo ihm für eine Aufführung des *Tristan* in Anwesenheit des Kaisers und des Hofstaates fünftausend Taler für den Festspielfonds in Bayreuth überwiesen wurden.

Am 9. Mai 1876 begannen die Vorbereitungen zu den Festspielproben, und ausgerechnet jetzt erkrankte Wagner an einem äußerst schmerzhaften Zahnabszeß, der seine Wange „wie ein Nilpferd anschwellen ließ" und ihn zwang, die Leitung der Proben vorübergehend abzugeben. Mittels des 1869 in die Therapie eingeführten Chloralhydrats konnten die Schmerzen wohl gelindert werden, doch dauerte es bis Ende Juni, bevor dieser Abszeß endgültig zur Abheilung gebracht werden konnte. Einzige Erquickung und Freude in diesen Wochen der nervlichen Überbeanspruchung bereitete ihm die Festschrift Nietzsches mit dem Titel: *IV. Unzeitgemäße Betrachtung. Richard Wagner in Bayreuth*. Mit den Worten: „Freund! Ihr Buch ist ungeheuer! Wo haben Sie nur die Erfahrung von mir her?" bat er Nietzsche, so rasch wie möglich zu ihm nach Bayreuth zu kommen. Unter Zureden Malwida von Meysenbugs kam Nietzsche trotz seines jammervollen Gesundheitszustandes diesem Wunsche nach und begab sich am 23. Juli auf den Weg in die Festspielstadt. Aufgrund seines Augenleidens und seiner fürchterlichen Kopfschmerzen bedeutete die Teilnahme an den Proben, die noch dazu wegen der ständigen Unterbrechungen endlos lange dauerten, eine echte Qual. Seiner Schwester teilte er seine desillusionierenden Eindrücke, die durch sein Leiden noch

Knapp vor der Grundsteinlegung in Bayreuth: Richard und Cosima Wagner in Wien, 9. Mai 1872.
Atelieraufnahme von Fritz Luckhardt.

Das gewaltige Schlußbild von Wagners letzter Oper, uraufgeführt am 26. Juli 1882 in Bayreuth: Parsifal zeigt den Gral. Holzstich nach einem Gemälde von Theodor Pixis, 1882.

verstärkt wurden, mit, ohne deshalb die grandiose Wirkung der *Götterdämmerung* auf ihn zu leugnen. Am 1. August schrieb Nietzsche: „Ich sehne mich weg, es ist zu unsinnig, wenn ich bleibe. Mir graut vor jedem dieser langen Kunst-Abende; und doch bleibe ich nicht weg."

Der August 1876 brachte Wagner mit der ersten Veranstaltung der Bayreuther Festspiele als Gesamtaufführung der Tetralogie des *Ring des Nibelungen* die Erfüllung seines Lebenstraumes. Die Bedeutung dieses Ereignisses, die durch eine massive Auffahrt fürstlicher Gäste unterstrichen wurde, übertraf künstlerisch und gesellschaftlich alles bisher Dagewesene. Wagner war sich dessen auch voll bewußt, wie er im Rückblick bekannte: „Es schien sehr wahrhaftig, daß so noch nie ein Künstler geehrt worden sei; denn hatte man erlebt, daß ein solcher zu Kaiser und Fürsten berufen worden war, so konnte doch niemand sich erinnern, daß je Kaiser und Fürsten zu ihm gekommen seien." In der Tat erschienen der deutsche Kaiser, der Kaiser von Brasilien, der König von Bayern, der König von Württemberg sowie Fürsten und Honoratioren aus aller Welt. Dennoch endeten die Festspiele mit einem beängstigenden Defizit, so daß eine Wiederholung für die nächsten Jahre kaum denkbar war. Und noch ein anderer Aspekt wurde deutlich, den Nietzsche als einer der ersten erkannte: Das Werk war nicht zur Kunst höchster Volkstümlichkeit geschaffen und wurde nicht zu jenem Volksfest, das Wagner noch in Zürich vor Augen hatte. Es stellt auch kein „nationales Unternehmen" dar, sondern es ist – wie Paul Lindau in der *Schlesischen Presse* schrieb – in seinem eminent persönlichen Charakter sogar die volle Negierung des Nationalen, aber unzweifelhaft die stärkste individuelle Leistung, die zu denken ist. Um so störender wirkten verschiedene Nebeneffekte dieser individuellen Großleistung auf jene Besucher der Festspiele, die allein wegen der Kunst herbeigeeilt waren. Gemeint war die einer Sekte ähnliche Glaubensgemeinschaft, die sich herauszubilden begann und mit ihrer intoleranten Besserwisserei und ihrem Eifer für den neuen Gott, dem sie in religiöser Unterwürfigkeit zu dienen bereit waren, jene kunstliebenden Zeitgenossen vergrämten, die nicht zu diesen Orthodoxen zählten. Nietzsche, der zu Beginn der Festspiele wieder in Bayreuth eintraf, dort aber kaum Gelegenheit hatte, mit Wagner zu sprechen, meinte resigniert: „Mein Fehler war, daß ich nach Bayreuth mit einem Ideal kam. So mußte ich denn die bitterste Enttäuschung erleben. Die Überfülle des Häßlichen, Verzerrten, Überreizten stieß mich heftig zurück."

Ein Kontrast zum hektischen Festspielmonat August 1876 war nach den Worten von Hans Mayer die Beziehung des alternden Wagner zu Judith Gautier, der Gattin des bekannten französischen Schriftstellers Catulle Mendés, die er bereits von Tribschen her kannte. Wahrscheinlich war bei dieser Episode, wie aus den „fast tätschelnden Altmänner-Briefen" des Meisters geschlossen werden kann, weniger wirkliche Liebe als vielmehr die eitle Bestätigung im Spiel, wieweit er noch auf diese junge, intelligente Propagandistin seiner Kunst auch als Mann eine Wirkung auszuüben vermochte. Auf jeden Fall hatte Judith in ihm ein Feuer entfacht, das sie jedoch nicht zu löschen bereit war; zumindest beteuerte sie dem französischen Dichter Henri de Régnier, daß sie Wagners Drängen in Bayreuth kein Gehör geschenkt habe. Cosima erwähnte ihren Namen an keiner Stelle ihres Tagebuches, so daß wohl die ganze Affäre hinter ihrem Rücken ablief – ein weiteres Beispiel für die bereits mehrfach erwähnte „Verflechtung von Liebe, Freundschaft und Verrat".

Nach den anstrengenden Monaten zog es Wagner am 14. September weg von Bayreuth in den Süden, wo sich die Familie nach mehreren Zwischenaufenthalten in Sorrent niederließ. Dort scheint er sich gut erholt zu haben, da wir während des ganzen Herbstes nichts von Brustbeklemmungen oder anderen Beschwerden hören. Wie Nietzsche ihm schon nach Neapel schrieb, beabsichtigte auch er, einer Einladung Malwida von Meysenbugs zu folgen und Aufenthalt in Sorrent zu nehmen. Schon am 27. Oktober besuchte er die Familie Wagner, und die Legende will wissen, daß es am Allerseelentag zwischen Wagner und Nietzsche zu jenem entscheidenden Gespräch kam, das die Freundschaft der beiden zerbrechen ließ. Der Grund hiefür sei das Bekenntnis Wagners gewesen, sein religiös-christliches „Grunderlebnis" habe ihn zum *Parsifal* inspiriert – eine Wandlung, die ihm Nietzsche nicht verzeihen konnte. Gregor-Dellin spricht hier von einer „heiligen Lüge" und lehnt diese Darstellung mit glaubhaften Argumenten ab. Am überzeugendsten sind zwei Hinweise: Erstens war Nietzsche der Prosa-Entwurf des *Parsifal* seit Weihnachten 1869 bekannt, und zweitens fand er noch ein Jahr später durchaus positive Worte für die geplante geistig-mythische Behandlung dieses Stoffes, als er an Cosima schrieb: „Die herrliche Verheißung des ‚Parcival' mag uns in allen Dingen trösten, wo wir Trost bedürfen." Es handelte sich wohl auch diesmal wieder um ein Phantasieprodukt der erfindungsreichen Elisabeth Förster-Nietzsche, die jene „rührselige Version vom Ende der Sternenfreundschaft in die Welt gesetzt" hat. Auch Hans Mayer wies darauf hin, daß Wagner bereits in seiner in Tribschen entstandenen Autobiographie von frühen Emotionen sprach, die das christliche Abendmahl seit jeher in ihm auslöste. Wenn Wagner an jenem Allerseelentag von der Bedeutung seines christlichen Weltbildes bei der Entstehung seiner Parzifal-Dichtung sprach, dann waren dies Gedanken, die vielleicht längere Zeit verdeckt waren, an sich jedoch weit in seine Vergangenheit zurückreichten und somit nicht durch eine grundsätzliche Wandlung an die Oberfläche geschleudert wurden. Wenn in der Tat *Parsifal*, dieses Bühnenweihfestspiel, deutliche katholisierende Züge aufweist, so entsprechen diese doch eindeutig einer unbarmherzigen calvinistischen Prädestination, denn in diesem Werk entscheidet einzig und allein das Göttliche, während der Mensch in all seinem Tun und Irren nur ein willenloses Glied im vorgefaßten Heilsplan verkörpert.

Angesichts der drückenden Schulden, welche die Veranstaltung der ersten Bayreuther Festspiele verursachte und die eine Wiederholung für die nächsten Jahre undenkbar erscheinen ließen, schrieb Wagner Ende März 1877 an den Leiter des Schott-Verlags, daß er den *Ring des Nibelungen* nie wieder für seine Rechnung und unter seiner persönlichen Geschäftsführung in Bayreuth aufzuführen gedenke. Um so intensiver beschäftigte er sich nun mit dem *Parsifal,* dessen Stoff ihn schon mehr als zwei Jahrzehnte zuvor fasziniert hatte. Ludwig Strecker, der Leiter des Schott-Verlags und rückhaltlose Verehrer Wagners, fand an dieser Dichtung durch „die Einseitigkeit, mit welcher die Überwindung der Lust und die Askese als der anscheinend einzige Weg zum Heil für die Menschheit verkündet wird", etwas Befremdendes. Seiner Meinung nach konnte man die Überverdeutlichung des Keuschheitsprinzips, die sich „an der Peripherie des guten Geschmacks" bewegt, nur als das Bekenntnis eines Mannes erklären, der „über Tannhäuser und Tristan hinaus die Erlösung von dem Fluch des Sexus künstlerisch zu gestalten bemüht war". Ob Wagner tatsächlich unter einem „Fluch des Sexus" litt, mag dahingestellt sein; Gregor-Dellin jedenfalls erblickte in der Erlösungsmystik des *Parsifal* die beschwörende Verneinung des Willens im Geiste Schopenhauers, mit welcher Wagner eine „Absage an das zivilisatorisch-optimistische Jahrhundert" zum Ausdruck bringen wollte – mit Recht könne man daher von einem „Weltabschiedswerk" sprechen. Mit welch einem Feuereifer er sich auf diese Dichtung, mit deren Urschrift er am 14. März 1877 begann, stürzte, beweist der Umstand, daß er bereits am 20. April seiner Gattin die gesamte Textfassung vorlesen konnte. Unmittelbar anschließend, nämlich schon am 1. Mai, trat er gemeinsam mit Cosima eine Reise nach London an, wo er vertragsgemäß eine Konzertreihe in der Royal Albert Hall zu absolvieren hatte mit dem Ziel, einen Teil seines Schuldenberges damit abzutragen. Mit dem Gewinn von siebenhundert Pfund, mit dem er am 4. Juni die Rückreise antrat, konnte allerdings nur ein Zehntel des Bayreuther Defizits abgedeckt werden.

Nach diesen anstrengenden Wochen begab er sich mit Frau und Kindern zur Kur nach Bad Ems. Das „Emser Wasser" bekam ihm jedoch nicht, weshalb er seinem Arzt Dr. Landgraf am 16. Juni mitteilte: „Mir ist es, als ob ich hier durchaus am falschen Ort wäre. Vor zwei Jahren hieß es: Marienbad! Ohne Zweifel hat sie meine anhaltende katarrhalische Disposition von diesem Winter anders gestimmt. Mein Hauptleiden ist und bleibt aber Trägheit der Unterleibsfunktionen, in deren Folge Aufgetriebenheit des Leibes, Wind, Plagen usw. Diese vermehren sich hier eher. Die Bäder – so vorsichtig gebraucht – greifen mich furchtbar an." Wagner stellte seine Trinkkur auf das gewohnte Marienbader Wasser um und kehrte, eher enttäuscht über den Erfolg in Bad Ems, nach vier Wochen wieder nach Bayreuth zurück. Schon Mitte September machte er sich an die Kompositionsskizze des *Parsifal.* Trotz notwendig gewordener zweimaliger „Zahnoperation", die der amerikanische Zahnarzt Dr. Jenkins durchführte, und zu Beginn des Oktobers neuerlich aufgetretener heftiger Schmerzen „in der großen Zehe" konnte er bereits um die Jahreswende an König Ludwig II., an seinen Schwiegervater Franz Liszt sowie an seinen Freund Friedrich Nietzsche die abgeschlossene Parsifal-Dichtung übersenden. Diese Geburt dürfte allerdings nicht ganz reibungslos abgelaufen sein, denn sie war eindeutig von echten Herzbeschwerden begleitet, wie man den – wenn auch spärlichen – Andeutungen Cosimas in ihrem Tagebuch entnehmen kann. Da heißt es etwa unter dem 24. Oktober, Wagner hätte „eine schlimme

Nacht" gehabt und dabei die Befürchtung geäußert: „Wenn ich nur kein Herzleiden habe." Tatsächlich handelte es sich dabei um veritable nächtliche Krämpfe in der Herzgegend, die Cosima nur dann erwähnenswert schienen, wenn sie heftiger auftraten. So ist wohl die Aufzeichnung vom 9. Dezember zu verstehen: „Richard hat nicht viel geschlafen, doch er hat wenigstens keine Krämpfe gehabt."
Im folgenden Jahr 1878, das sich mit heftigen „Fußschmerzen" ankündigte, traten ab Mitte Juli seine Herzkrämpfe, die teilweise auch als „Stiche in der Brust" beschrieben wurden, immer häufiger auf. Während Cosima die Meinung der Ärzte teilte und seine Brustschmerzen als „rheumatische Schmerzen um das Herz, welche aber aus Beschwerden des Unterleibs hervorgehen" deutete, war Wagner selbst offensichtlich über die wahre Natur seines Leidens und dessen Gefährlichkeit anderer Meinung, wie aus einer Äußerung vom 8. Oktober Cosima gegenüber zu ersehen ist: „Du wirst sehen, ich sterbe Dir unter der Hand weg." Obwohl im Dezember die Brustbeklemmungen auch tagsüber in Erscheinung traten, findet man im Tagebuch unter dem 20. Dezember die Eintragung: „Der Doktor leugnet jedes Brust- oder Herzleiden." Dessenungeachtet arbeitete Wagner fieberhaft an der Komposition des *Parsifal,* und obwohl sich die Brustschmerzen in unregelmäßigen Abständen im Januar, März und April 1879 mehrmals wiederholten, konnte er schon am 25. April seiner Frau die Vollendung des Werkes melden. Wenige Tage später wurde auch König Ludwig II. davon unterrichtet, mit dem schon ein Jahr zuvor durch einen Vertrag die Aufführung in Bayreuth gesichert worden war. Als Gegenleistung für das neuerliche königliche Entgegenkommen, für die erste Aufführung in Bayreuth das Münchner Hoforchester und das gesamte Personal des Hoftheaters zur Verfügung zu stellen, verpflichtete sich Wagner, „das unbeschränkte Recht der Aufführung an die königliche Hoftheaterintendanz ohne weiteres Recht auf Tantiemenbezug" zu übertragen, bis das für das Bayreuther Unternehmen vom König gewährte Darlehen an die königliche Kasse rückerstattet wurde. Obwohl im Juli seine Brustbeklemmungen wieder an Häufigkeit zunahmen, begann er am 23. August mit der Ausarbeitung der Partitur. Kein Wunder, daß er von depressiven Anwandlungen heimgesucht wurde, die offenbar mitunter von Todesahnungen begleitet waren. Am 23. September notierte Cosima die Worte, die Wagner ihr nach Abklingen eines Krampfes vor dem Einschlafen zugeflüstert hatte: „Glaubst Du, daß man lächelnd sterben kann?" Zu allem Überfluß entwickelte sich im November nach einer unbedeutenden Halsentzündung eine Anschwellung der Nase, die ihn an der Ausübung des seit früher Jugend angewöhnten Tabakschnupfens hinderte und die Mitte Dezember eine „Augenentzündung" nach sich zog, weshalb sein Hausarzt den Ophthalmologen Dr. Reuter beizog. Da sich mittlerweile sein Zustand wieder besserte und seine Ärzte einen Klimawechsel nach dem Süden für dringend notwendig erachteten, beschloß Wagner, mit seiner Familie und seinem gesamten Hauspersonal einen längeren Aufenthalt in Italien anzutreten, für den man Neapel als den geeignetsten Ort auswählte.

Die Tantiemen für die Aufführungen seiner Opern müssen ausreichend geflossen sein, denn anders wäre es nicht denkbar, daß er für die Reise einen eigenen Salonwagen mieten konnte. Die Reisegesellschaft traf am 4. Januar 1880 in Neapel ein, wo man in der Villa d'Angri am Posilip logierte. Der Begeisterung über die herrliche Lage der Villa, den ausgedehnten Park und die traumhafte Aussicht auf die Stadt und den gesamten Golf wurde jedoch schon Ende des Monats dadurch Abbruch getan, daß sich die Anschwellung von der Nase auf die Stirne ausgebreitet hatte. Als behandelnder Arzt wurde Dr. Schrön zugezogen, der verschiedene Arzneien verordnete. Ob er die gleiche Diagnose stellte wie Dr. Landgraf in Bayreuth, der laut Cosimas Angabe „gleich wußte, daß es die Rose ist", ist nicht bekannt. Fest steht nur, daß Wagners Haut- und Augenaffektionen im Verlauf des Februar allmählich abklangen. Dafür meldeten sich jetzt wiederum seine Herzkrämpfe, so daß er manchmal die Nacht aufrecht im Bette sitzend zubringen mußte, bis die Herzschmerzen wieder nachließen. Unter diesen Umständen ging die Arbeit am *Parsifal* nur schleppend voran. Statt zu komponieren, zog er es ab Ende März vor, das Diktat seiner Autobiographie fortzusetzen. Seine Stimmung blieb jedoch eher gedrückt, wobei ihm vor allem „die nutzlosen Bemühungen um den Gewinn der Mittel zu einer dauernden Stiftung, welche nun einmal der elende Zustand der deutschen ‚Nation' nicht zu gewähren vermag", Sorgen bereiteten. Am liebsten hätte er die Erlaubnis zur Aufführung seiner Werke überall zurückgezogen. Er hatte deshalb „schon ernstlich an eine vollständige Übersiedlung nach Amerika gedacht", weil er dort die Mittel erhalten würde, alle zugestandenen Aufführungsrechte zurückzukaufen. Dieser Amerika-Plan wäre auch von seinem Zahnarzt Newell S. Jenkins unterstützt worden, wären nicht seine Kinder strikt gegen eine Aufgabe ihrer Heimat und vor allem ihres geliebten Hauses Wahnfried in Bayreuth gewesen.

Einen wohltuenden, beruhigenden Einfluß auf Wagner übte stets die Begegnung mit Malwida von Meysenbug aus. Frei von erotischen Spannungen jeder Art, bewegten sich die Gespräche in ungezwungener Weise ähnlich wie unter Geschwistern. Sie war es auch, die es wagen durfte, das heikle Thema seiner in die Brüche gegangenen Freundschaft zu Nietzsche zu berühren. Wie im Kapitel über Nietzsche noch ausführlich zu berichten sein wird, war die Ursache für die Entzweiung der beiden ja nicht die Parsifalwidmung, wie die Legende es darzustellen versucht, sondern ein skandalöser Briefwechsel zwischen Wagner und dem befreundeten Frankfurter Arzt Dr. Otto Eiser. Letzterer verletzte auf geradezu ungeheuerliche Weise seine ärztliche Schweigepflicht, und Wagner beging eine Indiskretion, deren Peinlichkeit kaum zu überbieten war, selbst wenn man die Rolle des besorgten Freundes gelten lassen will. Wenn Nietzsche unmittelbar nach Wagners Tod in einem Brief an Overbeck von einer schmerzlichen Entbehrung sprach, die seine Entfremdung mit Wagner verursachte und unter der er seit sechs Jahren litt, dann ist dies ein Hinweis darauf, daß die auslösende Ursache wohl nur der skandalöse Briefwechsel vom Spätherbst 1877 sein konnte, von dem er öffentlich unterrichtet war. Wagner dürfte um diese Zusammenhänge gewußt haben, da er am 7. April 1880 in Neapel in verständnisvoll klingenden Worten zu Malwida von Meysenbug, fast entschuldigend, sagte: „Nur, um sich von mir zu befreien, ergibt er (Nietzsche) sich allen Platitüden", womit er die gegen ihn gerichteten Attacken seines ehemaligen Freundes meinte.

An seinem Geburtstag, zu dem ihm die Kinder in rührender Weise gratulierten, brach Wagner in Weinen aus, das sich tagsüber noch mehrmals wiederholte. Wegen seines unbefriedigenden Zustandes entschloß man sich, länger als geplant in Neapel zu bleiben, wo er nun auf Anraten Doktor Schröns Seebäder nahm. Im Juli „spuckte er häufig Blut", wie Cosima in ihrem Tagebuch vermerkte, und Ende dieses Monats rezidivierte auch neuerlich seine Gesichtsrose. Wagner machte dafür das neapolitanische Klima verantwortlich, weshalb er am 8. August nach Rom aufbrach, von wo die Familie schließlich über Siena und Florenz nach Venedig zog, wo sie am 4. Oktober eintraf. In jenem Monat wurde nun auch endgültig über das Schicksal der Aufführung des *Parsifal* entschieden. Wagner konnte nämlich den Gedanken nicht ertragen, daß dieses Werk der Münchner Bühne ausgeliefert werden sollte, weshalb er auf die von König Ludwig II. zugesicherte Mitwirkung des Hoftheaters mit einer theatralischen Geste verzichtete. Um dieses Werk vor einem Publikum zu schützen, „welches einzig von der Frivolität angezogen wird", betitelte er den *Parsifal* als „Bühnenweihspiel", für welches in Zukunft nur sein Bühnenfestspielhaus in Bayreuth als Aufführungsort in Frage komme – eine Forderung, auf die der König am 24. Oktober einging, womit er gleichzeitig auf die Bühnenrechte zur Deckung des Defizits wieder verzichtete.

Am 31. Oktober in München eingetroffen, kam es dort am 12. November zum letzten persönlichen Zusammentreffen Wagners mit dem König. An diesem Tage fand eine Separatvorstellung für Ludwig II. statt, bei der niemand außer den Musikern im Theater anwesend sein durfte und das Vorspiel zum *Parsifa*l gegeben wurde. Als der König eine Wiederholung desselben und dann gar noch zum Vergleich das Vorspiel zum *Lohengrin* anordnete, reichte Wagner verärgert Hermann Levi den Taktstock und verließ demonstrativ den Orchestergraben. Wagner hat den König nie mehr wiedergesehen. Die damit verbundenen Aufregungen waren wohl der Grund für das erneute und besonders heftige Wiederkehren seiner Brustkrämpfe, die er als „Krebs auf der Brust" bezeichnete.

Das neue Jahr stellte sich schon im Januar mit einer schmerzhaften Schwellung im Bereiche des rechten Daumens ein, die bis Mitte Februar 1881 anhielt, weshalb der Hausarzt „eine kleine Operation" für nötig hielt. Im März verlagerten sich die Schmerzen auf die große Zehe, und zu dieser Zeit traten auch die Unterleibsbeschwerden sowie seine Brustkrämpfe wieder verstärkt in Erscheinung. Trotz seines leidigen Zustandes entschloß sich Wagner, gemeinsam mit seiner Familie nach Berlin zu reisen, um dort seinem Ring-Zyklus beizuwohnen, der von seinem jüdischen Freund und Verehrer Angelo Neumann dirigiert wurde. Bei dieser Gelegenheit kam es zum Eklat, da Wagner nach Beendigung der *Götterdämmerung* mitten in einer kurzen Ansprache

Neumanns vor dem versammelten Kaiserhaus von der Bühne, auf die er zuvor zum Empfang der Ovationen gebeten wurde, zur Überraschung aller plötzlich verschwand. Neumann und die Künstler waren davon peinlichst berührt, und eine Versöhnung konnte erst durch wiederholte Beteuerungen Wagners herbeigeführt werden, daß ein beginnender Herzkrampf ihn gezwungen habe, in die Kulissen zu flüchten. Ob dies nicht doch eine Ausrede war, kann aus heutiger Sicht nicht mehr entschieden werden. Immerhin wirkt es merkwürdig, daß Cosima diesen Vorfall nicht als einen Herz-

Wagner mit seiner Familie auf der Gartentreppe des Hauses Wahnfried, fotografiert am 23. August 1881

krampf, sondern als eine „Verstimmung" in ihrem Tagebuch festhielt, die eine von Neumann geplante Ovation „nach seinem Geschmack" ausgelöst haben soll.
Da die Brustkrämpfe im August und September intensiver in Erscheinung traten und auch die Unterleibsbeschwerden ärger wurden, empfahl der als Konsiliarius aus Erlangen hinzugezogene gastroenterologische Spezialist Professor Leube angesichts der für gesund befundenen Organe vor allem strenge Diät und ein gesundes Klima im Süden. Diesem Rate folgend, trat die Familie Wagner – wie gewohnt im Salonwagen – die Reise nach Palermo an, wo sie die Villa des Fürsten Gangi bezog. Leider wurde Wagner schon in der zweiten Hälfte des Dezember 1881 von wiederholt auftretenden Krämpfen in der Herzregion gequält, von denen am 28. Januar 1882 einer besonders lange anhielt. Diese sich ständig verschlimmernden Brustkrämpfe, von denen jener vom 24. Februar Cosima wegen seiner überwältigenden Schmerzintensität in höchste Angst versetzte, wurden eigenartigerweise von dem behandelnden Arzt Dr. Berlin als nicht besorgniserregend eingestuft. Wenn Wagner selbst auch gerne in den beschwerdefreien Intervallen durch seine bekannten Scherze und seine ironischen Bemerkungen seine Umgebung zu beschwichtigen versuchte, befand er sich im Bewußtsein seines schwer angeschlagenen Gesundheitszustandes im Grunde in einer permanenten depressiven Verstimmung – „immer wie Katzenjammer", wie er Cosima beteuerte. Unter solchen Umständen verzögerte sich begreiflicherweise die Fertigstellung der Partitur für den *Parsifal* immer wieder, die er Cosima schließlich am 13. Januar 1882 erleichtert vorlegte.
Auf der Rückreise, die über Venedig führte, ereignete sich am 29. April nochmals eine schwere Herzattacke, nachdem er vorher noch mit Cosima den Palazzo Vendramin besichtigt hatte, den er im Herbst dieses Jahres zu beziehen beabsichtigte. In Bayreuth angekommen, fand er seinen Freund Hermann Levi mitten in den Vorbereitungen zu den geplanten Festspielen, deren Bühnenproben für den 2. Juli 1882 angesetzt waren. Obwohl Wagner am 25. Juni „von einem heftigsten Krampf" befallen wurde, setzte er unbeirrt die Probenarbeiten fort. Die ungeheure Faszination, den die Uraufführung des *Parsifal* am 26. Juli auf die Anwesenden ausübte und der sich selbst der gefürchtete Wiener Kritiker Eduard Hanslick nicht zu entziehen vermochte, entschädigte Wagner für die unvorstellbaren Belastungen der vorhergegangenen Wochen. Doch wenn auch Nietzsche etwas sarkastisch von einem ungeheuren Erfolg „des alten Zauberers" sprach, so konnte dessen Übermüdung und traurige Grundstimmung seiner Umgebung nicht verborgen bleiben. Vor der Aufführung am 1. August (der *Parsifal* mußte fünfzehnmal wiederholt werden) soll er sogar richtiggehend geweint haben. Grund dafür war wohl sein hoffnungslos angeschlagener Gesundheitszustand, der ihn zwang, manchen der Aufführungen nur teilweise oder gar nicht beizuwohnen. Im Tagebuch Cosimas finden sich für diese Tagen kaum Anmerkungen über sein Befinden, weil sie offenbar durch ihre gesellschaftlichen Verpflichtungen zu sehr in Anspruch genommen wurde. Ein sehr beunruhigender, schwerer Anfall, der von zwei anwesen-

den Personen – dem Sänger Emil Scaria und Wagners Diener Schnappauf – bemerkt wurde, überraschte ihn nach der fünften Aufführung. In einem kleinen Raum hinter der Bühne soll er auf das dort befindliche Sofa gesunken sein, wo er verzweifelt nach Luft rang und mit den Händen hilfesuchend wild um sich schlug, während sich sein Gesicht zunehmend blau verfärbte. Er dürfte kurz das Bewußtsein verloren haben, sprang bald wieder in die Höhe und murmelte: „Dieses Mal bin ich noch davongekommen." Wie sehr er sein nahes Ende fühlte, ja mitunter offenbar sogar herbeisehnte, beweist eine Passage in jenem Brief vom 8. Juli, den er an Ludwig II. sandte, nachdem dieser ihm offiziell hatte mitteilen lassen, daß er nicht gedenke, zu einer der Aufführungen des *Parsifal* nach Bayreuth zu kommen. Dieses Schreiben unterzeichnete Wagner mit den Worten: „der ich gern und inbrünstig wünsche, bald zu sterben als meines angebeteten Herrn allergetreuester Knecht Richard Wagner."
Nachdem Wagner anläßlich der letzten Aufführung des *Parsifal* vom Publikum unbemerkt im Orchestergraben aufgetaucht war, um den Schlußakt selbst zu dirigieren, war er anschließend sehr nachdenklich und voller Todesahnungen, wie dies unter anderem in seinem abschließenden Bericht über *Das Bühnenweihfestspiel in Bayreuth 1882* zum Ausdruck kam: „Verdankte ja auch der ‚Parsifal' selbst nur der Flucht vor der Welt seine Entstehung und Ausbildung! Wer kann ein Leben lang mit offenen Sinnen und freiem Herzen in diese Welt des durch Lug, Trug und Heuchelei organisierten und legalisierten Mordes und Raubes blicken, ohne zuzeiten mit schaudervollem Ekel sich von ihr abwenden zu müssen? Wohin trifft dann sein Blick? Gar oft wohl in die Tiefe des Todes." Dennoch schloß der Bericht mit der Hoffnung auf ein Wiedersehen und eine Wiederholung der Festspiele im Jahre 1883.

Richard Wagners Tod

Die Naturnotwendigkeit des Todes wird zur sittlichen Tat, sobald ich das in ihm liegende Opfer mit Bewußtsein zum Heile der Genossenschaft bringe.

Sämtliche Schriften und Dichtungen, Bd. 12

Nach den Bayreuther Abschiedsworten trat Wagner seine letzte Fahrt nach Italien an. Im Etschtal empfing die Reisenden ein furchtbares Unwetter, das unmittelbar nach Passieren des Reisezuges die Brücken über den Fluß zum Einsturz brachte, so daß die Familie am Nachmittag des 16. September 1882 gerade noch wohlbehalten in Venedig eintraf, wo sie tags darauf die für Wagners Bedürfnisse eingerichteten achtzehn Zimmer im oberen Stockwerk des Palazzo Vendramin-Kalergis besichtigen und einen Tag später beziehen konnte. Hier entstanden Wagners letzte Schriften, mit denen er nicht nur seine Anschauungen über Kunst, sondern seine Lehrmeinung über die unterschiedlichsten Themen seiner Zeit zu verkünden beabsichtigte. So beschäftigte er sich mit der Rassenlehre des Grafen Joseph-Arthur von Gobineau (1816–1882), den er Jahre zuvor persönlich kennengelernt hatte und dessen *Essai sur l'inégalité des races humaines* (dt. unter dem Titel *Versuch über die Ungleichheit der Menschenrassen* erschienen) ihn geradezu in eine „Apotheose der germanischen Rasse" mündend begeisterte. Darauf aufbauend sprach er den deutschen Stämmen „durch Zurückgehen auf ihre Wurzeln eine Fähigkeit zu, die der gänzlich semitisierten lateinischen Welt verloren gegangen ist". Auch das erstmals während seiner Pariser Hungerjahre aufgegriffene anarchistische Gedankengut tauchte wieder auf: In einer gesellschaftspolitischen Skizze sprach er von Staat und Kirche nur als „abschreckende warnende Beispiele". Überhaupt eiferte er, je älter er wurde, um so stärker gegen die Jesuiten, und seit dem 1. Vatikanischen Konzil 1870 gegen die gesamte katholische Kirche und vor allem gegen das Rom der Päpste, wobei er auf ziemlich radikale Art und Weise den Bogen zurück zu Luther und zum Geist des Protestantismus schlug. Ausschlaggebend dafür waren die klerikalen Auseinandersetzungen im Zusammenhang mit der Unfehlbarkeitserklärung des Papstes beim 1. Vatikanischen Konzil und das Erstarken des reaktionären politischen Katholizismus, vor allem der Ultramontanen in Bayern. Gesellschaftspolitisch erwartete er nur noch den „vollständigen Untergang dieser Welt des Besitzes". Eine Eintragung unter dem 9. Oktober, welche seine „hoffnungsvolle Resignation" beleuchtet, lautet: „Um es im Leben auszuhalten, müßte man darin tot sein." Zu dieser resignierten Stimmung trugen zweifellos seine Krampfanfälle über der Brust bei, die sich immer häufiger und heftiger einstellten und ihn sowohl während des Tages wie auch zur Nachtzeit quälten. Am 1. November überraschte ihn während eines kurzen Spazierganges ein schmerzhafter Krampf, der ihn zwang, sich auf die Stufen der Markuskirche niederzusetzen. Völlig erschöpft wurde er damals von zwei jungen Italienern nach Hause begleitet. Im Tagebuch Cosimas liest man unter dem Datum des 10. November, daß sich Wagners Anfälle an diesem Tag viermal wiederholt hätten. Als am 19. November Franz Liszt zu Besuch kam, wurde der Zustand des Kranken infolge der Unruhe, die Liszts Erscheinen mit sich brachte, nur noch schlimmer. Es waren aber nicht nur die damit verbundenen zahlreichen gesellschaftlichen Verpflichtungen, sondern auch die schweren Auseinandersetzungen zwischen Richard und Cosima, die ihren Vater Franz Liszt leidenschaftlich gegen schwere Beschuldigungen von seiten ihres Gatten verteidigte, so daß es darüber am 30. November zu einem ernsten ehelichen Zerwürfnis kam. Schuld daran war die außerordentliche Gereiztheit Wagners, die er nicht mehr zu beherrschen imstande war.

Nach einer vorübergehenden Beruhigung seines Leidens setzte das neue Jahr 1883 wieder mit heftigsten Krämpfen ein, die sich schon am frühen Morgen meldeten und mitunter bis zu zwei Stunden anhielten. Der behandelnde Arzt Dr. Keppler rief einen Konsiliarius, Dr. Kurz, zu Hilfe, der jedoch das Krankheitsbild nicht nur bagatellisierte, sondern auch diagnostisch völlig falsch beurteilte. Er hielt Wagners Leiden nämlich nur für eine „Magen-Neuralgie" und äußerte sich befriedigt darüber, daß die Krampfanfälle nicht erst nach, sondern bereits vor einer Mahlzeit aufzutreten pflegten. Da sich der Zustand des Kranken nicht besserte, entschied sich Dr. Keppler „für Massage", die er zweimal am Tag durchführte und durch wiederholte Einführung einer Magensonde – wahrscheinlich, um die angebliche Magenneuralgie günstig zu beeinflussen – ergänzte. Eine leichte Besserung fühlte der Kranke erst seit dem 13. Januar, dem Tag der Abreise seines Schwiegervaters Franz Liszt, mit dem es immer wieder Mißverständnisse und peinliche Diskussionen gegeben hatte. Sogar während der Nächte blieben jetzt seine Krämpfe vorübergehend aus, weshalb er seine schriftstellerischen Arbeiten wieder aufnahm. Seine letzte Abhandlung, die ein Fragment bleiben sollte, trug den Titel *Über das Weibliche im Menschlichen* und sollte den Abschluß zu seinem Werk über Religion und Kunst darstellen. Als Komponist trug er sich nur noch mit dem Gedanken, in Zukunft Symphonien zu schreiben, doch „nur ab und zu loderte es in ihm auf wie bei einem halb erloschenen Feuer", notierte Cosima in ihrem Tagebuch.

Der Vendramin-Palast selbst bereitete ihm zunehmend Unbehagen. Willkommene Ablenkung boten ihm nur die Gondelausfahrten, die er gemeinsam mit Cosima unternahm, und der eine oder andere angenehme Besuch, etwa jener vom 4. Februar, als ihn Hermann Levi noch einmal besuchte, um mit ihm die künftige Besetzung der Parsifal-Aufführung zu besprechen. Wahrscheinlich fiel damals auch der Name des hübschen Blumenmädchens Carrie Pringle, das während der Parsifal-Festspiele in Bayreuth mitgewirkt und ihn durch ihren Liebreiz ganz gefangengenommen hatte. Greogor-Dellin vermutet, daß Wagner Levi beauftragte, sie zum Vorsingen zu ihm nach Venedig einzuladen. Dieser unselige Gedanke dürfte zu der von Wagners Tochter Isolde geschilderten dramatischen Auseinandersetzung zwischen den Eheleuten geführt haben, die sich am 13. Februar – einen Tag nach Levis Abreise – abspielte und den letzten tödlichen Krampfanfall ausgelöst haben dürfte. In diesem Sinne spricht auch der Bericht Dr. Kepplers, wonach psychische Aufregungen das Ende des Kranken beschleunigt hätten, wenngleich er sich „auf diesbezügliche Vermutungen nicht einlassen" wollte. Am Tage dieses heftigen ehelichen Zwistes zog sich Wagner in sein Arbeitszimmer zurück und ließ der Familie, bei der sich der befreundete Maler Paul von Joukowsky als Gast eingefunden hatte, ausrichten, man solle mit dem Essen nicht länger auf ihn warten. Cosima sprach von stärkeren Krampfanfällen als gewöhnlich, glaubte aber, ihren Gatten besser allein zu lassen. Doch plötzlich läutete er, und die Hausmagd stürzte in heller Aufregung ins Zimmer mit den Worten: „Die gnädige Frau möchte gleich zum Herrn kommen." Die Magd hörte ihn stöhnen und fand Wagner am Schreibtisch sitzend vor, die Kappe vor sich hingelegt und stockend die Worte aussprechend: „Meine Frau – und der Doktor." Cosima fand ihren Mann zusammengesunken in der Ankleideecke sitzend vor. Seine letzten Worte sollen nach einem Bericht seines Dieners Glasenapp „Meine Uhr!" gewesen sein, als diese aus seiner Westentasche zu Boden fiel. Mit geschlossenen Augen und einem schmerzverzerrten Gesicht bettete man ihn auf das Ruhelager, vor dem Cosima niedersank und seine Knie umklammert hielt, bis um drei Uhr endlich auch Dr. Keppler eintraf, der nur noch den Tod feststellen konnte.

Wagner am Vorabend seines Todes, skizziert von dem mit der Familie eng befreundeten Maler und Bühnenbildner Paul von Joukowsky

In dem ärztlichen Bericht, den der ihn in Venedig betreuende Hausarzt über den Krankheitsverlauf und die Todesursache verfaßte, heißt es: „Richard Wagner litt an einer weit fortgeschrittenen Herzerweiterung, speziell Erweiterung der rechten Herzkammer mit consecutiver fettiger Degeneration des Herzfleisches. Außerdem war er mit einer ziemlich ausgedehnten Magenerweiterung und mit einer rechtsseitigen Leistenhernie behaftet. Letztere war besonders schwer zurückzuhalten und außerdem lange Zeit durch ein möglichst unpassendes Bruchband malträtiert worden, so daß der erste Rath, den ich ihm überhaupt ertheilte, in der Verordnung eines passenden Bruchbandes bestand. Die Leiden, von denen Richard Wagner in den letzten Monaten seines Lebens heimgesucht war, bestanden zunächst in Störungen, die vom Magen und Darm ausgingen, vor allem in hochgradigem Meteorismus (Aufblähung der Darmschlingen. *Anm.d.Verf.*), hiezu gesellten sich dann, aber immer erst secundär sowohl durch directe mechanische Beengung des Brustraumes in Folge der massenhaften Gasentwicklung in Magen und Gedärmen, als durch Reflex von Magen- auf die Herznerven, qualvolle Störungen in der Herzaction, welche schließlich durch Ruptur der rechten Herzkammer die Katastrophe herbeiführten; daß die zahllosen psychischen Aufregungen, welchen Wagner durch seine eigenthümliche Geistesanlage und Geistesrichtung, durch seine scharf prononcirte Stellung in einer Reihe brennender Fragen in Kunst, Wissenschaft und Politik, durch seine merkwürdige gesellschaftliche Position, alltäglich ausgesetzt war, viel zur Beschleunigung des unglücklichen Endes beigetragen haben, ist selbstverständlich. Der Anfall selbst, der dem Leben des Meisters ein so jähes Ende setzte, muß eine ähnliche Veranlassung gehabt haben, doch kann ich mich auf diesbezügliche Vermuthungen nicht einlassen. Die ärztliche Behandlung, die ich Wagner angeraten habe, bestand in Massage des Unterleibes und Applikation eines passenden Bruchbandes; arzneiliche Behandlung vermied ich so viel als nur möglich, da Wagner die üble Gewohnheit hatte, viele und starke Arzneimittel, welche ihm von verschiedenen Ärzten, die er schon früher consultirt hatte, verordnet worden waren, oft in großen Mengen durcheinander einzunehmen."

Cosima verweilte fünfundzwanzig Stunden lang stumm und wie versteinert neben ihrem toten Gatten, und Dr. Keppler mußte sie unter Mithilfe von Joukowsky mit Gewalt davonführen, um den Leichnam einbalsamieren zu können. Nachdem Benvenuti die Totenmaske des Verstorbenen abgenommen hatte, wurde dieser in den aus Wien bereitgestellten Sarg mit einem Glasfenster gelegt. Der Sarg wurde von jenen jungen Männern, die Wagner an einem Novembertag in fast bewußtlosem Zustand nach Hause gebracht hatten, vom Sterbezimmer und von der Barke in den Waggon getragen. Wagners Leichnam wurde mit königlichen Ehren von Italien nach Deutschland gebracht, an der bayrischen Grenze nahm ein Beauftragter Ludwigs II. den Trauerzug in Empfang und übergab die Kränze des Königs. Schließlich wurde der Sarg am Tor von Wahnfried vorbei in die vorbereitete Gruft getragen, vor der die Kinder – begleitet von Wagners geliebten Hunden – knieten. Cosima war nicht in der Lage, an der Beisetzung ihres geliebten Gatten teilzunehmen, und befremdlicherweise war auch Franz Liszt nicht zu diesem Trauerakt erschienen. Wagners jüdischer Freund, der Theaterdirektor Angelo Neumann, der ebenso wie Hermann Levi anwesend war, schrieb: „Mir war es, als hätte ein Gott uns verlassen!"

Inzwischen war, wie Hans Mayer so treffend bemerkte, die Welt des 19. Jahrhunderts längst vergangen. Wagner hingegen ist geblieben: „Das Werk dieses großen Künstlers, aber auch – lange nach Nietzsches Tod, der ‚Fall Wagner'." Was ihm folgte, war Wahnfried ohne Wagner, und unsere Gegenwart an der Schwelle eines neuen Jahrtausends ist von ihm durch die dazwischen liegenden Katastrophen unvorstellbaren Ausmaßes weiter entfernt, als es durch die bloße Anzahl der Jahre zu erwarten wäre.

RICHARD WAGNER IM SPIEGEL DER MEDIZIN

Beim Versuch einer medizinischen Analyse Richard Wagners muß man seine psychologischen und somatischen Besonderheiten getrennt behandeln, wenngleich zwischen beiden Bereichen nicht selten wechselseitige Beeinflussungen festzustellen sind.

Versuch einer Psychographie

Ich stelle diesen Gesichtspunkt voran: Wagners Kunst ist krank. Die Probleme, die er auf die Bühne bringt – lauter Hysteriker-Probleme –, das Konvulsivische seines Affekts, seine überreizte Sensibilität, sein Geschmack, der nach immer schärferen Würzen verlangte, seine Instabilität, die er zu Prinzipien verkleidete, nicht am wenigsten die Wahl seiner Helden und Heldinnen, diese als physiologische Typen betrachtet (– eine Kranken-Galerie!–): alles zusammen stellt ein Krankheitsbild dar, das keinen Zweifel läßt. Wagner est une névrose. (...) Unsre Ärzte und Physiologen haben in Wagner ihren interessanten Fall, zum mindesten einen sehr vollständigen.

Friedrich Nietzsche, Der Fall Wagner

Um es gleich vorwegzunehmen: Auch bei Wagner gilt wie bei jeder genialen Persönlichkeit das grundsätzliche Bemühen, durch Herausarbeitung verschiedener Charaktereigenschaften und Triebstrukturen uns einen intimeren Zugang zum Genie als Mensch zu verschaffen. Dadurch erscheinen uns geniale schöpferische Persönlichkeiten zwar nicht mehr als eine Art Halbgott, sondern als Menschen aus Fleisch und Blut, die man anfassen kann und deren Genialität in menschlichen Tugenden, aber auch in Schwächen und Fehlern eingebettet erscheint. Auf diese Weise wird wohl einer unseriösen Glorifikation oder gar Deifikation entgegengetreten, nicht aber eine Reduktion oder gar Leugnung der wahren Größe und Einmaligkeit einer bedeutenden Künstlerpersönlichkeit angestrebt. Im Gegenteil, durch tieferen Einblick in die oft sehr komplizierte und von normativen Vorstellungen abweichende Psyche solcher außergewöhnlicher Menschen werden sie uns nicht nur näher gerückt, sondern es wird dadurch auch unser Verständnis für ihre Schöpfungen vertieft.
Aus der vorangestellten biographischen Anamnese, die aus dem zur Verfügung stehenden Quellenmaterial unter besonderer Berücksichtigung der medizinisch relevanten Details zu erarbeiten versucht wurde, läßt sich unschwer eine Art pathologische Psychographie konstruieren, ohne den künstlerischen Rang Wagners einzuengen. Zu welch grotesken, geradezu lächerlich anmutenden Fehlinterpretationen die Deutung psychopathologischer Aspekte führen kann – sei es aus historisch bedingter Unwis-

senheit des medizinischen Betrachters oder aus weltanschaulich begründeter Voreingenommenheit –, zeigt das bedauerliche Beispiel Dr. Theodor Puschmanns, der im Jahre 1873, also noch zu Lebzeiten Wagners, als praktischer Arzt und Spezialist für Psychiatrie in München als erster eine psychiatrische Studie über den Künstler veröffentlichte. Puschmann glaubte schon 1873, also bevor noch der *Ring des Nibelungen* und der *Parsifal* der breiten Öffentlichkeit bekannt waren, eine „zunehmende geistige Verödung" bei Wagner feststellen zu können. Puschmann ließ nur noch *Tannhäuser* und *Lohengrin* als große Werke gelten, während bereits in den *Meistersingern* und in *Tristan und Isolde* (!) der Beginn einer geistigen Ohnmacht erkennbar wäre, in welcher er zunehmend „zu einer hirnerschütternden Instrumentation und zu schauerlichen Dissonanzen griff, so daß Gehörnerven wie Schiffstaue nötig sind, um aus dem Lärm heil hervorzugehen". Aber auch aus der heftigen Polemik und dem selbstbewußten Ton, die Wagners Prosaschriften erfüllen, leitete Puschmann das Bestehen von Wahnvorstellungen ab, in denen sich „Verfolgungsideen und kritiklose Selbstüberschätzung die Hand reichen". Vor allem die Verfolgungsideen in Wagners Schrift über das Judentum in der Musik hätten dem Psychiater „einen tiefen, diagnostischen Einblick in sein inneres Seelenleben" gewährt. Pathologisch war seiner Meinung nach auch die unverhüllte Erotik der Wagnerschen Musikdramen: „In Tristan und Isolde glorifiziert er den Ehebruch, in der Walküre die Blutschande. Frivolität und Obszönität herrschen in den Bekenntnissen der Liebenden. Jede deutsche Frau und jedes deutsche Mädchen würde sich dagegen verwahren, wenn sie in diesen hysterischen, winselnden Geschöpfen mit ihrer ‚jungfräulichen Brunst' ihr Ideal erblicken sollten." Aufgrund all dieser „Symptome" stellte Puschmann abschließend bei Richard Wagner die Diagnose einer „Geisteskrankheit", ohne damit ein spezielles Krankheitsbild näher zu bezeichnen. Der einzige Symptomenkomplex, den er in seiner Broschüre für Wagner als zutreffend hielt, war die „moral insanity", ein Begriff, den der Londoner Psychiater Prichard schon im Jahre 1835 in die Medizin einführte – unbewußt ablaufende Störung der Intelligenz und fehlende Beherrschung krankhafter Triebe. Josef Hoffmann, der sich offenbar als einziger mit der Broschüre Puschmanns beschäftigte, kam zu dem Resultat, daß dieser zwar im Ton und in den Folgen über das Ziel hinausgeschossen sei, Wagner jedoch auch seiner Ansicht nach nicht zu den ganz normalen Menschen zu rechnen wäre. Sonst findet sich in der einschlägigen Literatur kein Hinweis oder Kommentar zu der abstrusen, polemisch vorgetragenen psychiatrischen Analyse Puschmanns.
Eine interessante Bemerkung in ganz anderer Hinsicht machte ein anonymer Autor in der *Revue de l'université de Bruxelles* vom Jahre 1908, wonach Wagner mit der Sicherheit des Genies sich als treffsicherer Kenner der progressiven Paralyse erwiesen hätte: schilderte er doch im *Tannhäuser* bei dem armen verblendeten Sänger die im Laufe der Handlung immer deutlicher hervortretenden Symptome dieser Krankheit als Folge einer symbolisch im ersten Akt bei Frau Venus akquirierten Syphilis! Solche Beispiele illustrieren deutlich, wie stark frühere tiefenpsychologische Kunstinterpretationen fast

immer an jenen ideologischen Blickverengungen kranken, die man in der Fachsprache als Psychologismus oder Reduktionismus bezeichnet. Heute wird, um es gleich vorwegzunehmen, Wagner den „gesunden Hochtalenten" zugeordnet, was selbst von den ziemlich ungehemmt mit psychiatrischen Diagnosen hantierenden Autoren Lange-Eichbaum und Kurth in ihrem so häufig zitierten Werk *Genie, Irrsinn und Ruhm* konzediert wird.

Entscheidend für Wagners neurotische Wesenszüge und manche von der Norm abweichende Charaktereigenschaften war zunächst das familiäre Umfeld, in welchem er aufwuchs. Da sein Vater bereits in seinem Geburtsjahr und sein liebevoller Stiefvater Ludwig Geyer in seinem achten Lebensjahr verstarben, war er als frühe Halbwaise vorwiegend von Frauen umgeben. Diese weibliche Dominanz während seiner Kindheit und seiner frühen Jugendjahre schuf aber jenes entscheidende Milieu, in welchem erfahrungsgemäß die „männliche Identitätsfindung" mehr oder weniger stark erschwert wird. Fast zwangsläufig mußte sich unter solchen Umständen eine besonders enge Bindung an die Mutter entwickeln, und da diese infolge mancher Versorgungsnöte der kinderreichen Familie seiner Sehnsucht nach mütterlicher Zärtlichkeit nicht immer genügend entsprochen haben dürfte, machte sich bei dem Knaben immer deutlicher eine starke feminine Komponente bemerkbar. Wie Wagner selbst in seiner Autobiographie *Mein Leben* erzählt, nahm seine Flucht zur schützenden Weiblichkeit solche Formen an, daß ihn schon das bloße Berühren der Kleider seiner Schwestern im Kinderzimmer „bis zu bangem heftigem Herzschlag aufregen" konnte und er sich als Kind oft nur schlafend stellte, um den warmen Atem der ihn umsorgenden Schwestern auf seinem Gesicht spüren zu können. Diese feminine Komponente kam auch in seinem ungewöhnlichen Bedürfnis zum Ausdruck, sich in weiche Stoffe zu hüllen, was wohl als unbewußter Drang gedeutet werden muß, unter die schützenden Fittiche der Mutter zu fliehen. Tiefenpsychologisch versucht man ein solches Verhalten mit einer Ritualisierung einer unbewußten, komplexbelasteten „Sehnsucht zurück in den bergenden Schoß" zu erklären, einem „Nachvollzug aus unbefriedigtem Liebesbedürfnis". Diese feminine Komponente verstärkte sich bei Wagner mit zunehmendem Alter eher noch, wie man an seiner häufig verspotteten Vorliebe für seidene Wäsche, den sündteuren Parfüms und der luxuriösen, durchaus weiblich anmutenden Ausstattung seiner Wohnräume und Bäder erkennen kann. Nicht umsonst stellte Nietzsche 1888 in *Der Fall Wagner* trocken fest: „Wagner war in alten Tagen durchaus *feminini generis.*"

Die weibliche Dominanz im Familienumkreis eines Jungen fördert aber nicht nur das Hervortreten femininer Komponenten, sondern sie bewirkt meist auch eine kompensatorische Überbetonung der „Männlichkeit". Im Leben Wagners nimmt das supermännliche Gebaren einen besonders hohen Stellenwert ein, wofür wohl nicht zuletzt seine kleine Körpergröße mitverantwortlich war. Es ist bekannt, daß kleine oder physisch schmächtige Menschen häufig einen unbezähmbaren Ehrgeiz entwickeln, andere zu übertreffen oder deren Leistungen herabzusetzen. Besonders deutlich wird

Wagners Idolatrie (Verehrung von Götzenbildern. *Anm.d.Verf.*) der Männlichkeit in seinen Werken sichtbar, in denen es „von edlen und schimmernden Heroengestalten" nur so wimmelt.

Eine weitere Folge des Fehlens einer väterlichen Autorität, die seinen Wünschen und Bestrebungen Begrenzungen setzen hätte können, war Wagners schon sehr früh bemerkbar gewordener Wille zur Eigenständigkeit, mit Hilfe dessen er sich erzieherischer Beeinflussungsversuche erfolgreich zu entziehen vermochte. Da er das in der Regel vom Vater vermittelte „Realitätsprinzip" kaum spürbar kennengelernt hatte, konnte er seine eigensinnigen Ansprüche und seine hochfliegenden Phantasien ins Grenzenlose ausschweifen lassen. War dies auch für seine künstlerischen Pläne von Vorteil, so wurde er später nur allzu oft durch finanzielle Kalamitäten aus seiner realitätsfremden Welt wieder auf den Boden der rauhen Wirklichkeit zurückgeholt. Zu dieser Realitätsfremdheit und seinem stark ausgeprägten Eigensinn kam noch ein anderer, frühzeitig hervortretender Charakterzug zum Vorschein, der ihm durch übertriebene Verwöhnung und zärtliche Bewunderung im Kreise der weiblich dominierten Familie anerzogen wurde, nämlich die „Star-Rolle", wie sich Josef Rattner so treffend ausdrückte. Auf dieser Grundlage entwickelte sich bei Wagner später jene egozentrische Einstellung seinen Mitmenschen gegenüber, die für ihn und seine Ideen bedingungslos persönlich und, wenn es sein mußte, auch durch Herbeischaffung der nötigen finanziellen Mittel bereitstehen mußten; gleichzeitig wollte er von allen geliebt werden. Er war überzeugt, in seiner Einmaligkeit alle anderen Menschen zu übertreffen, sei es auf dem Gebiete der Musik, sei es in anderen Bereichen, und er glaubte auch, aus seiner einmaligen Stellung innerhalb der menschlichen Gesellschaft ableiten zu dürfen, daß für ihn moralisch bindende Schranken ehelicher oder sonstiger Natur keine Gültigkeit besaßen. Geliebt und bewundert im Mittelpunkt zu stehen, Anspruch auf jedwede Unterstützung erheben und Bereitstellung des jeweils Gewünschten fordern zu dürfen – sei es auch die Gattin eines anderen –: so sah er seine Rolle als „Star" schlechthin.

Psychologen haben alle Möglichkeiten wahnhafter psychischer Veränderungen bei Wagner in Betracht gezogen und diskutiert – mit dem mageren Ergebnis, daß es sich um eine neurotisch-hysterische Persönlichkeit mit deutlich neurasthenischen Symptomen und hypomanischem Temperament handelte. Gerade diese Emotionalität seines Wesens steht in einem merkwürdigen Gegensatz zu der geradezu peinlichen Genauigkeit seiner Arbeitsweise. Betrachtet man seine handgeschriebenen Partituren, dann kann man es kaum fassen, daß ein so ungeduldiger, bis zur Unerträglichkeit affektgeladener Künstler Geduld und Ausdauer besaß, seine Riesenpartituren mit so formvollendeter Handschrift niederzuschreiben. Wahrscheinlich entsprach sowohl sein kämpferischer, oft rücksichtsloser Durchsetzungswille ebenso dem Grundtrieb seines Wesens, wie die leidenschaftliche Liebe zu seinen Schöpfungen einschließlich ihrer optischen Präsentation in Gestalt kalligraphischer Meisterwerke: der unbändige

Drang, sein Ego entsprechend stark zur Geltung zu bringen. Hans Gal äußerte sich recht zutreffend zu derartigen radikalen Künstlern, denen jedes Mittel zur Erreichung ihres hochgesteckten Zieles recht ist: „So paradox das klingt: das großartige Ethos des Künstlers und die völlige Skrupellosigkeit des Menschen sind Äußerungen des gleichen Urtriebs, der auf der einen Seite zur künstlerischen Vollkommenheit, zur Erreichung der höchsten seinem Talent zugänglichen Leistung führt, auf der anderen zum hemmungslosen Geltendmachen jedes erdenklichen Vorteils im Kampf ums Dasein. Es gibt keinen größeren Unsinn, als den Menschen vom Künstler trennen zu wollen."
Obwohl wir über Wagners Sexualität kaum unterrichtet sind, da er sich, den Gepflogenheiten des 19. Jahrhunderts entsprechend, über sein Intimleben kaum geäußert hat, sind auf Grund seiner charakteristischen Eigenschaften und unter Berücksichtigung einiger Passagen aus seiner biographischen Anamnese dennoch vorsichtige Rückschlüsse erlaubt. Zunächst kann man mit Sicherheit feststellen, daß seine erotische Ausstrahlung auf beide Geschlechter in gleichem Maße außergewöhnlich gewesen sein muß. Sein selbstbewußtes, von stark narzißtischen Komponenten geprägtes Auftreten und sein mitunter fast aggressiv betontes Durchsetzungsvermögen bei der Realisierung seiner Wünsche und Pläne sowie seine fast hypnotische Wirkung als Tonschöpfer einmaliger Prägung beeindruckte vor allem Männer, und hier wieder besonders solche, die selbst eher unter Kontaktschwierigkeiten litten oder den sexuell gehemmten Persönlichkeiten zugeordnet werden müssen. Sie waren von der Ausstrahlung des Meisters so sehr beeindruckt, daß sie bis zu bedingungsloser Unterwerfung unter sein Szepter abgleiten konnten und in demütigender Haltung und in selbstlosem Verzicht ihrem angebeteten Idol dienen zu müssen glaubten. Dies galt nicht nur für den bayrischen König Ludwig II., sondern in gewissem Maße auch für Hans von Bülow und Friedrich Nietzsche. Wagner war sich dessen voll bewußt und nützte entsprechend seiner egoistischen Grundhaltung die dienerische Ergebenheit seiner Freunde rücksichtslos aus. Wer nicht bereit war, unter Aufgabe persönlicher Zielsetzungen zum Gelingen seiner Unternehmungen tatkräftig mitzuwirken, ging bald der huldvollen Gunst des Meisters verlustig. So erging es dem ursprünglich über alles geschätzten Nietzsche, der anfänglich sogar bereit war, seine Basler Professur vorübergehend zu Gunsten einer Mitarbeit am Festspielplan Wagners aufzugeben und dann, als er sich aus dem Schlepptau des Meisters befreite und geistig eigene Wege einzuschlagen beschloß, in Bayreuth, als armer und versponnener Philosoph bemitleidet, aus dem Hofstaat Wagners ausgeschlossen blieb. Ähnlich erging es Ludwig II., als er nicht mehr bereit war, die Vorstellung Wagners von seiner „Gottähnlichkeit" bedingungslos zu akzeptieren. In besonderer Weise bekam dies auch sein einstiger Freund Hans von Bülow zu spüren, der zusehen mußte, wie weit sein früheres Idol in Narzißmus und dessen egozentrischen Brutalität bei der Machtergreifung über seine Frau zu gehen bereit war. Seine Eigenliebe und sein übersteigertes Selbstwertgefühl zeigte sich aber auch im gesellschaftlichen Umgang mit Menschen, wie dies sein Freund Peter

Cornelius 1865 in einem Brief an den befreundeten Wiener Arzt Dr. Standhartner bezeugte: „Wagner weiß und glaubt nicht, wie er anstrengt." In der Tat pflegte er in einer Gästerunde stundenlang über sich selbst und seine hochfliegenden Pläne zu sprechen, ohne auch nur einen Diskussionsteilnehmer zu Wort kommen zu lassen. Robert Gutman berichtet in seiner Biographie Wagners, daß er in einer Gesellschaft, in welcher er sich zu wenig beachtet fühlte, plötzlich einen unartikulierten Schrei ausstieß, um sich bemerkbar zu machen, womit er erreichte, daß man sich allgemein nun nur noch ihm zuwendete. Gutman kommentierte diesen grenzenlosen Narzißmus mit den Worten: „Manchmal zeigte er in solchen Situationen die Gefühlsreife eines Vierjährigen."

Ein besonderes sexuelles Verhaltensmuster legte Wagner bei der Eroberung einer Frau an den Tag. Sein ausgeprägter Geltungstrieb und seine Überzeugung, haushoch über den Qualitäten seiner Rivalen zu stehen, dürften die Triebfeder dafür gewesen sein, die Frauen anderer Männer gleichsam nach der Art eines Wettkampfes für sich zu erobern – man denke nur an Mathilde Wesendonk, Jessie Laussot und vor allem an Cosima von Bülow. Freud sprach in der Abhandlung *Über einen besonderen Typus der Objektwahl beim Manne* bei jener Liebesbedingung, die für Wagner eine besondere Verlockung ausübte, von der „Bedingung des geschädigten Dritten". Bei Männern, die dieser Bedingung unterliegen, handelt es sich in der Regel um „infantil gebliebene Charaktere, die infolge unbewältigter Ödipuskonstellationen in ihrem Liebeswerben nicht nur eine Frau für sich gewinnen, sondern auch einen Mann überwinden und ausstechen wollen. Aggressive und narzißtische Komponenten bestimmen hierbei die Liebeswahl mehr als der Eros." Bei Wagner dürfte aber auch seine starke Mutterbindung nicht ohne Einfluß auf seine Beziehungen zum weiblichen Geschlecht gewesen sein. Reizte ihn doch nur das „gebundene" Weib, wie er dies Cosima in einem Gespräch bestätigte, als er sagte, er habe nie im Leben eine unberührte Frau gehabt, keine war „neu" gewesen. Psychologen deuten dies mit einer traumatischen Vorstellung des Betroffenen, einem anderen die Frau (Mutter) wegzunehmen. In der allerersten Konstellation dieser Liebesbeziehung zum gebundenen Weib, also zur Mutter, spielte im Leben Wagners ohne Zweifel Ludwig Geyer den „Rivalen", dem er, tiefenpsychologisch betrachtet, im Komplex der „Bedingung des geschädigten Dritten" unterlag. Gregor-Dellin weist in diesem Zusammenhang darauf hin, daß sich auch in fast allen Wagnerschen Werken jener „geschädigte Dritte" nachweisen läßt, der seinem Rivalen die „Braut" entreißen muß; am krassesten treffen wir diesen Komplex an beim Inzest, „dem exemplarischen Unglücksfall für den abgewiesenen, den außenstehenden Dritten".

Stellt man bei einem Menschen tiefenpsychologische Betrachtungen zur Erstellung seiner Psychographie an, dann ist auch der Versuch einer Interpretation seiner Träume unabdingbar, da uns nur diese auch in das Reich des Unbewußten führen können. Im Unterschied zu vielen seiner Geschlechtsgenossen, die in der Regel im Vergleich zu

Frauen seltener imstande sind, ihre Träume nachzuerzählen, berichtete Wagner seiner Frau auffallend detailliert den Inhalt vieler seiner Träume, die dann in ihrem Tagebuch festgehalten wurden. Josef Rattner, der sich eingehend mit diesem Thema befaßte, will vier Komplexe entdeckt haben, um die sich Wagners Träume immer wieder zu drehen scheinen: Da wäre zunächst der „Größenkomplex" zu nennen, in welchen sich all jene Träume einordnen lassen, die den Meister in die nähere Beziehung zu Königen, Fürsten und anderen berühmten Persönlichkeiten bringen. Dabei ist auffallend, daß er im Verkehr mit diesen elitären Menschen aus dem Kreis der Hocharistokratie oder der Welt der Genies stets die Rolle eines absolut gleichwertigen Partners spielte. Einige Beispiele solcher eitel-hochmütigen Phantasmagorien sollen dies illustrieren: Friedrich der Große berief ihn zu Voltaire an seinen Hof, er war Minister bei der Königin von England, wurde von König Friedrich Wilhelm IV. von Preußen mit grenzenloser Liebe und Huld behandelt und vom freundschaftlichen Umgang mit Goethe, Moltke oder Bismarck in seiner eigenen Größe bestätigt; er träumte sogar davon, daß Beethoven vor ihm kniete und er dies mit ähnlicher Devotion beantwortete. Aus solchen Träumen kann man ohne Deutungs-Obskurantismus den Schluß ziehen, daß Wagners „Größen- und Geltungswünsche" maßlos gewesen sein müssen.
Ein zweiter Komplex, der aus seinen Träumen erkannt werden kann, ist der „Schuldkomplex". Vordringlich beschäftigten sich die schuldbeladenen Träume mit seiner ersten Gattin Minna, der gegenüber er sich alles andere als stets korrekt benommen hatte, und die ihn wohl deshalb in seinen Träumen als Ausdruck seines schlechten Gewissens immer wieder verfolgte. Zu diesem Schuldkomplex zählen aber auch die häufig wiederkehrenden Träume eines Geldbetrugs, weshalb er ins Zuchthaus gebracht worden wäre und dort „eine schimpfliche Behandlung" erfahren habe. Zeugnis seines schlechten Gewissens gibt auch ein Traum vom Jahre 1878, in welchem er von Papst Pius IX. empfangen und als ein schlechter Mensch bezeichnet wurde.
Im „Eifersuchtskomplex" spielte schon Minna eine große Rolle, der gegenüber er extrem eifersüchtig war und die sich auch noch viele Jahre nach ihrem Tode immer wieder als Traumbild einstellte. Neben einer Anhäufung von Symbolen des Ödipuskomplexes in seinen Träumen im Zusanmenhang mit dem Hause Wesendonk kreist sein Eifersuchtskomplex jedoch vorwiegend um sein Verhältnis zu Cosima. Immer wieder verraten seine Träume die panische Angst, Cosima könnte ihn eines Tages verlassen – Ausdruck seiner Angst vor Liebesverlust. Als mögliche Rivalen im Kampf um Cosima verdächtigte er im Traum wahllos Männer, die ihm nur einigermaßen attraktiv erschienen und zu denen er im weiteren Sinne sogar seinen Schwiegervater Liszt zählte.
Etwas diffuser setzt sich jener Komplex zusammen, in welchem die Themen „Angst und Unheimlichkeit" dominieren. Nach Wagners eigenen Angaben führte ja bereits in seiner Kindheit das Gefühl einer „Unheimlichkeit der Welt" zu jenen Schreckensträumen, von denen in seiner biographischen Anamnese bereits die Rede war. Waren es in

seiner Kindheit unbestimmte dämonische Gewalten, die ihn in seinen Alpträumen heimsuchten, so träumte er später, wie Rattner zu erklären versuchte, deshalb so viel, weil „er viele Verdrängungen hatte und in seinem prekären Seelenzustand bis in den Schlaf hinein nach Orientierung, Sicherheit und symbolischer Wunscherfüllung streben mußte". Aus ärztlicher Sicht weist ein derart überentwickeltes Traumleben wohl eindeutig auf das Vorhandensein einer neurotischen Disposition hin.

Eine gesonderte Besprechung erfordert der Komplex seiner „weltanschaulichen" Begriffe. In der Flut seiner theoretischen Schriften, in denen er viel über sich selbst meditierte, aber auch über Musik und die Kunst im allgemeinen, über Politik und sozialkritische Themen reflektierte, präsentiert sich Wagner als eine Art „dilettierender Kulturphilosoph", der überzeugt war, überall mitreden zu können und sich auch berufen fühlte, selbst mitbestimmen zu müssen. Den gemeinsamen Nenner in seinem weltanschaulichen Gesamtbild stellt ohne Zweifel die auch für seine Charaktereigenschaften gültige Forderung einer „autoritären Persönlichkeit" dar. Diese als Wesenszug des Präfaschismus formulierte Forderung findet man denn auch in der Tat nicht nur in allen seinen weltanschaulichen Schriften, sondern ebenso in seinen Abhandlungen über Kultur.

Im historischen Rückblick ist es erstaunlich, wie vollständig er all jene Voraussetzungen und Vorurteile in seinen theoretischen Schriften subsumierte, die in unserem Jahrhundert in so grausiger Weise zur Katastrophe geführt haben. Josef Rattner listete Wagners wichtigste präfaschistische Wesenszüge wie folgt auf: Antisemitismus, Ethnozentrismus, politisch-ökonomischer Konservatismus, Rassismus, die „Dschungelphilosophie", die Lehre vom Edelmenschen- und Untermenschenvolk, die Idee der Gewalt und den tiefen Pessimismus.

Was den Antisemitismus betrifft, so bereitet dieser selbst den orthodoxesten Wagnerianern Unbehagen und Verständnislosigkeit. Da helfen auch Hinweise auf die Schrift *Zur Judenfrage* von Karl Marx nichts, der zwar einen ähnlichen Unsinn vertrat, sich in seiner Argumentation jedoch in vielen Punkten von Wagner unterschied. Die Ursachen des Antisemitismus bei Wagner sind zunächst schon insoferne psychologisch zu deuten, als es sich bei ihm um ein extrem neurotisches Individuum handelte und solche Menschen, wie sozialpsychologische Studien übereinstimmend belegen, in verstärktem Maße zum Antisemitismus tendieren. Daß seine Einstellung den Juden gegenüber tatsächlich auf einer neurotischen Zwangsidee basierte, nämlich der Idee einer „Verfolgung" seiner Person und seines Werkes durch jüdische Elemente, geht aus seiner Schrift *Aufklärungen über das Judentum in der Musik* aus dem Jahre 1869 hervor. Dort vertrat er die Meinung, daß – ausgelöst durch seine Äußerungen in seinem Judenaufsatz vom Jahre 1850 – die gesamte Opposition gegen sein Werk einen regelrechten Rachefeldzug in Bewegung gesetzt hätte. Diese fast paranoid anmutenden Vorstellungen steigerten sich in seinen letzten Lebensjahren zu einem richtigen Verfolgungswahn, wie aus Aufzeichnungen im Tagebuch Cosimas abgeleitet werden kann, wo es

an einer Stelle explizit heißt: „Die Juden warteten nur seinen Tod ab, dann, wüßten sie, sei alles zu Ende.“ Von dieser fixen Idee konnte er auch dann nicht abgebracht werden, wenn er eine positive Rezeption von jüdischer Seite erlebte. Im übrigen gibt es auch, wie Schneben vermutet, Anzeichen dafür, daß Wagners Antisemitismus zu einem gewissen Teil Selbstzerfleischung gewesen sein könnte, indem er das, was er an sich als jüdisch empfand, zu bekämpfen suchte. Hatte er doch in seiner Jugend nie ganz den Gedanken ablegen können, daß der jüdische Schauspieler Ludwig Geyer vielleicht mehr als nur sein Stiefvater war und somit jüdisches Blut in seinen Adern kreisen könnte – eine Frage, die übrigens nie wirklich entschieden werden konnte. Unter diesem Aspekt konnte Wagner infolge seiner ödipalen Eifersucht auf den Vater nie klar erkennen, wo denn eigentlich die Wurzel seines Judenhasses lag. Indem dann das Verdrängte schließlich übermächtig wurde, suchte er nach Rechtfertigung seiner antijüdischen Tendenzen.
Josef Rattner sieht die Dinge etwas komplexer, indem er Wagners Antisemitismus nicht einfach als eine „Ersatz-Aggression“ aufzufassen bereit ist. Unter Berücksichtigung des Persönlichkeitsprofils sieht er darin vielmehr „eine legalisierte Paranoia, eine verlogene Selbsterhöhung, die männliche Plusmacherei eines femininen Charakters, den nebelhaften Sozialismus im Rahmen einer nicht bestehenden Volksgemeinschaft, vor allem aber eine Anbiederungsideologie für Mittelständler und soziale Aufsteiger, die sich den oberen Klassen andienen, indem sie deren bereits bestehenden Rassismus auf alle Volksgenossen ausdehnen“.

Somatische Leiden

Bei Wagners physischen Erkrankungen müssen funktionelle Störungen, wie sie bei hochsensiblen Menschen häufig anzutreffen sind, von echten organischen Leiden abgegrenzt werden, denen morphologisch faßbare krankhafte Veränderungen an verschiedenen Organsystemen zugrundeliegen.

Funktionelle Beschwerden

Richard Wagner klagte sein Leben lang über „Unterleibsbeschwerden“, wie er sich selbst ausdrückte. Er beschrieb sie als Blähungen, die mitunter einen stark aufgetriebenen Leib verursachten und meist mit einem unangenehmen Völlegefühl verbunden waren. Sieht man von seiner chronischen Stuhlverstopfung ab, die gelegentlich zu Hämorrhoidalbeschwerden führte, dann waren es vor allem krampfartige Leib-

Nach Wagners Tod leitete seine Witwe Cosima Wagner die Bayreuther Festspiele. Porträtaufnahme aus dem Jahre 1912 von Jacob Hilsdorf.

schmerzen, die ihn häufig quälten. Er selbst glaubte, sich dieses „chronische Unterleibsleiden“ während der Hungerjahre in Paris 1839 bis 1842 zugezogen zu haben, doch er erwähnte ähnliche Beschwerden in leichterer Form schon Jahre vorher.

Heute wird dieser Symptomenkomplex als „Reizdarmsyndrom“ zusammengefaßt, von dem vor allem nervlich sensible, „vegetativ labile“ Menschen betroffen sind. Das Reizdarmsyndrom stellt in der täglichen ärztlichen Praxis die häufigste Erkrankung im Magendarmbereich dar. Auch wenn diese Störung der Darmfunktion keine lebensbedrohliche Situation für den Betroffenen bedeutet, kann sie außerordentlich starke Beschwerden verursachen. Obwohl die moderne Medizin verschiedene endokrin über hormonartige Substanzen bewirkte Anomalien der Kontraktion der glatten Muskulatur des Darmes als Ursache der Störung aufdecken konnte, ist unser gegenwärtiges Wissen darüber doch noch recht lückenhaft. Fest steht hingegen, daß bei der Mehrzahl der Patienten mit einem Reizdarmsyndrom signifikante psychische Störungen relativ häufig nachgewiesen werden können. Vor allem depressive, hysteriforme und besitzergreifend-kompulsive Züge werden bevorzugt angetroffen – Merkmale, die psychographisch auch bei Wagner zu finden sind. Ebenso stimmt die Mehrzahl der Kliniker darin überein, daß psychischer Streß einen unspezifischen Auslöser eines symptomatischen Schubes darstellt. Die Erkrankung setzt in der Regel während des dritten Lebensjahrzehnts ein und kann den Betroffenen bis ins hohe Alter begleiten, wobei allerdings oft längere beschwerdefreie Intervalle zu beobachten sind. Nicht selten wechseln Phasen chronischer Hartleibigkeit mit diarrhöischen Perioden ab, wobei es meist nach dem Aufstehen und in den frühen Vormittagsstunden zu mehreren Stuhlentleerungen kommt, nach denen sich der Patient charakteristischerweise oft den ganzen übrigen Tag wohl fühlen kann. Aus brieflichen Bemerkungen Wagners an seine Frau Minna, etwa aus dem Jahre 1843, kann das Bestehen solcher diarrhöischer Perioden angenommen werden. Daß Wagner auf die ärztlich angeordneten kochsalzreichen und schwefelhaltigen Mineralwässer in verschiedenen deutschen Badeorten oft nicht entsprechend positiv reagierte, ja mitunter sogar seine Beschwerden verschlimmert wurden, ist aus heutiger Sicht nicht verwunderlich, da nach unseren gegenwärtigen Kenntnissen solcherart zusammengesetzte Mineralwässer beim Reizdarm eher ungünstig wirken.

Hautkrankheiten

Die diagnostische Einordnung von Wagners Hautkrankheiten bereitet deshalb Schwierigkeiten, weil diese nur flüchtig erwähnt und kaum näher beschrieben wurden. Außerdem finden sich in seiner Biographie zwei ganz unterschiedliche Bezeichnungen, von denen man nicht weiß, ob sie aus ärztlichem Munde stammen oder nur seiner eigenen, laienhaften Beurteilung entsprachen: Zum einen wurde mehrmals von einer „Gesichtsrose" berichtet, die ihn befallen hätte; an einer anderen Stelle heißt es, er habe an ausgebreiteten „Flechten" gelitten.

Wie wir aus seiner Autobiographie erfahren, erkrankte er im Dezember 1834 „wieder einmal" an einer Gesichtsrose, an der er schon seit seiner Kindheit wiederholt gelitten haben soll. Wagner wies ausdrücklich darauf hin, daß ihn Minna in jenen „Dezemberwochen" liebevoll pflegte. Von einem weiteren Schub seines Hautleidens lesen wir im Sommer des Jahres 1855, als es im Abstand von Tagen oder wenigen Wochen insgesamt dreizehnmal aufflammte und ihn zeitweilig zwang, das Bett zu hüten. Schließlich wird uns noch vom November 1879 berichtet, daß im Anschluß an eine eher harmlose Halsentzündung eine Anschwellung seiner Nase auftrat, die im folgenden Monat von einer „Augenentzündung" begleitet wurde und sich Ende Jänner 1880 von der Nase auf die Stirne ausbreitete. Erst im Februar klangen die Erscheinungen wieder ab. Sein Hausarzt Dr. Landgraf, den Cosima von diesem Ereignis unterrichtet hatte, „wußte gleich, das es die Rose ist". Wie Cosima in ihrem Tagebuch vermerkte, kam es im Juli dieses Jahres wieder zu einem Rezidiv seiner „Gesichtsrose", in welchem Wagner auch „häufig Blut spuckte". F. H. Franken, der sich eingehend mit den Krankheiten großer Komponisten beschäftigt und unter diesen auch Richard Wagner aus medizinischer Sicht behandelt hat, zog für die Klärung der Hautaffektionen Wagners den prominenten Dermatologen Professor Oberste-Lehn als Konsiliarius zu Rate, der die geschilderte Symptomatik in das klinische Bild eines „seborrhoischen Ekzems" einzureihen versuchte. Bei diesem Hautausschlag, an dem die Talgdrüsen mitbeteiligt sind (seborrhoisch bedeutet mit gesteigerter Talgproduktion einhergehend) und den man in allen Altersgruppen antreffen kann, findet man in der Regel scharf begrenzte, gelbbräunliche Veränderungen an der eher fettigen Haut, die bevorzugt am behaarten Kopf, an den Augenbrauen, den Nasolabialfalten (Weichteilfalten vom Außenrand des Nasenflügels zum Mundwinkel) und hinter den Ohren lokalisiert sind. Das auffällig-

ste Anzeichen ist die lockere kleienartige Schuppung, die gelb und ölig, aber auch trocken und weiß sein kann. Bei starkem Befallen können auch die Schweißrinnen und große Hautfalten betroffen sein. Seltener wird im Alter eine ausgedehnte Erythrodermie (generalisierte schuppende Hautrötung) beobachtet.
Ohne dieses Fachurteil grundsätzlich in Frage zu stellen – was für einen internistisch tätigen Arzt wie mich vermessen wäre –, scheinen mir doch einige Anmerkungen hiezu erlaubt: Mit dem im vorigen Jahrhundert gemeinhin als „Rose“ bezeichneten Krankheitsbild, das schon Ende des achtzehnten Jahrhunderts von John Hunter in England und von Trousseau in Frankreich mit kleinen Hautverletzungen in einen ursächlichen Zusammenhang gebracht wurde, handelt es sich um eine entzündliche Rötung der Haut, die in der Regel mit (zuweilen sogar sehr hohem) Fieber beginnt und sich rasch zungenförmig auszubreiten pflegt. Wie wir heute wissen, wird diese Wundrose – die in der gegenwärtigen Fachsprache als Rotlauf oder Erysipel bezeichnet wird – durch Streptokokken verursacht, deren Eintrittspforte kleine Verletzungen der Haut oder einiger der äußeren Haut benachbarter Schleimhäute, zum Beispiel im Nasen-Rachenraum, sind. Es ist deshalb auch verständlich, daß am häufigsten das Gesicht an einem Erysipel erkrankt (Gesichtsrose), weil hier die Haut weit häufiger als an bedeckten Stellen kleinen Verletzungen wie Kratzwunden, Insektenstichen oder Abschürfungen ausgesetzt ist und außerdem nicht selten Ohren- oder Nasenerkrankungen zum Ausgangspunkt der Rose werden. Das Erysipel kann aber natürlich auch an den Extremitäten auftreten. Die oft hochrote, von der Umgebung stufenförmig abgesetzte heiße Haut kann mit erheblicher Ödembildung, also Schwellung, einhergehen und wird fast immer von mehr oder weniger schweren Allgemeinerscheinungen begleitet, weshalb die Kranken je nach Schwere des Verlaufs Bettruhe einhalten müssen. Die Rose kann sich von einem Tag auf den anderen über eine ganze Gesichtshälfte ausbreiten, die Augenlider befallen und die Stirne bis zur Haargrenze bedecken.
Blättert man in Lehrbüchern aus der zweiten Hälfte des 19. Jahrhunderts, also einer Zeit ohne Antibiotika, die heute in kürzester Zeit die Infektion zum Abklingen bringen, dann findet man darin Verhältnisse und Verlaufsformen, wie sie zur Zeit Wagners gegeben waren. Wir erfahren so, daß in jener Zeit die meisten Erysipele nur eine beschränkte Ausdehnung hatten und schon nach vier bis acht Tagen spontan zum Stillstand kamen. Das Fieber war zu Beginn fast immer hoch, doch wurden auch völlig fieberlose Fälle beobachtet – im Bericht Jochmanns 34 Mal unter insgesamt 463 Kranken mit Erysipel. Als eine besondere Eigentümlichkeit der Rose wurde ihre Neigung zu Rezidiven hervorgehoben. Bei der sogenannten „Wanderrose“ sah man, daß die gleiche Örtlichkeit oft mehrmals befallen wurde. Diese Rückfälle pflegten sich kurz hintereinander zu wiederholen, mitunter in Intervallen von nur wenigen Tagen. Jochmann beobachtete Personen, die jedes Jahr an der Nase oder der Wange ihre Rose wiederbekamen, wobei er schon vor mehr als hundert Jahren die Vermutung äußerte, daß in solchen Fällen die Streptokokken abgeschwächt in der erkrankt gewesenen Haut ver-

bleiben und durch Gelegenheitsursachen wie Schnupfen, Halsentzündung etc. ihre Aktivität in der Haut erneut entfalten. Liest man somit in zeitgenössischen medizinischen Lehrbüchern über das Krankheitsbild der Rose und speziell ihrer häufigsten Form, der Gesichtsrose, nach, dann fallen unweigerlich weitgehende Übereinstimmungen des klinischen Verlaufes, der Lokalisation und des Ausbreitungsmodus sowie der Neigung zu Rezidiven in sehr kurzen oder langen zeitlichen Abständen auf, wie sie in der biographischen Anamnese angedeutet wurden. Bei den nur zweimal erwähnten „Flechten" dürfte kaum ein Zusammenhang mit der „Rose" bestanden haben. „Flechten" war damals die volkstümliche Bezeichnung für verschiedene Hautkrankheiten, zu denen ekzemartige, in Schüben verlaufende oberflächliche Hautpilzerkrankungen ebenso gehörten wie die mannigfaltigen Formen des *atopischen Ekzems* (Atopie ist eine erbliche Überempfindlichkeit gegen Substanzen der natürlichen Umwelt wie Nahrungsmittel, Hausstaub, Gräserpollen oder Tierhaare). Diese Deutung im Falle Wagners würde dadurch gestützt, daß er nachweislich durch Wolle unerträgliche Hautreaktionen vom Juckreiz bis zu richtiggehender Schmerzhaftigkeit bekam, weshalb er sich vielleicht auch bevorzugt in „Samt und Seide" kleidete. Von einer tiefenpsychologischen Warte aus könnte man bei Wagner sogar von einem „psychogen hautgeschädigten" Individuum sprechen, das auch auf Menschen seiner Umgebung sowie auf spezielle Sachverhalte allergisch reagierte. Tatsächlich geht man ja heute davon aus, daß die Haut des Menschen unter anderem auch ein wichtiges Austauschorgan „von höchster psychischer und physischer Relevanz" ist, das bei der Steuerung zwischenmenschlicher Beziehungen eine nicht unerhebliche Rolle zu spielen scheint. Lebt das Individuum innerhalb einer feindlichen Welt ohne die Möglichkeit eines offenen emotionalen Austausches und gefühlsmäßig weitgehend isoliert und abgeschottet, dann kann sich als sichtbarer Ausdruck seiner gestörten Beziehung zur ihn umgebenden Gesellschaft ein Hautleiden ähnlich einem atopischen Geschehen entwickeln. Wir kennen derartige Zusammenhänge ja von den klinischen Manifestationen einer psychischen Überempfindlichkeit gegenüber der Umwelt beim allergischen Asthma bronchiale oder bei der *Urticaria,* dem sogenannten Nesselausschlag, als die häufigste Erscheinungsform der allergischen Überempfindlichkeit der Haut.

Zusammenfassend neige ich eher zu der Ansicht, daß Richard Wagner tatsächlich wiederholt an einer „Gesichtsrose" erkrankte und darüber hinaus im Rahmen einer Überempfindlichkeit gegenüber Faktoren aus seiner Umwelt gelegentlich auch an einer atopischen Dermatitis litt. Eine solche Konstellation paßt ganz zu dem hochsensiblen, überaus leicht reizbaren und permanent aggressionsbereiten Künstler, der mit seiner steten Kampfstimmung, in die er sich selbst manövrierte, den idealen Boden für psychosomatische Störungen verschiedenster Art schuf.

Wagners sonstige Erkrankungen, seine Neigung zu Erkältungskrankheiten und Bronchitis sowie seine einzige, offenbar wirklich lebensgefährliche Krise 1860 in Paris, bei der es sich mit ziemlicher Sicherheit um einen in dieser Stadt damals fast noch ende-

Richard Wagner um 1870. Gemälde von Franz von Lenbach.

misch herrschenden Bauchtyphus gehandelt haben dürfte, stellen keine diagnostischen Probleme dar. Auch die mehrmals erwähnten, plötzlich auftretenden heftigen „Fußschmerzen", über die er erstmals im Jahre 1873 klagte und die sich 1874, 1875, 1877 und zuletzt 1881 wiederholten, sind diagnostisch leicht einzuordnen. Der Beschreibung nach handelte es sich jedesmal um heftigste Schmerzanfälle im Bereich einer großen Zehe, die es ihm unmöglich machten, außer Haus zu gehen, ja so intensiv sein konnten, daß er kaum auftreten konnte. Bei diesen mitunter mehrere Tage anhaltenden Schmerzattacken mit Bevorzugung des Großzehengrundgelenkes und ihrer kurzen Dauer kann man mit Sicherheit davon ausgehen, daß Wagner durch mehrere Gichtanfälle geplagt wurde – ein Leiden, dessen Entstehung durch seine Lebensweise ohne Zweifel gefördert wurde.

Die koronare Herzkrankheit

Am 9. August 1872 findet man im Tagebuch Cosimas zum ersten Mal einen Hinweis auf „Herzbeklemmungen", die Wagner immerhin so sehr beeindruckten und ängstigten, daß er am 17. September den Verdacht äußerte, ein Herzleiden zu haben. Zwei Jahre später, am 2. April 1874, war bereits von einem Herzkrampf die Rede, der ihn während eines Spazierganges durch den Garten wegen des Gefühls, ersticken zu müssen, zwang, langsam zu gehen, worauf dieser Krampf auch prompt wieder verschwand. Nach längerer Beschwerdefreiheit meldeten sich die Krampfzustände erst wieder ab Januar 1877, und ab Mitte Juli 1878 nahmen seine Brustschmerzen – wie Cosima diese Beschwerden in ihrem Tagebuch nannte – an Häufigkeit und Intensität ständig zu. In Deutung auf seine Herzregion meinte Wagner im Dezember dieses Jahres scherzend, er habe da eine Verkalkung, „doch mir benimmt dieser Scherz den Atem", und ein anderes Mal bemerkte er launig: „Ich habe eine Maus, welche da am Herzen, an der Lunge, an der Leber herumkrabbelt." Die Ärzte konnten für seine Beschwerden keine Erklärung finden und „leugneten jedes Brust- oder Herzleiden", wie es am 20. Dezember in Cosimas Tagebuch heißt. Inzwischen verursachten ihm die vorwiegend nachts auftretenden Krämpfe solche Atembeklemmung, daß er nachts sitzend im Bett das Abklingen der Krämpfe, die er am 26. November 1880 als „Krebs auf der Brust" beschrieb, abwarten mußte. Am 29. Mai 1881 veranlaßte ihn ein plötzlich einsetzender heftiger Brustkrampf während einer von Angelo Neumann vor dem Kaiserpaar vorgetragenen Huldigung, fluchtartig die Bühne zu verlassen, offenbar von der Angst getrieben, er würde sonst vor dem Publikum zusammenbrechen. Ein solches Ereignis trat nach wiederholten „ärgsten" Brustkrämpfen seit Februar 1882 auch während der fünften Parsifal-Aufführung im Rahmen der Bayreuther Bühnenweihfestspiele dieses Sommers auf. Damals erlitt Wagner einen lebensbedrohlichen Herzanfall, der ihn ohnmächtig und mit blau angelaufenem Gesicht auf ein Sofa hinsinken ließ, wo er offensichtlich verzweifelt nach Luft ringend mit den Armen um sich schlug. Nach dem Einzug in den Palazzo Vendramin in Venedig häuften sich seine Anfälle im Herbst derart, daß er zu jeder Tages- und Nachtzeit mit ihnen rechnen mußte. Trotzdem hielt der damals behandelnde Arzt Dr. Keppler ebenso wie die vor ihm den Patienten betreuenden Kollegen das Leiden für „eine Magen-Neuralgie", weshalb er den geplagten Kranken kräftig am Bauch massierte und wiederholt auch die seinerzeit von Professor Leube empfohlenen Magensonden einführte. Schließlich kam es am 13. Februar 1883 – nach einer äußerst heftigen Auseinandersetzung zwischen den Eheleuten – in seinem Arbeitszimmer zu einem neuerlichen Brustkrampf. Vom Diener rasch herbeigerufen, fand ihn Cosima stöhnend auf einem Bänkchen sitzend vor. Als der Arzt eintraf, konnte dieser nur noch den Tod feststellen.

Um die uns heute unverständliche Beurteilung der Brustschmerzen Wagners seitens seiner behandelnden Ärzte zu begreifen, muß man den damaligen Wissensstand der Medizin beücksichtigen. Wie schon Franken hervorhob, wußte man zu Zeiten Richard Wagners über die Erkrankungen der Herzkranzgefäße – von der *Angina pectoris* bis hin zum Herzinfarkt – so gut wie nichts. Die ersten kasuistischen Beschreibungen von krankhaften Veränderungen an den Herzkranzarterien beim Herzinfarkt von Adam Hammer aus dem Jahre 1878 und zwei Jahre später von Carl Weigert gehörten noch nicht zum klinischen Allgemeingut der damaligen Ärzte. Wagners behandelnde Ärzte schlossen sich der damals verbreiteten Meinung an, die Herzbeschwerden seien durch eine massive Luftansammlung im Bauchraum hervorgerufen worden. Da Wagner schon seit früher Jugend über ein Unterleibsleiden klagte, das durch stark aufgetriebenen Leib, lästige Winde und krampfhafte Leibschmerzen gekennzeichnet war, und das im Zusammenhang mit seinem „Reizdarmsyndrom" bereits näher beschrieben wurde, war dieses Fehlurteil möglich. Wußte man doch bereits damals, daß im Gefolge des Luftschluckens, das bei vegetativ labilen, oft neurotisch überlagerten Menschen unter Streßbedingungen unbewußt in vermehrtem Ausmaß erfolgen kann, sich das quälende „Syndrom der großen Magenblase" ausbilden kann, welches nicht nur zu sichtbarer Vortreibung des Oberbauches, sondern auch zur Hochdrängung des linken Zwerchfells führt. Durch letzteres kann es zum sogenannten „gastrokardialen Symptomenkomplex", der auch als „Roemheld-Syndrom" bezeichnet wird, kommen, welcher mit Herzbeschwerden ähnlich einer Angina pectoris, verbunden mit Angstzuständen, einherzugehen pflegt. Diagnostisch erschwerend kann sich noch Kurzatmigkeit infolge eingeschränkter Zwerchfellbewegung einstellen. Alle diese Zustände setzen jedoch charakteristischerweise stets frühzeitig nach dem Essen ein. Das Druck- und Völlegefühl im Oberbauch und das begleitende Roemheldsyndrom können jedoch mitunter längere Zeit anhalten. Wie wir heute wissen, ist aber nicht nur die Aerophagie, also das vermehrte Luftschlucken mit all seinen Folgen, für das Auftreten von Herzschmerzen verantwortlich zu machen. Bei Vorliegen eines Reizdarmsyndroms, wie es bei Wagner beschrieben wurde, kann es nämlich infolge krampfartiger Kontraktionen im Bereiche der unterhalb der Milz gelegenen Umschlagstelle des Dickdarmes nicht selten zu Schmerzen kommen, die in die Nachbarschaft und hier wieder besonders in die linke Brustseite, ja sogar in den linken Arm ausstrahlen und deshalb auch heute noch unglücklicherweise gar nicht selten zunächst mit echten Herzschmerzen verwechselt werden. Ähnliche Symptome verursacht übrigens auch eine vermehrte Luftansammlung an der linken Kolonflexur, also jener Stelle, wo der Verlauf des Dickdarmes mitunter einen scharfen Knick bildet und auf diese Weise die Passage von Luft behindert. Für die betroffenen Patienten ist es wichtig zu wissen, daß solche linksseitige Brustschmerzen fast nie vom Herzen ausgehen.

Wenn Dr. Keppler somit, wie aus seinem Bericht vom März 1883 hervorgeht, die Ursache für die „Leiden, von denen Richard Wagner in den letzten Monaten seines Lebens heimgesucht" wurde, in Störungen vermutete, die vom Magen und vom Darm ausgingen – wobei durch die massenhaften Ansammlungen von Gas mit Aufblähung des Magens und des Darmes seiner Auffassung nach „durch Reflexe von den Magen- auf die Herznerven qualvolle Störungen in der Herzaktion" ausgelöst wurden – dann bewegte er sich durchaus in zeitgebundenen medizinischen Denkschemata. Wenn er allerdings zusätzlich von einer „fettigen Degeneration des Herzfleisches" und von einer „Ruptur" (Zerreissung. *Anm.d.Verf.*) der rechten Herzkammer sprach, dann begab er sich völlig ins Reich der Spekulationen. Das gleiche gilt in verstärktem Maße von der abenteuerlichen Stellungnahme des von Franken erwähnten Professors Barbiglia, der mit bewundernswerter Selbstsicherheit von einer „amyloiden Degeneration" sprach. (Beim „Amyloid" handelt es sich um einen von Rudolf Virchow

Ludwig Schnorr von Carolsfeld und seine Gattin Malwina, geb. Garriges, in den Titelrollen von „Tristan und Isolde", 1865

1853 erstmalig beschriebenen Eiweißstoff, der sich bei jahrelangen Eiterungen in den Organen und den Blutgefäßen ablagern kann und als Degenerationsprodukt aufgefaßt wurde.)

Aus heutiger Sicht kann in Anbetracht der charakteristischen Anamnese mit Sicherheit retrospektiv die Diagnose einer koronaren Herzkrankheit gestellt werden, die schließlich durch einen Herzinfarkt den Tod herbeigeführt hat. Als typisch für dieses Herzleiden ist die Angabe von sogenannten Angina-pectoris-Beschwerden anzusehen, die sich folgendermaßen beschreiben lassen: Belastungsabhängiger Druck hinter dem Brustbein mit möglicher Ausstrahlung in den linken Arm, in den Hals oder in die Magengegend, Verstärkung der Schmerzintensität mit zunehmender Belastung und Nachlassen des Schmerzes nach Beendigung derselben. Bei psychischer Auslösung dauert das Abklingen der Angina pectoris länger als nach körperlicher Belastung, wo der Schmerz innerhalb von wenigen Minuten wieder verschwinden kann. Der Angina-pectoris-Schmerz kommt durch ein Mißverhältnis zwischen Sauerstoffangebot und Sauerstoffbedarf des Herzens zustande. Hierdurch entsteht im Herzmuskel eine Sauerstoffmangelsituation, die durch eine Steigerung des Sauerstoffverbrauches des Herzens bei körperlicher Belastung, Ärger, Aufregung, üppigen Mahlzeiten oder auch Kälte empfindlich verschlimmert wird.

Die Koronarsklerose geht so wie alle übrigen Formen der Arteriosklerose aus einer Ablagerung von Fett und Cholesterin in der Wand der Herzkranzarterien mit nachfolgender Sklerose, also Kalkeinlagerung, hervor. Dadurch kann die lichte Weite einzelner Äste der Herzkranzarterien eingeengt und auf diese Weise der Blutdurchfluß zunehmend gedrosselt werden. Kommt es zusätzlich zu einer Wandblutung in einer Arterie oder durch Ausbildung einer Thrombose zum kompletten Gefäßverschluß, dann ist die Entwicklung eines Herzinfarktes die unausweichliche Folge. Häufig geht diesem Ereignis das klinische Bild einer sogenannten Crescendo-Angina voraus, bei der sich die Schmerzanfälle bei gleichbleibender Belastung immer häufiger einstellen und die Dauer und die Intensität der anginösen Attacken zunimmt. Man spricht deshalb hier von einem Präinfarkt-Syndrom.

Vergegenwärtigt man sich den Verlauf der Herzbeschwerden bei Richard Wagner, wie er uns durch die medizinische Anamnese in seiner Biographie geschildert wird, dann besteht kein Zweifel, daß es sich um eine klassische koronare Herzkrankheit mit Angina-pectoris-Anfällen handelte, die sich erstmalig 1874 deutlich zu erkennen gaben und schließlich unter dem Bild einer Crescendo-Angina zum tödlich endenden Herzinfarkt führten. Man kann sich unschwer vorstellen, welch psychische Belastung die ständige Angst vor neuen Anfällen mit sich brachte und wie sehr ihn die Schmerzattacken quälten. Von seinen Ärzten erhielt er in Verkennung der wahren Diagnose stets nur Mittel, die seine angebliche „Magenneuralgie" bessern sollten – also säureneutralisierende Mischungen aus Natriumbikarbonat, Calcium carbonicum und Magnesia usta – und gegen die Schmerzen selbst eher Beruhigungsdrogen wie Baldrian-

tropfen oder Hoffmannstropfen. Nur bei sehr heftigen Schmerzen gab man ihm Chloralhydrat oder Laudanum, also Opiumtropfen. Die ärztliche Fehldiagnose war auch dafür verantwortlich, daß Wagner zur Erleichterung seiner anginösen Schmerzen nicht die meist sofort wirksamen krampflösenden Nitropräparate verschrieben bekam, obwohl das Amylnitrat bereits seit 1867 und Nitroglyzerin ab dem Jahre 1879 zur Behandlung einer Angina pectoris in Verwendung standen. Nicht einmal in Wagners letzten Lebensmonaten findet man im erhalten gebliebenen Arzneibüchlein Dr. Kepplers eine diesbezügliche Eintragung.
Wäre Richard Wagner hundert Jahre später in ärztliche Behandlung gekommen, so wäre ihm nicht nur sehr wirksam zur Linderung seiner Krampfanfälle ein Arsenal von Medikamenten zur Verfügung gestanden, sondern man hätte sicher auch durch die uns heute geläufigen interventionellen Verfahren zur Beseitigung von Gefäßstenosen sein Leben verlängern können – sei es durch Aufdehnung einer Gefäßverengung mittels eines an der Spitze eines Herzkatheters befindlichen Ballons, sei es durch eine Koronarendoprothese (Gefäßersatz aus Kunststoff oder Metallfilamenten spiralförmiger Art zur dauernden Abstützung der geschädigten Koronargefäßwand nach erfolgter Aufdehnung) oder durch restlose Beseitigung der für die Verengerung verantwortlichen Auflagerung mittels Laser-Verdampfung oder mit Hilfe eines Mikrobohrers. Am wirksamsten erweisen sich natürlich operative Verfahren mit all ihren Vor- und Nachteilen, wobei der aortokoronare Bypass heute nach wie vor als Goldstandard in der Koronarchirurgie gilt. Es handelt sich hierbei um die Überbrückung – meist aller drei arteriosklerotisch veränderten Herzkranzarterien – durch die Zwischenschaltung venöser, aus dem Unterschenkel gewonnener Interponate zwischen der Aorta und den Koronararterien. Benützt man für die Überbrückung einer Verengung im Bereiche der zwischen den beiden Herzkammern verlaufenden linken Koronararterie die linke innere Brustarterie, dann liegt die Erfolgsquote dieses Mammaria-koronaren Bypass besonders hoch. In jüngster Zeit gelingt es in besonders gelagerten Fällen sogar bereits, eine solche Bypass-Operation ohne Eröffnung des Brustkorbes vorzunehmen, und zwar mit der Technik der „Guckloch-Chirurgie" durch ein Endoskop. Da sich Richard Wagner ohne Zweifel mit solchen therapeutischen Verfahren einverstanden erklärt haben dürfte, hätten ihm auf diese Weise noch Jahre seines Lebens geschenkt werden können.

Psyche und Werkanalyse

Wie weit psychopathologische Faktoren in die künstlerische Gestaltung von Wagners Werken eingeflossen sind, kann aus medizinischer Sicht deshalb nicht schlüssig beantwortet werden, weil dem Mediziner die dazu erforderliche Kompetenz nicht zur Verfügung steht. Josef Rattner beleuchtet diese Frage nur schlaglichtartig, wenn er in den Schöpfungen Richard Wagners „Elemente des Autoritarismus, des Sadomasochismus, der Mystifikation und des Verschleiert-Antihumanen“ zu erkennen glaubt, die auf die Gestaltung seiner Werke sehr wohl ihre Wirkung ausgeübt haben könnten. Im einzelnen behandelt Rattner das Patriarchalische, die „Dschungelwelt“, das Anti-Erotische und schließlich die „im Mythos untertauchende, alptraumhafte Realität“. Das patriarchalische Element zeigt sich demgemäß vor allem in der Behandlung der Frauengestalten in seinen Opern, die durchaus objekthaft behandelt werden. Immer dann, wenn es ihm um das vermißte Verständnis seiner selbst und um mitleidvolle Teilnahme geht, gesteht er den Frauen die „aprioristische Befähigung“ zum Erlösungswerk zu. Wörtlich schrieb er: „Die Frauen sind eben die Musik des Lebens; sie nehmen alles offener und unbedingter in sich auf, um es durch ihr Mitgefühl zu verschönen.“ In Wagners Augen besitzen die Frauen in seinen Opern kein Eigenleben, sondern erfahren ihren eigentlichen Wert allein dadurch, daß sie sich dem Manne als Opfer anbieten. Das naturhaft Weibliche an der Frau besitzt nämlich allein die Fähigkeit zur Erlösung der Welt, die in Wagners Augen natürlich eine Welt des Mannes ist. Auch seine eigene Erlösung als Künstler, seine Verwandlung zum wirklichen Menschen im Gegensatz zur

Der Schluß zum Vorspiel von „Tristan und Isolde“. Eigenhändige Abschrift Wagners, beigelegt einem Brief an Mathilde Wesendonk vom 15. Dezember 1859.

„verlederten Männerwelt“, sah er ausschließlich im weiblichen Element begründet. Da in seinen Augen die Natur des Weibes die empfangende und dem zeugenden Mann rückhaltlos sich hingebende Liebe ist, muß die Natur in Gestalt der Frau dem zu erlösenden Manne in einem freiwilligen, spontanen Liebesdienst entgegen kommen, wobei Wagner seinen „Erlöserinnen“ jedes nur erdenkliche Opfer abverlangt: sie werden verkauft, vergewaltigt, ja sogar prostituiert. Der Mann wird demgegenüber als Sünder, als Gewalttätiger oder als strahlender Held dargestellt, der zum „wahren Menschen“ erst wieder erlöst werden muß. So ist auch Wagners eigenes Gebaren unverkennbar feminin, weshalb E. Roch ihn als einen „emanzipierten Mann“ bezeichnete, wobei es das Weibliche war, das sich in ihm emanzipierte.

Im Einklang damit steht auch die konsequente Verneinung der Autorität, der väterlichen Erziehung. Die meisten seiner mythischen Helden sind solche Vaterlosen, die nicht erzogen wurden, und er selbst zögerte nicht, sich in diese Reihe einzuordnen: „Vor der Abwehr eines Vaters, der an meiner Wiege starb, schlüpfte vielleicht die so oft verjagte Norn (eine der drei den römischen Parzen entsprechenden Schicksalsgöttinen in der nordischen Mythologie. *Anm.d.Verf.*) an meine Wiege und verlieh mir die Gabe, die mich Zuchtlosen nie verließ.“ Ein derart „Zuchtloser“ wird aber die Erziehung sein Leben lang suchen, wie das Dilemma des Narcissus beweist, der im Spiegel des weiblichen Quells das Bildnis des Vaters zu erblicken hofft. Diese früh erlernte Disposition von Muttergebundenheit und Vatersuche finden wir in den Worten des Zwerges Mime im *Siegfried* wieder: „Ich bin dir Vater und Mutter zugleich.“

Mit dem Ausdruck „Dschungelwelt“ soll das schrankenlose Vorgehen „aller gegen alle“ charakterisiert werden. Trug und List, Verrat, rücksichtslose Ausbeutung der Menschen in der Überzeugung, daß dem Auserwählten alle Mittel erlaubt sind und seinen egozentrischen Zielen keine Grenzen in moralischer Hinsicht gesetzt sind, sind Vorgangsweisen, die Wagner selbst bedenkenlos als Recht des Stärkeren für sich beanspruchte, weshalb er es wohl für natürlich hielt, daß auch seine mythologischen Götter Mord, Totschlag, Hinterlist und Rechtsbrüche als für sie legale Mittel betrachteten. Wagners weltanschaulichen Vorstellungen entsprechend durften auch nationalistische Töne nicht fehlen, wie uns das Beispiel des biederen und hochanständigen Hans Sachs zeigt, der es nicht unterlassen konnte, gegen den „welschen Dunst und Tand“ zu polemisieren.

Schließlich führte Rattner noch das Antierotische ins Treffen, indem er auf den großen Erotiker Wagner hinwies, der „immer auch mit den Untertönen der Keuschheit, der hysterischen Ersatzgestik für sinnlichsexuelles Verhalten und mit der Antithetik von Liebe und Macht“ spielte. Wenn Wagner dem leibfeindlichen, triebverdrängenden und vielfach die natürlichen Gefühle und Regungen pervertierenden Christentum zuliebe die Dualität der irdischen und der himmlischen Liebe herauszuarbeiten versuchte, dann wird seine antierotische Ersatzgestik deutlich. Ob, wie Rattner meint, „der Interpretation der realen Welt durch Vernebelung im Mythos", einer bewährten autoritären und präfaschistischen Tradition entsprechend, tatsächlich für den späteren Nationalsozialismus eine entscheidende Bedeutung zukommt, mag dahingestellt bleiben. Nicht zu Unrecht fragte Bernhard Diebold im Zusammenhang mit den Möglichkeiten einer politischen Funktionalisierung, ob man denn so grenzenlos politisch klug sei, daß man den Wagner mit dem Chamberlain – seinem Schwiegersohn – ausschüttet. In Ermangelung eigener schöpferischer Kulturgeister versuchen nämlich die „Mannen von rechts" den Revolutionär und verbannten Flüchtling Wagner von 1848 zum Erfüller ihrer nationalistischen Bedürfnisse umzufunktionieren. Sie wollen von dem Verfasser der Abhandlungen über *Kunst und Revolution,* dem Pazifisten von *Religion und Kunst* und vom *Parsifal,* in denen er für sein Werk ein demokratisches „Volk als die bedingende Kraft für das Kunstwerk" forderte, nichts wissen, sondern sie wollen jenen Wagner, der 1871 übereinstimmend mit dem gesamten liberalen Deutschland eine Einigung des zersplitterten Reiches erhoffte und mit seinem *Kaisermarsch* ein derartiges Zeichen setzte, für sich vereinnahmen. Im Jubel über seine antisemitischen Ausfälle von 1850 gegen Mendelssohns formale Art und Meyerbeers luxuriöse Brillanz wollen sie auch die Zuneigung für seine jüdischen Freunde Rubinstein, Neumann oder Hermann Levi nicht wahrhaben. Aber auch die „Mannen von links" bewiesen vor dem geistpolitischen Phänomen Wagners eine nicht weniger fatale Gedankenlosigkeit, weil sie offenbar in ihrer Verärgerung über die Epigonen von „Haus Wahnfried" und Herrn Chamberlain auf den ungeheuren Kulturkredit dieses weltberühmten Namens verzichteten. Diebold schließt mit den Worten: „Es gibt auch Fixsterne am Himmel, die für die Schiffahrt der Kultur nicht zu entbehren sind und nicht vernebelt werden dürfen. Herder, Schiller, Tolstoj, Nietzsche sind Meßzeichen unserer Entwicklung. Man braucht im leeren Raum auch einen Himmel über sich, der kein Jenseits zu bedeuten hat. Zu den Sternbildern an diesem Himmel, der unser Leben überleuchtet, gehört Richard Wagner."

ZEITTAFEL

1813	Richard Wagner wird am 22. Mai als Sohn eines Polizeiaktuars in Leipzig geboren. Am 23. November stirbt sein Vater.
1814	Am 28. August heiratet der Schauspieler und Dichter Ludwig Geyer Richards Mutter Johanna Rosine. Sie ziehen mit Richard nach Dresden.
1821	Ludwig Geyer stirbt am 30. September in Dresden.
1822–1827	Vom 22. Dezember an besucht Richard unter dem Namen Geyer die Kreuzschule in Dresden.
1828–1830	Richard wird unter dem Namen Wagner im Nicolai-Gymnasium in Leipzig aufgenommen.
1830	Am 16. Juni Eintritt in die Thomas-Schule in Leipzig.
1831	Als Student der Musik an der Leipziger Universität immatrikuliert.
1833	Chordirektor in Würzburg.
1834	Als Musikdirektor der Theatergruppe in Lauchstädt und Magdeburg. Verhältnis mit Minna Planer.
1836	Über Berlin nach Königsberg. Wagner heiratet dort am 24. November Minna Planer.
1837	Am 1. April als Musikdirektor am Theater in Königsberg, vom 21. August bis Anfang 1839 Stellung als Musikdirektor am Theater in Riga.
1839	Flucht auf dem Seeweg über London nach Paris, wo das Ehepaar am 17. September eintrifft.
1840–1842	Aufenthalt in Paris. Dort erste Begegnung mit Liszt. Entstehung der Oper *Der Fliegende Holländer*. Literarische Aufsätze in der *Gazette musicale de Paris*. Am 20. Oktober Uraufführung des *Rienzi* am Hoftheater zu Dresden.
1843	Uraufführung des *Fliegenden Holländer*s in Dresden, wo Wagner am 2. Februar zum Königlich Sächsischen Hofkapellmeister ernannt wird.
1845	Am 19. Oktober Uraufführung des *Tannhäuser* in Dresden.
1848	Am 9. Jänner Tod der Mutter.
1849	Im Mai Beteiligung an der Dresdner Revolution. Freundschaft mit Michael Bakunin. Wagner wird steckbrieflich gesucht. Flucht nach Zürich ins Exil.
1850	Affäre mit Jessie Laussot in Bordeaux. Uraufführung des *Lohengrin* in Weimar. Berühmt-berüchtigter Aufsatz: *Das Judentum und die Musik.*
1852	Wagner lernt die Familie Wesendonk kennen.
1853	Im Mai finden die berühmten *Maikonzerte* Wagners in Zürich statt.
1855	Wagner dirigiert acht Konzerte in London.
1857	Am 28. April bezieht Wagner das von den Wesendonks angebotene „Asyl auf dem grünen Hügel" bei Zürich. Die Bülows kommen auf ihrer Hochzeitsreise nach Zürich.
1858	Die Affäre mit Mathilde Wesendonk gerät in die Krise. Wagner in Venedig.
1860	Drei Konzerte in Paris, Konzerte in Brüssel. Mitte August nach einer Teilamnestie des sächsischen Königs zum ersten Mal wieder in Deutschland.
1862	Wagner kehrt endgültig nach Deutschland zurück. Aufenthalte in Mainz, Biebrich, Dresden und Wien. In Biebrich endgültige Trennung von Minna. Wagner nimmt Beziehungen zu Mathilde Maier und Friederike Meyer auf.
1863	Rußlandreise mit Konzerten in Moskau und Petersburg. Am 28. November in Berlin. Beschluß des ewigen Herzensbundes mit Cosima.
1864	Am 4. Mai erste Begegnung mit dem bayrischen König Ludwig II. in München. Im Sommer im Haus Pellet am Starnberger See endgültige Besiegelung des Bundes mit Cosima.

1865 Am 10. Juni Uraufführung von *Tristan und Isolde* im Münchner Hoftheater. Geburt von Isolde, Wagners und Cosimas erstem Kind.

1866 Tod Minnas in Dresden am 25. Januar. Im April Einzug in Tribschen bei Luzern.

1867 Cosima in Tribschen. Eva, ihr zweites Kind mit Wagner, geboren.

1868 Uraufführung der *Meistersinger* in München. Am 8. November lernt Wagner Friedrich Nietzsche kennen.

1869 Siegfried, Wagners drittes Kind mit Cosima, am 6. Juni in Tribschen geboren. Uraufführung von *Rheingold* in München.

1870 Uraufführung der *Walküre* in München. Am 25. August heiratet Wagner Cosima von Bülow.

1871 Wagner kündigt seine Festspiele an und wählt Bayreuth als den dafür geeignetsten Ort aus.

1872 Übersiedlung nach Bayreuth. Grundsteinlegung des Festspielhauses.

1874 Am 28. April Bezug des Hauses „Wahnfried". Im November dortselbst die *Ring-Partitur* fertiggestellt.

1876 Ab 13. August Beginn der ersten Bayreuther Festspiele mit dem *Ring des Nibelungen.* Im September Reise nach Sorrent, dort letzte Begegnung mit Nietzsche. Liebe zu Judith Gautier.

1877 Unglückseliger Briefwechsel mit Nietzsches Arzt Dr. Eiser. In England von Königin Victoria empfangen. Beginn der Arbeit an der *Parsifal-Partitur*.

1881 Wagner auf Sizilien.

1882 Ab 26. Juli zweite Bayreuther Festspiele mit dem *Parsifal*. Am 14. September reist Wagner mit seiner Familie nach Venedig, wo er den Palazzo Vendramin bezieht.

1883 Tod Richard Wagners am 13. Februar. Beisetzung im Garten des Hauses „Wahnfried" am 18. Februar.

Wagners Totenmaske, abgenommen von dem italienischen Bildhauer Augusto Benvenuti

Jede Philosophie, welche den Frieden höher stellt als den Krieg,
jede Ethik mit einer negativen Fassung des Begriffs Glück,
jede Metaphysik und Physik,
welche ein Finale kennt, einen Endzustand irgendwelcher Art,
jedes vorwiegend ästhetische oder religiöse Verlangen
nach einem Abseits, Jenseits, Außerhalb, Oberhalb erlaubt zu fragen,
ob nicht die Krankheit das gewesen ist, was den Philosophen inspiriert hat.

Die fröhliche Wissenschaft, Vorrede 2

FRIEDRICH NIETZSCHE

EINLEITUNG

Friedrich Nietzsche, der „Unzeitgemäße" der Nation, war unter jenen Persönlichkeiten des deutschen Geistes, die bis heute auf das Abendland prägenden Einfluß ausüben, wohl der bedeutendste. Er war dazu berufen, die ältere Romantik zu vernichten, ohne diese bloß durch Lehrmeinungen des rationalistischen Materialismus des fortschrittsgläubigen 19. Jahrhunderts zu ersetzen. Er propagierte vielmehr eine Lebensphilosophie, die er – zunächst „dionysisch" berauscht, später zunehmend exaltiert und fast hysterisch – auf dem Boden des Individualismus oder besser eines „aristokratischen Existentialismus" aufzubauen versuchte. Trotz seines tragisch-enthusiastischen Ja zum Prinzip des Lebens selbst, mit dem er allen Pessimismus und Nihilismus durch einen unbändigen Willen beseitigen zu können glaubte, hielt er als Jünger Schopenhauers zeitlebens an dessen Grundkonzeption fest: der Deutung der Welt als einer Macht des blinden Lebensdrangs. Indem er nur das wertende Vorzeichen änderte, übernahm er modifiziert die These des Meisters vom Vorrang des Willens und damit der Instinkte und des Triebes vor dem Intellekt.

Wenn über Nietzsche gesprochen wird, dann wird der Bedeutung der Musik in seinem Leben sehr zu Unrecht meist nur am Rande Beachtung geschenkt. Dabei fühlte er sich schon in seinen frühen Jugendjahren auffallend stark zu dieser Kunstgattung hingezogen, wie unter anderem besonders aus seinem Bewerbungsschreiben für die Basler Professur 1869 herauszulesen ist. Er entwarf mehrere Klavierkompositionen und wagte sich auch an die Vertonung von – zum Teil eigenen – Texten. Als Beispiel sei nur das aus dem Jahre 1861 stammende und vierhändig für Klavier gesetzte Weihnachtsoratorium sowie das Fragment einer *Ermanarich-Symphonie* erwähnt. In den Jahren 1863 bis 1865 hörte und spielte er auf dem Klavier überwiegend Kompositionen von Bach und Händel sowie der Wiener Klassiker Haydn, Mozart, Beethoven und Schubert, die ihn zur Vertonung verschiedener Lieder anregten. Über seine pianistischen Fähigkeiten sind wir nur bruchstückhaft unterrichtet, wenngleich seine Begabung zum Phantasieren und zum Improvisieren auf dem Klavier wiederholt lobenswert hervorgehoben wurde. Nach dem Jahre 1865 stand er zu sehr im Banne der Musik Wagners, als daß er den Mut aufgebracht hätte, weiterhin an eigene Kompositionsversuche zu denken.

Folgt man der Meinung Egon Friedells, der in der Biographie Martin Luthers die Verkörperung von Ernst Haeckels „Biogenetischem Grundgesetz" erblickte, indem dieser den gesamten Entwicklungsprozeß des Mittelalters in seinem eigenen Lebensablauf rekapituliert habe, dann trifft dies im gleichen Maße auch für Nietzsche zu – und zwar im Hinblick auf die Neuzeit: Vom Thesenanschlag an der Wittenberger Schloßkirche bis zur Vorbereitung des Ersten Weltkrieges durchschritt Nietzsche alle Phasen dieser geschichtlichen Epoche. Obwohl sein eigentliches Berufsinteresse die wissenschaftli-

che Philologie war, setzte sich bei Nietzsche schon frühzeitig ein kulturphilosophisches Interesse durch. Mit den Begriffen des „Apollinischen" und des „Dionysischen" kreierte er zwei Richtmaße für die Antike von hohem kulturpsychologischem Wert: Er betrachtete sie als eine Einheit von verklärend Idealisiertem und rauschhaft Abgründigem – eine Vorstellung, die er in Richard Wagners Opern und in der attischen Tragödie verwirklicht sah. Sie bewirkte schließlich auch, daß er der Musik Wagners in einem romantisch-süchtigen Rausch verfallen war und den Komponisten geradezu anbetete. So ist es nicht überraschend, daß gleich Kierkegaard auch Nietzsche die Folge seiner Werke mit einer musikbestimmten Schrift, nämlich der *Geburt der Tragödie aus dem Geiste der Musik* eröffnete, in welcher er die Entstehung der antiken Dramen aus den beiden Kunstwelten des Traumes und des Rausches interpretierte. Doch obwohl Nietzsches Musikalität – die ihn übrigens mit Schopenhauer verband – herausragend war, blieb ihm auf diesem Gebiet schöpferische Produktivität versagt.
Nietzsches außergewöhnliche künstlerische Bedeutung manifestierte sich in seinem Talent als Sprachschöpfer – als solcher spielte er für die deutsche Prosa eine ähnliche Rolle wie Richard Wagner für die Sprache der Musik. Und so wie Martin Luther mit seiner Bibelübersetzung die Grundlage für eine einheitliche deutsche Sprache schuf, so stand jeder nach Nietzsche geborene deutschsprachige Schriftsteller, wie Thomas Mann in seinen *Betrachtungen eines Unpolitischen* bekannte, unentrinnbar unter seinem Einfluß. Mit Nietzsches noch weit über Lessing hinausgehender Strategie der Satzbildungen, mit dem betäubenden Rhythmus „eines in solcher Ariosität deutsch noch niemals vernommenen Tonfalles" und mit der verschwenderischen Fülle von opalisierenden und „hintergründigen Wortgeburten" erhielt die deutsche Sprache ein völlig neues Gepräge. Nietzsche war aber nicht nur ein genialer Meister der Prosa, in der die charismatische Kraft seiner Sprachschöpfungen und die Magie seines Wortes in eindrucksvoller Weise zur Geltung kamen – fast noch offenkundiger zeigte sich seine dichterische Begabung in der Lyrik: Er schrieb Verse von mitunter berauschender Schönheit, in denen sich da und dort lyrische Formen des 20. Jahrhunderts ankündigen. Eigentlich wäre Nietzsche zum Dichter geboren gewesen – man denke nur an seine *Dionysos-Dithyramben* oder an seinen *Zarathustra,* auch wenn sich bei letzterem manche über den „Surenton, die Antithetik und die Wortschizophrenie" beklagten.
Der „unbekannte Gott", dem Nietzsche „in tiefster Herzenstiefe Altäre feierlich geweiht", zwang ihn zu einem anderen Dienst: „Prophet" und Erkenner seiner selbst und der Epoche, in welcher er lebte, zu werden. Als Zertrümmerer und „Umwerter" aller Werte, der sich in diesem Bemühen in ein Wüten gegen sich selbst hineinsteigerte, verkörperte er die persongewordene Krise des modernen Abendlandes. So wie er dies von der antiken Tragödie behauptete, wurde auch seine singuläre Existenz zum Symbol einer Epoche. Vom allgemein-geistigen Einfluß wurde er zum unbeirrbaren und immer radikaler werdenden Verneiner aller bisher ordnenden Werte des Abendlandes. Insbesondere den bürgerlichen Schichten versuchte er durch Schaffung der fiktiven

Gestalt des „Zarathustra" die Zukunft zu prophezeien. Ebenso wie Immanuel Kant, der sein letztes Manuskript mit dem Titel *Zoroaster oder die Philosophie im Ganzen ihres Inbegriffs unter einem Prinzip zusammengefaßt* als sein wichtigstes einschätzte, hielt auch Nietzsche den *Zarathustra* für sein wertvollstes geistiges Produkt, und Frieden meinte, es könne überhaupt nur mit zwei Werken der Weltliteratur in einem Atemzug genannt werden, nämlich mit Goethes *Faust* und Dantes *Göttlicher Komödie.* In der Tat wird Nietzsche der Nachwelt in Gestalt dieser letzten und stärksten, dunklen und magisch umstrahlten Figur des Zarathustra wohl immer am eindringlichsten in Erinnerung bleiben. Getragen gleichsam von einem Pathos biblischer Verkündigung, versuchte er sich in diesem Werk als Stifter eines neuen Glaubens, indem er den Menschen seine Ideen vom „Übermenschen", vom „Willen zur Macht" und von der „ewigen Wiederkehr des Gleichen" zu vermitteln versuchte.

Als „Philosoph der verfeinerten sinnlichen Wahrnehmung" erwies sich Nietzsche als ein Meister der auf das reine Denken bezogenen Psychologie, wie dies früher höchstens bei Augustinus oder Blaise Pascal andeutungsweise zu finden gewesen war. Die Vorbilder für seine psychologischen Reflexionen suchte Nietzsche allerdings nicht in den Bezirken der Freigeisterei, sondern vielmehr im Kreise von Dichtern – bevorzugt bei Stendhal, Dostojewski und Kierkegaard.

Mit seinem Buch *Also sprach Zarathustra* bewies er, wie deutlich er in einer Zeit, die ganz in blindem Fortschrittsglauben befangen war, bereits das Heraufkommen eines neuen Menschen wahrzunehmen begann. Bei seinem Versuch, den aufkeimenden Nihilismus, also die Überzeugung von der Sinnlosigkeit aller Sinngebungen, zu überwinden, wurde etwa die „Umwertung aller Werte" zum Motto seines Angriffs auf das Christentum, das er nur in pietistischer Verzerrung kennengelernt hatte. Nietzsches elementare Auflehnung gegen das Christentum, die den gleichen Empörergeist erkennen ließ, wie er einst Martin Luther bei seiner Auflehnung gegen Rom beseelt hatte, richtete sich strenggenommen gegen einen in der Krise befindlichen Protestantismus, während sein innerstes Wesen offensichtlich weiterhin von einem religiösen Grundgefühl bestimmt wurde. In der Tat sah er zwischen sich und den Freidenkern, diesen „unverbesserlichen Flachköpfen und Hanswürsten", eine tiefere Kluft als zu irgendwelchen anderen Gegnern. Jaspers konstatierte deshalb, daß „Nietzsches Gottlosigkeit die sich steigernde Unruhe eines sich vielleicht nicht mehr verstandenen Gottsuchers" gewesen sein könnte, und Friedell wollte darin überhaupt den Kern seiner Wesenheit erkannt haben, weshalb er – ebenso wie Nigg – Nietzsche einen besonderen Platz in der Geschichte des Christentums anwies: „Die Einordnung in die christliche Geistesgeschichte", schreibt Nigg, „kommt dem Geisterhaften um Nietzsche näher als die Betrachtung, die in ihm höchstens den verlorenen Sohn des Protestantismus sieht. Nietzsche war eine religiöse Natur, die in einer unreligiösen Zeit nicht mehr den ihr entsprechenden Ausdruck finden konnte. Seine verborgene Zugehörigkeit zu der metaphysischen Welt kann durch keine atheistische Deutung widerlegt werden."

Hildebrandt vertrat den Standpunkt, daß Nietzsche „von Geburt bis zu seinem Ende protestantischer Prediger war, nur daß man ihn nicht mit den Dienern der nachlutherischen Kirche vergleichen muß, sondern mit den großen Urtypen selbst, mit Martin Luther oder mit Eckhart".

Nichtsdestotrotz waren Nietzsches Angriffe gegen das Christentum hart und unerbittlich: Seiner Meinung nach konnte man sich mit dem Christentum beim „gegenwärtigen Stande der Erkenntnis schlechterdings nicht mehr einlassen, ohne sein intellektuelles Gewissen heillos zu beschmutzen". Er bezeichnete das Neue Testament als „die große Literatur der Verleumdung des Lebens" und verdächtigte die Evangelien, uns in eine Welt zu führen, „in der sich der Auswurf der Gesellschaft, Nervenleiden und kindliches Idiotentum ein Stelldichein zu geben scheinen". Für ihn stellte das Neue Testament eine Welt der Symbole dar, mit deren Erklärungen und Auslegungen sich die Kirche eines „welthistorischen Zynismus in der Verhöhnung des Symbols" schuldig gemacht hätte. Seine Wertschätzung der Heiligen Schrift wurde dadurch allerdings nicht im mindesten geschmälert: „Das Meisterstück der deutschen Prosa ist billigerweise das Meisterstück ihres größten Predigers: die Bibel war bisher das beste deutsche Buch. Gegen Luthers Bibel gehalten, ist fast alles übrige nur Literatur." Hingegen konnte er Luther nicht verzeihen, daß „dies Verhängnis von einem Mönch die Kirche, und was tausendmal schlimmer ist, das Christentum wiederhergestellt hat in jenem Augenblick, wo es unterlag".

Für Nietzsche war das Christentum das bisher größte Unglück der Menschheit, da es lebensfeindlich sei, Haß gegen den Geist, den Stolz, den Mut und gegen die Freude der Sinne predige und „aus Eros und Aphrodite höllische Kobolde schaffte durch die Martern, welche es in dem Gewissen des Gläubigen bei allen geschlechtlichen Erregungen entstehen ließ". Das Sündengefühl, das erst das Christentum in die Welt brachte, hielt er für eine jüdische Erfindung, die dem heutigen Weltgefühl völlig widerspreche, wie denn überhaupt der christliche Glaube einen „andauernden Selbstmord der Vernunft" darstelle.

In seinem erbitterten Kampf gegen die überlieferte Moral, die in der bürgerlichen Lebensführung des 19. Jahrhunderts zu einer verlogenen Doppelmoral sondergleichen ausgeartet war – weshalb sie Nietzsche eine Notlüge nannte, „die größte Meisterin in der Kunst der Verführung und die eigentliche Circe der Philosophen" –, wandte er sich mit besonderem Eifer gegen die „jüdisch-christliche Sklavenmoral". Diese Sklavenmoral, die in ihrer Mitleidsethik ihren sichtbaren Ausdruck findet, begünstigte seiner Meinung nach nur die Mittelmäßigkeit und die unabsehbare Schar der Herdentiere unter den Menschen, während sie mit ihren Geboten und Verboten die Entfaltung des tiefsten Wesens der Menschen beständig hinderte. Mit dem von ihm gepredigten „Immoralismus" und mit der Realisierung des „Übermenschen", der als höchstes Exemplar der Menschheit dem Leben seine Tiefe wieder zurückgeben könnte, hoffte er, den „Lebensneid" dieser Sklavenmoral, der alle normalen Lebensinstinkte zerstörte, überwinden zu können. In seiner *Genealogie der Moral* schrieb Nietzsche: „Dieser Mensch der Zukunft, der uns ebenso vom bisherigen Ideal erlösen wird, wie von dem, was aus ihm wachsen mußte, vom Willen zum Nichts, vom Nihilismus, und der den Willen wieder freimacht, der Erde ihr Ziel und dem Menschen seine Hoffnung zurückgibt, dieser Antichrist und Antinihilist, dieser Besieger Gottes und des Nichts – er muß einst kommen."

Dennoch ist bei näherer Betrachtung nicht zu verkennen, daß sich Nietzsches Übermensch offenbar gleichzeitig auch als eine forcierte Kompensationserscheinung zur Bewältigung seiner eigenen anfälligen, hypernervösen und empfindsamen Natur verrät. Bei dem Unternehmen „Götzenzertrümmerung" ging es ihm im übrigen nicht nur um die Befreiung von der christlichen Sklavenmoral, sondern ganz allgemein um die Rückeroberung der Reinheit des Geistes und der Freiheit des Individuums, indem er die Menschen „von allem Geist des Pfaffentums", das sich in der Welt breitmachte, erlösen wollte: „Vom Pfaffentum in der Kirche, in der Wissenschaft und in der Politik." Mit seiner Losung „Dionysos gegen den Gekreuzigten!" wollte er die christliche Botschaft durch eine dionysische Lebenskonzeption ersetzen und damit an der Stelle der zertrümmerten Götzen ein neues Heiligtum errichten. Dionysos, dessen Lockruf er „bis in den lutherischen Choral hinein vernommen hatte", bedeutete für Nietzsche „das Geheimnis eines Menschen, dem die Tiefen der Welt neu aufgegangen sind und der mit dem Prinzip des Lebens identisch ist". Seine so glühend herbeigesehnte dionysische Lebensführung basierte nicht auf einem neuen, besser verstandenen Jesusbild, sondern sollte die Menschen zu einem völlig neuen Verständnis von „heilig" führen, zu einer ganz anders gearteten Erwartung als der christliche Auferstehungsglaube. Mit seiner Wiederkunftslehre, der „Erfassung des Seins als eine sich in außerordentlich großen Zeiträumen vollziehende ewige Wiederkehr alles Bestehenden", beabsichtigte Nietzsche eine Beseitigung Gottes, indem er den Ewigkeitsbegriff des Christen preis gab und durch einen nie zum Abschluß kommenden Kreislauf ersetzen wollte. Mit dieser Philosophie eines neuen Lebensgefühls, das auch das grausamste Schicksal bejahend miteinschloß, sang er das Loblied eines alle Sinne bejahenden Lebens im Gegensatz zu den christlichen asketischen „Verächtern des Leibes" – eine Überzeugung, die ihm nicht zuletzt auch half, sein leidvolles Dasein heroisch zu ertragen.

Den Plan zu seinem Hauptwerk mit dem Titel *Der Wille zur Macht. Versuch einer neuen Weltauslegung* konnte Nietzsche nicht mehr verwirklichen. Anstelle einer endgültigen Fassung aus seiner Hand liegen nur zahlreiche Notizen und Aphorismen, einem „gewaltigen Steinbruch" gleich, vor, die von Schlechta 1960 manuskriptgetreu in chronologischer Anordnung ediert wurden. Das 1906 von Nietzsches Schwester Elisabeth Förster herausgegebene Werk *Der Wille zur Macht* hingegen ist nur mit größten Vorbehalten anzunehmen, da die Herausgeberin aus Prüderie und Eitelkeit manch verhängnisvolle Entstellungen vornahm, die später von gewissenlosen Politikern aufgegriffen und ihren Zwecken dienlich gemacht wurden. Obwohl Nietzsche sich bewußt war, daß der Mensch ohne Ethos nicht leben kann, führte er mit seiner – zudem häufig noch falsch ausgelegten – Moralkritik, wonach das Leben keiner ethischen Beurteilung unterworfen werden dürfe und das Moralisierende in der Moral nichts anderes als ein Zeichen mangelnder Lebensstärke sei, nicht nur zu einer Entfremdung gegenüber Richard Wagner und dessen symbolisierter Heilslehre, sondern er übte damit auch eine verheerende Wirkung sowohl im Rechtsdenken als auch auf ethischem Gebiet aus. Auch sein Motto vom „gefährlichen Leben", das es rücksichtslos zu wagen gilt, seine Überheblichkeit humanitären Forderungen gegenüber, seine Bejahung der Notwendigkeit von Kriegen und seine Vorstellungen von der Herrenmoral und der „blonden Bestie", welche die Notwendigkeit einer Versklavung der Schwachen forderten, sowie schließlich die verschiedenen Sado-Masochismen, die sich in die Beziehung von Mann und Frau mischen und die Rolle der Frau ausschließlich auf die Perspektive des Mannes reduzieren, haben zu zahlreichen Mißdeutungen geführt. Thomas Mann gab deshalb eine leidenschaftlich warnende Empfehlung für all jene ab, die sich ernstlich mit dem so schwierig zu interpretierenden Werk beschäftigen wollen: „Wer Nietzsche eigentlich nimmt, wörtlich nimmt, wer ihm glaubt, ist verloren." Diese Warnung ist vor allem auch an jene gerichtet, die – wie Rudolf Augstein 1981 in grotesker Weise behauptete –, in Nietzsche den Ahnherrn des Nationalsozialismus und in Hitler dessen Testamentsvollstrecker erblicken wollen. Wenn auch, wie Kirchhoff in seinem 1990 herausgegebenen Buch *Nietzsche, Hitler und die Deutschen* bemerkt, Hitler nicht denkbar wäre ohne die „New-age-Bewegung" seit dem späten 19. Jahrhundert, innerhalb derer Richard Wagner und Friedrich Nietzsche eine zentrale Rolle spielten, und das Fortwirken von Nietzsches Gedanken bei der seit 1933 erkennbaren, als „Selbstgleichschaltung der Intellektuellen" bezeichneten Bewußtseinsänderung im deutschen Volk eine nicht unwesentliche Rolle gespielt haben dürfte, so ist es nach den Worten von Karl Kraus dennoch eine grobe Fahrlässigkeit, Hitler in eine „geistige Verwandtschaft" mit Nietzsche bringen zu wollen. In gleicher Weise äußerte sich auch Thomas Mann, der betonte, daß man Nietzsches Werke grundsätzlich von der „Schund-Ideologie des Faschismus" trennen müsse und diesen großen Denker nicht für die Untaten des Dritten Reiches verantwortlich machen könne.

Wie Laaths schon vor vielen Jahrzehnten warnte, darf man Nietzsche grundsätzlich nicht „vor ein Zufallsgericht von Politikern laden, weil einige Leute mit Zarathustra-Floskeln oder mit anderen Thesen aus dem schillernden Werk Nietzsches um sich geworfen haben". Man könnte ja auch Karl Marx nicht für die spätere Pervertierung seiner Thesen verantwortlich machen, die in der grausigen Drachensaat des menschenverachtenden Stalinismus aufgingen. Gerade aus dem Spätwerk Nietzsches *Der Wille zur Macht* erfahren wir, wie notwendig und fruchtbar es wäre, einen kritisch verstandenen Marx mit einem ebenso sorgfältig studierten Nietzsche für den Aufbau einer gedeihlichen Zukunft zu beherzigen. Gilt es doch, die aus sehr verwandten Wurzeln hergeleiteten Ursachen für die Bedrohung unserer Kultur, nämlich den Sozialismus und den Nationalismus, auf vernünftige Maße einzudämmen und ihnen „den positiven Kern der Vermächtnisse von Marx und Nietzsche regulativ aufzuzwingen: Forderung nach Herrschaft durch das von privatem ebenso wie von staatlichem Kapitalismus befreite, erlöste Individuum – und somit durch eine Elite von Individuen."

Wie ein Prophet sah Nietzsche hinter dem trügerischen Fortschritt des zu Ende gehenden 19. Jahrhunderts die unweigerlich hereinbrechende Katastrophe voraus – zu einem Zeitpunkt, als alles sich noch an einer oberflächlichen Fortschrittsidee berauschte; wie ein Seher weissagte er den Untergang großer Städte und die „Feuersäule, in der sie verbrannt werden". Mit donnernder Stimme warnte er in seinem Nachlaßwerk vor dem heraufsteigenden Nihilismus und dem grauenhaft sich ankündigenden Unheil: „Wenn jetzt ein Luther entstünde, so würde er gegen die ekelhafte Gesinnung der besitzenden Klassen sich erheben, gegen ihre Dummheit und Gedankenlosigkeit, daß sie gar nichts von der Gefahr wittern."

Die Werke Nietzsches sind eine einzigartige Sammlung philosophischer Erkenntnisse, welcher zumindest in der westlichen Kultur und Literatur nichts gleichkommt. In seinem Kampf gegen die traditionelle Philosophie, Moral und Kultur wünschte er es sich gar nicht, als ein Philosoph, sondern eher als ein freier Denker betrachtet zu werden, der in seinen Schriften global das Schicksal des Geistes auszusprechen versuchte. Für Gottfried Benn war er „die größte Erschütterung in Deutschland, die es je gab, der weitreichendste Gigant der nachgoetheschen Epoche und seit Luther das größte deutsche Sprachgenie." Seine Bedeutung hat sich im Verlaufe von hundert Jahren wiederholt gewandelt: Zunächst von vielen als Nihilist und wegen der von ihm geforderten Umwertung aller Werte als „Antichrist" geschmäht, später von Politikern mißbraucht, hat seine Bedeutung gegenwärtig stark zugenommen und seine Stellung als Schriftsteller in der Weltliteratur höchsten Rang erreicht. Nietzsche selbst war sich seiner oszillierenden Persönlichkeit voll bewußt, und er sah seine wechselhafte Rezeption in der Zukunft voraus, weshalb er beschwichtigend meinte: „Es ist durchaus nicht nötig, nicht einmal erwünscht, Partei für mich zu nehmen; im Gegenteil, eine Dosis Neugierde, wie von einem fremden Gewächs, mit einem ironischen Widerstande, schiene mir eine unvergleichlich intelligentere Stellung zu mir."

Nietzsches gewaltiges Denkgebäude und dessen vielfach so schwierige Interpretation mußten es fast zwangsläufig mit sich bringen, daß schon frühzeitig die Grundfrage auftauchte, ob all seine Ideen ausschließlich Ausdruck einer Hellsichtigkeit seines luziden Geistes waren, oder ob der welthistorische Rang seiner Philosophie, aber auch seine „philosophischen Entgleisungen" die Folge eines krankhaften geistigen Prozesses waren – eine Frage, die Lutz Gentsch in seiner Studie *Wahnsinn oder Philosophie* kritisch zu beantworten versucht. Es liegt auf der Hand, daß die Beschäftigung mit diesem Problem nicht nur Philosophen und schon gar nicht Moraltheologen allein zustehen kann, sondern daß hier auch der Mediziner gefragt ist.

Aus theologischer Sicht ist Nietzsches Wahnsinn als ein gerechtes „Gottesurteil" gedeutet worden, welches den hybriden Philosophen für seine so vehement vorgetragenen Angriffe gegen das Christentum bestrafen sollte. Sein Versinken in die Umnachtung versuchte man als große Metapher zu deuten: „Gleich einer geblendeten Ödipusgestalt sank er, vom Speer Gottes getroffen, zur Erde und verblutete an den ihm von den Mächten beigebrachten Wunden. Der Ausbruch seines Wahnsinns entsprach einer inneren Notwendigkeit; denn entweder gehen die prophetischen Worte in Erfüllung, oder der Mensch geht an ihnen zugrunde. Sein Sturz in die Nacht ist das Symbol des unerfüllten religiösen Schicksals der modernen Zeit." Deshalb darf auch nach den Worten Oscar Levys nicht den Medizinern das letzte Wort zu Nietzsches Krankheit überlassen werden, da dies eine Sachkompetenz erfordere, die über das medizinische Fach hinausreichte: „Ein Arzt, der über die Krankheit Nietzsches schreibt, müßte neben wissenschaftlichen und philosophischen Kenntnissen noch ein Gefühl für die neuen Werte und außerdem eine Ahnung von der ungeheuren Tat Nietzsches – der Demaskierung des Deutschtums wie des Christentums – haben." Einem solch hochgestochenen Anspruch wird am ehesten noch das Buch von Karl Jaspers über Nietzsche gerecht. Doch auch er äußerte sich sehr zurückhaltend, wenn es um die Frage ging, welchen Einfluß ein Krankheitsprozeß auf das geistige Geschehen im positiven oder negativen Sinn auszuüben imstande ist. Abgesehen davon, daß in der gegenwärtigen Nietzsche-Forschung hinsichtlich einer möglichen Beeinflussung seines Denkvermögens und seines Schreibstils durch krankhafte Faktoren die Aussagen sehr vorsichtig und zurück-

Der Philologische Verein in Leipzig: sitzend links Friedrich Nietzsche, rechts sein Freund Erwin Rohde. Fotografie, um 1865.

haltend formuliert werden, ist die Klärung der Frage, ob Nietzsches Werk durch seine Krankheit beeinflußt wurde und ab welchem Zeitpunkt dies der Fall sein könnte, nicht Aufgabe einer medizinischen Betrachtung seiner anamnestischen Biographie, wenn auch vielleicht da und dort Vernetzungen zwischen Kreativität und Leiden aus ärztlicher Sicht vermutet werden können.
Wenn im Folgenden der Versuch unternommen wird, eine möglichst vollständige Krankenanamnese aus seiner Biographie zu rekonstruieren, dann muß man sich auf Nietzsches Eigenanamnese in Gestalt seiner Briefe, deren kritische Gesamtausgabe bis 1889 inzwischen vorliegt, sowie auf anamnestische Angaben aus fremder Hand stützen. Letztere betreffen Mitteilungen seiner nächsten Verwandten, also der Mutter und der Schwester, deren „editorische Sünden" in der umfangreichen Editionsarbeit Montinaris einer Bereinigung unterzogen wurden, sowie die Korrespondenz seiner Freunde und Bekannten untereinander und schließlich Schilderungen und Berichte von Zeitgenossen in seiner unmittelbaren Umgebung, wie sie Gilman in seinen *Begegnungen mit Nietzsche* zusammengetragen hat. Obwohl Nietzsche in seinem Leben eine Unzahl von Ärzten konsultierte, deren Namen weitgehend bekannt sind, konnten bisher von wenigen Ausnahmen abgesehen keine verwertbaren Aufzeichnungen über ihren prominenten Patienten ausfindig gemacht werden. Lediglich eine größere Anzahl von Rezepten und Apothekerrechnungen sind auf uns gekommen, aus denen vorsichtige diagnostische und therapeutische Rückschlüsse gezogen werden können.
Von den zahlreichen bisher veröffentlichten Pathographien in der ersten Hälfte des zwanzigsten Jahrhunderts kommt vor allem jenen von Möbius (1902), Benda (1925), Vorberg (1933), Jaspers (1936) und Lange-Eichbaum (1947) Bedeutung zu, wenngleich hinsichtlich der Diagnose zum Teil recht unterschiedliche Auffassungen vorherrschen. Zweifel an der richtigen Diagnose von Nietzsches Krankheit haben sich in den letzten Jahren eher noch vermehrt, weshalb Horst Althaus in seiner 1986 publizierten Biographie das Leiden Nietzsches als „ungelöstes Rätsel" bezeichnete und auch Curt Janz in seiner umfangreichen dreibändigen Monographie aus dem Jahre 1979 von einem „unauflösbaren Rest" an Ungewißheit sprach. Es erscheint deshalb durchaus angebracht, im Lichte der gegenwärtigen medizinischen Kenntnisse einen neuerlichen Versuch zu unternehmen, mehr Klarheit in die Leidensgeschichte Nietzsches zu bringen. Dieses Vorhaben wird erleichtert durch die überaus sorgfältige medizinisch-biographische Studie von Pia Daniela Volz, die in ihrer Dissertation an der Medizinischen Fakultät der Universität Tübingen vom Jahre 1988 auch bisher noch unbekannte Dokumente publizierte.
Es erübrigt sich, wieder einmal darauf hinzuweisen, daß mit dem Versuch einer diagnostischen Annäherung an Nietzsches Leiden sein epochemachendes Lebenswerk in keiner Weise geschmälert wird, selbst wenn es um die heikle Frage einer luetischen Erkrankung geht, die zu akzeptieren sich seine Schwester Elisabeth Förster-Nietzsche beharrlich weigerte.

BIOGRAPHISCHE ANAMNESE

Nein! Das Leben hat mich nicht enttäuscht! Von Jahr zu Jahr finde ich es vielmehr wahrer, begehrenswerter und geheimnisvoller – von jenem Tage an, wo der große Befreier über mich kam, jener Gedanke, daß das Leben ein Experiment des Erkennenden sein dürfe – und nicht eine Pflicht, nicht ein Verhängnis, nicht eine Betrügerei! (...) „Das Leben ein Mittel der Erkenntnis" – mit diesem Grundsatz im Herzen kann man nicht nur tapfer, sondern sogar fröhlich leben.

Die fröhliche Wissenschaft, 1882

Will man die Leidensgeschichte Nietzsches medizinisch aufrollen, dann darf man nicht nur in einer Art Pathographie die chronologisch geordneten äußeren Ereignisse berücksichtigen, sondern muß seinen Blick auch auf den Bedeutungszusammenhang innerer Erlebnisse richten, wobei ätiologisch dem Bereich des „ungelebten Lebens" eine besondere Bedeutung zukommt, wie dies Zacher in seiner Analyse der „Kategorien einer Lebensgeschichte" ausdrücklich betont: „Die Fülle ungelebten Lebens übertrifft in unvorstellbarem Maße das kleine Stück des wirklich Gelebten und Erlebten." Die folgende Anamnese wird sich somit sowohl auf die äußere wie auch auf die „innere" Biographie stützen müssen, zumindest soweit dies die zur Verfügung stehenden dokumentarischen Unterlagen möglich machen.

Kindheit und frühe Jugendjahre

Friedrich Wilhelm Nietzsche wurde am 15. Oktober 1844 in Röcken bei Leipzig geboren – ein Geburtstag, den er mit dem 1795 geborenen preußischen König Friedrich Wilhelm IV. teilte. Da sein Vater, der Pfarrer Karl Ludwig Nietzsche, als Sohn eines protestantischen Superintendenten das Glück gehabt hatte, eine Stelle als Prinzenerzieher zu bekommen und nach Quittierung seiner Dienste am Hof aus der Hand des Königs die Pfarre Röcken zugewiesen erhielt, blieb dieser seinem Herrscher zeitlebens besonders dankbar und ergeben. So verwundert es nicht, wenn Pfarrer Nietzsche die Koinzidenz der Geburtstage als eine höhere Fügung betrachtete und bei der Taufe des Knäbleins mit Tränen in den Augen feierlich verkündete: „Mein Sohn, Friedrich Wilhelm, so sollst Du genennet werden auf Erden zur Erinnerung an meinen königlichen Wohltäter, an dessen Geburtstag du geboren wurdest." Als Angehöriger der sogenannten „Erweckungsbewegung", die dem Protestantismus wieder zu verstärkter Frömmigkeit und strengerer Lebensführung verhelfen sollte, hoffte der Vater, daß die

Das Geburtshaus Nietzsches in Röcken bei Lützen. Fotografie, um 1925.

göttliche Vorsehung in dem kleinen Friedrich Wilhelm nicht nur einen Pastor, sondern einen Propheten als Kämpfer für die Sache des Glaubens erstehen lassen würde. Dieses Bewußtsein, ein Königskind und ein Gottesgesandter zu sein, das dem kleinen Friedrich vom Vater eingeimpft wurde und durch das jährliche Feiertagsgepränge seines Geburtstages mit Glockengeläute und Schulfreiheit noch verstärkt wurde, blieb auch später unterschwellig lebendig: Es kann kein Zufall sein, wenn Nietzsche vor seinem geistigen Zusammenbruch Ende 1888 in seinem *Ecce homo* sich in „antiker Selbstherrlichkeit" mit einem König von Gottes Gnaden identifizierte. Träumte er doch schon als Kind von seiner Herkunft aus einem polnischen Adelsgeschlecht, und auch in seiner ersten kleinen Abhandlung mit dem Titel *Das Königsamt,* die er als Knabe niederschrieb, begeisterte er sich an der Rolle des Herrschers.

Selbst der frühe Tod seines Vaters im Alter von nur fünfunddreißig Jahren, der als „alles umstürzendes Schlüsselerlebnis" in Friedrichs Kindheit geortet wird und als Trauma in der beständigen Angst weiterwirkte, später an dem gleichen Gehirnleiden wie sein Vater zu erkranken, erschien ihm, dem „Königsgeburtstagskind", symbolisch für die geheimnisvolle Beziehung zu König Friedrich Wilhelm IV., der 1857 wegen einer Gesichtsrose regierungsunfähig und deshalb von seinem jüngeren Bruder Wilhelm I. vertreten werden mußte. In seiner Autobiographie von 1861 vermerkte der junge Nietzsche bezeichnenderweise zum Tod seines Vaters: „Es war eine Gehirnentzündung, in ihren Symptomen der Krankheit des höchstseligen Königs ungemein gleich" – eine Behauptung, die den objektiven Tatsachen allerdings nicht ganz gerecht wird.

Hinsichtlich der Krankheit seines Vaters, des 1813 geborenen Pastors Karl Ludwig Nietzsche, vermittelte der derzeit beste Kenner von Nietzsches familiärer Umwelt, Rainer Bohley, ein anschauliches Bild. Laut Angabe des behandelnden Arztes der Familie, Dr. Carl Zimmermann, wurde Karl Ludwig als jüngstes Kind der Familie „im hohen Alter gezeugt" (sein Vater war zur Zeit der Geburt bereits 58 Jahre alt. *Anm.d.Verf.*) und war bereits als Kind äußerst sensibel. Er litt häufig unter quälenden Kopfschmerzen und wurde wegen „allgemeiner Körperschwäche und einer schiefen Hüfte" vom Militärdienst befreit. Im Jahre 1846 häuften sich „nervliche Krisen", die sich unter dem Eindruck der Revolution von 1848 weiterhin verstärkten. Wie wir von der Tochter Elisabeth Förster-Nietzsche erfahren, soll der Vater Ende August 1848 von einer Treppe „rücklings auf den steinernen Hof" gestürzt sein, worauf sich wenige Wochen später Kopfschmerzen, Übelkeit und Erbrechen eingestellt hätten, die den Vater veranlaßten, den Homöopathen Medizinalrat Stapf in Naumburg aufzusuchen. Dazu kam ein Gefühl des „Einschlafens der einen Gesichtshälfte", so daß sich beim Predigen die „eine Hälfte des Kopfes und Gesichts wie gelähmt" anfühlte. Karl Ludwigs Gattin Franziska glaubte eine Ähnlichkeit der Symptome ihres Mannes mit dem Altersleiden von dessen Vater, dem 1756 geborenen Friedrich Nietzsche, feststellen zu können, wie einem Brief vom 16. Oktober 1848 entnommen werden kann: „Es ist ein böses Übel und scheint uns genau mit dem Familienzufall, einem Erbübel des seligen Vaters, welches in Einschlafen der Hände, Zunge und Schwindel besteht, in Verbindung zu stehen; er wird immer schwächer." Da die homöopathische Therapie erfolglos blieb, die Kopfschmerzen immer heftiger wurden und der behandelnde Arzt „die Krankheit nicht ergründen konnte", wurde Hofrat Dr. Oppolzer aus Leipzig hinzugezogen, „dessen scharfer Blick sofort die Symptome einer Gehirnerweichung erkannte", wie Friedrich Nietzsche 1861 in seiner kurzen Autobiographie vermerkte. Der weitere Krankheitsverlauf konnte aber auch durch die Bemühungen Oppolzers nicht beeinflußt werden. Es entwickelten sich schwere Krampfzustände, und wenige Tage vor seinem Tod am 30. Juli 1849 kam es sogar zu einer kompletten Erblindung, wahrscheinlich als Folge einer massiven Hirndruck-Steigerung oder als Auswirkung eines raumfordernden Prozesses im Gehirn. Bis zuletzt scheint er bei vollem Bewußtsein geblieben zu sein, wenngleich das Sprechvermögen geschwunden sein dürfte, wie seine Frau berichtete: „Er wußte alles, konnte aber, wie das bei der Gehirnerweichung ist, zuletzt die Worte nicht in Sätze zusammenbringen und war glücklich, wenn ich seine Gedanken erriet."

Leider dürfte der Obduktionsbefund verschollen sein. Von einer Stiefschwester des Vaters, Friederike Dächsel, die leider die Mehrzahl der wichtigen Familienpapiere verbrannte, erfahren wir, daß bei der von Oppolzer und einem Militärarzt vorgenommenen Eröffnung des Kopfes eine Gehirnerweichung festgestellt wurde, „welche schon ein Viertel seines Kopfes eingenommen hatte". Max Oehler spricht demgegenüber von einer „Geschwulst", und auch der berühmte Psychiater Möbius nannte als wahrscheinlichste Diagnose einen Hirntumor. Heute wird übereinstimmend angenommen, daß es sich beim Leiden von Friedrich Nietzsches Vater um eine organische Hirnerkrankung handelte, die jedoch nicht erblicher Natur war und mit Nietzsches geistigem Zusammenbruch vom Jahre 1889 in keinen Zusammenhang zu bringen ist. Hingegen ist es sehr wahrscheinlich, daß er seine Migräne vom Vater erbte, da auch seine Schwester Elisabeth und eine Schwester seines Vaters unter Migräneanfällen gelitten haben. Völlig absurd ist die vor allem von französischen Autoren um die Jahrhundertwende vorgebrachte Vermutung, der frühe Tod des Vaters wäre durch eine Syphilis verursacht worden und der Sohn dementsprechend hereditär syphilitisch (also im Sinne einer angeborenen Syphilis. *Anm.d.Verf.*) belastet gewesen, wobei das späte Erlernen des Sprechens mit zweieinhalb Jahren und das häufige Kranksein während seiner Schulzeit ins Treffen geführt wurden.

Über medizinische Daten in der mütterlichen Verwandtschaft sind wir nur unzureichend unterrichtet. Aus dem Basler Krankenjournal geht nur hervor, daß „ein Bruder der Mutter in einer Nervenheilanstalt starb", und in der ausführlichen Biographie von Janz erfährt man von einem Selbstmord eines Bruders der Mutter namens Theobald Oehler, der im Juli 1881 erfolgte und bei dem „zwecks Retouchierung die Hirnschlagdiagnose praktiziert wurde".

Die Revolution des Jahres 1848, deren Unruhen sich bis in den Herbst 1849 fortsetzten, betraf vorwiegend die Städte, während am Lande davon wenig bemerkbar war. Nietzsche erinnerte sich nur an vorüberziehende Wagen, auf denen jubelnde Menschen durch die Straßen fuhren. Während Richard Wagner, der später bei Nietzsche eine Vaterrolle einnahm und zu diesem Zeitpunkt bereits fünfunddreißig Jahre zählte, an den Barrikadenkämpfen aktiv teilnahm und deshalb auch steckbrieflich verfolgt wurde, begnügte sich der knapp fünfjährige Friedrich mit dem Spielen mit Bleisoldaten. Als das „Königsgeburtstagskind" war es ihm selbstverständlich, auf der Seite der Herrschenden zu stehen und in der erfundenen Person des „König Eichhorn" seine Truppen gegen die aufständischen Rebellen anzuführen, wie dies seine Schwester Elisabeth schilderte.

Nach dem Tod des Vaters zog die Witwe gemeinsam mit der Schwiegermutter, den beiden Schwestern ihres verstorbenen Mannes und ihren beiden Kindern nach Naumburg, das nach den Worten Elisabeths damals „eine streng christliche, konservative und königstreu gesinnte Stadt" war. Dementsprechend begeistert war auch der Empfang für den König, der 1854 die Stadt besuchte. In seiner ersten Kurzbiographie vom Jahre 1861 erinnerte sich Nietzsche an dieses Ereignis: „Jauchzend schwangen wir (die geschmückten Schulkinder. *Anm.d.Verf.*) die Mützen und brüllten nach Vermögen unserer Kehlen mit." Ansonsten schien er die Revolution des Jahres 1848 weitgehend verdrängt zu haben; er verachtete sie ebenso wie die Französische Revolution, die er als „schauerliche und, aus der Nähe betrachtet, überflüssige Posse und als pathetische und blutige Quacksalberei" betrachtete. Für die Prägung seiner Kindheit war zunächst das Faktum von zentraler Bedeutung, daß er weit und breit von Pastoren und Pastorenkindern umgeben war: Der Großvater war sogar Superintendent, und auch die Großmutter Krause, die bei ihm hohes Ansehen genoß, war die Tochter eines Archidiakons. Der Vater war Pastor und die Mutter die Tochter eines Pfarrers, deren Brüder meist wieder Pfarrer geworden waren. Aber auch die weiblichen Angehörigen seiner Verwandten waren überaus fromm und heirateten bevorzugt Pastoren. So mußte zwangsläufig eine solche familiäre Umgebung aus dem Kind Friedrich einen „kleinen Pastor" schaffen, der selbst in seinen späteren Jahren als Umwerter aller Werte noch immer etwas von der Art eines Predigers verspüren ließ.

Schon in Röcken wurde das Haus ausschließlich von den Frauen „beherrscht". Spiele mit den Dorfjungen waren unschicklich, nicht nur wegen der Gefahr des Beschmutzens seiner Kleidung, sondern auch deshalb, weil er als das „Königsgeburtstagskind" zu ernsteren, höheren Dingen berufen war. Zu seiner Erziehung gehörte vor allem auch das Einhalten kleinlichster Sparsamkeit, die er, wenn auch in abgeschwächter Form, sein Leben lang beibehielt. Demgegenüber sah er in seinem frommen, überaus gütigen und zartfühlenden Vater einen „ätherischen Engel", dem er überdies die Liebe zur Musik verdankte.

Hatte ihm das Landleben mit seinen Gärten und Teichen in Röcken noch die Möglich-

Der Vater Karl Ludwig Nietzsche, um 1845

Die Mutter Franziska Nietzsche, geb. Oehler, 1872

keit geboten, aus dem engen Milieu seiner Familie zu flüchten und seinen Phantasien nachzuhängen, änderte sich in der Stadt Naumburg fast alles. Mit dem unverrückbaren Ziel, aus dem kleinen Fritz so wie aus dem Vater einen Pfarrer werden zu lassen, wurde er von den Frauen des Hauses „mit Bibelsprüchen und geistlichen Liedern gut dressiert", weshalb ihn in der Bürgerschule seine Mitschüler den „kleinen Pastor" nannten. Er wurde frühzeitig altklug, übertrieben brav und artig, was ihm häufig Neckereien durch die Kinder seiner Umgebung einbrachte. Nicht nur deshalb, sondern auch aufgrund des Standesbewußtseins der Pfarrersfamilie sah man bald einen Wechsel von der Bürgerschule in eine private Lehranstalt vor, die von einem „christlichen tüchtigen Lehrer" geleitet wurde und in welcher Religion das Hauptfach darstellte. Es darf deshalb nicht verwundern, daß Friedrich noch als Gymnasiast schwache Leistungen in Rechtschreibung und Grammatik bot. Wirklich in Begeisterung konnte ihn nur die Kirchenmusik versetzen, die ihn gelegentlich so berauschte, daß er sich im Anschluß an den Gottesdienst unverzüglich ans Klavier setzte und in Akkorden zu komponieren versuchte. Wie er sich noch als Abiturient erinnerte, waren diese unbeholfenen Versuche zu komponieren nichts anderes als „die Bemühungen des erregten Kindes, zusammenklingende und folgende Töne zu Papier zu bringen und biblische Texte mit einer phantastischen Begleitung des Pianoforte abzusingen".

Es blieb allerdings nicht nur kindlicher Nachahmungstrieb; Friedrich begann schon in seinem vierzehnten Lebensjahr, sich ernstlich an die Komposition von Fugen und Motetten, ja sogar einer Messe heranzuwagen. Er schrieb aber auch eine „rasende" Ouvertüre zu einem von ihm selbst verfaßten Gespensterstück, wie überhaupt seine ersten Gedichte durch eine überreiche Phantasie gekennzeichnet waren, was der Dreizehnjährige selbst bekannte: „Grauenhafte Seeabenteuer, Gewitter mit Feuer waren der erste Stoff zu diesen." In diesen Feuerträumen wurde er beflügelt durch die Edda, die er im Deutschunterricht kennenlernte und von dem darin beschriebenen Weltenbrand er förmlich ins Schwärmen geriet: „Die Götterdämmerung, wo die Sonne schwarz wird, ins Meer versinkt und Glutwirbel den allnährenden Weltenbaum umwühlen und die Lohe den Himmel leckt, sie ist die grandioseste Erfindung, die je das Genie eines Menschen ersann, unübertroffen in der Literatur aller Zeiten, unendlich kühn und furchtbar und doch sich in bezaubernden Wohlklängen auflösend." Diese letzte Formulierung zeigt wieder, wie dramatische und musikalische Phantasien bei ihm ineinandergriffen. Leider blieb er bei seinem leidenschaftlichen Phantasieren am Klavier im Dilettantischen stecken, da er trotz seiner originellen Begabung und eines geregelten Klavierunterrichtes bei einem Naumburger Kantor sich nie an das Studium des Kontrapunktes heranwagte und deshalb sowohl sein Klavierspiel wie seine Kompositionsversuche sein Leben hindurch das Fehlen einer seriösen Grundausbildung in Praxis und Theorie erkennen ließen.

Am 5. Oktober 1858 wurde der Schüler Friedrich Nietzsche in das damals berühmte Gymnasium-Internat „Schulpforta", auch kurz „Pforte" genannt, als Externist aufge-

Nietzsche als Schüler der Landesschule Pforta, 1861

nommen. Das schwierige Aufnahme-Examen endete damit, daß er nur in die unterste Klasse, also die schon im Naumburger Domgymnasium absolvierte Untertertia kam, weshalb er sein Abitur auch erst in seinem zwanzigsten Lebensjahr hinter sich brachte. Wie ängstlich er diesem Wechsel entgegensah, beichtete er ein Jahr später einem Freunde: „Zum ersten Male sollte ich mich von dem elterlichen Hause auf eine lange, lange Dauer entfernen. Unbekannten Gefahren ging ich entgegen." Die Angst vor der Schulpforta äußerte sich bezeichnenderweise vor allem in der Sorge, von nun an „niemals mich meinen eigenen Gedanken übergeben zu können, sondern immer von Schulgenossen fortgezogen zu werden von meinen Lieblingsbeschäftigungen." Diese Sorge war nicht unberechtigt, denn schon sehr bald sollte sich herausstellen, daß es in diesem ehemaligen Zisterzienserkloster Pforta ähnlich streng und asketisch zuging wie in einem Mönchsorden: Aufstehen um fünf Uhr früh, Versammlung in der Kirche mit Absingen geistlicher Lieder und mit Gebeten, Tischgebet mit lateinischem Gesang vor dem Essen und gemeinsames Abendgebet. Dazu kam noch als Ziel der Erziehung und typisches preußisches Element „das Gepräge einer gewissen kernhaften Tüchtigkeit", also Männlichkeit, Mut und militärische Disziplin. Der Schüler Nietzsche hatte zwar die vorgeschriebenen Mutproben, etwa das Schwimmen in der Saale, bestanden, doch war er nach dem Zeugnis eines Schulkameraden dem Turnen stets abhold gewesen, „wie er denn schon früh zu körperlicher Fülle und Kongestionen nach dem Kopf neigte". Aber auch in anderen Fächern konnte er sich nicht besonders auszeichnen, sieht man von den humanistischen – Latein, Griechisch, Deutsch und Religion – ab, in denen er brillierte. Stets blieb er brav, tugendhaft und folgsam, ein „wohlerzogenes Mitglied der Schulgemeinschaft und der Nietzsche-Sippe". Wie aus seinen Berichterstattungen nach Hause zu entnehmen ist, gab ihm die Familie Rückhalt und Trost in allen Nöten.

In diesem eher gleichmäßigen Fortgang in der Schulpforta trat 1862, also in seinem siebzehnten Lebensjahr, ein Ereignis ein, das explosionsartig Nietzsches aufkeimende Schöpferkraft zu erkennen gab. In den Osterferien dieses Jahres verfaßte er nämlich für den Freundschaftsbund „Germania", dem er angehörte, eine Abhandlung mit dem Titel *Fatum und Geschichte*, welche die programmatischen Ziele seines Lebens bereits fast vollständig verrät. In diesem Aufsatz suchen wir vergeblich den altklugen, in feierlichen Sprüchen sich ergehenden Musterknaben der Pforte. Vielmehr kam nun ein aufmüpfiger, widerborstiger, in sich versunkener Jüngling zum Vorschein, der durch das Studium der Werke von Shelley und vor allem von Lord Byron aufgerüttelt wurde. Erkannte er im *Entfesselten Prometheus* von Shelley das Symbol des Menschentrotzes gegen die Götter, so fand er in dem „sündigen Aristokratentum und der zynischen Dandyhaftigkeit" Byrons den „Sturmdrang eines Feuergeistes, eines Vulkans" in der Gestalt des Alpenfürsten „Manfred". Ganz plötzlich tauchten im jungen Nietzsche bisher unbekannte Gefühle und Wünsche auf, die ähnlich wie bei Mozart einer verspäteten Pubertät entsprangen und darauf ausgerichtet waren, der Damenwelt zu imponieren. Als Zeichen seiner erwachten Männlichkeit erbat er sich von zu Hause eine Haarbürste und Pomade, denn nun wurde Umgang mit jungen Damen gepflegt und in der Silvesternacht auch getanzt. Die besorgte Mutter, der diese Veränderung nicht verborgen blieb, warnte ihn vor „Unruhe und Kämpfen, die jetzt mehrere in Dir und an Dir bemerkt haben". Ungeachtet dessen beteiligte er sich an Theaterspielen und verliebte sich schließlich Hals über Kopf in Anna, das Töchterlein der Geheimen Rätin Redtel. Da sich jedoch alles zunächst in allen Ehren abspielte und seine geheimen Wünsche nicht realisiert werden konnten, mußte er mit Phantasiegebilden vorlieb nehmen. Eines davon, das sich durch Zufall erhalten hat, ist ein Novellenfragment von gewollter Verruchtheit und künstlicher Obszönität, die er in den Mund eines Schurken namens „Euphorion" legte und die das sündige Leben Lord Byrons bei weitem übertreffen sollte. Den Schreiber scheint es dabei vor seiner eigenen schmutzigen Phantasie geekelt zu haben, in der seine ganzen pubertären Nöte sichtbar wurden. Dann überkam ihn wieder Reue, so daß er zwischen dem Unglauben einer gottlosen Welt mit ihrer sündigen, geheimen Unzucht und seinem noch nicht erloschenen frommen Kinderglauben hin und her schwankte. All dies wurde in der Abhandlung *Fatum und Geschichte* verarbeitet, und erstmals tauchte bei Nietzsche der Gedanke auf, die Schuld an dem ganzen Weltschmerz und der apathischen Melancholie, an der er schon als Knabe zeitweilig gelitten hatte, trage das Christentum. In diesem Jugendtraktat drückte er dies unumwunden mit den Worten aus: „Der Wahn einer überirdischen Welt hatte die Menschengeister in eine falsche Stellung zu der irdischen Welt gebracht … Es stehen noch große Umwälzungen bevor, wenn die Menge erst begriffen hat, daß das ganze Christentum sich auf Annahmen gründet; die Existenz Gottes, Unsterblichkeit, Bibelautorität und anderes werden immer Probleme bleiben." Als haltbar jedem Zweifel gegenüber betrachtete er den freien Willen und das Fatum: „Vielleicht ist … der freie Wille nichts als die höchste Potenz des Fatums. Weltgeschichte ist dann

Geschichte der Materie, wenn man die Bedeutung dieses Wortes unendlich weit nimmt. Denn es muß noch höhere Prinzipien geben, vor denen alle Unterschiede in einer großen Einheitlichkeit zusammenfließen, vor denen alles Entwicklung, Stufenfolge ist, alles einem ungeheuren Ozeane zuströmt, wo sich alle Entwicklungshebel der Welt wiederfinden."

Dieser wahre Genieausbruch eines Jünglings blieb zunächst ephemer; der Streit zwischen Glaube und Unglaube war noch unentschieden. Ein „Kämpfen und Wogen" tobte in seinem Inneren, wie ein aus der Osterzeit des Jahres 1862 stammender Entwurf *Heidenwelt und Christentum* verrät. Verkündete er auf der einen Seite forsch: „Unter schweren Zweifeln und Kämpfen wird die Menschheit männlich: sie erkennt in sich den Anfang, die Mitte, das Ende der Religion", so stellten sich auf der anderen Seite Anwandlungen von Reue ein, in denen er Gedichte verfaßte, die vom pathetischen *Gethsemane und Golgatha* bis zu den blasphemischen Versen *Vor dem Crucifix* reichten. Gerade letzteres Gedicht mit seinem erschütternden Text läßt jeden Leser erstaunen ob des psychologischen Einfühlungsvermögens eines knapp Achtzehnjährigen in das Elend eines um Gnade ringenden Sünders.

Bei der Darstellung von Nietzsches Jugendjahren muß auch auf einige medizinische Aspekte hingewiesen werden, die im Verlaufe seines Lebens in schärferer Form immer wieder angetroffen werden. In diesem Zusammenhang kommt seinen Kopfschmerzen eine besondere Bedeutung zu, die ihm später unter dem Eindruck der tödlichen Gehirnerkrankung seines Vaters immer mehr zu schaffen machten. Wir kennen weder den genauen Beginn noch die charakteristische Symptomatik seiner Kopfschmerzen, doch erfahren wir aus dem Krankenbuch der Schulpforta, daß er bereits im Alter von elf Jahren, im Sommer 1865, deswegen vom Unterricht befreit und wegen „Congestionen nach dem Kopf" (Blutandrang. *Anm.d.Verf.)* häufig krank gemeldet wurde. Im Krankenbuch heißt es: „Er ist ein vollsaftiger, gedrungener Mensch mit einem auffallend stieren Blick, kurzsichtig und oft von wanderndem Kopfweh geplagt ... Noch sind keine schweren Zeichen sichtbar, wohl aber Rücksicht auf die Antecedentien (die vorausgegangenen Ereignisse, etwa die Erkrankung des Vaters. *Anm.d.Verf.)* nötig." Man bekämpfte diese mitunter beständig auftretenden „fatalen" Kopfschmerzen mit ableitenden Vesikatorien zur Verringerung der lokalen Blutanstauung, also mit Schröpfköpfen, Blutegeln oder Kantharidenpflastern, die ihm allerdings offenbar kaum Erleichterung brachten: „Ich habe es nun wahrhaftig satt mit diesen Kopfschmerzen; es wird nicht besser und kommt immer wieder. Die kleinste Anstrengung des Kopfes macht mir Schmerzen ... Nun habe ich heute wieder hinter jedes Ohr eine Spanische Fliege bekommen. Ich glaube nicht, daß es helfen wird", schrieb er am 16. Februar 1861 an seine Mutter.

Diese Kopfschmerzen äußerten sich besonders während seiner häufigen Erkältungskrankheiten, weshalb sie als „rheumatisch" eingestuft wurden. Klagen über immer wieder auftretende Katarrhe mit Schnupfen, Heiserkeit und Husten durchziehen nicht nur das Krankenbuch der Pforta, sondern auch die brieflichen Mitteilungen nach Hause, und er mußte deswegen in den Jahren 1859 bis 1864 mehrmals in die Krankenstube stationär aufgenommen werden. Die wiederholt im Krankenbuch erwähnten „Rheumatismen“ bedeuteten damals ziehende oder reißende Schmerzen jeder Art, die in der Regel entsprechend den humoralpathologischen Vorstellungen der Zeit mit Maßnahmen zur „Ableitung auf die Haut“ behandelt wurden, also mit blasenziehenden Senf- oder mit Kantharidenpflastern, der berühmten Spanischen Fliege. Anläßlich rheumatischer Schmerzen im Fuß im Sommer 1860 berichtete Nietzsche seiner Mutter diese „ganz schmerzhafte Geschichte“.

In seinen Mitteilungen nach Hause lesen wir aber auch von Infektionskrankheiten wie Typhus, Masern und Röteln, die teilweise tödlich verlaufen können; von diesen jedoch blieb er verschont, da er sie schon als Kleinkind glücklich überstanden hatte. Das schmerzhafteste Ereignis während seines Aufenthaltes in der Pforta war sicher eine Mittelohrentzündung im Mai 1863, die eine Perforation des Trommelfells mit starkem eitrigen Ausfluß aus dem Ohr zur Folge hatte und offenbar bereits auf das Felsenbein übergriff, wie einer Notiz im Krankenbuch zu entnehmen ist.

Bereits in früher Kindheit machte sich bei Nietzsche eine Kurzsichtigkeit bemerkbar, die er wahrscheinlich von seinem Vater geerbt hatte. Entdeckt wurde sie erstmals von Professor Schillbach, der wegen einer von der Mutter vererbten Ungleichheit der Pupillen von der offenbar genau beobachtenden Großmutter um eine Augenuntersuchung ihres vierjährigen Enkels gebeten wurde. Nach zehnjährigem Bestehen dieser Kurzsichtigkeit betrug sie 1859, wie eine Nachuntersuchung bei Schillbach zeigte, bereits minus sechs Dioptrien, weshalb der Professor den Anstaltsarzt Dr. Zimmermann ersuchte, für mehr Rücksicht auf die Augen des Schülers zu sorgen, was dieser als eine „unberechtigte Kritik an den hygienischen Verhältnissen in Pforta und gewissermaßen als einen Vorwurf gegen sich selbst“ betrachtete, weshalb er in Zukunft dem jungen Nietzsche seine Gunst entzog. So mußte dieser die Mutter brieflich bitten, ihm eine „scharfe Brille“ oder Lorgnette zu besorgen, ergänzt durch eine blaue Brille, die er wegen seiner äußerst störenden Lichtempfindlichkeit benötigte.

Was ihn von all den gesundheitlichen Störungen immer wieder am stärksten belastete, waren seine unentwegten Kopfschmerzen. Da sie sich auch durch Behandlungen in der Krankenstube der Anstalt nicht beeinflussen ließen, wurde er 1862 wieder einmal zur Erholung nach Hause geschickt. Seiner Mutter, die sich zu der Zeit in Merseburg befand, schrieb er am 25. August dieses Jahres: „Der Herr Doktor hat mir heute also geraten und erlaubt, nach Naumburg zu reisen und dort meine Wasser- und Spaziergehekur vorzunehmen. Ich gehe also heute nach Naumburg und wohne in unserem Logis, um dort ein ganz stilles Leben ohne alle Musik und sonstige Aufregung zu führen. Herr Doktor hat mir die nötigen Diätvorschriften mitgegeben. Du brauchst also in keiner Weise Sorge für mich zu haben und auch keineswegs von Merseburg … fortzureisen. Vielleicht ist mir gerade ein Leben, das ich ganz allein führe, für mich das allerbeste. Also bitte, ängstige dich nicht, liebe Mamma, wenn ich alles vermeide, was mich aufregen kann, werden ja die Kopfschmerzen schwinden; aber ich denke jetzt etwas länger fortzubleiben, damit womöglich ich sie mit Stumpf und Stiel ausrotte." Bei diesem Wunsch nach Alleinsein spielten zweifelsohne auch seine inzwischen erwachten spätpubertären Wünsche und Gedanken eine Rolle; handelte es sich doch um jenes erste „geniale" Jahr Nietzsches, in welchem neben verborgenen Wünschen die Abhandlung *Fatum und Geschichte* sowie das Fragment *Euphorion* entstanden (mit dem Namen Euphorion bedachte Goethe im zweiten Teil seines *Faust* den jungen Byron. *Anm.d.Verf.*). Leider blieb ein durchschlagender Erfolg auch nach dieser Kur aus, weshalb Nietzsche nach seiner Rückkehr in die Pforta Ende September 1862 seiner Mutter mitteilte: „Ich arbeite con amore d. h. mit Lust und gemächlich, ohne mich zu sehr anzustrengen und indem ich mir immer die nötigen Erholungen gönne. Meine Kopfschmerzen sind sehr selten, aber sie kommen noch." Zu dem Leiden selbst kam verstärkend der zunehmend bedrückende Gedanke, es könnte ihm ebenso ergehen wie seinem Vater, dessen Kopfschmerzen die Vorboten seines frühen Todes gewesen waren und der schon längere Zeit vorher mit ähnlichen Stimmungsschwankungen und depressiven Zuständen zu kämpfen gehabt hatte, wie sie Nietzsche auch an sich beobachtete. Auffällig genug, daß schon ein Vierzehnjähriger seufzen konnte: „Wenn erst die rosige Blütenzeit vorüber ist, dann ist auch mein Leben vorüber", oder daß er im Alter von siebzehn Jahren dichtete: „Ich wandle stumm zum Strand hinaus, den Wogen zu, zum Grab." Solch düstere Anwandlungen quälten ihn und ließen ihn fürchten, ebenso früh zu sterben wie sein Vater.

Die Studentenzeit in Bonn und Leipzig

Für das Universitätsstudium der klassischen Philologie, wofür sich der junge Nietzsche entschieden hatte, galt den Lehrern der Pforte Bonn als der geeignetste Ort, eine Universitätsstadt, die wie ein protestantisches Bollwerk inmitten eines katholischen „Götzendienerlandes" lag. Damit auch fern von zu Hause sein Seelenheil gesichert war, bestand seine für die geistlichen Angelegenheiten in der Familie zuständige Tante Rosalie darauf, daß er sich als Glaubensstreiter im Gustav-Adolf-Verein zumindest als Schriftführer nützlich erweisen sollte. Fügte er sich schon diesem Wunsch eher mißmutig, so bereiteten ihm die Zeremonien der „bigotten katholischen Bevölkerung" regelrecht Ekel, wie man der Schilderung einer Fronleichnamsprozession in einem Brief an die Mutter vom Sommer 1865 entnehmen kann: „Alles sehr geputzt und daher eitel, und trotzdem krampfhaft fromm thuend, quäkende und krächzende alte Weiber, sehr große Verschwendung mit Weihrauch, Wachskerzen und Blumengirlanden." Er bezog ein komfortables Zimmer mitten in der belebten Stadt, „alles sehr nobel und rein", und so widerstrebend er dem Gustav-Adolf-Verein beitrat, so freudig schloß er sich der Burschenschaft Frankonia an, einer standesgemäßen und, wie wir heute sagen würden, schlagenden Verbindung. Man unternahm viele Landpartien und unterhielt sich mit Pfänderspielen und Tanz mit Mädchen aus dem Pensionat, einem „Verein von jungen, nicht schönen, gutmütigen Mädchen, die alle sehr fleißig zu sein scheinen".

Das feucht-fröhliche und lockere Studentenleben scheint ihm sehr bekommen zu haben, denn das Wort Krankheit hatte in seiner Korrespondenz keinen Platz mehr. Im Gegenteil: Um seine Männlichkeit unter Beweis zu stellen, beteiligte er sich an der Gestaltung der Bierzeitung, wobei er sich möglichst frivol auszudrücken versuchte bei dem „fabelhaften Unsinn", wie er selbst es bezeichnete. Unkeuschheit deckte sich jedoch nicht mit dem „allgemeinen Sittlichkeitsprinzip", das für den Stadtkern Bonns galt. Wer zu sündigen beabsichtigte, mußte sich nach Köln begeben. Auch Nietzsche wollte in diesem Punkte nicht zurückstehen, und wenn man dem Bericht seines Freundes Deussen Glauben schenken darf, begab er sich an einem Tag im Februar 1865 in die „sündige" Stadt Köln, wo er angeblich von einem Zuhälter in ein zwielichtiges Lokal geführt wurde. Die Realität sah allerdings dort ganz anders aus, als er es sich in seinem Wunschdenken ausgemalt hatte, weshalb er den plumpen Anzüglichkeiten und derben Handgreiflichkeiten der berufsmäßigen Liebedienerinnen schleunigst durch die Flucht ins Freie entkommen wollte. Wie Deussen erzählte, hatte er sich vorher noch kurz ans Klavier gesetzt, um seine wirren Gedanken wieder in Ordnung zu bringen.

Mit seinem Klavierspiel vermochte er nicht nur in dieser peinlichen Situation Eindruck zu machen, sondern auch bei seinen Bundesbrüdern, die ihn deshalb scherzhaft ihren „Gluck" nannten und ihn angeblich als musikalische Autorität anerkannten. In Wahrheit dürfte er sich jedoch in dieser Hinsicht bedeutend überschätzt haben, denn sonst hätte ihm wohl kaum ein anwesender Konzertdirektor in Bonn den dringenden Rat gegeben, sich als Anfänger „auf den Hosenboden zu setzen".

Nichtsdestotrotz hatte er von sich selbst als Musikus nach wie vor eine eher hohe Meinung, denn nach Ablauf des ersten Semesters heißt es in einem Brief an seine Mutter: „Ich gelte hier in studentischen Kreisen etwas als musikalische Autorität und außerdem als sonderbarer Kauz ... Ich bin durchaus nicht unbeliebt, ob ich gleich etwas moquant bin und für satyrisch gelte ... Als eigenes Urtheil kann ich hinzufügen, daß ich das erste nicht gelten lasse, daß ich oft nicht glücklich bin, zu viel Launen habe und gern ein wenig Quälgeist bin, nicht nur für mich selbst, sondern auch für andre." Diese ungeschminkte Selbstbeobachtung am Schluß des Briefes kann psychologisch als Schlüsselposition in seiner Persönlichkeitsstruktur gesehen werden insoferne, als sie jenen für Nietzsche so charakteristischen sadomasochistischen Zug erkennen läßt, der in die Richtung einer Selbstzerstörung weist. Seine Launenhaftigkeit und seine Stimmungsschwankungen zwischen euphorischem Hoch und depressivem Tief zeigten sich auch bei persönlichen Begegnungen im Familienkreis, bei denen es nicht selten zwischen dem hochfahrenden Studiosus und seinen hausbackenen Frauen zu unliebsamen Meinungsverschiedenheiten kam, die er dann im Lichte der Erinnerung bereute. Er räumte dann ein, daß er „leicht einmal etwas zu schwarze Farben anwende, auch wohl in einigen mißvergnügten Momenten alles, Sachen und Personen, Engel und Menschen und Teufel sehr dunkel und durchaus unschön vor mir sehe". Bei aller Stimmungslabiliät zwischen Leid und Lust, zwischen Einsamkeit und öffentlicher Anerkennung fühlte er sich jedoch als Angehöriger einer farbentragenden Burschenschaft stets verpflichtet, nach außen hin entsprechend weltmännisch zu erscheinen. Er legte sich einen modischen Schnurrbart zu und achtete auf ansprechende, korrekte Kleidung, wie man einem Brief an die Seinen vom Frühjahr 1865, zu Beginn seines zweiten Semesters, entnehmen kann: „Mein neuer Anzug wird heute ankommen. Ich habe mir einen hübschen Stoff gewählt und den modernsten Schnitt bestellt."

In einem Schreiben nach Hause vom Juli 1865 lesen wir aber auch weniger Erfreuliches: „Ich leide heftig an Rheumatismus." Diese Krankheitsperiode des Sommers 1865, die schon im April desselben Jahres ihren Anfang nahm, hat zu diagnostischen Spekulationen Anlaß gegeben, wie später noch zu erörtern sein wird. Fest steht, daß der junge Nietzsche damals unter besonders heftigen, „stechenden" Kopfschmerzen litt und über einen „starken Rheumatismus" im linken Arm klagte, den er in einem Brief vom 4. August 1865 so beschrieb: „Ich bin die letzten Wochen immer krank gewesen und habe viel zu Bett gelegen ... Mein Leiden ist ein heftiger Rheumatismus, der aus den Armen in den Hals kroch, von da in die Backe und in die Zähne und gegenwärtig mir die stechendsten Kopfschmerzen verursacht. Ich bin durch diese fortwährenden Schmerzen sehr abgemattet und meistens ganz apathisch gegen Außendinge ... Das heftige Stechen im Kopf hindert jeden Zusammenhang." Dieses an Gersdorff (Carl von Gersdorff war der Sohn eines preußischen Großgrundbesitzers und ein Freund Nietzsches. *Anm.d.Verf.*) gerichtete Schreiben aus Bad Ems, wo sich Nietzsche einige Tage aufhielt, schilderte auch, wie „wohltuend dies stille, rücksichtsvolle, diäte Leben" auf ihn wirkte. Benda vermutete als Ursache dieser äußerst heftigen, stechenden Kopfschmerzen eine Meningitis (Hirnhautentzündung. *Anm.d.Verf.*) und zwar als Folge einer luetischen Infektion, die er sich möglicherweise auf dem Musikfest in Köln zwischen dem 2. und 6. Juni 1865 zugezogen hätte. Wie Benda 1925 bemerkte, „gehörte jene Meningitis zu jenen, wie sie jetzt bei genauer Beobachtung so häufig als Abschluß des primären Stadiums gesehen werden und die anzeigen, daß die Spirochätenaussaat über den ganzen Körper stattgefunden hat", eine Ansicht, die auch von Lange-Eichbaum 1947 vertreten wurde. Dagegen spricht allerdings der Umstand, daß Nietzsche schon Jahre zuvor im Zusammenhang mit „rheumatischen" Beschwerden über Kopfschmerzen klagte und andererseits der Beginn eines eventuellen luetischen Sekundärstadiums im Juli nach einer von den beiden Autoren angenommenen Infektion in der ersten Juniwoche medizinisch nicht denkbar erscheint. Heißt es doch in dem Brief vom 4. August, daß er „die letzten Wochen", also bereits anfangs Juli, immer krank gewesen sei.

Als Nietzsche an die Universität nach Bonn zog, stand für ihn bereits fest, daß er nicht Theologie zu studieren beabsichtigte, sondern Philologie. Auf diesem Gebiet gab es in Bonn zwei Koryphäen, nämlich Otto Jahn, den Musikhistoriker und Verfasser der zweibändigen Mozart-Biographie, und Friedrich Ritschl. Entschied er sich anfänglich eindeutig für Jahn, so begann er sich nach dem Ausbruch des berühmten Bonner „Philologenkriegs" zwischen den beiden Sternen der Wissenschaft mehr und mehr Ritschl anzuschließen. Als dieser einen Ruf nach Leipzig erhielt, wodurch die Leipziger Fakultät schlagartig die bedeutendste in ganz Deutschland wurde, entschloß sich Nietzsche, ebenfalls dorthin zu gehen. Er wählte also, wie Werner Ross schrieb, „nicht den Mozart, sondern den Machiavell".
Exakt hundert Jahre nach Johann Wolfgang Goethe, am 20. Oktober 1865, immatrikulierte Nietzsche sich in der philosophischen Universität Leipzig. Während das Bonner Jahr in seiner Erinnerung nichts als ein „Übermaß von Lärmen, Trinken und Schuldenmachen" gebracht hatte, wurde er nun in Leipzig wieder ein Musterschüler wie in der Schulpforta. Und schon am 18. Januar 1866 geschah das Unglaubliche: Der von ihm so bewunderte und zur neuen Vaterfigur gewordene Ritschl forderte ihn auf, seinen soeben gehaltenen Vortrag über die „Sprüche des Theognis" zu einem Buch auszuarbeiten. Nietzsches Selbstwertgefühl stieg förmlich in die Lüfte. Noch ganz benommen von der unerwarteten Gunst des Schicksals schrieb er: „Einige Zeit ging ich wie im Taumel umher; es ist die Zeit, wo ich zum Philologen geboren wurde, ich empfand den Stachel des Lobes, das für mich auf dieser Laufbahn zu pflücken sei." Ritschl ging seinem Lieblingsschüler bei der Ausarbeitung des Buches auch selbst zur Hand, gab ihm aber zusätzlich besondere Aufgaben, die hohe Anforderungen an Nietzsches Fleiß und Durchhaltevermögen stellten und zum Teil einer regelrechten Sklavenarbeit gleichkamen. Warum er dies alles in mönchischer Askese bereitwilligst auf sich nahm, begründete er mit den Worten: „Du glaubst nicht, wie ich persönlich an Ritschl gekettet bin, so daß ich mich nicht losreißen kann und mag ... Es ist der einzige Mensch, dessen Tadel ich gern höre, weil alle seine Urteile so gesund und kräftig, von solchem Takte für die Wahrheit sind, daß er eine Art wissenschaftliches Gewissen für mich ist."
In Augenblicken scharfer Selbstkritik wurde ihm dennoch allmählich klar, daß „der junge Gelehrte nur eine Maske in der bitteren Komödie des Lebens war, vorgebunden zur zeitweiligen Befriedigung der Eitelkeit". Andererseits erwies sich die Überbürdung mit Arbeit als wirksames Mittel gegen hypochondrische Anfälligkeiten und gelegentlich aufkommende melancholische Anwandlungen im Zusammenhang mit seiner Schopenhauer-Lektüre, die er zuvor erfolglos mit selbstquälerischen Experimenten wie etwa Schlafentzug zu überwinden versucht hatte. In dieser moralischen Krise half ihm Schopenhauer, die Sinnlosigkeit seines Studiums in Bonn und die Eitelkeit alles Erfolgsstrebens zu durchschauen. In dessen *Welt als Wille und Vorstellung* konnte er nicht nur über die Ästhetik der Dichtkunst und die Metaphysik der Musik lesen, sondern mit den *Parerga und Paralipomenea*, jenen „Aphorismen zur Lebensweisheit", die

neue Form zur stilistisch formvollendeten Fassung einzelner Gedanken finden, nämlich den Aphorismus. Das einzige, was Nietzsche an Schopenhauer störte, war dessen philosophisches System, wie er dies unter anderem in seiner Schrift *Schopenhauer als Erzieher* fast zwei Jahrzehnte später mit Anklängen an Luthers „Aufstand und Freiheitspathos" zu begründen versuchte.

Intermezzo als Kanonier

Am 9. Oktober 1867, mitten in seiner Leipziger Studienzeit, wurde Nietzsche zur Ausbildung als Kanonier zum reitenden Artillerieregiment Nummer vier eingezogen. Während des ersten Halbjahres bestand der Tagesablauf neben Exerzieren und Unterricht am Geschütz auch in der Vervollkommnung der Kunst des Reitens, was ihm auf seinem Pferd Balduin sichtlich Spaß bereitete: „Wenn ich mit meinem Balduin auf dem großen Exerzierplatz herumsause, so bin ich mit meinem Geschick sehr zufriedengestellt." Immerhin war er als Einjährig-Freiwilliger unter dreißig Rekruten der beste Reiter, wie er stolz nach Hause meldete, und da er schon bald zum Gefreiten befördert wurde, wurde ihm nicht nur ein dienstbarer Geist zur Seite gestellt, sondern auch das Privileg zugeteilt, zu Hause zu schlafen und arbeiten zu können. Wie sehr er sich als künftiger Reserveoffizier schon in der Uniform eines Gefreiten der Artillerie gefiel, beweist eine Photographie aus dieser Zeit, auf welcher er sich martialisch mit gezogenem Säbel darstellen ließ. Wenn er auf diesem Photo auch eher „einem verkleideten Professor" glich, so scheint er sich doch in dieser Rolle als Krieger, der dem sicheren Leutnantspatent entgegensieht, wohl gefühlt zu haben; in seiner Haltung und Sprechweise soll er auch tatsächlich etwas von der Art eines Offiziers behalten haben.
Ein Reitunfall Anfang März 1868 brachte eine entscheidende Zäsur in seiner Militärzeit. In einem Bericht an seinen Freund Gersdorff vom 22. Juni 1868 heißt es: „Zuletzt ritt ich das feurigste und unruhigste Tier der Batterie. Eines Tages mißlingt mir in der Reitstunde ein schnell ausgeführter Sprung aufs Pferd; ich traf mit der Brust hart auf den Vorderzwiesel und spürte in der linken Seite einen zuckenden Riß. Ich ritt ruhig weiter und hielt auch noch anderthalb Tage den wachsenden Schmerz aus. Am zweiten Tage abends aber kamen zwei Ohnmachten und am dritten lag ich fest und wie angenagelt unter den heftigsten Schmerzen und starkem Fieber zu Bett. Es ergab sich durch ärztliche Untersuchung, daß ich mir zwei Brustmuskeln zersprengt hatte. Die Folge war ein entzündlicher Zustand des ganzen Muskel- und Bändersystems im Oberkörper und eine mächtige Eiterung, durch die Blutzersetzung bei der Zerreißung herbeigeführt. Als etwa nach acht Tagen ein Schnitt in die Brust gemacht wurde, kamen mehrere Tassenköpfe voll Eiter herausgestürzt. Seit jener Zeit, d.h. seit einem Vierteljahr, hat die Eiterung nicht aufgehört; natürlich war ich, als ich vom Bett aufstand, so

erschöpft, daß ich erst wieder gehen lernen mußte. Der Zustand war kläglich; ich brauchte zum Aufrichten, Gehen, Niederlegen fremde Hilfe und konnte nicht schreiben. Allmählich wurde mein Befinden besser; ich genoß eine stärkende Diät, ging viel spazieren und kam wieder zu Kräften. Aber die Wunde blieb offen und die Eiterung nahm kaum ab. Endlich ergab sich, daß der Brustknochen verletzt war und daß hierin das ‚impedimentum' der Genesung liege. Eines Abends erschien auch der erste sichere Bote dieser Tatsache, ein Knöchelchen, das der Eiter mit herausgeschwemmt hatte. Das hat sich seitdem wiederholt und steht nach der Aussage der Ärzte noch öfter zu erwarten … Die Ärzte hatten eigentlich nichts anderes mehr zu tun, als die Natur in ihrem Ausscheidungs- und Ergänzungsprozeß zu unterstützen. Dazu mache ich öfters des Tages Einspritzungen mit Kamillenthee und Höllensteinauflösung und bade täglich in warmem Wasser." In diesem Bericht kündigte Nietzsche auch die Notwendigkeit einer Operation am Brustbein an, die allerdings ganz ungefährlich sei. Seinem Busenfreund Rohde gestand er jedoch seine Angst: „Ist man erst unter dem Messer und der Säge der Operateure, so weißt Du auch, an wie einem dünnen Faden das Ding hängt, so man Leben nennt."

Nachdem die Militärärzte tatsächlich zum „Absägen des Brustbeins" geraten hatten, waren sie letztlich aber doch „gefällig und unbefangen" genug, ihn an Richard von Volkmann, einen ausgezeichneten Chirurgen in Halle, zu überweisen. Auch dieser hielt zunächst die Entfernung des Knochens für unumgänglich, beschränkte sich aber dann doch auf ein konservatives Vorgehen mit Jodpinselungen in seiner Klinik. Seinem Freund Hermann Mushacke schrieb Nietzsche im August 1868: „Die verschiedenen Ärzte, die ich gebrauchte, waren nicht im Stande die Eiterung zu hemmen, so daß ich mich endlich an eine Autorität ersten Ranges in chirurgischen und operatorischen Angelegenheiten wandte, an Prof. Volkmann in Halle … Der Heilungsprozeß war wiederum reich an Schmerzen; aber der Erfolg war glänzend, und in seiner Schnelligkeit selbst für Volkmann überraschend." So konnte er im gleichen Monat nach Hause berichten: „Fünf Monate Krankheit, viele langwierige Schmerzen, tiefe Herabstimmungen des Körpers und des Geistes, peinliche Aussichten auf die Zukunft – alles dies ist überwunden; eine einzige tiefe mit dem Knochen verwachsene Narbe mitten auf der Brust erinnert mich daran, wie schlimm, ja wie gefährlich mein Zustand war. Wenigstens sagte mir Volkmann, daß, falls die Eiterung noch länger – sie dauerte ein Vierteljahr – angehalten hätte, voraussichtlich Herz oder Lunge ergriffen worden wären."

So schmerzhaft dieser Reitunfall auch für Nietzsche war, so sehr war er ihm „störendes und zugleich erlösendes Moment", da er eine Dienstbefreiung für den Rest seiner Militärzeit nach sich zog, wodurch der Rekonvaleszent seine unterbrochenen philologischen Studien fortsetzen konnte. In der Werksausgabe nehmen die Aufzeichnungen aus der Militärzeit einschließlich der halbjährigen Rekonvaleszenz fast vierhundert Druckseiten ein. Die unzusammenhängend notierten Gedanken lassen die Spannweite seiner Interessen erkennen und waren zweifellos für spätere Aufsätze bestimmt. Er

Nietzsches Schwester Elisabeth Förster-Nietzsche sorgte für so manche Mystifikation. Undat. Foto.

selbst erblickte in der ihm aufgezwungenen Muße die Gelegenheit, eine „Aufräumung" seiner Studien vorzunehmen und manche assoziative Gedankengänge konzentrierter zu fassen: „Bestimmte Absichten sind in eine bestimmtere Form gegossen worden, überall sprießt es von halb gefühlten Erkenntnissen." Auch äußerlich ließ sich eine gewisse Wandlung erkennen: Nietzsche legte die Studentenallüren ab, nannte sich fortan einen Privatgelehrten und ließ auf der Visitenkarte jenen Doktor anbringen, der noch gar nicht sein eigen war. Fühlte er sich über das Geschäftige, Kaufmännische der Messestadt Leipzig erhaben, so wurde ihm erst recht das Proletarische dieser Industriestadt, das sich hier als neue und wirksame politische Kraft entwickelte, fremd. Es war ihm gänzlich unbegreiflich, daß ein Drechslergeselle namens August Bebel, also ein manueller Arbeiter, in den konstituierenden Reichstag des Norddeutschen Bundes gewählt werden konnte, und noch unfaßbarer, ja geradezu „irrational" erschien es ihm, daß ein Ferdinand Lasalle, der „Aristokratenfreund, dessen Umgang selbst Bismarck suchte", der erste große deutsche Arbeiterführer wurde, Führer einer Klasse also, die für Nietzsche „aus Halbmenschen" bestand. Diese Geisteshaltung fußte auf dem Sockel seiner altphilologischen Studien und ließ ihm den „Aristokraten" vor dem Hintergrund der Antike erstehen als jene Gesellschaftsklasse, die seit Urzeiten den Anstoß zu einer höheren Kultur gab. So sah er im Aufstieg der Arbeiterklasse die Gefahr einer Zerstörung der ihm vorschwebenden Zukunft.
Nach Ablauf seines Militärdienstes überrascht es deshalb nicht, daß er nun den Aufstieg zur Leipziger Prominenz anpeilte: „Im übrigen nehme ich mir vor, etwas mehr Gesellschaftsmensch zu werden." Das dokumentierte sich zunächst schon darin, daß er in einem angemessenen Quartier des angesehenen Professors Biedermann in Pension aufgenommen wurde, der ein Halbbruder jenes Grafen Beust war, welcher in österreichischen Diensten zum „Reichskanzler" aufgestiegen war. In diesem gehobenen Milieu hoffte Nietzsche, interessante Bekanntschaften anknüpfen zu können, „als da sind: geistreiche Frauen, hübsche Schauspielerinnen, bedeutende Literaten und Politiker." Doch wenn auch seine Schwester Elisabeth später in ihrem Buch *Nietzsche und die Frauen seiner Zeit* verklärend von einem glänzenden Gesellschafter sprach, als der ihr Bruder angeblich in der großen Welt Leipzigs gegolten habe, so widerspricht dieser

Darstellung die Tatsache, daß er weder bei den hübschen Schauspielerinnen noch bei den Töchtern der professoralen Familien Fuß fassen konnte. Hingegen gelang es ihm rasch, Zugang in den Kreis der gelehrten Welt zu erlangen, wobei das Haus Ritschl eine besondere Rolle spielte. Schon beim ersten Besuch dort „unterhielt sich Nietzsche nach Tisch sehr lebhaft mit Frau Ritschl und auch mit Ritschl über Musik und besonders über Wagner", ein Thema, das damals Leipziger Tagesgespräch war. Allerdings entsprach Wagner zunächst gar nicht Nietzsches musikalischem Geschmack, der sich eher an Robert Schumann orientierte, und dies war wohl auch der tiefere Grund dafür, daß die begeisterte Wagnerianerin Sophie Ritschl ein Zusammentreffen bei der befreundeten Professorenfamilie Brockhaus einfädelte, um ihren Schützling durch ein persönliches Kennenlernen des Meisters für die Sache Wagners gewinnen zu können. Seinem Freund Rohde berichtete Nietzsche über dieses Treffen und das fabelhafte Genie Wagner, der nebenbei noch ein „lebhafter und feuriger Mann ist, sehr schnell spricht, sehr witzig ist und eine Gesellschaft dieser privatesten Art ganz heiter macht". Es war klar: Seine Bewunderung für Wagner war plötzlich ohne Grenzen, und daß er selbst in dessen engsten Kreis hineingezogen wurde, ließ ihm dieses Genie noch unwiderstehlicher erscheinen. Dieser Gesinnungswandel zu Wagner ist das entscheidendste Ereignis in seiner gesamten Biographie. Im Überschwang seiner Gefühle wünschte er sich, gemeinsam mit seinem Busenfreund Rohde „den kühnen, ja schwindelnden Gang seiner umstürzenden und aufbauenden Ästhetik zu gehen … Wir könnten endlich uns von dem Gefühlsschwange seiner Musik wegreißen lassen, von diesem Schopenhauerischen Tonmeere, dessen geheimsten Wellenschlag ich mitempfinde, so daß mein Anhören Wagnerischer Musik eine jubelnde Intuition, ja ein staunendes Sichselbstfinden ist."
Aber mit der Verzauberung durch Wagner und dem damit verbundenen Glücksgefühl war es nicht genug: Anfang Januar 1869 erfuhr er von Ritschl, der dem Basler Ratsherrn Vischer Nietzsche als Nachfolger für den ausscheidenden Professor Kiessling empfohlen hatte, von seiner bevorstehenden Berufung. Man kann sich die „glückliche Bestürzung" über dieses ehrende Angebot vorstellen, eine Professur in der Schweiz zu erhalten, noch bevor er promovieren oder gar sich habilitieren mußte – ein Geschenk der gütigen Fee, die man Schicksal nennt.

Der junge Professor in Basel

Am 13. April 1869 trat Nietzsche seine Reise nach Basel an, nachdem er vorher von Naumburg aus seinen Freunden und Bekannten die stolze Mitteilung machte: „Friedrich Nietzsche, Professor extraord. der klassischen Philologie (mit 800 Thalern Gehalt) an der Universität Basel." Wenn er auch sein überhöhtes Selbstwertgefühl in der Pose des bescheidenen Professors zu verdrängen suchte, so merkt man an solchen Kleinigkeiten wie der oben erwähnten Mitteilung an seine Freunde oder dem etwas hochtrabenden Gedanken, sich einen Butler zuzulegen, daß ihm das unerwartet in den Schoß gefallene Glück doch bedenklich in den Kopf gestiegen war. Auf die Basler machte er zunächst mit seiner überkorrekten Kleidung und seinem grauen Zylinder einen eher spaßigen Eindruck, der durch seine Wortkargheit und seine anfänglichen Kontaktschwierigkeiten noch verstärkt wurde. Der junge Privatgelehrte mußte immer erst zum Sprechen gebracht werden, bevor er seine Gabe zu einer klaren und gewandten Rede entfalten konnte, wenngleich ihm als Redner zeitlebens versagt blieb, sein Auditorium wirklich fesseln zu können. Umgekehrt vermißte Nietzsche in Basel jeden stimulierenden oder gar veredelnden Einfluß der Damenwelt, und auch den Männern sprach er jedweden gewinnenden Zug und die Fähigkeit zu menschlicher Annäherung ab, da sie in ihrem kleinkarierten Patriotismus zu sehr „die Miene der Überlegenheit erkennen ließen, mit der sie auf deutsche Verhältnisse, mitunter auf uns Deutsche selbst, hinsehen". Kein Wunder also, daß er in seinem Bericht „über die Basler und ihr aristokratisches Pfahlbürgertum" seine Enttäuschung nicht verbergen konnte und resümierend meinte: „Vom Republikanismus kann einer hier geheilt werden." Dennoch fand er sich allmählich in dieser neuen Umwelt zurecht, nicht ohne die Mithilfe der Familien Vischer und Overbeck. Frau Ina von Miaskowski, die Gattin eines Professors, mit der Nietzsche gemeinsam musizierte und auf deren Flügel er seinen Phantasien freien Lauf lassen durfte, berichtete sogar, daß neben Overbeck bei gesellschaftlichen Zusammenkünften Nietzsche gelegentlich sogar der Hauptspaßmacher gewesen sei.

Seine erste brillante Leistung vor einem gehobenen Publikum war seine Antrittsvorlesung im Mai 1869 über das Thema „Homer und die klassische Philologie". Seine Vorlesungstätigkeit hingegen, die viermal in der Woche je acht Stunden umfaßte, wurde ihm bald eher zur Qual, und er erkannte deutlich, daß „auch die erwünschteste Tätigkeit amtlich betrieben eine Fessel" bedeuten mußte. Demgegenüber bereitete ihm sein Unterricht am Pädagogium echte Freude, da ihm hier die Möglichkeit geboten wurde, an Hand der Texte des klassischen Altertums junge Menschen nach dem Vorbild der Antike in seinem platonischen Sinne heranzubilden. Forschungen auf seinem eigentlichen Fachgebiet Philologie jedoch hatte er seit seiner Ankunft in Basel nicht mehr betrieben. Ihm war mehr daran gelegen, nach antikem Muster einen „Freundschaftskult" aufzuziehen – ähnlich dem Dreierbund der „Germania" in den Jahren, in denen er die Schulpforta besuchte. Wie Werner Ross zutreffend bemerkte, haßte Nietzsche die Vielen, brauchte aber umso dringender die Wenigen. Neben Erwin Rohde, dem Patrizier unter seinen Freunden, seinem aristokratischen Freund und Ritter des Eisernen Kreuzes Carl von Gersdorff und seinem alten Schulgenossen Paul Deussen, der sich selbst als „eine plebejische Natur" bezeichnete, zählten zu diesem auserwählten Bund noch sein neuer Leipziger Freund Heinrich Romundt und der aus Berlin stammende Hermann Mushacke. Aber auch sein Lehrer Ritschl durfte in diesem Kreise nicht fehlen. Als letzter, uneigennützigster und beständigster Freund, der ihm bis in die Jahre seines Wahnsinns hinein die Treue hielt, gesellte sich noch Franz Overbeck hinzu, der als ein gänzlich Ungläubiger kurioserweise den Lehrstuhl für kritische Theologie in Basel übernahm. Den obersten Platz in der Liste der Freunde erhielt jedoch Richard Wagner, der zu ihrem Idol aufstieg und den Nietzsche voller Bewunderung als „den größten Genius und größten Menschen dieser Zeit, durchaus incommensurabel" bezeichnete. Der Kultcharakter dieses imaginären Templerbundes wurde einige Jahre später dadurch unterstrichen, daß Nietzsche als Geschenk für seine Freunde einen eigenen Hymnus komponierte, eine Art „Bundeshymne", die zugleich sein letzter Kompositionsversuch war.

Trotz alledem konnte jener Bund, von dem er träumte, nicht einmal im Ansatz wirklich realisiert werden. Janz weist in seiner dreibändigen Biographie darauf hin, daß Nietzsche bei seinen unter der Ägide des Freundschaftsgedankens entstandenen Kompositionen schon erkennen lasse, wie „ihm die Musik ebenso ins Pathetische gerät wie seine Freundschaftsbriefe, die Fantasien werden formlos, ja unförmig. Nietzsche scheitert an den ‚Freundschaftskompositionen', so viele erstaunlich gute Partien sie auch enthalten, genau so wie in den Freundschaften selber, die auch ihre ungewöhnlichen Höhepunkte haben." Richard Wagner, der in solchen Angelegenheiten mit besonderer Witterung begabt war, konnte die auffallende Neigung Nietzsches vor allem zu Rohde und Gersdorff nicht entgehen, und er erblickte in diesem „Freundschaftstreiben" einen der Gründe für die häufigen und verschiedenartigen Beschwerden des jungen Gelehrten Anfang der siebziger Jahre, weshalb er Ende 1874 in einem Brief unumwunden seiner Meinung Ausdruck verlieh und fand, daß er selbst „einen solchen männlichen Umgang wie Sie ihn in Basel für die Abendstunden haben, in meinem Leben nicht hatte: seid Ihr alle Hypochonder, dann ist's allerdings nicht viel wert. Nun scheinen aber den jungen Herren Frauen zu fehlen … Ich meine, Sie müßten heiraten, oder eine Oper komponieren; eines würde Ihnen so gut und schlimm wie das andere helfen. Das Heiraten halte ich aber für besser … Ach Gott, heiraten Sie eine reiche Frau! Warum muß nur Gersdorff gerade eine Mannsperson sein!"

Mit dem Feingefühl eines Künstlers blieb Wagner das Mitschwingen einer homoerotischen Komponente in Nietzsches Freundschaftsträumen offenbar nicht verborgen. Tatsächlich durchziehen durchwegs Männerfreundschaften das Leben Nietzsches, wenngleich man daraus allein nicht sofort auf eine homophile Veranlagung rückschließen darf. Wissen wir doch aus zahlreichen Briefen junger Männer von Format aus dem achtzehnten Jahrhundert, daß sich damals Jünglinge nicht nur ewige Treue schworen, sondern einander auch fortwährend umarmten und in ihren Briefen nicht mit heißen Küssen sparten, ohne deshalb homosexuell zu sein. Auch Nietzsche dürfte angesichts des antiken Modells darin nichts Unverfängliches erblickt haben. Im übrigen suchte er nachweislich häufig genug in Gesellschaften den Kontakt mit „gescheuten Weibern", und selbst in seinem beginnenden Wahnsinn, als keinerlei Hemmungen mehr vorlagen, wurde ausschließlich sein Verlangen nach „Frauenzimmern" offenbar.

Umso befremdender wirkt es, daß es im Leben Nietzsches nicht ein einziges Mal zu einer echten Liaison mit einer Frau gekommen ist, wenn er auch den einen oder anderen Heiratsantrag vorzubringen wagte. Daß nie Ernst daraus wurde, mag mit seinem eigenartigen Verhalten Frauen gegenüber in Zusammenhang gestanden sein. Ida Rothpletz, die spätere Gattin Overbecks und Nietzsches treueste Begleiterin und seelische Stütze in seinen Basler Leidensjahren, hat das Sonderbare an ihm, „sein Schwanken zwischen geselligem Erfolg und Sonderlingstum", mit trefflicher Beobachtungsgabe nachzuzeichnen versucht: „Etwas wie mädchenhafter Natürlichkeit begegnete er mit einer gewissen Feierlichkeit, deren Rückschlag bescheidener Humor und Übermut waren ... Ja, er war sicherlich Schulmeister." Wahrscheinlich erging es den meisten Frauen so wie Ida Overbeck, die in Nietzsches Nähe stets „das Gefühl eines Rätsels, eines Geheimnisses" empfand.
Die Belastungen durch den Vorlesungsbetrieb an der Universität ließen ihn immer mehr daran zweifeln, daß ihm die Philologie volle Befriedigung geben und letztes Ziel seiner Bestrebungen sein könnte. Nur das Pflichtgefühl und das nicht unansehnliche Salär des Universitätsprofessors hinderten ihn daran, einen Ausweg zu suchen. Medizinisch äußerte sich der auf ihm lastende seelische Druck in einem psychosomatisch zu deutenden „hartnäckigen Magenkatarrh", der ihn im Sommer 1869 veranlaßte, sich zum Zweck der Purgation einer Molkekur in Interlaken zu unterziehen. Überhaupt begann er sich von nun an stark für Fragen der Diätetik zu interessieren. Auf Anraten seines Freundes Gersdorff versuchte er sich auf vegetarische Kost umzustellen, die zwar zu einem Nachlassen seiner „heftigen Hämorrhoidalschmerzen" führte, im allgemeinen aber seinem „schlechten Magen" nicht gut bekam. Er gab die fleischlose Ernährung bald wieder auf, nicht zuletzt wohl auch deshalb, weil ihn Richard Wagner überzeugen konnte, daß „geistig produktive und gemütsmäßig intensive Naturen Fleisch haben *müssen*".
Ein ganz anderer Anlaß, der Universität wenigstens zeitweilig zu entfliehen, war der deutsch-französische Krieg von 1870/71. Allerdings zeigte sich zunächst ein pathognomonisch recht aufschlußreiches Verhalten Nietzsches diesem schrecklichen Ereignis gegenüber, nämlich ein bedenklicher Sinneswandel zwischen ängstlicher „humanistischer" Friedensliebe einerseits und patriotischen, hochtrabenden Sprüchen andererseits: Als erstes setzte er den Präsidenten der Basler Universitätsbehörde, den Ratsherrn Vischer, davon in Kenntnis, daß er seine preußische Staatsangehörigkeit aufzukündigen gedenke und Schweizer Staatsbürger werden wolle. Als Begründung für diesen überraschenden Entschluß führte er an, daß er „als reitender Artillerist unwiderruflich eingezogen werden würde" und er es unter diesen Umständen der Universität gegenüber für seine Pflicht hielt, „meine Tätigkeit an derselben nicht von Krieg und Frieden abhängig zu machen". Ein Gelehrter dürfe sich also von der „fatalen Möglichkeit eines Krieges" nicht in den Strudel der Ereignisse hineinziehen lassen und sollte die Bereinigung solcher Konflikte anderen überlassen. Er fand deshalb auch

nichts dabei, den Brief an Rohde, der ebenfalls einen Verbleib in der sicheren Heimat vorzog, als „Dein getreuer Schweizer" zu unterzeichnen.
Bei einer so dezidiert pazifistischen Einstellung überrascht es, in einem am selben Tag an die Mutter gerichteten Schreiben zu lesen, er sei „betrübten Mutes, Schweizer zu sein ... da es kein Opfer gibt, das groß genug wäre! Dieser fluchwürdige französische Tiger." Und an seine vertraute Freundin Sophie Ritschl schrieb er sogar, daß es für ihn beschämend sei, ruhig bleiben zu müssen, wo doch für seine „feldartilleristischen Studien" der richtige Augenblick gekommen sei. Auf das heldenmütige Beispiel der Kieler Studenten hinweisend, die „einmütig unter die Waffen traten", verkündete er stolz, daß sich auch er „für schlimme Fälle noch einen kräftigen Entschluß vorbehalten" habe. Tatsächlich ersuchte Nietzsche am 8. August 1870, zwei Tage, nachdem Elsaß-Lothringen nach den Siegen von Weißenburg und Wörth in deutsche Hand gefallen war, den Ratsherrn Vischer um Beurlaubung für die zweite Hälfte des Sommersemesters, da er sich „als Soldat oder als Krankenpfleger" dem deutschen Heer zur Verfügung stellen wolle. Ganz anders als noch kurz zuvor klingt es jetzt in patriotischem Pathos: „Wenn ich auch mir wohl bewußt bin, welcher Kreis von Pflichten in Basel von mir auszufüllen ist, so könnte ich mich – bei dem ungeheuren Rufe Deutschlands, daß jeder seine deutsche Pflicht tue – doch nur mit peinlichem Zwange und ohne wirklichen Nutzen in ihrem Banne festhalten lassen."
Dieser überraschende Sinneswandel zwischen den am 19. Juli und am 8. August an Ratsherrn Vischer gerichteten Schreiben ist wesentlich der Bekanntschaft mit dem Landschaftsmaler Adolf Mosengel zuzuschreiben, den er bei einem Ausflug ins Maderanertal traf und der ihn nach Eintreffen einer Depesche von den „großen herrlichen Siegen der Deutschen" überredete, mit ihm – wenn schon nicht als Soldat, so doch wenigstens als Krankenpfleger – in den Krieg zu ziehen. Nicht nur Mut, männliche Tapferkeit und Abenteuer, sondern vor allem auch ein Exempel auf das Dionysische erwartete sich der junge Gelehrte von diesem gefährlichsten Experiment seiner Existenz. Hatte er doch soeben im stillen Maderanertal eine Abhandlung über die „dionysische Weltanschauung" verfaßt, die es nun zu erproben galt.
Am 13. August meldete er sich in Erlangen beim „Verein für Felddiakonie", einem christlichen Hilfswerk, das er offenbar für den Sohn eines Pastors, der in den Krieg ziehen will, geeigneter hielt als eine rein militärische Dienststelle. Nach einer Blitzausbildung zum Sanitäter erhielten Nietzsche und Mosengel verschiedene Aufträge zur Auffindung von Gräbern gefallener Offiziere, wobei sie „persönlich in anstrengenden Märschen nach sehr unbestimmten Andeutungen die Lazarette bei Weißenburg, auf dem Wörther Schlachtfelde ... bis Metz durchsuchen mußten." Bei ihrem Marsch über das Schlachtfeld, das mit zahlreichen übelriechenden Überresten Gefallener übersät war, wurden sie erstmalig mit den Schrecken des Krieges konfrontiert. Doch Nietzsches heroisch angekündigter Einsatz fand rasch ein Ende, denn schon am 2. September, dem Tag der Kapitulation der französischen Armee, an welchem auch Napoleon III. in

Gefangenschaft geriet, wurden sie als „unerwünschte Schlachtenbummler" in einem Waggon mit Schwerverwundeten, die ihnen zur Betreuung anvertraut wurden, nach Deutschland zurückgeschickt. Bei diesem Transport infizierte sich Nietzsche mit Ruhr und Rachendiphtherie, und er hatte Mühe, eben noch Erlangen zu erreichen, wo ihn Mosengel nach bestem Wissen und Gewissen betreute. Über diese Behandlung berichtete er Gersdorff: „Nachdem ich mehrere Tage mit Opium- und Tanninklystiren und Höllensteinmixturen meinem Leibe zugesetzt hatte, war die erste Gefahr beseitigt." Tatsächlich konnte er bereits nach einer Woche nach Naumburg reisen, wo er noch etwa einen Monat „den Mund mit Höllenstein pinseln" mußte, bis die Diphtherie endgültig abgeheilt war. Anders war es mit den Folgen der abgelaufenen Ruhr, die ihn nach seinen Worten „sattsam ruinierte", weshalb er am 11. November 1870 seiner Mutter klagte: „Die Ruhr verdirbt auf lange hinaus die Eingeweide … Es dauert, wie meine Collegen versichern, lange, ehe der Körper ersetzt, was er durch die Ruhr verlor." Seit dieser Zeit hören wir immer wieder von der Suche nach geeigneten Ärzten, zweckmäßigen Bäderkuren und erfolgversprechenden Diäten, aber auch von Schlaflosigkeit, nervösen Schwächezuständen und uncharakteristischen Magen-Darm-Beschwerden. Zu allem Überfluß entwickelte sich im Januar 1871 eine Gelbsucht, die von seinen Ärzten Hoffmann und Liebermeister mit einer Magen-Darm-Entzündung als Reaktion auf die Überanstrengung durch die Professur an der Universität in Zusammenhang zu bringen versucht wurde. Aus heutiger Sicht handelte es sich damals mit Gewißheit um eine infektiöse Leberentzündung, also eine *Virushepatitis A*, wie sie unter kriegsbedingten unzureichenden hygienischen Verhältnissen gehäuft anzutreffen ist, deren virale Genese jedoch selbst während des Zweiten Weltkrieges noch nicht bekannt war. Durch diese Gelbsucht verschlechterte sich sein Befinden begreiflicherweise beträchtlich, wie wir seinem Brief vom 6. Februar 1871 nach Hause entnehmen können: „Schreckliche Schlaflosigkeit, Hämorrhoidalleiden, große Angegriffenheit." Liebermeister stellte deshalb ein ärztliches Attest aus, auf das hin Nietzsche für den Rest des Wintersemesters 1871 beurlaubt wurde und in welchem er ihm den Rat erteilte, Basel zu verlassen und sich im südlichen Klima von Lugano zu erholen.

Das Grauen der Schlachtfelder, das schreckliche Schicksal der Verwundeten und die vielen gefallenen Mitschüler ließen Nietzsches kurz aufgeflammten Patriotismus rasch erkalten und den fortgesetzten deutschen Eroberungskrieg als unverantwortlich erscheinen. Als man ihm die Büsten des deutschen Herrscherpaares zum Geschenk machte, schrieb er angewidert von den Greueln des Krieges nach Hause: „Die königlichen Büsten zieren das Zimmer, wenn mir gleich diese blutgetränkten Herrschaften entsetzlich vorkommen."

Für die ihm verordnete Reise nach Lugano erhoffte er eine Begleitperson aus seiner Familie, von der er schnellste Mitteilung erwartete, „da jeder Tag, den ich jetzt länger in Basel verweile, meiner Genesung im Wege steht". Nach anfänglichem Zögern seitens der Mutter, das ihn derart enttäuschte, daß er „zittern und sich erbrechen" mußte, erhielt Elisabeth dann doch die Reiseerlaubnis. Seit dieser Krise des Jahres 1871 ist eine gewisse Periodizität der Kopfschmerzen, die Paul Möbius als „atypische Migräne" bezeichnete, mit Abständen von zwei bis drei Wochen festzustellen, wobei körperliche oder psychische Belastungen seine Beschwerden jeweils intensivierten. Auch in den ersten Wochen des Jahres 1872 fühlte er sich wieder besonders angegriffen, weshalb man schon eine Wiederholung der Krise des Jahres 1871 befürchtete. Erst ein Brief vom Januar 1872 ließ erkennen, daß offenbar alles überwunden war. Grund dafür waren mehrere angenehme Ereignisse, allen voran das Erscheinen seines ersten Buches *Die Geburt der Tragödie aus dem Geiste der Musik.* Die nach der eher depressiven Phase des Jahres 1871 dadurch ausgelöste hypomanische Euphorie, verbunden mit einem fast unheimlichen Selbstwertgefühl und andächtigem Staunen vor seiner eigenen Schöpfung deutet bereits den später häufig wiederkehrenden zyklischen Stimmungswechsel an. Von seiner Größe überzeugt, ermahnte er die Seinen in einem Schreiben vom 24. Januar 1872: „Sprecht mir in Eurem Briefe von meinem Buche mindestens mit dem gleichen Respekt, mit dem Ihr etwa von der fürstlichen Person selbst redet", womit er wahrscheinlich auf die „fürstliche Briefstellerei" anspielte – im Zusammenhang mit dem hartnäckig von seiner Mutter verfolgten Plan, ihren zu Höherem bestimmten Sohn mit ihrer „hochmögenden Protektorin, der Großfürstin Olga von Rußland" zusammenzubringen.

Zu seiner Hochstimmung trug ganz besonders die Beziehung bei, die sich zwischen ihm und der Familie Richard Wagner entwickelte, deren Landsitz Tribschen bei Luzern bald zu seiner zweiten Heimstätte wurde. Stolz berichtete er nach Hause: „Ihr würdet staunen, wenn Ihr wüßtet, wie freundschaftlich ich dort behandelt werde und was ich dort für ein Ansehn habe." Das erste Wiedersehen Nietzsches mit Wagner seit der Begegnung in Leipzig im Kreise der Familie Brockhaus Ende 1868 fand am Pfingstmontag 1869, also ein halbes Jahr später, statt. Der positive Eindruck, den er auf Wagner machte, spiegelt sich in der Einladung wieder, am darauffolgenden Wochenende im engsten Familienkreis den Geburtstag des Meisters zu feiern, was Nietzsche unter Vorspiegelung dienstlicher Gründe nicht annahm. Statt dessen folgte er einer erneuten Einladung eine Woche später, bei der er zufällig die Geburt des kleinen Siegfried Wagner in Tribschen miterlebte; ein zeitliches Zusammentreffen, das von den abergläubischen Eltern für die Entwicklung ihres Sohnes von richtungsweisender Bedeutung gewertet wurde. Tatsächlich faßte Wagner schon zwei Jahre später den unverrückbaren Plan, Nietzsche als Erzieher Siegfrieds zu gewinnen und ihn im Falle seines frühzeitigen Todes zum Vormund seines Sohnes einzusetzen. Nietzsche schwamm im Glück und fühlte sich, wie er Gersdorff verriet, in Wagners Nähe „wie in der Nähe des Göttlichen". Auch in den Briefen nach Hause schilderte er den Meister als einen „der idealsten Menschen und übervoll der edelsten und größten Gedanken", untadelig und frei von all jenen angeblichen Fehlern und Lastern, welche die Welt über ihn verbreitete.

Wie Cosima so bezeichnend sich ausdrückte, war Nietzsche in Wagners Hofstaat voll aufgenommen: „Sie sind uns ein Tribschner, und bei der materiellen und moralischen Abgeschiedenheit unseres Hofes will das viel sagen." Er konnte kommen und gehen, wann er wollte und bei seinen Besuchen nicht nur seine Schwester Elisabeth, sondern auch seine beiden Freunde Rohde und Gersdorff mitbringen. Elisabeth gab anläßlich der Pfingstfeiertage 1871 eine malerische Beschreibung von der geradezu vollendeten Harmonie, wie sie zwischen Wagner, Cosima und ihrem Bruder herrschte. Nietzsche bemerkte dabei offensichtlich nicht, daß er für Wagner bei aller Hochschätzung seiner Person gleichzeitig ein willfähriger, hilfsbereiter Jünger des Meisters wurde, der verschiedene Aufträge, künstlerische Botschaften und literarische Gefälligkeiten auszuführen hatte, ähnlich wie dies von dem später zu einem der bedeutendsten Dirigenten des Jahrhunderts aufgestiegenen Hans Richter in musikalischen Belangen erwartet wurde. Schon Anfang Dezember 1871 erwies Wagner dem jungen Basler Professor Nietzsche die huldvolle Gnade, ihm zur gefälligen Korrektur und Drucklegung „in einem Akt des ausschweifendsten Vertrauens" das erste Konvolut der Manuskripte seiner Autobiographie zu übergeben; ähnliche Verpflichtungen sollten bald folgen.

Daß Nietzsche diese Belastungen willig auf sich nahm, hatte zwei Gründe. Zum einen bereiteten ihm die Schulstunden und die Vorbereitungen zu den Vorlesungen zunehmend solche Mühen, daß er bereits wiederholt mitten im Semesterbetrieb mit Erschöpfungszuständen zu kämpfen hatte. Zum anderen machte ihm Wagner, der den Wert Nietzsches für sich selbst sehr wohl richtig einschätzte, spätestens seit Februar 1870 Hoffnungen, in Zukunft mit ihm, dem Meister, eine „Teilung der Arbeit" vorzunehmen im Sinne der Verwirklichung des Planes einer „musikalischen Philologie": ein Vorhaben, das sehr bald durch den Namen Bayreuth konkrete Gestalt annehmen sollte. Es gelang Wagner auch sehr schnell, Nietzsche mit der Idee der Schaffung eines Musiktheaters zu begeistern und mit diesem Namen den Beginn einer Reformation, nämlich einer „neuen Culturperiode" anzukündigen, denn schon am 19. Juni 1870 erklärte dieser sich mit Wagners Plan einverstanden: „In Sachen Bayreuths habe ich mir überlegt, daß es für mich das Beste sein dürfte, wenn ich auf ein paar Jahre meine Professorentätigkeit einstelle und auch mit ins Fichtelgebirge wallfahre." Mit der im Juni 1871 getroffenen Übereinkunft, die Redaktion der *Bayreuther Blätter* als Zeitschrift der neuen deutschen Reformation als die rechte Hand Richard Wagners zu übernehmen, bot Nietzsche diesem die Möglichkeit, sich unbekümmert sowohl materiell wie ideell an seinen Gedanken zu bereichern. Cosima deutete dies ziemlich unverblümt an, indem sie auf das geplante und mehrmals umgeschriebene Buch Nietzsches *Die Geburt der Tragödie aus dem Geiste der Musik* hinwies, in welchem die Neudeutung der griechischen Kunst *expressis verbis* mit einer Huldigung Wagners als den Erneuerer des Griechentums verknüpft werden sollte: „Sie schreiben in Bayreuth das Buch und wir machen dem Buch Ehre."

Warum sich der junge Nietzsche so blind den Absichten Wagners zu unterwerfen bereit erklärte, mag darin begründet gewesen sein, daß er in dem Meister eine geradezu übermächtige Vaterfigur erblickte. Zu seinem mitunter geradezu masochistischen Verhalten trug aber wahrscheinlich auch seine leidenschaftliche Verehrung und Zuneigung zu Cosima bei, die er „ein Weib großen Stils" nannte und auf die er zu dieser Zeit bereits seine ganze Liebesbereitschaft konzentrierte. Die bedingungslose Darlegung vieler seiner Gedanken und Ideen seinem Idol gegenüber könnte deshalb auch als geistige Werbung um die Gunst Cosimas gewertet werden.

Ein dionysischer Verführer-Gott

In seinem ersten Buch *Die Geburt der Tragödie aus dem Geiste der Musik* versuchte Nietzsche die Entwicklung der Künste auf den Einfluß zweier entgegengesetzter „Kunsttriebe der Natur" zurückzuführen, die er nach den beiden griechischen Göttern Dionysos und Apollo als das Dionysische und das Apollinische bezeichnete. Unter ersterem verstand er das orgiastische Element, wie es sich in der selbstvergessenen Trunkenheit der seinerzeitigen dionysischen Feste ausgelebt hatte. Hier waren, ähnlich den physiologischen Erscheinungen des Rausches, die gewöhnlichen Schranken des Daseins aufgehoben. Als die diesem Triebe entsprechende Kunst galt Nietzsche die Musik. Im Gegensatz dazu sah er in Apollo, dem Gott aller bildnerischen Kräfte, den formenbildenden Trieb vorherrschend, in welchem sich maßvolle Begrenzung und weisheitsvolle Ruhe vereinigt. Die Macht des durch Apollo symbolisierten Triebes offenbart sich als die Welt des Traumes, dessen Kunst durch die plastische Bildgebung verkörpert wird. In der versöhnlichen Verbindung dieser beiden entgegengesetzten Triebe erblickte Nietzsche das Wesen der attischen Tragödie, die deshalb ebenso sehr dionysisches wie auch apollinisches Kunstwerk ist.

Wenn Nietzsche dieses Buch seinem Idol Richard Wagner gewidmet hatte, dann deshalb, weil seiner Meinung nach Wagner innerhalb des „germanischen" Raums das gleiche Ideal einer Kunstkultur zu verwirklichen suchte, welches ihm auch als Ideal der griechischen Antike aufgegangen war. Tatsächlich war es ja Wagner, der ihm empfahl, es einmal mit den gegensätzlichen Begriffen apollinisch-dionysisch zu versuchen. Dies erklärt wohl auch, warum Nietzsche Wagner sozusagen „gräzisieren" wollte und dessen Musikdrama als Wiedergeburt der griechischen Tragödie zu verherrlichen versuchte. Kein Wunder, daß Wagner sich in Superlativen erging und schrieb: „Schöneres als Ihr Buch habe ich noch nichts gelesen! Alles ist herrlich!" Nicht so Nietzsche, dem gar nicht nach einem dionysischen Fest dürstete. Er litt wieder einmal an der „Weihnachtskrankheit", die ihn mit ihren depressiven Verstimmungszuständen überfiel. Er mußte fasten und wurde von seinem Kollegen Immermann mit Medikamenten versorgt. Doch schon Ende Januar 1872 war sein Gesundheitszustand wiederhergestellt und seine Stimmung geradezu euphorisch, wie man einem Brief an seinen Freund

Rohde entnehmen kann: „Ich lebe seit einiger Zeit in einem großen Strome! Fast jeder Tag bringt etwas Erstaunliches, wie auch meine Ziele und Absichten sich erheben." In einem Anflug von Selbstüberschätzung, die fast an Größenwahn grenzte, kündigte er sogar eine Interpellation beim Reichsrat an, in welcher er Bismarck persönlich auf die sträflichen Versäumnisse an der Universität von Straßburg aufmerksam machen wollte – ein Vorhaben, das allerdings nie zur Ausführung gelangte.

Es ist erstaunlich, daß sein Selbstwertgefühl in dieser Phase eines Hochs keinerlei Schaden nahm an den zum Teil niederschmetternden Reaktionen auf die Veröffentlichung seines Buches seitens der Altphilologen. Sein Lehrer und Mentor Ritschl bezeichnete es als „geistreiche Schwiemelei", und ein Mitschüler von Pforta, der aufstrebende Philologe Ulrich von Wilamowitz-Moellendorff, der als Schwiegersohn Mommsens zu Höchstem berufen war, schrieb sogar: „Welche Schande, Herr Nietzsche, machen Sie der Mutter Pforte!" Mit der *Geburt der Tragödie* hatte Nietzsche jedoch keineswegs ein schlechtes oder gar fehlerhaftes Buch verfaßt, sondern bloß ein „unmögliches", das alle angestammten Sitten und Gesetze seiner philologischen Kollegen verletzen mußte. In einem vierzehn Jahre späteren Versuch einer Selbstkritik meinte Nietzsche selbst, es sei ein „unmögliches Buch gewesen – ich heiße es schlecht geschrieben, schwerfällig, peinlich, bilderwütig und bilderwirrig, gefühlsam, hier und da verzuckert bis zum Femininischen ... aufgebaut aus lauter vorzeitigen übergrünen Selbsterlebnissen, welche alle hart an der Schwelle des Mittheilbaren lagen ... Vielleicht würde ich jetzt vorsichtiger und weniger beredt von einer so schweren psychologischen Frage reden, wie sie der Ursprung der Tragödie bei den Griechen ist." Die Schrift, so lesen wir in der späteren Selbstkritik über sein „Erstlingswerk", war die erstmalige „Umsetzung des Dionysischen in ein philosophisches Pathos", nachdem er „als Erster das wundervolle Phänomen des Dionysischen begriffen" und zu seiner innersten Erfahrung „das einzige Gleichniss und Seitenstück, das die Geschichte hat, entdeckt" hatte. Nietzsche hatte sich also in den Griechen sozusagen wiedererkannt. Wenn er den „Willen zum Leben im Opfer seiner höchsten Typen ... als Brücke zur Psychologie des tragischen Dichters" verstand, dann meinte er damit, daß dieser tragische Dichter nun er selbst sei. Damit geht es in seinem Erstlingswerk aber letztlich um nichts anderes als um die Selbstverklärung des leidenden Dionysos in der Gestalt Nietzsches.

Hermann Joseph Schmidt hat in seiner bedeutsamen Schrift *Nietzsche absconditus* die Auswirkungen der „schwarzen Pädagogik" auf dessen Kindheit und Jugend aufzuspüren versucht und dabei festgestellt, daß (mit der rühmlichen Ausnahme des in Köln lehrenden Philosophen Günter Schulte) „nach inzwischen einhundert Jahren noch immer kaum ein Interpret die Bedeutung von Nietzsches Dionysos sehen will". Schmidt vermochte erstmalig in einer Studie über *Nietzsches Philosophie der verdrängten Weiblichkeit des Mannes* deutlich erkennbare „Masken der Homosexualität" aufzudecken. So gesehen eröffnen manche Textstellen in Nietzsches Schriften ganz neue und höchst aufschlußreiche Erkenntnisse und tiefenpsychologische Einblicke in seine Vorstellungswelt des Dionysischen. So könnte man aus manchen Sätzen in der *Klage der Ariadne* die verdeckte Beschreibung seiner „sexuellen Initiation" herauslesen: „Inzwischen lernte ich Vieles, Allzuvieles über die Philosophie dieses Gottes hinzu … es handelt sich dabei um mancherlei Heimliches, Neues, Fremdes, Wunderliches, Unheimliches." Und noch im Jahre 1885 notierte er hierzu: „Als ich jung war, bin ich einer gefährlichen Gottheit begegnet, und ich möchte Niemandem das wieder erzählen, was mir damals über die Seele gelaufen ist – sowohl von guten als von schlimmen Dingen."

Offenbar hatte sich Nietzsche schon im Alter von dreizehn Jahren, als er für die Mutter sein *Schifferlied* schrieb, für den Satyr-Gott Dionysos entschieden, wie aus einer Notiz aus dem Jahre 1878 hervorgeht: „Als Kind Gott in seinem Glanze gesehn. – Erste philosophische Schrift über die Entstehung des Teufels." Wie Günter Schulte in seiner Werkinterpretation *Ecce Nietzsche* schreibt, hatte der junge Nietzsche bereits 1858 in seinem Gedicht für die Mutter von einer erlösenden Vision ähnlich jener bei Pindar beschriebenen Insel der Glückseligen geträumt, mußte jedoch wegen der Unvereinbarkeit mit der verordneten Moral, insbesondere dem Onanieverbot, vor ihr warnen. Aus Nietzsches Biographie fand H. J. Schmidt deutliche Hinweise, daß der erste dionysische Verführer-Gott der vagabundierende Dichter Ernst Ortlepp gewesen sein dürfte. Ortlepp, der dreizehn Jahre älter als Nietzsches verstorbener Vater war und mit seinem blasphemischen Gedicht *Das Vaterunser des Neunzehnten Jahrhunderts* zu einiger Berühmtheit gelangte, entlarvte „das Gottesbild des Vaters Ludwig und all das schöne Prediger- und Religionsunterrichtsgerede als Lüge und Betrug". Einstmals *poeta laureatus* von Schulpforta, Übersetzer von Byron und Shakespeare und Virtuose auf der Orgel, erhielt dieser Pastorensohn wegen zunehmender Alkoholprobleme schließlich Berufsverbot. Von den Kindern, vor allem den Gymnasiasten von Schulpforta, wurde er jedoch weiterhin „vergöttert" und bei Schulausflügen in der Aufmachung eines Landpfarrers gern mitgenommen. Wahrscheinlich wegen seiner Leidenschaft für Dichtung und Musik fühlte sich auch der junge Nietzsche zu diesem Kauz, den er übrigens als Achtzehnjähriger in seinem Gedicht *Vor dem Cruzifix* in erschütternder Weise porträtierte, hingezogen. In seinem Gedichtalbum aus den Jahren 1858 bis 1863 befinden sich zehn Gedichte aus der Hand Ortlepps, die bezeichnenderweise alle von Liebe und Liebesleid handeln. Bedenkt man, daß Ortlepp 1864, kurz bevor der junge Nietzsche sein Abitur ablegte, starb, dann geben die von Günter Schulte zitierten Zeilen Ortlepps ein ziemlich klares Bild von der persönlichen Beziehung zwischen den beiden: „Daß ich noch einmal würde lieben. Ich hätt es nimmermehr gedacht. Des Feldes Blumen möcht ich winden. Zu einem bunten Kranz für Dich. Damit Dein Lockenhaupt zu zieren, Für Dich ja schmückt die Aue sich. Nun ich Dich nicht mehr habe, So geh ich bald zu Grabe." In Nietzsches „curiosem Stück Psychologie" aus *Ecce homo* weist Günter Schulte auf einen Text hin, der als Beschreibung von dessen erotisch-dionysischer Erweckung durch einen Mann zu deuten ist, dem Nietzsche nicht nur seine poetischen und musikalischen Erstlingserzeugnisse, sondern wohl auch seine sexuelle Unschuld dargebracht haben dürfte.

Mit Nietzsches Worten kennzeichnet Günter Schulte diesen Ortlepp als den „großen Verborgenen und den geborenen Rattenfänger der Gewissen, dessen Stimme dazu verlockt, sich immer näher an ihn zu drängen und ihm immer innerlicher und gründlicher zu folgen, um dabei ein neues Verlangen zu kosten, um still zu liegen, und mit der sonst tölpischen überraschenden Hand zierlicher zu greifen nach dem verborgenen und vergessenen Schatz ... auf den die Wünschelrute weist". Man wird reicher durch ihn, schrieb Nietzsche, weil „aufgebrochen, von einem Thauwind angeweht und ausgehorcht, unsicherer vielleicht, zärtlicher zerbrechlicher zerbrochener, aber voll Hoffnungen, die noch keinen Namen haben, voll neuen Willens und Strömens, voll neuen Unwillens und Zurückströmens." Bei den Zwiegesprächen geht jener Gott „weiter, sehr viel weiter", als es anständig wäre, und schließlich erweist er sich als schamlos, indem er keine Veranlassung sieht, seine „Blöße zu decken".

Nietzsche hat alles getan, daß dieser dionysische Verführer-Gott ungenannt blieb, denn er durfte nicht bekennen, wen er wirklich verehrte, wenngleich es ihm längst bewußt war, daß es immer wieder Dionysos war, der ihm in der einen oder anderen Person begegnete. Schulte ist der Überzeugung, daß Nietzsches Philosophie aus seinen päderastischen Begegnungen mit Dionysos – womöglich einer dionysischen Verführung – stammt, die im Zusammenhang mit seiner puritanisch strengen Erziehung und dem gottverlassenen Abgang seines, wie er schrieb, „engelgleichen" Vaters für ihn eine existentielle, unlösbare Verwirrung mit partieller Amnesie angerichtet haben muß. Seine Philosophie wäre die Verwerfung und auch projizierende Wiederholung dieser Verführung durch Dionysos, die Selbstdarstellung eines hin- und hergerissenen Dionysos-Jüngers.

Wenn Nietzsche in seiner Selbstkritik zur *Geburt der Tragödie* aus dem Jahre 1886 von der „schweren psychologischen Frage nach dem Ursprung der Tragödie bei den Griechen" sprach, dann sah er darin wohl den Ursprung seiner eigenen Tragödie, nämlich seines dionysischen Philosophierens als Ausweg aus dem Trauma der dionysischen Verführung durch den Satyr-Gott seiner Jugend, womit nach Günter Schultes Auffassung seine Entdeckung darin bestand, daß „seine geheimnisvolle Jugenderfahrung, die sinnlich-anbetende Aufregung, wie sie Plato im ‚Phaidros' beschreibt, zugleich die Grunderfahrung der Griechen" war. Mit dieser Entdeckung versuchte er offenbar, seine sonst kaum erklärbare Erfahrung in die griechische Art und Weise der Männer mit ihrer päderastischen Initiation zu übersetzen. Die Erfindung des „Satyrs" der Griechen,des Naturmenschen schlechthin, entsprach eben ganz seinem eigenen dionysischen Erlebnis, und in der Kunst der Tragödie der Griechen wollte er seine intime Erfahrung des „dionysischen Wahnsinns" bei der Konfrontation mit dem Satyr-Gott damit auch rechtfertigen: „Nur als Diener des Dionysos kann der Mensch ... seine Existenz ertragen." Damit war aber auch seine Aufgabe der *Geburt der Tragödie* erfüllt.

Um nochmals mit Schulte zu sprechen: „Er hat die griechische Tragödie und damit Wagners Musikdrama als eine ästhetische Rechtfertigung seiner selbst, nämlich eines leidenden Knaben, begriffen und zwar durch die Deduktion des Satyr-Gottes, der ihn in diesen Zustand hineinversetzte und bei seiner Wiederkehr Heilung brachte. Die Musiktragödie ist eine Art Verzauberung von Pollutionen in die ‚leuchtenden Flecken' erlösender Visionen."

Die ersten negativen Reaktionen auf sein Erstlingswerk konnten ihn offenbar nicht aus dem Gleichgewicht bringen. In einem euphorischen Hochgefühl schrieb Nietzsche an Wagner am 2. Januar 1872: „Inzwischen fühle ich mit Stolz, daß ich jetzt gekennzeichnet bin und daß man mich jetzt immer in einer Beziehung zu Ihnen nennen wird ... Meinen Philologen gnade Gott, wenn sie jetzt nichts lernen wollen." Trotz solch überschäumender Äußerungen schwankte er jedoch hinsichtlich der zu erwartenden Rezeption seines Buches zwischen übertriebenen Hoffnungen und dunkler Depression, wie einem Schreiben vom 24. Januar 1872 zu entnehmen ist: „Ich war in den ersten Wochen des neuen Jahres demnach und aus vielen Gründen erstaunlich angegriffen und hatte Angst vor einer Rückkehr des vorjährigen Zustandes." Erst Ende Juni dieses Jahres scheint es mit seiner Gesundheit wieder aufwärts gegangen zu sein, denn er berichtete Wagner am 24. Juni: „Mir selbst ist es eigentlich leiblich schlecht gegangen; ich mußte wieder zu Bett liegen und habe heute zum ersten Male das Gefühl der wirklichen Gesundheit. Es ist mir verdrießlich, wie leicht und wie oft ich gänzlich umgeworfen werde, aber ich hoffe von nun an immer gesünder zu sein."

Inzwischen zeichnete sich mit der Grundsteinlegung in Bayreuth zu Wagners Geburtstag am 22. Mai 1872 Gewaltiges am Horizont ab, da sie als Signal für die geplante „neue Culturperiode" gedacht war. Erhoffte doch die „Wagnerpartei" für das neue Deutsche Reich das Heil von einer kulturellen Erneuerung, wenngleich ihr Kulturkampf nicht auf einem Fortschritt, sondern auf einem Rückgriff aufbaute: Wagner auf die altgermanischen Mythen, Nietzsche auf die Mythen des antiken Griechentums. So wie im Kulturkampf der Fortschrittlichen gegen die katholische Kirche war auch hier persönlicher Einsatz unerläßlich – die Protagonisten verstanden sich als Apostel der neuen „Bewegung".

Nietzsche wollte sich als treuer Vasall Wagners nicht nur in der Manier eines Paladins literarisch bewähren, sondern auch in der Organisation des Bayreuther Unternehmens tatkräftig mitwirken. Schon am 16. Juli kündigte er Rohde an: „In einer ruhigen Zwischenpause sollst Du dann von mir mancherlei über den Tristan hören sowie über ein ungeheures, Bayreuth betreffendes Unternehmen, das ich in München gezeugt habe und das eine große Verantwortlichkeit in sich schließt." Dieser Plan, den er wenige Tage später auch seiner neuen Schutzherrin Malwida von Meysenbug anvertraute, bestand nach einem Tagebuchvermerk Cosimas vom 5. Juli in einem „Aufruf, den Professor Nietzsche aufsetzen will zum Zwecke einer Sammlung", ein Plan, der in der Familie Wagner offenbar auf Skepsis stieß und auch von Nietzsche selbst bald verworfen

wurde, wie er Rohde meldete: „Übrigens denke ich darüber nach, meine nächste Schrift als Festschrift für das Jahr 1874 (!) und Bayreuth einzurichten.“ Was den Titel dieser Festschrift anlangte, so sollte diese nicht gerade bescheiden *Der letzte Philosoph* lauten. Auch das eigene Urteil über diese geplante Arbeit stufte er großspurig als ein Werk „pyramidum altius“ ein, also höher und bedeutender als die ägyptischen Pyramiden. Innerlich zerrissen durch das stetige Schwanken zwischen Hoffnungen und Enttäuschungen, kam er der Neujahrseinladung der Familie Wagner nicht nach und fuhr statt dessen zu den Seinigen nach Naumburg, was ihm den Groll und eine länger anhaltende kühle Zurückhaltung des Meisters einbrachte. Auch die Überreichung eines neuen, als Geburtstagsgabe für Wagner gedachten Werkes *Die Philosophie im tragischen Zeitalter der Griechen*, also eine Art Gegenstück zur *Geburt der Tragödie*, konnte während der Osterfeiertage 1873 eine schwebende Mißstimmung nicht ganz beseitigen. Die Wagners mokierten sich über „die musizierende Spielerei“ ihres Freundes, und Nietzsche wurde endlich bewußt, wie weit das ewige Poltern und Schwadronieren seines verehrten Genius über Juden und Franzosen, über Luther und Goethe und vor allem immer wieder nur um Geld, von dem entfernt war, was ihm selbst als Philosophie vorschwebte. Dennoch erklärte er sich bereit, den Text seines geplanten Aufrufes, den er jetzt „Mahnruf“ nannte, aufzusetzen und ihn mit dem Vermerk „Hier, geliebter Meister, ist mein Entwurf“ Wagner vorzulegen.
Schon war er wieder zu neuen Taten entflammt, als sich eine gänzlich unvermutete Gefahr für das Bayreuther Unternehmen ankündigte, deren Initiatorin die einzige Frau war, die Nietzsche jemals nahezutreten versucht hatte und von der auch der einzige rückhaltlose Liebesbrief an ihn geschrieben wurde, von dem wir Kenntnis haben. Bei dieser Frau handelt es sich um die in Dänemark geborene Rosalie Nielsen, die als revolutionäre Emanze begonnen hatte, sich aber später aus der gescheiterten Republikanerin in eine Jüngerin der Künste verwandelte und als solche sich dann an dem von Nietzsche entworfenen Bild vom dionysischen Menschen entzündet hatte. In dem Liebesbrief aus Bad Ragaz vom 17. Juni 1873 heißt es unter anderem: „Niemals hat mich je ein Mensch auf Erden so erkannt und verkannt wie Sie … Der schöne versteinerte, zerrissene Dionysos, den Sie mir gaben, wird mir überall folgen. Betrachten Sie zuweilen den lebensmutigen, siegreichen Jüngling Dionysos, den ich Ihnen brachte. Den sehe ich nie wieder. Leben Sie wohl, und mögen Ihre Augen bald geheilt werden.“ Wir wissen nicht, was Nietzsche dazu veranlaßte, ihr ein Dionysosbild zu verehren, das sie später ihren Freunden „als Trophäe“ gerne vorzeigte. Fest steht nur, daß laut Bericht von Overbeck Nietzsche Ende des Jahres 1873 von Rosalie in Gegenwart Overbecks besucht wurde, dieser sie jedoch wegen ihres „enorm abstoßenden und schnuddeligen“ Äußeren ziemlich brutal vor die Tür setzte, indem er ihr den Satz nachrief: „Scheusal, Du hast mich betrogen!“ Nun hatte anscheinend die offenbar geistesverwirrte Rosalie aber zu einem Gegenschlag ausgeholt, indem sie von einer Unterwanderung von Wagners und Nietzsches Verlag durch Ungenannte sprach, womit das

ganze Bayreuther Unternehmen in Schwierigkeiten kommen konnte. Wenn sich auch diese Drohung als Schattengespenst erwies, brachte Rosalie dennoch beträchtliche Unruhe in die Seele Nietzsches, der ebenso wie Wagner sofort ein Komplott der Internationale, also der Sozialisten, Juden und Jesuiten erblickte.
Gesundheitlich machten sich mehrere, teilweise psychosomatisch bedingte Beschwerden bemerkbar. Nachdem Nietzsche schon durch das Herannahen der Grundsteinlegung in Bayreuth in einen starken nervlichen Spannungszustand versetzt und von einer schmerzhaften Gürtelrose im Bereiche des Nackens geplagt worden war, erkrankte er im Frühjahr 1873 an einem grippalen Infekt, von dem er Gersdorff anfangs März berichtete: „Denke Dir, daß ich seit Deiner Abreise lange Zeit unwohl war und zu Bett liegen mußte und bis heut zu Tage mich nicht völlig erholt habe. Ein langwieriger Grippezustand mit unerschöpflichem Schnupfen." Erst am 18. Oktober 1873 meldete er seinem Freund: „Herzlichen Dank für Deinen Geburtstagsbrief: am Tage selbst gieng mir's schlecht genug, wie überhaupt seit Deiner Abreise, aber ich schlage mich durch." Auch an Rohde schrieb er am gleichen Tag: „Seit Deiner Abreise habe ich mich mühsam durchgeschleppt, mußte alle drei Tage zu Bett liegen." Außerdem stellten sich im Frühsommer 1873 Augenbeschwerden ein, von denen er Wagner am 20. Mai brieflich berichtete: „Jetzt, in der ersten Noth des neuen Semesters, geht es mit der Umarbeitung langsam, zumal ich sehr an plötzlicher und schmerzhafter Augenschwäche leide und besorgt genug bin." Während seiner Tätigkeit als Professor an der Basler Universität vertraute sich Nietzsche seinem Duzfreund, dem Ophthalmologen Professor Schiess an. Gersdorff, der wegen der Augenschwäche Nietzsches zu dieser Zeit dessen gesamte Korrespondenz führen mußte, berichtete am 22. Mai 1873 über das Ergebnis einer Augenuntersuchung. Demnach konstatierte Schiess „zunächst eine zur Untätigkeit zwingende Schwachsichtigkeit des rechten und den höchsten Grad von Kurzsichtigkeit des linken Auges … auf dem die ganze Last der Arbeit allein ruht. Er hat eine absolute 14-tägige Enthaltsamkeit von allem Lesen und Schreiben ernstlich verordnet, auch Augenduschen vorgeschrieben." Die entsprechenden Eintragungen im Krankenbuch Professor Schiess' schildern neben dem fachärztlichen Augenbefund auch Schmerzen der Augäpfel, die sich nach und nach weiter ausbreiteten und durch Duschen und Umschläge über die Augen nicht entscheidend gebessert werden konnten, weshalb Schiess am 10. Juni vorschlug, neben der Fortsetzung der Augenduschen eine Atropin-Kur zu beginnen. Ein von Gersdorff verfaßter Zwischenbericht lautet: „Als die vierzehntägige Frist um war, versuchte Nietzsche zu schreiben; aber es wollte nicht gehen und grimmige Schmerzen veranlaßten ihn, zum Augenarzte zu eilen, der ihm volle Untätigkeit bis zu den Sommerferien und Atropin verordnete. Letzteres ist ein heller Pflanzensaft, der, ins Auge leicht eingeträufelt, sich über dasselbe verbreitet und sofort eine Erweiterung der Pupille ums Doppelte bewirkt, eine fast schreckhafte Erscheinung. Eitle Menschen sollen den Wundersaft als Verschönerungsmittel anwenden. Hier hat es den Zweck, die Sehmuskeln außer Tätigkeit zu setzen, um ihnen Ruhe

und Erholung zu verschaffen. Gegen die nun stärker in das Auge einströmenden Lichtströme schützt eine schwarze Brille."

Bei der ophthalmoskopischen Untersuchung beschrieb Schiess neben den Veränderungen der Sehschärfe eine unterschiedliche Pupillengröße sowie kleine Pigmentflecken der Netzhaut, wie sie als Folge von Infektionen etwa bei Masern, Röteln oder auch bei Lues angetroffen werden können. Außerdem wurde das Sehen von Doppelbildern als Ausdruck eines latenten Konvergenz-Schielens festgestellt.

Die Atropin-Kur Nietzsches endete am 1. Juli 1873, nachdem eine deutliche Besserung erzielt werden konnte. Allerdings kehrten, wie uns Gersdorff berichtet, während der Sonmerferien in Flims „periodisch die sogenannten accomodativen Krämpfe der Sehmuskeln wieder, aber die Augen sind doch bedeutend gestärkt und eine fortgesetzte Schonung wird wohl endlich den Schmerz ganz niederschlagen". Tatsächlich war es im Herbst 1873 dann soweit, daß Nietzsche seine Briefe wieder selbst schreiben konnte: „Meine Augen erlauben mir das Lesen wieder und auch ungefähr das Schreiben: obschon mich dies immer noch schnell erschöpft und mir Schmerzen macht. Mein Arzt ist aber voll der besten Hoffnungen ... Vor dem Winter fürchte ich mich etwas, da mir bei Lichte zu lesen oder Collegien zu halten verboten ist. In summa bleibt nichts übrig als nachzudenken." Er beschloß, aus der Not eine Tugend zu machen, indem er die Zeit des Leseverbotes zum Nachdenken nutzte und dabei zu der Erkenntnis gelangte, daß ihm die erforderliche „Ökonomie im Verkehr mit Büchern" die Fähigkeit zum selbständigen Denken schärfte.

Nietzsche mit Erwin Rohde und Carl von Gersdorff, Leipzig 1867

Dementsprechend entwickelte Nietzsche auch eine beachtliche Produktivität: Im Juni dieses Jahres diktierte er Gersdorff die Schrift *Über*

Wahrheit und Lüge im außermoralischen Sinne, und schon im Herbst beendete er die bemerkenswerte Abhandlung *Vom Nutzen und Nachteil der Historie für das Leben*, die als die zweite der *Unzeitgemäßen Betrachtungen* veröffentlich wurde. Schon mit der ersten *Unzeitgemäßen*, mit der er durch den Angriff auf David Friedrich Strauß und dessen Bekenntnisschrift *Der alte und der neue Glaube* (1872) den flachen Optimismus der Gründerjahre, die Eitelkeit des „Bildungsphilisters" und das Banale des angeblichen Fortschrittsgeistes geißelte, gelang ihm der Sprung aufs Podium. Er wurde mit einem Schlag „wenn nicht berühmt, so doch berüchtigt". Schweizerische und vor allem deutsche Rezensenten bescheinigten Nietzsche verminderte Zurechnungsfähigkeit, wenn er etwa behauptete, daß sich „der deutsche Sieg in eine Niederlage des deutschen Geistes umsetzen könnte". Andere Kritiker verurteilten seinen wenig gesellschaftsfähigen Sprachstil. Demgegenüber bot die zweite *Unzeitgemäße* keine Zielscheibe mehr. Was er hier gegen sein Jahrhundert und dessen Tendenzen predigte, ist inzwischen durch den Begriff „Historismus" zum Allgemeingut geworden. Cosima Wagner konnte diese Schrift allerdings nicht recht billigen, war doch von Richard Wagner überhaupt nicht die Rede, sondern anstatt dieses „Genius" nur von Wagners Bayreuther Kulturperiode, die als Hoffnung abgeschrieben war. An Stelle eines Genius vertraute dieser neue Nietzsche der inspirierenden Macht der Jugend: „Entfesselt diese und ihr werdet mit ihr das Leben befreit haben" – eine Vision, der im Jugendprotest von 1968 sichtbarer Ausdruck verliehen wurde.
Wie Schlechta 1962 nachweisen konnte, war der Wagner-Nietzsche schon seit dem Jahre 1872 von einem gefährlichen „Denk-Anarchisten" unterwandert. Ähnlich der Abwendung vom Christentum als Primaner in der Pforte war es diesmal ein Abfall von der barocken hochgezüchteten Erlösungsidee Richard Wagners als Kulturphilosoph, der Nietzsche bisher als begeisterter Anhänger des Meisters zum Durchbruch verhelfen wollte. Nietzsche war zu der Einsicht gelangt, daß Wagners Evangelium strenggenommen überhaupt nicht mit seinen eigenen Intentionen übereinstimmte. Langsam, aber unaufhaltsam reifte sein Wunsch, sich für seine eigenen bevorstehenden Aufgaben völlig unabhängig zu machen, was in letzter Konsequenz eine Trennung sowohl von Wagner wie auch von den Universitätsverpflichtungen bedeutete, ein Akt, den er selbst als „die Leiden der Wahrhaftigkeit" bezeichnete. Doch vorläufig zog es ihn zu Weihnachten 1873 nach Hause, um in jener Zeit depressiver Anfechtungen des mütterlichen Beistandes sicher sein zu können. Dennoch fühlte er sich gemüßigt, wegen seiner schwachen Augen und seiner ständigen Magenverstimmung Bettruhe einzuhalten. Offenbar war sich Nietzsche selbst im klaren darüber, daß alle seine Beschwerden – sieht man von seinen Augen ab – vorwiegend nervös bedingt waren, denn mit Beginn des neuen Jahres kündigte er an, „bis Ostern nichts Neues zu schreiben und dadurch sein Nervenunwesen auszuheilen". Wie sehr sein Gesundheitszustand durch funktionelle, psychosomatisch bedingte Störungen beeinflußt wurde, beweisen seine wechselnden und widersprüchlichen Aussagen über sein Befinden.

klagte er seiner Mutter brieflich am 1. Februar 1874, daß er sich „bereits wie ein altes Männchen über jeden Tag freut, wo er nicht an Unverdaulichkeit und Schmerzen erinnert wird", so beteuerte er acht Wochen später, daß es ihm schon fast drei Monate recht gut ging, wenn er auch einschränkend meinte: „Ich leide wirklich zu viel, und kann wirklich froh sein, wenn ich körperlich krank bin; denn dann kann ich einmal mir einbilden, es wäre mir zu helfen; was ich jetzt, wo ich nicht einmal die Krankheit als Vorwand habe, freilich für unmöglich halte." Seinem Freund Rohde gegenüber gestand er offen, daß er sich immer „der tiefen Melancholie seines Daseins" bewußt sei, die ihn an seiner eigenen Produktivität zweifeln ließ: „Von einem wirklichen Produzieren ... kann gar nicht geredet werden, solange man noch so wenig aus der Unfreiheit, aus dem Leiden und Lastgefühl des Befangenseins heraus ist." Gleichzeitig kündigte er dem Freund an, gegen diesen leidlichen Zustand mit froher Zuversicht und körperlicher Ertüchtigung anzukämpfen. Im Engadin unternahm er gemeinsam mit seinem Freund Romundt Bergwanderungen, bei denen er sogar in einem hochgelegenen Bergsee badete: „Wir schwammen darin, aber erstarrten fast zu Eis und kamen feuerrot wieder heraus." Die herrliche Natur rings um ihn herum begeisterte ihn so, daß er das „bleichsüchtige und nervenschwache Volk" unten in Sankt Moritz fast bemitleidete und offensichtlich auch den Stubenhocker in sich bedauerte. Anders wäre sein Stoßseufzer: „Ich halte es in der Gescheitheit nicht mehr aus!" wohl kaum zu erklären. Doch während er sich im Engadin neu gestärkt fühlte, wandelte sich sein Zustand abrupt, als er von Wagner nach Bayreuth eingeladen wurde. Unmittelbar nach seiner Ankunft meldete er Overbeck: „Ich meinerseits hatte ein starkes Magen-Bauchübel von meiner Reise davongetragen und mußte mich gleich bei der Ankunft zu Bette legen. Doch ist jetzt die Kolik ziemlich im Abzuge – hoffentlich." Nach der Darstellung Cosimas erholte er sich rasch, nachdem ihn Wagner vom Hotel abgeholt und zu sich ins Haus genommen hatte. Es war klar, die Krankheit hieß Bayreuth. Dementsprechend blieb seine Beziehung zur Familie Wagner während des ganzen Jahres 1874 in Schwebe. Einer Eintragung in sein Notizheft vom Januar ist deutlich zu entnehmen, daß er sich allmählich der Einflußsphäre Wagners zu entziehen beabsichtigte: „Die Musik ist nicht viel wert, die Poesie auch nicht, das Drama auch nicht, die Schauspielkunst ist oft nur Rhetorik – aber alles ist im großen Eins und auf einer Höhe ... Ich habe oft unsinnigerweise bezweifelt, ob Wagner musikalische Begabung habe ... Die Jugend Wagners ist die eines vielseitigen Dilettanten, aus dem nichts Rechtes werden will." Andererseits gestand er Wagner „eine gesetzgeberische Natur" zu, doch mache ihn die Hemmung dieses Triebes widerspenstig und exzentrisch, und „die falsche Allmacht entwickelt etwas ‚Tyrannisches' in Wagner", der „keine andere Individualität gelten läßt als die seinige und die seiner Vertrauten. Die Gefahr für Wagner ist groß, wenn er Brahms nicht gelten läßt oder die Juden." Da Nietzsche während seines Besuches in Bayreuth Brahms ins Gespräch brachte und kein Hehl daraus machte, daß er dessen Musik bewundere, war ein Streitdisput vorprogrammiert. Offenbar wollte es Nietzsche aber nicht zu einem offenen Bruch kommen lassen, weshalb er vorsichtige Beschwichtigungsversuche unternahm, um die aufgebrochene Kluft zu überbrücken. Man vermutet, daß er wohl deshalb seine dritte *Unzeitgemäße* reuig umarbeitete, so wie er seinerzeit ja auch nach seinem Besuch in Tribschen der *Geburt der Tragödie* eine Neufassung verlieh. Vorläufig konnte der Riß im magischen Band zwischen ihm und dem ehemals so bewunderten Meister noch einmal notdürftig gekittet werden.

Zu den Weihnachtsfeiertagen reiste Nietzsche abermals nach Naumburg zu seiner Familie. Zufrieden mit dem guten Ausgang des Jahres 1874, wurde die Möglichkeit einer Reise nach Italien erörtert, wo ihn Malwida von Meysenbug erwartete, die ihm vielleicht eine geeignete Gattin zuführen konnte.

Das Ende von Bayreuth und Basel

Im Februar 1875 trat das Ehepaar Wagner eine große Kunstreise an, die sie nach Berlin, Wien und Budapest führen sollte. Zur Betreuung als stellvertretende „Mutter" für die zurückgelassenen Kinder konnte Nietzsches Schwester Elisabeth gewonnen werden, die sich mit Cosima ausnehmend gut verstand und stolz war, nun ebenfalls zum Wagner-Kreis zu gehören. Unterdessen blieb Nietzsche, dem Vorlesungsbetrieb nur widerwillig nachkommend, von den Wagners unbeachtet in Basel, „immer im Stillen etwas aus Bayreuth erhoffend", wie er am 8. Mai in einem Brief an Gersdorff schrieb. Zu allem Überfluß bahnte sich in seinem engsten Freundeskreis, in dem neben Rohde und Gersdorff Heinrich Romundt eine bevorzugte Rolle spielte, eine schmerzliche Veränderung an. Romundt beschloß nämlich, seine Dozentur als Philosoph in Basel aufzugeben und den Beruf eines Buchhändlers zu ergreifen, ein Vorhaben, von dem er trotz aller Bemühungen seiner Freunde nicht abzubringen war. Nietzsche war von dem Verlust Romundts so erschüttert, daß er nach seinem eigenen Bericht an Gersdorff vom 17. April 1875 „den nächsten Tag mit einem dreißigstündigen Kopfschmerz und vielem Gallebrechen zu Bette lag". Mit dem Abschied von Romundt nahmen Nietzsches von nun an regelmäßig in Abständen von zwei bis drei Wochen auftretenden Anfälle von heftigen Kopfschmerzen, meist verbunden mit Magenkrämpfen, ihren Anfang.

Um so wichtiger wurde für ihn der Kontakt mit seinen alten Freunden, und dazu kamen im Wintersemester allmählich auch „Anhänger" und „Verehrer", deren wichtigster der junge Musiker und Komponist Heinrich Köselitz werden sollte, der unter dem Pseudonym „Peter Gast" später für Nietzsche das geworden ist, was Eckermann für Goethe war. Doch Nietzsche blieb kränklich. Nachdem er zu Ostern Gersdorff eine Abhandlung über die Philologen diktierte, meldete sich prompt ein neuerlicher Anfall von Kopfschmerzen und Magenkrämpfen, weshalb er in Bern sein Quartier aufschlug, um durch Bergwanderungen wieder einen klaren Kopf zu kriegen: „Ich lief von dort aus auf Bergen und in Wäldern herum, immer allein, und dachte mir viel aus." Zum Publizieren seiner Gedanken fehlten ihm jedoch „Fluß und Guß und Mut noch fürs Ganze". Zurückgekehrt nach Basel, wo ihm seine Schwester Elisabeth den Haushalt führte und für ihn Diät kochte, erreichten im Sommersemester seine Beschwerden ein dramatisches Ausmaß, wie er Gersdorff im Juni vermeldete: „Der Magen war gar nicht mehr zu bändigen, auch bei der lächerlichsten Diät, mehrtägige Kopfschmerzen der heftigsten Art, in wenigen Tagen wiederkommend, stundenlanges Erbrechen, ohne etwas gegessen zu haben, kurz die Maschine schien in Stücke gehen zu wollen und ich will nicht leugnen, einige Male gewünscht zu haben, sie wäre es. Große Abmattung, mühsames Gehen auf der Straße, starke Empfindlichkeit gegen Licht; Immermann (ein befreundeter medizinischer Kollege. *Anm.d.Verf.*) kurierte auf so etwas wie Magengeschwür und ich erwartete immer Bluterbrechen." Nietzsche wurde mit Silbernitratlösungen und hohen Dosen von Chinin behandelt, doch änderte sich dadurch sein Zustand in keiner Weise. Er schleppte sich mühsam zu den Vorlesungen und mußte in der Regel zwei Tage in der Woche das Bett hüten, wenn er durch akute Anfälle geplagt wurde. Seine nach außen demonstrierte übermütige Stimmung konnte nicht verbergen, daß es sich dabei eher um Galgenhumor handelte, denn es begann ihn stärker als schon vor einigen Jahren der frühe Tod seines Vaters zu beunruhigen. Vor allem seit den entsetzlichen Anfällen in Mai und Juni dieses Jahres beherrschte ihn immer mehr die Angst, wie sein Vater mit sechsunddreißig Jahren sterben zu müssen. In dieser seelischen Bedrängnis beschloß er, sich einem mehrwöchigen Kuraufenthalt in Steinabad im Schwarzwald zu unterziehen und sich dort von dem als Magenspezialist bekannten Dr. Wiel behandeln zu lassen. Schon am Tage nach seiner Ankunft, dem 17. Juli, zwang ihn ein neuerlicher Anfall zur Bettruhe. Der herbeigerufene Dr. Wiel konstatierte einen chronischen Magenkatarrh mit beträchtlicher Erweiterung des Magens und verordnete neben einer besonderen Diät Klysmen (Klistiere) mit Kaltwasser, dem etwas Karlsbader Salz zugesetzt wurde. Außerdem wurden wegen der angeblichen Blutstauungen im Kopf Blutegel angelegt.

Zufrieden war nur der Arzt, der einen Rückgang der ursprünglich diagnostizierten Magenerweiterung als einen Erfolg verbuchte. Der Kranke hingegen klagte nach wie vor über Schmerzen und immer wiederkehrende Anfälle, weshalb der Arzt zu der Schlußfolgerung kam, es handle sich im Falle Nietzsche ganz typisch um ein nervöses Magenleiden. Bedenkt man, daß in diesen Wochen in Bayreuth die Proben begonnen hatten und sich dort inzwischen alle seine Freunde versammelten, während er in Steinabad herummedizinierte, dann war der psychosomatische Hintergrund seines Leidens klar: es war wieder einmal Bayreuth, das mit jedem Brief von dort unverzüglich Magenkrämpfe auslöste. Aus der Distanz noch immer Bewunderer Wagners, war er zweifellos unglücklich, nicht mit ihm und Cosima beisammen sein zu können; andererseits dürfte er gleichzeitig froh darüber gewesen sein, einem etwaigen neuerlichen Zusammenprall der beiden Genies zu entrinnen. Dieser quälende Zwiespalt in seiner

Brust verursachte zwangsläufig ein ständiges Auf und Ab seiner Stimmungslage, wie sie einer zyklischen Psychose mit wechselnden manischen und depressiven Phasen eigen ist. In einem Brief vom 7. Juli 1875 an Rohde beschrieb Nietzsche diesen Zustand recht treffend: „Dieser Teil des Lebens ist hart, man hat ja noch nicht recht resigniert. Man sieht sich selber aber schon recht deutlich. Doch ist der Anblick so, daß ich mitunter viel zu viel Mut und Hoffnung habe, und wenn ich dann abrechne mit dem, was uns umgibt und worauf zu wirken ist, ist mir's, als ob ich nicht einen Finger mehr bewegen könnte."

Daß Nietzsche die vielen Gesundheitsstörungen des Jahres 1875 doch einigermaßen unbeschadet überstand, verdankte er in hohem Maße der Fürsorge seiner Schwester Elisabeth, die in seinem inzwischen erworbenen Haus in Basel den Haushalt führte und für ein ruhiges, geregeltes Leben sorgte. Umso überraschter ist man, daß schon im Dezember diese häusliche und gesellschaftliche Idylle in sich zusammenstürzte, wie einem Brief an Gersdorff zu entnehmen ist: „Liebster Freund, ich habe das schlimmste, schmerzhafteste und unheimlichste Weihnachten hinter mir, das ich erlebt habe! Am ersten Weihnachtstage gab es, nach manchen immer häufiger kommenden Ankündigungen, einen förmlichen Zusammenbruch. Ich durfte nicht mehr zweifeln, daß ich an einem ernsthaften Gehirnleiden mich zu quälen habe, und daß Magen und Augen nur durch diese Centralwirkung so zu leiden hatten. Mein Vater starb mit 36 Jahren an Gehirnentzündung, es ist möglich, daß es bei mir noch schneller geht." Wieder einmal hatte ihn das Schreckgespenst des frühen Todes seines Vaters eingeholt; es sollte ihn erst verlassen, als er das unheilvoll drohende sechsunddreißigste Lebensjahr überschritten hatte. Professor Immermann tat sein Bestes, verordnete morgendliche Kaltwasserübergießungen und Eisumschläge am Kopf und redete ihm gut zu. Auch die Universität verhielt sich großzügig und befreite ihn vom Unterricht am Pädagogikum bei Fortzahlung des Gehalts. Am 22. Februar 1876 meldete er Gersdorff, daß er nun auch seine Vorlesungstätigkeit eingestellt habe. Allmählich erholte er sich, und die Anfälle traten vorläufig nicht mehr auf.

In dieser Aufbruchstimmung traf Anfang März der Genfer Dirigent Hugo von Senger, den Nietzsche anläßlich der Tristan-Aufführung in München im Jahre 1872 kennengelernt hatte, in Basel ein und sprach eine Einladung nach Genf aus – in der freundschaftlichen Absicht, Nietzsche dort mit einem jungen hübschen Mädchen zusammenzubringen, das als Partnerin fürs Leben geeignet sein mochte. Im April traf Nietzsche mit einer von Sengers Schülerinnen, der vermögenden Mathilde Trampedach, zusammen, und schon wenige Stunden nach dem Kennenlernen überraschte er sie durch einen Heiratsantrag. In einer plötzlichen Anwandlung teilte er ihr mit: „Nehmen Sie allen Mut Ihres Herzens zusammen, um vor der Frage nicht zu erschrecken, die ich hiermit an Sie richte: Wollen Sie meine Frau werden? Ich liebe Sie und mir ist es, als ob Sie schon zu mir gehörten ... Wollen Sie es wagen, mit mir zusammen zu gehen, als mit einem, der recht herzlich nach Befreiung und Besserwerden strebt? Auf alle Pfade des Lebens und des Denkens?" Der auffallend moralische Charakter dieses Heiratsantrages läßt vermuten, daß die vorangegangene weihnachtliche Krise vorwiegend moralischer Natur war, die ihn an seiner Aufgabe irre werden ließ. Mathilde lehnte ab und heiratete drei Jahre später ihren Klavierlehrer Senger. Erstaunlich genug fühlte sich Nietzsche dadurch eher befreit, denn zu Gersdorff sagte er beschwörend: „Um keinen Preis eine Conventionsehe! ... Wir wollen in diesem Punkte der Reinheit des Charakters gar nicht wankend werden! Zehntausendmal lieber immer allein bleiben – das ist jetzt meine Losung in dieser Sache."

Befreite Nietzsche vom Wagnerschen Idealismus: der jüdische Privatgelehrte Paul Rée

Zurückgekehrt nach Basel, fühlte er sich freier und sicherer, und sogar die Vorlesungen bereiteten ihm wieder Vergnügen, zumal die Zahl seiner Hörer im Ansteigen begriffen war. Von weit größerer Bedeutung für Nietzsche war aber die Bekanntschaft eines „sehr nachdenkenden und begabten Menschen" namens Paul Rée, der im Frühjahr 1876 nach Basel kam. Als Sohn eines begüterten Gutsherren studierte er „privatisierend" Moralphilosophie und machte mit einer anonymen Schrift über psychologische Beobachtungen einen überwältigenden Eindruck auf Nietzsche, mit dem er sich rasch befreundete. Seine Sentenzen im Geist und Stil La Rochefoucaulds übten einen außerordentlichen Einfluß auf Nietzsches Stil und Denken aus, wie denn überhaupt der „Reealismus die ursprüngliche Form wurde, in der Nietzsche den philosophischen Realismus in sich aufnahm und den alten Idealismus begrub". Indem ihn dieser junge jüdische Denker vom „Dunst des Wagnerschen Idealismus" endgültig zu befreien vermochte, bereitete er ihn gleichzeitig für die neue und eigentliche philosophische Laufbahn vor. In dieser Grundstimmung traf eine Einladung Malwida von Meysenbugs ein, mit ihr und dem jungen Brenner ein volles Jahr in Fano an der Adria zu verbringen, „um unter einem milderen Himmel, unter sympathischen Menschen, wo Sie frei reden, denken und schaffen können", endgültig gesund zu werden. Die Universität Basel erwies sich neuerlich außerordentlich großzügig, indem sie ihm vom Oktober 1876 bis Oktober 1877 Urlaub bei Fortzahlung seines Gehalts bewilligte. Der einzige Störfaktor in diesem „Heiligtum der Glücksgöttin", wie das Seebad Fano zur Zeit der alten Römer genannt wurde, waren seine Augen, die ihn zwangen, nach einem Schreiber für seine Diktate Umschau zu halten. Da bot

sich Heinrich Köselitz, jener junge Musiker aus Sachsen, der nach Basel gekommen war, um Nietzsche zu hören, zur Besorgung der Schreibarbeiten an. In zurückgewonnenem Selbstvertrauen und dem Gefühl wiedererlangter Gesundheit machte sich Nietzsche nun an die Fertigstellung seiner vierten *Unzeitgemäßen*, die von Wagner in Bayreuth handelte und die er als Festschrift zur Eröffnung von Bayreuth Wagner als Geburtstagsgeschenk überreichen wollte. Schon am 11. Juli 1876 antwortete ihm Wagner: „Freund! Ihr Buch ist ungeheuer! Wo haben Sie nur die Erfahrung von mir her? Kommen Sie nun bald, und gewöhnen Sie sich durch die Proben an die Eindrücke."
Von überall her kamen begeisterte Lobpreisungen, und voller Stolz berichtete er seiner Schwester aus Bayreuth, wo er am 24. Juli eintraf: „Heute abend kommt der König. Er hat über meine Schrift telegraphiert, daß sie ihn entzückt habe." Überall Begeisterung, nur nicht bei Nietzsche selbst, der schon vor seiner Abreise nach Bayreuth Rohde benachrichtigte, daß es ihm schon seit drei Wochen wieder elend gehe: „Ich muß sehen, mich bis und vor allem durch Bayreuth durchzuschlagen." Es liegt auf der Hand, daß diese gesundheitliche Wendung einmal mehr durch die „Krankheit Wagner" verursacht wurde. Hatte er doch vor vier Wochen die letzten Druckseiten zum Verlag abgesandt, in denen neben dem Ruhmesgesang auch kritische Worte zu finden waren. Die Furcht und die Zweifel, sich etwas zu weit vorgewagt zu haben, bereiteten ihm zunehmend Unbehagen und wirkten belastend auf seinen ohnehin so labilen Gesundheitszustand. Nicht umsonst notierte er: „Überlege ich, was ich diesmal gewagt habe, so wird mir hinterdrein schwindlich und befangen zumute und es will mir wie dem Reiter auf dem Bodensee ergehen."
In dieser Verfassung begab er sich nach Bayreuth. Erwartungsgemäß meldeten sich unmittelbar nach seiner Ankunft wieder heftige Kopfschmerzen, und er fühlte sich so matt und abgespannt, daß „er kaum die Feder halten" konnte. Schon am zweiten Tag seines Aufenthaltes zweifelte er, ob es überhaupt richtig gewesen sei, der Einladung nach Bayreuth zu folgen, wie er seiner Schwester andeutete: „Fast habe ich's bereut ... Montag war ich in der Probe, es gefiel mir gar nicht und ich mußte hinaus." Doch wenige Tage später fühlte er sich bedeutend wohler und auch an die Musik hatte er sich gewöhnt, wie er brieflich meinte.
Leider hielt dieser Zustand nicht lange an, denn bereits nach vier Tagen klagte er seiner Schwester: „Es geht nicht mit mir, das sehe ich ein ... Alles Sehen unmöglich ... Ich sehne mich weg, es ist zu unsinnig, wenn ich bleibe ... Ich habe es ganz satt!" Kopfschmerzen, Abgeschlagenheit und vor allem seine Augen machten ihm die Teilnahme an den Proben zur Qual. Auch viele gesunde Besucher hatten bei dem völlig verdunkelten Zuschauerraum das Licht der grell beleuchteten Bühne als störend und schmerzhaft empfunden. Nietzsche beschloß daher, an der Premiere der Bayreuther Festspiele am 13. August nicht teilzunehmen: „Lieber irgendwo, nur nicht hier, wo es mir nichts als Qual ist." Tatsächlich reiste er bereits am 2. August ab, um sich in den kleinen Kurort Klingenbrunn im Bayrischen Wald zurückzuziehen, von wo er am

6. August schrieb: „Hier will ich bleiben, zehn Tage vielleicht, aber nicht über Bayreuth zurückkehren.“ Wie sehr seine Beziehung zu Wagner und Bayreuth in seinem Inneren hin und her wogte, beweist der Umstand, daß er „trotz der grenzenlosen Enttäuschung dieses Sommers“ schon eine Woche nach Abfassung des letzten Briefes, nämlich am 12. August, wieder in Bayreuth war und dort bis zum 27. August verweilte. Wie sehr ihm dieser zweite Aufenthalt in Bayreuth bekam, beweist unter anderem, daß er sich in eine „charmante Pariserin“ verliebte – in Wahrheit eine in Straßburg aufgewachsene Deutschbaltin namens Louise Ott – und seine Rolle als launiger Unterhalter im Beisammensein mit Rohde, „jener glücklichen inneren Verbrüderung, welche sich schon durch unsere gemeinsame Lachlust zeigte“, spielen konnte. Doch hinter der Kulisse der Bayreuther Festspiele zeigte sich nach seiner Rückkehr nach Basel „ein Streifen schwärzester Melancholie“. Diese depressiven Anwandlungen erkannte er sehr wohl als eine Reaktion auf viele psychische Belastungen durch seine Umwelt und nicht als Ausdruck einer somatischen Erkrankung, wie er Wagner gegenüber dies recht eindeutig klar machen wollte: „Glauben Sie nicht, daß ich morose bin; nicht die Krankheiten, nur die Menschen vermögen mich zu verstimmen.“

Besondere Probleme bereiteten ihm aber seine Augen, weswegen er das als Augenkurort gerühmte Sorrent als Aufenthaltsort in Italien wählte. Obwohl Nietzsche vor seiner Abreise von Professor Schiess Prismengläser sowie zum Zweck der Schmerzlinderung äußerlich anzuwendendes Chloralhydrat und auch die sogenannte Arltsche Stirnsalbe verordnet bekam, verschlechterte sich zunächst in Sorrent der Zustand seiner Augen beträchtlich, wovon er Schiess brieflich auch benachrichtigte. Dieser antwortete ihm: „Was Du mir von Deinem rechten Auge schreibst, das könnte mich beunruhigen, wenn ich nicht hoffte, daß dies mit dem völligen Schwinden Deines Kopfwehs auch wieder besser würde.“ Dennoch riet er ihm, sich an den Augenarzt Professor Schrön in Neapel zu wenden, den er dann auch am 14. Februar 1877 aufsuchte. Vom Ergebnis dieser „ersten ganz sorgfältigen Untersuchung und Besprechung“ berichtete er nach Hause: „Ich conferierte mit dem berühmtesten Arzt, Professor Schrön und jetzt bin ich wieder in ordentlicher Kur. Nach drei Monaten soll ich wieder kommen, wenn inzwischen keine neuen Symptome kommen. Alle Mittel wirken bei solch einem vorgeschrittenen Zustande meines Kopfleidens sehr langsam. Die Erklärung mit einem Kopfkatarrh ist nichts, vielmehr weiß ich jetzt sehr genau, wie das Übel beschaffen ist.“ Paul Rée unterrichtete Elisabeth Nietzsche in einem Schreiben vom 20. Februar, aus dem deutlich der Optimismus des Berichterstatters heraustönt, von der endgültigen Diagnose Professor Schröns – „chronische Kopf-Neuralgie“: „Schröns Ausspruch, daß ein solches Leiden einige Jahre toben könne, dann aber plötzlich abzubrechen pflege, und die Sicherheit, daß es nicht etwas wie Hirngeschwulst oder Ähnliches, sondern doch nur ein neuralgisches Leiden ist, sowie die von Schrön verordneten Mittel – alles dies hat Ihren Bruder doch sehr beruhigt.“ Die von Schrön empfohlenen Maßnahmen bestanden aus „Einsalben des Kopfes mit Narcein, dann Gebrauch von Brom-Natrium, nebst einigen diätetischen Vorschriften". Narcein galt ja seinerzeit neben Morphium als das wichtigste hypnotische Alkaloid des Opiums, weil es verläßlich beruhigend und einschläfernd wirkte, ohne die unangenehmen Nebenerscheinungen des Morphiums wie Kopfschmerzen, Übelkeit und Erbrechen hervorzurufen. Daß Narcein bei Nietzsche zur äußerlichen Anwendung als schmerzstillende Maßnahme empfohlen wurde und nicht als innerliche Gabe, findet wahrscheinlich darin eine Erklärung, daß Schrön systemische Wirkungen, besonders den lähmenden Einfluß auf die Darmtätigkeit oder eine Gewöhnung, vermeiden wollte.

Doch nicht nur seelische Verstimmungen waren es, die ihn belasteten, sondern auch die begleitenden, sich immer wiederholenden Kopfschmerzen, die er als Neuralgien deutete: „Diese Neuralgie geht so gründlich, so wissenschaftlich zu Werke, sie sondiert förmlich, bis zu welcher Grenze ich den Schmerz aushalten kann und nimmt sich zu dieser Untersuchung jedesmal dreißig Stunden Zeit." Dazu kamen noch die Augenschmerzen und eine Verminderung des Sehvermögens bis zu einem solchen Grad, daß Doppelbilder auftraten und die Buchstaben förmlich zu „Klumpen" ineinandergeschoben wurden. Längst war ihm klar geworden, daß sein angebliches chronisches Magenleiden stets nur eine sekundäre Begleiterscheinung seiner Schmerzattacken war, wie schon das regelmäßig damit verbundene Erbrechen bewies.

Obwohl Nietzsche mehrere Ärzte konsultierte, gelang es doch keinem von ihnen, sein Leiden spürbar zu bessern. Seine ganze Hoffnung setzte er nun auf das geplante Urlaubsjahr, das er in Italien verbringen wollte. Malwida von Meysenbug hatte für ihre drei Freunde Nietzsche, Rée und Brenner ein Haus in Sorrent an einer der schönsten Küsten des Mittelmeers ausfindig gemacht, wo die drei am 27. Oktober 1876 eintrafen. Das Haus lag nur wenige Minuten von Wagners Residenz entfernt, doch reiste dieser wegen des nahenden Winters bereits am 7. November ab, weshalb es nur zweimal zu einem freundschaftlichen Zusammentreffen kam. Über den Antrittsbesuch am 27. Oktober berichtete Cosima: „Besuch von Malwida, Dr. Rée und unserm Freund Nietzsche, letzterer sehr angegriffen und mit seiner Gesundheit sehr beschäftigt." Nietzsche dachte auch gar nicht daran, sein Leiden zu verbergen, wie seine regelmäßig nach Hause übermittelten „Krankheitsbulletins" zeigen. Schon im November versuchte ein hiesiger Arzt in der Vorstellung, die Anfälle von Kopfschmerzen verbunden mit Erbrechen und Übelkeit würden durch einen „Kopfkatarrh" verursacht, eine „Schnupftabakkur", die eine Abschwellung der Nasenschleimhäute bewirken und dadurch auch den Druck im Kopf erleichtern sollte. Am ehesten brachte noch eine „fünf Wochen fortgesetzte Kur mit inneren Nasendouchen" einige Erleichterung. Als weitere ableitende Methoden wurden Zugpflaster hinter den Ohren sowie Fußbäder mit Asche und Salz oder Senffußbäder verordnet. Einmal setzte sich Nietzsche sogar wegen heftiger Schmerzen eigenhändig Blutegel. Doch alles half nicht: Mindestens einen Tag in jeder Woche meldeten sich seine Schmerzanfälle, wobei dann Brompulver einige Erleichterung verschaffte.

Seit 1872 mit Nietzsche eng befreundet und für ihn auf Brautschau: Malwida von Meysenbug

Daß Nietzsche allerdings nach der Konsultation von Schrön keineswegs völlig beruhigt sein konnte, läßt sich aus dem Bericht Malwida von Meysenbugs leicht schließen, die schrieb, daß der Arzt zwei Alternativen in den Raum gestellt hatte: „Entweder das Übel könne ganz plötzlich aufhören, oder aber es könne eine beinahe völlige Schwächung der Gehirnthätigkeit zur Folge haben, wenn nicht in guten Tagen die äußerste Schonung beobachtet werde." Trat doch mit dieser Bemerkung bei Nietzsche sofort wieder das Gespenst hervor, er werde womöglich in ebenso jungen Jahren wie sein Vater an einem Gehirnleiden sterben. In diesem Sinne spricht die Bemerkung Malwidas: „Auch heute ist er noch ganz zerschmettert und melancholisch", und im selben Sinne ist sein Nachsatz in einem Brief an Elisabeth zu werten: „Wenn ich in einem Jahr noch lebe." Man hat deshalb den Eindruck, daß die prognostischen Alternativen Professor Schröns den Patienten Nietzsche nicht nur nicht beruhigen konnten, sondern im Gegenteil sein Leiden neu heraufbeschworen. Dazu kam noch der unheilvolle ärztliche Befehl zu äußerster Schonung, was für ihn bedeuten mußte, daß er nun bis auf weiteres nicht denken, nicht lesen und nicht schreiben durfte.

Alle Ratschläge Malwidas, die ihre Heiratspläne für Nietzsche nicht aufgab und eine Art Brautschau zu inszenieren beabsichtigte, konnten nichts daran ändern, daß er das Verbleiben in Sorrent satt hatte und nur noch von dem Wunsch beseelt war, sich in die Einsamkeit – am besten in die Berge – zurückzuziehen. Zwar erschien ihm selbst eine Verheiratung durchaus wünschenswert, jedoch gleichzeitig äußerst unwahrscheinlich. Dabei dürfte er sich seines „periodisch unheilbaren" Geschlechtstriebes durchaus bewußt gewesen sein, doch rangierte der daraus hervorgehende Lustgewinn, die „Wollust", in seiner Wertigkeit deutlich hinter jener Lust, die er beim Improvisieren am Klavier oder bei der Sammlung von Gedanken und Ideen empfand. Was er bei der Aufstellung dieser Werteskala unter „Wollust" verstand, hatte er nicht ausgesprochen, da er entsprechend seiner prüden Erziehung – erhalten von bigotten Menschen – nicht einmal seinem Notizbuch „das widerliche Geheimnis, aus welchem ein Kind gezeugt wird", mit Namen anvertraute. Wir wissen also nicht, ob diese „Wollust" mit geistigen

oder künstlerischen Erlebnissen in einen Zusammenhang gebracht werden sollte oder ob damit an sexuelle Erregung – sei es durch Selbstbefriedigung oder durch Mädchen in einem Bordell ausgelöst – gedacht war. Werner Ross zog daraus die Schlußfolgerung, daß Nietzsches Geschlechtlichkeit so schwach gewesen sein dürfte, daß er Angst empfand, seinen Mann stellen zu müssen, und andererseits seine Erregbarkeit solche Intensität besaß, daß sowohl musikalische wie denkerische „Ausschweifung" in ihm wollüstige Glücks- und Befreiungsgefühle auslösten und „ihn dann ermattet zurückließen wie der Akt, dessen Namen er nicht nannte".
Im Mai 1877 konnte ihn nichts mehr zurückhalten. Er bestieg ein Schiff, das ihn nach einer turbulenten, stürmischen Fahrt nach Genua brachte. Wie er Malwida am 13. Mai brieflich mitteilte, wurde er durch eine entsetzliche Seekrankheit dabei erheblich mitgenommen. Nach kurzem Aufenthalt in Lugano begab er sich unverzüglich nach Bad Ragaz, wo er sich vier Wochen einer Bäderkur unterzog. Doch trotz eines beglückenden Gefühls der Befreiung war seine Stimmung nicht zuletzt wegen der ihm ärztlich aufgetragenen strengsten Schonung seiner Augen alles andere als froh. An Rohde schrieb er: „Meine Einsamkeit ist groß, meine Aussichten sehr trübe, die Gegenwart verhaßt, geistige Beschäftigung jeder Art untersagt, Skrupel und Sorgen allerlei auf dem Gemüt." Was besonders auf seiner Seele lastete, war die Frage, ob und wieweit er in Zukunft seinen Verpflichtungen an der Universität in Basel nachkommen sollte. Zu Pfingsten beriet er sich mit Overbeck, der auf Besuch zu ihm gekommen war, seine Zweifel jedoch nicht beseitigen konnte. Zu sehr graute ihm vorläufig vor Basel, „wo ich wie in einer Verpuppung leben muß und wirklich nervenschwach und melancholisch geworden bin". In dem Drang, noch entfernter von den Menschen zu leben, brach er seine Kur ab und begab sich in das kleine, 1300 Meter hoch im Berner Oberland gelegene Rosenlauibad, wo er Thermalwässer trank und „Bäder in dem alkalischen sehr weichen Natronwasser" nahm. Obwohl er Overbeck mitteilte: „Es ist gar zu schön, kräftig, gesund auf dieser Höhe", stimmten ihn die Gedanken an seine Zukunft eher düster, wozu noch sein immer mehr problematisches Verhältnis zu Wagner kam, dem er diesmal nicht zu dessen Geburtstag schrieb. Doch siegte letztendlich die Überzeugung, daß ihm die Lehrtätigkeit in Basel ein echtes Bedürfnis war, weshalb er den Entschluß faßte, „im Oktober wieder nach Basel zu gehen und meine alte Tätigkeit aufzunehmen. Ich halte es nicht aus ohne das Gefühl, nützlich zu sein; und die Baseler sind die einzigen Menschen, welche es mich merken lassen, daß ich es bin ... Also ich will wieder Lehrer sein; halte ich's nicht aus, so will ich im Handwerk zugrunde gehn."
In Basel angekommen, beschloß Nietzsche, am 3. Oktober 1877 für eine gründliche Untersuchung zu Dr. Otto Eiser in Frankfurt am Main zu reisen, mit dem er sich in Rosenlauibad angefreundet hatte. Im Verlaufe jener Woche, die er in Frankfurt zubrachte, wurde auch der Ophthalmologe Dr. Gustav Krüger zugezogen, über dessen Ergebnis er am 10. Oktober Cosima wie folgt berichtete: „Das Resultat ist so traurig als möglich: die Augen sind fast zweifellos als Quelle meiner Leiden, namentlich

Nietzsche im gesundheitlich kritischen Jahr 1875

der schrecklichen Kopfschmerzen, erkannt, zwei entzündliche Processe in denselben constatiert und die Blindheit als unvermeidlich in Aussicht gestellt. Falls ich mich nicht der harten Forderung aller Ärzte unterwerfe: auf mehrere Jahre hinaus absolut weder zu lesen, noch zu schreiben. In diesem Falle kann vielleicht der schwache Schimmer von Augenlicht noch erhalten werden, den ich jetzt noch habe." Man versteht Nietzsches Betroffenheit, wenn man erfährt, daß Dr. Eiser eine Woche früher an die Schwester Elisabeth eine eher optimistische Darstellung weitergab, indem er sie wissen ließ, daß „die Erklärung der peinlichen Kopfschmerzen fast mit Sicherheit gefunden, gewiß aber ein argwöhnisches Suchen nach tieferen, verderblicheren Leiden der Nervenzentren weggefallen ist", was nichts anderes besagte, als daß seine Kopfschmerzen als eine Folge des zugrunde liegenden Augenleidens aufgefaßt wurden.

Wieder einmal – diesmal allerdings mit folgenschwerer Auswirkung auf das spätere Verhältnis zwischen Wagner und Nietzsche – trat der Meister von Bayreuth in das Leben des berühmten Philosophen. Wagner bekundete nämlich, durch Cosima informiert, sein Interesse an den Ergebnissen der Untersuchung in Frankfurt. Da Dr. Eiser ein begeisterter Wagnerianer und Gründungsmitglied des im April 1877 ins Leben gerufenen Frankfurter Wagner-Vereins war, erwartete er sich von diesem Arzt bereitwillige Auskünfte. Für diese Erkundung hielt Wagner Hans von Wolzogen geeignet, der inzwischen auch das Wohlwollen Cosimas erlangt hatte und als Vertrauter der Familie nicht nur zum Redakteur der zukünftigen Bayreuther Zeitschrift auserkoren wurde, sondern auch für andere freundschaftliche Dienste willig zur Verfügung stand. Wolzogen war am 9. Oktober nach Bayreuth übersiedelt und erhielt dort als eine seiner ersten Aufgaben den Auftrag, sich bei Dr. Eiser schriftlich über das Befinden Friedrich Nietzsches zu erkundigen. Bei Westernhagen kann man diesen Schriftverkehr zwischen Wagner und Eiser zwischen dem Oktober und November 1877 im Detail nachlesen.

Am 17. Oktober 1877 antwortete Dr. Eiser auf das Schreiben Wolzogens auszugsweise: „Nach wenigen Tagen, welche wir auf Rosenlauibad gemeinsam verlebten, durfte ich unsere Beziehungen für wahrhaft freundschaftliche und dauernde halten. Je mehr mich dieses stolze Bewußtsein beglückte, desto bekümmerter sah ich das Bild einer tiefen Erkrankung in den Leiden Nietzsches immer unheimlicher zu Tage treten. Die Schilderung seiner Beschwerden, ihrer Entstehung, ihres bisherigen Verlaufs erfüllte mich mit ernster Besorgnis, zugleich auch mit höchster Verwunderung darüber, daß eine irgend einheitliche Behandlung bis dahin nicht stattgefunden hatte. Das Unmethodische, Zersplitterte aller seitherigen Heilversuche wurde durch die geringe Zuneigung des Patienten zu Professor Immermann erklärlich, welcher als Pathologe und interner Kliniker der Baseler Hochschule ganz offiziell zum Arzt Nietzsches geworden war. Nur dadurch wird es verständlich, daß Nietzsche während seiner fast einjährigen Abwesenheit in Sorrent ohne jede Verbindung mit dem Hausarzt blieb, daß die in Italien gelegentlich konsultierten Ärzte keinerlei Aufschlüsse vom Baseler Kollegen erhielten, nicht anders als der Arzt in Bad Ragaz, Dr. Dormann, woselbst der

Kranke nach eigenen Impulsen Heilung suchte ... Die Ergebnisse unserer hiesigen Untersuchung sind wenig erfreulich. Die wichtigste Frage, ob die paroxysmenweise (anfallsweise. *Anm.d.Verf.*) mit extremer Heftigkeit auftretenden Kopfschmerzen ihre letzte Ursache in den Nervenzentren selbst haben und als Symptom einer organischen Erkrankung des Gehirns und seiner Häute aufzufassen seien, oder aber, ob der Sehstörung des Kranken ein Augenleiden zugrundeliege, welches den Kopfschmerz und dessen periodische Exazerbationen als sekundäre Reizerscheinungen bedinge und somit die Kopferscheinungen weit günstiger auffassen lasse, kann zwar mit annähernder Gewißheit in diesem letzteren Sinn beantwortet werden. Die Untersuchung der Augen, welche unser tüchtiger Spezialist Dr. Krüger auf mein Ansuchen vorgenommen hat, läßt neben extremer Kurzsichtigkeit wesentliche Veränderungen des Augenhintergrundes nachweisen, daß der Hirnschmerz gar wohl durch die pathologischen Vorgänge im Auge zu erklären ist. Im rechten Auge, mit welchem der Kranke nur mißgestaltete verzerrte Bilder, die Schriftzeichen bis zur Unkenntlichkeit verschoben wahrnehmen kann, haben die Produkte einer chronischen Ader- und Netzhautentzündung die Nervenelemente des Augenhintergrunds in weiter Ausdehnung krankhaft verändert. Das linke Auge, welches bei hoher Kurzsichtigkeit derzeit normale Bilder erhält, ist von derselben Erkrankung in geringerer Ausdehnung heimgesucht. Alles Heil, welches unter solchen Umständen überhaupt zu erwarten ist, bestünde in einem Ablaufen, in einem Stillstand des chronischen Entzündungsprozesses. Als die hierfür unerläßliche, wichtigste Bedingung erklärt unser Ophthalmologe das gänzliche Enthalten des Kranken von Lesen und Schreiben auf Jahre hin."

Als Antwort auf diesen ausführlichen Brief Dr. Eisers an Freiherrn von Wolzogen setzte sich Wagner nun nicht, wie zu erwarten gewesen wäre, mit seinem Freund Nietzsche in Verbindung, sondern er verfaßte am 23. Oktober ein langes Schreiben an Dr. Eiser, in welchem er in einer plumpen und taktlosen Weise zur Klärung der Diagnose seines Freundes eigene Gedankengänge in den Raum stellte. Zunächst verwies Wagner auf ähnliche Beobachtungen an anderen jungen Männern: „Diese sah ich an ähnlichen Symptomen zugrunde gehen, und erfuhr nur zu bestimmt, daß Folgen der Onanie vorlagen." Wagner, der sich offenbar für einen Fachmann für sexuelle Probleme hielt, glaubte aus dem Verhalten Nietzsches und seinem eigenartigen Umgang mit jungen Männern schließen zu müssen, daß sich sein Freund selbst behalf oder bei seinen „Knäblein" in Sorrent Befriedigung suchte. Gegen die angeblich schlimmen Folgen derartiger sexueller Praktiken, von denen man zu jener Zeit (unter tatkräftiger Mitwirkung der Kirche) noch überzeugt war, erlaubte sich Wagner noch, Dr. Eiser den therapeutischen Vorschlag einer Kaltwasserkur zu unterbreiten.

Das Antwortschreiben Dr. Eisers an Richard Wagner vom 26. Oktober auf dessen Brief, der übrigens wegen seines delikaten, verletzenden Inhaltes erst im Jahre 1956 der Öffentlichkeit bekannt gemacht wurde, lautete in seinen wichtigsten Passagen so: „Was zunächst Ihre Hypothese betrifft, so fand ich in meiner Untersuchung keinen direkten Anhalt für ähnliche Annahmen, doch bin ich weit entfernt, die Richtigkeit Ihrer Beobachtung deshalb zu bestreiten. Gegen das Vorhandensein onanistischer Einflüsse scheint die Aussage des Kranken selbst zu sprechen. Bei Erörterung seiner geschlechtlichen Zustände versicherte mir Nietzsche nicht nur, daß er nie syphilitisch gewesen sei, sondern er hat auch meine Frage nach starker geschlechtlicher Erregung und etwaiger abnormer Befriedigung derselben verneint. Doch wurde der letztere Punkt von mir nur flüchtig berührt und ich darf deshalb Nietzsches Worten nach dieser Seite nicht allzu viel Gewicht beilegen. Triftiger scheint mir als Gegengrund, daß der Kranke von Tripper-Ansteckungen während seiner Studentenjahre berichtet, dann auch, daß er jüngst in Italien auf ärztliches Anrathen mehrmals den Coitus ausgeübt haben will. An der Wahrhaftigkeit dieser Erzählungen ist gewiß nicht zu zweifeln und sie beweisen wenigstens, daß unserem Patienten die Fähigkeit zu normaler Befriedigung des Geschlechtstriebes nicht fehlt, was bei Onanisten seines Alters zwar nicht undenkbar, aber doch wohl nicht das Gewöhnliche ist. Auch zum Heirathen ... zeigt sich Nietzsche so entschieden geneigt, wie es bei einem eingefleischten Onanisten befremden müßte. Ich gestehe, daß meine Einwände alle nicht gar stichhältig sind und daß dieselben durch Ihre lange und gründliche Beobachtung des Freundes leicht entkräftet werden. Ich muß Ihrer Annahme um so williger beipflichten, als dieselbe durch Manches im Habitus und Benehmen Nietzsches mir nur zu glaublich scheint.

In beiden Augen Nietzsches läßt der Augenspiegel so namhafte Destruktion der wichtigsten Gewebe erkennen, daß eine vollständige Wiederherstellung undenkbar ist. Im günstigsten Fall, wenn ein Stillstand des exsudativen Entzündungsprozesses eintritt, würde sich das so gewonnene Resultat auf die Erhaltung des derzeit vorhandenen spärlichen Sehvermögens beschränken. Wohl kommt es vor, daß nervös irritierte, durch Onanie oder sonstwie geschwächte, hysterische Kranke von tiefen Störungen des Sehvermögens durch allgemein roborierende, nervenstärkende Einflüsse geheilt werden. Bei Nietzsches Augenleiden wird das ursächliche Moment – da das spezifische der Syphilis eben so gewiß wie die sonst häufig zu Grund liegende chronische Nierenentzündung ausgeschlossen ist – weder einen bestimmten Modus des Heilverfahrens noch eine Änderung der Prognose bedingen. Onanie, wenn dieselbe wirklich vorliegt, kann als Ursache hier nur im weitesten Sinn aufzufassen sein, so etwa, daß onanistisch Geschwächte allzeit weniger widerstandsfähig sind. Aber zwischen dieser etwa durch Onanie bewirkten allgemeinsten Krankheitsanlage und der Sehbehinderung unseres Kranken läge dann immer die Überanstrengung der Augen als die zweifellos nähere Veranlassung und das entzündliche Exsudat als die letzte und direkteste Ursache.

Ganz anders verhält es sich mit den Kopferscheinungen. Hier ist die materielle Grundlage der Symptome durch nichts bewiesen, ja der ganze Verlauf der nahezu vierjährigen Erkrankung läßt eine lokalisierte Texturerkrankung des Gehirns oder seiner Häute mit Wahrscheinlichkeit ausschließen. Dann ist der Kopfschmerz mit seiner paroxys-

Ein junger Feuergeist: Friedrich Nietzsche als Abiturient. Fotografie, 1864

Oben: Eine deutsche Eliteschule des 19. Jahrhunderts: Schulpforta bei Naumburg. Nietzsche trat hier im Oktober 1858 ein. Fotografie von Donald L. Bates.
Unten: Röcken bei Lützen, der Geburtsort Nietzsches. Die Pfarrkirche war Wirkungsstätte seines Vaters Karl Ludwig Nietzsche. Fotografie, um 1925.

menweisen Steigerung gar wohl als Reflexerscheinung, veranlaßt durch die Erkrankung der Augen, aufzufassen. Allerdings müßte in unserem Falle eine individuelle Disposition des Gehirns, ein erhöhter Reizzustand desselben den anderen Faktor bilden. Solche pathologische Reizbarkeit der Nervenzentren ist nun gar wohl mit der Sexualsphäre in direkten Causalnexus zu bringen und so wäre denn hier die Entscheidung der Onanie-Frage von höchster Bedeutung – ob für das Heilverfahren und dessen Erfolge möchte ich bei der bekannten Hartnäckigkeit jenes Lasters selbst hier bezweifeln. Wie sehr ich mit Ihren Ansichten über die Zweckmäßigkeit eines hydrotherapeutischen Versuchs auch für Nietzsches Zustände übereinstimme, mag daraus erhellen, daß ich unserem Kranken eine Kaltwasserkur als Projekt für den nächsten Sommer ausdrücklich empfohlen habe. Zur Aufklärung des sexualen Sachverhaltes wird meine offene Frage an Nietzsche der kürzeste und richtigste Weg sein. Inzwischen lasse ich es von Ihrer gütigen Entscheidung abhängen, ob ich Nietzsche mittheilen darf, daß ich Ihnen über seine gesundheitlichen Zustände berichtet habe, oder ob ihm nicht nur das Einzelne unserer Verhandlung, sondern auch diese selbst unbekannt bleiben soll."

Die unglaubliche Indiskretion, mit der Dr. Eiser die intimsten Details, die ihm sein Patient im Vertrauen auf dessen absolute Loyalität anvertraut hatte, einem Fremden gegenüber offen verraten hat, stellt ein krasses Beispiel gröbster Verletzung des Gebots ärztlicher Verschwiegenheit dar, das kaum überboten werden kann. Nietzsche selbst hatte vorläufig weder von Wagners Brief noch von Eisers Befundbericht an einen Dritten ohne Zustimmung des Kranken etwas erfahren. Dr. Eiser empfahl ihm, von allen Heileingriffen „heroischer Art", wie es etwa dem Auflegen von Senfteig-Kataplasmen in die Nackenregion während eines Anfalles starker Kopfschmerzen darstellte, abzusehen und statt dessen den „Versuch palliativer Einrichtungen auf Verlauf und Dauer der einzelnen Schmerzanfälle" zu unternehmen. Neben beruhigenden Maßnahmen und Kaltwasserkuren schlug Dr. Eiser auch eine Behandlung mit galvanischem Strom vor, weshalb er am 11. Oktober bei Nietzsche anfragte, ob Dr. De Wette in Basel sich zu dieser neuen Methode, nämlich den „Experimenten mit dem konstanten Strom" bereits entschließen konnte. Als Nietzsche kurze Zeit später von einer leichten Besserung berichtete, glaubte Dr. Eiser diesen Erfolg der Elektrotherapie zuschreiben zu dürfen, wie aus seinem Brief an Nietzsche vom 26. November hervorgeht: „Ich brauche nicht erst zu schildern, wie mich die Nachricht Ihres Besserbefindens beglückt und getröstet hat … Aber mag auch der Verlauf so langwierig und schwankend sein, wie es für chronische Nervenleiden charakteristisch ist … so dürfen wir hieraus ohne Zweifel diagnostisch und prognostisch die gewichtigsten schönsten Schlüsse ziehen." Aber für noch wichtiger als diese möglichen schmerzlindernden Maßnahmen hielt Eiser das allgemeine „diätetische Verhalten", womit zu jener Zeit eine wirksame Vorbeugung verstanden wurde: Lese- und Schreibverbot, Gebrauch der Konkavgläser sowie blauer Schutzbrillen gegen zu grelles Licht, und in allererster Linie die sofortige Aufgabe seiner Lehrverpflichtungen in Basel.

Wie bestürzt Nietzsche durch diese ärztliche Einschätzung seines Gesundheitszustandes war, zeigt sein Gesuch an Professor Carl Burckhardt vom 17. Oktober 1877 mit der Bitte um Entbindung von seiner Tätigkeit am Pädagogium, wobei er auf eine „neuerlich angestellte sorgfältige Untersuchung durch drei Ärzte" verwies: „Die Forderung der Ärzte gieng einmüthig darauf hin, daß ich mich auf mehrere Jahre hinaus des Lesens und Schreibens absolut zu enthalten hätte." Seinen Verpflichtungen an der Universität kam er hingegen weiter nach. Erst als sich die Kopfschmerzanfälle häuften und der erhoffte Erfolg aller Bemühungen Dr. Eisers ausblieb, bat Nietzsche am 11. Februar 1878 um die endgültige Entlastung von den Lehrverpflichtungen am Pädagogikum. Sein Gesuch stützte sich dabei auf ein Gutachten Professor Massinis, dessen Einschätzung für Eiser ausschlaggebend war, seine bisherige Meinung über Nietzsches Krankheit zu revidieren, wie er in einem Schreiben vom 9. Februar 1878 an Overbeck eingestand: „Die Abhängigkeit der Kopfschmerzen von dem Augenleiden war die schwache Hypothese, welche mir, wenn auch nicht Heilung, aber doch vielleicht Linderung und erträgliches Hinziehen der Leiden Nietzsches denkbar machte. Aber daneben stand immer die andere Alternative eines selbständigen grob-materiellen Gehirnleidens mit einer weit trostloseren Prognose. Die schlimme Möglichkeit scheint durch die Beobachtung des Baseler Kollegen zur schlimmen Gewißheit geworden." Unter dem „grobmateriellen Hirnleiden" verstand Eiser die von Professor Massini konstatierte chronische Hirnhautreizung, während er einen bösartigen Hirntumor ebenso wie eine *Meningoencephalitis* (Entzündung im Gehirn und in den Hirnhäuten. *Anm.d.Verf.*) syphilitischer Natur differentialdiagnostisch offenbar kategorisch ausschloß.

Anfang März 1878 begab sich Nietzsche zur empfohlenen Kaltwasser-Kur nach Baden-Baden, wo er zwar „Badehaus und Einrichtungen über alles Lob hinaus schön" fand, über den behandelnden Arzt Dr. Berton jedoch das Urteil fällte: „Der Arzt – Fragezeichen??" Während er im Sommer eine Kur in Interlaken absolvierte, dachte er wegen der Wirkungslosigkeit der bisherigen Bäderanwendungen sogar daran, erneut Dr. Wiel aufzusuchen.

Im April unterzog er sich einer Augenuntersuchung bei dem prominenten Ophthalmologen Alfred Graefe in Halle. Obwohl uns das Gutachten Graefes nicht überliefert ist, wissen wir, daß auch dieser Arzt ihm streng aufgetragen hatte, auf Jahre hin weder zu lesen noch zu schreiben. Elisabeth notierte damals: „In den Jahren 1878/79 behandelten zu gleicher Zeit vier Ärzte meinen Bruder: zwei davon behaupteten, daß ein Kopfleiden die Ursache seiner Schmerzen sei, zwei andere (Schiess und Graefe) schoben das ganze Leiden auf den Zustand seiner überanstrengten Augen." In der Tat bestand über den Kausalzusammenhang zwischen Kopf- und Augenschmerzen Nietzsches unter den Ärzten keine einhellige Meinung, da aus dem ophthalmologischen Bericht allein, so wie er für Nietzsche überliefert ist, eben eine sichere Aussage über die Ätiologie des Augenleidens nicht abgeleitet werden konnte. Während Dr. Krüger den Augenbefund für nicht syphilitisch hielt, wurde von Dr. Gutjahr in einem Brief an

Sorgte nach dem Ausbruch von Nietzsches Geisteskrankheit aufopfernd für seinen Freund: der Basler Gelehrte Franz Overbeck.

Peter Gast die syphilitische Ätiologie geltend gemacht: „Noch zu Lebzeiten wurde mir von glaubwürdiger Seite gesagt, daß bei dem Patienten Nietzsche schon in Basel eine *Chorioiditis luetica* (Aderhautentzündung. *Anm.d.Verf.*) festgestellt worden sei." Für Nietzsche selbst war jedenfalls Graefes Gutachten ausschlaggebend für seinen späteren Entschluß, auch die Professur in Basel niederzulegen, nachdem sich im Zusammenhang mit den gehäuft auftretenden Kopfschmerzanfällen die Augen weiter verschlechtert hatten. In seinen Briefen nach Naumburg heißt es: „Aber ein Ausruhen von mindestens fünf Jahren wäre vielleicht noch zu versuchen (ich glaube an keine Genesung mehr); von der Erschütterung des Gehirns, dem Erlöschen der Augen könnt Ihr Euch keine Vorstellung machen ... Schiess hat gestern von Neuem die erhebliche Abnahme meiner Sehkraft seit der letzten Untersuchung constatirt."

Inzwischen nahte der unter allen Umständen einzuhaltende Termin für die Veröffentlichung seines neuen Buches, nämlich der 30. Mai 1878. Auch diesmal war es ein Jubiläumstag, nur mit dem Unterschied, daß das neue Werk das genaue Gegenstück zu dem reumütig zur Frömmigkeit zurückgekehrten Wagner wurde, indem Nietzsche zum Vorbild aller freien Geister Voltaire gewählt hatte. Der Titel des neuen Buches lautete demgemäß: *Menschliches, Allzumenschliches. Ein Buch für freie Geister*. Er widmete es dem Andenken Voltaires aus Anlaß der Gedächtnisfeier seines hundertsten Todestages. Man fragt sich unwillkürlich, wie Nietzsche zu diesem freien Geist wurde, der offenbar die alten Tröstungen nicht mehr nötig hatte. Handelte es sich in diesem Buch um die Loslösung von „zu Hause" oder endlich um die Befreiung von Wagner? Auf jeden Fall steht die Entfesselung der Bindungen zu altverehrten Vorbildern im Vordergrund, wobei er in seiner neuen Art von Philosophie diese Loslösung zwar als Befreiung, gleichzeitig aber auch als eine zerstörerische Krankheit empfand, indem nämlich „der Befreite, Losgelöste sich nunmehr seine Herrschaft über die Dinge zu beweisen sucht". Schulte wies darauf hin, daß Nietzsche diese „große Loslösung" ähnlich wie seine Begegnung mit Dionysos selbst wieder als sexuelle Erweckung beschrieb, wenn es an einer Stelle des Buches heißt: „Er schweift grausam umher, mit einer unbefriedigten Lüsternheit: was er erbeutet, muß die gefährliche Spannung seines Stolzes abbüßen; er zerreißt, was ihn reizt. Mit einem bösen Lachen dreht er um, was er verhüllt, durch irgendeine Scham geschont findet; er versucht, wie diese Dinge aussehn, wenn man sie umkehrt."

Bei Nietzsches rücksichtsloser Bloßlegung der „Allzumenschlichkeit" all dessen, was bisher für ihn als heilig, ewig und übermenschlich gegolten hatte, erfuhren zwangsläufig wichtige Begriffe seiner vorhergehenden philosophischen Periode eine entgegengesetzte Deutung, etwa das „Dionysische", der „Decadence-Begriff", das „Unzeitgemäße" und der „Geniecult". Selbst der früher so geschmähte Sokrates erschien nun plötzlich prädestiniert als Schirmherr und Hüter des neuen Wahrheitstempels. Ähnliches gilt für seine bisherige Einschätzung Richard Wagners, dessen pompöses Treiben in Bayreuth ihm nun mehr und mehr als ein „höherer Schwindel" erschien, wie denn überhaupt die Kuturrevolution, wie Wagner sie verstand, von seinen eigenen Vorstellungen gänzlich abwich. Vor allem erblickte er in dem soeben fertiggestellten *Parsifal* einen verächtlichen Kniefall vor dem Kreuz, mit dem Wagner sich mit der Kirche wieder zu versöhnen suchte. Tatsächlich war Wagner „fromm" geworden und „zu Kreuze gekrochen"; anhand der Tagebucheintragungen Cosimas läßt sich dieser „Prozeß seiner Bekehrung" unschwer nachvollziehen. Im dritten Teil seines Aufsatzes über *Publikum und Popularität* legte Wagner geradezu sein neues Bekenntnis zur Religion und zu einem von allem Jüdischen gereinigten Christentum ab. Offensichtlich in der Absicht, seinen Schwenk zum Christentum nicht allzu ernst darzustellen, apostrophierte er sich in dem am 3. Januar 1878 an Nietzsche abgesandten *Parsifal* scherzhaft in Parenthese mit „Oberkirchenrat". Nietzsche blieb natürlich die Absicht Wagners, einzulenken, nicht verborgen, so daß ihm die Wahl des Titels für sein neues Buch fast leid tat und er vorübergehend sogar daran dachte, als Autor in die Anonymität auszuweichen. Schon entwarf er ein versöhnliches Widmungsschreiben, doch schließlich wandte er sich doch direkt an Wagner und schrieb: „Indem ich Ihnen das Buch *Menschliches, Allzumenschliches* übersende, lege ich mein Geheimnis vertrauensvoll in Ihre und Ihrer edlen Gemahlin Hände ... Ich habe meine innersten Empfindungen über Menschen und Dinge darin ans Licht gebracht und zum ersten Mal die Peripherie meines eigenen Denkens umlaufen." Später bemerkte Nietzsche im *Ecce homo* zur Symbolik des Austausches von Wagners *Parsifal* und seines eigenen Buches: „Diese Kreuzung der zwei Bücher – mir war's, als ob ich einen ominösen Ton dabei hörte. Klang es nicht, als ob sich Degen kreuzten?"

Wie dem auch sei, der Abfall von Wagner war nun vollkommen. Cosima glaubte auch sofort den Urheber dieses Verrats, den Nietzsche in ihren Augen durch seinen abrupten Wechsel vom Lobpreiser zum Entlarver beging, ausfindig gemacht zu haben: „Vieles hat mitgewirkt zu dem traurigen Buche ... Schließlich kam noch Israel hinzu in Gestalt eines Dr. Rée, sehr glatt, sehr kühl, gleichsam durchaus eingenommen und unterjocht durch Nietzsche, in Wahrheit aber ihn überlistend, im Kleinen das Verhältnis von Judäa und Germania." Solche Sätze schrieb sie, anscheinend ohne das Buch vorher überhaupt gelesen zu haben, denn sie wandte sich an eine Freundin: „Das Buch von Nietzsche habe ich nicht gelesen. Das Durchblättern und einige prägnante Sätze daraus genügten mir und ich legte es ad acta." Ähnlich reagierte Wagner selbst, der in einem Schreiben an Overbeck auf „sehr auffällige Veränderungen und auf Krämpfe Nietzsches" hinwies, weshalb ihn die längst erwartete und nun eingetretene Katastrophe nicht überrascht hätte. Noch deutlicher drückte er sich seinem Verleger Schmeitzner gegenüber aus, wie dieser berichtete: „Er erging sich in Gemeinheiten über Nietzschen, die ich nie vergessen werde, die aber Nietzsche und seine Freunde nie von mir erfahren sollten." Bezüglich Rée lästerte Wagner mit den Worten: „Es gibt Wanzen, es gibt Läuse. Gut, sie sind da! Aber die brennt man aus! Die Leute, die das nicht tun, sind Schweine." Kein Wunder, daß im Tagebuch Cosimas die Einstellung Wagners zum Judentum unverblümt festgehalten wurde: „Richard ist für völlige Ausweisung. Wir lachen darüber, daß wirklich, wie es scheint, sein Aufsatz über die Juden den Anfang dieses Kampfes gemacht hat."

Ein Teil von Nietzsches Vergangenheit, der noch abzuschreiben blieb, war seine Schwester Elisabeth, die inzwischen zur Duzfreundin Cosimas aufgestiegen war. Lieber verzichtete er auf die Bequemlichkeit eines gut versorgten Haushaltes – sie mußte aus seinen Augen. Seitdem er sein Lebensideal aufgestellt hatte, fühlte er sich „wie verjüngt, einem Gebirgsvogel gleich". Frische, reine Höhenluft war sein Wunsch, weshalb er unmittelbar nach Beendigung des Semesters ins Berner Oberland flüchtete, „auf einen Berg bei Grindelwald (6000 bis 7000 Fuß), wo ich, inmitten unglaublicher Naturruhe und Größe throne". Endgültig überwunden war die ängstliche Sorge um die Gunst und das gütige Wohlwollen seines „Über-Vaters" Wagner. Noch wußte er nichts von der beleidigenden Indiskretion im Briefverkehr mit Dr. Eiser, weshalb die Feindschaft zwischen beiden nur unterirdisch weiterschwelte und erst nach dem Tode Wagners in der Streitschrift *Der Fall Wagner* offen zum Ausdruck kam. Damals scheint Nietzsche von Wagners grober Indiskretion erfahren zu haben, denn in einem Schreiben an Overbeck kurz nach dem Ableben Wagners stehen die drohenden Worte: „Es gibt etwas zwischen uns wie eine tödliche Beleidigung; und es hätte furchtbar kommen können, wenn er noch länger gelebt haben würde."

Das letzte in Basel verbrachte Jahr ist gekennzeichnet durch eine zunehmende und ganz bewußte Flucht in die Einsamkeit. Sieht man von der Familie Overbeck ab, mit der er weiterhin in freundschaftlicher Verbundenheit verweilte, erlosch auch mehr und mehr der Briefwechsel mit seinen engsten Freunden. Ein Mißtrauen gegen alle Welt schlich sich ein, das bis zu Verfolgungsängsten gehen konnte, weshalb er vor Nachrichten auf offenen Postkarten warnte. Nach einem Besuch in Naumburg, wo er „sehr schlechte Wochen" verbrachte, kehrte er nach Basel zurück, um am 21. Oktober mit seinen Vorlesungen zu beginnen. Mit der Wiederaufnahme seiner Tätigkeit an der Universität stellten sich erneut seine Kopfschmerzen ein, wie er nach Hause berichtete: „Den vorigen Sonntag kam plötzlich ein sehr heftiger Anfall, so wie am Tage der Abreise: es sind jetzt 10 Sonntage hintereinander." Es gab Phasen, in denen seine rasen-

den Kopfschmerzen eine volle Woche hindurch anhielten, sonst im allgemeinen aber in regelmäßigen Intervallen von drei Tagen auftraten. Wegen seiner Magenbeschwerden legte er sich einen strengen Speiseplan zurecht, mit dem es ihm gelang, längere Zeit hindurch symptomfrei zu bleiben, jedoch nur, was seinen Magen betraf. Sein Kopfleiden trat nämlich zunehmend stärker in Erscheinung: „Die Krampferscheinungen, welche mich nötigen, das rechte Auge viele Stunden zu schließen, verbreiten sich an den Haupttagen über den ganzen Körper." Seit Februar 1879 waren diese Schmerzattacken auch wieder „mit Erbrechen über Erbrechen" verbunden. Einer seiner früheren Schüler beschrieb ihn „blaß, abgemagert, und der erste Blick ließ mich ahnen, welche furchtbaren Leiden der Arme von Zeit zu Zeit durchzumachen hatte". Es gab Nächte, die er „nicht zu überleben meinte", und da er sein Leiden mit der Überforderung durch seine akademischen Verpflichtungen in einem ursächlichen Zusammenhang sah, klagte er das verruchte Basel an, „wo ich meine Gesundheit verloren habe und mein Leben verlieren werde". Diese Sorge drückt sich in einem Schreiben an Peter Gast aus, in welchem die resignierenden Worte zu lesen sind: „Falls ich lebe – eine Formel, die ich Grund habe, allen Plänen anzuhängen."
Trotz des sich verschlimmernden Leidens lehnte er es ab, neuerlich einen Arzt zu konsultieren. Statt dessen suchte er selbst Wege und Mittel, seine schriftstellerische Tätigkeit ungeachtet seines Leidens fortsetzen zu können. Schon im März 1879 erschien nach seinem Band *Menschliches, Allzumenschliches* die erste Fortsetzung mit *Vermischte Meinungen und Sprüche.* Es fällt auf, daß sich Nietzsche jetzt auch um einen optimalen Stil in seinen Schriften bemühte: „Mit Leibeskräften bemühe ich mich, es im Ausdruck zur Vollkommenheit zu bringen: ich elender Patient sinne und zersinne mich bei allen Schmerzen noch – über Ausdrücke!" Sein Wirken verschaffte ihm regelrechte Glückszustände, wie er dies auch brieflich andeutete: „Lebt wohl, meine herzlich Geliebten, denkt nur, daß ich bei allem Leiden mich glücklicher fühle als je im Leben." In Anspielung auf eine Vision Dantes legte er am 11. September 1879 in einem Brief an Peter Gast eine Art Bilanz seines Lebens vor: „Ich bin am Ende des fünfunddreißigsten Lebensjahres; die ‚Mitte des Lebens' sagt man anderthalb Jahrtausende lang von dieser Zeit … Nun bin ich in der Mitte des Lebens so ‚vom Tode umgeben', daß er mich stündlich fassen kann; bei der Art meines Leidens muß ich an einen plötzlichen Tod, durch Krämpfe, denken … Insofern fühle ich mich jetzt dem ältesten Manne gleich; aber auch darin, daß ich mein Lebenswerk getan habe."
Als Ergebnis reiflichen Überlegens und als Bilanz eines unerträglich gewordenen Leidenszustandes – allein im Jahr 1879 zählte er in der von ihm selbst geführten Statistik 118 schwere Anfallstage – war er nun entschlossen, seine Basler Professur aufzugeben. Am 2. Mai 1879 richtete er an den Präsidenten der Basler Universitäts-Kuratel, Carl Burckhardt, folgendes Schreiben: „Der Zustand meiner Gesundheit, derentwegen ich schon mehrere Male mich mit einem Gesuche an Sie wenden mußte, läßt mich heute den letzten Schritt thun und die Bitte aussprechen, aus meiner bisherigen Stellung als

Lehrer an der Universität ausscheiden zu dürfen. Die inzwischen immer noch gewachsene äußerste Schmerzhaftigkeit meines Kopfes, die immer größer gewordene Einbuße an Zeit, welche ich durch die zwei- bis sechstägigen Anfälle erleide, die von neuem durch Herrn Professor Schiess festgestellte erhebliche Abnahme meines Sehvermögens, welches mir kaum noch zwanzig Minuten erlaubt ohne Schmerzen zu lesen und zu schreiben – dies Alles zusammen drängt mich einzugestehen, daß ich meinen akademischen Pflichten nicht mehr genügen kann … Es würde zum Nachtheile unserer Universität und der philologischen Studien an ihr ausschlagen, wenn ich noch länger eine Stellung bekleiden müßte, der ich jetzt nicht mehr gewachsen bin."
Durch die Großzügigkeit der Basler, die ihm dreitausend Franken Pension zugestanden, konnte Nietzsche aus materieller Sicht einer sorgenfreien Zukunft entgegenblicken. Fürs nächste begab er sich den Sommer über ins Engadin, wo er ganz ohne Bücher, als „Sieben-Achtel-Blinder" und ohne Aussicht auf Besserung „Erholung von mir selber, Ausruhen von meinen Gedanken" anstrebte. Doch der bevorstehende Winter lag düster und drohend vor ihm, wie er seiner Mutter gestand: „Mir graut vor dem nächsten Winter, nach den Erfahrungen des letzten." Tatsächlich stellten ja diese Monate den „Tiefpunkt seiner Vitalität" dar. Dazu kam noch, daß Nietzsche nun in sein sechsunddreißigstes Lebensjahr eintrat, in jenes Alter also, in dem sein Vater an einem Gehirnleiden gestorben war. In *Ecce homo* erinnert er sich an diese düstere Zeit: „Ich lebte noch, doch ohne drei Schritt nur vor mich zu sehen." Er lebte, wie es an einer anderen Stelle heißt, nur mehr „als Schatten in Naumburg". Werner Ross spricht von einer Selbstmythologisierung in Nietzsches letzter Biographie, worin er schilderte, wie er „im Winter 1879 in die Schattenwelt abgestiegen und dann, wie nur je ein Gott, der sich selbst erlöst, wiederauferstanden ist". Dieser Mythologisierung entspricht auch die Bemerkung in einem Brief an Peter Gast, seinem vertrautesten Freund, wonach es „schicklich sei, nach Naumburg zurückzukehren, in den Mutterschoß".

Der Prophet kündigt sich an

„Den Pforten des Todes entwischt", benachrichtigte Nietzsche Rée, nachdem er von seinen Verpflichtungen als Professor an der Universität entbunden worden und nach dem gesundheitlichen Tiefpunkt seines Lebens unbeschadet in das Sterbealter seines Vaters, das sechsunddreißigste Lebensjahr, getreten war. Noch am 14. Januar 1880 gab er Malwida nach Paris im Ton eines Abschiedes vom Leben kund, daß er allem Anschein nach mit einem „erlösenden" Schlaganfall rechnen müsse, was dort Anlaß zu dem Gerücht gab, Nietzsche sei bereits gestorben. Die Furcht, das Ende seines Lebens stehe unmittelbar mit dem Erreichen seines sechsunddreißigsten Lebensjahres bevor, durchzog damals auch viele seiner Briefe. Doch nun begann für ihn ein neuer

Lebensabschnitt, in welchem er das „unterwegs Erdachte" nur noch in „aphoristischer" Form niederschrieb. Ohne für diesen auffallenden Wandel eine befriedigende Erklärung gegeben zu haben, schrieb Karl Jaspers: „Wer die Briefe und Schriften in chronologischer Folge liest, kann sich dem außerordentlichen Eindruck nicht entziehen, daß mit Nietzsche seit 1880 eine so tiefgreifende Veränderung vor sich geht wie niemals vorher in seinem Leben. Sie zeigt sich nicht nur in den Inhalten seiner Gedanken, in neuen Schöpfungen, sondern in der Form des Erlebens; Nietzsche taucht gleichsam in eine neue Atmosphäre, was er sagt, gewinnt einen anderen Ton; die alldurchdringende Stimmung ist etwas, das keine Vorboten und Anzeichen vor 1880 hatte."
Das Überstehen jener von ihm so gefürchteten Schwelle seines Lebens rief in Nietzsche offenbar die Überzeugung wach, daß er für Außergewöhnliches vorgesehen war. Hegte man doch noch kurz zuvor keinen Zweifel, daß man es bei ihm mit einem Schwerkranken zu tun hatte, wie Peter Gast Ende Februar aus Riva dies berichtete: „Er muß sich in jeder Hinsicht schrecklich in acht nehmen, nach ganz bestimmten, von ihm selbst erfundenen Regeln leben, im Sprechen und Denken, im Sehen und Hören maßhalten." Nietzsche selbst erinnerte sich später an dieses Jahr 1880 mit den Worten: „Ich mag nicht mit Menschen verkehren, weil ich ihr Gesicht nicht sehen kann, und ohne das ist ihr Reden mir verdächtig oder unverständlich, oder – ich rede allein, was mir hinterdrein Scham einflößt." Umso auffallender ist nun das optimistisch gefärbte Bild, das er seiner Mutter schriftlich übermittelte: „Mein Aussehen ist übrigens vortrefflich, meine Muskulatur infolge meines beständigen Marschierens fast die eines Soldaten, Magen und Unterleib in Ordnung. Mein Nervensystem ist, in Anbetracht der ungeheuren Tätigkeit, die es zu leisten hat, prachtvoll und der Gegenstand meiner Verwunderung, sehr fein und sehr stark: selbst die langen schweren Leiden, ein unzweckmäßiger Beruf und die fehlerhafteste Behandlung haben ihm nicht wesentlich geschadet, ja im letzten Jahr ist es stärker geworden, und dank ihm habe ich eines der mutigsten und erhabensten und besonnensten Bücher hervorgebracht, welche jemals aus menschlichem Gehirne und Herzen geboren sind." Diese Worte klingen verdächtig überheblich und großsprecherisch und deuten bereits an, wie sich bei Nietzsche ganz allmählich eine Art Sendungsbewußtsein entwickelte. In diesem Sinne muß auch die Vorrede zum im obigen Zitat angesprochenen Buch *Morgenröte. Gedanken über die moralischen Vorurtheile* gewertet werden, in der es unter anderem heißt: „Denn ich bin zurückgekommen und – ich bin davongekommen", was seiner eigenen Erlösung gleichkommt.
Für die 1881 erschiene *Morgenröte* waren im wesentlichen die Ereignisse in Genua 1880 bei seinem freien Herumstreifen am Meeresstrand entscheidend. Wie Nietzsche seinem Arzt Dr. Eiser mitteilte, machte er in dieser Zeit vorwiegend geistige Experimente: „Meine Existenz ist eine fürchterliche Last: ich hätte sie längst von mir abgeworfen, wenn ich nicht die lehrreichsten Proben und Experimente auf geistig-sittlichem Gebiete gerade in diesem Zustande des Leidens und der fast absoluten Entsagung

machte." Er beschrieb seine Erfahrungen eigenartigerweise als eine Art Eidechsenfang, was Günter Schulte tiefgründig so erklärt: „Eidechsenfang ist, nach Freuds Gradiva-Interpretation, ein Männerfang: Man behält nur den Schwanz in der Hand, und die Eidechse ist weg. Ein Griechengott würde ‚das arme Eidechslein' einfach angespießt haben, meint Nietzsche, der um die Eidechsen-Metaphorik in der antiken päderastischen Literatur natürlich Bescheid wußte. Als räuberisch lauernder Dichter setzt Nietzsche jetzt lediglich seine Reime ‚hintendrauf' oder hinein in ‚edle Theile des Lacerten-Leibchens'." Nietzsche selbst gab folgenden Kommentar: „Fast jeder Satz des Buches ist erdacht, erschlüpft in jenem Felsen-Wirrwarr nahe hei Genua, wo ich allein war und noch mit dem Meere Heimlichkeiten hatte. Noch jetzt wird mir, bei einer zufälligen Berührung dieses Buches, fast jeder Satz zum Zipfel, an dem ich irgend etwas Unvergleichliches wieder aus der Tiefe ziehe. Meine ganze Hand zittert von zarten Schaudern der Erinnerung." Er fand das bisher noch „unentdeckte zarte Roth" des „neuen Morgens" der Menschheit. Im Subversiven seiner Aufklärung über die bisherige Moral der Verachtung des Leibes sah er sich als „Maulwurf", der ohne Licht und Luft das althergebrachte Vertrauen in die Moral „anzugraben" sucht. An der Meeresküste Genuas, die ihn zu seiner *Morgenröte* anregte, fand er dieses unerforschte Land immoralischer Physiologie, den „Leib, die eigentliche ‚terra incognita'".

Doch auch nach diesem beseligenden August 1881 setzten sich seine Anfälle heftigsten Kopfschmerzes unverändert fort, worüber er in einem Brief vom September anOverbeck klagte: „Ich bin voller Verzweiflung. Der Schmerz besiegt Leben und Willen. Was für Monate, was für einen Sommer habe ich hinter mir! So oft wurde mein Leib gepeinigt, wie am Himmel Veränderungen eintraten. In jeder Wolke steckt etwas wie ein Blitz, was mich wie mit Händen plötzlich anpackt und mich Unglücklichen ganz und gar zugrunde richten will. Fünfmal rief ich den Tod als Arzt an und hoffte, daß der gestrige Tag der letzte sei – hoffte vergeblich." Mit dem „tödlichen Blitz", der sich aus einer Gewitterwolke lösen könnte, meinte er nichts anderes als den Gehirnschlag, wie ihn sein Vater erlitten hatte – ein Gedanke, von dem er sich noch immer nicht ganz befreien konnte.

Seinen Himmel der ewigen Heiterkeit erblickte er im Hochgebirge, doch diesmal nicht wie 1879 in St. Moritz, sondern in Sils-Maria. Doch auch in diesem Ort in den Hochalpen machte sich in ihm die Sorge breit, wie sich denn die atmosphärische Elektrizität auf ihn auswirken könnte, eine Sorge, die zu seiner nun immer deutlicher hervortretenden neurotischen Beschäftigung mit den atmosphärischen Einflüssen des Wetters auf den Menschen paßte. In Sils-Maria wurden seine Schmerzanfälle erträglicher, und im beglückenden Gefühl der „großen Genesung" schrieb er am 14. August 1881 an Peter Gast: „An meinem Horizonte sind Gedanken aufgestiegen, dergleichen ich noch nicht gesehen habe; davon will ich nichts verlauten lassen, und mich selber in einer unerschütterlichen Ruhe erhalten. Ich werde wohl noch einige Jahre leben müssen! Ach, Freund! Mitunter läuft mir die Ahnung durch den Kopf, daß ich eigentlich ein höchst

In diesem Haus in Sils-Maria, Oberengadin, Kanton Graubünden, verbrachte Nietzsche von 1881 bis 1888 die Sommermonate.

gefährliches Leben lebe, denn ich gehöre zu den Maschinen, die zerspringen können! Die Intensitäten meines Gefühls machen mich schaudern und lachen; schon ein paar Mal konnte ich das Zimmer nicht verlassen, aus dem lächerlichen Grunde, daß meine Augen entzündet waren – wodurch? Ich hatte jedes Mal vorher auf meinen Wanderungen zuviel geweint, und zwar nicht sentimentale Tränen, sondern Tränen des Jauchzens; wobei ich sang und Unsinn redete, erhellt von einem neuen Blick, den ich allen Menschen voraus habe." Doch schon wenige Wochen später, am 22. September, lautete es in einem Brief an Peter Gast wieder ganz anders, als er neuerlich seine unerklärliche Wetterphobie hervorkehrte: „Daß ein Himmel mit monatelanger Reinheit eine Lebensbedingung für mich geworden ist, sehe ich nun ein: lange vermag ich diesem ewigen Wachsein, diesem Wolken-Aufziehen nicht mehr standzuhalten!"
Sieht man von der neurotischen Angst vor Witterungsschwankungen ab, die eindeutig pathologische Züge annahm, so fällt in dieser Zeit die bedenkliche Selbstüberhöhung in seinem Denken und Fühlen besonders auf. Mit der prophetischen Ankündigung seiner Botschaft in der *Morgenröte*, die seine unbegreifliche Einmaligkeit unterstreichen sollte, schrieb er jene neuen Maßstäbe für seine Größe fort, die er bereits beim

Marienbader Aufenthalt im August 1880 angedeutet hatte. Schon damals legte er Peter Gast schriftlich Zeugnisse dionysischer Verzückung und exaltierten Gehabens vor, die den Pegel des Normalen eindeutig überschritten. So spielte er auf Goethes Aufenthalt in Marienbad an: „Es ist gewiß seit Goethe noch nicht so viel gedacht worden und auch Goethe wird nicht so prinzipielle Dinge sich haben durch den Kopf gehen lassen." Aber auch seine Berichte, man habe ihn damals in Marienbad mitunter scharf fixiert oder man habe ihn unzweifelhaft als polnischen Abkömmling erkannt, deuten darauf hin, daß Nietzsche bereits gefährlich nahe an der Grenze des Wahnsinns dachte und fühlte. Nicht weniger erschrickt man, wenn er jetzt im Herbst 1881 von einem „neuen Blick" sprach, der ihn – wie Werner Ross sich ausdrückte – ermächtigte, „sich über Goethe und Jesus von Nazareth hinaus zu fühlen – wenn nicht größer, so doch weiter".

Auch in Genua, wo er den Winter verbringen wollte, hielt dieses pathologisch überhöhte Selbstgefühl weiter an, wie aus einem Brief vom 29. November 1881 an Elisabeth hervorgeht: „Es wird vielleicht einmal die Zeit kommen, wo auch die Adler scheu zu mir aufblicken müssen, wie auf jenem Bilde des heiligen Johannes, das wir als Kinder so sehr liebten." Ganz gefangengenommen von seiner Grundkonzeption des *Zarathustra*, die am Surleifelsen während eines Spazierganges am See von Silvaplana im August 1881 Gestalt annahm, wagte es Nietzsche sogar, von diesem Zeitpunkt an eine neue Zeitrechnung mit dem Jahr Eins aufzustellen, da ihm der August 1881 als die Geburtsstunde des Herrn der kommenden Epoche erschien. Die Fülle der Zeit, wie es im Evangelium steht, war für Nietzsche die Mitte der Zeit, die Zarathustra mit Christusstimme verkündet: „Dann will ich zum dritten Male bei euch sein, daß ich den großen Mittag mit euch feiere. Und das ist der große Mittag, da der Mensch auf der Mitte seiner Bahn steht zwischen Tier und Übermensch und seinen Weg zum Abende als seine höchste Hoffnung feiert: denn es ist der Weg zu einem neuen Morgen."

Der Winter in Genua verlief ohne gröbere psychische Störungen, sieht man von seiner chronischen Schlaflosigkeit ab. Von sonstigen Beschwerden wurde lediglich über ein vorübergehendes Blasenleiden und über Zahnschmerzen berichtet, die er jeweils selbst zu behandeln versuchte. Da ihm die Übersendung verschiedener Arzneien durch seine Freunde zu umständlich erschien, beschloß er kurzerhand, sich seine Rezepte – etwa für das Chloralhydrat – selber zu verschreiben. Was ihm den Winteraufenthalt in Genua, wo es einem Brief vom Januar 1882 zufolge „immer wie im Frühling" war, besonders versüßte, waren die Opernbesuche. Neben Werken von Rossini und Bellini lernte er dabei auch die Oper *Carmen* von George Bizet kennen, die er für die beste Oper überhaupt hielt. Obwohl ihn nach einem Friedhofsbesuch während des Karnevals wieder seine üblichen Kopfschmerzen befielen, fand er das Zusammensein mit seinem Freund Rée „gar zu angenehm", und der Sanktus Januarius, der Heilige des hellen Winterwetters, wirkte überaus anregend auf seine schöpferische Aktivität, die sich wenig später in dem Buch *Fröhliche Wissenschaft* niederschlug.

Dennoch meldete er Ende Januar seiner Mutter: „Eine regelmäßige geistige Arbeit Tag für Tag zu bestimmten Stunden ist immer noch das sicherste Mittel, mich unvermerkt zugrunde zu richten." Schmerzliche Unlustgefühle stellten sich ein, so daß er schließlich im März beschloß, per Schiff nach Sizilien zu reisen. Nirgends gelang ihm die Erfüllung einer seiner wichtigsten Forderungen, nämlich jener nach absoluter Einsamkeit, so perfekt wie in Messina, wo er als ein völlig Unbekannter seine Tage verbringen konnte. Seiner Mutter beschrieb er seinen Zustand so: „Der letzte Anfall meines Leidens glich vollständig der Seekrankheit. Als ich zum Dasein erwachte, lag ich in einem hübschen Bettchen an einem stillen Domplatz, vor meinem Fenster ein paar Palmen." Doch nur drei Wochen hielt er dieses paradiesische Dasein aus. Schon am 20. April 1882 reiste er nach Rom ab, einem „Abenteuer" entgegen.

Du gehst zu Frauen? Vergiss die Peitsche nicht!

Am 24. April traf Nietzsche nach heil überstandener Seekrankheit in Rom ein, wo schon bald über Vermittlung Malwidas gemeinsam mit Paul Rée ein Treffen mit der in St. Petersburg geborenen Lou Andreas-Salomé in der Peterskirche stattfand. Als sie Nietzsche kennenlernte, war sie gerade einundzwanzig geworden. Sie war ein aufgewecktes, kokettes und überaus kluges Mädchen, aufgrund ihrer außergewöhnlichen Intelligenz nach Erweiterung ihres Wissens ebenso dürstend wie nach dem Auskosten des Lebens in vollen Zügen, was in psychologischer Hinsicht möglicherweise etwas mit ihrer soeben abgelaufenen, mit Bluthusten verbundenen, später ausgeheilten Lungentuberkulose in Zusammenhang stand. Trotz ihrer Jugend hatte sie bereits ein enges Verhältnis mit dem holländischen Gesandtschaftsprediger Hendrik Gillot in Petersburg, der nicht nur ihr Geliebter, sondern zugleich auch ihr „Übervater" war. Sexuelle Annäherungsversuche gestattete sie ihm allerdings ebensowenig wie ihrem zukünftigen Ehegatten Andreas oder dem seriösen Professor Biedermann, bei dem sie in Zürich Privatunterricht in Philosophie erhielt. Umso mehr fühlte sie sich zu Malwida von Meysenbug hingezogen, die nach der Aufgabe ihres theologischen Freundes und zugleich auch ihres Glaubens jetzt als erfolgreiche Schriftstellerin in Rom lebte. Zum dortigen römischen Lesekreis zählte unter anderen Paul Rée, der zwar nicht so attraktiv aussah wie Gillot, als poetischer Freigeist und Denker jedoch den idealen Freund verkörperte. Bereits im März erzählte Rée seinem Freund Nietzsche von dieser jungen Russin, und da Peter Gast infolge seiner kompositorischen Tätigkeit seine Unterstützung zunehmend einschränken mußte, schlug er Lou als wertvolle Helferin oder sogar „als Heiratsobjekt" vor. In einem Schreiben vom März 1882 unterrichtete Nietzsche seinen Freund Overbeck von der Möglichkeit, „einen jungen Menschen" gewinnen zu können, der ihn bei seinen Arbeiten wirksam unterstützen könnte, und ganz überraschend kam er dabei auch auf das ominöse Heiratsobjekt zu sprechen. Wie sehr ihn dieser

Gedanke beschäftigte, geht aus einem Brief an Rée hervor: „Grüßen Sie diese junge Russin von mir, wenn dies irgendeinen Sinn hat: ich bin nach dieser Gattung von Seelen lüstern. Ja ich gehe nächstens auf Raub danach aus – in Anbetracht dessen, was ich in den nächsten zehn Jahren tun will, brauche ich sie … Ein ganz anderes Kapitel ist die Ehe – ich könnte mich höchstens zu einer zweijährigen Ehe verstehen, und auch dies nur in Anbetracht dessen, was ich in den nächsten zehn Jahren zu tun habe."
Lou war bereits von Rée über den berühmten Professor Nietzsche und dessen „unheimliche Intelligenz" unterrichtet und entschlossen, sich mit ihm und seinem Freund Rée beginnend mit dem kommenden Winter „ein nettes Jahr" zu machen. Da sich inzwischen auch ihr tuberkulöses Lungenleiden gebessert hatte, stand diesem Dreierplan nichts mehr im Wege. Schon am 25. April bedrängte sie Rée zur Abreise zu den oberitalienischen Seen – zunächst noch ohne Nietzsche, der wieder einmal krank im Bett lag. Obwohl er Overbeck in Bezug auf diese Dreiecksbeziehung versicherte, daß „Rée und ich mit gleichen Empfindungen unserer tapferen und hochherzigen Freundin zugeneigt sind und daß er und ich sehr großes Vertrauen zueinander auch in diesem Punkte haben", war er sich der Gefahr bewußt, von seinen Gefühlen überwältigt zu werden; dieser Sturm in seinem Inneren dürfte ihn vorübergehend wieder krank gemacht haben. Jedenfalls traf man sich erst im Mai am Ortasee, wo dann der berühmte Bergspaziergang zu den Kapellen des Monte Sacro stattfand, den Rée und die begleitende Anstandsdame in Gestalt von Lous Mutter, der Generalin Salomé, nicht mitmachen wollten, und über den Nietzsche später

„Mutig wie ein Löwe": Lou Andreas-Salomé, Nietzsches große Liebe

an Lou schrieb: „Monte Sacro – den entzückendsten Traum meines Lebens verdanke ich Ihnen." Es besteht kein Zweifel: Für Nietzsche ereignete sich jenes Wunder, das er eigentlich nie für möglich gehalten hatte. Er war rettungslos verliebt in eine Frau, die ihm auch geistig gewachsen war, „scharfsinnig wie ein Adler und mutig wie ein Löwe und zuletzt doch ein sehr mädchenhaftes Kind". Womit er allerdings nicht gerechnet hatte, war, daß sich dieses mädchenhafte Kind in ihrem „Nonnenkleidchen" gegen jede Art von Annäherungsversuch abschirmte und nicht im entferntesten daran dachte, zu heiraten und damit ihr eigenes Schicksal aus der Hand zu geben. War er nach dem Monte-Sacro-Erlebnis überzeugt, daß er Lou als Gattin gewinnen werde, so gab sie ihm offensichtlich rasch zu verstehen, daß sie sich keinesfalls zu binden gedachte. Enttäuscht reiste Nietzsche nach Basel ab, bat jedoch Rée brieflich, ein weiteres Treffen mit Lou zu arrangieren, welches dann auch im Löwengarten zu Luzern stattfand. Es gab zwar keine klärende Aussprache, doch scheint wenigstens nach außen hin wieder völlige Harmonie zwischen den Dreien geherrscht zu haben, wie das denkwürdige Foto beim Löwendenkmal vermuten läßt. Es zeigt Lou, mit der Peitsche in der Hand und auf einem Leiterwagen stehend, den Rée und Nietzsche an die Deichsel gespannt zogen – eine Darstellung, die später so ausgelegt wurde, daß einem Ausspruch Nietzsches zufolge „wer zur Frau geht, die Peitsche nicht vergessen soll".
In Naumburg dachte Nietzsche sich aus, wie er in Zukunft durch keine Heirat belastet mit seiner Lou zusammenleben könnte. Rettungslos verliebt schrieb er: „Was ich nie mehr glaubte, einen Freund meines letzten Glücks und Leidens zu finden, das erscheint mir jetzt als möglich – als die goldene Möglichkeit am Horizonte alles meines zukünftigen Lebens. Ich werde bewegt, so oft ich nur an die tapfere und ahnungsreiche Seele meiner lieben Lou denke." Nach verschiedenen gescheiterten Plänen quartierte er sich in dem kleinen Dorf Tautenburg ein, „eine halbe Stunde abseits von der Dornburg, auf der der alte Goethe seine Einsamkeit genoß", mit dem festen Vorsatz, vorerst kein Buch mehr zu schreiben, sondern sein Leben einer höheren Aufgabe zu widmen, die er nicht näher definieren wollte. Wie Lou in ihrem 1894 erschienenen Buch *Friedrich Nietzsche* nachträglich verriet, versuchte er sich die wissenschaftliche Basis anzueignen, um dann „erst nach Jahren absoluten Schweigens als der Lehrer der ewigen Wiederkunft unter die Menschen zu treten". Es gelang ihm jedoch nicht, Lou zur Mitarbeit auf diesem Gebiet zu gewinnen, da diesem tatenhungrigen Mädchen durch Malwida die Chance geboten wurde, Zutritt zu Wagners Abendveranstaltungen in Wahnfried, dessen Bayreuther Haus, zu erhalten. Dort fand sie anregende Unterhaltung und neue Bekanntschaften, wie etwa den jungen, stattlichen und lebhaften Philosophen Baron Heinrich von Stein, der anstelle von Nietzsche als Erzieher für Wagners Sohn Siegfried vorgesehen war und mit dem sie sich auch für den kommenden Winter in Berlin verabredete. Aber auch mit anderen interessanten Künstlern traf sie dort zusammen, die ihr behilflich waren, den Plan, „sich ein nettes Jahr zu machen", zu verwirklichen. Elisabeth, aus Bayreuth zurückkommend, informierte ihren Bruder

voller Eifersucht über die dortigen „Schandtaten" Lous. Er erfuhr zwar keine wirklich anstößigen Geschichten, war aber doch mißmutig und verdrossen wegen Lous wenig schicklichen Benehmens. Lou wußte, wie sie in ihrem Tagebuch festhielt, daß nach einer offenen Aussprache „wir uns bald genug, über alles kleinliche Geschwätz hinweg, in unseren tiefverwandten Naturen finden würden".
Elisabeth wurde als Störenfried rasch beiseite geschoben, nicht ohne gleichzeitig ähnlich wie bei Paul Rée die Grenzen klar abzustecken und jeder übertriebenen Illusion den Boden zu entziehen. Nach außen hin gaben sie sich den Anschein enger, freundschaftlicher Vertrautheit, die Uneingeweihten mitunter sogar den Eindruck von Verliebtheit vermitteln konnte. Wie das Verhältnis zwischen den beiden wirklich beschaffen war, verrät eine Eintragung Lous in ihrem Tagebuch: „Die beste Unterscheidung zwischen Freundschaft und Liebe liegt darin, ob das unverheiratete Zusammenleben Qual oder Freude bereitet", eine Auffassung, die offenbar gut mit jener Nietzsches übereinstimmte: „Verlobte sind einander eine rosige Vermutung und Ehegatten eine graue Erkenntnis." Zur geschlechtlichen Vereinigung in Liebe reichte es eben für Lou nicht, während Nietzsche gewaltig gegen sein seit frühesten Kinderjahren unterdrücktes Triebleben ankämpfen mußte, was Lou natürlich nicht verborgen bleiben konnte, die ihn als „einen gewaltsamen Stimmungsmenschen, leidenschaftlich und plötzlich" charakterisierte. Auch er selbst war sich seiner nur mit äußerster Gewalt gebändigten Sinnlichkeit wohl bewußt, als er ihr vor ihrer Abreise die Nachricht zukommen ließ: „Ich darf nicht länger in Ihrer Nähe leben." Auch später schilderte er im Rückblick diese drei Wochen ihres engen Zusammenseins, in denen sie „sich förmlich totgesprochen hatten", als eine Zeit, in der „das Überwältigende und Vergewaltigende", wie Werner Ross sich ausdrückte, ineinander gingen, weshalb es auch nach Nietzsches eigener Darstellung alle fünf Tage eine Tragödie gegeben haben soll, deren Auslösung er meist mit einem „heftigen Anfall meines dummen Kopfleidens" zu entschuldigen versuchte.
Lou brauchte Nietzsche im Grunde nicht, während er in dem auf die Trennung von ihr folgenden Winter so verzweifelt war wie niemals zuvor – eine Verzweiflung, die bis zu suizidalen Absichten ging und ihn dem geistigen Zusammenbruch nahebrachte. Dazu kam noch, daß es beinahe zu einem Bruch mit Mutter und Schwester gekommen wäre und damit seine letzte Zufluchtsstätte verloren zu gehen drohte: „Ich habe die Naumburger ‚Tugend' gegen mich, es gibt einen wirklichen Bruch zwischen uns", berichtete er Overbeck aus Leipzig, wohin er überstürzt abreiste, nachdem sich seine Mutter so weit gehen ließ, ihn als eine „Schande für das Grab seines Vaters" zu bezeichnen. Der Gedanke eines endgültigen Bruches mit seiner Familie erschien ihm jedoch im Hand-umdrehen so ungeheuerlich, daß er noch kurz vor seiner Abreise einzulenken versuchte und seiner Schwester sogar Verständnis für den von ihr angezettelten Krieg gegen Lou signalisierte, mit dem Ergebnis, daß von der Mutter versöhnlich postwendend eine Geburtstagstorte einlangte.
Im November traf Nietzsche bei kaltem und regnerischem Wetter in Genua ein, wo er

Genua, Blick in die Via Roma. Photochrom, um 1895.

den Winter über zu bleiben gedachte. Noch einmal versuchte er flehentlich, Lou brieflich das Angebot einer dauernden Seelenfreundschaft zu unterbreiten, doch muß ihre Antwort mehr als ernüchternd gewesen sein, wie man aus der Reaktion Nietzsches schließen kann. Er hatte seine Fassung völlig verloren und entwarf Antworten, in denen er schonungslos eine „Charakteristik ihrer selbst" zu geben versuchte, in der Lou in einem nicht gerade günstigen Licht erschien. Er beschrieb sie als „rückständiges Kind infolge einer geschlechtlichen Verkümmerung und Verspätung, ohne Fleiß und Reinlichkeit, schlau und voll Selbstbeherrschung in bezug auf die Sinnlichkeit der Männer, im Affekt immer krankhaft und dem Irrsinn nahe, untreu und jede Person im Verkehr mit jeder anderen preisgebend ...", um nur einige Passagen daraus zu zitieren. Sich selbst hingegen baute er als einen Asketen auf, wie er Overbeck zu Silvester 1882 er erkennen gab: „Meine Selbst-Überwindung ist im Grunde meine stärkste Kraft: ich dachte neulich einmal über mein Leben nach und fand, daß ich gar *nichts* weiter bisher getan habe. Selbst meine ‚Leistungen' gehören unter den Gesichtspunkt der Askese." Doch in Wahrheit litt er unter heftigsten Gemütserregungen und unter quälendem Selbstmitleid, was er auch zugab: „Ein gräßliches Mitleid, eine gräßliche Enttäuschung, ein gräßliches Gefühl verletzten Stolzes ... An jedem Morgen verzweifle ich, wie ich den Tag überdaure. Ich schlafe nicht mehr ... Woher habe ich diese heftigen Affekte? ... Heute abend werde ich soviel Opium nehmen, daß ich den Verstand verliere." Ob er damit einen eventuell erwägten Selbstmordversuch andeuten wollte, ist eher unwahrscheinlich, berücksichtigt man seinen Brief an Lou und Rée vom Dezember 1882: „Beunruhigt Euch nicht zu sehr über die Ausbrüche meines ‚Größenwahns' und meiner ‚verletzten Eitelkeit' (Beschuldigungen, die Elisabeth in Bayreuth gehört haben wollte. *Anm.d.Verf.*) ... Erwägen Sie beide doch sehr miteinander, daß ich zuletzt ein kopfleidender Halb-Irrenhäusler bin, den die lange Einsamkeit vollends verwirrt hat." Wenn die Bezeichnung „Halb-Irrenhäusler" auch ironisch gemeint war, so stimmt es doch bedenklich, was er am 26. August 1883 an Peter Gast schrieb: „Die

Vom Tode gezeichnet: Nietzsche auf dem Krankenlager in der Weimarer Villa Silberblick.
Radierung von Hans Olde, 1899.

„Die Dreieinigkeit" – ein symbolträchtiges Gruppenbild, arrangiert nach den Angaben Nietzsches: Lou von Salomé als „Kutscherin", vor ihr „eingespannt" Nietzsche und Paul Rée. Fotografiert im Mai 1882 im Luzerner Atelier Jules Bonnet.

kuriose Gefahr dieses Sommers heißt für mich – um das böse Wort nicht zu scheuen – Irrsinn, und wie ich im vorigen Winter zu einem wirklichen langen Nervenfieber wider alles Vermuten gekommen bin ... so könnte auch das noch passieren, woran ich ebenfalls nie bei mir geglaubt habe: Daß mein Verstand sich verwirrt." Und wie um diese Sorge zu bekräftigen, bekannte er Oberbeck gegenüber mit einem gewissen Pathos: „Die Gefahr ist groß." Ross sah ein frühes Wahnsinnszeugnis auch in dem haßerfüllten, allerdings nicht abgesandten Brief an Rée, den er im Frühjahr 1883 entworfen hatte und in welchem er in einer Art Verfolgungshysterie ihm, dem „verlogenen heimtückischen Gesell, der jahrelang als mein Freund hat gelten können", die ganze Schuld für die Entfremdung von Lou zuwies. In diesem Sinne könnten auch die Kraftausdrücke und die verbalen Entgleisungen gedeutet werden, die man in dem an den Bruder Georg Rée abgesandten Schreiben wiederfindet. In dem Briefentwurf vom Juli 1883 liest man über Lou die abstoßende Bemerkung: „Dieses dürre, schmutzige übelriechende Äffchen, mit ihren falschen Brüsten ...", die so gar nicht zu dem früher von ihm so angehimmelten Mädchen paßt.
In der Zeit zwischen seiner ersten Vision Zarathustras am Surlei-Felsen im Juli 1881 und der denkwürdigen Begegnung mit Lou entstand sein neues Buch *Fröhliche Wissenschaft,* das in seiner lustigen, fast liederlichen Art als Fortsetzung der *Morgenröte* gedacht war und das er später im Rückblick als Geschenk des schönsten, in Genua verbrachten Januars (1882) im Zeichen des „Sanctus Januarius" bezeichnete. Wie Joachim Köhler schrieb, hatte Nietzsche diesen Gott der Androgynen, der als „feminiello" gemeinsam mit zwei Freunden das Martyrium erlitt und wie eine Frau seine Blutung erlebte, im Jahre 1876 in Neapel kennengelernt. Wie er einem Freund schrieb, erzählten seine Bücher so viel von ihm selbst, „als hundert Freundschafts-Briefe es nicht könnten. Lies namentlich den Sanctus Januarius in diesem Sinne." In der Vorrede zur zweiten Auflage der *Fröhlichen Wissenschaft* heißt es denn auch sehr anspielungsreich: „Vielleicht ist die Wahrheit ein Weib, das Gründe hat, ihre Gründe nicht sehn zu lassen? Vielleicht ist ihr Name, griechisch zu reden, Baubo?" Mit Baubo ist, worauf George Devereux hinwies, die „mythische Vulva" gemeint, was darauf hindeutet, daß die Gründe der Wahrheit namens Baubo also sexueller Art sind und eher zum Lachen führen sollten. Denn indem Baubo, nach der mythischen Sage der alten Griechen die Amme Demeters (die „Mutter der Erde" und „große Gebärerin". *Anm.d.Verf.*) „schamlos ihre Scham vorzeigte ... brachte sie die um den Verlust ihres Kindes trauernde Demeter wieder zum Lachen. Denn sie ließ den Grund für den kommenden Gott sehen, den Grund, aus dem der neue Dionysos wiedergeboren werden könnte." Nietzsche verlangte als Jünger des Dionysos deshalb, sich bedeckt zu halten, wenn er schrieb: „Man wird uns schwerlich wieder auf den Pfaden jener ägyptischen Jünglinge finden, welche nachts Tempel unsicher machen, Bildsäulen umarmen und durchaus Alles, was mit guten Gründen verdeckt gehalten wird, entschleiern, aufdecken, in helles Licht stellen wollen." Schulte wies darauf hin, daß es Nietzsche wahrscheinlich

ganz bewußt darauf angelegt hatte, auch mißverstanden zu werden, damit er nicht auf Grund seiner homoerotischen Selbstoffenbarung diskriminiert werden könnte, womit Schulte jedoch Nietzsches Philosophie keineswegs auf die päderastische Sehnsucht reduzieren wollte. Der Umstand, daß Nietzsches Sehnsucht nach Glück weit über das hinaus ging, was mit den von ihm häufig mit Ekel empfundenen rein sexuellen Kontakten zu befriedigen gewesen wäre, läßt darauf schließen, daß für ihn das Sexuelle nicht die Hauptsache gewesen sein dürfte, sondern das Glück der Erkenntnis etwa in Gestalt einer Freundschaft, das schon für Plato „selbstverständlich das sublimierte Glück der päderastischen Erotik" war.

Ein ganz anderes Kapitel in der *Fröhlichen Wissenschaft,* das besondere Aufmerksamkeit beansprucht, umfaßt die Texte über den „Tod Gottes", da es hier um das Sterben seiner Jugendgötter – des Vaters und des alten Ortlepp – geht, die beide ihm den Christengott auf symbolische Weise raubten. Die Erkenntnis daraus, daß die Verkündung vom Tod Gottes das Suchen nach einem verlorengegangenen Gott nach sich ziehen müsse, trat schon im letzten Abschnitt der *Fröhlichen Wissenschaft* an das Licht der Welt. Mitte Januar 1883 jedoch überfiel ihn ganz plötzlich, fast rauschhaft – und man denkt dabei unwillkürlich an die Wirkung der Opiate oder die Halluzinationen etwa des Mescalins – eine Vision, die ihn aus „einem wahren Abgrund von Gefühlen … ziemlich senkrecht" in die Höhe zog. Hatte Overbeck Mitte Januar noch einen richtigen Jammerbrief erhalten, so erfuhr er zwei Wochen später: „Inzwischen, im Grunde in ganz wenigen Tagen, habe ich mein bestes Buch geschrieben, und, was mehr sagen will, jenen entscheidenden Schritt getan, zu dem ich im vorigen Jahr noch nicht den Mut hatte." Mit diesem besten Buch meinte Nietzsche den ersten Teil von *Also sprach Zarathustra,* das „höchste" und „tiefste" Buch der Menschheit, mit dem er sich unsterblich wähnte.

Also sprach Zarathustra

Mit *Zarathustra* schuf sich Nietzsche einen „grandiosen, in eine religiöse Atmosphäre versetzten" Doppelgänger, für den er grenzenlose Bewunderung hegte. Er schrieb das Werk in einem Taumel des Glücks , und sein Selbstgefühl schwoll geradezu ins Unermeßliche. Erinnert man sich an den Brief, den er nach dem Scheitern an Lou und Rée und nach dem Zerwürfnis mit seiner Familie an Overbeck und dessen Frau absandte und in welchem er in seiner Not und Verlassenheit beteuerte: „Ihr seid mir beinahe noch der letzte Fußbreit sicheren Grundes", dann geben Sätze aus dem ersten Teil seines *Zarathustra* – wie „Mit beiden Füßen stehe ich sicher auf einem ewigen Grunde, auf hartem Urgesteine" – Anlaß zu der Vermutung, daß er sich damit Mut machen wollte zur Überwindung seiner Ängste. In diesem Sinne spricht auch der von ihm ver-

kündete Übermensch, der durchaus nicht als ein übersinnliches Wesen zu verstehen ist, sondern umgekehrt eine ganz konkrete und durchaus sinnliche Aufforderung zur Überwindung des normalen Alltagsmenschen bedeutet. Wie er sich selbst diesen göttlichen Übermenschen vorstellte, deutet folgende Beschreibung an: „Mit lässigen Muskeln und mit abgeschirrtem Willen." Wie Schulte es formulierte, fand Nietzsche „in der Liebe zum Übermenschen als Blitz und Wahnsinn die erotische Erfüllung seiner unerfüllten übrigen Freundschaften. Bisher standen da der alte, der christliche Gott und der Vater im Wege. Als Verkünder des Freundes ist Zarathustra deshalb immer zugleich der Verkünder des Todes dieses alten Gottes und des Endes der asexuellen Nächstenliebe ... Der geliebte Freund ist der schöne, Eromenos genannte, vergötterte Knabe, wie er als göttlich erster Beweger, selbst unbewegt, vor dem durchaus ‚bewegten' Liebhaber, dem Erastes, steht."
Sieht man von der sadomasochistischen „Homoerotik-Botschaft" ab, so reduzieren sich die im *Zarathustra* proklamierten Dogmen vom Tod Gottes, vom Willen zur Macht, von der ewigen Wiederkehr und vom Übermenschen auf theoretische Erörterungen, die häufig fehlgedeutet werden. So bleibt etwa der Wille zur Macht, der im Sinne des platonischen, kosmogonischen Eros, wie Ludwig K. Tages ihn beschrieb, als ein Prinzip zur Höherzüchtung des Menschen durch Beherrschung gedacht war, im Grunde nur ein von der faschistischen Ideologie vereinnahmtes Schlagwort. Aber auch der Gedanke, durch Züchtung des Übermenschen „den Darwinismus zu überbieten", ist abwegig und kann nur aus der „Fortpflanzungsproblematik des Homoerotikers" nachvollzogen werden.
Aus psychoanalytischer Sicht erscheint die Szene des „tollen Menschen" im ersten Teil des *Zarathustra* von besonderem Interesse, weshalb die aufschlußreiche und tiefgründige Zergliederung dieses Textes, wie sie Günter Schulte vornahm, in vollem Wortlaut wiedergegeben werden soll: „Bei der Szene mit Zarathustra als tollem Menschen, der dazu aufruft, sich zum Mord an dem toten Gott zu bekennen ... haben wir es mit der Ermordung eines Seiltänzers zu tun, den ‚man tanzen gelehrt hat, durch Schläge und schmale Bissen' wie den kleinen Nietzsche, damit er ein artiges Kind werde. Dieser Seiltänzer wird in besagter Szene von einem Profi der Branche und Nebenbuhler um die Gunst der Leute tödlich beleidigt. Der beschimpft ihn als ‚Faultier, Schleichhändler, Bleichgesicht'. In diesem Possenreißer ist unschwer Wagner zu erkennen. Wagner hatte Nietzsche in Sachen sexueller Ausschweifung tödlich beleidigt. Und Wagner war auch, was Nietzsche sicher wußte, in seiner Jugend einmal Seiltänzer gewesen. Der Possenreißer also überspringt auf dem Seil, ‚geknüpft zwischen Thier und Übermensch', den bleichen Seiltänzer Nietzsche und bringt ihn zu Fall. Zarathustra kümmert sich um den Sterbenden, trägt dann den Leichnam fort und begräbt ihn.
Nicht nur Gott, auch der ‚alte', wagnerhörige Nietzsche ist nun tot. Und der neue Nietzsche in Gestalt Zarathustras verläßt die Stadt (Bayreuth), wie der Possenreißer (Wagner) ihm rät, damit er nicht auch umkomme. Nach langem Schlaf, nach Morgen-

röte und Vormittag findet sich Zarathustra-Nietzsche als ‚Seefahrer, der mit einem Male Land sieht', wieder. Er ist bereit für den ‚großen Mittag'."
Im Seiltänzer steckte der alte, Wagner unterlegene Nietzsche. Den hat Zarathustra begraben und hinter sich bringen können. Nach Abschluß der Apotheose des befreiten Nietzsche als Zarathustra scheint Nietzsche seine Zarathustra-Figur aber wieder mit dem an sich selbst leidenden Nietzsche zu belasten. Wie es in der *Klage der Ariadne* im siebten Dionysos-Dithyrambus heißt, bedauert er, wie eine Frau sein zu müssen in seiner Liebessehnsucht. Er lechzt nach dem „Thau der Liebe" und leidet an seiner „verkehrten natura oder physis", wartend, „wartend auf seinen Bergen, im eigenen Safte ... süß geworden und gekocht".
Ansonsten bestehen die Reden Zarathustras im ersten Buch dieses Werkes aus Sprüchen, die sich in Anlehnung an das Evangelium wie aneinandergereihte Bibelverse ausnehmen. Doch in der Art, wie er im Bibelton die zeitgenössischen Zustände geißelte, unterschied er sich durch den donnernden Vortrag seiner Predigten doch wesentlich vom Gehaben eines Pastors.
Im ungeheizten Hotelzimmer in Rapallo, frierend, schrieb der einsame Professor der Philologie beim Schein einer Lampe in einem Autoritätsbewußtsein, wie es nur einem „hochgereckten Propheten, bei dem es apokalyptisch zugeht", eigen sein kann, so aufrüttelnde Sprüche wie: „Wo ist doch der Blitz, der euch mit seiner Zunge lecke? Wo ist der Wahnsinn, mit dem ihr geimpft werden müßtet? Seht, ich lehre euch den Übermenschen: der ist dieser Blitz, der ist dieser Wahnsinn!" In seiner Einsamkeit definierte er diesen Übermenschen als einen „philosophischen Gewaltmenschen", einen „Künstlertyrannen", der die neue gottlose Erde nach seinem Sinn regiert, und in seinen Träumen sah er sich bereits selbst als den kommenden Weltenlenker.
Kaum war das fertige Manuskript an den Verleger abgesandt, zog er am 20. Februar 1883 nach Genua, und zwar in jenes Quartier in der Salita delle Battistine, das er seinerzeit gemeinsam mit Rée bewohnt hatte. Zweifel, ob sein neues Werk überhaupt gedruckt würde, stürzten ihn aus einem gottähnlichen Glücksgefühl prompt in „schwärzeste Melancholie", die er Overbeck am 24. März so beschrieb: „Ich entbehre und leide zu viel und habe einen Begriff von der Unvollkommenheit, den Fehlgriffen und den eigentlichen Unglücksfällen meiner ganzen geistigen Vergangenheit, der über alle Begriffe ist ... Das erinnert mich an meine letzte Torheit, ich meine den ‚Zarathustra'." Wie heftig er in seinen Stimmungen schwankte, zeigt ein kurze Zeit später an Overbeck übersandter Brief, in welchem er in einer Art Selbstüberhöhung und Selbstsicherheit meinte: „Zarathustra ist etwas, das kein lebendiger Mensch außer mir machen kann." Dieses Selbstgefühl, das sich zu einem Sendungsbewußtsein steigerte, findet man auch in einem Schreiben an Malwida vom März 1883: „Ich habe alle Religionen herausgefordert und ein neues ‚heiliges Buch' gemacht ... Ich verlasse Genua, sobald ich kann, und gehe in die Berge; dieses Jahr will ich niemanden sprechen. Wollen Sie einen neuen Namen für mich? Die Kirchensprache hat einen: ich bin der Antichrist."

Seine Abreise verzögerte sich jedoch dadurch, daß er im März bei der kalten Witterung in Genua an einem grippalen Infekt mit Fieber, Frost, Nachtschweiß und ‚gräßlichen' Kopfschmerzen erkrankte: „Man nennt diese Krankheit hier Influenza. Dr. Breiting, (der erste Arzt Genuas und mir äußerst zugethan), hat mir Chinin verordnet: das hatte ich mir natürlich auch selber schon verordnet. – Es soll eine Sache von vier bis sechs Wochen sein …" Diese Selbstverordnung bezeichnete Nietzsche später auch als „rationelle Typhus-Behandlung". In der Bezeichnung der Krankheit schwankte er zwischen einer „malariahaften" Influenza und einem Typhus beziehungsweise „typhösen Zustand": „Im Winter und Frühjahr habe ich zu viel Zeit durch Krankheit verloren – es war ein typhöser Zustand, von dem ich mich nur ganz langsam erholt habe." Wie schon Janz in seiner Biographie vermerkte, lassen sich aus Nietzsches Briefen keine Anzeichen für das Vorliegen eines echten Typhus (dessen Erreger übrigens von Eberth 1880 soeben entdeckt worden war. *Anm.d.Verf.*), weshalb man annehmen darf, daß er unter dieser Bezeichnung dem ursprünglichen griechischen Wort *tifos* (Nebel, Dunst) entsprechend ein Nervenfieber mit Benommenheit oder Benebeltsein der Sinne verstand. In diesem Sinne spricht sein eigener Bericht: „Das langwierige Nervenfieber gab mir einen Begriff von der tiefen Erschütterung meines Wesens – denn ich hatte überhaupt bis dahin noch nie Fieber gehabt und mich für unfähig dazu gehalten." Letztere Behauptung stimmt natürlich nicht und erklärt sich daraus, daß für Nietzsche Fieber als der Inbegriff von Krankheitszuständen, welche die Erkenntnisfähigkeit herabsetzen, unvereinbar war mit seinem Stolz auf seine „Dialektiker-Klarheit", die jedem Schmerz zu trotzen vermochte. Dies ist auch der Grund dafür, daß er fünf Jahre später in seinem *Ecce homo* im Rückblick diese typhöse Episode gänzlich verdrängte: „Alle krankhaften Störungen des Intellekts, selbst jede Halbbetäubung, die das Fieber im Gefolge hat, sind mir bis heute gänzlich fremde Dinge geblieben, über deren Natur und Häufigkeit ich mich erst auf gelehrtem Wege zu unterrichten hatte … Niemand hat je an mir Fieber constatieren können."

Jedenfalls fühlte er sich nach dem „langwierigen" Nervenfieber, das länger als fünf Wochen anhielt, noch längere Zeit körperlich geschwächt. Sogar in Sils-Maria, wo er im Juli innerhalb weniger Tage den zweiten Teil des *Zarathustra* niederschrieb, wurde er noch von besonders heftigen Kopfschmerz-Anfällen gequält, die allerdings eher durch die enorme geistige Anstrengung verursacht wurden. Wie sehr ihn die Niederschrift des neuen Buches psychisch in Spannung versetzte, kann man aus seiner Bemerkung ersehen: „Dabei ist mir der Gedanke gekommen, daß ich wahrscheinlich an einer solchen Gefühls-Explosion und -Expansion einmal sterben werde." Dr. Breiting, der ihn im August besuchte, empfahl ihm Fowlersche Tropfen, wie er in seinem Notizbuch vermerkte. Sie wurden damals gerne zur Hebung des Allgemeinzustandes und als allgemeines Tonikum des Nervensystems angewandt.

Am 21. Februar 1883 starb Richard Wagner in Venedig, fast genau zum Zeitpunkt der Fertigstellung des ersten Teiles des *Zarathustra,* was für Nietzsche symbolische Bedeutung hatte. Hatte doch mit Wagners Geringschätzung sein Unglück begonnen, das sich mit Lous angeblichem Komplott fortsetzte. An Overbeck schrieb er am 22. Februar: „Ich bin durch das ausschließliche Zusammensein mit idealistischen Bildern und Vorgängen so reizbar geworden, daß ich im Verkehr mit den jetzigen Menschen unglaublich leide und entbehre", und zwei Monate später versuchte er diese Menschenscheu so zu erklären: „Ich bin stolz genug für ein unbedingtes incognito, selbst in ärmlichen Verhältnissen: aber halb geehrt, halb geduldet, halb verwechselt fühle ich mich wie in der Hölle – und dazu bin ich nicht stolz genug." Damit spielte er wohl auch auf die schmerzliche Verkennung und die Bloßstellung vor seinem Arzt durch Richard Wagner an, indem er – wie Nietzsche am 21. April Peter Gast ins Vertrauen zog – „Briefe darüber gewechselt hat (sogar mit meinen Ärzten), um seine Überzeugung auszudrücken, meine veränderte Denkweise sei die Folge unnatürlicher Ausschweifungen, mit Hindeutungen auf Päderastie". Dies alles nagte an ihm, wie er im Sommer 1883 freimütig bekannte: „Du kannst Dir nicht vorstellen, wie bei Tag und Nacht dieser Wahnsinn in mir wütet." Er begann, sich „bei jedem über jeden zu beschweren und zu beklagen", fast wie von einem Verfolgungswahn getrieben.

Zarathustra mit seiner Leidensgeschichte des Dionysos erschien ihm symbolisch zugleich als ein „Todeswerk"; stellt doch die Tragödie gleichzeitig den Tod Gottes dar, der festlich begangen wird, und zum Zeitpunkt der Absendung des druckfertigen Manuskriptes trat der Tod Richard Wagners ein. In dieser Symbolik eingefangen, beschloß er, nach L'Aquila in die Abruzzen zu reisen, ein Entschluß, den er später in *Ecce homo* so begründete: „Ich wollte nach Aquila, dem Gegenbegriff von Rom, aus Feindschaft gegen Rom gegründet, wie ich einen Ort dereinst gründen werde, die Erinnerung an einen Atheisten und Kirchenfeind, an einen meiner Nächstverwandten, den großen Hohenstaufen-Kaiser Friedrich den Zweiten." Auch hier lassen sich jetzt Anzeichen dafür erkennen, wie sehr sich Nietzsche bereits in die „Wahnsinnsrolle" des Antichristen und seines „Nächstverwandten" Friedrichs des Zweiten hineingelebt hatte. Aber auch die Wahnidee, sich mehr und mehr selbst für Zarathustra zu halten, nahm greifbare Formen an. Verfolgungswahn und Größenwahn begannen langsam einander zu ergänzen.

Der Gedanke einer mit ihm anhebenden neuen Zeitrechnung ließ ihn nicht mehr los, und Sätze, die unmittelbar vor Ausbruch des Wahnsinns sich häuften, tauchen bereits jetzt auf, etwa als er Overbeck mitteilte: „Ich weiß nicht, wie ich gerade dazu komme – aber es ist möglich, daß mir zum ersten Male der Gedanke gekommen ist, der die Geschichte der Menschheit in zwei Hälften spaltet." Auch seine unmittelbare Umgebung begann er dann und wann bereits von einem höheren Podest herab wahrzunehmen. So erzählte er aus Sils-Maria, wo er den Sommer über weilte, daß er durchwegs von „honetten Leuten" umgeben sei, die sich „artig" gegen ihn zeigten. Er deutete seiner Schwester an, daß er der „bescheidene Prinz" sei, der leutselig zu verstehen gab, daß „da im Hintergrund etwas Überirdisches waltete und wartete". Darüber hinaus wies er darauf hin, daß sich bei ihm eine seelische Abhärtung bemerkbar mache und er nicht mehr so häufig krank werde wie früher.

Im Januar 1884 konnte Nietzsche auch den dritten Teil des *Zarathustra* abschließen, in welchem sich bereits der erlösende Zentralgedanke der „Ewigen Wiederkunft" andeutete. Im Gefühl einer großen Vollendung wähnte er sich eventuellen Verleumdungen oder Geringschätzungen gegenüber erhaben: „Im Grunde ist es die Auszeichnung meiner Person, daß ich von so vielem nicht weiß und nicht wissen brauche." Aus dieser siegreichen Stimmung heraus schrieb er seinem alten Freund Rohde am 22. Februar 1844: „Der Zarathustra ist fertig. Es ist eine Art Abgrund der Zukunft, etwas Schauerliches, namentlich in seiner Glückseligkeit. Es ist alles drin mein Eigen, ohne Vorbild, Vergleich, Vorgänger; wer einmal darin gelebt hat, der kommt mit einem andern Gesichte wieder zur Welt zurück." Werner Ross wies in seiner Biographie auf bezeichnende Beispiele in diesem Brief hin, die das Maßlose seines Eigenlobes zeigen: er, Nietzsche, habe die deutsche Sprache zu ihrer Vollendung gebracht; nach Luther und Goethe sei ein dritter Schritt zu tun gewesen; Goethe sei im ganzen doch zu „undulatorisch", zu weich, Luther bei aller Sprachkraft ein Rüpel; vor Goethe habe er die strenge, die männliche Linie voraus: „Mein Stil ist ein Tanz; ein Spiel der Symmetrien." So und ähnlich versuchte er, Rohde von der Geschmeidigkeit und dem Wohllaut der deutschen Sprache zu überzeugen, wie sie in seiner Poesie zu finden sei.

Es erhebt sich die berechtigte Frage, ob dies nicht bereits erste Anzeichen seines späteren Wahnsinns waren. Auf jeden Fall läßt sich feststellen, daß sich sein Selbstbewußtsein bereits in den Wahnsinn hineinzusteigern begann.

Bedenkliche Vorzeichen

Erst der große Schmerz ist der letzte Befreier des Geistes,
als der Lehrmeister des großen Verdachtes (...)
Erst der große Schmerz, jener lange langsame Schmerz, der sich Zeit nimmt,
in dem wir gleichsam wie mit grünem Holz verbrannt werden,
zwingt uns Philosophen, in unsere letzte Tiefe zu steigen.
Die fröhliche Wissenschaft

Um die Mitte des Jahres 1884 trat erneut eine beunruhigende Verschlechterung seines Sehvermögens ein: „Mit den Augen steht es immer bedenklicher. Die Mittel Schiessens haben nicht geholfen. Seit vorigem Sommer ist eine Wendung eingetreten, die ich nicht verstehe, Flecken, Verschleierung, auch Thränenfluß ... Es bleibt zu sagen übrig, daß mit meinen Augen es schlimm steht, unheimlich-schlimm: mein ganzes Leben habe ich niemals eine so seltsame und schnell zunehmende Verdunkelung erlebt; es ist Alles vor mir mit Schleiern, welche sich schnell bewegen, überdeckt, dabei thränen die Augen beständig." Diese Erscheinungen können kaum noch als Vorläufer von Migräne-Anfällen gedeutet werden. Vielmehr scheint der Entzündungsprozeß an der Regenbogenhaut und an den Augenbindehäuten sowie an der *Chorioidea* (Aderhaut am Augenhintergrund. *Anm.d.Verf.*) fortgeschritten zu sein und zu Glaskörpertrübungen geführt zu haben, weil letztere subjektiv in Gestalt von „Flocken" oder „Wölkchen" wahrgenommen werden. Dies dürfte den sich schnell bewegenden Schleiern entsprechen, wie sie Nietzsche beschrieb. Professor Schiess setzte zur Behandlung Jodkalium ein, welches damals bei den verschiedensten chronischen Entzündungsprozessen Verwendung fand. Da Jodkalium neben den Quecksilberpräparaten zu dieser Zeit auch das wichtigste und wirksamste Medikament gegen die *Syphilis* darstellte, könnte man deshalb vermuten, Schiess hätte Nietzsche wegen einer *luetischen Chorioiditis* behandelt. Wenn aber diese Möglichkeit auch nicht von der Hand zu weisen ist, so fehlen für eine solche Annahme doch die Beweise. Wir besitzen im übrigen eine Zeugin, der Nietzsche anläßlich ihres Besuches in Sils-Maria im August 1884 die Unerträglichkeit seines Augenleidens schilderte. Es handelt sich dabei um die frisch promovierte Ärztin Resa von Schirnhofer, die von Malwida zu Nietzsche geschickt wurde und derer er sich auf seine Weise annahm. In ihrem Bericht heißt es: „Er beschrieb mir, wie er, sobald er die Augen schlösse, eine Fülle phantastischer Blumen sähe, die sich umschlingend und umrankend in fortwährendem Wachsen begriffen, an Formen und Farben wechselnd in exotischer Üppigkeit eine aus der anderen emporsprießten. ‚Nie habe ich Ruhe ... Glauben Sie nicht, daß dieser Zustand ein Symptom beginnenden Wahnsinns sei'." Um ihn zu beruhigen, erklärte ihm seine Besucherin, „diese Erregungserscheinungen der Sehnerven seiner schwachen Augen seien doch sicherlich keine Vorboten geistiger Erkrankung". In Wahrheit aber nahmen seine Wahnvorstellungen immer konkretere Formen an, vor denen er manchmal selbst erschauerte. Er war bereits jetzt fest davon überzeugt, daß er ein „Schicksal" sein werde und es seine Aufgabe sei, daß „die Gewichte aller Dinge neu bestimmt" werden mußten. Am 21. Mai 1884 überraschte Nietzsche seinen Freund Overbeck mit einem Brief, der mit seinem selbstüberheblichen Stil den Adressaten nachdenklich stimmen mußte: „Wenn ich es nicht so weit treibe, daß ganze Jahrtausende auf meinen Namen ihre höchsten Gelübde tun, so habe ich in meinen Augen nichts erreicht."

Ganz ähnlich lautete ein Schreiben an Malwida. Resa von Schirnhofer gab anläßlich ihres Beisammenseins mit Nietzsche im Frühjahr 1884 ein aufschlußreiches Bild seines verwunderlichen Gehabens, als er ihr auf seiner Suche nach „Jüngern" Andeutungen machte, mit denen er sie in seine geheimnisvolle Welt einzuweihen versuchte: „Er erhob sich, um sich zu verabschieden, und als wir bei der Türe standen, veränderten sich plötzlich seine Züge. Mit einem starren Ausdruck im Gesicht, scheue Blicke um sich werfend, als würde eine entsetzliche Gefahr drohen, wenn ein Horcher seine Worte hörte, die Hand am Munde den Laut dämpfend, verkündete er mir flüsternd

Der kranke Nietzsche, gemalt von Curt Stoeving nach 1890

das ‚Geheimnis', das Zarathustra dem Leben ins Ohr gesagt, worauf ihm dieses geantwortet hatte: ‚Du weißt das, o Zarathustra? das weiß niemand.' Es lag etwas Bizarres, ja, Unheimliches in der Art, wie Nietzsche die ‚ewige Wiederkehr des Gleichen', die ungeheure Tragweite dieser Idee mitteilte." Auch Overbeck wollte er mit seinem *Zarathustra* beeindrucken: „Ich möchte, daß Du Dich auch davon überzeugtest, daß ich mit diesem Buche alles überwunden habe, was je in Worten gesagt worden ist, und daß dies noch nicht einmal sein größtes Verdienst ist ... Meine Lehre, daß die Welt des Guten und Bösen nur eine scheinbare und perspektivische Welt ist, ist eine solche Neuerung, daß mir bisweilen dabei Hören und Sehen vergeht."
In seiner Einsamkeit und in seinem Lechzen nach Anerkennung und Bewunderung begann sein übertriebenes Phantasieleben die Realität immer mehr zu verdrängen. Um in seinem Traumzustand durch die Zwänge des Alltags nicht gestört zu werden, äußerte er Overbeck gegenüber den Wunsch, einen Zeremonienmeister um sich zu haben, der ihm die Widrigkeiten der banalen Tagesgeschäfte abnehmen könnte. Aus demselben Grund erwartete er wie ein Religionsstifter Jünger, die ihn nicht nur verstehen sollten, sondern die auch zur Verbreitung seiner Lehren beitragen konnten. Resa von Schirnhofer oder der junge Freiherr von Stein hätten seinen Vorstellungen entsprochen, doch blieb es nur ein Wunschtraum. So klagte er in seiner Verzweiflung einmal Overbeck: „Es mag sein, daß ich im Stillen immer geglaubt habe, an dem Punkt meines Lebens, an dem ich angelangt bin, nicht mehr allein zu sein: daß ich da von vielen Gelübde und Schwüre empfangen würde, daß ich etwas zu gründen und organisieren hätte und dergleichen Gedanken, mit denen ich über Zeiten gräßlicher Vereinsamung mich hinwegtröste." Also immer wieder der gleiche Wunschtraum, als Meister einer einem christlichen Orden ähnlichen Gemeinschaft Jünger um sich zu scharen, die ihm „ein unbedingtes Gelübde" auf seinen Namen leisten und Unterwerfung sowie unwandelbare Gefolgschaft schwören sollten. Ross schrieb wörtlich: „Der Wahn war mit seiner Person gegeben, mit jener seltsamen Fähigkeit zum rauschhaften Wachtraum, die er als Kind besaß wie viele Kinder und die ihn sowenig verließ ... wie seine schwarze Melancholie und seine tiefen Depressionen."
Die Realität sah weitaus nüchterner aus. Je mehr er sich in die Rolle des Erlösers hineinmanövrierte, der nach einem Bericht an seine Mutter vom 10. August 1884 „mit allerschwersten Aufgaben und Pflichten überbürdet" war, um so deutlicher und kontrastreicher nahm sich sein wirkliches Dasein in den Quartieren an der südfranzösischen oder italienischen Mittelmeerküste aus, in denen er sich kaum das Notwendigste leisten konnte, nicht einmal Bücher. Hatte man ihm doch in Basel nur noch für wenige Jahre eine gekürzte Pension zugestanden. Er wurde auch in seiner Bekleidung nachlässig, unter anderem wohl deshalb, weil er seit der Demütigung durch Lou keine Annäherung an eine Frau mehr wagte. Umso intensiver beschäftigte sich seine Phantasie mit den Frauen, wobei ihn nun mehr das „Sündige und Schlüpfrige" faszinierte. Es ist unverkennbar, daß er bei seiner Definition des Weibes Lou als Wunschbild vor

seinen Augen hatte, als er schrieb: „Das, was am Weibe Respekt und oft genug Furcht einflößt, ist seine Natur, die natürlicher ist als die des Mannes, seine echte raubtierhafte, listige Geschmeidigkeit, seine Tigerkralle unter dem Handschuh, seine Naivität im Egoismus, seine Unerziehbarkeit und innerliche Wildheit, das Unfaßliche, Weite, Schweifende seiner Begierden und Tugenden." Wie sehr ihn dieses Wahnbild einer Frau beschäftigte, spiegelt sich in seinem neuen Erotikon „Das Lied von den Wüstentöchtern" im vierten Abschnitt des *Zarathustra* wieder, in welchem er sich „einer Dattel gleich" lüstern nach „mädchenhaften schneeweißen, schneidigen Beißzähnen" sehnte. Aber auch die wiederholte Erwähnung von „Schlag und Peitsche" weist auf sadomasochistische Züge hin, deren Wurzeln fraglos in frühen Kindheitserlebnissen zu suchen sind.
Auch historische Vorbilder dürften Nietzsche zu diesen Phantasien angeregt haben, denn er kannte nur zu gut die antike Geschichte von den rasenden Mänaden, den Bakchai, die während der Kultfeste des Dionysos in entfesselter Begierde junge Rehkitze zerrissen und sich mit ihren Zähnen wie wilde Raubtiere in das Fleisch der unglücklichen Opfertiere bohrten. Ross wies darüber hinaus darauf hin, daß die „Lust-Litanei" im vierten Zarathustrabuch nach einer Aussage Elisabeths ausgerechnet zu jenem Zeitpunkt entstanden war, als er mit der jungen Wienerin Helene Druscowicz ausgedehnte Spaziergänge in Zürich unternahm. Fräulein Helene war eine „Emanze" und ausgesprochene Männerfeindin, die in alle Geheimnisse des pervertierten „englischen Lasters" mit seinen Geißelungen bestens eingeweiht war und mit Nietzsche wahrscheinlich über die Auswüchse des sadomasochistischen Triebes diskutierte.
Nietzsches Verzweiflung über den Mißerfolg und die katastrophale Rezeption seiner gedruckten Schriften schlug sich auf seinen Gesundheitszustand nieder, wobei untätige Erschöpfungsphasen und produktive Perioden einander abwechselten. Überhaupt hatte sich seine Arbeitsweise jetzt grundlegend verändert, wie der als einer der profundesten Kenner auf diesem Gebiet geltende Karl Schlechta aufzeigte: „Titel tauchen auf und verschwinden, verschiedene und verschiedenste Pläne und Dispositionen werden entworfen, Aphorismen aufgenommen und wieder fallen gelassen – was natürlich keineswegs ausschließt, daß diese Niederschriften plötzlich Elemente einer neuen ... organisierenden Konzeption werden ... daß ein ‚Plan' durch Jahre hindurch immer wieder auftaucht." Ein Buch, welches den Beginn der letzten Produktionsphase Nietzsches kennzeichnet, trägt den Titel *Jenseits von Gut und Böse. Vorspiel einer Philosophie der Zukunft.* Seinem Freunde Overbeck kündigte er es mit den Worten an: „Im übrigen liegt die Aufgabe, um deretwillen ich lebe, klar vor mir – als ein factum von unbeschreiblicher Traurigkeit, aber verklärt durch das Bewußtsein, daß Größe darin ist, wenn je der Aufgabe eines Sterblichen Größe innegewohnt hat." Wenn er in *Ecce homo* später meinte, daß nach dem *Zarathustra* mit seiner „Verschwendung von Güte" nun nur noch der „neinsagende, neinthuende" Teil, nämlich der „große Krieg" übriggeblieben sei, dann kann man diesen Gedanken nicht ganz nachvollziehen. Das Buch ist

nämlich, wie Günter Schulte hervorhebt, weniger ein kriegerisches Buch als eines der besonnenen Theorie über Religion und Philosophie. Erst am Schluß des Buches kommt aus dem Überdruß an der Einsiedler-Philosophie die Wendung zur Vernichtungstat. In *Jenseits von Gut und Böse* sieht Nietzsche die Psychologie als die wahre „Herrin der Wissenschaften" und der Philosophie, die er als eine „Morphologie und Entwicklungslehre des Willens zur Macht" konzipierte, soferne mit dem „Willen zur Macht" der von moralischen Vorurteilen gereinigte Charakter der Triebe, insbesondere der sexuelle, gemeint ist: „Die gesamte Psychologie ist bisher an moralischen Vorurtheilen und Befürchtungen hängen geblieben ... Dieselbe als Morphologie und Entwicklungslehre des Willens zur Macht zu fassen, wie ich sie fasse – daran hat noch Niemand in seinen Gedanken selbst gestreift ... Eine eigentliche Physio-Psychologie hat mit unbewußten Widerständen im Herzen des Forschers zu kämpfen, sie hat ‚das Herz' gegen sich: schon eine Lehre von der gegenseitigen Bedingtheit der ‚guten' und der ‚schlimmen' Triebe macht ... einem noch kräftigen und herzhaften Gewissen Noth und Überdruß – noch mehr eine Lehre von der Ableitbarkeit aller guten Triebe aus den schlimmen." Es ist wirklich ein Rätsel, warum Sigmund Freud, der Nietzsches Problem bereits 1908 ganz genau erkannte, sein Wissen nicht publizierte. Erst in dem 1989 von Joachim Köhler veröffentlichten Buch *Zarathustras Geheimnis* wurde das aufschlußreiche Protokoll des „Mittwochgespräches" Sigmund Freuds vom 28. Oktober 1908 im vollen Wortlaut wiedergegeben: „Durch die Krankheit vollständig vom Leben abgeschnitten, wendete er sich auf das einzige Forschungsobjekt, das ihm geblieben ist und das ihm als Homosexuellen ohnehin näher lag, an das Ich. Und da beginnt er mit großem Scharfsinn, gleichsam in endopsychischer Wahrnehmung, die Schichten seines Selbst zu erkennen. Er macht eine Reihe glänzender Entdeckungen an seiner Person. Aber nun kommt die Krankheit: Er begnügt sich nicht damit, Zusammenhänge richtig zu erraten, sondern er projiziert die Erkenntnis, die er an sich gemacht hat, als Lebensanforderung nach außen. Das Lehrhafte, Pastorale, das in ihm vom Christus-Ideal steckt, kommt zu seiner psychologischen Einsicht hinzu ... Was ihn zu dieser ganz außergewöhnlichen Leistung befähigt hat, durch alle Schichtungen hindurch die Triebe zu erkennen, ist der Auflockerungsprozeß durch die Paralyse." Auf dieses Problem Nietzsches hatte allerdings schon vor dem Bekanntwerden dieses Protokolls von Sigmund Freud Günter Schulte 1982 in bewundernswerter Klarheit hingewiesen. In der Schrift *Zur Genealogie der Moral* aus dem Jahr 1887 erinnerte sich Nietzsche, daß ihm „bereits als dreizehnjährigem Knaben das Problem vom Ursprung des Bösen nachgieng: ich widmete ihm, in einem Alter, wo man ‚halb Kinderspiele, halb Gott im Herzen' hat, mein erstes literarisches Kinderspiel, meine erste philosophische Schreibübung." Er fand jedoch „Keinen, der es verstanden hätte, was ich damals that", eben weil sie alle moralische Vorurteile hatten. In der *Genealogie der Moral* wurde nun die Frage aufgeworfen, welche Bedeutung einer moralischen Wertung beigemessen werden sollte, und bei der Beantwortung dieser Frage geriet Nietzsche doch ins Träumen und Phantasieren. Sein Begriff von Moral beginnt nämlich da, wo die Schwächen des Unterlegenen „zum Verdienst umgelogen werden“, womit die Mitleidsmoral ausschließlich dem Schwachen nützt, während das Leben doch durch die Starken repräsentiert wird. Er trennte die „Vornehmen, Mächtigen, Höhergestellten“ von den „Niedrigen, Gemeinen und Pöbelhaften“ – oder, anders ausgedrückt, die „blonden, arischen germanischen Bestien, Raubthiere“ von den „verjüdelten oder verchristlichten oder verpöbelten Hausthieren, wimmelndem Gewürm“. Wollte Nietzsche primär die moralischen Vorurteile ausrotten, so geriet er nun in seinen Träumen zur Vorstellung eines an die Macht gekommenen dionysischen Übermenschen, eines „höheren“ unmenschlichen Übermenschen, wie sich Schulte ausdrückte, und letztendlich seines „irrwitzigen Ausrottungs- und Züchtungsprogrammes“.

Nietzsche wollte aber auch die „vornehmen Germanen“ durch eine Höherzüchtung verändern nach dem Beispiel der „Züchtung einer bestimmten Rasse und Art“, wie es im uralten „Gesetz des Manu“ vorgeschrieben war – also entsprechend einem „absolut arischen Erzeugniss, einem Priestercodex der Moral auf der Grundlage der Veden, der Kasten-Vorstellung“. Schließlich wandte er sich in der letzten seiner Schriften *Der Antichrist. Fluch auf das Christenthum* noch gegen die Moral des Christentums. Schon in der *Götzendämmerung* machte er das Christentum für seine Misere verantwortlich, da man ihn „physisch und kognitiv“ gewissermaßen ins Gefängnis setzte: „Im frühen Mittelalter, wo in der That die Kirche eine Menagerie war, machte man allerwärts auf die schönsten Exemplare der ‚blonden Bestie‘ (Menschen seiner Art, *Anm.d.Verf.*) Jagd – man ‚verbesserte‘ zum Beispiel die vornehmen Germanen. Aber wie sah hinterdrein ein solcher ‚verbesserter‘ ins Kloster verführter Germane aus? Wie eine Caricatur des Menschen, wie eine Missgeburt: er war zum ‚Sünder‘ geworden, er stak im Käfig, man hatte ihn zwischen lauter schreckliche Begriffe eingesperrt.“ Auf den erlittenen „Hass gegen das Natürliche“, gegen die Schaffung eines in sich perversen Lebens als Christenmensch reagierte Nietzsche mit einer Aggressivität, die bis zur Forderung einer aktiven Euthanasie zur Ausrottung lebensunwerten Lebens ging: „Nichts ist ungesunder, inmitten unsrer ungesunden Modernität, als das christliche Mitleid. Hier Arzt sein, hier unerbittlich sein, hier das Messer führen – das gehört zu uns, das ist unsre Art Menschenliebe, damit sind wir Philosophen.“Gemeint war damit der Christenmensch, an dem das Leben wie an einem Überhandnehmen von Parasiten, denen nur das Mitleid der Stärkeren ihr Überleben ermöglicht, leidet. Wie sehr er sich selbst als ein solches Opfer der christlichen Erziehung sah, bekundete er mit den Worten: „Man muss das Verhängnis aus der Nähe gesehn haben, noch besser, man muss es an sich erlebt, man muss an ihm fast zu Grunde gegangen sein, um hier keinen Spass mehr zu verstehn.“ In Jesus erblickte Nietzsche „mit einiger Toleranz im Ausdruck … einen freien Geist“, einen „Anarchisten“, der sich gegen die „jüdische Kirche“ und deren Gesellschaftsordnung und gegen die vermeintlich „höheren Menschen“ in Gestalt der Priester und Theologen auflehnte. In den Augen Nietzsches hatte auch er so wie Jesus ein „zerbrochenes, unheilbares Herz", dem beide als Botschaft nichts als Liebe entgegenzuhalten wußten, gegen die Verursacher ihres Leidens jedoch mit Erbitterung kämpften. Denn das Leerlaufen der Gewalt und des Bösen ist, wie Schulte es sieht, die eigentliche Botschaft, die Nietzsche Jesus zuschreibt und welche durch „barbarische Begriffe und Werthe", wie das „kannibalische Bluttrinken im Abendmahl" oder den „grossen Pomp des Cultus", verschüttet wurde.

Schicksalswende in Turin

In Nietzsches Briefen findet sich zwar ebenfalls der Ausdruck eines übersteigerten Selbstbewußtseins, doch überrascht hier gelegentlich eine auffallende Nüchternheit im Urteil über sich selbst, wie man einem Schreiben vom 14. April 1887 an Overbeck entnehmen kann: „Ich glaube, man hielte mich einfach für toll, wenn ich verlauten ließe, was ich von mir selber halte. Es gehört zu meiner ‚Humanität', die allgemeine Unklarheit über mich bestehen zu lassen; ich würde meine achtbarsten Freunde gegen mich erbittern und niemandem damit wohltun."

Rein äußerlich wirkte er fast wie ein Invalide, dreiviertelblind, wie er sich selbst bezeichnete, und geplagt von seinen in regelmäßigen Abständen auftretenden Kopfschmerzanfällen. Dazu kam noch ein schlimmes Handikap für ihn: Er berichtete nach Hause von anhaltenden Kreuzschmerzen, die zur rechten Hüfte hin ausstrahlten und ihn beim Marschieren behinderten. Beim Gehen verlagerte er die eine Schulter nach vorne, wie sein Schulfreund Deussen anläßlich eines Besuches in Sils-Maria schilderte: „Nur mühsam, und etwas nach der Seite hängend, schien er sich zu schleppen, und seine Rede wurde öfters schwerfällig und stockend." Wie bei Asketen oder zölibatär lebenden Priestern so häufig, beschäftigte sich nun auch Nietzsche bevorzugt mit den Gaumenfreuden, weshalb man aus seiner Korrespondenz mit seiner Mutter fast ausschließlich nur mehr etwas über deren Lebensmittelsendungen erfährt. Was ihn psychisch am meisten belastete, waren, wie er Overbeck am 30. August 1887 meldete, die „entschiedenen Zeichen von Abneigung und prinzipieller Ablehnung gegen alles, was von mir kommt". Schon in einem Schreiben vom 17. Juni klagte er, nach dem Erscheinen des *Zarathustra* vergeblich auf Reaktionen wartend: „Nichts, nichts, immer nur die lautlose, nunmehr vertausendfachte Einsamkeit – das hat etwas über alle Begriffe Furchtbares, daran kann der Stärkste zugrunde gehen – ach, und ich bin nicht der Stärkste! Mir ist seitdem zumute, als sei ich tödlich verwundet." Andererseits räumte er versöhnlich ein, daß er es den Rezensenten, die sein letztes Buch besprochen haben, nicht übel nehmen könne, wenn sie bei ihm „Psychiatrisches, Pathologisches" heraushörten; war doch der *Zarathustra* so etwas Ungeheuerliches, daß man sehr wohl vermuten könne, der Verfasser sei nicht mehr ganz bei Verstand. In dieser verzweifelten

Lage trat die Sehnsucht nach Musik wieder ganz in den Vordergrund, wie er zu Beginn des Jahres 1888 bekannte: „Musik gibt mir jetzt Sensationen, wie eigentlich noch niemals. Sie macht mich von mir los, sie ernüchtert mich von mir, als ob ich mich ganz von ferne her überblickte ... ich kenne nichts mehr, ich höre nichts mehr, ich lese nichts mehr: und trotzalledem gibt es nichts, was mich eigentlich mehr anginge als das Schicksal der Musik."

Am 31. März 1888 schrieb Nietzsche an Peter Gast: „Soweit ist alles vorbereitet, daß ich übermorgen früh nach Turin abreise", und schon unmittelbar nach seiner Ankunft rief er begeistert aus: „Der erste Ort, in dem ich möglich bin!" Träume hatten schon in der Korrespondenz der letzten beiden Jahre eine zunehmende Rolle gespielt, und in dieser alten Residenzstadt, „welche nur einen kommandierenden Geschmack in allem hatte, den Hof und die noblesse", schien sich der Traum seiner Kindheit zu erfüllen, wie er am 20. April verriet: „Wenn man hier heimisch ist, wird man König von Italien" – der „Tyrann von Turin".

Zu seiner geradezu euphorischen Stimmung trug noch der freudige Umstand bei, daß es in seiner Turiner Wohnung ein Klavier gab. Alles in allem Grund genug, seine von paranoiden Wahnideen geprägte Depression wenigstens vorübergehend zu überwinden. Trotz des nicht gerade einladenden Wetters meldete er nach Hause: „Ich bin guter Laune, in Arbeit von früh bis abend ... schlafe, trotzdem die Karossen nachts vorüberrasseln: alles Zeichen einer eminenten Adaptation von Nietzsche an Torino." Was ihn aber völlig überwältigte, war die Ankündigung in einer dänischen Zeitung, daß man an der Universität in Kopenhagen eine Reihe von Vorlesungen plane, die sich ausschließlich mit dem deutschen Philosophen Friedrich Nietzsche befassen sollten. Initiator dieses Unternehmens war der zu jener Zeit in Dänemark äußerst populäre Jude Georg Brandes, ein Schüler von Hippolyte Taine, der sich als erster positiv über die Schriften Nietzsches geäußert hatte. Indirekt hatte Nietzsche diesen Beginn seines Ruhmes Lou Salomé zu verdanken, die Brandes auf ihn aufmerksam machte und damit gleichzeitig erreichte, daß er nun plötzlich die jüdische Presse auf seiner Seite hatte und dies, obwohl er die „Tschandala-Rasse" der Juden bei seiner Abrechnung mit dem Christentum nicht immer glimpflich behandelt hatte. Nachdem ihn Brandes um eine Art Lebenslauf ersuchte, verfaßte er einen „mythisch verklärten" Bericht, in welchem er seine Abstammung auf ein polnisches Adelsgeschlecht zurückführte, seine Rolle als deutscher Offizier der reitenden Artillerie betonte, sein ungetrübtes Verhältnis zu Wagner rühmte und hinsichtlich der kolportierten Nachrichten über angebliche geistige Störungen erklärte: „Man hat das Gerücht verbreitet, als ob ich im Irrenhaus gewesen wäre. Nichts ist irrtümlicher."

In der Zwischenzeit begab er sich noch einmal nach Sils-Maria, um dort seine Schrift zum „Fall Wagner" fertigzustellen und prompt auch wieder in seinen depressiven Verstimmungszustand hineinzugleiten. Es fällt auf, daß die Formulierungen in seinen Abhandlungen, vor allem in jenen gegen das Christentum, offenbar durch das Absinken seiner Hemmschwelle deutlich schärfer und gröber ausfielen und nicht einmal mit ordinären Beschimpfungen wie „Idiot" oder „Schwein" gespart wurde. Mehr und mehr nahmen seine Notizbücher mit ihren unzusammenhängenden Gedankenbruchstücken den Charakter eines Trümmerfeldes an. Dennoch gewinnt man den Eindruck, daß er sich einer organischen Krankheit, und schon gar einer eventuellen luetischen Spätfolge, nicht bewußt gewesen sein kann, denn sonst hätte er seiner Schwester im Sommer 1888 nicht geschrieben: „Da ich mitten in der entscheidenden Arbeit meines Lebens bin, so ist mir eine vollkommene Regel für eine Anzahl Jahre die erste Bedingung." Bei dieser entscheidenden Arbeit ging es unter anderem um die Abfassung des *Antichrist*, in welchem sein alter Haß bedenkliche Stilblüten aufschießen ließ. Schon im vorausgegangenen Herbst hatte er das frühe Christentum bezeichnet als „die verhängnisvollste Art Größenwahn, die bisher dagewesen ist: wenn diese verlogenen kleinen Mißgeburten von Muckern anfangen … die Werte nach sich umzudrehen, als ob sie der Sinn, das Salz, das Maß und Gewicht vom ganzen Rest wären: so sollte man ihnen Irrenhäuser bauen." Verschob er hier seinen eigenen Größenwahn noch auf eine ganze Gruppe von Gegnern, so richtete er sich nun sogar gegen Christus, dem er bisher stets mit Achtung begegnet war. Im Frühling 1888 änderte sich dies, wie seine Charakterisierung des „Typus Jesus" erkennen läßt: „Jesus ist das Gegenstück eines Genies: Er ist ein Idiot. (Gemeint war allerdings nicht ein Idiot im Sinne eines Verblödeten, sondern ein naiver Mensch, der außerhalb jeder Realität lebt und wirkt. *Anm.d.Verf.*) Man fühle seine Unfähigkeit, eine Realität zu verstehen: er bewegt sich im Kreise um fünf, sechs Begriffe, die er früher gehört und allmählich verstanden, das heißt falsch verstanden hat – in ihnen hat er seine Erfahrung, seine Welt, seine Wahrheit, – der Rest ist ihm fremd. Er spricht Worte, wie sie jedermann braucht – er versteht sie nicht, er versteht nur seine fünf, sechs schwimmenden Begriffe. Daß die eigentlichen Manns-Instinkte – nicht nur die geschlechtlichen, sondern auch die des Kampfes, des Stolzes, des Heroismus – nie bei ihm aufgewacht sind, daß er zurückgeblieben ist und kindhaft im Alter der Pubertät geblieben ist: das gehört zum Typus gewisser epilepsoider Neurosen."

Am 21. September 1888 weilte er wieder in Turin, und unvermittelt war alles wieder in Ordnung. Ein unbeschreibliches Gefühl der Behaglichkeit breitete sich in seiner Seele aus, wie er am 18. Oktober seinem Freunde Overbeck schrieb: „Ich bin jetzt der dankbarste Mensch von der Welt, herbstlich gesinnt in jedem guten Sinne des Wortes: Es ist meine große Erntezeit – alles wird mir leicht, alles gerät mir." Es war dies die Zeit, der die *Dionysos-Dithyramben* ihre Entstehung verdanken, Lieder, in denen nach den Worten von Werner Ross das Herbstglück unmittelbar ausgedrückt wurde. Er klagte über keine gesundheitlichen Störungen mehr, sondern befand sich nur mehr in gehobener Stimmung, wie einem Schreiben an Peter Gast vom 30. Oktober entnommen werden kann: „Ich sehe mich eben im Spiegel an, exemplarisch gut gelaunt, wohlgenährt und zehn Jahre jünger, als es erlaubt wäre."

Obwohl seine Briefe an die Mutter vom Dezember 1888 noch auffallend geordnet ausfielen, sieht man von der Betonung seiner „welthistorischen Rolle“ ab, so schlichen sich nun immer häufiger abnorme Verhaltensweisen seiner Person oder wahnhaft umgedeutetes Benehmen seiner Umgebung ein. So unterrichtete er etwa Overbeck von seiner unbeschreiblichen Faszination, die er auf „die jungen Mädchen, die ihm den Hof machen“, ausübe. Während er sich deshalb, um auf die Frauen männlicher zu wirken, selbst eine Brille für seine Spaziergänge in den Straßen der Stadt verordnete, brach er gleichzeitig die Brücke zu seiner letzten treuen Freundin Malwida schroff und endgültig ab, indem er ihr einfach mitteilte: „Ich habe allmählich fast alle meine menschlichen Beziehungen abgeschafft, jetzt sind Sie an der Reihe.“ Das, was ihm jetzt am meisten am Herzen lag, war seine eigene Selbstdarstellung in verklärtem Licht in seiner letzten Abhandlung *Ecce homo,* von der er am 9. Dezember in grenzenloser Selbstbewunderung schrieb: „Es geht dermaßen über den Begriff ‚Literatur‘ hinaus, daß eigentlich selbst in der Natur das Gleichnis fehlt: es sprengt, wörtlich, die Geschichte der Menschheit in zwei Stücke – höchster Superlativ von Dynamit.“ Im Abschnitt „Warum ich ein Schicksal bin“ beschrieb er sich als der „bei weitem furchtbarste Mensch, den es bisher gegeben hat; dies schließt nicht aus, daß ich der wohltätigste sein werde. Ich kenne die Lust am Vernichten in einem Grade, die meiner Kraft zum Vernichten gemäß ist – in beidem gehorche ich meiner dionysischen Natur … Ich bin der erste Immoralist: damit bin ich der Vernichter par excellence.“ Ross wies darauf hin, daß Nietzsches *Ecce homo* im Grunde keine neuen Gedanken mehr aufzeigt und eher die „logische Darstellung seines Wahnes, die stilistisch brillante Verkündigung seiner Megalomanie“ widerspiegelt. Nach Günter Schulte lieferte Nietzsche mit *Ecce homo* die ultimative Einführung in seine Philosophie, indem er sich hier selbst sein Leben erzählt, es psychologisch und biographisch definiert und nebenbei auch seine Schriften „authentisch“ interpretiert – aus der Not der Einsamkeit heraus, die er nun wahnhaft in göttliche Selbstgenügsamkeit verkehrte. Noch am Ende seines bewußten Daseins klagte er seinen Freunden: „Wer wäre mir bisher auch nur mit einem Tausendstel von Leidenschaft und Liebe entgegengekommen! Hat irgendwer auch nur einen Schimmer von dem eigentlichen Grunde meines langen Siechthums errathen, über das ich vielleicht doch noch Herr geworden bin? Ich habe jetzt dreiundvierzig Jahre hinter mir und bin genau noch so allein, wie ich es als Kind gewesen bin.“
Mitte Dezember 1888 verlangte Nietzsche das Manuskript des *Ecce homo* vom Verlag zurück, wahrscheinlich aus Angst vor den Folgen der Publikation, wie Janz vermutete. Die Befürchtung strafrechtlicher Sanktionen der Staatsgewalt war jedenfalls nicht ganz unbegründet, wie die Affäre des Rechtswissenschaftlers Heinrich Geffken beweist, der 1888 wegen der Veröffentlichung seines Tagebuches des Landesverrates angeklagt wurde und auf den Nietzsche, wie Janz in seiner Biographie schrieb, dezidiert anspielte. Da diese Staatsgewalt für Nietzsche durch Kaiser Wilhelm, Bismarck und den extrem antisemitischen Hofprediger Stoecker verkörpert war, erklärte er in seinem

Haß den Hohenzollern und dem gesamten Deutschen Reich den „Todkrieg", wie eine Notiz aus dieser Zeit bezeugt: „Indem ich dich vernichte, Hohenzollern, vernichte ich die Lüge." Nachdem er mehrere Briefentwürfe vorbereitet hatte, die für Bismarck und den Kaiser gedacht waren, jedoch nie abgesandt wurden, unterrichtete er seinen alten Musikkameraden Carl Fuchs von seiner bevorstehenden Weltregentschaft: „Die nächsten Jahre steht die Welt auf dem Kopf: nachdem der alte Gott abgedankt ist, werde ich von nun an die Welt regieren." Und von einer seiner ersten geplanten Maßnahmen setzte er Overbeck in einem Brief vom 28. Dezember 1888 in Kenntnis: „Ich arbeite an einem Promemoria für die europäischen Höfe zum Zwecke einer antideutschen Liga. Ich will das ‚Reich' in ein eisernes Hemd einschnüren und zu einem Verzweiflungskrieg provozieren. Ich habe nicht eher die Hände frei, bevor ich nicht den jungen Kaiser samt Zubehör in den Händen habe." Das letzte Objekt seines Vernichtungswillens war eben das junge Deutsche Reich und der junge Kaiser, den er übrigens füsilieren lassen wollte, nachdem er zuvor einen Fürstentag nach Rom „zusammenbefohlen" habe.
Zu seinen Wahnvorstellungen der letzten Zeit zählte seine angebliche Zugehörigkeit zur königlichen Familie der Savoyer. Er war überzeugt, im Palazzo Carignano als Vittorio Emanuele geboren worden zu sein, und hielt Umberto für seinen Sohn. Victor Bonaparte wiederum vermachte er nach erfolgter Vernichtung des Hauses Hohenzollern Frankreich samt Elsaß-Lothringen, und Bourdeau, der die französische Übersetzung seiner Schriften übernommen hatte, beförderte er großzügig zum französischen Botschafter „an meinem Hofe". Schließlich rechnete er noch mit seiner Familie ab, mit der er sich als der große Mensch am wenigsten verwandt fühlte. Denn „die höheren Naturen haben ihren Ursprung unendlich weiter zurück ... ich verstehe es nicht, aber Julius Cäsar könnte mein Vater sein – oder Alexander, dieser leibhaftige Dionysos." Als ihm seine Schwester aus Paraguay im Stile der „Naumburger Tugend" ein mit unpassenden Ratschlägen gewürztes Geburtstagsschreiben übersandte, verstieg er sich in seiner Empörung sogar zu einer Verleugnung der Abstammung von seiner Mutter und der Verwandtschaft zu Elisabeth: „Wenn ich den tiefsten Gegensatz zu mir suche, die unausrechenbare Gemeinheit der Instinkte, so finde ich immer meine Mutter und Schwester – mit solcher canaille mich verwandt zu glauben, wäre eine Lästerung auf meine Göttlichkeit ... hier arbeitet eine vollkommene Höllenmaschine, mit unfehlbarer Sicherheit über den Augenblick, wo man mich blutig verwunden kann."
Es ist bemerkenswert, daß Nietzsche in dieser Zeit „unbändig gehobener Stimmung" eine Aktivität entwickelte, die in einem wahren Schaffensrausch kulminierte. Zwischen dem Sommeraufenthalt in Sils-Maria und dem Jahresende 1888 entstanden nicht weniger als sechs Schriften: *Der Fall Wagner*, *Götzendämmerung*, *Der Antichrist*, *Ecce homo*, die *Dionysos-Dithyramben* und zuletzt *Nietzsche contra Wagner.* Elisabeth versuchte den plötzlichen Zusammenbruch ihres Bruders aus dieser extremen Aktivitätsentfaltung zu erklären, indem sie einen auf Überarbeitung zurückzuführenden Schlaganfall sowie einen Mißbrauch an Medikamenten dafür verantwortlich machte. In Wahr-

heit erfolgte Nietzsches Absturz in die ewige Nacht jedoch nicht plötzlich, sondern allmählich, weshalb Ross von einer „Turiner Himmelfahrt" sprach, während der das „Wachsen eines Wahns" erfolgte. In diesem Sinne sprechen erst jüngst aufgefundene Dokumente über eine Behandlung Nietzsches durch den Psychiater Carlo Turina, und auch die erhalten gebliebenen Texte und Fragmente aus der Hand Nietzsches belegen diesen allmählich erfolgten Übergang zum Wahnsinn. Was den Herausgeber Colli wunderte, war „die geringe Zahl wirklich pathologischer Texte", was für das Bestehen eines noch ausgeprägten Stilbewußtseins spricht. Montinari wies in diesem Zusammenhang ebenfalls auf die „Luzidität" hin, mit der Nietzsche noch bis in die ersten Tage des Januar 1889 hinein die Drucklegung von *Ecce homo* sowie von *Nietzsche contra Wagner* verfolgte, weshalb er abschließend mit Recht feststellte: „Sein schriftstellerisches Bewußtsein hat Nietzsche gewiß ganz zuletzt verloren." Eine der ersten Absonderlichkeiten, die Nietzsches Wirtsleute in Turin überraschten, war sein Ersuchen, die Ölbilder von den Wänden abzunehmen, weil sein Zimmer ein Tempel sei und er die Vorbereitungen treffen müsse für den Empfang des Königs von Italien und dessen Gemahlin.
Über Nietzsches eigentlichen Zusammenbruch werden verschiedene Varianten berichtet. Ihnen allen eigen ist die Erwähnung eines Sturzes, der diesem Ereignis vorausgegangen war und den seine Schwester zeitlich auf die letzten Dezembertage festlegte. Zwei Tage lang habe er sein Zimmer nicht verlassen, und „als er aus diesem lethargischen Zustand erwachte, zeigten sich deutlich die Spuren geistiger Erregung und Verwirrung; er sprach laut mit sich selbst, sang und spielte ungewöhnlich laut, verbat sich, daß man in sein Zimmer einträte: es sei ein ‚oratorio'. Er verlor den Begriff für den Wert des Geldes." Tatsächlich fanden die Wirtsleute in seinem Papierkorb zerrissene Geldscheine, und sie bestätigten auch, daß die Bewohner des Hauses durch Nietzsches überlautes Klavierspiel von Melodien Wagners, zu denen er nicht nur tagsüber, sondern auch während der Nacht sang, aufgebracht und böse waren.
Aber auch in der Öffentlichkeit erregte sein Auftreten Ärgernis und Verwunderung, was einer eigenen Mitteilung an Jacob Burckhardt zufolge durchaus verständlich ist: „Ich gehe überall hin in meinem Studentenrock, schlage hier und da Jemandem auf die Schulter und sage: siamo contenti? son dio, ho fatto questa caricatura." Wenn Nietzsche sich hier als Gott bezeichnet, dann ist das nur eine Facette seiner Metamorphosen in verschiedene „Seinssphären", wie aus dem letzten Brief an Burckhardt hervorgeht: „Was unangenehm ist und meiner Bescheidenheit zusetzt, ist, daß im Grund jeder Name in der Geschichte ich bin." In die letzten Dezembertage fällt wohl auch der zur Legende ausgebaute „Zwischenfall mit dem Pferd", der allerdings in anderen Berichten auf den 3. Januar 1889 datiert wurde: An diesem Tage wurde Nietzsche von zwei Polizisten nach Hause begleitet, die aussagten, er habe soeben auf der Piazza Carlo Alberto ein Pferd umarmt. Der Hausvermieter Davide Fino, der einen Zeitungsstand bei der Post besaß, suchte sich einen Weg durch die Menschenmenge, die sich seinem Hause näherte, und erblickte zu seinem Schrecken den bleichen und zitternden Nietz-

sche. Als dieser ihn sah, warf er sich schluchzend an seine Brust. Fino erfuhr auf seine Bitte hin von den beiden Gendarmen folgendes: „Als Nietzsche gerade seine Wohnung verlassen hatte, sah er, wie ein brutaler Droschkenkutscher sein Pferd mißhandelte. Unter Tränen und Wehklagen warf er sich dem Tier um den Hals und brach zusammen." Fino brachte den Armen ins Bett und bat den Psychiater Carlo Turina, der etwas außerhalb von Turin in der Anstalt S. Maurizio Canavese tätig war, um einen Krankenbesuch. Nietzsche glaubte sofort, in ihm einen Arzt zu erkennen, weshalb er abweisend wiederholt lebhaft ausrief: „Pas malade!" Nach Verabreichung eines Beruhigungsmittels schlief der Kranke schließlich ein.
Nietzsches Brief an Peter Gast vom 4. Januar 1889, in welchem es heißt „Singe mir ein neues Lied: die Welt ist verklärt und alle Himmel freuen sich" und den er mit „Der Gekreuzigte" unterschrieb, sowie ein mit „Nietzsche Caesar" unterzeichnetes Schreiben sind die ersten Zeugnisse, die unter dem Begriff „Wahnsinnsbriefe" subsumiert werden. Die beiden letzten Schreiben, die er an Jacob Burckhardt richtete, nämlich das Billet vom 4. Januar und der Brief vom 6. Januar 1889, sind gewissermaßen seine letzten „Denkdichtungen", wie Ross sich ausdrückte. Auf dem Billet stehen die Worte: „Meinem verehrungswürdigen Jacob Burckhardt, das war der kleine Scherz, dessentwegen ich mir die Langeweile, eine Welt geschaffen zu haben, nachsehe." Und der Brief beginnt mit den Worten: „Lieber Herr Professor, zuletzt wäre ich sehr viel lieber Basler Professor als Gott; aber ich habe es nicht gewagt, meinen Privat-Egoismus so weit zu treiben, um seinetwegen die Schaffung der Welt zu unterlassen. Sie sehen, man muß Opfer bringen, wie und wo man lebt." Die letzten Sätze dieses langen Briefes lauten: „Ich habe Kaiphas in Ketten legen lassen; auch bin ich voriges Jahr von den deutschen Ärzten auf eine sehr langwierige Weise gekreuzigt worden. Wilhelm Bismarck und alle Antisemiten abgeschafft. Sie können von diesem Brief jeden Gebrauch machen, der mich in der Achtung der Basler nicht heruntersetzt. Nietzsche."
Dieser als einziger mit „Nietzsche" unterzeichnete „Wahnsinnsbrief" war für den weiteren Fortgang von Nietzsches Geschick ausschlaggebend. Burckhardt eilte nämlich nach Erhalt dieses beunruhigenden Schreibens unverzüglich zu Overbeck, der wiederum in aller Eile den Basler Psychiater Wille um Rat für das weitere Vorgehen bat. Nachdem dieser das Schreiben durchgelesen hatte, riet er zur Eile und ersuchte Overbeck, den Kranken sofort in seine Klinik zu bringen. So machte sich Overbeck noch am 7. Januar 1889 auf den Weg, um nach einer Fahrt von achtzehn Stunden in Turin einzutreffen. Das Wiedersehen mit dem kranken Freund schilderte Overbeck so: „Ich erblickte Nietzsche in einer Sofaecke kauernd und lesend – wie sich dann ergab, die letzte Korrektur von ‚Nietzsche kontra Wagner' – entsetzlich verfallen aussehend; er stürzt sich auf mich zu, umarmt mich heftig, mich erkennend, und bricht in einen Tränenstrom aus, sinkt dann in Zuckungen aufs Sofa zurück … Zugegen war die ganze Familie Fino. Kaum lag Nietzsche stöhnend und zuckend wieder da, als man ihm das auf dem Tisch stehende Bromwasser zu schlucken gab. Augenblicklich trat Beruhigung

ein, und lachend begann Nietzsche vom großen Empfang zu reden, der für den Abend vorbereitet sei. Damit war er im Kreise der Wahnvorstellungen, aus dem er dann, bis ich ihn aus den Augen verloren, nicht wieder getreten ist – über mich und überhaupt die Personen anderer stets klar, über sich in völliger Nacht befangen. Es kam vor, daß er in lauten Gesängen und Rasereien am Klavier sich maßlos steigernd, Fetzen aus der Gedankenwelt, in der er zuletzt gelebt hat, hervorstieß, und dabei auch in kurzen mit einem unbeschreiblich gedämpften Tone vorgebrachten Sätzen sublime, wunderbar hellsichtige und unsäglich schauerliche Dinge über sich als den Nachfolger des toten Gottes vernehmen ließ, das Ganze auf dem Klavier gleichsam interpunktierend, worauf wieder Konvulsionen und Ausbrüche eines unsäglichen Leidens erfolgten ... im ganzen überwogen die Äußerungen des Berufs, den er sich selbst zuschreibt, der Possenreißer der neuen Ewigkeiten zu sein, und er, der unvergleichliche Meister des Ausdrucks, war außerstande, selbst die Entzückungen seiner Fröhlichkeit anders als in den trivialsten Ausdrücken oder durch skurriles Tanzen oder Springen wiederzugeben." Wie Bernoulli, ein Schüler Overbecks, berichtet, habe dieser „die letzten, krassesten Einzelheiten seiner Eindrücke" in diese Schilderung nicht aufgenommen, sondern später nur mündlich mitgeteilt: „Danach bot sich Overbeck in Turin damals ein Anblick, der die orgiastische Vorstellung der heiligen Raserei, wie sie der antiken Tragödie zugrunde lag, auf grauenhafte Weise verkörperte." Offenbar spielte Nietzsche dabei die Rolle des nackten Satyr beziehungsweise des sexuell enthemmten Dionysos, als dessen leibhaftige Verkörperung er sich in diesen Tagen sah. Erwähnte Nietzsche doch noch im November 1888 in der ersten Fassung seines *Ecce homo* seinen eigenen Anteil an der Entdeckung der dionysischen Mysterien, in denen das „geschlechtliche Symbol als das ehrwürdigste Symbol überhaupt" betrachtet wurde und er betonte ausdrücklich, wie sehr ihm zum Verständnis des Dionysischen in der griechischen Tragödie „die Psychologie des Orgiasmus als eines überströmenden Lebensgefühls" den Schlüssel in die Hand gegeben hatte. Wie er dieses „überströmende Lebensgefühl" in den Turiner Tagen empfand, zeigte sich in einer Distanzlosigkeit Fremden gegenüber, und die vitale Tönung seines geradezu manischen Zustandes erlebte er nach seinen eigenen Aussagen damals so, daß er „am liebsten alle Leute auf der Straße umarmt und geküßt" hätte und „am liebsten an den Mauern in die Höhe geklettert" wäre.
Overbeck bemühte sich, für den Transport des Kranken einen Reisebegleiter zu finden. Genaueres über diesen ominösen Begleiter, der in der Basler Krankenakte einmal als Miescher und ein anderes Mal als ein gewisser Dr. Baumann angegeben wurde, brachten erst die Nachforschungen Verrechias: Demnach handelte es sich um den aus Deutschland stammenden jüdischen Turiner Zahnarzt Leopold Bettmann, der Overbeck vom dortigen deutschen Konsulat empfohlen wurde und für seine Dienste das beträchtliche Honorar von zweihundert Schweizer Franken erhielt. Für den Krankentransport brachte jedenfalls Bettmann eine mehr als zufriedenstellende Hilfeleistung, indem er sich die „fast unbedingte Lenksamheit" Nietzsches zu Nutzen machte. Indem

Bettmann „auf seine Ideen von königlichen Empfängen und Einzügen einging“, sei nach dem Bericht Overbecks die Eisenbahnfahrt nach Basel ein „Kinderspiel“ gewesen. Mit dem Versprechen, es seien große Empfänge für ihn vorbereitet, war Nietzsche relativ leicht zum Verlassen des Hauses zu bewegen gewesen – mit der Einschränkung, daß er sich die Nachtmütze seines Vermieters Fino als Pfand für seine Rückkehr ausbedungen hatte. Wie Overbeck erzählte, verlangte Nietzsche während der Reise wiederholt einen Spiegel: „In Turin war es eine meiner ersten Handlungen, jenen Spiegel, welchen er vor sich auf dem Tisch hatte und von dem er beständig Gebrauch machte, ohne daß er es merkte, zu beseitigen.“ Damit die Ankunft am Bahnhof von Basel am frühen Morgen des 10. Januar 1889 kein Aufsehen erregen konnte, redete Bettmann dem Kranken ein: „Sie sind ein Fürst. Am Bahnhof Basel erwartet Sie eine festliche Menge. Gehen Sie grußlos an ihr vorüber nach dem bereitstehenden Wagen.“ Auch diese List war über Erwarten erfolgreich, so daß die Fahrt zur Klinik Professor Willes in einer Droschke, die nach einer Vermutung von Janz von dem Physiologen Johann Friedrich Miescher bereitgestellt wurde, reibungslos verlaufen war. Mit Nietzsches Einlieferung in die psychiatrische Basler Klinik endete sein „bewußtes“ Leben.

Verdämmern als Pflegefall

Tag meines Lebens!
gen Abend gehts!
Schon glüht dein Auge
halbgebrochen,
schon qillt deines Taus
Tränengeträufel,
schon läuft still über weiße Meere
deiner Liebe Purpur,
deine letzte zögernde Seligkeit.

Heiterkeit, güldene, komm!
du des Todes
heimlichster süßester Vorgenuß! –
Lief ich zu rasch meines Wegs?
Jetzt erst, wo der Fuß müde ward,
holt dein Blick mich noch ein,
holt dein Glück mich noch ein.

Dionysos-Dithyramben

Die neuerbaute „Kantonale Irrenanstalt Basel Stadt“ mit ihrem zeitgemäßen Pavillon-System bot gegenüber den psychiatrischen Krankenhäusern älteren Typs nicht nur sanitäre Vorteile, sondern entsprach auch modernen humanitären Erfordernissen. Wie Professor Wille berichtete, war Nietzsche beim Eintreffen in seiner Klinik „stark benommen, so daß er sich über seinen neuen Aufenthalt und seine Umgebung nicht orientieren konnte“. Umso bemerkenswerter war das noch weitgehend erhalten gebliebene Gedächtnis des Kranken, wie die Begrüßung zwischen ihm und Wille zeigte. Nietzsche fragte nämlich höflich und in würdiger Haltung: „Ich glaube, daß ich Sie früher schon gesehen habe und bedaure sehr, daß mir nur Ihr Name nicht gegenwärtig ist." Und nachdem sich Professor Wille vorgestellt hatte, antwortete Nietzsche: „Wille? Sie sind Irrenarzt. Ich habe vor einigen Jahren ein Gespräch mit Ihnen über religiösen Wahnsinn gehabt. Der Anlaß war ein verrückter Mensch, Adolf Vischer, der damals hier oder in Basel lebte." An dieses sieben Jahre zurückliegende Gespräch konnte sich Overbeck tatsächlich erinnern, weshalb er sich umso mehr darüber wunderte, daß Nietzsche seine eigene Lage nicht mit diesem Umstand in Verbindung brachte – ein deutliches Zeichen für die „vernichtende Zerspaltung" Nietzsches Persönlichkeit, wie Overbeck sich ausdrückte.

Die Behandlung während des einwöchigen Aufenthaltes beschränkte sich auf die Verabreichung von Schlafmitteln zur Beruhigung des hochgradig erregten Patienten. Im Krankenjournal vom Januar 1889 kann man lesen: „Patient kommt in Begleitung der Herren Professoren Oberbeck und Miescher in die Anstalt. – Läßt sich ohne Widerstand auf die Abteilung führen; auf dem Wege dahin bedauert er, daß wir daselbst so schlechtes Wetter haben und sagt: Ich will euch, ihr guten Leute, morgen das herrlichste Wetter machen ... Patient läßt sich willig untersuchen, spricht fortwährend während der Untersuchung. – Kein rechtes Krankheitsbewußtsein, fühlt sich ungemein wohl und gehoben. Gibt an, daß er seit acht Tagen krank sei und öfters an heftigen Kopfschmerzen gelitten habe. Er habe auch einige Anfälle gehabt, während derselben ... hätte er am liebsten alle Leute auf der Straße umarmt und geküßt ... Patient ist schwer zu fixieren, beantwortet bloß teilweise und unvollständig oder gar nicht die an ihn gerichteten Fragen, fortwährend in seinen verworrenen Reden fortfahrend. Sensoriell stark benommen ... Nachmittags spricht der Patient fortwährend wirr durcheinander, zuweilen laut singend und johlend. Der Inhalt seines Gespräches ist ein buntes Durcheinander von früher Erlebtem, ein Gedanke jagt den anderen ohne jeden logischen Zusammenhang. – Gibt an, daß er sich zweimal spezifisch infiziert habe ... Patient zeigt einen ungewöhnlichen Appetit. Nachmittags geht Patient in den Garten spazieren, singt, johlt, schreit daselbst. Zieht sich manchmal Rock und Weste aus, legt sich auf die Erde. Der Besuch der Mutter erfreut Patienten sichtlich, beim Eintritte seiner Mutter ging er auf dieselbe zu, sie herzlich umarmend und ausrufend: ‚Ach, meine liebe gute Mama, es freut mich sehr. Dich zu sehen.' – Er unterhält sich längere Zeit über Familienangelegenheiten, ganz korrekt, bis er plötzlich rief: ‚Siehe in mir den Tyrannen von Turin.' Nach diesem Ausrufe fing er wieder an, verworren zu reden, so daß der Besuch beendigt werden mußte."

Die Mutter, die am 13. Januar in Basel eintraf, bat darum, ihren Sohn sogleich zur weiteren Pflege nach Hause mitnehmen zu dürfen, doch hielt Professor Wille dies zum gegebenen Zeitpunkt für untragbar. Als Kompromiß wurde vorgeschlagen, Nietzsche in die nahe Naumburg gelegene Nervenklinik von Jena zu transferieren. Nach einem rührenden Abschied von seinem Freunde Overbeck mit „überschwänglicher Bezeugung seiner Freundschaft" wurde er am Abend des 17. Januars mit schlotternden Beinen und maskenhaftem Gesicht zum Bahnhof gebracht. Overbeck war von dem Erlebten so beeindruckt, daß er Zweifel an seiner Handlungsweise hegte, den Freund nach Basel gebracht zu haben. Im Rückblick quälte ihn dieser Gedanke so sehr, daß es seiner Meinung nach „ein weit echterer Freundschaftsdienst als den Armen dem Irrenhaus zuzuführen, gewesen wäre, ihm das Leben zu nehmen".

Die Reise in Begleitung seiner Mutter, eines Krankenwärters und eines ehemaligen Schülers Nietzsches, des jungen Arztes Ernst Mähly, verlief zunächst unter der Einwirkung von Chloralhydrat sehr ruhig. Doch dann erlitt er mehrere Tobsuchtsanfälle, von denen sich einer schrecklich gegen seine Mutter richtete. Die meiste Zeit jedoch verhielt sich der Patient so ruhig, wie ihn der Krankenwärter in der zurückliegenden Woche nie erlebt hatte. Nietzsche hätte zwar eingeräumt, im Irrenhaus gewesen zu sein, „doch würde er sich wieder machen, er sei ja noch jung, erst zweiundzwanzig Jahre alt".

Unmittelbar nach der Ankunft in Jena wurde Nietzsche in die von Gropius errichtete und von Professor Binswanger geleitete „Großherzogliche Sächsische Landes-Irren-Heilanstalt" gebracht, die „großzügig geplant und gut eingerichtet" erst zehn Jahre zuvor eingeweiht worden war: „Sie hatte eine Luftheizung, Gaslampen, Spülklosetts und Bäder in den Wachabteilungen, allerdings auch Tobhöfe für unruhige Kranke." Auf Wunsch der Mutter, die ihren Sohn erst im Juli des Jahres wiedersehen durfte, wurde der Kranke zum Tarif der zweiten Klasse auf der ersten Klasse untergebracht.

Binswanger, dessen wissenschaftliches Interesse in besonderem Maße der Ätiologie und den klinischen Verlaufsformen der progressiven Paralyse galt, war sowohl als Arzt am Krankenbett wie auch als Hochschullehrer allseits beliebt und geschätzt. Sein fortschrittliches Denken sorgte dafür, daß sich in seiner Klinik das aus England gekommene „No-restraint-Prinzip", also die Vermeidung jeder Art von Gewaltanwendung oder gar Strafmaßnahmen bei der Behandlung von Geisteskranken, rasch durchgesetzt hatte. Bei seinem Amtsantritt im August 1882 waren laut einer von Benda referierten Inventarliste noch alle herkömmlichen Marterinstrumente wie Drehstuhl und Drehbett, Zwangsstühle und selbst noch Fußschellen mit Schlössern in Verwendung gewesen. Binswanger räumte mit diesem Unfug rigoros auf, wie er selbst schilderte: „Die Kranken waren meist in Zellen eingesperrt und steckten zum Teil noch in Zwangsjacken ... Ich öffnete die Zellentüren und verbrannte die Zwangsjacken." Man darf deshalb davon ausgehen, daß Nietzsche während seines Aufenthaltes in der Klinik Binswangers in humaner Weise und nach modernen Richtlinien behandelt und betreut wurde, und daß später geäußerte kritische Bemerkungen nicht den objektiven Tatsachen entsprachen.

Im Krankenjournal vom 19. Januar 1889, also dem ersten Tag in Binswangers Anstalt, heißt es: „Zur Abteilung folgt der Kranke unter vielen höflichen Verbeugungen. In majestätischem Schritt zur Decke blickend betritt er das Zimmer und dankt für den ‚großartigen Empfang'. Er weiß nicht, wo er ist ... über seine Personalien gibt er korrekt Auskunft. Gesichtsausdruck selbstbewußt, oft selbstgefällig und affektiert. Er gestikuliert und spricht fortwährend in affektiertem Ton und hochtrabenden Worten, und zwar bald italienisch, bald französisch. Unzählige Male versucht er den Ärzten die Hand zu schütteln ... Inhaltlich fällt die Ideenflucht seines Geplauders auf, gelegentlich spricht er von seinen großen Kompositionen und singt Proben aus denselben, er spricht von seinen ‚Legationsräten und Dienern'. Während des Sprechens grimassiert er fast unausgesetzt."

In weiterer Folge setzte er jedoch Handlungen, die den ganzen Jammer und die entwürdigende Tragödie seiner ehemals mit so außergewöhnlichen geistigen Gaben ausgestatteten Person illustrieren. Schon zwei Tage nach seiner Einlieferung mußte er wegen fortwährenden Lärmens isoliert werden. Gelegentlich äußerte er, daß auch sein Vater „an Gehirnerweichung gelitten" habe. Er bezeichnete sich bald als Herzog von Cumberland, bald als Kaiser, oder er behauptete: „Zuletzt bin ich Friedrich Wilhelm IV. gewesen ... Meine Frau Cosima Wagner hat mich hierher gebracht ... Man hat nachts gegen mich geflucht, man hat die schrecklichsten Maschinerien angewandt ... Ich will einen Revolver, wenn der Verdacht wahr ist, daß die Großherzogin selbst diese Schweinereien und Attentate gegen mich begeht."

Am 3. Februar 1889 findet sich erstmals die Eintragung: „Kot geschmiert", und am 5. April notierte man im Krankenjournal: „Uriniert in den Stiefel und trinkt den Urin." Bis zum Dezember häuften sich diese und ähnliche Fehlhandlungen: Er schmierte nicht nur wiederholt mit Kot und rieb sich damit ein Bein ein, sondern er legte seinen Kot in Papier eingewickelt in die Schublade des Tisches; angeblich aß er sogar einmal davon. Ähnliches geschah mit seinem Harn, den er wiederholt in ein Wasserglas absetzte und dann trank. Weitere Eintragungen betreffen seine gelegentlichen Zornausbrüche, in denen er einem Mitpatienten einen Fußtritt versetzte und ein anderes Mal ganz plötzlich einige Scheiben einschlug mit der Begründung, einen Flintenlauf hinter dem Fenster gesehen zu haben. In seiner Verwirrung erblickte er nachts „ganz verrückte Weibchen" oder er berichtete, daß in der Nacht vierundzwanzig Huren bei ihm gewesen seien. Ab September bettete er sich fast stets neben das Bett auf den Boden.

Die Mutter hatte man anscheinend von solchen Nachrichten verschont, wie man einem Schreiben an Overbeck vom 9. April 1889 entnehmen kann: „Vor einer Stunde sei mein Sohn auf die Abteilung der ruhigen Kranken gebracht worden – es sei dies ein Versuch. Der Schlaf sei ziemlich gut, der Appetit ausgezeichnet. Sich zu beschäftigen, habe er gar kein Verlangen, und seine Gespräche wären noch irre." Erst am 29. Juli war es ihr gestattet, ihrem Sohn in der Anstalt den ersten Besuch seit seiner Einlieferung abzustatten, ein Ereignis, welches laut Eintragung im Krankenjournal Nietzsche große Freude bereitete. Doch auch jetzt dürfte man der Mutter keine peinlichen Einzelheiten vom Benehmen ihres Sohnes mitgeteilt haben, denn selbst Monate später, am 1. November 1889, teilte sie Overbeck ganz unauffällige Veränderungen mit: „Gestern war ich wieder bei ihm ... Der Arzt sagte, daß er am Morgen recht erregt gewesen sei und auch am Nachmittag war er nicht so genießbar wie vor vierzehn Tagen." So ist es nicht verwunderlich, daß die Mutter auf das Angebot des Schriftstellers Julius Langbehn, bekannt als der „Rembrandt-Deutsche", einging, ihren Sohn durch Gespräche heilen zu wollen. Langbehn vertrat die Ansicht, daß an Nietzsche „die selbe Barbarei wiederholt werde, die man an Hölderlin ausübte. Er wird in Binswangers Anstalt als verkommener, in Italien verbummelter und verrückt gewordener Professor behandelt – ach nein, eben nicht als Professor, sondern als Gefangener und Sträfling, bei welcher Behandlung ein Mann von der Sensibilität Nietzsches, wenn er nicht schon leidend wäre, zu Grunde gehen muß." Dieses Urteil über die Behandlung in der Klinik Binswangers beweist, daß Langbehn als medizinischer Laie über die dort geübten therapeutischen Methoden überhaupt nicht unterrichtet war und, wie sich bald herausstellen sollte, durch die Privatpflege Nietzsches lediglich materielle Vorteile für sich herauszuschlagen versuchte. Tatsächlich wollte er den Patienten noch vor Jahresablauf aus der Anstalt nehmen und ihn im Haus der Mutter in Naumburg pflegen – gegen Überlassung der gesamten Monatspension des Professors und der Vormundschaft über den Patienten. Mit Zustimmung der Mutter begann Langbehn Mitte November 1889 in Jena, mit Nietzsche täglich mehrere Stunden in der Umgebung der Klinik spazierenzugehen und dabei mit ihm Gespräche zu führen. Als es jedoch Ende des Monats überraschend zu einem Wutanfall des Kranken kam, brach Langbehn Hals über Kopf seine „Behandlung" ab, um Jena den Rücken zu kehren.

Ab Mitte Januar 1890 war es Peter Gast, der sich bereit erklärte, mit seinem verehrten Meister die täglichen Spaziergänge fortzusetzen. Nach einer vorausgegangenen Aussprache mit Langbehn, der ihn entsprechend vorbereitet haben dürfte, äußerte sich auch Gast in ziemlich abfälliger Weise über die Usancen in der Klinik Binswangers, wie aus einem Schreiben an Overbeck hervorgeht: „Nietzsche ist wie in einem Armenhaus – weiter nichts. Miserable Hausmannskost, Unbequemlichkeit in jeder Hinsicht (kein Stuhl im Zimmer, nur ein hartes Sopha ohne Kissen, neben dem Zimmer das Closett, von welchem es den Geruch bekommt." Diese Schilderung paßt so gar nicht zu der Beschreibung, welche die Mutter hinsichtlich des Tagesablaufes ihres Sohnes am 10. Februar 1890 Overbeck übermittelte. Dort heißt es auszugsweise: „Früh um sechs Uhr würde geweckt und dann gingen alle in den Salon und nehmen das Frühstück ein, was aus Kaffee und zwei Brötchen bestünde ... Um neun Uhr gebe es ein zweites Frühstück, was aus einem Glas Milch ... bestehe, nebst Butterbrot und Schinken. Mittags gebe es täglich Bouillonsuppe und Braten mit Gemüse und Kartoffeln ... Punkt acht Uhr gingen die Kranken zu Bett ... Der Oberwärter tut etwas zu intim mit ihm, nimmt ihn bei dem Kinn, streicht ihm den Schnurrbart zurecht, wenn er sich zum Hinausgehen zurecht macht ... Man muß aber nur bedenken, daß er die Wärter oft umarmt."
Als sich Overbeck Mitte Februar auf den Weg machte, seinen kranken Freund zu besuchen, fand er dessen Verhalten in der Öffentlichkeit kaum anstößig oder merkbar krankhaft. Diese Meinung teilte auch die Mutter, die inzwischen in Jena eine Wohnung

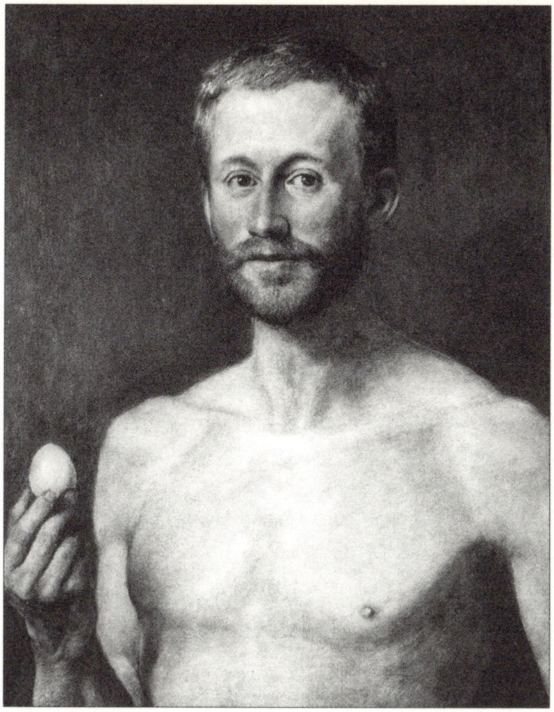

Julius Langbehn, genannt der „Rembrandt-Deutsche". Gemälde von Hans Thoma, 1906.

gemietet hatte, in welche sie mit ihrem Sohn am 24. März 1890 einzog – natürlich nicht, ohne vorher die Genehmigung einer Beurlaubung aus der Klinik eingeholt zu haben. Dort verlief zunächst alles ruhig, bis eines Morgens Nietzsche unbemerkt die Wohnung verließ, um das Solebad aufzusuchen. Da dieses nicht geöffnet war, entkleidete er sich vor dem „Herrenbad" auf der Straße und versuchte, in einer Pfütze ein Bad zu nehmen.

Nach diesem peinlichen Vorfall faßte die Mutter den Entschluß, den Sohn gegen Revers in ihr eigenes Haus in Naumburg aufzunehmen und dort die weitere Pflege selbst zu übernehmen. Am 13. Mai 1890 trafen beide im alten Familienheim ein, wo sie nun ihren „Herzens-Fritz" mit mütterlicher Liebe beschützen und betreuen konnte. Als Binswanger im Sommer 1891 Nietzsche im Hause der befreundeten Familie Gelzer in Jena einer Kontrolluntersuchung unterzog, gab er sich sehr zufrieden. Doch schon im April 1892, als in Jena eine neuerliche Kontrolle stattfand, zeigte sich Nietzsche sehr apathisch und unzugänglich, so daß eine mündliche Kontaktaufnahme mit ihm nicht mehr möglich war. Um bei den täglichen gemeinsamen Spaziergängen mit der Mutter möglichst wenig mit Menschen in Kontakt zu kommen, die sich vielleicht über Nietzsches Grimassieren und Gestikulieren gewundert hätten, ließen sie sich in einer Droschke zum nahe gelegenen Stadtwald bringen. Ab dem Frühjahr 1893 wurde ihm aber auch das Gehen immer mühsamer, weshalb er nunmehr von der Haushälterin Alwine im Rollstuhl vor dem Hause hin und her gefahren wurde. Nietzsche konnte allmählich auch nicht mehr selbständig essen, und man mußte ihn nun waschen und anziehen. Trotzdem gab die Mutter Overbeck beruhigende Nachrichten über ihren Sohn, ohne auf seine wohl auch zu Hause fortgesetzten peinlichen Verhaltensweisen mit einem Wort einzugehen: „Sein Äußeres ist sehr gut, ebenso sein körperliches Befinden, ich möchte fast sagen, normal zu nennen, aber sein lieber herrlicher Geist verarmt immer mehr, doch hat sein ganzes Wesen etwas so Rührendes." Den detaillierten Schilderungen dieses Briefes kann entnommen werden, daß sich der

Zustand Nietzsches allmählich stabilisiert haben dürfte. In diesem Sinne spricht auch das Ergebnis einer Kontrollvisite durch Professor Binswanger im Dezember 1895, der sich über die offenbar doch wohltuenden Auswirkungen der mütterlichen Pflege mit ärztlicher Unterstützung durch den Naumburger Arzt Dr. Gutjahr lobend äußerte.
Als 1897 die Mutter an den Folgen eines Unterleibskrebses starb, übernahm die im September aus Paraguay zurückgekehrte Schwester Elisabeth Förster-Nietzsche die weitere Pflege. Sie brachte ihren berühmten Bruder „aus der provinziellen Enge Naumburgs" nach Weimar, wo sein weiteres Leben weitgehend vom Repräsentationsbedürfnis der Schwester geprägt war. Jeder Besuch Außenstehender war Teil eines strengen Zeremoniells, das dazu beitragen sollte, Nietzsche zur „Zarathustra-Gestalt" zu stilisieren. Auf diese Weise versuchte Elisabeth, den erschütternden geistigen Zustand ihres Bruders so zu verklären, daß sein letztes Lebensjahrzehnt geradezu als fast natürlicher Ausklang seines Philosophendaseins erscheinen mußte: „Die Wörter Irrsinn und Wahnsinn passen durchaus nicht auf den Zustand meines Bruders … Alles an ihm scheint wie verklärt, harmonisch, ich möchte fast sagen vergeistigt. Das Abendrot seines arbeitsreichen Lebens gießt sein mildes Licht auf sein ganzes Wesen aus." Ein ähnlich idealisierendes Bild entwarf Ernst Horneffer, Mitarbeiter im Nietzsche-Archiv, von dem weihevollen Ambiente, das den Besucher des kranken Nietzsche umgab: „Nietzsche lag auf einem Sofa, eingehüllt in einen weiten weißen Mantel … der das Prophetenhafte der Erscheinung noch verstärkte – und der Eindruck war gewaltig, überwältigend … Das war ein anderer Nietzsche, den ich da sah, ein Prophet von göttlicher Schlichtheit, der Zarathustra-Nietzsche. Die Augenhöhlen waren tief, aber die dunkelbraunen Augen waren ganz ausdruckslos … Hatte er aber die Augen geschlossen und lag die Stirn glatt, dann war der ruhig schlummernde Philosoph von einer wunderbaren märchenhaften Schönheit."
Diese idealisierenden pathetisch-sentimentalen Beschreibungen stehen jedoch im Gegensatz zur Wirklichkeit, wie ein realistischer Bericht aus der Mitte der neunziger Jahre belegt. Dort heißt es: „Er ist völlig stumpf, erkennt außer Mutter und Schwester niemand mehr, war auch körperlich ganz zusammengehutzelt, schwach und klein geworden, übrigens von gesunder Gesichtsfarbe – kurz, ein zu Tränen rührender Anblick. Aber er fühlt offenbar nichts mehr, kein Glück und kein Unglück; auf eine schreckliche Art ist er im ‚Jenseits' von allem."
Seine letzten drei Lebensjahre verbrachte Nietzsche vorwiegend in bettlägerigem Zustand und zuletzt noch halbseitengelähmt, nachdem er 1898 und 1899 jeweils einen Schlaganfall erlitten hatte. Am 25. August 1900 erkrankte er an einer Lungenentzündung und verstarb, nachdem es zu einem neuerlichen Schlaganfall gekommen war. Drei Tage später wurde seine sterbliche Hülle der Erde seines Geburtsortes Röcken übergeben. In der europäischen Literatur war er zu diesem Zeitpunkt bereits zu einer Galionsfigur der Epoche geworden, und es entbehrt nicht einer gewissen Tragik, daß er diesen kometenhaften Aufstieg zu einem nicht unerheblichen Teil den Gerüchten und Legenden um seine geheimnisvolle Krankheit verdankte.

MEDIZINISCHE AUSWERTUNG DER BIOGRAPHISCHEN ANAMNESE

Angesichts der Lückenhaftigkeit und Unvollständigkeit des uns zugänglichen Quellenmaterials ist eine detaillierte Darstellung der Krankengeschichte Nietzsches derzeit zugegebenermaßen nur bedingt möglich. Da sich jedoch immerhin die Symptomatik seiner verschiedenen Leidenszustände recht gut bis in alle Einzelheiten herausarbeiten läßt, können dennoch diagnostische Schlüsse gezogen werden, deren Stichhaltigkeit mit an Sicherheit grenzender Wahrscheinlichkeit gemessen werden kann. Darüber hinaus verschafft uns das vierbändige Werk *Nietzsche absconditus* von Hermann Joseph Schmidt einen hochinteressanten neuen Zugang nicht nur zu den Werken dieses bedeutenden Philosophen, sondern auch zu den bis in die früheste Kindheit zurückreichenden Spuren seiner psychischen Traumen, die sich prägend in seiner Seele eingegraben hatten und deren Aufdeckung für das Verständnis des komplizierten Psychogramms Nietzsches von unschätzbarem Wert ist. Spiegeln sich doch der These Alice Millers entsprechend die ungelebten Gefühle, Bedürfnisse und Tragödien einer Kindheit auch in Nietzsches Werken getreulich wieder, auch wenn der Autor dies nicht wissentlich beabsichtigt hatte. Gelingt es, jenen Nietzsche zu entdecken, der sich absichtlich so gut wie nur möglich vor seinen Lesern verborgen hat (*absconditus* = „verborgen") oder der erst in Entwicklung begriffen war, dann werden für uns auch seine charakteristischen Denk- und Lebensmotive erkennbar.

BAUSTEINE ZU EINEM PSYCHOGRAMM

In den Biographien schöpferischer Menschen stößt man sehr häufig auf Kindheitserlebnisse, deren Auswirkungen in ihrem Werk Spuren hinterlassen, die sich wie ein Ariadnefaden bis in die letzte Schaffensphase verfolgen lassen. Da dies im besonderen auch für Nietzsche zutrifft, müssen seine Kindheit im Elternhaus sowie seine Jugend in der Schule zu Naumburg und vor allem in der Pforte diesbezüglich durchforstet werden.

Die Kindheit in Röcken

Als Erstgeborener seiner Eltern erfuhr sich der „kleine Prinz" nicht nur im Pfarrhaus von Röcken, sondern wahrscheinlich auch im gesamten Dorf als verwöhnter Mittelpunkt. Doch diese glückliche Zeit frühester Kindheit wurde schon sehr bald durch verschiedene Vorfälle überschattet. Zunächst mußte er im Alter von eindreiviertel Jahren durch die Geburt seiner Schwester Elisabeth die bisher ihm allein geltende Aufmerksamkeit teilen. Er hatte also – so wie viele andere Kinder in diesem Alter auch – „unter jener schmerzhaften Vernachlässigung zu leiden, die sich ergibt, wenn die Mutter ihre Aufmerksamkeit dem jeweils neugeborenen Kind zuwendet". Noch mehr in den Windschatten der allgemeinen Aufmerksamkeit geriet der inzwischen knapp dreieinhalbjährige Knabe, als seine Mutter ihr drittes Kind, den kleinen Joseph, zur Welt brachte. Berücksichtigt man, daß die Mutter zumindest bei ihren ersten beiden Kindern während der Stillperiode an einer sehr schmerzhaften Entzündung der Brust litt, so könnte sie schon aus äußeren Gründen das Maß an natürlicher Bindung zu ihren Kindern nicht erreicht haben. Wissen wir doch, daß der kleine Fritz aus diesem Grunde von seiner Großmutter liebevoll gepflegt und gefüttert wurde – und zwar primär mit Süßigkeiten, weshalb Nietzsche lebenslang auf süße Speisen oral fixiert blieb. Angeblich soll die Großmutter sein braves Sichfütternlassen so „versüßt" haben, daß die stillende Mutter ihren Sohn nahezu „verführen" mußte, damit er ihre Brust überhaupt annahm. Mit diesem komplizierten frühkindlichen Mutterverhältnis versuchte Schmidt die von fast allen Biographen erwähnte Geschichte zu erklären, wonach das an sich hochintelligente Kind angeblich erst mit zweieinhalb Jahren das Sprechen erlernt haben soll – was allerdings einer brieflichen Bemerkung des Vaters vom 15. Dezember 1846 widersprechen würde. Wenn dem tatsächlich so gewesen sei, dann könnte nach Schmidt dies ein stiller Hilferuf oder ein Protest gegen die verlagerte Aufmerksamkeit der stillenden Mutter auf den neuangekommenen Säugling gewesen sein. Jedenfalls dürften die defizitären Muttererfahrungen in Nietzsches prägenden Jahren seiner Kindheit eine nicht unerhebliche Bedeutung für das spätere prekäre und sein Leben und Denken bestimmende Verhältnis zu seiner Mutter haben.

Vater Ludwig Nietzsche war fast ausschließlich Prediger, der weder wissenschaftliche, noch literarische oder künstlerische Interessen besaß, sieht man von seinem angeblich beeindruckenden Phantasieren auf dem Klavier ab – kurzum, „das vollendete Bild eines Landgeistlichen", wie ihn sein Sohn in seiner ersten Selbstbiographie beschrieb. Als Mann war der extrem mutterfixierte Vater schwach und leicht verletzlich, weshalb er allen Zwistigkeiten aus dem Weg ging und sich häufig in sich zurückzog. Als Erzieher griff er nicht spontan, sondern völlig bewußt zur Rute, und zwar schon beim Zweijährigen, denn für die „Erweckten" galt in der Erziehung die Maxime der Pietisten: „Der Eigenwille eines Kindes muß gebrochen werden, damit das Kind später offen sein kann für Gottes Willen." Um dem Vater gerecht zu werden, darf allerdings nicht unerwähnt bleiben, daß er lieber zu zwei anderen erzieherischen Manipulationsmitteln griff: zur Musik in Form des Phantasierens auf dem Klavier, womit er den eigensinnigen und häufig auch jähzornigen Sohn zu beruhigen verstand, und vorzüglich zur Religion, in der Christus selbst als Gehilfe für die moralische Erziehung eingesetzt wurde.

Obwohl jedoch der Vater zur Brechung des Eigenwillens seines Erstgeborenen alle ihm zugänglichen Mittel einsetzte, blieb der Knabe noch lange eigensinnig und widersetzlich. Er begehrte dann, wie Janz in seiner Biographie schreibt, nicht mehr auf, sondern verzog sich wortlos in eine stille Ecke, wo er seinen Zorn mit sich selbst austrug. Ob der kleine Fritz, zumindest anfangs, wirklich in seinem Vater ein Idol erblickte, erscheint eher fraglich; wie Reiner Bohley wahrscheinlich richtig vermutet, war es eher des Vaters Erziehungspraxis, die bewirkte, daß der Sohn äußerlich angepaßt erschien, innerlich jedoch von anderen distanziert und leidenschaftlich mit sich selbst befaßt war. Wenn Nietzsche somit zu einer „Privatsprache des Inhalts" den Weg gefunden hat, dann wegen, oder besser trotz seines Vaters. War der Junge doch aus psychoanalytischer Sicht zu diesem Zeitpunkt in der Phase des Identitätsaufbaus, also geradezu im klassischen Alter für Rivalitäten, zumal mit der väterlichen Autoritätsperson. Auf der anderen Seite mußte dem Kinde der Vater als eine in der Kirche alles dominierende Gestalt erschienen sein, die ebenso himmlisch Piano spielte, wie sie himmlisch zu predigen verstand; er empfand seinen Vater womöglich als wirklichen „Übermenschen". Jener dürfte somit für das kleine Kind zumindest zwei Gesichter besessen haben. Mit Hinweis auf Nietzsches spätere Beziehung zu Richard Wagner beschreibt dies Alice Miller sehr einleuchtend so: „Vielleicht gelang es dem Kind, die zwei verschiedenen Seiten des Vaters hinzunehmen und die Strafen zu übersehen, solange er immer wieder zu ihm kommen durfte und seine Musik in sich aufnehmen konnte. Als aber der Vater krank wurde, als sich das Kind vollständig von einem Tag auf den anderen von ihm fallengelassen fühlte, da hätten die überwältigenden Gefühle der Enttäuschung, der Wut, der Scham über das Verführtworden- und Verlassensein durchbrechen müssen, wenn das Kind nicht schon früher gelernt hätte, daß man solche Gefühle nicht zeigen darf, und wenn es nicht jetzt lauter Erzieherinnen vor sich gehabt hätte, die seine Gefühle verdammten und unter strengster Kontrolle hielten. Diese Gefühle mußten also jahrzehntelang warten, bis sie einem anderen Musiker gegenüber erlebt werden konnten."

Besonders schicksalträchtig war für den Knaben das Jahr 1848, als die französische Februarrevolution sogar Preußen erreichte. Sein Vater, der ein überzeugter Royalist war und deshalb sogar Aussicht hatte, als Hofprediger nach Berlin gerufen zu werden, war über die Berliner Ereignisse förmlich geschockt. Offenbar infolge des väterlichen Problemfluchtverhaltens, mit dem jener – also der Großvater Nietzsches – Alltagskonflikte stets verdrängte und deshalb in seinem Leben auch keine Strategien zur Bewältigung von Konflikten aufzubauen vermochte, geriet er immer mehr in einen Zustand tiefer Depression. Er verfiel zusehends, mußte monatelang gefüttert werden, wurde zeitweilig blind und wahnsinnig und starb nach einem schmerzvollen Krankenlager nach einem knappen Jahr am 30. Juli 1849. Fritz war inzwischen vierdreiviertel Jahre alt und wurde zweifellos durch die tierischen Schmerzensschreie seines gequälten Vaters traumatisiert, wie seine spätere Scheu beweist, an einem Irrenhaus, aus welchem Schreie drangen, vorbeizugehen. Vor allem aber war es die Vorstellung, daß sein als „Übermensch" empfundener Vater, der Liebling Gottes, wie es ihm schien, und der beliebte und geachtete Prediger ins „Untermenschliche" verfiel und schließlich trotz der Gebete seiner Mutter, die bis zuletzt an eine Rettung durch den „Herrn" glaubte, starb. War es deshalb abwegig, daß für den Jungen – ähnlich wie für viele Menschen heute das Beispiel von Auschwitz und Hiroshima – angesichts des infernalischen Leidens und des langsam erfolgten Todes des Vaters der Glaube an die Güte und Gerechtigkeit des Herrn verloren gehen mußte und der Begriff des allbarmherzigen und gütigen Gottes in krasser Form widerlegt wurde? Dazu kam noch, daß er den nach dem Tode des Vaters vielleicht sogar in verstärktem Maße betriebenen permanenten christlichen Indoktrinationen ausgesetzt war und deshalb jahrelang mit niemandem offen über seine Probleme sprechen konnte. Dieses als „Attentat" auf den Vater empfundene Erlebnis bedeutete für das vierjährige Kind eine wahre „Umwertung aller bisherigen Werte" und ein Problem, das es zu bewältigen galt. Norwood schreibt hiezu: „Wenn ein Kind ein bestimmtes Trauma erfahren hat, dann wird dies in seinen spielerischen Aktivitäten immer wieder zum Vorschein kommen, bis das Gefühl einsetzt, das traumatische Erlebnis endlich bewältigt zu haben." Auch das Kind Nietzsche unternahm Versuche einer Problembewältigung, wie aus seinen frühesten Texten hervorgeht. Wenn solche Versuche über längere Zeit erfolglos bleiben, dann kann sich eine Neurose entwickeln, und wenn die Traumen wie im Falle Nietzsches von der Religion und ihren Dienerinnen in Gestalt seiner Mutter und seiner Tanten im Pfarrhaus verursacht und verstärkt werden, dann muß man wohl im wahrsten Sinne des Wortes von einer „christogenen Neurose" sprechen.

Um das Problem des kleinen Friedrich in seinem vollen Umfang zu begreifen, muß man sich die Rolle eines Dorfpfarrhauses als Versinnbildlichung christlichen und bürgerlichen Lebens vergegenwärtigen, die von Wolfgang Steck als „Glashaus" geschildert wird. Indem Nietzsche nicht nur „als Mensch in einem Pfarrhause geboren wurde", sondern dort mehr als fünf Jahre aufgewachsen ist, war er von Beginn an in einem weit höheren Maß für das Ansehen und den Ruf der Pfarrersfamilie verantwortlich als ein vergleichbares anderes Kind. Nach Schmidt wird einem Pfarrerskind schon aus strukturellen Gründen mehr als anderen Kindern „zugunsten des Herrn" die unbeschwerte Kindheit geraubt. Vor allem dann, wenn ein Pfarrer für sein Prestige nichts anderes als sein Predigertalent ausweisen kann, werden die Familienangehörigen nahezu zwangsläufig diesem Neurosen produzierenden Pastorendunstkreis ausgesetzt. Da überdies ein evangelisches Pfarrhaus für alle Gemeindemitglieder offenstehen muß, wird eine Pastorenfamilie zur Erfüllung ihrer Vorbildfunktion mitunter einem immensen Leistungsdruck ausgesetzt, der zur Vermeidung anstößigen Verhaltens der Pfarrerkinder die Eltern zu einer bis an Terror heranreichenden „christlichen Erziehung" treiben kann. Neben einem optimalen pädagogischen Erfolg wird diesen Familien vor allem auch „Konfliktfreiheit und Harmonie" abverlangt. Gerade eine sol-

cherart „verordnete“ Harmonie zerstört aber jede Offenheit und jedes gegenseitige Vertrauen innerhalb der Familie, wodurch Heuchelei, Lüge, ein Sichzurückziehen in die eigene Innenwelt und letztlich Vereinsamung innerhalb der Familie gefördert werden. Hand in Hand damit geht unweigerlich der Zwang zum Verheimlichen und Verbergen, vor allem was die der asketischen Tradition des Puritanismus anhaftende Leib- und Geschlechtsfeindlichkeit anlangt.
So ist es nicht verwunderlich, daß sich bereits der Vierjährige in zunehmendem Maße isoliert fühlte, weshalb er sich – wie Nietzsche in seiner Jugendbiographie 1858 beschreibt – in die Natur zurückzog, wozu ihm die kleinen Seen rund um das Haus eine ideale Möglichkeit boten. Dies enthob ihn zwar der ständig geforderten Disziplin und Selbstbeherrschung und des ständigen Schauspielernmüssens („Schauspieler“ blieb deshalb wohl lebenslang einer seiner schlimmsten Vorwürfe), erschwerte ihm jedoch gleichzeitig das Erlernen von „Sozial- und Verhaltenstechniken“. Jeder in den Augen der Eltern und der zuständigen Tanten als unnötig empfundene Kommunikationsdrang des Kindes bedeutete eine Behinderung ihrer „entsagungsvollen Arbeit im Weinberg des Herrn“. Um die zentralen Themen jeden wachen Kindes aufarbeiten zu können, war der Junge deshalb gezwungen, die nicht vorhandenen Gesprächspartner „in die eigene Person hineinzunehmen“, also innere Dialoge zu führen. Solche Selbstgespräche haben ausgesprochen befreiende Wirkung, jedoch auch die Eigenschaft, daß sie wie ein Traum kaum festgehalten und in der Erinnerung bewahrt werden können. Dies dürfte der Grund dafür gewesen sein, daß Friedrich, als er schreiben gelernt hatte, daran ging, seine Erfahrungen und Erkenntnisse schriftlich niederzulegen – vielleicht in der Hoffnung, auf diese Weise Kontakte mit interessierten Lesern herzustellen, die ihm auf der Gesprächsebene bisher gefehlt hatten.
Schon im Januar 1850 erlebte das Kind neuerlich eine Konfrontation mit dem Tod und der eigenen Sterblichkeit durch den unerwarteten Tod seines erst zwei Jahre alten Brüderchens Joseph. In seiner ersten Biographie von 1858 berichtete er selbst von einem Traum vom Januar 1850, in welchem er erlebte, wie sein Vater ein kleines totes Kind aus der Kirche holte und mit sich ins Grab nahm: am Tage danach starb sein Bruder. Aus psychoanalytischer Sicht wurde diskutiert, ob es sich bei diesem Traum um einen Wunschtraum gehandelt haben könnte und Fritz im Unterbewußtsein die Ausschaltung seines Konkurrenten um die Gunst der Mutter damit offenlegte. Sicher war er durch den Tod des kleinen Joseph zutiefst betroffen, doch könnte dieses kindliche Entsetzen auch mit Schuldgefühlen gepaart gewesen sein, den Bruder durch seinen Traum getötet zu haben. Derartige Schuldgefühle können bei einem Kind erfahrungsgemäß zumindest selektive Allmachtserfahrungen bewußt werden lassen, wie sie beim späten Nietzsche unter krankhaften Verhältnissen so deutlich zum Vorschein kamen. Hans Ludwig Freese sowie H. J. Schmidt weisen explizit darauf hin, welch große Bedeutung Tod und Sterblichkeit für Kinder spätestens ab dem fünften Lebensjahr haben können, was inzwischen leidlich abgeschirmte Erwachsene in der Regel gar nicht mehr nach-

vollziehen können. Für den durch eine spezifische Pfarrhauserziehung und Prägung auf den vielgesichtigen Vater vorbereiteten Knaben war die ungemein brutale und schockierende Konfrontation der vergangenen Ereignisse nicht vereinbar mit allem, was er zuvor, währenddessen und danach über den gütigen und gerechten Gott und seinen Sohn, der für die Menschen sterben mußte, erfahren hatte. Diese unauflösbar scheinende Diskrepanz, die grausame Todesart seines in frühen Kindheitsjahren vergötterten Vaters, die Veränderung der Mutter von einer einst heiteren und liebevoll auf ihn fixierten Mutter zu einer emotional nahezu unerreichbaren depressiven Frau mußten für das Kind kaum zu überwindende seelische Traumen gewesen sein. Dazu kamen noch familieninterne Diskrepanzen zwischen Ideologie und Realität, die dem kleinen Fritz nicht verborgen bleiben konnten. H. J. Schmidt zog daraus den Schluß, daß „in solcher Esse dann fürwahr ein Weltanschauungsanalytiker geschmiedet wird, wenn für ihn in einer Prägephase der Realitätsschock so stark und massiv ist, daß auch ideologische oder gar christliche Pflästerchen nicht mehr die Augen verkleben können". Nietzsches Texte belegen dies zu Genüge.

Zu allem Überfluß verlor das Kind nach dem Tod des Vaters auch noch Röcken, das seine eigentliche Heimat war. – Das Pfarrhaus mußte für den Nachfolger geräumt werden. Auf Wunsch des verstorbenen Gatten zog die Mutter mit ihren beiden Kindern nicht zu ihrer Familie nach Pobles, sondern verblieb „zugunsten einer besseren Entwicklung der Kinder" in seiner Familie – das hieß, gemeinsam mit der Schwiegermutter, den beiden Schwägerinnen und dem Dienstmädchen nach Naumburg zu übersiedeln. Für den kleinen Fritz bedeutete dies, von seiner geliebten freien Natur in zwei düstere Hinterzimmer der Stadt zu wechseln. Wie aus seinen eigenen Texten ersichtlich, war um diese Zeit der Junge „ein um geistige Autonomie und Autarkie bemühtes und sich in Selbstbeherrschung übendes, ja dressierendes und damit vermutlich Erziehungszwänge verinnerlichendes Kind, das seine Probleme ‚in sich hineingefressen' und allenfalls dichterisch wieder geäußert hatte, wenngleich in hintersinnigster Anordnung und nur in fragmentarischer Form". Der Umstand, daß er unter diesen Bedingungen zu keiner der uns heute so geläufigen Verhaltensstörungen tendierte, weist darauf hin, daß sein Ich bereits zur Zeit des Verfalls seines Vaters so kräftig ausgereift gewesen sein dürfte, daß es ausreichte, wenn er seine Probleme mit sich selbst austrug. Die Phantasiegedichte des Zehnjährigen legen allerdings die Vermutung nahe, daß er als Kind zu viel Energie auf verbales Dichthalten und Selbstunterdrückung gelegt hatte und in der Folge vorübergehend zum Bettnässer wurde.

In Naumburg kümmerte sich die jahrelang trauernde und wohl auch depressive vierundzwanzigjährige Mutter ausschließlich um ihre Kinder – bevorzugt um Fritz. In ihrer ungebrochenen naiven Frömmigkeit lebte sie jedoch in einer Art religiöser Trance, fast wie narkotisiert, so daß sie in emotional-geistiger Hinsicht für ihre Kinder nicht immer ganz präsent war. Zum einen dürfte sie unbewußt mit ihrer Erziehungsdressur, die in einer Kombination von liebevoller Zuwendung und strafweisem Liebesentzug, Belobigung und strenger Disziplinierung bestand, mangels eines männlichen Wesens im Hause Fritz zu ihrem „ritterlichen Partner" gemacht haben. Dieser Versuch einer „partiellen Identifizierung von Sohn und Vater „wird auch durch den deutlichen Vaterkult in seinen frühen Texten deutlich und die versuchte Nachahmung seines Vaters führte wohl auch dazu, daß er selbst von seinen Mitschülern als „kleiner Pastor" bezeichnet wurde. Andererseits wurde für den hochintelligenten Knaben die Mutter, die zu allen Ereignissen unabhängig von deren Bedeutung automatisch die gleichen frommen Sprüche zitierte, zunehmend zu einer immensen Provokation, was sich trotz des noch immer engen Bezuges zwischen Mutter und Sohn immer deutlicher in einer sich anbahnenden inneren Entfremdung abzuzeichnen begann, eine geistige und geistliche Ablösung von seiner Mutter, die durch den Einfluß der beiden Väter seiner Freunde bald befördert werden sollte. Reiner Bohley analysierte diesen beginnenden Rückzug ins Innere: „Naumburg bedeutet nicht nur Enge, sondern auch Sich-Einfinden in neue Lebenskreise. Das ist zunächst mit Angst besetzt … Auf die Ängstlichkeit ihres Sohnes aufmerksam gemacht, bemüht sie sich darum, erzieht ihren Sohn mit spartanischer Strenge und Einfachheit – der Sohn wird sich bemühen, sich abhärten, wird aber sein Leben lang ängstlich bleiben. Beigetragen hat dazu sicherlich der Aufenthalt in der Bürgerschule. Vereinsamt, verängstigt zieht sich Nietzsche dort in sich selbst zurück. Von den Mitschülern wird er ‚der kleine Pastor' genannt, und er gibt sich auch so." Die Bemühungen der Mutter bedeuteten eben kein grundsätzliches Ändern des Naumburger Umfeldes, sondern lediglich eine veränderte Akzentuierung von erzieherischen Manipulationen innerhalb der „Naumburger Tugend". Dieses Naumburger Erziehungs- und Tugendsyndrom stellt sich so dar: „Es zeigt ihn ausweglos umstellt: von lauter frommer Eindringlichkeit, moralischer Ermahnung, Tugendkult. Es war … gleichzeitig klebrig süß und mit einer nie aussetzenden Dauerdisziplin unbarmherzig eisern, ein System der vollständigsten Demütigung und Unterwerfung." Die faszinierenden Untersuchungen Joergen Kjaers belegen diese „Zerstörung der Humanität Nietzsches durch Mutterliebe" in eindrucksvoller Weise.

Wie uns die erste Theaterdichtung des knapp zehnjährigen Knaben *Der Geprüfte* zeigt, waren die Griechen in ihrem mythischen Denken die ersten und zugleich eigentlichen Befreier des Kindes vom Glauben an seine Erlösungsreligion. In den Griechen drückten sich seine Wunschvorstellungen und geheimen Träume am deutlichsten aus, und in ihnen fand er auch die Selbstvergöttlichung wieder, die in seiner Theaterdichtung vernehmbar herausklingt. Man darf annehmen, daß seine bereits in den frühesten Texten anzutreffenden Selbstvergöttlichungstendenzen aus dem Bedürfnis einer Überkompensation von Selbstbilddefiziten und Minderwertigkeitsgefühlen heraus entstanden sind, die teils aus körperlicher Ungeschicklichkeit infolge seiner Sehbehinderung, teils aus ideologischen, mit seinen Religionsproblemen in Zusammenhang stehenden Gründen resultierten. An dieser so früh entwickelten Graecophilie, die aus seiner Christophobie entstand, waren die Familien seiner beiden Freunde Pinder und Krug nicht unerheblich mitbeteiligt. Entdeckt aber hatte er „die Götter Griechenlands" anläßlich des Geburtstages seines Großvaters am 2. August 1854; von da an erarbeitete er sich ein neues Feld der Auseinandersetzung mit der angestammten Religion seiner Väter. Es ist allerdings überraschend, wie genial der erst zehnjährige Knabe die ihn belastenden Probleme unter Zuhilfenahme der griechischen Mythologie zu verarbeiten vermochte und wie er die Problemlösung gemeinsam mit seinen Freunden als Mitakteure in Form eines kleinen Theaterstückes inszenieren konnte. Das beweist, daß Nietzsches Denkentwicklung in ihren allerersten Schritten primär eine Abrechnung mit seiner Religion war, wobei er sich bereits in erstaunlicher Weise das Denken und die Mythologie der Griechen angeeignet hatte. Wie intim dieses Kind bereits im griechischen Denken lebte, dürfte in der deutschen Literatur einmalig sein. Schon seit Ende 1854 ersetzte er die jüdisch-christliche Religion in seinen Problemgedichten durch die olympische Religiosität der Griechen. Der an die Stelle Jahwes gesetzte Zeus und sein Sohn Apollon sind von einer Menschenfreundlichkeit, die sich das Kind beim Gott seiner Väter vergeblich wünschte. Deshalb stellten die griechischen Götter schon für den Zehnjährigen die positive Alternative zu den ihm überlieferten christlichen Vorstellungen von Gott. Später wurden dann diese griechischen Götter zunehmend als personale Mächte entthront und in Nietzsches „Naturreligiosität" umgewandelt: er gewann „den freien Tempel der Natur", wie er es selbst ausdrückte, und in diesem Tempel bildete nun die Sonne das zentrale Symbol. Das Jugendgedicht *Zwei Lerchen* zeigt uns deutlich, welch vielschichtige Bedeutung die Sonne für den Jungen hatte.

Die Zeit in der königlichen Landesschule Pforta

Die durch Säkularisation des aus dem 12. Jahrhundert stammenden Zisterzienserklosters St. Marien zur Pforte im Jahre 1540 errichtete sächsische Landesschule entwickelte sich in der ersten Hälfte des 19. Jahrhunderts zur wohl anerkanntesten humanistischen Gelehrtenschule im deutschen Sprachraum. In diesem geschlossenen, fast autarken Schulstaat erhielt Nietzsche 1858 eine der Freistellen, auf welche die Stadt Naumburg Anspruch hatte. Er mußte vor dem Rektor, dem versammelten Lehrkörper, seinem persönlichen Tutor und seinem Tisch-Oberen geloben, „gottesfürchtig, fleißig, dankbar und gehorsam zu sein und die Furcht Gottes nicht nur als der Weisheit Anfang, sondern als die Grundlage aller Schülerpflichten anzuerkennen". Man kann sich vorstellen, wie sich in diesem streng geführten Haus die völlige Rechtlosigkeit angesichts ununterbrochener Gottesfurchtdeklamationen auf das Selbstwertgefühl eines vierzehnjährigen Alumnen ausgewirkt haben muß. Als Persönlichkeit war der Junge ja nach allem, was wir von ihm wissen, kaum stark genug, dem bis in die intimsten Lebensbereiche hinein regulierenden Druck dieses Internats standzuhalten. Seine Furcht vor diesem maßgeregelten Leben muß jedenfalls ziemlich groß gewesen sein, wie aus der „Fortsetzung meiner Biographie", die er einem Brief an seinen Freund Wilhelm vom Februar 1859 beilegte, deutlich genug hervorgeht. Wer nicht selbst über eine solche „Internatspraxis" verfügt, kann sich wohl schwer eine Vorstellung davon machen, wie es diesem Vierzehnjährigen innerlich zumute gewesen sein mußte, als er den erheblichen Freiraum, der ihm noch in Naumburg zur Verfügung gestanden war, wenn er sich zurückziehen wollte, mit einem Dasein vertauschen mußte, in welchem er vierundzwanzig Stunden täglich mit anderen Alumnen zusammengesperrt war, so daß auf diese Weise dem an die Einsamkeit Gewohnten ein freies Nachdenken in einer ungestörten Umgebung unmöglich gemacht wurde. Dazu kam noch, daß der an sich bereits recht düstere Anfang eines schwierigen Jahres noch weiter verdunkelt wurde durch den Tod seines geliebten Großvaters Oehler am 17. Dezember 1859, welcher der wichtigste Gesprächspartner des Jungen gewesen war und durch dessen Verlust er sich nun endgültig verwaist und vereinsamt fühlte. Wie schwer ihm die Bewältigung dieses schmerzvollen Ereignisses fiel, zeigt der Umstand, daß er sich nach den Weihnachtsferien in die Krankenstube zurückzog. Ob er damals wirklich krank war oder in seinem Zustand das Internatsleben einfach nicht ertragen konnte, wissen wir nicht. Fest steht nur, daß Nietzsche oft erkrankte, wenn er stark belastende persönliche Probleme zu verarbeiten hatte, wozu ihm dann die Krankenstube den erforderlichen Freiraum zum Rückzug in sich selbst bot. Studiert man die seine Person betreffenden Auszüge aus dem Pförtner Krankenbuch beziehungsweise aus dem Aufnahmebuch der Krankenstation, dann handelte es sich um einen „Katarrh", der sich im Juni 1859 wiederholte. Ansonsten konzentrierten sich seine Erkrankungen in der Regel auf die ersten zwei bis drei Monate nach der Wintersonnenwende, vielleicht deshalb, weil die Pforte in dieser Periode infolge ihrer Lage im naßkalten Schatten des sogenannten Knabenbergs von keinem Sonnenstrahl erreicht wurde und deshalb zweifellos der Entstehung von Erkältungen, Katarrhen und rheumatischen Zuständen Vorschub leistete. Wie wir heute wissen, spielt mangelndes Sonnenlicht aber auch bei der Entwicklung depressiver Verstimmungszustände eine nicht unwesentliche Rolle, woraus sich wohl der beschriebene „psychophysische Tiefpunkt vieler Pförtner" erklären könnte. Bei dem jungen Nietzsche ist es jedenfalls eigenartig, daß die etwa zehn Prozent seiner Schulzeit ausmachenden Zustände längerer Krankheit auffallend häufig mit Phasen identifizierbarer psychischer und intellektueller Belastungen zusammenfallen. Man gewinnt deshalb den Eindruck, daß er es bereits in der Internatszeit lernte, schwer zu bewältigende und nicht angemessen aufgearbeitete Probleme zu „somatisieren", um auf diese Weise – offiziell krankgeschrieben – ungestört seine Gedankengänge weiterentwickeln zu können. Da er in der Pforte seinen Arbeitstisch mit drei weiteren Alumnen teilen mußte – stets durch einen „Oberen" betreut und kontrolliert – wurde er konsequent und systematisch daran gehindert, seinen Gedanken frei und unbeeinflußt nachzugehen. Aus dieser Not entwickelte er ebenfalls bereits in den Pförtner-Jahren seine meisterhafte Technik des verdeckten Formulierens und des Sichverbergens hinter einer Maske, hinter die niemand zu blicken vermochte. So gelang es ihm, trotz permanenter unerträglicher Pressionen in seinem heimischen Pastorenumfeld, in der Naumburger Schulzeit und selbst noch in Schulpforta, sich unbemerkt bereits zum kleinen Problemdenker zu entwickeln.

Alles in allem bewirkten die internatsspezifischen Pressionen, wie H. J. Schmidt sich ausdrückt, ein „deutlich reduziertes Vitalitätsniveau und ein erheblich beeinträchtigtes Selbstwertgefühl des ernsten Außenseiters". Die Dauerkonfrontation mit religiösen Praktiken – die täglichen Gebete und frommen Gesänge – bestärkten ihn immer aufs neue, das Christentum zugunsten der antiken Götterwelt und schließlich seiner Naturreligion abzulehnen. Wie sehr er bereits in diesen jungen Jahren eine konsequent antichristliche Position eingenommen hatte, beweist seine späte Schrift *Der Antichrist*, in welcher er sich als „lebenslängliches Opfer seiner frühkindlich erlittenen christlich-puritanischen Dressur" darstellte. Was er in Schulpforta auf die Gewinnseite verbuchen konnte, war die Anerziehung einer disziplinierten Arbeitsweise und die Rolle der Anstalt als eine geistige Ordnungsmacht. Waren doch seine Neugierde und sein Wissensdrang in der Gymnasialzeit dazu geeignet, „die Grundlagen für ein gründliches Wissen zu gefährden". In seiner Selbstcharakterisierung *Mein Leben* schrieb er: „Die Weisheit etlicher Lexika war wohl in mir, alle möglichen Neigungen erwacht, ich schrieb Gedichte und Trauerspiele, schauervoll und zum Entsetzen langweilig, quälte mich damit ab, vollständige Orchestermusiken zu komponieren und hatte mich so in die Idee, ein Universalwissen und -können anzueignen, hineingelebt, daß ich in Gefahr war, ein rechter Wirrkopf und Phantast zu werden." Erst in Schulpforta gewann er ein echtes und derart umfassendes fachphilologisches Wissen, daß er damit beinahe sein Universitätsstudium bestreiten konnte.

Erotik und Sexualität in Nietzsches Jugend

Da das Christentum zeitlebens eines der zentralen Themen Nietzsches war, verwoben mit allen ihm bedeutsam erscheinenden Fragen, muß zwangsläufig auch ein Spannungsfeld zwischen Christlichkeit und Geschlechtlichkeit bestanden haben, wenngleich er selbst darüber nur verschlüsselt Auskunft gibt. Diese Verschlüsselung findet sich vor allem in seinen Jugendtexten der Jahre 1854 bis 1858 und ist durchaus verständlich, da ja – wie Borneman betont – unter sämtlichen Sexualtabus der bürgerlichen Gesellschaft jenes der kindlichen Sexualität das strengste ist. Geht man davon aus, daß die Sexualentwicklung des Kindes gewissermaßen den Schrittmacher seiner intellektuellen Entwicklung darstellt, also für die geistige Entwicklung eines Kindes von wesentlicher Bedeutung ist, darf diese heikle Frage von den Marginalien zu einem Psychogramm Nietzsches nicht ausgeklammert werden.

Nach den gegenwärtig geltenden sexualwissenschaftlichen Erkenntnissen begegnen uns die sexuellen Bedürfnisse eines Kindes nicht einfach als Triebe, die von einem bestimmten Altersabschnitt an nach einer Befriedigung verlangen, sondern als ein Faktum, das weitgehend vom sexuellen Verhalten der Erwachsenen bestimmt wird. In der Aufeinanderfolge biologischer Motivationen und sozial geprägter Entwicklungsstufen bilden sich in jeder Kultur Widersprüche aus, die sexuelle Entbehrungen verschiedener Art zur Folge haben. Kulturen mit hoher psychischer Stabilität der ihnen zugehörigen Menschen und relativ seltenem Vorkommen von Neurosen und Perversionen gewähren Kindern ein ungewöhnlich hohes Maß an sexueller Freiheit, während extrem geschlechtsfeindliche Kulturen wie jene des christlichen Abendlandes eine charakteristische Verdrängung und strikte Verurteilung kindlicher Sexualität aufweisen. Nietzsches Herkunft aus einem Pfarrhaus barg zusätzliche Schwierigkeiten durch den Puritanismus und die bis zu krassester Leibfeindlichkeit gehende Askese, was der Pfarrersohn, Arzt und Dichter Gottfried Benn mit „Fanatismus zur Transzendenz" bezeichnete. Das bedeutet, daß Nietzsches aufkommende Geschlechtlichkeit als Kind und Jugendlicher in schärfstem Widerspruch mit jener Art von christlicher Erziehung geraten mußte, die M. Greiffenhagen „Terror einer Frömmigkeit" nannte, und die im Falle Nietzsches mit dem Terminus „Naumburger Tugend" umschrieben wurde. Die sexuelle Atmosphäre in der Familie nach dem Tode des Vaters war durchgehend von Verdrängung bei allen weiblichen Familienmitgliedern gekennzeichnet – der vitalen Mutter, die schon mit dreiundzwanzig Jahren als Witwe ihr heterosexuelles Geschlechtsleben für immer beendet hatte, und den beiden unverheirateten Tanten, vor allem der Tante Rosalie, die in einem permanent verkrampften Unterdrückungszustand wiederholt zu hysterischen Anfällen neigte. In Kenntnis dieser Rahmenbedingungen versteht man, warum der Junge Andeutungen sexueller Sachverhalte noch hintersinniger und versteckter formulieren mußte als jene religiöser Differenzen.

Umso aufregender war, einundfünfzig Jahre nach Nietzsches Tod, das Auftauchen einer englischsprachigen Abhandlung mit dem Titel *My sister and I,* die von dem Engländer Oscar Levy aus dem Deutschen übersetzt wurde. Bei diesem Traktat soll es sich um einen von Nietzsche in den Jahren 1889 oder 1890 verfaßten Text handeln, der aus der Nervenklinik in Jena herausgeschmuggelt wurde. Wenn auch Nietzsche in jener Zeit nicht permanent umnachtet war, wie der erst 1930 veröffentlichten *Jenaer Krankengeschichte* zu entnehmen ist, und wenn auch unter dem 27. August 1889 ärztlich vermerkt wurde, daß der Patient ein Notizbuch verloren hatte, worüber er sich laut beklagte, so wurde dennoch bisher von jedem seriösen Autor die Authentizität dieses Textes strikt negiert. Andererseits ist in dieser Abhandlung vieles so spezifisch und mit so subtilen Kenntnissen über den jugendlichen Nietzsche beschrieben, daß sich für H. J. Schmidt doch die Frage stellt, ob in dieser Kompilation – denn daß es sich um eine solche handelt, ist sicher – wirklich nichts von Nietzsche selbst stammt. Konzedierte doch selbst seine Schwester Elisabeth in ihrem Buch *Der einsame Nietzsche* nicht nur die Existenz jenes Manuskriptes, sondern auch seine Authentizität! H. F. Peters erklärte dieses Traktat jedenfalls als Fälschung und begründete dies mit den Worten: „Die in diesem Traktat veröffentlichten sensationellen Enthüllungen über die anfänglich kindlicherotischen Spiele der Geschwister Nietzsche, die angeblich im Inzest gipfelten, seien hier als warnendes Beispiel dafür genannt, daß es gefährlich ist, auf Grund der Beziehungen anderer Geschwisterpaare – wie zum Beispiel der Beziehung Byrons zu seiner Halbschwester Augusta – Schlüsse zu ziehen, für die die Beweise fehlen." Schmidt ist sich dessen nicht so sicher und verweist auf die Analyse der Texte des Kindes Nietzsche, die von den Kritikern der Echtheit von *My sister and I* bisher nicht berücksichtigt wurde. Schmidt erinnert auch daran, daß das heute im Besitz des Ehepaars Rosenthal befindliche Blatt aus der *Jenaer Krankengeschichte* seinerzeit bekanntlich von einem Arzt entwendet wurde, weshalb es durchaus plausibel scheint, daß jener Kollege auch das von Nietzsche so schmerzlich vermißte Notizbuch widerrechtlich an sich nahm und später veräußerte. So dürfte es sich bei diesem sensationellen Traktat doch mit großer Wahrscheinlichkeit um einen „teils gekürzten, teils drastisch erweiterten Text Nietzsches" handeln – eine Interpretation, die Schmidt durch weitere Hinweise zu untermauern versucht. Ich möchte die in Frage kommenden brisanten Passagen aus dem „autobiographischen Phantasie-Text", auf die Schmidt besonderen Wert legt, zitieren: „Es geschah zuerst, zwischen mir und Elisabeth in der Nacht, als unser junger Bruder Joseph starb, obwohl wir keine Ahnung hatten, daß er im Sterben lag, als sie in mein Bett kroch, unter dem Vorwand, daß es ihr kalt war und daß sie wisse, wie warm ich immer war. Tatsächlich stimmte dies nicht ... Plötzlich fühlte ich Elisabeths warme kleine Hände in meinen, ihre zischelnde kleine Stimme in meinem Ohr und ich fing an, mich überall warm zu fühlen. Ich liebte und grollte zugleich über diesen Reichtum an Wärme, den Elisabeth mir brachte, in diesen unerwarteten Stunden der Nacht. Ich war gewöhnlich mitten in einem gesunden Schlaf; wenn sie in mein Bett kam, und aufwühlend, wie ich die Dienste ihrer fetten kleinen Finger fand, bedeutete es gleichzeitig, daß ich für Stunden und Stunden wachgehalten wurde. Außerdem, obwohl ich in meiner bewußten Natur nichts davon wußte, was vor sich ging, muß ich doch ein Gefühl gehabt haben, daß meine Schwester in mein Leben Gefühle brachte, deren wirklicher Wert für einen Jungen darin bestand, daß sie als Teil der Erfahrung, erwachsen zu werden, von ihm entdeckt wurden. Sie beschenkte mich mit Triumphen, die ich von Rechts wegen nur durch meine eigenen Anstrengungen hätte erreichen sollen in einer viel beschränkteren Welt ... Vielleicht würde ich niemals irgendeine Art von Hilfe gebraucht haben, wenn nicht Elisabeths ursprüngliches Eingreifen in mein Leben gewesen wäre ... Trotz ihrer inzestuösen Neigungen war Elisabeth sowohl eine Mutter als auch ein Vater für mich. Ohne ihre strenge Disziplin hätte mein Genius in früher Jugend vernichtet werden können, als ich erkannte, daß Gott tot war ... Die eifersüchtige Schwester hat alles verdorben. Inzest ist ein verschlossener Garten, eine versiegelte Quelle, wo die Wasser des Lebens vertrocknen und die Blumen blühen, um bei der Berührung zu verwelken ... Ich habe mir vorgestellt, was meine Schwester fähig ist, der Welt über mich zu erzählen. Würde sie erzählen, wie sie in der frühen Kindheit eine Gewohnheit daraus machte, Samstag morgens in mein Bett zu kriechen, um mit meinen Genitalien zu spielen, und wie sie nach einer Weile die Gewohnheit annahm, sie zu behandeln, als wären sie ihre speziellen Spielsachen? Würde sie der Welt erklären, wie sie viele Jahre lang die Welt meiner Sinne beunruhigte mit ihren wunderbaren Fingern, mich zu einem verfrühten und hoffnungslosen Erwachen treibend? So daß ich für einen ganzen „spasm" meines Lebens unfähig war, an Schönheit oder Vergnügen anders als in den Begriffen ihrer Augen und ihrer verdammenswert wunderbaren Finger zu denken? So mein Leben aufpolierend, daß anstelle der fremden Gottheit, die die Imaginationen jedes normalen Adoleszenten besucht, ich immer nur auf Kopfweh und eine Schwester warten konnte?" Von unbeschreiblicher Scham wurde Nietzsche betroffen, als ihn die theologisch bewanderte Tante Rosalie an ihr Sterbebett bat und ihm in einem wörtlich wiedergegebenen langen Gespräch zu verstehen gab, daß sie alles über sein Verhältnis mit Elisabeth gewußt habe.

Aus der Rückübersetzung obiger Passagen durch H. J. Schmidt im zweiten Band seines Werkes *Nietzsche absconditus* muß geschlossen werden, daß es sich im Falle einer Fälschung zumindest um einen außerordentlich kompetenten Kenner des Verhältnisses der beiden Geschwister gehandelt haben mußte. Er mußte demnach auch die Autobiographie des Jungen aus dem Jahre 1858 gekannt haben, in welcher der Autor darauf hinwies, daß in der Nacht vor dem Ableben seines kleinen Bruders die dreieinhalbjährige Elisabeth zu ihm ins Bett gekrochen kam und mit seinen Genitalien zu spielen begann. Elisabeth bestätigt indirekt zumindest ein Petting zwischen den Geschwistern, wenn sie in ihren beiden Biographien zu erkennen gibt, daß sie und ihr Bruder „keineswegs ganz ohne" waren, wenn sie für sich alleine waren. In die gleiche Richtung weist der Beginn ihrer Beschreibung des Lebens ihres Bruders: „Die Liebe hat dieses Buch geschrieben, treue, innige Geschwisterliebe ... Da fühlte ich erst, wie all mein Jugendglück er selbst gewesen war, wie jeder gute und große Augenblick ihn zum Urheber gehabt, wie mein ganzes Fühlen und Denken von frühester Kindheit an sich nur mit ihm beschäftigt hatte." Dieser Text beweist, daß zweifellos eine außergewöhnliche Prägung Elisabeths auf ihren Bruder bestand, wenngleich diese nicht unbedingt gemeinsame erotische Spiele zur Voraussetzung haben mußte. Verse des Zehnjährigen, etwa die kleinen Bettgedichtchen *Phantasie I* und vor allem *Phantasie II*, deuten jedoch darauf hin, daß Nietzsche selbst bereits als kleiner Junge erotisch geprägt gewesen sein dürfte – wahrscheinlich auf Elisabeth. Denn dort heißt es unter anderem:

Seht die Ziege dort im Bette
Seht die kleine hübsche Nette
Füchsin mit des Luchses Blicken.
Such ich dich an mich zu drücken.

Man benötigt auch keine psychoanalytischen Vorkenntnisse, um den Hinweis auf das zweimalige Suchen in einem weiteren Vers richtig zu deuten:

„Ich finde jenen Schlüssel noch
Womit ich kann in die Erde steigen" und
„Werde suchen mir ein Schwans
Wo das Zipfelchen noch ganz."

Nachdem nun einmal auf das Kind Nietzsche bereits in sehr frühen Jahren eine Art erotischer Prägung auf manuelle Masturbation stattgefunden haben dürfte, kann man sich unschwer ausmalen, was auf den Jungen nach der Entdeckung natürlicher geschlechtlicher Bedürfnisse an Ängsten hereinbrach, nachdem ihm – wie es damals vor allen in puritanisch erzogenen Familien üblich war – die angeblichen Folgewirkungen masturbatorischer Praktiken in Höllenfarben ausgemalt worden waren. Nietzsche hatte das Unglück, gerade in jenen Jahrzehnten des 19. Jahrhunderts aufzuwachsen, in denen der gnadenlose Abwehrkampf gegen Onanie im westlichen Europa und in den Vereinigten Staaten von Amerika seinen Höhepunkt erreichte. Die masturbatorische Praxis wurde dabei nicht nur verbal diskreditiert, sondern auch mit bis zur körperlichen Verstümmelung führenden Repressalien sanktioniert. Im zweiten Band *Nietzsche absconditus* von H. J. Schmidt wird zu diesem Thema de Mause zitiert: „Erst zu Beginn des achtzehnten Jahrhunderts begannen Eltern ihre Kinder ernsthaft zu strafen und begannen Ärzte den Mythos zu verbreiten, daß Masturbation Wahnsinn, Epilepsie, Blindheit und Tod hervorrufe. Im 19. Jahrhundert wurde diese Kampagne mit einer unglaublichen Besessenheit betrieben. Manchmal traten mit Messern und Scheren bewaffnete Ärzte und Eltern vor die Kinder und drohten, ihnen die Genitalien abzuschneiden; Beschneidung, *Klitoridektomie* (Entfernung der Klitoris) und *Infibulationen* (Verschluß der Vorhaut beziehungsweise der Schamlippen zur Verhütung von Masturbation) wurden manchmal als Mittel der Bestrafung verwendet; ferner wurden, um das Masturbieren zu verhindern, die verschiedenartigsten Vorrichtungen, unter anderem Gipsverbände und mit Eisenspitzen versehene Käfige, von den Ärzten verschrieben." Der Onanie wurden damals auch alle möglichen Übel oder Krankheiten zugeschrieben, und schwachsinnige Individuen wurden als abschreckendes Beispiel für die Übel angeführt, die durch dieses Laster entstehen können. Tausende von Patienten in Nervenheilanstalten wurden in Zwangsjacken gesteckt oder anderen körperlichen Einschränkungen unterworfen. Wie auch Nietzsche richtig erkannte, hatten besonders die christlichen Onanieverbote zum Ziel, Schuldgefühle zu nähren, „von deren kunstvoller Erzeugung Kirchen leben, ohne sie je aufheben zu wollen".

In Anbetracht der damaligen „Anti-Onanie-Pogrom-Stimmung" lag es nahe, auch die „Zucht" der Alumnen in der Pforte ganz auf diese Linie abzustimmen. Allerdings scheint man in dieser Kaderschule den humaneren Weg der Prävention anstelle einer „Hexenjagd" gegangen zu sein. Hält man sich vor Augen, daß in der Pforte rund einhundertachtzig Alumnen verschiedensten Alters, allesamt jedenfalls in einem Alter höchster Potenz, auf engstem Raum in den Schlafsälen und Aufenthaltsräumen zusammengedrängt lebten, ohne ihre sexuellen Bedürfnisse legitim ausleben zu können, dann mögen wohl präventive Maßnahmen wie permanente wechselseitige Kontrolle, knochenharte Matratzen, frühes Aufstehen und harte Arbeitsbedingungen nicht immer ausreichend gewesen sein, um homosexuelle oder päderastische Annäherungsversuche völlig zu unterbinden – auch wenn bei dem geringsten Verdacht die Schlafsaalgemeinschaften umgesetzt wurden. Wahrscheinlich waren es auch weniger päderastische Kontakte unter den Zöglingen als vielmehr „unzüchtige Handlungen" aus dem Formenkreis der Gruppenonanie oder der konkurrierenden Demonstration des Phallus. Wie einem Bericht des Rektors für das Jahr 1859 zu entnehmen ist, wurden vier Alumnen wegen unzüchtiger Handlungen aus der Anstalt entfernt. Eine allzu große Dramatisierung sexuell realisierter Schülerkontakte seitens der Lehrer und der älteren Alumnen dürfte jedoch nicht Usus gewesen sein, weil durch die gediegene humanistische Ausbildung alle über fundierte Kenntnisse der erotischen Literatur der Antike verfügten, in welcher sexuelle Themen in dionysischer Freude ausgelebt wurden und ein Onanieproblem unbekannt war. Auch der Alumne Nietzsche war eng vertraut nicht nur mit den Anakreon-Liedern, sondern auch mit allen erotischen Passagen griechischer Lyriker, allen voran Sappho und Horaz, die er zu übersetzen hatte.

Aus Briefen seines Freundes Carl von Gersdorff sind wir unterrichtet, daß für Nietzsche das Thema Sexualität kein Tabu darstellte. Gersdorff erzählte seinem Freund auch von seiner Eroberung eines jüngeren Alumnen, den er „lieb gewonnen habe. (Keine Eifersucht!)", und bat ihn gleichzeitig, darüber bei anderen Zöglingen nichts verlauten zu lassen. Wenige Tage später berichtete Gersdoff über die Fortschritte seiner Bemühungen: „Es dauerte nicht acht Tage, so waren wir sehr zärtlich gegen einander … ich weiß, was für Gefahren ich mit der Freundschaft dieses hübschen, liebenswürdigen Jungen mich nähere." Der Umstand, daß Gersdorf so offen sein Geheimnis mitteilte und offenbar auf die Diskretion aller Informierten rechnen durfte, zeigt, daß zwischen den Zöglingen ein enger Zusammenhalt bestand und mit Ausnahme des

geistlichen Inspektors auch die Mehrzahl der Lehrer derartige eher harmlose Schülerbeziehungen tolerierte. Zur Zeit Nietzsches dürfte somit der „Geist der erosfreudigen Antike“ in der Pforte vorgeherrscht haben, so daß erotisch gefärbte Beziehungen der Schüler untereinander ihr weiteres Verbleiben in der Schule kaum gefährdeten.
Über Kontakte dieser Art findet sich allerdings in den vorliegenden Dokumenten bei Nietzsche keine Spur. Hingegen gibt ein rätselhafter Archivfund in Gestalt eines „Stammbuches“ einen konkreten Hinweis auf einen heimlichen, oder besser verheimlichten Vertrauten aus der Kindheit beziehungsweise Jugend Friedrich Nietzsches. Neben den üblichen Eintragungen von Klassenkameraden während der Jahre 1858 bis zum Juni 1863 befinden sich nämlich Gedichte, die auf ein recht persönliches Verhältnis des Verfassers zum Besitzer des Stammbuches schließen lassen. Wie wir inzwischen wissen, handelt es sich bei diesem Schreiber um den 1800 in der Nähe Naumburgs geborenen Pfarrersohn, früher bereits erwähnten Ernst Ortlepp, der in seiner Heimatgegend ein nicht ganz unbekannter Dichter war. Wie aus einem Brief Nietzsches an seinen Freund Wilhelm hervorgeht, gehörte der Kontakt mit Ernst Ortlepp, der einst selbst Alumne der Pforta war, zu den Selbstverständlichkeiten zumindest eines Pforta-Primaners. Das Verhältnis Ortlepps zu Nietzsche scheint aber ein außergewöhnlich persönliches gewesen zu sein, wobei die zu Herzen gehenden Gedichte zu diesem Thema erkennen lassen, wie entscheidend für ihn die „irgendwann“ vor der ersten Eintragung in Nietzsches Stammbuch erfolgte nähere Beziehung zum Kind Nietzsche gewesen sein muß. In diese Richtung weisen die verzweifelten Versuche Ortlepps, den physischen Kontakt aufrecht zu erhalten. So gibt er in einer zweiten Eintragung in das Stammbuch zu erkennen, „wie er seinen Liebesbezug zum Kind Nietzsche erlebte: als ein alles verzehrendes Feuer“, ein Feuer, vor dem möglicherweise das Kind den Rückzug antrat. Wenn es im Epilog der Gedichtsammlung Ortlepps heißt:

„Daß ich noch einmal würde lieben
Ich hätte es nimmermehr gedacht“,

dann bezeugte er damit, daß er das Kind wider Erwarten und ohne jede Hoffnung „noch einmal“ geliebt hatte. Offenbar fanden sie auf irgend eine Weise zueinander, doch konnten sie nicht beisammen bleiben, „was er nimmer verstehen mocht“. Das besungene Leid „Nun ich dich nicht mehr habe“ kann sich auf den Eintritt des jungen Nietzsche in die Pforte, aber auch auf einen früheren Abbruch der Beziehung während der Naumburger Schulzeit beziehen. Da das Kind seit dem Tode seines Vaters auf der Suche nach einem Ersatzvater war, könnte sich Ernst Ortlepp als Dichter, ausgebildeter Musiker und interessanter Gesprächspartner, der längst an der christlichen Religion verzweifelte, angeboten haben. Ohne jede Andeutung päderastischer Annäherungen könnte Ortlepp vielleicht dem jungen Nietzsche als erste präsente Verkörperung des „vielgesichtigen Gottes Dionysos“ erschienen sein. Angesichts der ungewöhnlich frühen erotischen Prägung in Richtung Masturbation und intimes Petting durch die

Schwester Elisabeth, die aus den vorliegenden Unterlagen wohl als sicher angenommen werden darf, kann natürlich die Möglichkeit einer päderastischen Beziehung zwischen Ortlepp und dem jungen Nietzsche in den Jahren der Naumburger Schulzeit und der Zugehörigkeit zur Pforte nicht ausgeschlossen werden.
Die uns zur Verfügung stehenden Unterlagen sprechen somit wohl für das Vorliegen einer homoerotischen Neigung in Übereinstimmung mit der lebensbejahenden Philosophie des antiken Griechenlands. Hingegen fehlen stichhaltige Angaben, die auf von mancher Seite vermutete päderastische Beziehungen hinweisen würden. In diesem Sinne sind auch Nietzsches unerfüllt gebliebene Versuche einer Verehelichung zu werten. Schließlich verfolgte ihn ein heterosexuelles Verlangen bis in die Zeit seiner Hospitalisierung in Jena, wo er nachweislich heftig und wiederholt nach „Frauenzimmern" rief und sich in seinen Phantasien von Scharen Prostituierter umringt wähnte. Es unterliegt kaum einem Zweifel, daß die Eigenart von Nietzsches Geschlechtlichkeit bereits in seiner Kindheit und frühen Jugend vorprogrammiert wurde. Man versteht somit auch unschwer, warum es in seinem Leben keinen einzigen Beleg für einen körperlichen Kontakt zu einer Frau gibt – sieht man von möglichen Episoden mit Prostituierten ab –, und dies, obwohl nachweislich nicht nur die Sexualität im allgemeinen mit ihren vielgestaltigen libidinösen Vorstellungen in seiner Phantasie eine große Rolle spielte, sondern explizit auch der unverkennbare Wunsch nach einer körperlichen Beziehung zu Frauen vorhanden war. Nur so kann man es auch verstehen, daß ihn die Zurückweisung durch Lou Andreas-Salomé an den Rand eines Suizids brachte.

Das Augenleiden

So wie seine Schwester hatte auch Friedrich vom Vater die *Myopie* (Kurzsichtigkeit) geerbt. Schon in seinem fünften Lebensjahr wurde sie von Professor Schellbach konstatiert; anläßlich einer Kontrolle in Schulpforta zehn Jahre später betrug sie bereits minus sechs Dioptrien. Von den mehrfachen Zeugnissen über Untersuchungen seiner Augen kommt den Aufzeichnungen im Krankenbuch von Professor Schiess aus Straßburg besondere Bedeutung bei, die dieser in den Jahren 1872/73 und 1876/77 machte. Neben den Ermittlungen der Sehschärfe wird darin über heftige Schmerzen in beiden Augäpfeln bei längerem Arbeiten berichtet, die sich mehr und mehr ausbreiteten und für Wochen ein Arbeiten verunmöglichten sowie den Ersatz seiner Sehbrillen durch dunkle Schutzbrillen erforderlich machten. Derart schmerzhafte Irritationen des Sehorgans kann man bei einem so sensiblen Menschen wie Nietzsche als durch die Myopie bedingt verstehen, nicht jedoch die mitunter rasenden Kopfschmerzen, die Nietzsche selbst mit seinem Augenleiden ursächlich in Zusammenhang zu bringen versuchte.

Hingegen muß die wiederholt festgestellte *Anisokorie* (unterschiedliche Pupillenweite) mit träger Pupillenreaktion auf Licht als typische Begleiterscheinung einer unterschiedlichen Ausprägung der Kurzsichtigkeit am linken respektive rechten Auge angesehen werden, was bei der späteren Interpretation seines Gehirnleidens berücksichtigt werden muß. Die hochgradige Myopie Nietzsches mit der dünnen Beschaffenheit seiner Augenhäute und deren Pigmentmangel erklärt außerdem die außerordentliche Lichtempfindlichkeit, über die er häufig klagte und die ihn dazu zwang, seine Aufenthaltsorte je nach Jahreszeit und der damit verbundenen Lichteinstrahlung zu wechseln. Wie in jüngster Zeit J. Fuchs meinte, könnte es sich dabei um zwei entgegengesetzte Empfindungen gegenüber dem Licht gehandelt haben: Zunächst wird ein Zuviel an Licht etwa durch grelle Sommersonne, die womöglich blendet, von einem hochgradig kurzsichtigen Auge nicht ertragen, wie soeben betont wurde. Auf der anderen Seite konnte Hollwich schon vor mehr als zwei Jahrzehnten zeigen, daß Licht von der Netzhaut nicht nur optisch, sondern auch als Energieträger aufgenommen wird und über das neurohormonelle System verschiedene innersekretorische Drüsen stimuliert – Erkenntnisse, die in unseren Tagen zur kritiklosen Anwendung des aus der Zirbeldrüse stammenden Hormons Melatonin geführt haben. Im Falle Nietzsches dürfte die in vielen Bereichen nicht mehr ausreichend aufnahmefähige Netzhaut der kranken Augen nie genug von dem ihm so angenehmen Licht bestimmter Gegenden und Jahreszeiten bekommen haben. Wissen wir doch heute, welch wohltuenden, ja bei Depressionen sogar therapeutisch nutzbaren Effekt das Licht auf die seelische Verfassung eines Menschen auszuüben vermag. Unter diesem Gesichtspunkt versteht man, warum Nietzsche die so drückend, ja deprimierend empfundene Beeinträchtigung seines Sehvermögens und damit im Zusammenhang die Störungen seines Wohlbefindens immer wieder auf seine Augen bezog. Er betrachtete sein Augenleiden als schwere „Verletzung" seiner Vitalität. Da in jüngster Zeit auch eine merkwürdige anatomisch-physiologische Korrelation zwischen Gehirn und Auge gefunden wurde in der Art, daß die Übergröße des Augapfels bei hochgradig Kurzsichtigen mit seinen vergrößerten Glaskörper- und Kammerwasserräumen mit einer Vergrößerung der Hirnkammern vergesellschaftet zu sein pflegt, diskutiert Fuchs auch die Möglichkeit einer Stimulation des an der Vorderwand des dritten Hirnventrikels befindlichen Aggressionszentrums und erinnert in diesem Zusammenhang an den Ausspruch Nietzsches: „Ich bin aggressiv aus Instinkt."

Die Kopfschmerzen

In Nietzsches Briefen aus seiner Jugendzeit findet man keine Hinweise darüber, wann seine Kopfschmerzen ihren Anfang nahmen und welche Symptomatik sie genau boten.

Fest steht nur, daß er bereits in der Schulpforta häufig an „Congestionen nach dem Kopf" (Blutandrang mit dem Gefühl eines zu engen Kopfes) litt, die durch langdauernde konzentrierte geistige Aktivitäten ausgelöst oder verstärkt wurden. Zum Teil traten sie auch im Zusammenhang mit viralen Infekten auf, weshalb sie im Krankenbuch der Schulpforta auch als „rheumatisch" bezeichnet wurden. Immerhin waren diese Kopfschmerzen so ausgeprägt, daß man ihn 1862 angesichts der erfolglosen „ableitenden Maßnahmen" mit Vesikatorien aller Art, die man an ihm während seiner Aufenthalte in der Krankenstube der Anstalt praktizierte, zur Erholung nach Naumburg entließ, damit er dort durch Ruhe und entsprechende Diät von seinen Zuständen befreit werde. Die Kopfschmerzen blieben allerdings auch nach dieser Sommerpause von 1862 bestehen.

Erst mit Beginn des Jahres 1871 stellte sich eine gewisse Periodizität der Kopfschmerzen ein in der Art, daß sie mit Intervallen von zwei bis drei Wochen einsetzten, wobei sie typischerweise immer deutlicher durch Belastungen, vor allem durch hochgradige psychische Erregungszustände ausgelöst wurden und mitunter mit galligem Erbrechen einhergingen. Diagnostisch von Bedeutung ist Nietzsches Angabe, am Ende eines solchen Anfalles ein Gefühl der Erleichterung mit Wiedererstarkung seiner Lebensfreude empfunden zu haben – eine subjektive Erfahrung, die vielen Migräne-Patienten wohlvertraut ist. Möbius war der erste, der schon 1902 Nietzsches Kopfschmerzen als Migräne deutete. In diesem Sinne spricht auch die Familienanamnese, wonach auch Nietzsches Schwester Elisabeth an Migräne litt. Da sowohl der Vater Karl Ludwig wie auch eine seiner Schwestern nachweislich schon seit früher Jugend an diesem Leiden laborierten, dürften wohl diese anfallsweisen Kopfschmerzen mit größter Wahrscheinlichkeit erblicher Natur gewesen sein. Vergegenwärtigt man sich die wichtigsten Leitsymptome für die Diagnose „Migräne", dann stimmen diese mit den von Nietzsche beschriebenen Symptomen weitgehend überein: heftiger, ein- oder doppelseitiger Kopfschmerz in der Stirn- und Schläfenregion von klopfendem oder dumpfem Charakter, der häufig besonders stark hinter einem Auge empfunden wird, später im Verlaufe des Leidens sich aber auch über den gesamten Kopf ausbreiten kann; die Schmerzattacken setzen meist bereits im frühen Erwach-senenalter oder sogar schon in der Jugend ein, dauern Stunden bis zu wenigen Tagen und wiederholen sich in unregelmäßigen Intervallen von Wochen oder Monaten; mitunter kommt es während einer solchen Schmerzperiode zu begleitender Übelkeit oder zu Erbrechen; auslösende Faktoren sind Aufregungen, Überanstrengung, psychische Spannungszustände (man denke an die zeitliche Koordination im Zusammenhang mit Bayreuth), helles Licht, Lärm oder bestimmte Wetterlagen. Die bei Nietzsche gelegentlich etwas atypisch verlaufende Migräne, etwa das Auftreten mehrerer Anfälle pro Woche, kann am ehesten durch die nicht seltene Kombination mit einem sogenannten Spannungskopfschmerz erklärt werden, der häufig mit ängstlichen oder depressiven Verstimmungszuständen einhergeht und mitunter kontinuierlich über Wochen, ja sogar Monate anhalten kann.

Aufgrund der charakteristischen Symptomatologie von Nietzsches Kopfschmerzanfällen wird heute von der überwiegenden Mehrzahl medizinischer Autoren an der Diagnose „Migräne" nicht gezweifelt. Differentialdiagnostische Probleme ergeben sich erst beim Versuch einer Interpretation neu hinzugekommener neurologischer Störungen, die sich um die Jahreswende 1879/80 einstellten. Damals beschrieb Nietzsche zusätzlich das Auftreten von Schwindel sowie Lähmungsgefühle verbunden mit Sprachstörungen flüchtiger Art – „das Gefühl einer Halb-Lähmung, wo mir das Reden schwer wird" –, und mehrere Male kam es zu „längeren Bewußtlosigkeiten". Benda und Lange-Eichbaum vertraten 1925 bzw. 1948 den Standpunkt, daß diese Symptome bereits die klinische Manifestation einer *Lues cerebri*, also einer syphilitischen Gehirnerkrankung im Tertiärstadium, gewesen seien. Es stellt sich hier eine eigenartige Parallele zum Schicksal des von Nietzsche sehr geschätzten französischen „Meisters der Novelle" Guy de Maupassant dar, der ebenfalls jahrelang unter schweren Migräne-Anfällen gelitten hatte und später in einer Pariser Anstalt an progressiver Paralyse verstarb.

Das Gehirnleiden

Die erste fachwissenschaftliche Stellungnahme zum Problem von Nietzsches zum Tode führender Krankheit stammt aus dem Jahre 1902 und wurde von dem damals führenden Leipziger Neuropsychiater P. J. Möbius verfaßt, der sich auf Aussagen von Zeugen sowie auf die Krankenjournale aus der Basler und Jenaer Psychiatrischen Universitätsklinik stützen konnte. Sowohl in Basel wie auch in Jena bestand von Anfang an kein Zweifel an der Diagnose einer *Progressiven Paralyse auf luetischer Basis*, ein Standpunkt der Professoren Wille und Binswanger, den auch Möbius vollinhaltlich vertrat. Wenn auch Frau Elisabeth Förster-Nietzsche sich in ihrem Buch *Der einsame Nietzsche* entrüstet gegen diese in ihren Augen falsche und „gewissenlose Hypothese" des Dr. Möbius zur Wehr setzte, und Möbius auch aus dem Kreis der literarischen Schranzen des Nietzsche-Archivs in Weimar heftigen Anfeindungen ausgesetzt war, so wissen wir heute, daß sie allesamt im Unrecht waren. Bestehen bleibt lediglich der Vorwurf, daß Möbius den untauglichen Versuch unternahm, als reiner Mediziner auch das literarische, künstlerische und philosophische Schaffen Nietzsches in seine ärztlichen Überlegungen miteinzubeziehen.

Da Nietzsche, wie schon Janz in seiner großen Biographie anmerkte, von seiner luetischen Infektion wußte, muß man sich fragen, ob er sich auch seiner Krankheit bewußt war und wieweit er über das Krankheitsbild der Syphilis unterrichtet war. In seinen Schriften ist jedenfalls – was schon Gottfried Benn aufgefallen war – nichts von alledem zu finden, sieht man von seinem Novellenfragment *Euphorion* vom Sommer 1862 ab, in welchem auf die schlimmen, als Strafe Gottes ausgelegten Folgen sexueller Ausschweifungen hingewiesen wurde. Wenn wir auch vom Sexualleben Nietzsches in seiner Studentenzeit kaum etwas Verbürgtes wissen, so steht doch fest, daß seine Schwester sehr im Irrtum lebte, wenn sie meinte, daß „die große Passion oder die vulgäre Liebe dem ganzen Leben des Bruders vollkommen fern geblieben" waren. Wie Lange-Eichbaum berichtete, habe ihm der bekannte Berliner Nervenarzt Siegfried Placzek mitgeteilt, daß Nietzsche sich als Student in einem Leipziger Bordell mit *Lues* angesteckt habe und von zwei Leipziger Ärzten antiluetisch behandelt worden sei. Angeblich hätte auch Möbius Schreiben von diesen Ärzten besessen. Da Nietzsche bei seiner Aufnahme in die Basler Klinik behauptete, sich zweimal spezifisch infiziert zu haben, wird nach wie vor auch das Erlebnis in einem Kölner Bordell im Februar 1865 diskutiert, das von seinem Jugendfreund Paul Deussen berichtet wurde. Beide Angaben sind meiner Meinung nach nur dürftig belegt, so daß nach wie vor eine Infektion ebensogut später in Italien oder in Südfrankreich stattgefunden haben könnte. Einzig und allein der Eintrag im Krankenjournal vom 8. August 1889, wonach Nietzsche den Beginn seiner *Chorioiditis* (Aderhautentzündung der Augen. *Anm.d.Verf.*) in das Jahr 1864 oder 1866 verlegt", wäre für den Zeitpunkt seiner luetischen Infektion während

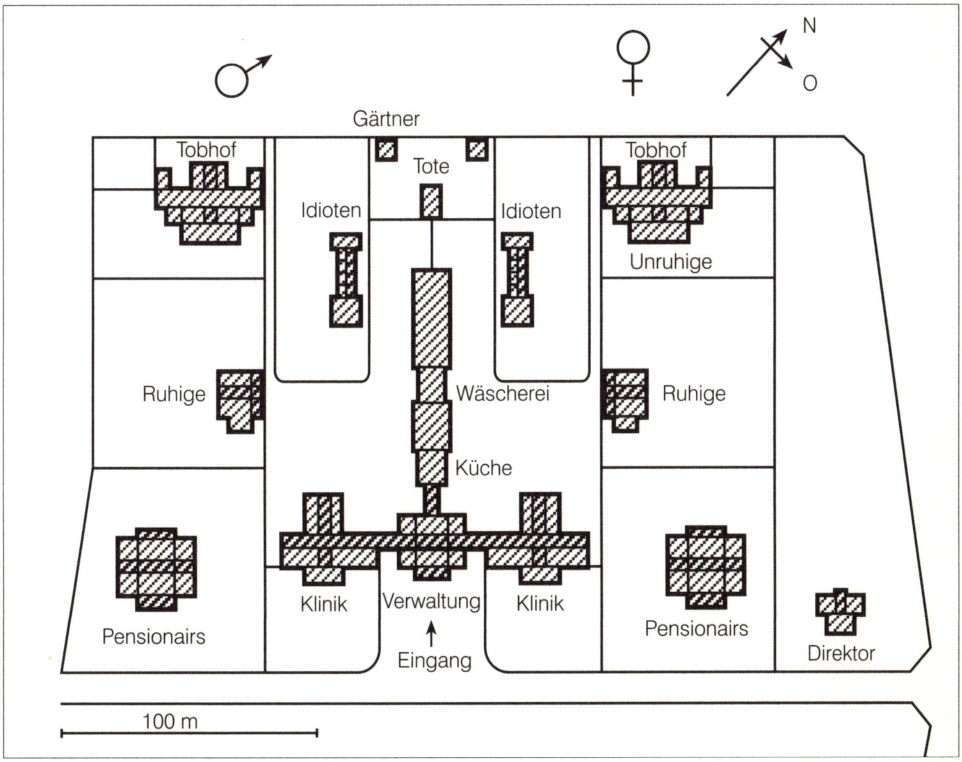

Grundriß der Basler Irrenanstalt Friedmatt. Nach D. Jetter, Grundzüge der Geschichte des Irrenhauses, 1982.

seiner Studentenzeit ein weiteres, wenn auch schwaches Indiz. Andererseits findet sich in den Protokollen der „Wiener Psychiatrischen Vereinigung" vom 1. April 1908 eine Bemerkung von Ernst Federn, aus sicherer Quelle erfahren zu haben, daß Nietzsche zu Zeiten seines Lebens homosexuell gelebt habe und seine *Lues* in einem homosexuellen Bordell in Genua akquirierte. Solche und ähnliche Spekulationen über den Zeitpunkt einer luetischen Infektion oder deren homo- oder heterosexuellen Ursprung müssen im übrigen so lange müßig bleiben, als nicht nachgewiesen ist, ob vom Nietzsche-Archiv nicht etwa bewußt Hinweise getilgt wurden und so lange Nietzsches Notizbücher aus seiner Studentenzeit noch nicht authentisch in der Kritischen Gesamtausgabe von Colli und Montinari veröffentlicht vorliegen.

Wenn nun auch durch ärztliche Beobachtung und neurologische Untersuchung des Patienten während seines stationären Aufenthaltes in der Psychiatrischen Universitätsklinik Jena Professor Binswanger, der Leiter der Klinik, ebenso wie sein Mitarbeiter Professor Ziehen fest überzeugt waren, daß „die Krankheit Nietzsches progressive Paralyse gewesen sei und das auf syphilitische Infektion zurückzuführen wäre", so wies Ziehen in einem Gespräch vom Januar 1938 mit R. Oehler, einem Vetter Nietzsches, gleichzeitig auf den Umstand hin, daß „die Krankheit nicht ganz die sonst normalen Formen gehabt hätte, was aber häufiger vorkomme". Das Ungewöhnliche im Falle Nietzsches war zunächst schon einmal die lange Krankheitsdauer, als deren Ursache Binswanger und Ziehen die sorgfältige Pflege im Hause der Mutter und später der Schwester in Betracht zogen. Aber nicht nur die Krankheitsdauer, sondern auch die lange Inkubationszeit seit der wahrscheinlichen Infektion in den Jahren 1864 oder 1866 bis zum Auftreten der ersten erkennbaren klinischen Symptome gab immer wieder Anlaß zu Spekulationen, ob es sich nicht doch vielleicht um eine andere Krankheit, etwa aus dem Formenkreis der Schizophrenie, gehandelt haben könnte. So meinte Georg Stutz, Oberarzt an der Klinik in Basel, daß er nach einem gründlichen Studium der Jenaer Krankengeschichte den Eindruck gewonnen hätte, daß „Nietzsche nach heutigem psychiatrischem Sprachgebrauch eine schizoide Persönlichkeit war", letztendlich jedoch an einer luetischen Gehirnkrankheit zugrunde ging. Auch Michaelis glaubte, daß „die psychologischen Daten im Jenaer Krankenjournal zu fragmentarisch" wären und deshalb eine *Dementia paralytica* nicht als typisch zu erschließen sei. Seiner Auffassung nach ließe „das Fehlen deutlicher Sprachstörungen, der wiederholt auftauchende Verfolgungswahn und das eigenartige psychomotorische Verhalten an einen schizophrenen Charakter der Psychose denken".

Derartige Überlegungen tragen natürlich zur Klärung des atypischen Krankheitsverlaufes bei Nietzsche wenig bei, wie der Berliner Psychiater Emanuel zu Recht betont: „Es besteht kein Zwang, die Psychose mit den in den Krankenjournalen enthaltenden neurologischen Veränderungen in einen Zusammenhang zu bringen. Ist es doch bekannt, daß schizophrene Prozesse mit Pupillenstörung luetischer Genese vergesellschaftet sein können. Und endlich gibt es organische Hirnerkrankungen luischer

Katonikerin in Beugehaltung. Zeichnung von H. Lemeunier, Sammlung R. Toellner.

Genese, die Krankheitsbilder produzieren, die von der echten progressiven Paralyse nur pathologisch-anatomisch zu trennen sind." Benda kritisierte in seiner sehr sorgfältigen Studie das hartnäckige Bemühen seiner Fachgenossen, Nietzsches Krankheit in das gültige, jedoch „anerkanntermaßen unzulängliche diagnostische Schema" einzuordnen und noch immer darüber zu diskutieren, ob die Krankheit als eine Paralyse, eine Neurolues oder gar eine Schizophrenie mit luischem Einschlag zu bezeichnen sei. Auch für Benda bestand kein Zweifel an der Richtigkeit der Diagnose einer *progressiven Paralyse*, „weil keine andere Krankheit eine solch einzigartige Kombination von neurologischen Symptomen und bestimmten seelischen Störungen aufweist", wenn er auch das Vorhandensein einer so „einzigartigen Kombination" von Symptomen nur für das „klassische Bild" der Paralyse mit den Leitsymptomen von Euphorie, Expansivität und Größenwahn gelten lassen wollte. Um die differentialdiagnostischen Schwierigkeiten vollends klar zu machen, sei noch auf das mitunter fast unlösbare Problem der Unterscheidung einer *progressiven Paralyse* von einer *Lues cerebri* (Gehirnsyphilis. *Anm.d.Verf.*) hingewiesen, da es nicht selten Mischfälle und Übergangsformen gibt. Es ist deshalb nicht verwunderlich, daß es Autoren wie Simchowitz oder Brusq gibt, die Nietzsches Krankheitsbild aufgrund herdförmiger Ausfälle im klinischen Verlauf eher einer *Lues cerebri* als einer Paralyse zuzuordnen bereit sind.

Bevor der Versuch einer abschließenden Diagnose von Nietzsches Leiden unternommen werden soll, erscheint es für den medizinisch nicht vorgebildeten Leser zweckmäßig, das Krankheitsbild einer *progressiven Paralyse* hinsichtlich seines Verlaufes, seiner klinischen Erscheinungsformen und der Vielgestaltigkeit seiner körperlichen und psychischen Besonderheiten in geraffter Form darzustellen. Daher ist es notwendig, Referenzquellen aus jener Zeit zu zitieren, in welchen in Ermangelung von modernen Methoden des Nachweises und der Therapie die unterschiedlichen klinischen Erscheinungsformen luetischer Hirnerkrankungen viel häufiger als heute anzutreffen waren, weshalb die Neuropsychiater zur Zeit Nietzsches auf diesem Gebiete besondere Erfahrungen sammeln konnten. Unter Berücksichtigung der Ausführungen von Professor Krafft-Ebing in seiner Monographie aus dem Jahre 1897, in welcher der damalige Vorstand der Psychiatrischen Universitätsklinik in Wien das Wissen seiner Zeit zusammenfaßte, und unter Einbeziehung von Lehrbüchern, die zwischen den beiden Welt-

kriegen erschienen, stellten sich die klinischen Probleme um das Krankheitsbild der *progressiven Paralyse* um die vergangene Jahrhundertwende folgendermaßen dar:
Wie Krafft-Ebing seine Abhandlung zu diesem Thema einleitete, fiel damals der Beginn der Krankheit in der Mehrzahl der Fälle in das vierte und fünfte Lebensdezennium. Die Inkubationszeit bei einer luetischen Infektion betrug im Mittel zwölfeinhalb Jahre, schwankend zwischen drei und zweiunddreißig Jahren. Nur sehr selten entwickelte sich das Krankheitsbild akut und stürmisch, vielmehr gingen dem manifesten Krankheitsbild fast immer monate- bis jahrelang Prodromalsymptome voraus, die anfangs sehr unbestimmter Natur waren und sich meist in einer Änderung des Charakters und des geistigen Wesens zu erkennen gaben. Die Kranken wurden auffallend gemütsreizbar, „gemütlich" gedrückt oder auch hypochondrisch verstimmt. Robert Bing, der führende schweizerische Neuropsychiater in der ersten Hälfte unseres Jahrhunderts, wies neben der Abnahme intellektueller Fähigkeiten insbesondere auf die Veränderungen in ethischer Beziehung hin: Die Angehörigen und Freunde solcher Patienten beklagen sich über früher unbekannte Rücksichtslosigkeiten, über brutalen Egoismus und über maßlose Reizbarkeit; Nachlässigkeiten in Beruf und Kleidung sowie unanständige, ja obszöne Redensarten, die seine gewohnte Umgebung stören können.
Unter den körperlichen Auffälligkeiten im Anfangsstadium des klinisch manifesten Krankheitsbildes nehmen die Pupillenstörungen am Auge eine besonders wichtige Stellung ein, weil sie in fünfundneunzig Prozent aller Fälle von *progressiver Paralyse* angetroffen werden. Es handelt sich dabei um das sogenannte *Argyll-Robertsonsche* Phänomen, also ein Fehlen der reflektorischen Pupillenverengung auf Lichteinfall bei erhaltener Reaktion auf Naheinstellung des Auges. Eine *Anisokorie*, also eine unterschiedliche Weite der Pupillen, ist hingegen ebenso wie eine Entrundung einer Pupille nicht unbedingt pathognomonisch für das Vorliegen einer luetischen Hirnerkrankung.
Ein weiteres charakteristisches Symptom sind Sprachstörungen, die sich als „Silbenstolpern", ein Versetzen und Wiederholen von Buchstaben oder Silben innerhalb eines Wortgefüges oder als Wortverwechslungen, die der Kranke meistens gar nicht bemerkt und deshalb auch nicht korrigiert, äußern können. Auch die Handschrift kann typische Veränderungen aufweisen, etwa eine Änderung des individuellen Typus der Schriftzüge, ungleiche Größe der Buchstaben oder auffallend gekünstelte Schnörkel.
Die schon beim Vorstadium der Erkrankung beschriebenen psychischen Anomalien werden mit Fortschreiten des Prozesses zunehmend deutlicher und zeigen unverkennbar den beginnenden Zerfall der geistigen Persönlichkeit. Bewußtseinstrübungen und der Mangel an ethischen Hemmungen können forensische Konsequenzen nach sich ziehen, da es nicht nur zu aggressivem Verhalten in der Öffentlichkeit, sondern auch zu exhibitionistischen Handlungen, ja selbst zu sexuellen Delikten mit Kindern kommen kann. Neben einem Mangel an Selbstkritik steht vor allem das gehobene Selbstgefühl im Vordergrund, das bei vollentwickelter Krankheit die klassische Form des „Größenwahnsinns" annimmt.

Der Übergang zur eigentlichen *Dementia paralytica* (paralytische Verblödung. *Anm.d.Verf.*) ist in der Regel ein unmerklicher, langsamer Prozeß. Wo sich das zur vollen Höhe gediehene Leiden durch Wahnideen und delirante Zustände kundgibt, wird zumeist die Unterbringung in eine psychiatrische Klinik unvermeidlich sein. Hergebrachter Weise werden die paralytischen Psychosen in vier Hauptformen – zugegebenermaßen etwas schematisch – unterteilt:
Bei der *depressiven, melancholischen Verlaufsform* werden depressive Wahnideen in unbelehrbarer, kritik- und einsichtsloser, absurder Weise vorgetragen, die entweder hypochondrischer Natur sein können oder den Charakter eines Versündigungswahns annehmen. Bei der *„klassischen" expansiven Form* beherrschen die sich ins Maßlose steigernden Größenideen das Krankheitsbild. Der Kranke hält sich bald für einen König oder für Gott selbst, fühlt sich mit Herrscherhäusern verwandt oder bedroht ultimativ ganze Staaten mit Vernichtung und Ausrottung. Eher episodisch manifestiert sich die sogenannte *manische Verlaufsform,* die durch manische und delirante Erregungszustände gekennzeichnet ist. Der Kranke kann in einem solchen Fall nächtelang unmotiviert singen oder brüllen, hält ideenflüchtig verworrene Reden und schläft fast gar nicht. Gelegentlich kann es auch zu tätlichen Aggressionen gegen seine Umgebung, ja sogar zu regelrechten Tobsuchtsanfällen kommen. In derartigen Phasen wird häufig eine komplette Unreinlichkeit mit Kotschmieren und anderen höchst unhygienischen Abarten beobachtet. Unter der *dementen Form* schließlich werden all diejenigen Fälle zusammengefaßt, bei denen eine fortschreitende Verblödung im Vordergrund steht. Allmählich wird die ganze frühere Existenz des Kranken aus seinem Gedächtnis ausgelöscht, und auch die zeitliche und örtliche Orientierung schwindet schließlich vollständig. Durch Tilgung der sprachlichen Erinnerungsbilder kommt es zur sogenannten *amnestischen Aphasie,* also einer „Wortvergessenheit" mit Wortfindungsstörungen, bei denen nicht erinnerte Worte mit Ersatzausdrücken umschrieben werden – man spricht dann von einer „Ersatzstrategie".
Überraschenderweise können selbst so schwere Krankheitsbilder, wie sie eben geschildert wurden, sich mitunter sogar schlagartig so weit zurückbilden, daß die Angehörigen den Eindruck einer sich abzeichnenden Heilung gewinnen. In Wirklichkeit handelt es sich jedoch dabei stets nur um Remissionen, die allerdings monatelang – in seltenen Fällen sogar jahrelang – anhalten können und bei denen die psychischen Symptome des Anfangsstadiums der Erkrankung bestehen bleiben, bis dann eine plötzliche Wiederkehr der Wahnideen oder ein schockierendes ethisches Fehlverhalten beziehungsweise ein eventueller aggressiver Akt den Gedanken an Heilung wieder zunichte macht. Ein Paradefall aus der Fachliteratur, der sich in seinem Größenwahn für den Papst und den Kaiser von Deutschland hielt und sich als Vater von 137 gleichzeitig zur Welt gebrachten Söhnen erklärte, erholte sich so weit, daß er wieder seiner beruflichen Tätigkeit nachgehen konnte, bis er nach einer Remission von fast zwanzig Jahren alle Anzeichen seiner früheren geistigen Anomalien zeigte und in relativ kur-

zer Zeit im Zustand einer *marantischen* (abgezehrten. *Anm.d.Verf.*) *Verwirrtheit* verstarb. Erfahrungsgemäß darf man am ehesten bei den klassischen expansiven Formen auf spontane Remissionen mit längeren „stationären", also gleichbleibenden Perioden hoffen. Schon Krafft-Ebing wies darauf hin, daß die Gesamtdauer des klinisch manifesten Leidens viele Jahren dauern kann und der Tod entweder unter dem Bild eines Insultes (Schlaganfall. *Anm.d.Verf.*) oder in langsamem Absterben unter komatösen Erscheinungen zu erfolgen pflegt.

Beim aufmerksamen Lesen der anamnestischen Biographie wird man nach diesem kurzen medizinischen Exkurs in die Neuropsychiatrie unschwer feststellen, daß bei Nietzsche die meisten der geschilderten somatischen und psychischen Symptome im Verlauf der Entwicklung einer *progressiven Paralyse* angetroffen werden: Die breite Palette im Bereiche der psychischen Symptomatik zeigt in eindrucksvoller Weise, wie die Leitsymptome der lehrbuchmäßig unterteilten vier Hauptformen der progressiven Paralyse bei Nietzsche ineinandergreifen, wenngleich bei ihm die klassische expansive Verlaufsform ganz im Vordergrund steht: Da wäre zunächst Nietzsches ungemein euphorische Stimmung hervorzuheben, in der er sich außerordentlich „wohl und gehoben" fühlte und am liebsten den Menschen auf der Straße um den Hals gefallen wäre. Als zweites Hauptmerkmal beim Ausbruch seiner klinisch manifesten Erkrankung muß sein „manischer Größenwahn" angesehen werden. Im Unterschied zur Zeit in Turin dominierten während seines Klinikaufenthaltes in Jena erotische Ideen und megalomane Vorstellungen, die vorwiegend das politisch-kulturelle Umfeld im Deutschen Reich betrafen. Vor allem während seiner Internierung in Basel und in Jena wurden Symptome beobachtet, die der manischen Verlaufsform zugeordnet werden müssen, wie hochgradige Erregungszustände mit fortwährendem Gestikulieren und Grimassieren, lautem Sprechen und Singen, ständigen Versuchen sich auszuziehen. In diesen Phasen konnte es auch zu aggressiven Verhaltensweisen kommen – hierher gehört auch die stereotype Beschäftigung mit seinen Körperausscheidungen. Manche Äußerungen manischer Exaltation erinnern dabei an psychomotorische Erregungszustände ähnlich einer schizophrenen Symptomatik, zumal auch paranoide Ängste, bedroht oder vergiftet zu werden, geäußert wurden. Zum Teil handelte es sich dabei um Verfolgungsideen eines halluzinatorischen Stadiums oder um körperliche Beeinflussungsempfindungen im Sinne eines Verfolgungswahns, wie sie auch bei schizophrenen Psychosen zur Beobachtung gelangen.

Anfangs nur angedeutet, im weiteren Verlauf jedoch immer greller zu Tage tretend, machten sich „Ausfallserscheinungen der Intelligenz im Zusammenhang mit einer allgemeinen Abflachung und Vergröberung der Persönlichkeit des Kranken" bemerkbar, womit die Krankheit Nietzsches in das Stadium der dementen Form Eingang hielt. Seine Interessen waren auf jene eines Kindes reduziert. Der unaufhaltsame Abbau seiner psychischen Kräfte entsprach ganz dem eines chronischen *hirnorganischen Psychosyndroms:* Verlangsamung und Schwerfälligkeit des „psychischen Tempos",

Antriebsschwäche mit zunehmender Interesselosigkeit sowie allmähliche Entwicklung einer Demenz (Hirnleistungsschwäche. *Anm.d.Verf.*), die durch „Merkfähigkeitsstörungen, Inkohärenz des Denkens, Einengung der Denkinhalte und Perseverationen" gekennzeichnet ist. Waren die sonst für eine progressive Paralyse typischen Sprachstörungen bei Nietzsche selbst nach Ausbruch des vollen Krankheitsbildes nicht nachweisbar, wie im Krankenjournal der Jenaer Klinik festgehalten wurde, bildeten sie sich ab dem Jahre 1892 zunehmend deutlich aus. Neben Wortfindungsstörungen und Buchstaben- oder Silbenverwechslungen trat auch das Phänomen der *Paraphasie* in den Vordergrund in dem Sinne, daß Nietzsche bestimmte stereotype Bezeichnungen fälschlicherweise bei den unterschiedlichsten Gelegenheiten immer wieder verwendete. Im Verlaufe des Jahres 1889 trat eine gewisse Beruhigung ein, die auch nach seiner Übersiedlung in das Haus seiner Mutter anhielt, wenn es auch immer wieder unvermittelt zu Zornesausbrüchen oder unmotivierten Affekten kam, weshalb die Mutter ihre Spaziergänge mit ihrem „Herzens-Fritz" zur Vermeidung öffentlicher Ärgernisse in einem Wäldchen außerhalb der Stadt unternahm. Allmählich nahm die Apathie zu, und nach mehreren für die *progressive Paralyse* typischen zerebralen Insulten (Lähmungen, die einem Schlaganfall ähneln, mitunter jedoch überraschend rückbildungsfähig sein können. *Anm.d.Verf.*) verdämmerte Nietzsche mehr und mehr und starb schließlich nach einer komplizierenden Lungenentzündung.

Die Symptomatologie von Nietzsches Gehirnleiden ist so eindeutig, daß an der Diagnose einer *progressiven Paralyse* auf der Basis einer luetischen Infektion nicht zu zweifeln ist. Die ungewöhnlich lange Inkubationszeit bis zum Auftreten des vollentwickelten Krankheitsbildes, das erst nach einem Zeitraum von zwölf Jahren zum Tode führte, war für die Neuropsychiater des ausgehenden 19. Jahrhunderts keine allzu große Überraschung, weil sie in ihrem Erfahrungsgut auf ähnliche Fälle hinweisen konnten. Ungemein schwieriger, ja mit Sicherheit fast unmöglich, gestaltet sich die Beantwortung der Frage, wann der Beginn der ersten klinischen Symptome angesetzt werden könnte.

Wie die Zusammenstellung von Pia Daniela Volz in Anlehnung an das von Lange-Eichbaum aufgestellte Schema hinsichtlich der Datierung der Erstmanifestation der progressiven Paralyse bei Nietzsche zeigt, differieren die zeitlichen Angaben bei den medizinischen Autoren diesbezüglich erheblich. Lange-Eichbaum verlegte den Beginn der klinisch manifesten Paralyse in das Jahr 1880. In der Tat ging nach dem Winter 1879/80, in welchem er den „Tiefpunkt seiner Vitalität" erreichte, eine so tiefgreifende Veränderung in Nietzsche vor, daß man mit Jaspers sagen könnte, er sei in eine völlig neue Atmosphäre eingetaucht, ohne daß es Vorboten oder Anzeichen gab. In der Vorrede zur *Mörgenröte* kündigte sich zum ersten Mal eine Art Sendungsbewußtsein an mit großsprecherischen und verheißungsvollen Worten, die seiner eigenen Erlösung und Wiederauferstehung gleichkamen. Von jetzt an häufen sich megalomane prophetische Botschaften, die seine unbegreifliche Einmaligkeit unterstreichen sollten. Schriftliche

Zeugnisse aus dieser Zeit belegen euphorische Stimmungen mit teils dionysischer Verzückung und exaltiertem Gehaben, die eindeutig über den Bereich des Normalen hinausgingen. Im Plan zum vierten Buch zur *Fröhlichen Wissenschaft* lautet der Untertitel bezeichnender Weise und auf sein krankhaftes euphorisches Wohlgefühl hinweisend: *Aus der glückseligen Einsamkeit des Denkers.* Ähnliche vorübergehende, rauschartige Zustände waren die „Januarius-Euphorie" 1882 in Genua und wohl auch die blitzartige Erleuchtung am Surlei-Felsen im August 1881, die ihm „als die Geburtsstunde des Herrn der kommenden Epoche" erschien, weshalb er von diesem Zeitpunkt an – der zugleich die Grundkonzeption seines *Zarathustra* markierte – mit dem „Jahr Eins" eine neue Zeitrechnung aufstellte.

Nach diesen ersten „paralytischen Wellen", wie sich Möbius ausdrückte, begann sich 1883 sein pathologisch überhöhtes Selbstgefühl in wahnartiger Weise zu steigern. Anzeichen dafür waren die „Wahnsinnsrollen" des Antichristen und seines „Nächstverwandten" Kaiser Friedrichs des Zweiten. Verfolgungs- und Größenwahn verschmolzen langsam ineinander. Lange-Eichbaum sprach vom ersten Schub der Paralyse klassischer expansiver Art, begleitet von paranoisch-halluzinatorischen, schizophrenieähnlichen Symptomen. Er hielt in der vermeintlichen Rolle eines religiösen Propheten, der erwartete, „daß ganze Jahrtausende auf seinen Namen ihre höchsten Gelübde tun", Ausschau nach „Jüngern", die ihn begleiten und für die Verbreitung seiner Lehren sorgen sollten. Mit dem für die Paralyse charakteristischen zunehmenden Wegfall von Hemmungen schleichen sich in seine Texte zunehmend Phantasiegebilde im Zusammenhang mit Frauen ein, wobei ihn nun vor allem das „Sündige und Schlüpfrige" zu faszinieren schien. In seinem Erotikon *Das Lied von den Wüstentöchtern* im vierten Abschnitt des *Zarathustra* tauchen auch sadomasochistische Szenen auf. Damit war mit dem Jahr 1884 der vorläufige Höhepunkt der Krankheitskurve erreicht, auf den eine jahrelange Remission folgte.

Nietzsches bunte und wechselnde Symptomatik in dem Jahrzehnt, das seinem Zusammenbruch in Turin vorausging, wurde wahrscheinlich nicht nur durch den paralytischen Prozeß selbst, sondern auch durch zusätzliche psychische Faktoren bedingt. Ist es doch bekannt, daß sich viele Symptome solcher Kranker als neurasthenische Beschwerden des präparalytischen Stadiums deuten lassen. Er selbst interpretierte seine Beschwerden als tiefgreifende „physiologische" Störungen auf der Basis eines vom Vater ererbten Mangels an Lebenskraft, den er ebenso verachtete wie jede andere krankmachende „décadence der abendländisch-christlichen leibfeindlichen Lebensweise" und den er deshalb durch tapferes Ertragen seiner Leiden und durch „Selbstüberwindung" kompensieren zu müssen glaubte.

Es ist bemerkenswert, was Volz mit Recht hervorhebt, wie der Einfallsreichtum der maniakalischen Erregungszustände im paralytischen Prodromalstadium ohne erkennbare Anzeichen schwachsinniger Inhalte und ohne nachweisbarem Intelligenzdefekt stilistisch bewältigt wurde. Ziehen wies in diesem Zusammenhang schon 1894 darauf

Unaufhaltsamer Abbau psychischer Kräfte: der umnachtete Nietzsche mit seiner Mutter in Naumburg, 1892

hin, daß entsprechend dem Intelligenzdefekt des Kranken und dem zusammenhanglosen Charakter der Wahnvorstellungen es fast niemals zur Ausbildung von richtigen Wahnsystemen kommt. Während jedoch zum Unterschied von megalomanen Delirien anderer Psychosen das „eigenartig läppische Gepräge" generell als spezifisches Charakteristikum des paralytischen Größenwahns gilt, kann sich dieser im Prodromalstadium „bei früher geistig Hochstehenden (wie im Falle Nietzsches. *Anm.d.Verf.*) noch im Bereich des Möglichen und in einer Potenzierung des früheren Ich bewegen". Die Bedeutung einer solchen „Potenzierung" des Ich verkörperte in Nietzsches schöpferischem Leben der *Zarathustra* als Typus der „großen Gesundheit des neuen Menschen". Mit Ausklingen des in Turin verbrachten Jahres 1888 trat die Krankheit mit dem Ausbruch eines zweiten, vernichtenden paralytischen Schubes in ihr letztes Stadium ein. Doch selbst im Dezember dieses Jahres werden in den Briefen aus der Zeit dieser Phase des Übergangs zum Wahnsinn „tief verborgene Bewußtseinsinhalte offenbar, auch wenn sie immer noch subtil verschlüsselt und stilisiert sind". Damit meint Volz die Anspielungen auf die mythische Figur der Ariadne, in denen Nietzsche das „bestgehütete Geheimnis seines Lebens" preiszugeben begann. Die von Colli und Montinari 1975 herausgegebene kritische Gesamtausgabe von Nietzsches Briefwechsel, die eine neue Textgrundlage bietet, veranlaßte Jaspers, seine ursprünglich für den Krankheitsbeginn gezogene Grenze zu revidieren, da „die Briefe ergeben, daß vor dem 27. Dezember 1888 keinerlei Wahnsinnsinhalt auftaucht". Bis zu diesem Zeitpunkt handelte es sich bei den „Wahnideen" um das den Psychiatern bekannte Phänomen, daß „bei der thematischen Ausgestaltung einer Psychose biographische und situative Umstände des Kranken" mehr oder weniger deutlich zu erkennen sind, weshalb Jaspers diese Briefe noch dem Werk Nietzsches zugeordnet wissen wollte: „Bis in die Wahnsinnszeit hinein ist der Geist gegenwärtig, durch den noch der Wahn einen Sinn erhält, so daß auch noch diese Wahnsinnszettel unentbehrlicher Bestandteil des Werkes für uns sind." Das erste Auftauchen erster wirklicher Wahninhalte läßt sich erst in jenem „Wahnsinnsbrief" an Overbeck vom 28. Dezember 1888 konstatieren, in welchem Nietzsche ein „Promemoria für die europäischen Höfe zum Zweck einer antideutschen Liga" ankündigte. Mit den sogenannten „drei Wahnsinnsbriefen", zu denen noch der Brief an die Prinzessin Ariadne (seine heimliche Liebe Cosima. *Anm.d.Verf.*) vom 3. Jänner 1889 und sein allerletzter Brief an Jacob Burckhardt vom 4./5. Januar 1889 zählen, vollzog sich der allmähliche Übergang in das finale demente Stadium der Erkrankung. Nietzsches Wahnsinn ist, um mit Werner Ross zu sprechen, „ein Stück seiner Philosophie, ihre radikal, gegen alle Vernunft vollzogene Konsequenz. Das Leben selbst ist eine überquellende Vielfalt, und nur im Erleben dieser Vielfalt, im Durchwandern von tausend Existenzen läßt es sich adäquat erfassen. Als er den Grenzfluß der Vernunft, den Rubicon, überschreitet, darf er ein paar Tage lang als denkendes, schreibendes, schaffendes Wesen diese mystische Ein-Vielheit durchleben. Dann stürzt er in das Einerlei des Irrsinns ab."

Die letzte Ruhestätte: Friedrich Nietzsches Grab in Röcken

ZEITTAFEL

1844 Friedrich Wilhelm Nietzsche wird am 15. Oktober, dem Geburtstag des Königs, in Röcken geboren. Beide Großväter waren ebenso wie der Vater evangelische Pfarrer.

1846 Elisabeth Nietzsche, die Schwester Friedrichs, kommt zur Welt..

1848 Im Revolutionsjahr beginnt die Gehirnerkrankung des dem Königshaus extrem ergebenen Vaters.

1849 Der Vater wird an der Mauer des Gotteshauses, in welchem er predigte, begraben.

1850 Tod des zweijährigen Bruders Joseph, den Nietzsche im Traum vorausgesehen zu haben glaubte. Übersiedlung der Familie, bestehend aus fünf Frauen und den beiden Kindern, nach Naumburg.

1854 Friedrich ist Quintaner des Naumburger Domgymnasiums.

1855 Der als Bettelpoet in Naumburg bekannte Dichter und Musiker Ernst Ortlepp wird wegen Störungen des Gottesdienstes zu einer viermonatigen Gefängnisstrafe verurteilt. Ortlepp galt als beliebter Freund der Kinder und Schüler des Gymnasiums.

1858 Aufnahme Friedrichs als Stipendiat in die berühmte Landesschule „Pforta" in der Nähe Naumburgs. Es entstehen erste Gedichte, Schriften und Kompositionen. Schon damals Kurzsichtigkeit, wiederholt heftige Kopfschmerzattacken. Während der Zeit in Schul-Pforta entsteht „Fatum und Geschichte".

1864 Tod von Ernst Ortlepp. Aufnahme des Theologiestudiums in Bonn.

1865 Nietzsche übersiedelt an die Universität von Leipzig, wohin sein hochverehrter Lehrer Professor Ritschl berufen wurde. Wechselt zum Studium der Klassischen Philologie. Schopenhauer wird zum großen Vorbild.

1867 Preis der Universität für eine philologische Arbeit besonderer Qualität. Stellungsbefehl zur Artillerie in Naumburg.

1868 Nach einem Reitunfall und dessen langwierigen Folgen Entlassung aus dem Militärdienst. Erste persönliche Begegnung mit Richard Wagner in Leipzig, dem er sich mit enthusiastischer Begeisterung zuwendet.

1869 Ohne Promovierung und Habilitierung auf den Lehrstuhl für griechische Sprache und Literatur an der Universität Basel berufen. Dort auch Verpflichtung zum Dienst am Pädagogium. Richard Wagner, der bereits seit 1866 in Tribschen bei Luzern wohnt, hält dort für Nietzsche ein ständig zur Verfügung stehendes Zimmer bereit.

1870 Deutsch-französischer Krieg. Stellt sich als staatenloser ordentlicher Universitätsprofessor freiwillig der deutschen Armee als Krankenpfleger zur Verfügung, wird jedoch wegen Erkrankung an der Ruhr bald wieder entlassen. Cosima von Bülow, die Tochter Franz Liszts, wird in Luzern mit Richard Wagner vermählt.

1871 Besuche Nietzsches bei dem jungvermählten Ehepaar Wagner in Tribschen.

1872 Fertigstellung der „Geburt der Tragödie aus dem Geiste der Musik". Professor Ritschl hält Nietzsche für „größenwahnsinnig". Richard Wagner übersiedelt nach Bayreuth, wo gemeinsam mit Nietzsches Freunden Rohde und Gersdorff die Grundsteinlegung zum Festspielhaus vorgenommen wird.

1873 Beginn mit Kränklichkeiten verschiedenster Natur. Vor allem die Augenschwäche ist störend. Nietzsche lernt Paul Rée kennen, unter dessen Einfluß die Distanzierung von Wagner ihren Anfang nimmt. „Über Wahrheit und Lüge im außermoralischen Sinne."

1874 „ Vom Nutzen und Nachteil der Historie für das Leben."

1875 Sein Haushalt in Basel wird von seiner Schwester geführt. Beginn der Freundschaft mit dem Musiker Heinrich Köselitz, später als Peter Gast bekannt.

1876 Anwesenheit bei den ersten Festspielen in Bayreuth für Nietzsche fast unerträglich. Freundschaft mit Rée, mit dem er einen wegen Krankheit angeordneten angenehmen Urlaub in Sorrent verbringt. Dort findet zugleich das letzte persönliche Zusammentreffen mit dem Ehepaar Wagner statt.

1877 Kuraufenthalte in Sorrent, Ragaz und Rosenlauibad. Festigung der Freundschaft mit der Familie Overbeck. Beschäftigt sich lebhaft mit Heiratsgedanken ohne hohe gesellschaftliche Ansprüche. Unheilvoller Brief Richard Wagners an Dr. Eiser mit „Hindeutungen auf Päderastie". Aus gesundheitlichen Gründen vom Pädagogium beurlaubt.

1878 „Menschliches, Allzumenschliches I". Ende der Vorlesungen. Elisabeth verläßt Basel wegen Auflösung des gemeinsamen Haushaltes. Nietzsche lebt einsam am Stadtrand.

1879 „Menschliches, Allzumenschliches II". Vitalitätsgrad am Tiefpunkt angelangt. Registrierte 118 schwere Schmerzanfälle. Aus gesundheitlichen Gründen in den Ruhestand versetzt. Ohne festen Wohnsitz.

1881 „ Mörgenröte." Erstmals kündigt sich ein Sendungsbewußtsein mit megalomanen prophetischen Botschaften und euphorischen Verzückungen an. In Sils-Maria blitzartige Erleuchtung. Mit der Grundkonzeption des „Zarathustra" Aufstellung einer neuen Zeitrechnung. Der Wiederkunftsgedanke taucht auf.

1882 „ Die fröhliche Wissenschaft." Reise nach Sizilien. Lou-Episode zwischen Orta und Tautenburg. Santa Margherita.

1883 „Also sprach Zarathustra" I und II. Erster Höhepunkt der Krankheitskurve erreicht. „Wahnsinnsrollen" des „Antichristen" und des Stauferkaisers Friedrichs II. Tod Richard Wagners und Abbruch der Beziehung zu Rée. Suizidale Äußerungen nach der Enttäuschung mit Lou. Elisabeth verlobt sich mit dem Antisemiten und Wagnerianer Förster, den Nietzsche ablehnt.

1884 „Also sprach Zarathustra" III. In seiner Phantasie Vorliebe für das „Schlüpfrige" in Zusammenhang mit Frauen. Bekanntschaft mit Helene Druscowicz, die ihn mit den sadomasochistischen Praktiken Londons vertraut macht.

1885 Remission im Krankheitsverlauf. „Also sprach Zarathustra" IV. Nimmt an der Hochzeit seiner Schwester mit Förster nicht teil.

1886 „Jenseits von Gut und Böse." Immer wieder unruhiger Ortswechsel zwischen Nizza, Venedig, Genua und Sils-Maria.

1887 „Genealogie der Moral". Lou Salomé verlobt sich mit Andreas.

1888 Wählt schließlich Turin zu seinem festen Aufenthaltsort. „Der Fall Wagner", „Götzendämmerung" und „Der Antichrist" sowie die „Dionysos-Dithyramben" und die Schrift „Nietzsche contra Wagner" entstehen in einer Art Produktionsrausch innerhalb kürzester Zeit. Trotz megalomaner Vorstellungen noch kein grober Intelligenzdefekt erkennbar. Erste Nachricht über seine Anerkennung als Philosoph im Ausland aus Dänemark.

1889 Am 3. Januar plötzlicher geistiger Zusammenbruch. „Wahnsinnsbriefe." Von Overbeck nach Basel gebracht. Dortige Diagnose: progressive Paralyse. Überstellung nach Jena in die Klinik Professor Binswangers. Dort expansive maniakalische Phase mit gröbsten Entgleisungen, Aggressivität und paranoiden Ängsten. Heilungsversuch durch den „Rembrandt-Deutschen" Julius Langbehn scheitert.

1890 Überstellung in die Obhut der Mutter nach Naumburg. Abflauen der übererregten Phase und allmählicher Übergang in die demente Phase mit zunehmendem Verfall der Persönlichkeit. Interessen auf die eines Kindes reduziert. Die verwitwete Schwester kommt aus Paraguay auf Besuch.

1893 Elisabeth bleibt für immer in Naumburg.

1894 Die Schwester legt das erste Nietzsche-Archiv im Haus der Mutter an. Die Arbeiten an der Werkausgabe ihres Bruders beginnen sich finanziell außerordentlich gewinnbringend auszuwirken.

1896 Elisabeth richtet in Weimar das Neue Nietzsche-Archiv ein.

1897 In der Villa Silberblick verdämmert Nietzsche geistig allmählich immer mehr. Wird den Besuchern wie ein Heiliger präsentiert.

1899 Peter Gast (Köselitz), der vor fünf Jahren als Mitarbeiter entlassen wurde, erfreut sich wiedererlangter Gunst. Nietzsche spendet noch Applaus, wenn dieser ihm auf dem Klavier etwas vorspielt. Den langjährigen Freund selbst ist er hingegen nicht mehr imstande wiederzuerkennen.

1900 Infolge einer interkurrenten Lungenentzündung stirbt Nietzsche am 25. August. Er wird in Röcken an der Wand jener Kirche zur letzten Ruhe gebettet, in welcher sein Vater predigte.

1906 Herausgabe von „Der Wille zur Macht" durch Peter Gast und Elisabeth Förster-Nietzsche.

1923 Nietzsches Schwester wird zum drittenmal für den Nobelpreis für Literatur vorgeschlagen.

1931 Benito Mussolini, ein großer Nietzsche-Verehrer, übersendet zusammen mit Gratulationen zu Elisabeths 85. Geburtstag einen ansehnlichen Scheckbetrag. Die Schwester erhält per gerichtlichem Bescheid die Urheberrechte nur für jene Werke Nietzsches, die dieser nicht selbst verfertigt hat, also vor allem für die eigenwillige Kompilation „Der Wille zur Macht."

1935 Dritter Besuch Adolf Hitlers bei Frau Förster-Nietzsche. Sie wird als der „kulturelle Gipfel unseres Weltalls" gefeiert. Sie stirbt am 31. Oktober. Beisetzung einem Staatsbegräbnis entsprechend unter persönlicher Teilnahme Hitlers.

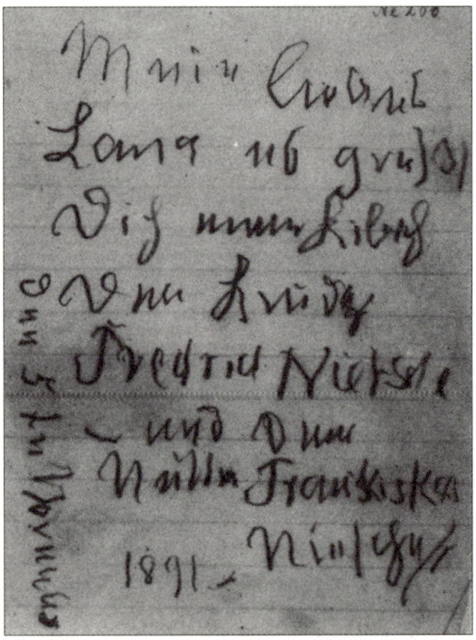

Brief Nietzsches an seine Schwester Elisabeth vom 5. November 1891

BIBLIOGRAPHIE

Martin Luther

BOEHNIER, H.: Luther im Lichte der neueren Forschung. Leipzig 1906

BOEHNIER, H.: Der junge Luther. Stuttgart 1939

BORNKAMM, H.: Das Jahrhundert der Reformation. Göttingen 1961

BRANKENBURG, W.: Luther. In: Musik in Geschichte und Gegenwart. Kassel 1960

BRAUN, A.: Krankheit und Tod im Schicksal bedeutender Menschen. Stuttgart 1934

BRAUN, B.: Luthers Stellung zur Medizin aus seinen Tischreden. Med. Diss. Düsseldorf 1967

BRAUN, W.: Die Bedeutung der Konkupiszenz in Luthers Leben und Lehre. Berlin 1908

BUCHWALD, G.: Lutherana. Notizen aus den Rechnungsbüchern des Thüringischen Staatsarchives zu Weimar. 1928

BUCHWALD, G.: Zur Wittenberger Stadt- und Universitätsgeschichte in der Reformationszeit. Leipzig 1893

BURKHARDT, C.A.: Nachträge zu Luthers Krankengeschichte. Weimar 1882

DE WETTE, Leberecht W. und Seidemann: Dr. Martin Luthers Briefe, Sendschreiben und Bedenken. Berlin 1856

DIWALD, H. und Jürgens, K.H.: Lebensbilder Martin Luthers. Bergisch Gladbach 1983

DURANT, W.: Die religiöse Revolution. In: Kulturgeschichte der Menschheit. Genf o. J.

EBSTEIN, W.: Einige Notizen über Dr. Martin Luthers Krankheiten. Harlem 1909

EBSTEIN, W.: Dr. Martin Luthers Krankengeschichte. Stuttgart 1908

EMME, D.: Weshalb wurde Martin Luther ein Mönch? Monatsschr. für Deutsches Recht 1978

EMME, D.: Martin Luther. Seine Jugend- und Studentenzeit 1483 bis 1505. Regensburg 1986

EMME, D.: Martin Luthers Geständnis. Theologisches, 1989

ERBEN, N.: Leben und Werk Martin Luthers aus medizinischer Sicht – ein Interpretationsversuch. Med. Diss. Rostock 1987

ERIKSON, E.: Young man Luther. New York 1958

FELDMANN, H.: Tinnitus aurium. Karlsruhe 1987

FLEMING, G.: Der reitende Papst in der Bildpolemik der Reformation. Cranach Colloquium. Wittenberg 1972

FRIEDENTHAL, R.: Luther. Sein Leben und seine Zeit. Zürich 1982

FRIEDMANN.: Monatsschrift für Psychiatrie. Berlin 1907

GAUDE, W.: Zur Krankengeschichte Martin Luthers. Leipzig 1982

GRISAR, H.: Luther. 3 Bde. Freiburg 1911

GROSSMANN, E.: Beitrag zur psychologischen Analyse der Persönlichkeit Dr. Martin Luthers. Mschr. Psychiat. Neurolog. 132, 374, 1956

GROSSMANN, E.: Beitrag zur psychologischen Analyse Luthers und Calvins. Med. Diss. Berlin 1954

HAHNE, H.: Luthers Totenmaske. Vjschr. Luther Ges. 3, 74, 1931

HALDER, A.: Luthers Harnsteinleiden. Inaug. Diss. Hamburg 1969

HAUSRATH, A.: Luthers Leben. 2 Bde. Berlin 1905

HEISCHKEL, E.: Was ist über die Krankheiten und Todesursachen Luthers, Lessings, Mozarts ... bekannt und wissenschaftlich erwiesen? Med.Welt 10, 557, 1936

HERRMANN, H.: Martin Luther. Ketzer und Reformator, Mönch und Ehemann. München 1899

ISOYAMA, T.: Martin Luthers Musikbegriff. Tokyo 1972

JASPERS K.: Allgemeine Psychopathologie. Berlin 1919

JUNG, C. G.: Psychologische Typen. Zürich und Leipzig 1937

KLINGNER, E.: Luther und der deutsche Volks-aberglaube. Berlin 1912

KÖSTLIN, J.: Martin Luther. Sein Leben und seine Schriften. Berlin 1903

KÜCHENMEISTER, F.: Dr. Martin Luthers Krankengeschichte. Leipzig 1881

LEA, H.C.: A History of the Inquisition in Spain. New York 1906/7

LEONHARD, K.: Die defektschizophrenen Krankheitsbilder. Leipzig 1936

LINDER, R.: Über Ärzte und Ärztliches aus Luthers Tischreden. Münch. Med. Wschr. 81, 719, 1934

LOHSE, B.: Martin Luther, Leben und Werk. München 1981

LUTHER, J.: Über Martin Luthers Vorfahren. Vjschr. Luther Ges. 2, 73, 1933

LUTHER, M.: Briefe. Leipzig 1983

LUTHER, M.: Dr. Martin Luthers Werke. Weimarer Ausgabe, kritische Gesamtausgabe, Weimar 1883

MATHESIUS, J.: Luthers Tischreden in der Mathesischen Sammlung. Leipzig 1903

MELANCHTHON, Ph.: Beschreibung des Lebens und Handlungen des ehrwürdigen Herrn Dr. Martini Lutheri (ins Deutsche übersetzt von Mathias Ritterus). Leipzig 1554

MOCK, A.: Abschied von Luther. Köln 1985

NEUDECKER, C. G.: Die handschriftliche Ge-schichte Ratzebergers über Luther und seine Zeit. Jena 1850

NEUMANN, H. J.: Weltgeschichte im Spiegel von Krankheiten. München 1991

NEUMANN, H. J.: Der kranke Luther. Z. Klin. Med. 41, 939, 1986

NEUMANN, H. J. und Erben, N.: Leben und Werk Martin Luthers aus medizinischer Sicht – ein Interpretationsversuch. Sudhoffs Archiv 72, 185, 1988

NOTTHAFFT, A.: Von Luthers Krankheiten. Gelbe Hefte, München 1929

PETERS, H.: Luther in der Heilkunde. Münch. Med. Wschr. 64, 1268, 1917

RANKE, L.: Die römischen Päpste in den letzten vier Jahrhunderten. Wien 1937

REITER, P. J.: Martin Luthers Umwelt, Charakter und Psychose. 2 Bde., Kopenhagen 1941

ROGGE, J.: Martin Luther. Sein Leben. Seine Zeit. Seine Wirkungen. Berlin 1983

ROSA, Pd: Gottes Erste Diener. München 1991

ROSKOFF, G.: Geschichte des Teufels. Leipzig 1869

SCHEEL, O.: Martin Luther. 2 Bde. Tübingen 1930

SCHÖN, B.: Dr. Martin Luther aus dem Standpunkte der Psychiatrie beurteilt. Wien 1874

SCHUBART, Ch.: Die Berichte über Luthers Tod und Begräbnis. Weimar 1917

SCOTT, L.: When Luther argued. Quart. J. Speech 28,19, 1942

SMITH, P.: Luthers early development in the light of psychoanalysis. Am. J. of Psychology 24, 362, 1913

SONNTAG, F. P.: Luther in katholischer Sicht. Leip-zig 1971

VIERORDT, H.: Noch ein Wort zu Martin Luthers letzter Krankheit und Tod. Münch. Med. Wschr. 73, 1240, 1926

VÖLKER, A.: Martin Luther und seine Ärzte. Z. ges. inn. Med. 38, 533, 1983

WENDELBORN, G.: Martin Luther. Berlin 1982

Richard Wagner

ADORNO, Th. W.: Versuch über Wagner. Frankfurt a. M. 1974

ALTHAUS, H.: Richard Wagner: Genie und Ärgernis. Bergisch Gladbach 1980

ANDREAS-SALOMÉ, L.: Lebensrückblick. Frankfurt/Main 1968

ARNSWALDT, K. von: Ahnentafel des Komponisten Richard Wagner. Leipzig 1930

BARTH, H.: Wagner. Sein Leben, sein Werk und seine Welt in zeitgenössischen Bildern und Texten. Wien 1975

BARTH, H.; MACK, D. und VOSS, E.: Dokumentarbiographie. Wagner. Sein Leben, sein Werk und seine Welt in zeitgenössischen Bildern und Texten. Wien 1975

BORY, R.: Richard Wagner. Sein Leben und sein Werk in Bildern. Frauenfeld 1938

BRAUN, A.: Krankheit und Tod im Schicksal bedeutender Menschen. Stuttgart 1940

BRAUNES BUCH: Richard Wagner. Tagebuchaufzeichnungen 1863 bis1882. Hrsg. Bergfeld J. Zürich und Freiburg i.Br. 1975

BRY, C. Ch.: Verkappte Religionen. Kritik des kollektiven Wahns. München 1979

CHAMBERLAIN, H. St.: Richard Wagner. München 1896

CHAMBERLAIN, H. St.: Grundlagen des 19. Jahrhunderts. München 1940

DAUBE, O.: Ich schreibe keine Symphonien mehr. Köln 1960

DETTMERING, P.: Dichtung und Psychoanalyse. Thomas Mann, Rainer Maria Rilke, Richard Wagner. München 1969

DIEPGEN, P.: Richard Wagner im Spiegel der zeitgenössischen Medizin. Phanna-Medica 1933

EBERMAYER, E.: Magisches Bayreuth. Legende und Wirklichkeit. Stuttgart 1951

FEST, J.: Über Richard Wagner. Eine Skizze nach den Tagebüchern Cosimas. Frankf. Allg. Zeitung 1978

FRANKEN, F.H.: Die Krankheiten großer Komponisten. Band 3. Wilhelmshaven 1991

FREUD, S.: Das Ich und das Es und andere meta-psychologische Schriften. Frankfurt a. M. 1960

FREUD, S.: Über Träume und Traumdeutung. Frankfurt 1971

FRIEDELL, E.: Kulturgeschichte der Neuzeit. München 1956

FRIEDRICH-EBERT-STIFTUNG: Symposion über Michael Bakunin, Gottfried Semper, Richard Wagner und den Dresdner Mai-Aufstand 1849. Bonn 1995

FROMM, E.: Märchen, Mythen, Träume. Eine Einführung in das Verständnis einer vergessenen Sprache. Hamburg 1984

FUCHS, H.: Richard Wagner und die Homosexualität. Berlin 1903

GAL, H.: Richard Wagner. Versuch einer Würdigung. Frankfurt a. M. und Hamburg 1963

GANZER, K.R.: Richard Wagner der Revolutionär gegen das 19. Jahrhundert. München 1934

GECK, M.: Die Bildnisse Richard Wagners. München 1970

GLASENAPP, C. Fr.: Das Leben Richard Wagners in sechs Büchern. Leipzig 1896–1911

GREGOR-DELLIN, M.: Richard Wagner. Sein Leben, sein Werk, sein Jahrhundert. München und Zürich 1989

GREOGOR-DELLIN, M. (Hg.): Richard Wagner. Biographie in Bildern. München 1982

GRODDECK, G.: Krankheit als Symbol. Schriften zur Psychosomatik. Frankfurt a. M. 1984

GUTMAN, R.W.: Richard Wagner. Der Mensch, sein Werk, seine Zeit. München 1970

HACKER, R.: Ludwig II. von Bayern in Augenzeugenberichten. München 1972

HERZFELD, F.: Königsfreundschaft. Ludwig II. und Richard Wagner. Leipzig 1939

HERZFELD, F.: Minna Planer und ihre Ehe mit Richard Wagner. Leipzig 1938

HÜRLIMANN, M.: Richard Wagner in Selbstzeignissen und im Urteil seiner Zeitgenossen. Zürich 1972

JANZ, C. P.: Friedrich Nietzsche. Biographie in drei Bänden. München 1978 und 1979

JOUKOWSKY, P. von: Richard Wagner. Stuttgart 1933

KADEN, Ch.: Richard Wagners Leben im Werk. Leipzig 1983

KAPP, J.: Richard Wagner und die Frauen. Berlin 1951

KATZ, J.: Richard Wagner: Vorbote des Antisemitismus. Königstein 1985

KERNER, D.: Krankheiten großer Musiker. Band 2. Mainz 1969

LANGE-EICHBAUM, W.: Genie, Irrsinn und Ruhm. Eine Pathographie des Genies. München und Basel 1956

MANN, Th.: Wagner und unsere Zeit. Aufsätze, Betrachtungen und Briefe. Frankfurt a. M. 1963

MARCUSE, L.: Das denkwürdige Leben des Richard Wagner. München 1963

MAYER, H.: Richard Wagner in Selbstzeugnissen und Bilddokumenten. Hamburg 1960

MAYER, H.: Richard Wagner, mit Selbstzeugnissen und Bilddokumenten. Hamburg 1997

MAYER, H.: Richard Wagner in Bayreuth. 1876–1976. Stuttgart 1976

METZGER, H. K. und Riehn, R. (Hgg.): Richard Wagner, wie antisemitisch darf ein Künstler sein? In: Musik-Konzepte 5. München 1981

MÜLLER, U. und Wapnewski, P.: Richard Wagner – Handbuch. Stuttgart 1986

NIETZSCHE, F.: Richard Wagner in Bayreuth. Der Fall Wagner. Nietzsche contra Wagner. Stuttgart 1973

NIETZSCHE, F.: Die Geburt der Tragödie aus dem Geiste der Musik. Siehe Kapitel Friedrich Nietzsche

PUSCHMANN, R. W.: Richard Wagner. Eine psychiatrische Studie. Berlin 1873

ROCH, E.: Psychodrama. Richard Wagner im Symbol. Stuttgart und Weimar 1995

SABOR, R.: Der wahre Wagner. Wien 1987

STEIN, H. von: Dichtung und Musik im Werk Richard Wagners. Berlin 1962

STEKEL, W.: Nietzsche und Wagner. Eine sexual-psychologische Studie zur Psychogenese des Freundschaftsgefühls und des Freundschaf tsverrats. Zschr.f. Sexual Wissenschaft. Wien, o. J.

STEKEL, W.: Onanie und Homosexualität (Die homosexuelle Neurose). In: Störungen des Trieb- und Affektlebens. Berlin und Wien 1917

ULLMANN, W. H.: Warum kennen wir Richard Wagner nur in Samt und Seide? Die Medizin.Welt 1629–1633, 1962

WAGNER, C.: Die Tagebücher 1869 bis 1883. München 1976 und 1977

WAGNER, N.: Über Wagner. Von Musikern, Dichtern und Liebhabern. Eine Anthologie. Stuttgart 1995

WAGNER, R.: Sämtliche Briefe von 1830 bis 1855. Hrsg. Strobel G. und Wolf W. Leipzig 1967–1986

WAGNER, R.: Mein Leben. München 1963

WAGNER, W.: Richard Wagner und das neue Bayreuth. München 1962

WAGNER, W.: Die Geschichte unserer Familie in Bildern. 1876 bis 1976. München 1976

WAPNEWSKI, P.: Der traurige Gott. Richard Wagner in seinen Helden. München 1982

WEINLAND, H: Richard Wagner zwischen Beethoven und Schönberg. In: Musik-Konzepte 59. München 1988

WESTERNHAGEN, C. von: Richard Wagner. Sein Werk, sein Wesen, seine Welt. Zürich 1956

Friedrich Nietzsche

ALTHAUS, H.: Friedrich Nietzsche. Eine bürgerliche Tragödie. München 1985

ANDREAS SALOMÉ, L.: Friedrich Nietzsche in seinen Werken. 3. Aufl. Frankfurt a. M. 1983

ANDREAS-SALOMÉ, L.: Friedrich Nietzsche in seinen Werken. Frankfurt a. M. 1994

BANKL, H.: Viele Wege führten in die Ewigkeit. Wien/München/Bern 1990

BAZALA, V.: Friedrich Nietzsche – seine Krankheit und seine Philosophie. Zagreb 1976

BENDA, C.E.: Nietzsches Krankheit. Mschr. f.Psychiatr. und Neurol. 60, 1926

BENDA, C.E.: Über die Krankheit Friedrich Nietzsches. Med. Welt 17, 1965

BENEDETTI, G.: Die neurotische Lebensproblematik Nietzsches als eine Wirkkraft und Grenze seiner Philosophie. In: Gesnerus 41, 1984

BENNM, G.: Nietzsche – nach fünfzig Jahren. In: Gesammelte Werke. Hrsg. Wellershof D., Wiesbaden 1968

BERTAUX, P.: Nietzsche, Hölderlin et la Grèce. Paris 1985

BING, R.: Lehrbuch der Nervenkrankheiten. Berlin 1940

BLÜHER, H.: Studien zur Inversion und Perversion. Schmiden 1965

BLUNK, F.: Nietzsches Leben und Kindheit. München 1953

BOHLEY, R.: Die Christlichkeit einer Schule. Schulpforte zur Schulzeit Nietzsches. Naumburg o.J. (1974)

BRANN, H. W.: Nietzsche und die Frauen. Leipzig 1931

BRUSQU, P. F. J.: Nietzsche. Etude psycho-pathologique. Bordeaux 1933

CHAPMAN, A. H. and M.: The Influence of Nietzsche on Freud's Ideas. Brit. J.of Psychiatry 166, 1995.

CORINO, K. (Hg.): Gefälscht! Betrug in Literatur, Kunst, Musik, Wissenschaft und Politik. Frankfurt a. M. 1990

DELEUZE, G.: Nietzsche. Presses Universitaires de France, 7. édition, 1988

DERKS, P.: Die Schande der heiligen Päderastie. Berlin 1990

DESCHNER, K. H.: Kriminalgeschichte des Christentums. Hamburg 1986–88

DETERING, H.: „Das offene Geheimnis." Zur literarischen Produktivität eines Tabus von Thomas Mann bis zu Winckelmann. Göttingen 1995

DEUSSEN, P.: Erinnerungen an Friedrich Nietzsche. Leipzig 1901

DEVEREUX, G.: Baubo. Die mythische Vulva. Syndikat Frankfurt a.M. 1981

DIECKHÖFER, K.: Menschliches, Allzumenschliches – zur verstehenden Psychologie bei Nietzsche. Z. f. Klin. Psych. Psychother. 28, 1980

DIETHE, C.: Nietzsche's Women: Beyond the whip. Berlin/New York 1996

DÜTTMANN, A.G.: Was Liebe heißt in allen Sprachen und Stummheiten dieser Welt. John Hopkins University 1993

ESSER, A.M.: Das Augenleiden Nietzsches. Klin. Monatsblätter für Augenheilkunde 104, 1940

FEUERBACH, L.: Das Wesen des Christentums. Stuttgart 1971

FÖRSTER-NIETZSCHE, E.: Das Leben Friedrich Nietzsches. Leipzig 1895

FÖRSTER-NIETZSCHE, E.: Der junge Nietzsche. Leipzig 1922

FÖRSTER-NIETZSCHE, E.: Der einsame Nietzsche. Leipzig 1913

FRENZEL, I.: Nietzsche in Selbstzeugnissen und Bilddokumenten. Hamburg 1966

FUCHS, J.: Friedrich Nietzsches Augenleiden. Münch. Med.Wschr. 120, 1978

GENTSCH, L.: Wahnsinn oder Philosophie – Friedrich Nietzsche? Frankfurt a. M. 1955

GILMAN, S.: Friedrich Nietzsche im Urteil seiner Zeitgenossen. München 1990

GILMAN, S.L.: Begegnungen mit Nietzsche. Bonn 1981

GOLOMB, J.: Jaspers, Mann and the Nazis on Nietzsche and Freud. Israel. J. Psychiatry Relat. Sci., Vol 18, 1981

GRANIER, J.: Nietzsche. Presses Universitaires de France. 3. édition. 1989

GREGOR-DELLIN, M.: Richard Wagner. München 1980

GREIFFENHAGEN, M. (Hg.): Das evangelische Pfarrhaus. Eine Kultur- und Sozialgeschichte. Stuttgart 1984

HANKOWITZ, M.: Über das Krankenjournal Friedrich Nietzsches und dessen Verbleib. Confinia psychiat., 1975

HAYMAN, R.: Friedrich Nietzsche. Der mißbrauchte Philosoph. München 1985

HEINSOHN, G.: Warum Auschwitz? Hitlers Plan und die Ratlosigkeit der Nachwelt. Reinbek 1995

HENKE, D.: Gott und Grammatik. Nietzsches Kritik der Religion. Pfullingen 1981

HILDEBRANDT, K.: Der Beginn von Nietzsches Geisteskrankheit. Z. f. Neurolog. 89, 1924

HOFFMANN, D.M.: Zur Geschichte des Nietzsche Archivs. Chronik, Studien und Dokumente. Berlin und New York 1991

HUDEK, F. P.: Die Tyrannei der Musik. Nietzsches Wertung des Wagnerschen Musikdramas. Würzburg 1989

HUDEK, F. P: Friedrich Nietzsche – ein Ahnherr der Psychoanalyse? In: Gesnerus 45, 1988

ILGES, W.: Blätter aus dem Leben und Dichten eines Verschollenen. Zum 100. Geburtstage von Ernst Ortlepp. München 1900

JANZ, C.P.: Friedrich Nietzsche. Biographie in drei Bänden. München 1978

JASPERS, K.: Nietzsche. Einführung in das Verständnis seines Philosophierens. Berlin und New York 1981

JETTER, D.: Grundzüge der Geschichte des Irrenhauses. Darmstadt 1981

KAUFMANN, W.: Nietzsche. Darmstadt 1982

KIRCHHOFF, J.: Nietzsche, Hitler und die Deutschen. Berlin 1990

KJAER, J.: Nietzsche. Die Zerstörung der Humanität durch "Mutterliebe". Opladen 1990

KLAGES, L.: Nietzsche und seine Handschrift. Heidelberg 1927

KÖHLER, J.: Zarathustras Geheimnis. Nördlingen 1989

KOLLE, K.: Nietzsches Krankheit und Werk. Bibliotheca Psychiatrica et Neurologica 127, 1965

KRAFFT-EBING R. v.: Lehrbuch der Psychiatrie. Stuttgart 1897

KRAUSE, J.: "Märtyrer" und "Prophet". Studien zum Nietzsche-Kult in der bildenden Kunst der Jahrhundertwende. Berlin und New York 1984

KREIS, R.: Der gekreuzigte Dionysos. Kindheit und Genie Friedrich Nietzsches. Würzburg 1986

KUTZNER, H.: Nietzsche. Hildesheim 1978

LANGBEHN, A.J.: Rembrandt als Erzieher. Leipzig 1925

LANGE, J.: Lehrbuch der Psychiatrie. Leipzig 1943

LANGE-EICHBAUM, W.: Nietzsche als psychiatrisches Problem. Dtsch.Med.Wschr. 56, 1930

LANGE-EICHBAUM, W.: Nietzsche. Krankheit und Wirkung. Hamburg 1947

LANGE-EICHBAUM, W.: Genie, Irrsinn und Ruhm. München 1967

LICHT, H.: Beiträge zur antiken Erotik. Dresden 1924

LIEBMANN, K.: Nietzsches Kampf und Untergang in Turin. Nietzsche und Mussolini. Leipzig 1934

LOSCH, U.: Der Pfarrer zu Röcken ist mein Stab und mein Stecken. Franziska Nietzsches Lebenstragödie. Dortmund 1994

MANN, Th.: Nietzsches Philosophie im Lichte unserer Erfahrung. Hamburg 1968

MARCUSE, L.: Ist Nietzsche ein Nazi? In: Essays, Portraits, Polemiken. Zürich 1979

MILLER, A.: Der gemiedene Schlüssel. Frankfurt a.M. 1996

MÖBIUS, P.: Über das Pathologische bei Nietzsche. Wiesbaden 1902

MONTINARI, M.: Nietzsche lesen. Berlin und New York 1982

NIETZSCHE, F.: Sämtliche Werke. Kritische Studienausgabe, hgg. von Giorgio Colli und Mazzino Montinari. München/Berlin/New York 1982. Sämtliche Briefe. Kritische Studienausgabe. München/Berlin/New York 1986

NIETZSCHE, F.: Der musikalische Nachlaß. Hgg. von Janz C.P. Basel und Kassel 1976

NIETZSCHE, F.: My sister and I by "Friedrich Nietzsche", hgg. von Oscar Levy. New York 1951

NIGG, W.: Friedrich Nietzsche. Zürich 1994

NITZSCHKE, B.: Männerängste, Männerwünsche. München 1980

NOLTE, E.: Nietzsche und der Nietzscheanismus. Frankfurt a. M. und Berlin 1990

NUNBERG, H., Federn E. (Hgg.): Protokolle der Wiener Psychoanalytischen Vereinigung. Frankfurt 1976/77

OEHLER, A.: Nietzsches Mutter. München 1941

OEHLER, M.: Nietzsches Ahnen. Weimar 1938

OTTMANN, H.: Philosophie und Politik bei Nietzsche. Berlin und New York 1987

PATZER, H.: Die griechische Knabenliebe. Wiesbaden 1982

PETERS, H.F.: Lou. Das Leben der Lou Andreas-Salomé. München 1962

PETERS, U.H.: Die symptomatische Psychose Friedrich Nietzsches, deutlich gemacht an seinem letzten Versuch einer Autobiographie. Psychiat. Neurol. med. Psychol., Leipzig 1990

PODACH, E.: Der kranke Nietzsche. Wien 1937

RANK, O.: Das Inzestmotiv in Dichtung und Sage. Darmstadt 1974

RATTNER, J.: Tiefenpsychologie und Religion. Frankfurt 1990

REINSBERG, C.: Ehe, Hetärentum und Knabenliebe im antiken Griechenland. München 1989

ROSS, W.: Der ängstliche Adler. Friedrich Nietzsches Leben. Stuttgart 1980

RUTSCHKY, K. (Hg.): Schwarze Pädagogik. Quellen zur Naturgeschichte der bürgerlichen Erziehung. Frankfurt und Berlin 1988

SANDVOSS, E.: Hitler und Nietzsche. Göttingen 1969

SARTRE, J.P.: Die ewige Wiederkunft des Gleichen: Nietzsches List. Königsstein 1979

SCHEIER, C.A.: Nietzsches Labyrinth. Freiburg und München 1985

SCHEUER, O.F.: Friedrich Nietzsche als Student. Bonn 1923

SCHLECHTA, K.: Nietzsche Chronik. Daten zu Leben und Werk. München 1959

SCHLECHTA, K. (Hg.): Friedrich Nietzsche Werke I–V. Frankf. a. M. 1976

SCHMIDT, H.J.: Nietzsche absconditus – oder Spurenlese bei Nietzsche. Berlin-Aschaffenburg: Kindheit I, II, III 1991; Jugend I, II 1994

SCHMITZ, H.: Selbstdarstellung als Philosophie. Bonn 1995

SCHULTE, G.: Ich impfe euch mit dem Wahnsinn. Nietzsches Philosophie der verdrängten Weiblichkeit des Mannes. Köln 1989

SCHULTE, G.: Ecce Nietzsche. Eine Werkinterpretation. Frankfurt a. M. 1995

SCHULTE, G.: Die grausame Wahrheit der Bibel. Eine Anthropologie unserer Vernunft und unserer Moral. Frankfurt a.M. 1995

SPRINGER, B.: Die genialen Syphilitiker. Berlin 1933

STECK, W.: Im Glashaus. Die Pfarrfamilie als Sinnbild christlichen und bürgerlichen Lebens. Zit. nach: Greiffenhagen.

TAURECK, B.H. F.: Nietzsche und der Faschismus. Hamburg 1989

VENTURELLI, A.: Nietzsche in der Berggasse 19. Über die erste Nietzsche-Rezeption in Wien. In: Nietzsche-Studien 13, 1984

VERRECHIA, A.: Zarathustras Ende. Die Katastrophe Nietzsches in Turin. Wien/Köln/Graz 1986

VOGEL, M.: Apollinisch und Dionysisch. Regensburg 1966

VOLKER, G.: Friedrich Nietzsche. München 1995

VOLZ, P.D.: Nietzsche im Labyrinth seiner Krankheit. Eine medizinisch-biographische Untersuchung. Würzburg 1990.

VORBERG, G.: Über Friedrich Nietzsches Krankheit und Zusammenbruch. Berlin/Leipzig/Stuttgart/Wien 1933

WAUGAMANN, R.: The Intellectual Relationship Between Nietzsche and Freud. Psychiatry 36, 1973

WINKLER, J. J.: Der gefesselte Eros. Sexualität und Geschlechtsverhältnis im antiken Griechenland. Marburg 1994

WOLF, M. A.: Philosophie, psychiatrie et psychanalyse: Le cas Nietzsche. Ann. Méd. Psychol.153, 1995

YALOM, I. D.: Und Nietzsche weinte. Hamburg 1994

PERSONENREGISTER

Agricola, Georg: 72
Agoult, Marie de: 186
Albert, Joseph: 197
Albrecht von Hohenzollern: 40
Aleander, Hieronymus: 49, 50, 51
Alexander VI., Papst: 39
Alexander der Große: 338
Ambrosius: 60
Andreas-Salomé, Lou siehe Salomé, Lou
Apel, Theodor: 156
Augstein, Rudolf: 253
Augustinus, Kirchenvater: 30, 60, 250
Augustinus, Arzt: 88
Aurifaber; Johannes: 124

Bach, Johann Sebastian: 190, 248
Bakunin, Michail Alexandrowitsch: 161ff., 165f., 194, 244
Balzac, Honoré de: 135, 153
Barbiglia: 238
Baudelaire, Charles: 134
Bebel, August: 273
Beethoven, Ludwig van: 132, 145, 148, 158, 202, 248
Bellini, Vincenzo: 315
Benedikt IX., Papst: 34
Benedikt XII., Papst: 36
Benn, Gottfried: 254, 359, 368
Benvenuti, Augusto: 245
Berlin: 216
Bernhard von Clairvaux: 30
Bernoulli, Carl Albrecht: 341
Berton: 306
Bettmann, Leopold: 341f.
Beust, Friedrich Ferdinand von: 273
Biedermann: 273, 316
Binswanger, Otto: 344, 346f., 368, 370, 381
Bismarck, Otto von: 201, 203, 228, 337f.
Bizet, George: 315
Bodenstein, Andreas: 45, 47, 59
Bohley, Rainer: 259
Bokelson, Jan: 108
Bonaparte, Victor: 338
Bonifaz VIII., Papst: 35f.
Bora, Katharina von: 65, 118
Borgia, Kardinal 39
Börne, Ludwig: 147, 172
Brandes, Georg: 335
Breitling: 325
Brenner: 298
Brockhaus, Friedrich: 145, 149
Brockhaus, Hermann: 199
Brockhaus, Ottilie siehe Wagner, Ottilie
Bruckner, Anton: 133
Brunner: 173
Bruyn, Gerd de: 165
Büchner, Georg: 147
Bugenhagen, Johannes: 70, 80, 82, 84, 102, 123
Bülow, Cosima von siehe Wagner, Cosima
Bülow, Hans von: 168, 184ff., 189, 193, 195, 197f., 200, 202, 226
Bülow, Daniela: 198
Bülow, Blandine: 198
Bulwer, Edward: 152
Buntz, Hieronimus: 24
Burckhardt, Carl Jacob: 12, 306, 310, 339f.
Burkhardt aus Spalt siehe Spalatin, Georg
Butzer, Martin: 69, 72
Byron, George Gordon Noel, Lord: 264, 284, 360

Cajetan de Vio, Kardinal: 44, 45
Calvin, Johann: 98, 100, 108
Cäsar, Julius: 338
Cavour, Benso di: 183
Celtis, Conrad: 52
Chamberlain, Stewart Houston: 8, 132, 243
Christine von Savoyen: 86
Cochläus, Johannes: 29, 62, 63
Coelius: 124
Cornelius, Peter: 185, 190, 227
Cotta: 21, 22
Cranach der Ältere, Lucas: 18f., 26, 42, 48, 58, 101, 107, 117,
Crespi: 182
Cusa, Nikolaus von: 38
Cyriacus: 79

Dächsel, Friederike: 259
Dante Alighieri: 250, 310
Debussy, Claude: 133
Dedel, Adrian: 50
Deussen, Paul: 275, 334, 369
Dietrich: 150
Dietrich, Veit: 24, 79, 84, 88
Dormann: 302
Dorn, Heinrich: 145, 152
Dostojewski, Feodor Michailowitsch: 250
Druscowicz, Helene: 331
Düfflipp: 198
Duns Scotus, Johannes: 29

Eck, Johann: 44, 46, 49, 53, 67, 76
Eckart: 251
Eckermann, Johann Peter: 58
Eckert, Karl: 190
Eckert, Kathi: 190
Einsiedel, Ernst von: 150
Eiser, Otto: 6, 213, 245, 300, 302f., 306, 309, 312
Elisabeth Kaiserin von Österreich: 191
Emanuele, Umberto: 338
Emanuele, Vittorio: 338
Erasmus von Rotterdam: 7, 12, 45, 50, 67, 75, 115
Erismann, Adolf: 179

Farnese, Giulia: 39
Fendius, Melchior: 69
Feuerbach, Ludwig: 156, 158

Ficinus, Marsinius: 32
Fino, Davide: 339f., 342
Förster-Nietzsche, Elisabeth siehe Nietzsche, Elisabeth
Franceschini: 182
Franz I., franz. König: 86
Freud, Sigmund: 8, 115, 132, 227, 332
Friedell, Egon: 12, 248, 250
Friedrich August II., König von Sachsen: 182
Friedrich II., Kaiser: 326, 376, 381
Friedrich der Große: 228
Friedrich der Weise, Kurfürst: 44, 47, 49, 51, 66, 71
Friedrich Wilhelm IV., König: 157, 159, 228, 257f., 345
Fuchs, Carl: 338
Fugger, Anton: 49, 75

Gangi: 216
Garibaldi, Giuseppe: 183
Garriges, Malwina: 238
Gaspari, Auguste de: 184
Gast, Peter: 292, 296, 307, 310ff., 320, 326, 335f., 340, 346, 381f.
Gautier, Judith: 209, 245
Geffken, Heinrich: 337
Georg der Bärtige, Herzog von Sachsen: 45, 62, 67
Gersdorff, Carl von: 269, 271, 275, 277, 279, 281, 288f., 292, 294f., 363
Gervinus, Georg Gottfried: 160
Geyer, Benjamin: 140
Geyer, Florian: 64, 66
Geyer, Ludwig: 140, 142ff., 224, 227, 230, 244
Gillot, Hendrik: 316
Glasenapp: 219
Gobineau, Joseph-Arthur von: 134, 218
Goethe, Johann Wolfgang von: 12, 58, 64, 145, 148, 228, 250, 267, 270, 287, 315, 318, 327
Götz von Berlichingen: 64, 66
Graefe, Alfred: 306
Graf von Mansfeld: 17
Gratianus, Papst: 34
Gregor IX., Papst: 35
Gregor VII., Papst: 34
Gregor XI., Papst: 36
Grien, Hans Baldung: 60
Grimm, Jakob: 134
Groddeck: 139
Gutenberg, Johannes: 15
Gutjahr: 306, 348
Gutzkow, Karl Ferdinand: 160

Händel, Georg Friedrich: 248
Hanslick, Eduard: 135, 164, 216
Hauptmann, Gerhart: 64
Haydn, Joseph: 248
Hegel, Georg Wilhelm Friedrich: 135
Heine, Heinrich: 147, 153f., 156
Heinrich IV., Kaiser: 34
Heinrich VIII., engl. König: 67, 86
Helfenstein, Ulrich von: 118
Herder, Johann Gottfried: 243
Herwegh, Georg: 174, 179
Hildebrandt: 251
Hiller, Ferdinand: 160
Hilsdorf, Jacob: 231
Hitler, Adolf: 108, 137, 253, 382
Hölderlin, Friedrich: 346
Hobbes, Thomas: 35
Hoffmann, E. T. A.: 140, 145, 158
Hoogstraeten, Jakob van: 44
Horaz: 363
Horkheimer, Max: 139
Hugo, Victor: 135
Hummel, Johann Nepomuk: 159
Hunter, John: 233
Hus, Jan: 12, 36f., 44, 50, 60
Hutten, Ulrich von: 46f., 50, 62

Immermann: 294, 302
Innozenz III., Papst: 34
Innozenz IV., Papst: 35, 38
Innozenz VIII., Papst: 38f., 110
Institoris, Heinrich: 38, 110
Irminger, Karl F.: 162

Jahn, Otto: 270
Jaspers, Karl: 250, 255f., 312, 375, 378
Jenkins, Newell S.: 211, 213
Johann der Beständige: 71
Johann Ernst von Sachsen: 66, 68
Johann, König von Sachsen: 160, 182
Johanna, Päpstin: 33
Johannes X., Papst: 33
Johannes XI., Papst, 34
Johannes XII., Papst: 34
Johannes XIII, Papst: 34
Johannes XXIII., Papst: 37
Jonas, Justus: 69f., 72f., 102, 123f.
Joukowsky, Paul von: 220f.
Julius II., Papst: 29
Jung, Carl Gustav.: 139

Kalergis: 183f., 188
Kant, Immanuel: 250
Kardinal delle Rovere siehe Julius II.
Karl V., Kaiser: 49, 66f., 86
Karlow, Ambrosius: 81f.
Karlstadt siehe Bodenstein, Andreas
Keppler: 218ff., 237f., 240
Kierkegaard, Sören: 111, 249f.
Kiessling: 274
Kietz, Ernst Benedikt: 153, 157
Kirchhoff: 253
Klemens V., Papst: 36
Klemens VII., Papst: 76, 86
Klopstock, Friedrich Gottlieb: 58
Knox, John: 108
Konstantin, Kaiser: 33
Koppe, Leonhard: 65
Köselitz, Heinrich siehe Gast, Peter
Kraus, Karl: 253
Krüger, Gustav: 300, 303, 306

Laasphe, Johann Bonemilch von: 26
Laaths: 253

Landgraf: 205, 213, 232
Langbehn, Julius: 346f., 381
La Rochefoucauld: 295
Lassalle, Ferdinand: 273
Laube, Heinrich: 153, 160
Laussot, Eugène: 168f.
Laussot, Jessie: 169, 178, 227, 244
Lehrs, Samuel: 134, 156ff.
Lenbach, Franz von: 235
Leo X., Papst: 40, 41, 44ff., 48, 50f.
Leopold von Hohenzollern-Sigmaringen: 201
Leube: 216
Levi, Hermann: 214, 216, 219, 221, 243
Levy, Oscar: 255
Leys, Hendrik: 21
Link, Wenzel: 45, 62
Liszt, Franz: 154, 166f., 173, 175f., 182f., 186, 211, 218f., 380
Loyola, Ignatius von: 98, 108
Ludwig I., König: 194, 196
Ludwig II., König: 137, 190, 191, 194f., 197, 200f., 206, 209, 211f., 214, 217, 221, 226, 244
Ludwig XIV., franz. König: 40
Luther, Hans: 17
Luther, Margareta: 17, 19
Luther, Martin: 218, 248ff., 254, 287, 327

Magenbuch, Johann: 119
Mahler, Gustav: 133
Mähly, Ernst: 344
Maier, Mathilde: 186f., 189, 193, 244
Mann, Thomas: 15, 137f., 174, 249, 253
Mansfeld, Graf Hoyer von: 118
Mao-Tse-Tung: 108
Margarete von Saale: 86
Mariechen: 189
Markgraf Kasimir: 66
Marozia: 33
Marr, Wilhelm: 135
Martin V., Papst: 37
Martinus: 88
Marx, Karl: 132, 136, 168, 172, 229, 253f.
Massini: 306
Maupassant, Guy de: 368
Maximilian I., röm.-dt. Kaiser: 44, 110
Mecheln, Johann von: 29
Meckbach: 81
Medici, Cosimo: 32
Medici, Lorenzo il Magnifico: 39
Meister Andreas: 92
Melanchthon, Philipp: 45f., 48, 58, 69, 75, 80, 81ff., 85ff., 90ff.
Mendelssohn-Bartholdy, Felix: 243
Mendés, Catulle: 202, 209
Meyer, Friederike: 188, 244
Meyerbeer, Giacomo: 108, 150, 152, 154, 157, 167, 172, 190, 243
Meysenbug, Malwida von: 177, 184, 208, 210, 213f., 292, 295, 298ff., 311, 316, 324, 328, 337
Miaskowski, Ina von: 275
Miescher, Johann Friedrich: 342f.
Miltitz, Karl von: 45
Mineralwässer, Ulrich: 158
Möbius, Paul: 115, 256, 260, 280
Moltke, Helmuth von: 228
Montez, Lola: 194
Mosengel, Adolf: 278f.
Mozart, Wolfgang Amadeus: 248, 270
Mrazek: 189
Müller, Christian Gottlieb: 147
Mundt, Theodor: 160
Münzer, Thomas: 59, 63, 118
Murner, Thomas: 31
Mushacke, Hermann: 272, 275
Mussolini, Benito: 382

Napoleon I. Bonaparte: 91, 108, 141, 175, 182
Napoleon III.: 175, 184, 278
Neumann, Angelo: 170, 215f., 221, 243
Nielsen, Rosalie: 287f.
Nietzsche, Elisabeth: 9, 137, 210, 252, 256, 259f., 273, 281, 292f., 297, 299, 302, 315, 318, 320, 338, 348, 350, 360ff., 365ff., 380ff.
Nietzsche, Franziska: 259, 261
Nietzsche, Friedrich: 12, 15, 199f., 202ff., 208, 210f., 213, 221f., 224, 226, 243, 245
Nietzsche, Joseph: 353, 360
Nietzsche, Karl Ludwig: 257, 259, 261, 350, 367
Nigg: 250
Nikolaus V., Papst: 38

Ockham, Wilhelm von: 22
Oehler: 357
Oehler, Theobald: 260
Ökolampad, Johannes: 72
Olga von Rußland: 280
Olivier, Émile: 202
Oppolzer: 259f.
Ortlepp, Ernst: 284f., 322, 364, 380
Ossietzky, Carl von: 137
Ott, Louise: 297
Otto II., Kaiser: 34
Overbeck, Franz: 213, 276, 287, 291, 309, 316, 319ff., 324, 326, 328ff., 334, 337ff., 378
Overbeck, Ida: 277
Pachta, Jan: 145
Paracelsus, Theophrastus Bombastus: 110f.
Pascal, Blaise: 250
Pätz, Johanna Rosine siehe Wagner, Johanna Rosine
Pauline, Fürstin von Metternich: 184
Payne, A. H.: 47
Petrarca, Francesco: 36
Peutinger, Conrad: 52
Pfistermeister, Franz Joseph von: 190
Pfitzner, Hans: 133
Philipp von Hessen: 66, 86, 72, 81
Phillipp der Schöne, König: 36
Piccolomini, Enea Silvio siehe Pius II.
Pius II., Papst: 38
Pius IX., Papst: 228
Placzek, Siegfried: 369
Planer, Minna siehe Wagner, Minna
Planer, Natalie: 149f.
Pötzl, Eduard: 187
Prierias, Sylvester: 44, 64

Pringle, Carrie: 219
Proudhon, Pierre-Joseph: 135, 153, 172
Prutzer: 152
Pusinelli: 183, 185
Puschmann, Theodor: 206, 223

Rahn-Escher, Konrad: 175
Rank, Otto: 160
Ratzeberger, Mathias:16, 21, 56, 68ff., 82, 84, 91, 95, 102, 119f.
Rauschning, Hermann: 137
Rausse, J. H.: 174
Redtel: 264
Rée, Georg: 321
Rée, Paul: 295, 297f., 308f., 311, 316ff., 380f.
Régnier, Henri de: 210
Reiter, Paul: 16
Reuter: 212
Reyer: 133
Richter, Hans: 201, 208, 281
Rietschel, Ernst: 160
Ritschl, Friedrich: 270, 274f., 283, 380
Ritschl, Sophie: 199, 274, 278
Ritter, Julie: 168f.
Rodrigo Borgia siehe Alexander VI.
Röckel, August: 135, 158f., 166ff., 175f., 197
Rohde, Erwin: 199, 274f., 278, 281, 286, 291f., 296f., 300, 327
Romundt, Heinrich: 275, 291f.
Ronge, Johannes: 159f.
Rosa, Peter de: 33, 37
Ross, Werner: 275, 300
Rossini, Gioacchino: 177, 315
Rothpletz, Ida: 277
Rubinstein, Anton: 243
Rudolf II., Kaiser: 84
Rychardus, Wolfgang: 119

Sachs, Hans: 160, 242
Salomé, Lou: 316ff., 330, 335, 365, 381
Sappho: 363
Scaria, Emil: 217
Schellbach: 365
Schiess: 288f., 297, 306, 311, 327f., 365
Schillbach: 266
Schiller, Friedrich von: 243
Schirnhofer, Resa von: 328, 330
Schließmann, Hanns: 187
Schmidt, H. J.: 284
Schnappauf: 217
Schneider: 160
Schnorr von Carolsfeld, Ludwig: 238
Scholz, Julius: 161
Schön, Bruno: 115
Schopenhauer, Arthur: 7f., 133f., 174f., 199, 204, 248, 271
Schröder-Devrient, Wilhelmine: 156f.
Schrön: 213f., 297, 299
Schulte, Günter: 283ff.
Schumann, Robert: 160, 274
Schurf, August: 84
Schurffius, Augustinus: 69
Schwabe: 150
Schwarzerd siehe Melanchthon, Philipp: 45, 47
Semper, Gottfried: 160ff., 163, 165f.
Senger, Hugo von: 294f.
Sergius III., Papst: 33
Shakespeare, William: 148, 284
Shaw, George Bernard: 168, 202
Sickingen, Franz von: 46f., 53
Sigismund, Kaiser: 37, 50
Sixtus IV., Papst: 38
Sophie Charlotte von Bayern: 192, 197
Spalatin, Georg: 47, 51f., 54, 58f., 72, 85, 114
Sprenger, Jakob: 38, 110
Stahl, Friedrich Julius: 195
Standhartner: 227
Staupitz, Johann von: 26, 28ff., 97
Stein, Heinrich von: 318, 330
Stendhal: 250
Stephan III., Papst: 33
Stirner, Max: 162
Stoecker, Adolf: 135, 337
Stoeving, Curt: 329
Strauss, Richard: 133
Strauß, David Friedrich: 290
Strecker, Ludwig: 211
Sturz: 81, 82
Süleiman der Prächtige: 74
Sulzer, Jakob: 167, 177
Sylvester I., Papst: 33, 48

Taine, Hippolyte: 335
Tauler, Johannes: 30
Tetzel, Johann: 13, 44
Theodora: 33
Thoma, Hans: 347
Tolstoj, Leo: 243
Torquemada, Thomas von: 35
Trollope, T. A.: 38
Trousseau: 233
Turina, Carlo: 339f.
Tycho Brahe: 84

Uhlig: 162, 168

Valla, Lorenzo: 33
Valliant: 177
Verlaine, Paul: 134
Victoria, engl. Königin: 245
Viereck, Peter: 137f.
Vischer, Adolf: 274, 277f., 343
Volkmann, Richard von: 272
Voltaire (François-Marie Arouet): 228, 307

Wagner, Albert: 148, 177
Wagner, Cäcilie: 143f., 158
Wagner, Carl Friedrich: 140, 143
Wagner, Cosima: 8, 132, 154, 180, 186f., 189, 193ff., 202, 205ff., 211f., 214, 216, 218ff., 227f., 231, 236, 244f., 280f., 286, 291ff., 300, 302, 308f., 345, 378, 380
Wagner, Eva: 197, 245
Wagner, Franziska: 177
Wagner, Gottlob Adolph: 146

Wagner, Isolde: 194, 245
Wagner, Johanna Rosine: 140ff., 244
Wagner, Luise: 145
Wagner, Minna: 149ff., 156f., 160, 166, 169, 171, 178ff., 183f., 185, 189, 196, 228, 231, 244
Wagner, Ottilie: 144, 150, 199
Wagner, Richard: 8, 249, 253, 274, 276f., 280ff., 286f., 290ff., 296f., 300, 302f., 307ff., 323ff., 335, 338f., 351, 380f.
Wagner, Rosalie: 145
Wagner, Siegfried: 280
Wagner, Theresia: 142
Waldburg: 66
Weber, Carl Maria von: 144
Weigert, Carl: 237
Weinlig, Theodor: 148
Weißheimer, Wendelin: 190
Wesendonk, Mathilde: 175f., 178ff., 182f., 188, 195, 195, 227f., 241, 244
Wesendonk, Otto: 176f., 178f., 183, 187, 189, 193
Wetzel: 144
Wiclif, John: 7, 12, 36, 60
Wiel: 293, 306
Wienbarg, Ludolf: 160
Wilamowitz-Moellendorff, Ulrich von: 283
Wild, Stefan: 84
Wilhelm I., Kaiser: 201f., 209, 258, 337
Wille: 340, 342f., 368
Wille, Eliza: 180, 190, 192,
Winckelmann, Johann Joachim: 135
Witzel, Georg: 17
Wolzogen, Hans von: 302f.
Wyclif siehe Wiclif

Zasius, Ulrich: 60
Ziehen: 370
Zimmermann, Carl: 259, 266
Zwingli, Ulrich: 72, 74, 98, 100

BILDNACHWEIS

Archiv für Kunst und Geschichte, Berlin: Umschlagbilder, 18, 19, 22, 31, 43, 55, 63, 131, 155, 159, 161 (Museum f. Geschichte der Stadt Dresden), 162, 165, 166, 171, 197, 207, 215, 231, 235, 238, 241, 247, 255, 258, 261, 263, 273, 301, 307, 317, 320, 329, 347, 377; SW-Bildteil: 1, 2, 3, 4 (unten), 5 (unten links u. rechts), 6, 7, 8, 9–12, 13, 14 (unten), 15, 16

Museum der bildenden Künste Leipzig: 11 (Foto: Gerstenberg)

Wagner-Gedenkstätte Bayreuth: 141

Archiv Wahnfried, Bayreuth: 142, 151, 182, 193, 220

Stiftung Weimarer Klassik. 289, 295, 299

Nietzsche-Archiv, Weimar: 382

Kupferstichkabinett der Nationalbibliothek Paris: 71 (Stich von Frère Jacques de Beaulieu; Abdruck mit freundlicher Genehmigung von Verlagsbuchhandlung Andreas & Andreas, Salzburg)

Sammlung Richard Toellner: 371 (Abdruck mit freundlicher Genehmigung von Verlagsbuchhandlung Andreas & Andreas, Salzburg)

British Museum, London: 83 (Ms. 197, d.2, fol. 19 v.)

Donald L. Bates, London: 314, SW-Bildteil: 14 (oben)

Devonshire Collection, Chatsworth: 40

New York Academy of Medicine: 121

Historisches Bildarchiv Handke. 156

W. v. Poswik, Landshut: 245

Privatarchiv Dieter Kneist, Naumburg: 379

Hans Baldung Grien, Das graphische Werk. Vollständiger Bildkatalog der Einzelholzschnitte, Buchillustrationen und Kupferstiche, bearbeitet von Matthias Mende, herausgegeben von den Stadtgeschichtlichen Museen Nürnberg, dem Kultusministerium Baden-Württemberg und der Stadt Schwäbisch Gmünd, Unterschneidheim: Verlag Dr. Alfons Uhl 1978: 61, 89 (Abdruck mit freundlicher Genehmigung des Verlags Dr. Alfons Uhl)

D. Bernhard Rogge, Illustrierte Geschichte der Reformation in Deutschland, Bad Nauheim 1924: 21, 27, 37, 46, 47, 76, 91, 113, 129, SW-Bildteil: 4 (oben), 5 (oben)

Archiv Pichler Verlag: 187

Autor und Verlag bedanken sich für die freundlichen Abdruckgenehmigungen. Die Rechtslage bezüglich der reproduzierten Bildvorlagen wurde – soweit möglich – sorgfältig geprüft; eventuelle berechtigte Ansprüche werden bei Nachweis vom Verlag in angemessener Weise abgegolten.